Vicens Vives
Educació Secundària

Aula3D

GiH 4

GEOGRAFIA I HISTÒRIA

HISTÒRIA

M. García Sebastián
Catedràtica de Geografia i Història d'IES

C. Gatell Arimont
Catedràtica de Geografia i Història d'IES

Com és aquest llibre?

Les activitats del llibre es classifiquen segons els processos cognitius que treballen:

- **Conèixer:** activitats imprescindibles perquè els alumnes treballin el contingut directament.
- **Aplicar:** activitats que relacionen el contingut treballat amb els coneixements previs de l'alumne i amb l'entorn, és a dir, que treballen amb el context.
- **Raonar:** activitats que tenen com a objectiu que l'alumne rumiï, expliqui i raoni els perquès de les seves respostes.

Competències bàsiques

- Comunicació lingüística
- Competència matemàtica
- Competències bàsiques en ciències i tecnologia
- Aprendre a aprendre
- Consciència i expressions culturals
- Sentit d'iniciativa i esperit emprenedor
- Competències socials i cíviques (en aquest llibre no s'indiquen perquè són les pròpies de l'àrea)
- Competència digital

- Les activitats d'aquest llibre s'han de fer en un quadern a part.
- Els espais buits inclosos en les activitats només són indicatius, i tenen una finalitat didàctica.

Com s'estructura el llibre

INTRODUCCIÓ

Títol i pregunta inicial, que fa de fil conductor del tema.

Imatges motivadores que il·lustren alguns dels aspectes més rellevants del tema.

Eix cronològic amb els fets més destacats de l'època.

Introducció en què es presenta el contingut del tema.

Activitats destinades a repassar els coneixements previs.

Mapa històric per localitzar el contingut espacialment.

CONTINGUTS DEL TEMA

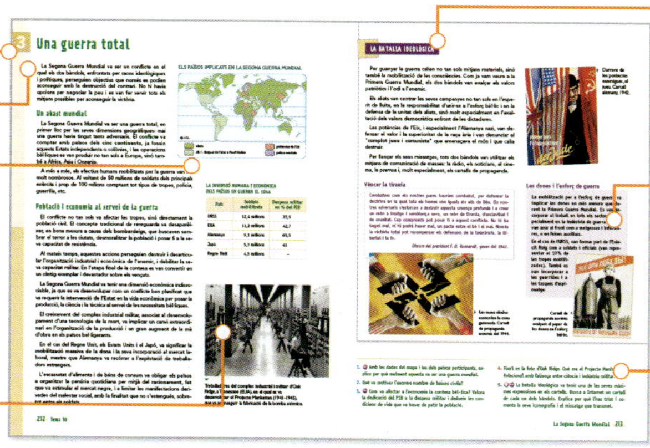

Pàgines estructurades en apartats i subapartats.

Fotos, mapes, esquemes, dibuixos, gràfics, etc., que il·lustren el contingut.

Textos històrics per poder treballar amb fonts primàries.

Grans documents que amplien o complementen continguts destacats de l'apartat.

Dibuixos amb recreacions històriques que ajuden a analitzar les formes de vida del passat.

Activitats que avaluen les competències bàsiques.

PÀGINES MONOGRÀFIQUES

El contingut s'exposa per mitjà d'un problema que s'ha de resoldre o d'una situació que cal debatre:

Pregunta clau
Descobreix
Protagonistes de la Història
Passat i present
Art i societat

Blocs de contingut que apleguen documents de tipologia diversa.

Activitats d'argumentació, d'empatia, de recerca i de sensibilitat artística.

SÍNTESI I TALLER D'HISTÒRIA

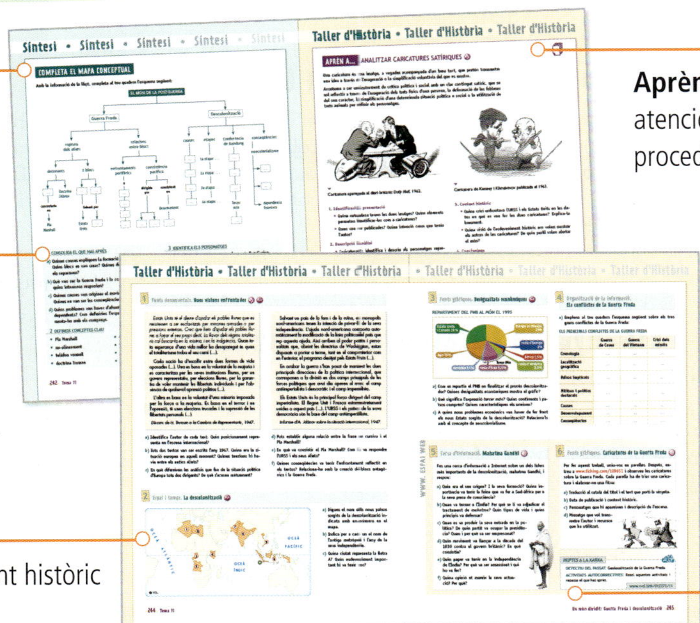

Mapa conceptual per completar els continguts principals del tema.

Activitats per repassar el vocabulari, la cronologia, els fets i els personatges.

Activitats de raonament històric i treball col·laboratiu.

Aprèn a... Activitat que dedica una atenció especial als aspectes procedimentals.

Reptes a la xarxa: projectes en línia basats en un repte i exercicis autocorrectius.

PROJECTE TIC

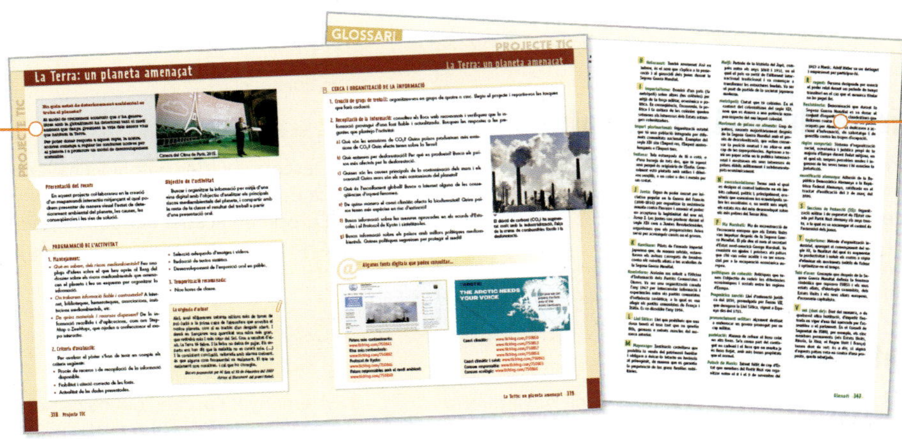

Utilitzant les eines que proporcionen les noves tecnologies, en aquestes pàgines s'aprofundeix un dels continguts del llibre: els problemes ambientals de la Terra.

GLOSSARI

Definició dels conceptes bàsics del llibre, indicats amb un asterisc al tema corresponent.

Índex

1 El segle XVIII: la crisi de l'Antic Règim

Per què les idees de la Il·lustració i el desenvolupament econòmic del segle XVIII van fer entrar en crisi l'Antic Règim?

Europa i EUA

- 1689 Declaració de Drets a Anglaterra
- 1713 Tractat d'Utrecht
- 1748 *L'esperit de les lleis*, de Montesquieu
- 1751 Publicació de l'*Enciclopèdia*
- 1762 *El contracte social*, de Rousseau
- 1773 Revolta del te
- 1776 Independència d'EUA
- 1787 Constitució d'EUA

1680 · 1710 · 1720 · 1730 · 1740 · 1750 · 1760 · 1770 · 1780 · 1790

Espanya

- 1700 Començament de la dinastia dels Borbó
- 1701-1714 Guerra de Successió espanyola
- 1707-1716 Decrets de Nova Planta
- 11 set. 1714 Capitulació de Barcelona
- 1719-20 Primeres manufactures reials
- 1729 Academia de Bones Lletres de Barcelona
- 1749 Creació d'intendències
- 1758 Junta de Comerç de Barcelona
- 1763 la Societat Econòmica d'Amics del País
- 1778 Llibertat dels ports per comerciar amb Amèrica
- 1794 *Informe sobre la Llei Agrària*, de Jovellanos

FELIP V · FERRAN VI · CARLES III · CARLES IV

Mercat del Born a Barcelona al segle XVIII.

El segle XVIII va ser un període de transició. D'una banda, les característiques de l'Antic Règim es van mantenir: la monarquia absoluta, la societat estamental i una economia senyorial agrària.

De l'altra, però, l'intens impuls demogràfic i econòmic, el creixement de la burgesia, l'exemple de la Revolució anglesa i de la Independència americana i les idees de la Il·lustració van fer que l'Antic Règim entrés en crisi.

L'arribada al tron espanyol de la dinastia dels Borbó va significar la implantació de l'absolutisme. A Catalunya, la derrota de l'onze de setembre del 1714 va acabar amb les lleis i les institucions pròpies.

A mitjan segle, les reformes impulsades pels ministres de Carles III van millorar les condicions econòmiques i socials del país. Al seu torn, Catalunya va assentar les bases de l'expansió industrial del segle XIX.

Què en sabem?

- Com era la societat de l'Antic Règim?
- Quins sistemes polítics reflecteix el mapa? Pots establir-hi cap diferència?
- Fixa't en la il·lustració. Indaga les activitats comercials principals que es duien a terme als mercats barcelonins al segle XVIII.
- Analitza l'eix. Quins fets van marcar l'evolució política i social de Catalunya en aquesta època?

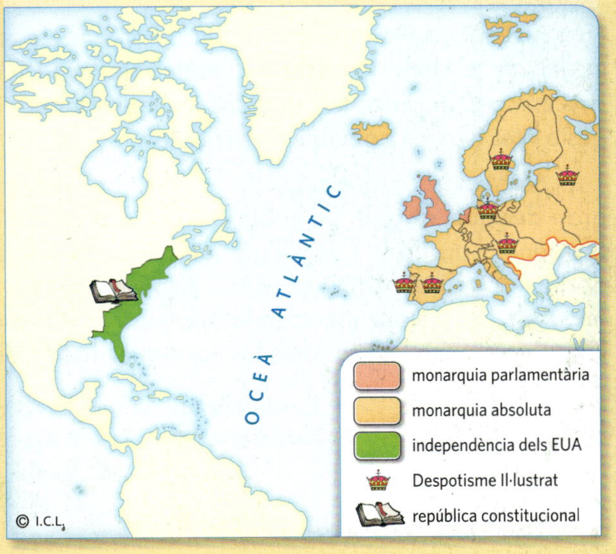

PREGUNTA CLAU 1

Per què l'Antic Règim va entrar en crisi al

L'Antic Règim era el sistema econòmic, social i polític hereu del feudalisme medieval vigent a l'Europa del segle XVIII.

El sistema de govern era l'absolutisme monàrquic, la societat era estamental i fonamentada en els privilegis d'una minoria (noblesa i clero), i l'agricultura continuava sent la base d'una població majoritàriament pagesa.

El desenvolupament de les activitats manufactureres i comercials, sobretot del comerç marítim a llarga distància, havia generat noves fonts de riquesa, que beneficiaven la burgesia, la classe social ascendent.

Ara bé, el desenvolupament de les noves activitats burgeses quedava obstaculitzat pel manteniment d'unes estructures econòmiques i socials caduques. A més a més, la burgesia aspirava al reconeixement polític i social que la pervivència de l'Antic Règim li negava.

El segle XVIII va ser un segle de transició entre el vell món aristocràtic en declivi i el nou món burgès que emergia amb força. Aquesta pugna va marcar el final d'una època i la gestació del món contemporani.

Quin paper van tenir la burgesia i les seves noves idees en l'enfonsament de l'Antic Règim?

A UNA ECONOMIA AGRÍCOLA I SENYORIAL

L'economia de l'Antic Règim era bàsicament **rural** i més del 80% de la població es dedicava a les feines agrícoles. La propietat de la terra era vinculada; és a dir, no es podia comprar ni vendre, i es concentrava en mans de la noblesa i de l'Església.

Al camp encara era vigent el **règim senyorial**, heretat del feudalisme. Els senyors vivien de les rendes i els impostos que els pagesos els havien de pagar i, igualment, tenien la facultat de dictar ordres i d'impartir justícia. Els pagesos també estaven obligats a pagar el delme (10% de la collita) a l'Església.

L'agricultura utilitzava mètodes molt tradicionals, amb poques millores tècniques i una baixa productivitat. La producció amb prou feines podia alimentar la població i es dedicava, en bona part, a l'autoconsum; els intercanvis eren escassos i el comerç tenia dificultats per la insuficiència de sistemes de transport.

Malgrat el predomini agrícola, la burgesia duia a terme activitats artesanals i manufactureres que el desenvolupament al segle XVIII del **comerç d'ultramar** va esperonar fortament.

Gravat francès del final del segle XVIII que reflectia la duresa de la vida dels pagesos de l'època.

@ Amplia a la xarxa...

Per saber-ne més de la societat estamental, entra a: www.tiching.com/747657

B UNA SOCIETAT FONAMENTADA EN ELS PRIVILEGIS

La societat estava dividida, segons el dret tradicional, en tres estaments: el **clero**, la **noblesa** i l'**estat popular** (o Tercer estat), que comprenia grups tan diversos com ara la pagesia, la burgesia i les classes populars de les ciutats.

La característica principal de la societat estamental era la gran **desigualtat civil**. La noblesa i el clero eren els privilegiats: tenien de drets i privilegis, acaparaven tots els càrrecs de l'exèrcit i de l'administració i estaven exempts de pagar impostos. La resta de la societat no tenia cap mena de privilegi i havia de suportar totes les càrregues fiscals de l'Estat.

Gravat francès del segle XVIII que representa les desigualtats de la societat estamental.

segle XVIII?

C LA MONARQUIA ABSOLUTA DE DRET DIVÍ

La forma predominant de govern a tot Europa era la **monarquia absoluta** de dret diví. L'autoritat del rei provenia de Déu i en nom seu exercia el poder sobre els seus súbdits. El rei Lluís XIV de França, conegut com el Rei Sol, va ser el prototip de monarca absolut.

El rei concentrava tots els poders: dictava lleis, nomenava els magistrats i els ministres, impartia justícia, comandava l'exèrcit i dirigia la política exterior. No es sotmetia a cap control i no compartia la sobirania amb ningú.

Malgrat tot, el poder del rei quedava limitat per la llei divina i també per les lleis fonamentals del regne, que el monarca havia d'acceptar en el moment que era coronat.

ELS ESTATS EUROPEUS EN EL SEGLE XVIII

D ELS FACTORS IMPULSORS DEL CANVI

El **creixement econòmic** del segle XVIII i les aspiracions de canvi del **Tercer Estat**, impulsades per la **burgesia**, van esquerdar les bases de l'Antic Règim.

La burgesia aspirava a participar en el govern, criticava els privilegis i reclamava que el reconeixement social fos resultat dels mèrits de cada individu i no pas de la família en què havia nascut.

Els pagesos s'oposaven al règim senyorial i rebutjaven els forts impostos que pesaven sobre ells i que els sumien en la misèria. A les ciutats, les **classes populars** es van empobrir com a conseqüència del fet que els preus pujaven més que els salaris.

En aquest context, un grup de pensadors, els **il·lustrats**, va fer trontollar els fonaments ideològics de l'Antic Règim i van proposar **nous models socials i polítics** per organitzar la societat.

A les acaballes del segle XVIII, bona part de la societat volia posar fi al predomini dels privilegiats i a una monarquia que tan sols governava per a ells. Havia començat el camí de les revolucions que posteriorment van fer caure l'Antic Règim.

Nicolas-Bernard LÉPICIÉ: *La família Leroy*, 1766. Alguns burgesos del segle XVIII s'havien convertit en una classe adinerada.

1. Completa el següent mapa mental amb les característiques principals de l'Antic Règim:

2. Observa el mapa. Quin sistema polític predominava a Europa al segle XVIII? Quins eren els grans imperis i estats?

Argumenta la resposta

3. Per què al final del segle XVIII l'Antic Règim va entrar en crisi? Quin paper va tenir la burgesia en aquest procés? Quins grups socials devien ser reticents a aquest procés de canvi?

2 Creixement econòmic i desenvolupament burgès

Després de les llargues guerres del segle XVII va començar un període de pau que va afavorir el desenvolupament de les activitats econòmiques durant el segle XVIII.

L'augment demogràfic

El continent europeu va passar de 100 a 200 milions d'habitants entre el 1650 i el 1800. Aquest **creixement** notable es va deure a l'augment de la producció agrícola, a la millora general de l'economia i a la disminució de les grans epidèmies, que van provocar un descens de la mortalitat i un augment progressiu de la natalitat.

Aquest augment del nombre de persones va significar un estímul per a l'increment de la producció (com més consumidors, més demanda) i va ser una de les causes de la reactivació de l'economia.

El desenvolupament agrícola i manufacturer

L'augment de la demanda va estimular la **rompuda** de noves terres per augmentar la producció agrícola, com també la introducció de **nous conreus** (patata, blat de moro...) i de noves **tècniques**. Tot plegat va començar el camí cap a la revolució agrícola del final del segle XVIII.

Per augmentar la producció artesanal i escapar del rígid control que exercien els gremis, els quals regulaven la producció i els beneficis, es van introduir nous sistemes de producció:

- La **feina a domicili**, que consistia a facilitar la matèria primera i els estris a famílies pageses perquè elaboressin productes als seus petits tallers.
- Les **manufactures**, que eren instal·lacions que concentraven un gran nombre de treballadors per elaborar uns articles determinats, generalment de luxe. Aquests establiments podien tenir l'impuls de l'Estat o ser d'iniciativa privada.

La producció es venia als mercats urbans en expansió, però sobretot als mercats internacionals amb el **comerç colonial**, que es duia a terme per mitjà de la navegació.

La puixança del capital i de la burgesia

La pujada de preus que hi va haver al segle XVIII com a conseqüència de l'augment de la demanda va empobrir la noblesa que vivia de les rendes agràries. En canvi, va enriquir la burgesia, que impulsava els negocis que proporcionaven més beneficis.

El desenvolupament de les noves formes productives i l'expansió del comerç van comportar la pèrdua del pes econòmic de les rendes de l'agricultura i van donar protagonisme a la producció de béns, al comerç i als diners, és dir, al capital (riquesa mobiliària). Aquest canvi va provocar la crisi de l'Antic Règim, un sistema econòmic i social basat en la propietat territorial com a font de riquesa i de privilegis socials.

EL CREIXEMENT DEMOGRÀFIC

País	Cap al 1700	Cap al 1800
Gran Bretanya	9 400 000	16 000 000
França	19 000 000	27 000 000
Espanya	6 000 000	11 000 000
Itàlia	13 000 000	18 000 000
Alemanya	12 000 000	23 000 000
Rússia	14 000 000	36 000 000

1. Quina evolució va tenir la població al segle XVIII? A què es va deure? Quins eren els països més poblats?

Un teixidor a domicili del final del segle XVIII. El promotor del treball era un artesà-comerciant que encarregava la feina a famílies pageses, pagava per peça i comercialitzava el producte.

Elogi de la burgesia

A França, un noble és considerat molt superior a un negociant.

Ara bé, jo no sé pas qui és més útil a un Estat: el senyor ben empolainat, que sap amb precisió a quina hora es lleva el rei i que té aires de grandesa, o un negociant que enriqueix el seu país, dóna ordres al Caire i contribueix a la felicitat del món.

VOLTAIRE: *Cartes filosòfiques*, 1734.

2. Quina reflexió fa Voltaire sobre el paper social de la noblesa i de la burgesia?

EN QUÈ CONSISTIA EL COMERÇ TRIANGULAR?

El **comerç colonial**, és a dir, el comerç marítim amb els territoris extraeuropeus, va viure una gran expansió durant el segle XVIII. Els comerciants de Gran Bretanya, Holanda, França, Espanya i Portugal intercanviaven **productes manufacturats** d'Europa per **matèries primeres**. Alguns productes colonials, com ara el sucre, el cafè i el cotó, van convertir-se en habituals a Europa.

La base d'aquest comerç era l'anomenat **comerç triangular**, que tenia en el **tràfic d'esclaus** de raça negra un element essencial. Capturaven els esclaus a Àfrica, els traslladaven a Amèrica i allà els venien per treballar de manera infrahumana en les plantacions. La destinació dels esclaus era, sobretot, la zona del Carib, el Brasil i les colònies angleses d'Amèrica del Nord.

Els beneficis obtinguts amb el comerç colonial eren molt alts i aquesta rendibilitat va afavorir la proliferació de mercaders, de banquers i de prestadors, com també un desenvolupament més gran dels **bancs** i de les **companyies comercials**. Aquestes companyies les organitzaven comerciants privats que disposaven de la protecció de l'Estat, que els concedia privilegis.

Venda d'esclaus a la República Dominicana, segons un gravat del 1826.

@ Amplia a la xarxa...

Per saber-ne més del comerç triangular, entra a: www.tiching.com/747658

LES GRANS RUTES COMERCIALS

3. En què consistien la feina a domicili i les manufactures? Per què els productors volien saltar-se el control dels gremis?

4. Quin grup social beneficiaven les activitats econòmiques del segle XVIII? Quin grup perjudicaven?

5. Observa el mapa i explica quines eren les grans rutes comercials marítimes i quins productes s'intercanviaven. Per què s'anomena comerç triangular?

6. Què eren les companyies comercials? Per què l'expansió del comerç a llarga distància va comportar el creixement d'aquestes companyies?

7. Explica en què consistia el comerç d'esclaus, on els recollien i quina era la seva destinació a Amèrica. Pots establir cap relació entre l'auge del consum a Europa de productes com ara el cafè, el sucre o el cotó i el tràfic d'esclaus?

DESCOBREIX

3 Els primers sistemes parlamentaris: la Gran

Al segle XVIII la Gran Bretanya havia limitat el poder del rei i reforçat el del Parlament, i els Estats Units d'Amèrica es van constituir en una república fonamentada en una Constitució i en els drets dels ciutadans.

La monarquia parlamentària britànica i la república americana van convertir-se en un model molt rellevant per als pensadors de la Il·lustració i van inspirar les revolucions que van posar fi a l'absolutisme a Europa.

A LA MONARQUIA PARLAMENTÀRIA A ANGLATERRA

Des de l'edat mitjana, a Anglaterra el poder reial estava limitat per les dues cambres del Parlament: la dels nobles i els clergues (**Lords**) i la dels burgesos representants de les ciutats (**Comuns**). Els monarques en necessitaven l'autorització per aprovar impostos o per declarar la guerra.

Les revolucions del segle XVIII

Al segle XVII la dinastia **Stuart** va voler governar sense el Parlament i va detenir o ajusticiar els seus oponents. Aquests fets van enfrontar els defensors del Parlament i els de la monarquia. El conflicte es va desencadenar en dos episodis:

- El 1649, el rei Carles I va ser executat i es va proclamar una República, que va quedar en mans d'**Oliver Cromwell**.

  El 1660 es va restablir la monarquia i el nou rei, Carles II, va haver d'acceptar el control del Parlament. El 1679 es va aprovar l'***habeas corpus***, un text que garantia les llibertats individuals i que impedia al rei qualsevol detenció arbitrària.

- El 1689 la política absolutista del nou rei Jaume II i la seva fe catòlica van provocar una segona revolució. El Parlament va oferir la corona al príncep holandès **Guillem d'Orange**, de fe protestant i disposat a jurar la Declaració de Drets (***Bill of Rights***), que limitava els poders reials i en sotmetia algunes de les decisions al Parlament.

Execució de Carles I d'Anglaterra el 1649.

La monarquia amb drets limitats

Al llarg del segle XVIII tota una sèrie de mesures van necessitar les atribucions del Parlament davant el monarca i van establir el principi de la **separació de poders**. L'elaboració de lleis quedava en mans del Parlament, i el poder judicial era independent del Govern, tot i que el monarca dirigia l'executiu i conservava moltes de les seves atribucions.

Ara bé, tan sols una minoria (grans propietaris agrícoles, burgesos, etc.) tenia dret a votar, els habitants de les colònies no estaven representats al Parlament i l'esclavitud continuava àmpliament acceptada.

La Cambra dels Lords del Parlament britànic al començament del segle XVIII.

El sistema polític anglès vist per Voltaire

La Cambra dels Comuns és veritablement la nació perquè cada membre és un diputat que representa el poble (...).

La legislació anglesa ha atorgat a cada individu tots els drets que li furten gairebé totes les monarquies. Aquests drets són: la llibertat total de les persones i els seus béns, poder adreçar-se a la nació per mitjà de la pròpia ploma i publicar el que es pensa, poder ser jutjat només en els termes que marca la llei i poder professar la religió que vulgui. A Anglaterra hi podreu estar tranquils (...). Només us podran detenir i jutjar seguint la llei.

Voltaire: *Diccionari filosòfic*, 1764.

Bretanya i els Estats Units

B LA INDEPENDÈNCIA DELS ESTATS UNITS

Les tretze colònies britàniques establertes a la costa est d'Amèrica del Nord van protagonitzar al segle XVIII la primera insurrecció colonial contra una metròpoli i van constituir el primer exemple de govern fundat sobre els principis d'igualtat i llibertat.

Els colons americans estaven descontents amb una metròpoli que no els permetia enviar representants al Parlament i els imposava un monopoli comercial, com també impostos alts.

La decisió britànica d'atorgar el monopoli de la venda de te a una companyia anglesa va provocar la revolta del te de Boston, el 1773, que va començar el conflicte armat. El rei Jordi III va enviar l'exèrcit a sufocar la rebel·lió.

Per reforçar la seva posició davant la Gran Bretanya, els delegats de les tretze colònies, reunits a Filadèlfia, van redactar la **Declaració d'Independència dels Estats Units d'Amèrica** (4 de juliol del 1776), que expressava el deure dels governants de respectar els drets inalienables del poble.

La guerra contra la metròpoli va ser llarga i, després de la derrota de Yorktown, Gran Bretanya va reconèixer la independència el 1783. Els nous Estats Units d'Amèrica van redactar una **constitució** (1787) que va ser la primera constitució escrita de la història. Poc temps després, **George Washington** va ser proclamat primer president.

LES TRETZE COLÒNIES BRITÀNIQUES

La Constitució americana

La Constitució americana assegurava la separació de poders (executiu, legislatiu i judicial), instituïa un govern republicà, encapçalat per un president amb amplis poders escollit pels ciutadans, i establia una estructura federal* de l'Estat.

La Constitució es completava amb una **Declaració de Drets** que garantia la llibertat de religió, de premsa, d'expressió i de reunió i el dret de ser jutjat per un jurat. A més, no es podia privar ningú de la vida, de la llibertat o de la propietat sense un procediment judicial adequat.

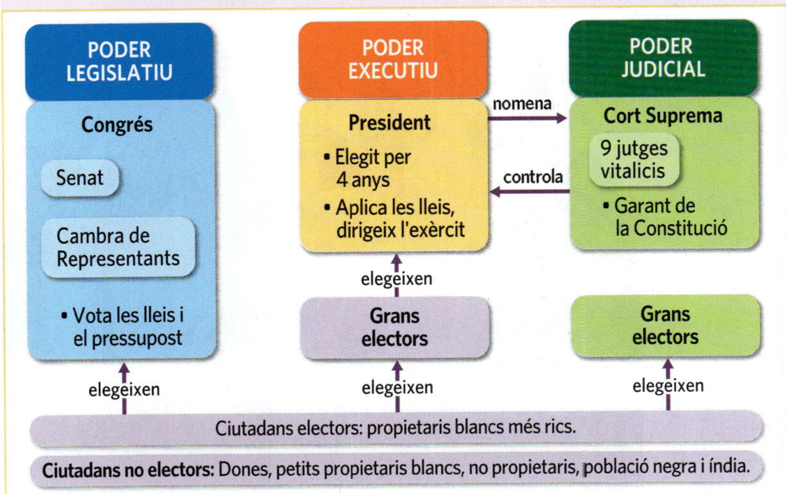

Aquesta Constitució continua vigent i s'ha anat actualitzant afegint-hi esmenes.

1. Al segle XVII, de quina manera el Parlament anglès va aconseguir limitar el poder del monarca? Llegeix el text de Voltaire i explica per què l'*habeas corpus* i *Bill of Rights* garanteixen drets als ciutadans i impedeixen l'arbitrarietat.
2. Observa el mapa i enumera les colònies. Quines causes van motivar que tinguessin l'anhel de la independència? Explica el procés mitjançant el qual es va dur a terme.
3. Fixa't en l'esquema del sistema polític dels EUA, explica'n les característiques i les diferències respecte a la monarquia absoluta.

Investiga

4. Llegeix a www.tiching.com/747660 el document de la Declaració d'Independència dels Estats Units:
   - Amb quins arguments justifiquen aquesta declaració els seus redactors?
   - Quins passos diuen que han seguit abans de declarar la independència?
5. @ Consulta Internet i esbrina quan es va abolir l'esclavitud als Estats Units i quan van aconseguir el dret de sufragi els ciutadans pobres, les dones, els indis i els negres.

4 La Il·lustració contra l'Antic Règim

La Il·lustració va ser un moviment intel·lectual que es va desenvolupar a Europa durant el segle XVIII. Va qüestionar les bases en què recolzava l'Antic Règim i va proposar una nova forma d'organització de la societat.

La nova burgesia ascendent va fer seves aquestes idees i les va convertir en un programa revolucionari per enderrocar l'absolutisme.

Quentin DE LA TOUR: *Émilie du Châtelet*, primera meitat del XVIII.

Algunes dones van contribuir a la Il·lustració organitzant salons en els quals els intel·lectuals debatien les noves idees o fent elles mateixes treballs científics.

El pensament de la il·lustració

Els il·lustrats propugnaven una fe absoluta en la **raó** (intel·ligència humana) com a únic mitjà per entendre i explicar el món. Per tant, els nous filòsofs es van enfrontar amb la concepció medieval basada en la tradició i en el teocentrisme religiós.

Tot i que bona part dels il·lustrats eren **deistes**, és a dir, creien en una religió natural que admetia la idea de Déu, rebutjaven la superioritat de qualsevol religió sobre les altres i condemnaven la intolerància religiosa. **Voltaire** fou el gran defensor de la **llibertat de consciència** i de la **tolerància** com a base de les relacions humanes.

Els il·lustrats tenien una **concepció optimista** de la **natura**, que consideraven una font de justícia i de bondat, i també de l'**ésser humà**, que naixia per ser feliç. Confiaven en la idea de **progrés** i creien que la raó i la voluntat humana podien transformar la societat.

L'Enciclopèdia

A mitjan segle XVIII, dos pensadors il·lustrats, **Diderot** i **D'Alembert**, van posar en marxa un projecte ambiciós: l'*Enciclopèdia*. Volien publicar una gran obra que reunís tots els coneixements de l'època, fonamentats en la raó i en l'observació de la natura.

L'obra, que es va començar a publicar el 1751, comprenia trenta-cinc volums, en els quals van col·laborar els intel·lectuals més destacats de la Il·lustració.

Malgrat la persecució a què va ser sotmesa, va tenir un gran èxit, fet que va ajudar a la difusió de les idees il·lustrades. També va originar la creació de **salons** i **acadèmies***, on s'exposaven i es discutien les noves idees.

El Despotisme Il·lustrat

La influència del pensament il·lustrat va arribar a les corts europees, i alguns sobirans, sense renunciar a la seva autoritat, van intentar portar a terme experiències reformistes que unien la concepció absolutista de la monarquia amb les idees de progrés de la Il·lustració.

A diferents països d'Europa van aparèixer monarques il·lustrats, entre els quals destaquen Frederic II de Prússia, Maria Teresa d'Àustria, la tsarina Caterina de Rússia, Gustau de Suècia i Carles III d'Espanya.

Tots van promoure racionalitzar l'administració, fomentar de l'educació i modernitzar l'economia. En aquest sentit, van impulsar programes de desenvolupament agrícola i industrial, van facilitar la llibertat de comerç i van promoure les manufactures i les companyies comercials.

La frase "Tot per al poble, però sense el poble" defineix el caràcter reformista del Despotisme Il·lustrat i la voluntat dels monarques d'actuar a favor del poble, però sense renunciar a cap dels seus privilegis.

Adolf VON MENZEL: *Voltaire a la cort de Frederic II de Prússia*, 1850.

QUINES NOVES IDEES VAN PROPOSAR ELS IL·LUSTRATS?

Les idees de la Il·lustració les van propagar un grup de pensadors, principalment francesos, entre els quals destaquen Montesquieu, Voltaire, Diderot, Rousseau i D'Alembert.

Tots van contribuir a crear un nou model d'organització política i social, que fou la base del liberalisme polític i de les revolucions liberals burgeses durant el segle XIX.

EN L'ÀMBIT SOCIAL

- Es van oposar a la **societat estamental** i van proclamar que ningú no podia heretar ni tenir prestigi o privilegis en nom dels seus avantpassats.
- Van defensar la mobilitat social, la igualtat d'origen i el mèrit segons la vàlua de cada persona.

Crítica de la societat estamental segons un gravat del segle XVIII.

EN L'ÀMBIT ECONÒMIC

- Es van oposar als mercantilistes, que creien en el comerç i en l'acumulació de metalls preciosos com a principals fonts de riquesa d'un país, i van defensar que l'agricultura i les activitats productives eren les que permetien viure als seus habitants (**fisiocràcia**).
- Van lluitar contra qualsevol reglamentació estatal i van defensar la lliure iniciativa, la propietat privada i la llibertat econòmica (**liberalisme econòmic**).

EN L'ÀMBIT POLÍTIC

- Van criticar el despotisme i l'arbitrarietat de l'absolutisme.
- **Montesquieu** va proposar la **divisió de poders** (legislatiu, executiu i judicial), amb un èmfasi especial en la independència del poder judicial.
- **Rousseau** va plantejar la necessitat d'un **contracte social** entre governants i governats (**Constitució**). També va definir el principi de **sobirania nacional**, pel qual el poder emana del lliure consentiment de tots els ciutadans, expressat per mitjà del vot.
- **Voltaire** va defensar la necessitat d'un **parlament** que limités el poder del rei i d'un **sistema fiscal** que no recaigués exclusivament sobre el poble.

La sobirania nacional

Tan sols la voluntat general pot dirigir les forces de l'Estat (...), el poble sotmès a la llei ha de ser el protagonista. El poder legislatiu pertany al poble i tan sols d'ell pot emergir. (...) Qualsevol llei que el poble no hagi ratificat és nul·la. (...) Per assegurar les lleis, és necessari un govern, però el govern és tan sols el representant del poble sobirà (...).

Jean-Jacques ROUSSEAU: *El contracte social*, 1762.

EL SISTEMA POLÍTIC LIBERAL

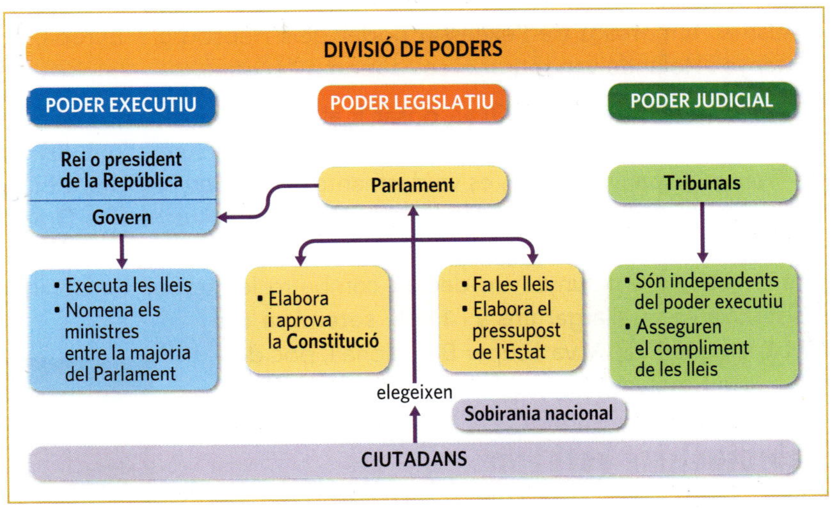

1. Què va ser la Il·lustració? Quin objectiu tenia? Esmenta'n alguns dels principals representants.
2. Explica què significa que els il·lustrats eren optimistes i creien en la idea del progrés humà. Estàs d'acord amb aquesta visió? Argumenta la resposta.
3. Què va ser el Despotisme Il·lustrat? Quines actuacions van tenir els monarques?
4. Quins aspectes de l'Antic Règim els filòsofs més il·lustrats del segle XVIII van criticar en l'àmbit social, econòmic i polític? Quines alternatives proposaven en cada cas?
5. Observa l'esquema del liberalisme polític i explica de manera detallada en què consisteix. Defineix divisió de poders, constitució i sobirania nacional.

5 La monarquia borbònica a Espanya i a Catalunya

La Guerra de Successió

Carles II, darrer monarca hispànic de la casa d'Àustria, va morir sense descendència l'any 1700. La successió la van disputar l'**arxiduc Carles d'Habsburg**, germà de l'emperador d'Àustria, i **Felip de Borbó**, nét de Lluís XIV de França. El nou rei, Felip V, va entrar a Madrid el 1701 i més tard es va fer reconèixer a la Corona d'Aragó.

El temor pel poder que França assoliria si s'unien les dues corones va comportar una aliança europea, que va donar suport a l'arxiduc Carles. La Gran Bretanya, Holanda, Portugal i l'Imperi Austríac van declarar la guerra a França i a Espanya. Així es va iniciar la **Guerra de Successió**.

L'entronització dels Borbó a Espanya va significar la introducció del model absolutista francès, molt uniformista i centralitzat, que no va ser ben rebut a la Corona d'Aragó pel temor que no respectés les seves institucions. En aquest conflicte Castella es va mostrar fidel a Felip V, mentre la Corona d'Aragó va optar pel candidat austríac.

A Europa, la guerra semblava favorable als austracistes, però, a la Península, les tropes filipistes es van imposar a la **batalla d'Almansa** (1707), que va suposar l'ocupació de València, Aragó i algunes comarques de Catalunya. El conflicte va fer un gir el 1711, quan l'arxiduc Carles va heretar la Corona d'Àustria. Temorosos de l'excessiu poder dels Habsburg a Europa, la Gran Bretanya i Holanda van retirar el seu suport a l'arxiduc.

El **Tractat d'Utrecht** (1713) va posar fi al conflicte internacional i va reconèixer Felip V com a rei d'Espanya a canvi de la renúncia d'unir les corones de França i Espanya. A més, es va desmantellar l'imperi hispànic a Europa: el Milanesat, Nàpols, Flandes i Sardenya van passar a Àustria, i la Gran Bretanya obtenia Gibraltar i Menorca. Però un cop signada la pau, Barcelona i altres ciutats de Catalunya van decidir combatre les tropes borbòniques. La resistència es va allargar fins a l'**11 de setembre del 1714**, en què Felip V va ocupar Barcelona i, poc després, tota Catalunya va quedar sotmesa.

LA GUERRA DE SUCCESSIÓ (1701-1714)

1. Quines van ser les principals campanyes austriacistes a la Península? Com es va dur a terme la conquesta de Catalunya per les tropes filipistes?

@ Amplia a la xarxa...

Per saber-ne més sobre la Guerra de Successió, entra a: www.tiching.com/73036

L'absolutisme borbònic

Els monarques de la dinastia dels Borbó de la primera meitat del segle XVIII van implantar a Espanya el **model d'absolutisme centralista francès**. Els regnes de la corona espanyola van quedar unificats sota les lleis, les institucions i l'administració del regne de Castella i tots els poders es van concentrar en mans del monarca.

Les **Corts** dels diferents regnes van ser anul·lades, excepte les castellanes, que només es reunien a petició del monarca o per jurar l'hereu de la corona. Els **consells** es van mantenir, especialment el de Castella, però tenien una funció exclusivament consultiva.

Antoni Estruch: *L'Onze de Setembre de 1714*, 1909. El conseller Rafael Casanova va caure ferit mentre enarborava la bandera.

QUÈ VA SUPOSAR LA DERROTA DEL 1714?

L'ocupació del territori català va tenir conseqüències immediates. Com a càstig per haver-se revoltat, Catalunya va ser ocupada militarment, diverses fortaleses van ser enderrocades i molts austriacistes van haver d'exiliar-se.

La derrota també va comportar el tancament de les universitats catalanes, en especial la de Barcelona, que va ser substituïda per la **Universitat de Cervera**, ciutat que havia fet costat a Felip V.

A més, l'any 1716 es va publicar el **Decret de Nova Planta**, que suprimia les constitucions de Catalunya, hi imposava les lleis i el sistema administratiu de Castella i fixava el castellà com a idioma oficial. Les Corts, la Generalitat, el Consell de Cent i totes les institucions municipals van ser abolides mentre s'imposava a Catalunya una nova estructura de govern formada per:

- El **Capità General**, la màxima autoritat, que actuava en nom del rei i presidia la **reial audiència**, un òrgan assessor amb funcions judicials i de govern. El territori va quedar dividit en **corregiments** controlats per un corregidor, que nomenava els **alcades** i els **regidors** dels municipis.
- La **superintendència de Catalunya**, que tenia cura de la recaptació de totes les contribucions. Per uniformitzar el sistema impositiu es va crear el **cadastre**, un impost directe que gravava els béns immobles, les rendes derivades del treball i els beneficis del comerç i la indústria.

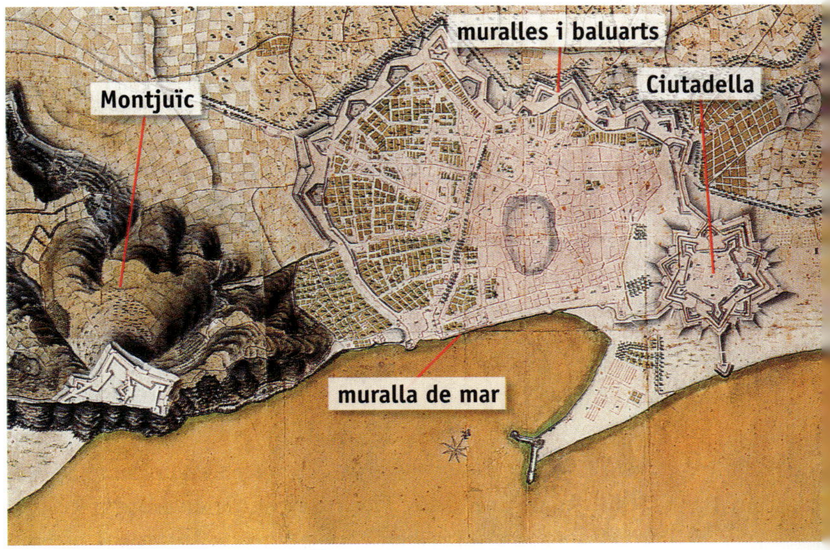

Plànol de la Barcelona del segle XVIII. Per garantir el control de la ciutat, el rei Felip V va fer construir una gran ciutadella militar, que va comportar l'enderrocament de més de 800 cases del barri de la Ribera.

El Decret de Nova Planta

Per decret de 19 d'octubre (...) em va plaure de dir que, havent pacificat totalment les meves armes el Principat de Catalunya, amb l'assistència divina i justícia de la meva causa, tocava a la meva sobirania establir-hi govern (...).

Article 2. He resolt que en el referit Principat es formi Audiència, en la qual presideixi el Capità General o Comandant General de les meves armes (...).

Article 5. Les causes en la Reial Audiència se substanciaran en llengua castellana (...).

Article 31. A Catalunya hi ha d'haver corregidors a les ciutats i a les viles (...).

Decret de Nova Planta del Pirncipat de Catalunya establert per Felip V, 1716.

L'ARTICULACIÓ DE CATALUNYA EN LA MONARQUIA BORBÒNICA

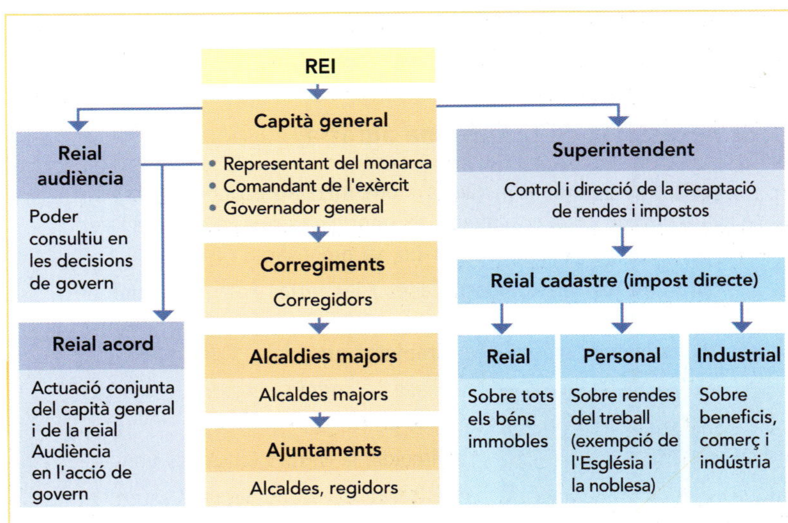

2. Quines van ser les causes de la Guerra de Successió? Explica qui s'hi va enfrontar i quin va ser el desenvolupament del conflicte i el seu desenllaç. Quines conseqüències va tenir per a Catalunya la derrota del 1714?

3. Llegeix el decret de Felip V. Què estableix el text?

4. Explica les característiques de l'absolutisme borbònic.

5. Explica quines eren les institucions del govern a Catalunya. Per què era un model d'Estat centralitzat?

La generació dels il·lustrats espanyols

Al segle XVIII va aparèixer a Espanya un grup de pensadors il·lustrats preocupats per modernitzar la societat i l'economia espanyoles. Entre ells va destacar Gaspar Melchor de Jovellanos (1744-1811).

Als seus escrits va criticar els privilegis de l'Antic Règim, va fustigar la noblesa ociosa, es va oposar als prejudicis de l'Església i va justificar la necessitat d'una reforma agrària.

Jovellanos va estar en contacte (i hi va polemitzar) amb altres il·lustrats de l'època, com ara el comte de Floridablanca, el comte de Campomanes, Pablo Olavide, el marquès de l'Ensenada i el comte d'Aranda.

Les seves idees van influir en la cort, sobretot durant l'època de Carles III, que va impulsar un projecte de modernització econòmica (Despotisme Il·lustrat).

A LA QÜESTIÓ AGRÀRIA A ESPANYA

Al principi del segle XVIII, Espanya encara era una **societat rural**, amb una agricultura de rendiments escassos i tècnicament endarrerida i amb bona part de les terres amortitzades (o vinculades) en mans dels privilegiats.

Els il·lustrats es van fixar com a principals objectius el **creixement econòmic**, la **reforma de la societat**, la **millora de l'ensenyament** i la **modernització de la cultura**. Per difondre les noves idees i fomentar l'agricultura, la manufactura i el comerç, van crear les **societats econòmiques d'amics del país**.

L'objectiu de les reformes que els il·lustrats proposaven era crear les condicions necessàries per distribuir millor les terres i incrementar la producció i els intercanvis. Tot plegat havia d'estimular el creixement demogràfic i millorar el nivell de vida de la població.

LES TERRES DE LA NOBLESA I DE L'ESGLÉSIA

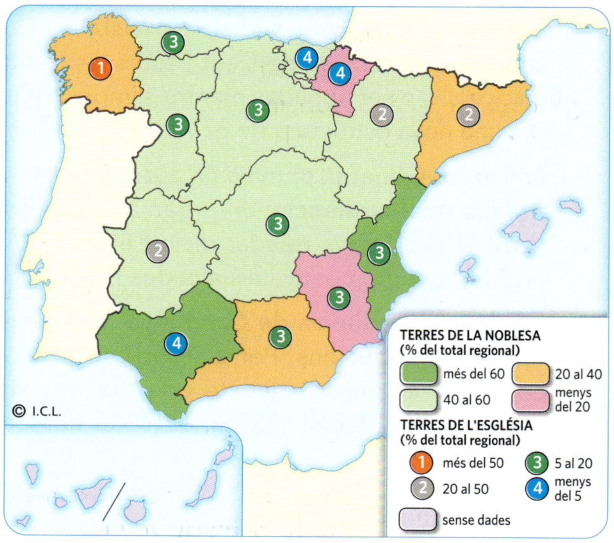

La necessitat de la reforma agrària

Jovellanos va defensar que la modernització econòmica d'Espanya havia de començar amb una reforma agrària que liberalitzés la propietat de la terra. Per fer-ho, va proposar:

- Suprimir les terres amortitzades i les terres comunals, amb la finalitat que es poguessin vendre i es poguessin conrear d'una manera més eficaç (propietat privada).
- Posar en conreu les terres comunals i els erms.
- Dissoldre la Mesta i tancar les finques.
- Millorar els contractes d'arrendament dels pagesos.
- Limitar els *mayorazgos**.

Aquestes mesures havien d'anar acompanyades d'una reforma de l'ensenyament, per fer-lo més pràctic, i de la inversió de l'Estat en obres públiques.

Retrat de Jovellanos fet per Francisco de Goya, 1798.

La qüestió agrària

No hi ha dubte que, com he dit, un dels grans mals que patim és que les terres estan repartides de manera desigual i que la majoria es troben en poques mans. (...)

Que l'excessiva superfície de les terres fa que siguin conreades malament i no en tota l'extensió, atès que el mateix terreny que, posat en moltes mans, es sembraria cada any, (...) reduït a una de sola queda, en bona part, inculte.

Pablo de Olavide: *Informe sobre la Llei agrària*, 1768.

Que Vostra Altesa es digni a derogar les bàrbares lleis que condemnen a esterilitat perpètua tantes terres comunes; (...) les que, preferint les ovelles als homes, han tingut més cura de les llanes que els vesteixen que no pas dels grans que els alimenten; les que, estancant la propietat privada en les mans eternes de poques famílies poderoses, encareixen la propietat lliure i els seus productes i n'allunyen els capitals i la indústria de la nació (...).

Gaspar M. de Jovellanos: *Informe sobre la Llei agrària*, 1794.

B EL REFORMISME IL·LUSTRAT

El monarca Carles III (1759-1788), sense renunciar al seu poder i sense menyscabar els privilegis nobiliaris, va triar com a consellers alguns il·lustrats (Aranda, Floridablanca i Campomanes) i va emprendre una sèrie de **reformes** característiques del **Despotisme Il·lustrat**.

Amb tot, l'absència a Espanya d'amplis grups burgesos, el conservadorisme dels medis intel·lectuals i l'enorme pes de l'Església van dificultar l'expansió de les idees de la Il·lustració i la consolidació del procés reformista.

LES REFORMES DE CARLES III

- Decretar honestos tots els oficis.
- Limitar els privilegis de la Mesta i colonitzar noves terres.
- Fomentar la lliure circulació de mercaderies i establir la venda lliure de grans.
- Permetre el lliure comerç amb Amèrica a tots els ports espanyols.
- Donar suport a la producció de béns i liberalitzar el procés de fabricació.
- Establir aranzels per defensar-se de la competència exterior.
- Imposar l'autoritat reial sobre l'Església (expulsió dels jesuïtes).
- Crear escoles d'ensenyament primari i reformar les universitats.

Carles III signa el decret de llibertat de comerç amb Amèrica (1778).

@ Amplia a la xarxa...

Per saber-ne més del Despotisme Il·lustrat de Carles III, entra a: www.tiching.com/747680

C EL CREIXEMENT DEL SEGLE XVIII

El segle XVIII va ser un període de creixement demogràfic i expansió econòmica a Espanya. La **població va augmentar** en tres milions d'habitants, cosa que va fer incrementar la demanda i va estimular la producció de béns.

La principal ocupació de la població era l'agricultura, i un seguit de millores agrícoles, com ara l'ampliació de l'espai conreat, la introducció de nous conreus, l'expansió del regadiu i l'augment de la viticultura, van permetre l'increment de la **producció agrícola**.

La **protecció de les manufactures** va estimular l'augment de la producció i la **liberalització del comerç** va permetre l'expansió del comerç d'ultramar a partir de les companyies comercials.

Tot i això, no es va resoldre el principal obstacle per al desenvolupament industrial: l'**escassa demanda**, conseqüència de la pobresa de la pagesia. Per aquest motiu, els il·lustrats insistien en la necessitat de la **reforma agrària**.

EL CREIXEMENT DE LA POBLACIÓ ESPANYOLA AL SEGLE XVIII

Any	Població	Taxa de creixement (%)
1717	7 500 000	–
1768	9 309 000	0,42
1787	10 410 000	0,59
1797	10 541 000	0,13

1. Quina era la situació econòmica i social d'Espanya al començament del segle XVIII? Quins n'eren els problemes principals?
2. Qui van ser els il·lustrats espanyols? En pots esmentar uns quants? Quins objectius tenien i quines propostes van fer? Amb quines dificultats es van trobar?
3. Per què el rei Carles III està considerat un dèspota il·lustrat? Quines reformes va portar a terme? Quins en van ser els resultats?

Posa't en lloc seu

4. Imagina't que ets en Jovellanos i que el Consell de Castella t'ha demanat el teu punt de vista sobre les reformes que necessita el camp espanyol per millorar l'agricultura:
   - Escriu un petit informe en què enumeris les reformes que proposes i els beneficis que derivaran de cada una.
   - Recorda què era la Mesta i explica per quin motiu Jovellanos va insistir tant en la conveniència de suprimir aquesta institució.

7 La Catalunya del segle XVIII

L'empremta per refer el país

Com a resposta a la repressió cultural, la societat civil catalana va impulsar la creació de noves institucions dedicades al foment de les lletres i les ciències, les quals van recollir el nou esperit il·lustrat europeu.

D'aquesta manera, amb la voluntat de contribuir al desenvolupament cultural i de modernitzar l'economia del país, es van crear una sèrie d'**institucions econòmiques** (Junta de Comerç), **acadèmies** (de Bones Lletres, de Ciències Naturals, d'Art, de Medicina...) i **escoles** (de Nàutica, de Comerç...). Aquestes institucions estaven impulsades per la naixent burgesia de negocis i tenien finalitats eminentment pràctiques.

El caràcter fonamentalment aplicat de la Il·lustració a Catalunya, amb un predomini del pensament mercantilista i industrialista, diferia força dels interessos dels il·lustrats espanyols, més agraristes i vinculats a l'absolutisme reformista.

Entre els il·lustrats catalans van destacar **Jaume Caresmar** i **Antoni de Capmany**, que van defensar un projecte de modernització econòmica de Catalunya basat en el desenvolupament comercial.

Un creixement demogràfic modern

El segle XVIII va ser una etapa de creixement econòmic i demogràfic. La població de Catalunya va passar de 700 000 habitants l'any 1717 a 1 200 000 el 1787, com a conseqüència de la davallada de la mortalitat i d'un notable augment de la natalitat.

Aquesta etapa d'expansió va anar acompanyada d'una **urbanització creixent**; Barcelona va superar els 100 000 habitants al final del segle.

Cap al 1725 Catalunya va iniciar un procés de transformació econòmica que va assentar les bases del progrés industrial del segle XIX.

L'especialització agrària, el desenvolupament de les manufactures tradicionals, el sorgiment d'una nova indústria cotonera, basada en l'estampació d'indianes, i la consolidació d'una economia de mercat orientada a l'exportació van ser els eixos d'aquesta modernització.

Una visió de Catalunya

Els catalans són els pobles més industriosos d'Espanya. Manufactures, pesques, navegació, comerç, assentament, són coses a penes conegudes a altres províncies de la Península en relació amb els catalans (...). Els camps es conreen, la població augmenta, els cabals creixen i, en definitiva, sembla ser aquella una nació a mil llegües de la gallega, de l'andalusa i de la castellana.

Però no són gaire tractables. Només dedicats als seus guanys i al seu propi interès. I és per això que són anomenats els holandesos d'Espanya.

José CADALSO: *Cartas marruecas*, 1789.

1. Quina visió dóna l'autor del text de la Catalunya de darreries del segle XVIII?

LA POBLACIÓ A CATALUNYA (1717-1797)

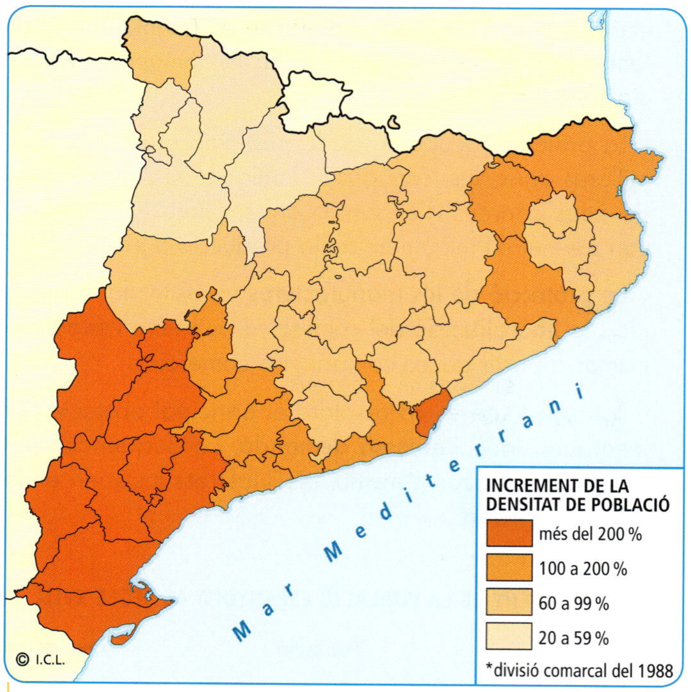

2. A quines zones de Catalunya hi va haver un major creixement de la població? Explica'n les causes.
3. Quines conseqüències va tenir en el territori aquest augment demogràfic?

@ Amplia a la xarxa...

Per saber-ne més sobre la Il·lustració, entra a: www.tiching.com/73042

PER QUÈ CATALUNYA VA COMENÇAR A INDUSTRIALITZAR-SE?

Els canvis en la producció de béns que es van produir al llarg del segle XVIII van transformar l'economia del país. Al final de la centúria, la producció catalana s'orientava més cap a la comercialització als mercats que no pas al consum propi dels productors.

Al camp es van introduir nous conreus i va augmentar la superfície conreada. Però el factor més important va ser l'**especialització vitivinícola**, que va permetre incrementar els rendiments. Així, els vins i els aiguardents catalans es van dirigir fonamentalment cap al **mercat interior** però també a l'**exportació** (Amèrica).

Aquestes millores van ser estimulades per l'existència de l'**emfiteusi**, un contracte agrari estable i a llarg termini que, a canvi d'un cens anual (pagament), permetia al pagès quedar-se una bona part dels rendiments agraris i que la terra passés de pares a fills.

L'augment de les rendes agrícoles va possibilitar el creixement de les **manufactures de llana i de cotó**, i també les de la pell, el ferro i el paper. A més, un conjunt d'impostos a la importació (aranzels) van estimular les indústries locals.

Finalment, alhora amb el creixement dels **intercanvis comercials**, la **llibertat de comerç** amb Amèrica va permetre l'expansió de les companyies comercials i dels mercaders que negociaven amb els productes de les colònies (cafè, tabac, sucre), entre els ports catalans i els americans.

La vinya i l'aiguardent

L'expansió del conreu de la vinya es va fer amb l'establiment de nous colons mitjançant el contracte de **rabassa morta**, que permetia al pagès l'usdefruit de la terra mentre el cep era viu.

Molts pagesos també van especialitzar-se en la **destil·lació d'aiguardents**, per la senzillesa del procés d'elaboració. D'aquesta manera, els aiguardents van esdevenir el primer producte d'exportació de Catalunya.

LA INDÚSTRIA CATALANA DEL SEGLE XVIII

L'expansió agrícola va fer créixer el nombre de masos al camp català, molts dels quals van augmentar les seves estances i van afegir-hi noves instal·lacions agrícoles.

4. Quina evolució va seguir la població catalana al llarg del segle XVIII?

5. Quines van ser les transformacions que va conèixer l'economia catalana al segle XVIII? Quin paper van tenir-hi la vinya i l'aiguardent?

6. Fitxa't en el mapa de la indústria catalana. Quines zones van conèixer un incipient desenvolupament industrial al segle XVIII? Amb quines indústries? Esbrina què eren els camins rals i descriu quins foren els més importants. Coincideixen amb la xarxa de carreteres actual?

8 Del refinament rococó al racionalisme neoclàssic

ART I SOCIETAT

Durant el segle XVIII es va estendre per Europa l'estil rococó, que reflectia els gustos refinats de l'aristocràcia.

La difusió de les idees il·lustrades i el descobriment d'importants jaciments arqueològics de l'antiguitat grecoromana van ajudar a configurar un nou art, el neoclassicisme, que es va expandir al principi del segle XIX.

Decoració rococó de la sala Gasparini del Palau Reial de Madrid.

A L'OSTENTACIÓ DE L'ESTIL ROCOCÓ

Aquest estil es caracteritza per una estètica, elegant i refinada, que busca essencialment la bellesa sensual i el plaer visual, més que no pas l'expressió de sentiments o de l'espiritualitat.

L'aristocràcia va convertir la decoració dels palaus en una mostra d'ostentació i de riquesa. La decoració dels interiors presenta una **ornamentació profusa** basada en les línies ondulants i en l'asimetria.

A **Catalunya** destaca Francesc Tramulles com un gran pintor i muralista.

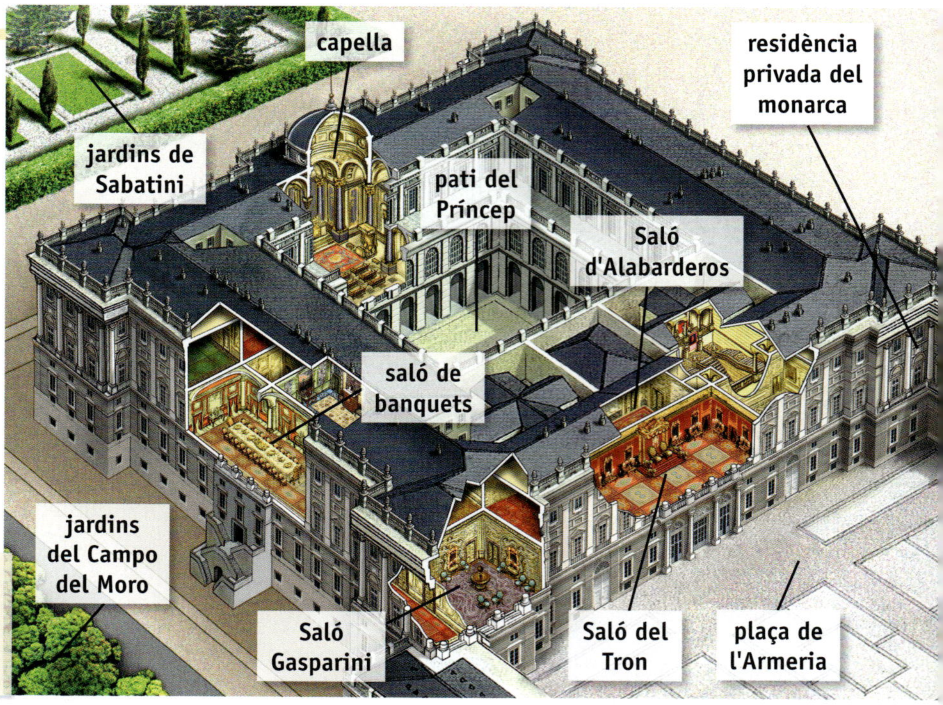

El Palau Reial de Madrid, d'estil barroc-rococó, es va construir seguint el model francès del Palau de Versalles. El gust rococó es pot veure en la decoració d'alguns dels salons.

Il Canaletto: *El Gran Canal des de San Vio, Venècia*, cap al 1723-1724. El pintor mostra vistes idíl·liques de la ciutat de Venècia.

MemoArt: La pintura

- La pintura va reflectir l'ambient refinat i despreocupat de les classes privilegiades.
- S'utilitzaven colors clars com ara el gris, el verd poma, el blau cel, el rosa pàl·lid i el beix.
- El predomini del color sobre el dibuix va afavorir el desenvolupament d'una nova tècnica: el **pastel**.
- Van destacar J.A. Watteau i J.H. Fragonard a França, Il Canaletto i G.B. Tiepolo a Itàlia i T. Gainsborough a la Gran Bretanya.

J. H. Fragonard: *La carta d'amor*, cap al 1770. Obra que reflecteix la vida de la noblesa francesa del segle XVIII.

B EL RETORN AL CLASSICISME

Després dels excessos decoratius del rococó, es va imposar el neoclassicisme, que va significar un retorn a la **sobrietat** i a la **racionalitat** de l'art clàssic, més en sintonia amb la nova mentalitat burgesa que començava a imperar a Europa.

L'arquitectura es va inspirar essencialment en els **models grec i romà** (columnes, arcs, cúpules, frontons, pòrtics, etc.) i va rebutjar l'ornamentació rococó, tan recarregada. Cal destacar la construcció d'**edificis públics** com ara biblioteques, panteons, portes o museus.

PANTEÓ DE PARÍS

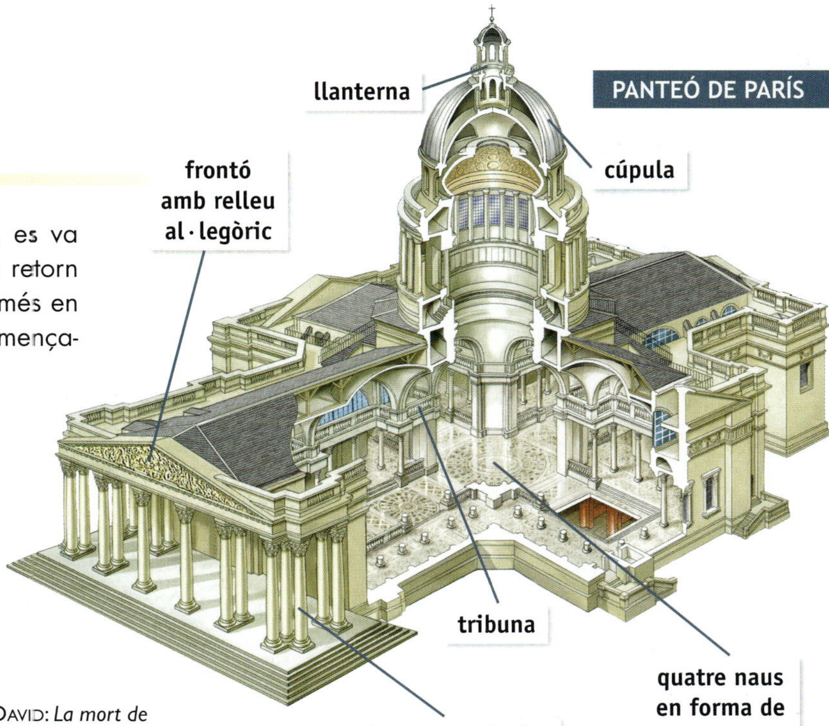

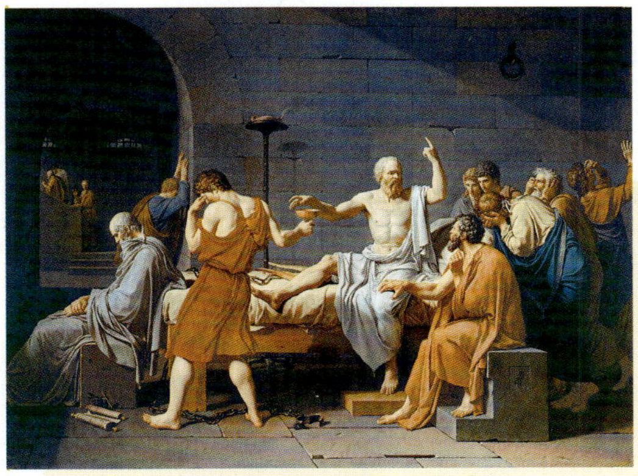

J. L. DAVID: *La mort de Sòcrates*, 1787.

Els pintors es van inspirar en l'ordre i en l'equilibri de l'antiguitat i van mostrar predilecció per la temàtica mitològica i històrica per transmetre valors amb intenció moralitzant. Els més rellevants van ser els francesos J. L. David i J. A. Ingres.

Els escultors es van centrar, sobretot, en la temàtica mitològica, tot i que també es van prodigar en el retrat i en el monument funerari. L'artista perseguia la bellesa i la perfecció, i els materials més habituals eren el marbre i, en un menys grau, el bronze.

A. CANOVA: *Paulina Borghese com a Venus vencedora*, 1805-1808.

FITXAART

Observa el Panteó de París:

a) **Identificació.** Esbrina on es troba i quan el van construir.

b) **Descripció arquitectònica.** Quina forma té la planta? Dibuixa-la i descriu-la. Enumera tots els elements que pertanyen a l'arquitectura clàssica. Quins són característics de l'arquitectura renaixentista?

c) **Relació entre art i societat.** Compara aquest temple amb el Palau Reial de Madrid i raona per quin motiu el Palau és representatiu del gust aristocràtic i el Panteó respon al racionalisme il·lustrat de la burgesia.

1. Sintetitza les característiques de l'art rococó i justifica per què és l'art de l'aristocràcia.

2. Descriu el Palau Reial de Madrid. Quin estil arquitectònic té? En quin edifici es van inspirar per construir-lo?

3. Fixa't en la pintura de J. L. David. Qui és el personatge central de l'obra? Informa't sobre el tema tractat i explica quin moment mostra la pintura.

Aprecia l'art

4. Les pintures de Fragonard i de David mostren concepcions de l'art molt diferents. Observa-les atentament:
   - Quin missatge pretén transmetre cada una? Amb quina t'identifiques més? Per què?
   - Troba dos adjectius per a cada una de les pintures que reflecteixin l'efecte que t'han provocat.

COMPLETA EL MAPA CONCEPTUAL

Amb la informació del tema, completa al teu quadern l'esquema següent:

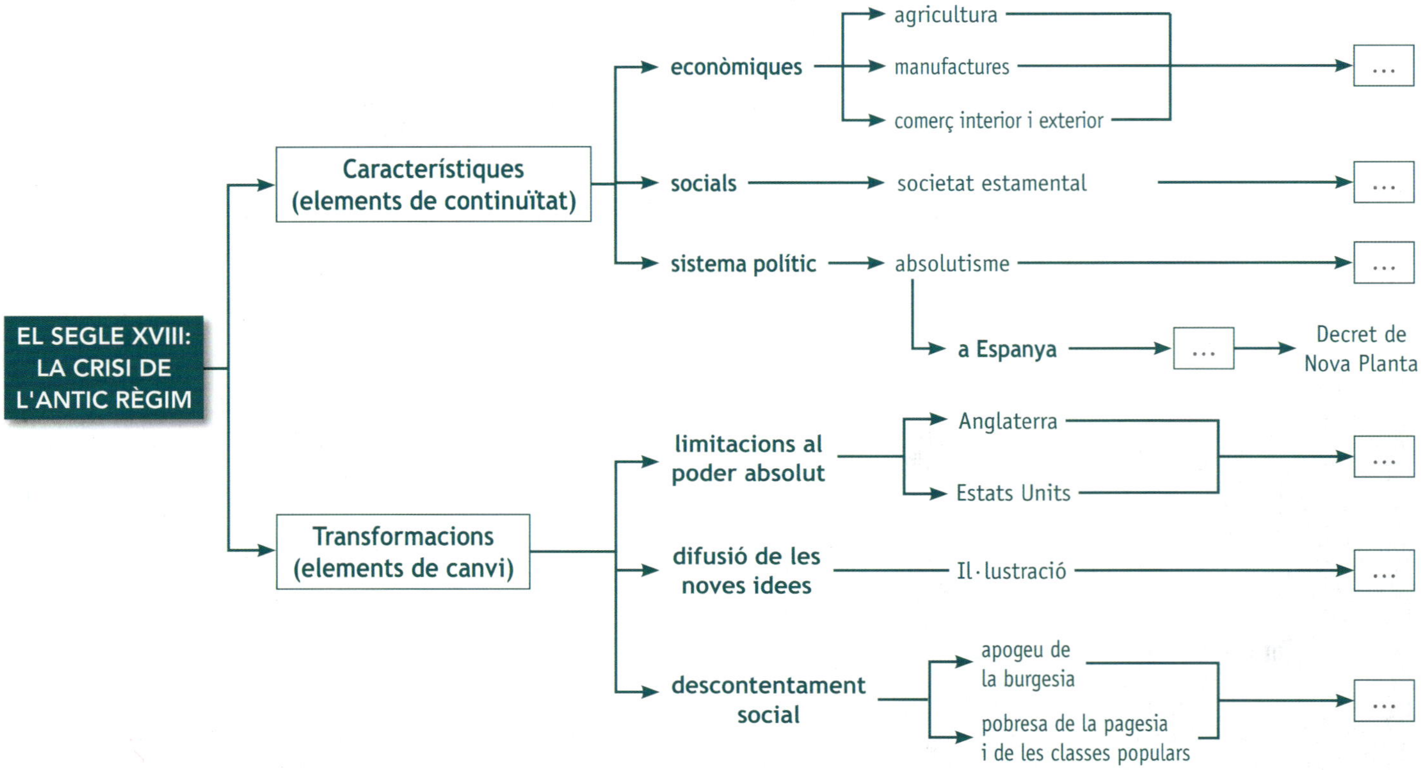

1 CONSOLIDA EL QUE HAS APRÈS

a) Què entenem per Antic Règim? Per què va entrar en crisi al segle XVIII?

b) Què va ser la Il·lustració? Quines idees defensaven els il·lustrats? Què pretenia l'*Enciclopèdia*?

c) Quins Estats van ser els primers a adoptar un sistema polític parlamentari? Com ho van aconseguir?

d) Explica les diferències entre un règim polític absolutista i un règim parlamentari.

e) Com va arribar la dinastia dels Borbó a Espanya? Explica breument el conflicte que va provocar. Què va significar la derrota del 1714 per a Catalunya?

f) Quin tipus d'Estat van implantar els Borbó? Quines mesures reformistes va adoptar el rei Carles III?

2 IDENTIFICA ELS PERSONATGES

- Rei Sol
- Washington
- Jovellanos
- Caterina de Rússia
- arxiduc Carles d'Àustria
- Felip V d'Espanya
- Voltaire
- Diderot
- Cromwell

3 DEFINEIX CONCEPTES CLAU

- estament
- manufactura
- Il·lustració
- rococó
- divisió de poders
- comerç triangular
- Decret de Nova Planta
- Despotisme Il·lustrat
- mercantilisme
- *habeas corpus*
- fisiocràcia
- emfiteusi

4 ESTABLEIX EN QUIN ANY VA SUCCEIR

Tractat d'Utrecht • execució de Carles I d'Anglaterra • independència dels Estats Units • Constitució americana • publicació de l'*Enciclopèdia* • Guerra de Successió • llibertat de comerç amb Amèrica

5 EXPLICA LES DIFERÈNCIES

- Cambra dels Lords / Cambra dels Comuns
- monarca absolut / dèspota il·lustrat

CONTESTA LA PREGUNTA INICIAL

Per què les idees de la Il·lustració i el desenvolupament econòmic del segle XVIII van fer entrar en crisi l'Antic Règim?

APRÈN A... COMENTAR UNA AL·LEGORIA

Frontispici (il·lustració decorativa del full que precedeix la pàgina del títol) de l'*Enciclopèdia*, 1772.

Una al·legoria és un recurs utilitzat pels artistes per representar una idea abstracta a partir de personatges o objectes que l'exemplifiquen.

1. Identificació i presentació

- D'on prové aquesta il·lustració? Quan es va fer? Què és el frontispici d'un llibre?
- La imatge és un gravat. Saps en què consisteix aquesta tècnica?

2. Descripció i anàlisi

- Descriu de manera general i sintètica l'al·legoria.
- Identifica què representa cadascuna de les imatges assenyalades amb un nombre i descriu-les.
- Quin és el personatge central? On se situa? Com s'organitzen la resta de personatges de la composició?
- Quin marc arquitectònic hi apareix? Descriu-lo i relaciona'l amb un dels estils artístics estudiats al tema.

3. Comprensió del missatge

- Quin missatge penses que vol transmetre l'artista? A quin públic anava adreçada l'obra?
- Trobes que reflecteix l'esperit de l'*Enciclopèdia* i, en general, de la Il·lustració? Raona la resposta explicant el context històric en el qual l'obra es va publicar.

4. Fes-ho tu mateix

- Imagina que vols representar mitjançant una al·legoria alguna idea abstracta com ara l'amistat. Com la representaries? Fes-ho amb un dibuix.

1. Una noia que representa la Veritat.
2. Dos personatges, la Raó i la Filosofia, l'ajuden a treure's el vel.
3. Llum brillant que emana de la Veritat.
4. La Imaginació lliura una garlanda a la Veritat.
5. Figura que representa la Geometria.
6. Figures que representen les arts i les ciències (Astronomia, Física, Òptica, Botànica, Química i Agricultura), acompanyades d'instruments específics de cada camp.

RAONA HISTÒRICAMENT

Canvi i continuïtat. El segle XVIII va ser una època de transició entre el vell món aristocràtic i el nou món burgès.

Enumera alguns elements que exemplifiquin la continuïtat del segle XVIII amb el període anterior i alguns elements que mostrin el canvi que s'acosta.

Argumenta. Què significa que la producció catalana del segle XVIII va passar a orientar-se més a la comercialització que no pas al consum propi?

Causalitat. Quin paper va tenir la Il·lustració en la crisi de l'Antic Règim? I la burgesia?

1 Organització de la informació. Antic Règim i Il·lustració

	Antic Règim	Idees il·lustrades
Formes de govern	...	...
Economia	...	...
Organització social	...	...
Paper de la religió	...	...

a) Completa aquest quadre al teu quadern i, a continuació, defineix què va ser l'Antic Règim i en què va consistir la Il·lustració.

2 Fonts iconogràfiques. Imatges de l'Antic Règim

a) Identifica en aquesta lliçó totes les imatges que mostren una crítica a l'Antic Règim:

- Descriu cadascuna de les imatges.
- Explica quin aspecte es critica, en què es basa la crítica i quins recursos s'han utilitzat.

b) Busca també dues imatges que siguin una descripció commemorativa d'un esdeveniment:

- Quin fet es commemora? Com ha volgut recordar-lo el pintor. Et sembla que va passar exactament com es va pintar?

3 Fonts documentals. L'esclavitud

En primer lloc, tothom sap que una gran quantitat de captius de guerra serien massacrats cruelment si no hi hagués la sortida de vendre'ls als europeus. (...)

En segon lloc, quan els porten a la seva destinació, generalment hi porten una vida millor i més còmoda que la que tenien al seu propi país. La raó és ben clara: com que els propietaris en paguen preus molt alts, els convé donar-los el millor tracte possible.

En tercer lloc, la feina d'aquests esclaus ha fet tant de bé a les colònies angleses (...), sobretot en aquelles illes amb plantacions de sucre. Com que aquestes illes tenen un clima gairebé tan càlid com el de la costa de Guinea, els negres tenen més aptituds per treballar la terra que els blancs. (...)

En una paraula, puc assegurar que el bé que procura aquest comerç és molt més gran que tots els inconvenients que se li atribueixen. (...)

Guillaume Snelgrave: *Nova relació d'alguns indrets de Guinea i del comerç d'esclaus que hi té lloc*, 1735.

a) Com es justificava el tràfic d'esclaus en aquella època? Estàs d'acord amb aquesta visió? Quins interessos trobes que defensava?

b) Escriu un text que rebati les idees d'Snelgrave i que exposi els teus arguments a favor d'abolir l'esclavitud.

c) El tràfic d'esclaus del segle XVIII formava part del comerç marítim transoceànic. Amb quin nom es coneix? Quines rutes seguia? Quines mercaderies intercanviava?

4 Fonts gràfiques. El tràfic d'esclaus al segle XVIII

PAÏSOS PARTICIPANTS EN EL TRÀFIC D'ESCLAUS

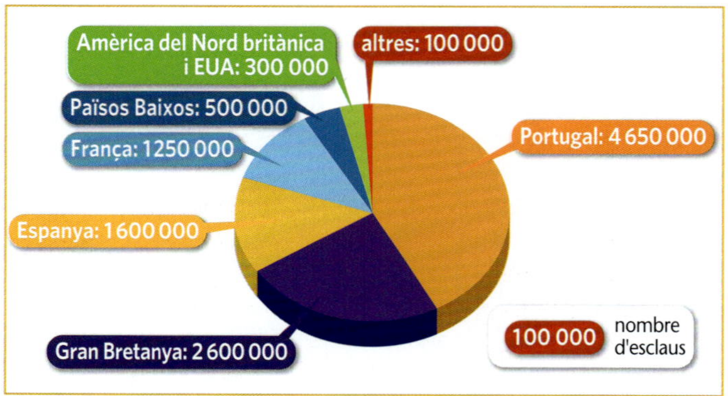

Destinació dels esclaus	Quantitat d'esclaus
Amèrica britànica i els EUA	500 000
Antilles britàniques	2 000 000
Antilles franceses	1 500 000
Antilles holandeses	500 000
Brasil	4 000 000
Imperi espanyol	2 500 000

a) Quins països van participar en el comerç d'esclaus? Quina posició hi ocupa Espanya?

b) Quants esclaus es calcula que van ser deportats a Amèrica durant el període de tràfic?

c) Quines regions d'Amèrica van ser les principals receptores d'esclaus? Justifica per què aquest fenomen es coneix com a "tràfic atlàntic".

d) Quines feines feien els esclaus al lloc de destinació?

5 Espai i temps. Europa al segle XVIII

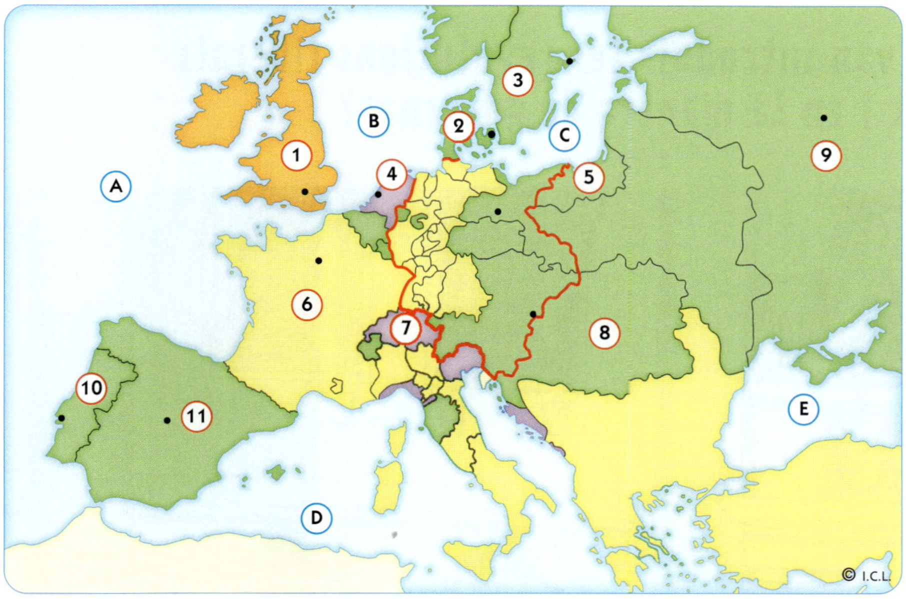

a) Indica el nom dels mars indicats amb les lletres A, B, C, D i E.

b) Quin Estat es correspon amb cadascun dels nombres del mapa?

c) Indica el nom de les capitals assenyalades amb un punt.

d) Quina era la gran monarquia absoluta d'Europa? I els grans imperis?

e) A quins Estats hi havia monarquies il·lustrades?

f) Quins Estats tenien una monarquia amb poders limitats?

g) Compara aquest mapa amb l'actual i digues dos Estats que al segle XVIII estaven molt fragmentats i avui dia estan unificats.

WWW. ESPAI WEB

6 Investigació. La bandera dels EUA

El 1776 la bandera dels Estats Units tenia tretze línies vermelles i blanques, per les tretze colònies independitzades, però mantenia les creus de sant Jordi i de sant Andreu, que la vinculaven amb la Gran Bretanya.

Utilitza un cercador i esbrina a la xarxa:

a) Quan es van substituir, les creus? A què es va deure aquest canvi?

b) Com és l'actual bandera dels Estats Units? Quantes estrelles té? A què corresponen aquest nombre d'estrelles?

c) Explica el procés pel qual es van anar afegint estrelles i assenyala quan i com es van produir aquestes incorporacions.

d) A quines pàgines web has trobat les respostes? Penses que són una font d'informació fiable?

7 Fonts digitals. La indústria de l'aiguardent a la Catalunya del segle XVIII

La coneguda frase "Reus, París, Londres..." fa referència a la indústria de l'aiguardent del segle XVIII.

Consulta a www.tiching.com/751352/751353 i contesta:

a) Quin sentit es va donar a aquesta frase en relació al comerç de l'aiguardent al segle XVIII?

b) Per què moltes comarques de les terres de Catalunya, com el Baix Camp, van especialitzar-se en el conreu de la vinya?

c) Com va evolucionar la comercialització de vins i aiguardents al segle XVIII?

d) Com va influir l'especialització vitícola en el posterior desenvolupament industrial de Catalunya?

REPTES A LA XARXA

DETECTIU DEL PASSAT: Troba les set diferències.

ACTIVITATS AUTOCORRECTIVES: Resol aquestes activitats i repassa el que has après.

www.vvd.link/012138/1

2 L'ÈPOCA DE LES REVOLUCIONS LIBERALS (1789-1871)

Quins canvis van introduir les revolucions liberals en la societat i en la manera de governar?

REVOLUCIÓ FRANCESA	PERÍODE NAPOLEÒNIC: CONSULAT / IMPERI	RESTAURACIÓ ABSOLUTISTA I REVOLUCIONS LIBERALS	UNIFICACIONS NACIONALS
1790	1800 – 1810	1820 – 1830 – 1840	1850 – 1860 – 1870

1789 Presa de la Bastilla (14 juliol)
Declaració dels Drets de l'Home i del Ciutadà (26 agost)

1804 Napoleó Bonaparte, emperador

1811 Màxima expansió de l'Imperi napoleònic

1815 Congrés de Viena
Santa Aliança

1830 Revolució liberal a França

1848 Revolucions democràtiques a França i en altres països de l'Europa occidental

1848 Revolucions liberals i nacionalistes a l'Imperi austríac

1870 Unificació italiana

1871 Unificació alemanya

Enfrontaments a París durant la revolució del 1848.

Durant la primera meitat del segle XIX es van estendre per Europa les revolucions liberals, el referent de les quals era la Revolució francesa del 1789.

Aquestes revolucions van significar la fi de l'absolutisme i dels privilegis estamentals, així com la construcció d'una nova societat basada en la igualtat dels ciutadans davant la llei.

El nou sistema polític es va fonamentar sobre una Constitució legitimada per la sobirania nacional (dret al sufragi).

El liberalisme també defensava el dret dels pobles a constituir un Estat propi. D'aquesta manera, el desmembrament dels vells Imperis va donar lloc al sorgiment de nous Estats.

Què en sabem?

- Quin país va ser el centre del fenomen revolucionari? A quins altres països europeus es va estendre?
- Quins canvis polítics van comportar aquestes revolucions liberals? Saps què és una Constitució?
- Analitza l'eix cronològic. Indica les principals etapes entre el 1789 i el 1871 i els esdeveniments més significatius de cada etapa.

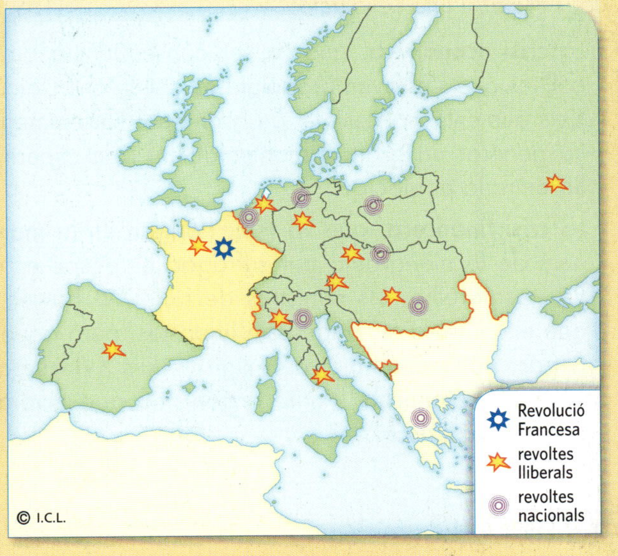

1 PREGUNTA CLAU

Per què va esclatar una revolució a França?

La difusió dels nous ideals propugnats per la Il·lustració, el desenvolupament de la burgesia al segle XVIII i l'exemple de la revolució americana van estimular els anhels de canvi a Europa.

Una onada revolucionària, que es va iniciar a França l'any 1789, es va estendre per tot Europa al llarg de la primera meitat del segle XIX, per posar fi a l'absolutisme i l'Antic Règim. Van ser les anomenades revolucions liberals. Els revolucionaris aspiraven a eliminar els privilegis feudals, a participar en la vida política i a aconseguir que tots els ciutadans fossin considerats lliures i iguals.

Quins factors van coincidir a la França del 1789 perquè esclatés una revolució que es va convertir en un model per a la resta d'Europa?

A L'IMPACTE DE LA IL·LUSTRACIÓ I LA REVOLUCIÓ AMERICANA

Declaració d'Independència dels Estats Units d'Amèrica i la seva Constitució (1787) defensaven els drets inalienables del ciutadà, la separació de poders, els principis d'igualtat i llibertat i el dret d'elegir els governants. Aquests ideals coincidien amb els que la Il·lustració difonia a Europa i que havien penetrat entre les elits culturals i la nova burgesia.

Els **principis il·lustrats** i l'exemple de la **revolució americana** van aportar a la burgesia les noves idees per enfrontar-se amb l'absolutisme i la societat estamental, i van proposar noves formes d'organització social i de govern. Tot això va propiciar el cicle revolucionari que es va iniciar a França l'any 1789.

A. COUDER: *El setge de Yorktown*, 1836 (detall). L'any 1777, el francès marquès de La Fayette va marxar cap a Amèrica per donar suport a la insurrecció contra Gran Bretanya.

B LA CRISI SOCIAL I ECONÒMICA

A finals del segle XVIII, el **Tercer Estat** o poble planer —compost per la burgesia, els camperols i els artesans— aspirava a profundes reformes socials. Els camperols (el 80% de la població) s'oposaven a les feixugues càrregues feudals imposades pels senyors. Els burgesos aspiraven a la fi dels privilegis de què gaudien la noblesa i el clero, a la llibertat de comerç i de negocis i a poder participar en la vida política.

Amb aquest descontentament com a teló de fons, la coincidència el 1789 de dues greus crisis econòmiques va provocar l'esclat d'una revolució:

- La **crisi econòmica**, que va ser conseqüència de les males collites que s'estaven produint des del 1760. L'alça del preu dels aliments, sobretot el pa, principal sosteniment popular, va generar un gran descontentament i un esperit de rebel·lia entre la població.
- La **crisi financera**, que va tenir l'origen en la manca de diners de la monarquia per sufragar les despeses de l'Estat. Per resoldre-ho, els ministres de Lluís XVI havien proposat que els privilegiats paguessin impostos, però aquests es van negar a acceptar-ho i van exigir a Lluís XVI que convoqués els **Estats Generals**, l'únic organisme que podia aprovar una reforma fiscal.

LA COLLITA I EL PREU DEL BLAT

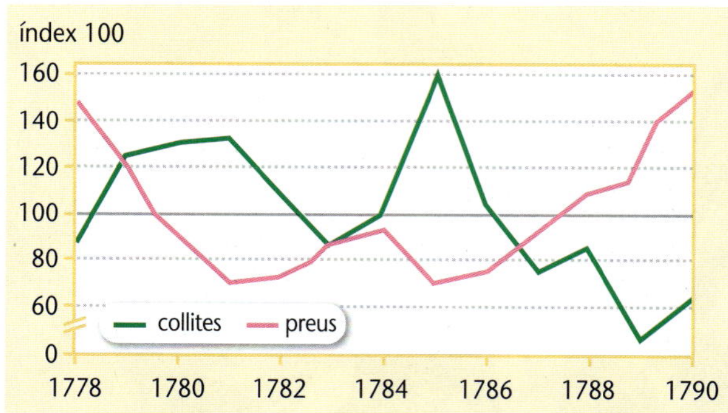

El descontentament de la burgesia

Els burgesos havien rebut més bona educació que els nobles, però aquests nobles, per naixement i riquesa, obtenien els primers llocs de l'Estat sense tenir mèrit ni talent, mentre que els burgesos estaven destinats a consumir-se en feines subalternes. (...)

La burgesia era superior en riqueses, talent i mèrit personal (...) i, malgrat que sentia aquesta superioritat, era humiliada a tot arreu.

Marquès de Bouillé, 1796 (adaptació).

C 1789: L'ESCLAT REVOLUCIONARI

Els **Estats Generals** es van obrir a Versalles el maig del 1789, presidits pel rei i formats pels representants de la noblesa, el clero i el Tercer Estat. La negativa dels privilegiats (noblesa i clero) a acceptar una representació més gran del Tercer Estat i que el vot fos per persona i no per estament va fer que els diputats del poble planer decidissin abandonar la reunió.

Reunits en un pavelló de Versalles (*Jeu de Paume*), els representants del Tercer Estat es van erigir en **Assemblea Nacional** (representants de la nació) i es van comprometre a elaborar una constitució que reflectís la voluntat de la majoria dels francesos.

El poble de París va secundar les propostes de l'Assemblea i el 14 de juliol va assaltar la presó de la Bastilla. La revolució es va estendre al camp, on es van cremar residències nobiliàries (Gran Por).

Atemorit per la situació, a la tardor del 1789, Lluís XVI va acceptar l'Assemblea Nacional, que havia de convertir França en una monarquia constitucional i posar fi a l'Antic Règim.

Assalt a la presó de la Bastilla, que simbolitzava el poder absolut i arbitrari del rei.

D LES ETAPES DE LA REVOLUCIÓ

La Revolució va ser un procés llarg i complex que va superar els seus objectius inicials.

El rei i els sectors privilegiats (noblesa i clero) es van negar a acceptar els canvis proposats per l'Assemblea Nacional, i les classes populars van lluitar per aconseguir una igualtat social més gran. Per això, la Revolució va passar per diverses etapes:

- La **monarquia constitucional (1789-1792)**. Impulsada per la burgesia moderada, que aspirava a abolir l'Antic Règim, elegir un parlament per sufragi censatari i establir una constitució (liberalisme moderat).
- La **república social (1792-1794)**. La burgesia radical, empesa per les classes populars, va proclamar la república i va emprendre una transformació de la societat en un sentit democràtic (sufragi universal masculí) i igualitari (lleis socials).
- La **república conservadora (1794-1799)**. Davant la radicalització de la Revolució, la burgesia moderada va arribar al poder i va tornar a implantar el liberalisme moderat.

CRONOLOGIA DE LA REVOLUCIÓ

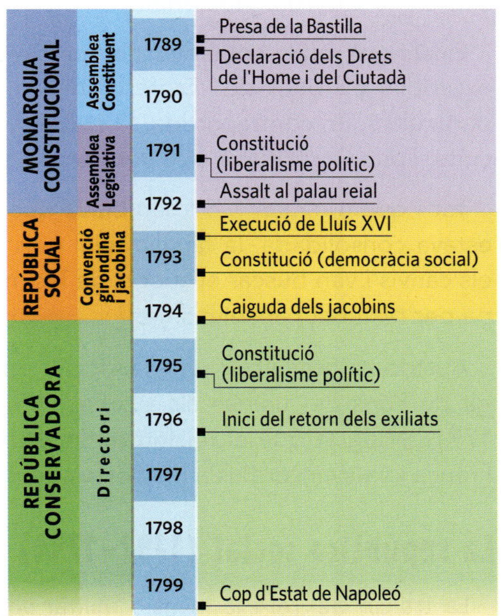

1. Quina influència van tenir la Il·lustració i la revolució americana en l'esclat de la Revolució francesa?
2. Observa el gràfic sobre el preu del blat i explica la seva evolució. Què va provocar la pujada del blat? En quin any va tenir el seu màxim? Quines conseqüències se'n van derivar?
3. Per què els manifestants van assaltar la Bastilla? Quin simbolisme va tenir aquest acte?
4. Quines etapes va conèixer la Revolució francesa? Què caracteritza cada una d'aquestes etapes?

Argumenta la resposta

5. Explica les causes de la Revolució, diferenciant entre les profundes i les conjunturals.
6. Argumenta per què la Revolució va esclatar l'any 1789. Quin creus que en fou el detonant?

2 El desenvolupament de la Revolució francesa

La monarquia constitucional (1789-1792)

A la primera etapa de la Revolució, la burgesia moderada va intentar arribar a un acord amb el rei i els privilegiats per convertir França en una monarquia constitucional i parlamentària. D'aquesta manera, l'**Assemblea Nacional Constituent*** va abolir els pilars de l'Antic Règim:

- Va decretar l'**abolició del feudalisme** (estaments, servitud personal, delmes...) i va promulgar la **Declaració de Drets de l'Home i del Ciutadà**, que reconeixia els drets i les llibertats individuals, així com la igualtat de tots els ciutadans davant la llei i els impostos (agost del 1789).
- Va promulgar una **Constitució (1791)** basada en la separació de poders, la sobirania nacional i la igualtat legal, malgrat que reservava al rei el **dret de vet***. Va establir el **sufragi censatari**, que donava el vot només als homes francesos que tinguessin més del 25 anys amb un nivell de riquesa determinat.

Després de l'aprovació de la Constitució es va formar una **Assemblea Legislativa**, que va elaborar noves lleis per implantar el liberalisme, va obligar la noblesa a pagar impostos i va abolir l'organització gremial. Per defensar la Revolució, es va crear un nou exèrcit: la **Guàrdia Nacional**.

Finalment, amb l'objectiu de solucionar la crisi financera, es van expropiar els béns de l'Església (desamortització) i es van vendre a particulars. En contrapartida, l'Estat es va comprometre a finançar el culte, i una Constitució civil del clero va separar l'Església i l'Estat.

Tot i que a mitjan 1791 semblava que la monarquia constitucional estava consolidada, la família reial i els privilegiats no van acceptar els canvis i van buscar el suport de les monarquies absolutes d'Europa per restablir l'absolutisme.

Àustria va organitzar un exèrcit per envair França i Lluís XVI va fugir de París per unir-se als austríacs (**Fugida de Varennes**, juny del 1791). Malgrat que el rei fou detingut, l'exèrcit austríac va entrar a França i va avançar fins a les portes de París (setembre del 1792).

La república social (1792-1794)

La traïció del rei i la invasió militar van provocar la revolta de les classes populars (*sans-culottes*). El 10 d'agost de 1792 es va produir l'assalt al palau reial de les Tulleries, es va empresonar la família reial i es va proclamar la república (setembre del 1792). Amb això s'iniciava la fase radical de la Revolució.

La Convenció Girondina (1792-1793)

La república va quedar en mans dels girondins, representants del sector més moderat de la burgesia. La nova assemblea es va anomenar **Convenció Nacional** i va ser elegida per sufragi universal masculí (dret a vot independentment de la riquesa).

La tasca de l'Assemblea Nacional

Els drets de l'home havien estat ignorats durant segles, i la nostra declaració els ha restablert per a tota la humanitat.

La nació no podia decretar lleis ni impostos, i se li ha restituït aquest dret. Els antics privilegis socials han estat destruïts i els drets senyorials han desaparegut.

Francesos, vosaltres heu estat elevats al rang de ciutadans, podeu fer totes les feines, sou iguals davant la llei, lliures de pensar, de parlar i d'escriure.

Nosaltres prosseguim la nostra tasca: redactar i oferir-vos una Constitució.

Proclama de l'Assemblea Nacional, 1790.

1. Quina tasca va dur a terme l'Assemblea Nacional? Justifica la seva transcendència històrica.

LA CONSTITUCIÓ DEL 1791

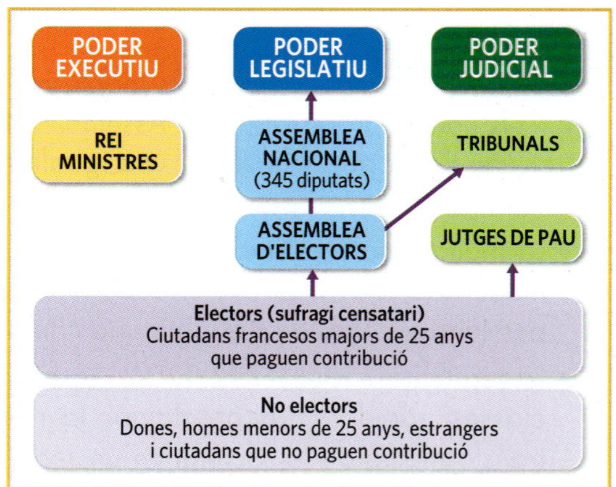

ELS GRUPS POLÍTICS A LA REVOLUCIÓ

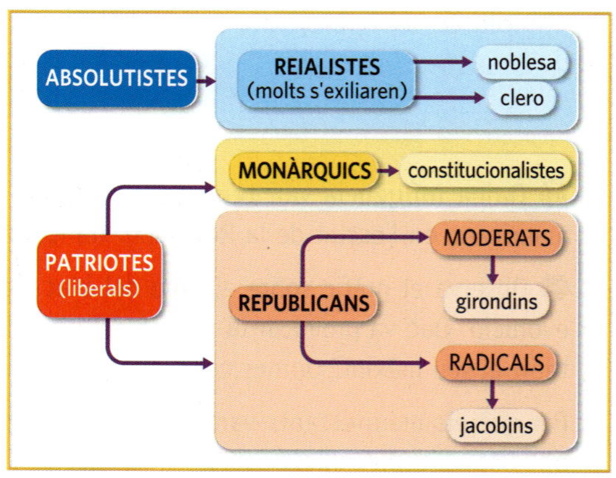

(1789-1799)

La Convenció va iniciar un judici contra Lluís XVI i la reina Maria Antonieta. Acusats de traïció, van ser condemnats a mort i executats a la guillotina (1793).

La mort del rei i la reina va provocar l'aliança de les monarquies europees, que van formar una **coalició absolutista** contra França, mentre que a l'interior del país van esclatar nombroses **revoltes contrarevolucionàries** i **conspiracions reialistes** protagonitzades pels antics privilegiats.

La Convenció Jacobina (1793-1794)

El juny del 1793, els jacobins, el sector més radical de la burgesia, van fer seves les demandes dels sectors populars, van aconseguir el poder i la Revolució va entrar en la seva fase més extrema.

Es va promulgar una **nova Constitució** que reconeixia la sobirania popular (sufragi universal masculí) i el dret a la igualtat social. L'executiu va quedar en mans d'un **Comitè de Salvació Pública**, que va atorgar el poder a **Robespierre**, un dirigent jacobí.

Per fer front a la invasió austríaca es va organitzar una **lleva en massa**, que obligava tots els ciutadans a enrolar-se a l'exèrcit, i per posar fi als conspiradors es va impulsar la política del **Terror**.

El Comitè va suspendre les llibertats i uns tribunals revolucionaris castigaven amb presó o mort a la guillotina els qui s'oposaven al govern (**Llei de sospitosos**).

Amb l'objectiu de satisfer les demandes dels sans-culottes, es van promulgar una sèrie de **lleis socials**: el control dels preus i els salaris (**Llei del màximum**), la distribució de béns dels contrarevolucionaris entre els indigents, la venda de les terres del clero i la instrucció obligatòria.

El Terror i l'actuació dictatorial del govern van provocar l'oposició de bona part de la població i, el juliol del 1794, un cop d'Estat va posar fi al govern jacobí. Robespierre i altres líders jacobins van ser executats a la guillotina.

La república conservadora: el Directori (1794-1799)

La burgesia moderada va tornar a prendre el control de la Revolució, que va entrar en la seva tercera i última fase. Es van anul·lar les lleis jacobines i es va promoure el **retorn dels exiliats** a causa del Terror. La Constitució de 1795 va atorgar el poder executiu a un govern col·legiat (**Directori**) i va restablir el sufragi censatari.

El nou Directori va viure en una inestabilitat permanent, perquè va haver de fer front a l'oposició tant de l'aristocràcia, que pretenia instaurar la monarquia i recuperar els seus privilegis, com de les classes populars, que donaven suport al retorn dels jacobins. No va ser capaç de resoldre els conflictes polítics.

En aquest context de crisi i en plena guerra contra les potències absolutistes, el 1799, un jove general, **Napoleó Bonaparte**, va protagonitzar un cop d'Estat que va posar fi al Directori.

La igualtat social

La societat està obligada a assegurar la subsistència de tots els seus membres, ja sigui procurant-los feina, ja sigui garantint els mitjans de subsistència als qui estan incapacitats per treballar. L'ajuda a aquells que no tenen el mínim indispensable és una obligació per als qui posseeixen allò superflu.

Discurs de Robespierre, 21 d'abril de 1793.

2. Què proposa l'autor del text? Justifica per què Robespierre va tenir el suport dels *sans-culottes*.

El dirigent jacobí Marat és enaltit pels *sans-culottes*.

3. Observa l'esquema sobre la Constitució del 1791 i explica com s'organitzava el poder. Estableix tres diferències fonamentals amb l'absolutisme de Lluís XVI.
4. Explica quins grups polítics van sorgir durant la Revolució.
5. @ Qui eren els *sans-culottes*? Quin paper van tenir en la Revolució? Quines eren les seves demandes? Esbrina a Internet per què se'ls donava aquest nom.
6. Completa el quadre al teu quadern:

Revolució francesa	Fase 1	Fase 2	Fase 3
Període	...	...	...
Grup dirigent	...	...	...
Tasca de govern	...	...	...
Problemes	...	...	...
Causes de la caiguda	...	...	...

PROTAGONISTES DE LA HISTÒRIA

3 Olimpia de Gouges i els drets de la dona

Les dones van participar activament en la Revolució francesa i algunes van començar a reivindicar la igualtat de drets amb els homes. Entre elles va sobresortir Olympe de Gouges, que va elaborar una Declaració de Drets de la Dona i de la Ciutadana.

Tanmateix, el desenvolupament de la Revolució francesa no va preveure la igualtat entre tots dos sexes i va privar les dones de la majoria dels drets socials i polítics que havien reconegut als homes, com, per exemple, el dre a vot i la igualtat jurídica.

A L'IMPULS DE LES DONES A LA REVOLUCIÓ

El 5 d'octubre de 1789, les dones de París, armades amb piques i dagues, van marxar cap a Versalles, on residia la família reial. El seu objectiu era protestar per la mancança de pa i exigir al rei la signatura del decret d'abolició de la feudalitat.

La seva actuació va obligar el rei a abandonar Versalles i traslladar-se al Palau de les Tulleries, a París.

La marxa de les dones a Versalles, 1789.

Olympe de Gouges

Olympe de Gouges era membre d'una família de la petita burgesia i va rebre una educació il·lustrada. Va escriure nombrosos textos i obres de teatre en defensa dels drets polítics i civils de les dones.

Amb l'esclat de la Revolució es va posicionar al costat dels revolucionaris, però es va indignar en constatar que la Constitució del 1791 no atorgava el dret a vot a les dones.

Per fer pública la seva posició, va escriure un projecte de Declaració de Drets de la Dona i de la Ciutadana va prendre partit a favor del reconeixement del divorci.

Durant la Convenció es va posicionar al costat dels girondins i es va oposar a la pena de mort contra el rei Lluís XVI. Durant el Terror va ser acusada de reialista i guillotinada (1793).

La Declaració de Drets de la Dona

Les mares, les filles, les germanes, representants de la nació, demanen constituir-se en Assemblea Nacional. Consideren que la ignorància, l'oblit i el menyspreu dels drets de la dona són les úniques causes dels desastres públics i de la corrupció dels governs, i han decidit exposar en una declaració solemne els drets naturals, inalienables i sagrats de la dona. (...)

Article 1. La dona neix lliure i igual a l'home en drets. Les distincions socials no poden estar fonamentades sobre el bé comú. (...)

Article 6. (...) La llei és l'expressió de la voluntat general i tots els ciutadans i ciutadanes han de participar personalment, o mitjançant els seus representants, en la seva elaboració. Totes les ciutadanes i tots els ciutadans han de ser igualment admissibles en totes les dignitats, llocs i feines públiques, segons les seves capacitats i sense més distincions que el seu talent i la seva virtut. (...)

Article 10. Ningú no s'ha d'inquietar de les opinions de les dones: si la dona té el dret a pujar sobre el patíbul, també ha de tenir el dret a pujar a la tribuna, perquè *les seves manifestacions no pertorben l'ordre públic establert per la llei.*

Declaració de Drets de la Dona i de la Ciutadana, 1791.

B ELS CLUBS DE DONES

Les dones també van fundar els seus propis clubs, nom que rebien les organitzacions polítiques creades pels diversos grups revolucionaris. A les seves reunions, llegien els decrets de l'Assemblea, els discutien, presentaven les seves crítiques i propostes i també recol·lectaven fons per als patriotes necessitats.

El protagonisme de les dones no va ser acceptat per bona part dels revolucionaris i, el 1793, els clubs de dones van ser prohibits per la Convenció.

Debat en un club de dones. Aquarel·la de finals del segle XVIII.

La dona ha de tenir els mateixos drets?

No han violat tots els homes el principi d'igualtat de drets quan han privat, amb tanta irreflexió, la meitat del gènere humà de concórrer a la formació de les lleis, és a dir, excloent les dones del dret de ciutadania?

Hi ha una prova més evident del poder que crea l'hàbit, fins i tot a prop dels homes erudits, que el d'invocar el principi de la igualtat de drets (...) i oblidar-lo pel que fa a dotze milions de dones?

Marquès DE CONDORCET: *Sobre l'admissió de les dones al dret de ciutadania*, 1790.

Les dones han d'exercir els drets polítics i immiscir-se en els afers del govern? (...)

No, perquè haurien de sacrificar qüestions més importants per a les quals han estat cridades per la natura. Les funcions privades a les quals estan destinades les dones per natura ajuden a sostenir l'ordre social. (...)

Els costums i la natura li han assenyalat les seves funcions: educar els fills, preparar l'esperit i el cor dels seus fills per a les tasques públiques, elevar les seves ànimes. (...) En general, les dones són poc capaces per a les idees elevades i les meditacions serioses. (...)

Discurs del diputat André Amar, octubre de 1793.

C LA REVOLUCIÓ DE LES DONES

1789. Les dones sol·liciten al rei tenir representació als Estats Generals i dret a vot.
Marxa de dones a Versalles.

1791. Primer club femení.
Una llei atorga a les dones el dret a heretar.
La Constitució els nega el dret a votar.
Projecte de Declaració de Drets de la Dona, d'Olympe de Gouges.

1792. Llei que autoritza el divorci i declara la igualtat entre cònjuges.

1793. Prohibició dels clubs de dones.
374 dones són guillotinades a París durant el Terror.

1795. Prohibició a les dones a assistir a una assemblea política i a reunir-se més de cinc al carrer.

Una patriota en armes.

1. Com van participar les dones en els esdeveniments de la Revolució francesa? Busca'n exemples entre els documents.

2. Llegeix la Declaració de Drets de la Dona i de la Ciutadana, d'Olympe de Gouges:
   - Per què va redactar una Declaració de Drets específica per a les dones?
   - Quins drets reivindicava? Comenta la frase en cursiva.

3. Explica la contradicció dels revolucionaris francesos en abordar els drets de la dona. Què opina el marquès de Condorcet sobre aquesta qüestió? I André Amar?

4. @ Cerca informació a Internet i escriu una biografia d'Olympe de Gouges. Quines altres causes va defensar, a banda de la igualtat de les dones? Creus que tenen relació entre elles?

Posa't al seu lloc

5. Imagina que ets una dona francesa que viu durant l'època de la Revolució. Escriu una petició adreçada a la Convenció Nacional responent al diputat André Amar i argumentant per què els homes i les dones han de tenir els mateixos drets.

4 Napoleó domina Europa

El Consolat (1799-1804)

El cop d'Estat de Napoleó va tenir el suport de bona part de la burgesia. La seva intenció no era tornar a l'Antic Règim, sinó consolidar els principis moderats que havien inspirat la Revolució del 1789.

L'any 1799, el general va ser nomenat cònsol i es va inaugurar el **Consolat**, que es va caracteritzar per un **govern personalista** i **autoritari**. Napoleó pretenia posar fi a la inestabilitat política dels anys de la Revolució, consolidar alguns dels principis revolucionaris i fomentar la reactivació econòmica, mitjançant un govern que representés els interessos de la burgesia.

El nou sistema polític no preveia la separació de poders ni incloïa una declaració de drets (Constitució del 1800). Les llibertats van quedar molt limitades i es va imposar la censura per controlar l'opinió pública.

Per reordenar i centralitzar l'administració de l'Estat es van crear les prefectures, que feien complir les ordres del govern a les províncies, i es va reformar la Hisenda. Amb l'objectiu de crear una elit de funcionaris per a l'Administració, es va impulsar l'ensenyament amb la creació dels liceus (escoles) de l'Estat.

També es va permetre el retorn dels exiliats que acceptessin el nou ordre i es va signar un Concordat* per restablir les relacions amb l'Església, trencades després de la desamortització. L'elaboració d'un Codi civil va pretendre regular la convivència entre els ciutadans.

Així mateix, per estimular l'economia es va elaborar un Codi de comerç, es va crear el Banc de França i es van emetre nous bitllets bancaris.

Napoleó Bonaparte va néixer el 1769 a Còrsega, al si d'una família de la petita noblesa rural. Va iniciar la seva carrera militar de molt jove i va obtenir grans èxits a les campanyes militars realitzades durant el Directori.

Recollir els fruits de la Revolució

França necessita alguna cosa gran i perdurable. La inestabilitat l'ha perdut, ella vol estabilitat i permanència. No vol la reialesa, que ha quedat proscrita per sempre, però vol una unitat d'acció del poder que ha d'executar les lleis.

També vol un cos legislatiu independent i lliure (...). Vol que els seus representants siguin uns conservadors tranquils i no uns innovadors turbulents. Vol, finalment, recollir el fruit de deu anys de sacrificis.

Manifest de Napoleó, 1799.

L'Imperi napoleònic (1804-1815)

A partir del 1803, Napoleó va iniciar la conquesta d'Europa, i el 1804 es va fer coronar **emperador pel Papa**. L'organització d'un gran exèrcit i l'ús de noves tàctiques militars li van permetre derrotar les monarquies europees.

La victòria napoleònica a **Austerlitz** (1805) sobre els dos emperadors (Àustria i Rússia) va marcar el moment àlgid de la superioritat napoleònica. Alguns territoris conquerits van ser incorporats a França i, en altres casos, es van crear Estats satèl·lit governats per francesos.

L'any 1808, França va envair Espanya i Josep Bonaparte, germà de l'emperador, va ser coronat rei. El 1811, l'Imperi napoleònic es trobava en el seu zenit: s'estenia des d'Alemanya fins a Espanya i, llevat de la Gran Bretanya, bona part d'Europa estava sota el control de França.

L'IMPERI NAPOLEÒNIC (1811)

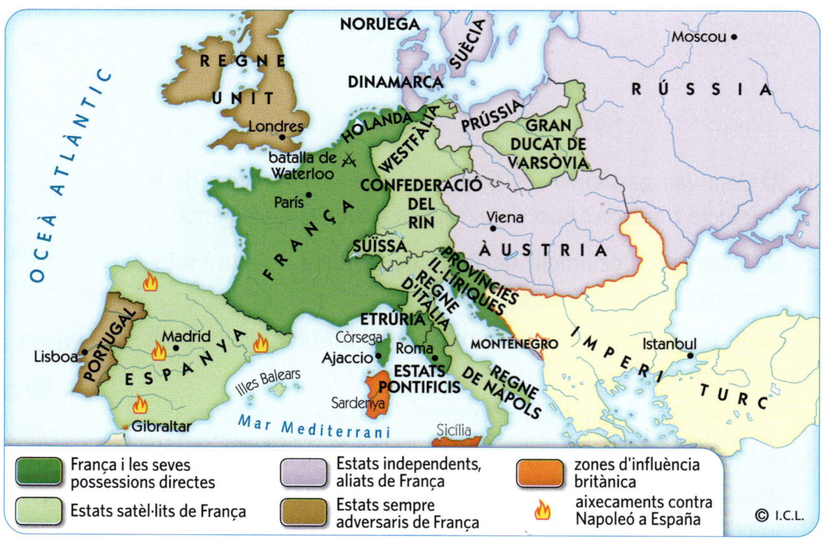

PER QUÈ FOU DERROTAT NAPOLEÓ?

Les conquestes napoleòniques van generar una doble reacció en els països ocupats pels exèrcits francesos:

- D'una banda, l'abolició de les monarquies absolutes i la supressió dels drets feudals van despertar les simpaties dels grups liberals de tot Europa.
- D'altra banda, la invasió d'un exèrcit estranger, la violència indiscriminada dels seus soldats i la submissió als interessos de França van generar un fort sentiment antifrancès entre la població dels països ocupats.

Els ideals revolucionaris a Europa

El que desitgen amb impaciència els pobles alemanys és que els individus que no siguin nobles i tinguin talent gaudeixin de la vostra consideració, tinguin dret a exercir les feines més elevades i que tota mena de servitud sigui abolida.

Els beneficis del codi de Napoleó i l'establiment de jurats als tribunals han de ser característiques de la vostra monarquia. És necessari que els pobles tinguin llibertat, igualtat i un benestar desconegut entre els pobles d'Alemanya (...). Els pobles de França, Itàlia, Espanya... també desitgen igualtat i abracen les idees liberals. Sigueu un rei constitucional.

Carta de Napoleó al seu germà Jeroni, rei de Westfàlia, 1807.

EL REBUIG A LA INVASIÓ

Els exèrcits napoleònics van sotmetre per la força les nacions ocupades i van col·locar al seu tron familiars de Napoleó o generals del seu exèrcit. A més a més, van afavorir els interessos materials de França (cobrar impostos, fer negocis, apropiar-se de les riqueses, reclutar soldats) per damunt de l'expansió dels ideals revolucionaris.

Tot això va provocar el sorgiment de moviments de resistència a la invasió i va despertar un fort sentiment patriòtic a Espanya, Polònia, Alemanya i Itàlia.

Saqueig de la ciutat de Roma per les tropes napoleòniques durant la campanya d'Itàlia, segons un gravat italià de l'època.

Napoleó, presoner dels anglesos a l'illa de Santa Elena.

LA DERROTA DE L'EMPERADOR

La impossibilitat de conquerir Rússia i de sotmetre Espanya va marcar el declivi de l'Imperi napoleònic.

Els exèrcits imperials van ser derrotats definitivament a **Waterloo** per la Gran Bretanya i Prússia (1815).

Després de la derrota, Napoleó va abdicar i fou desterrat a l'illa de Santa Elena, on va morir el 1821.

1. Com va accedir al poder Napoleó? Llegeix el manifest de Napoleó del 1799 i explica quins objectius pretenia.
2. Sintetitza les reformes que va introduir Napoleó a França i justifica per què es considera que va posar fi a la Revolució i, alhora, va consolidar algunes de les seves fites.
3. Observa el mapa de l'Imperi napoleònic i explica quins territoris comprenia. Què eren els Estats satèl·lit? Quins eren aliats de França? Què va representar Waterloo?
4. Amb la informació del document sobre la caiguda de Napoleó, fes les activitats següents:
   - Explica quin doble sentiment va provocar la invasió napoleònica als països ocupats.
   - Creus que la carta de Napoleó al seu germà i el gravat del saqueig de Roma donen una mateixa imatge de les conquestes napoleòniques? Justifica la teva resposta.
   - Contesta la pregunta de per què va ser derrotat Napoleó.

5 Quina herència ens ha deixat la Revolució francesa?

La Revolució francesa constitueix un dels grans esdeveniments de la història de la humanitat i marca l'inici d'una nova etapa: l'edat contemporània.

Amb la Revolució va començar una era en la qual les societats occidentals van iniciar la construcció d'un futur basat en el respecte als drets fonamentals i inalienables de l'ésser humà i en la convicció que tots els ciutadans tenien els mateixos drets i havien de participar en el govern de la nació, elegint els seus representants.

Quins ideals, quins elements dels sistemes democràtics i quines formes d'organitzar l'economia i la societat actuals tenen el seu origen en la Revolució francesa del 1789?

A LES BASES DE LA DEMOCRÀCIA

L'organització dels Estats i les formes de fer política que regeixen a la major part dels països democràtics occidentals van tenir l'origen en els principis de la Revolució francesa:

- La consideració de les persones com a **ciutadans amb drets** reconeguts per l'Estat (Declaració de Drets de l'Home i del Ciutadà (agost de 1789).
- La **sobirania nacional**, és a dir, el dret dels ciutadans d'elegir mitjançant el vot els seus representants, que es reuneixen en un parlament per elaborar les lleis i escollir el govern.
- La **Constitució** com la llei fonamental que estableix els drets i deures tant dels ciutadans com dels governants.
- La **igualtat** de totes les persones **davant la llei**, que queda fixada i establerta en els codis legals (civil, penal, militar...), i una **justícia independent** del poder polític.
- L'organització administrativa de l'Estat en **departaments** (províncies) i **ajuntaments**.

En els sistemes democràtics, l'assemblea o parlament, elegida per sufragi universal, és l'organisme que debat i aprova les lleis. A la imatge, l'Assemblea Nacional francesa segons un gravat del 1790.

B LA VIDA POLÍTICA I LA PREMSA

La vida política dels sistemes democràtics es vehicula a través dels partits politics, que van tenir l'origen en els **clubs** creats durant la Revolució. Els ciutadans que defensaven idees i propostes semblants es van agrupar en societats per participar en la política i poder influir en l'Assemblea.

El fet actual de classificar els partits en dretes i esquerres es va originar a l'Assemblea Nacional francesa, quan els diputats més moderats acostumaven a seure als escons de la dreta, i els diputats més radicals, als escons de l'esquerra.

La premsa política i d'opinió va néixer també per l'interès dels ciutadans de contrastar les opinions dels diversos grups i discutir-les entre ells.

Els membres dels clubs es reunien per discutir les propostes que defensarien a l'Assemblea. A la imatge, el Club dels Jacobins, segons un gravat del 1792.

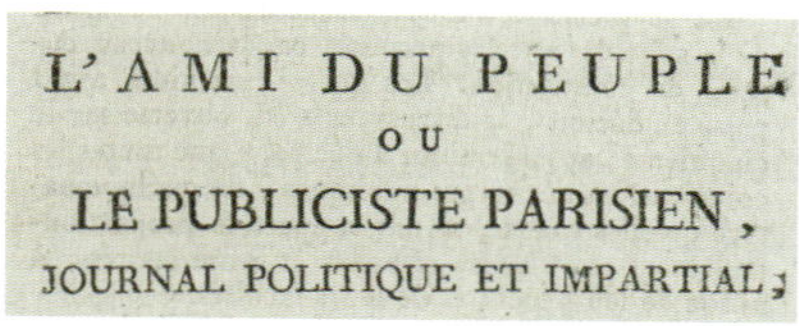

L'AMI DU PEUPLE
OU
LE PUBLICISTE PARISIEN,
JOURNAL POLITIQUE ET IMPARTIAL;

L'Ami du Peuple, ("L'Amic del Poble"), editat pel jacobí Marat, va ser un dels molts diaris que van néixer durant la Revolució.

C LA LIBERALITZACIÓ DE L'ECONOMIA

La Revolució i les lleis napoleòniques van comportar la liberalització de l'economia, que va permetre el desenvolupament del capitalisme i de la burgesia:

- Es van suprimir els **gremis**, que reglamentaven i obstaculitzaven el creixement de la producció, i es va decretar la **llibertat d'empresa i de contractació**. No obstant això, es van prohibir les **associacions d'obrers** per defensar els seus drets.
- Es van eliminar les **duanes interior** que gravaven el transport de mercaderies i dificultaven el comerç.
- Es van unificar els **sistemes de pesos i mesures** per facilitar els intercanvis. D'aquesta manera, es van establir el **metre**, el **gram** i el **litre** (sistema mètric decimal) com a unitats de mesura.

Per facilitar el comerç, l'any 1790 es va instaurar un sistema de pesos i mesures únic per a tot França. A la imatge, del 1793, s'il·lustren el litre, el gram i el metre.

D L'ENSENYAMENT I LA CULTURA PÚBLICS

Els revolucionaris van defensar la separació de l'Església i l'Estat. L'Estat havia de ser **laic**, és a dir, no tenir cap religió oficial i acceptar la llibertat de culte.

Per primer cop es va considerar que l'ensenyament no havia d'estar exclusivament en mans de l'església i que, l'Estat havia de tenir un paper important en el desenvolupament de l'educació i en la promoció de la cultura, que no havien de ser patrimoni d'unes elits reduïdes.

Per primer cop, durant la Revolució es va defensar la necessitat d'un **ensenyament igual i obligatori** per a tots els ciutadans, tot i que no es va arribar a posar mai en pràctica. En l'època napoleònica es van crear les primeres **escoles públiques**, regentades per l'Estat i no per l'Església.

Fins a aquell moment, l'art estava en col·leccions privades dels grans palaus. A fi que l'art i la cultura fossin accessibles a tots els ciutadans, es van crear els primers **museus** públics, com ara el del Louvre a París, que es va inaugurar l'any 1793 aprofitant la col·lecció reial.

Inauguració del Museu del Louvre, el 8 d'agost de 1793.

L'ensenyament durant la Revolució

Als cinc anys, la pàtria rebrà els nens de mans de la natura, i als dotze anys, els tornarà a la societat. Aquesta és la millor edat perquè rebin la instrucció pública necessària per a la seva formació.

Els dotze anys és l'edat d'aprendre els diversos oficis, perquè el cos, ja robust, es pot començar a aplicar als treballs de l'agricultura o qualsevol altre. També està format l'esperit per a l'estudi de les belles arts i les ciències (...).

Pla d'educació Le Peletier, 1793.

1. Per què la Revolució francesa va inaugurar l'edat contemporània? Quin canvi va comportar respecte al període anterior?
2. Justifica amb exemples per què es considera que la Revolució va establir les bases dels sistemes democràtics que avui dia regeixen en la majoria de països occidentals.
3. Per què va ser tan important la unificació dels pesos i mesures amb el sistema mètric decimal?

Relaciona ahir i avui

4. Elabora una llista amb cinc aportacions de la Revolució francesa que continuen vigents en la nostra societat actual i que consideris importants. Justifica el perquè de la teva tria.
5. Llegeix el text sobre el pla d'educació. A quina edat començava i acabava l'escolarització dels infants? Actualment continua sent igual?

6 Entre l'absolutisme i el liberalisme (1815-1848)

La restauració de l'absolutisme

Entre el 1814 i el 1815, els vencedors de Napoleó es van reunir, a proposta del canceller austríac Metternich, en el **Congrés de Viena**. El seu objectiu era posar fi a l'expansió de les idees liberals i restaurar l'absolutisme a Europa.

Després de reposar els monarques als seus trons, les quatre grans potències (Rússia, Regne Unit, Prússia i Àustria) **van remodelar el mapa europeu** en profit seu i sense tenir en compte les aspiracions nacionals dels pobles. En el Congrés es va acordar el retorn de França a les seves fronteres del 1792 i la divisió de l'Imperi napoleònic entre els vencedors.

A Viena també es van establir els principis ideològics de la Restauració: **legitimitat** dels monarques absoluts, **negació de la sobirania nacional**, **equilibri** entre les grans potències mitjançant congressos periòdics i **dret d'intervenció** en països estrangers.

Amb aquest objectiu es va crear la **Santa Aliança** (1815), un tractat d'ajuda mútua entre els monarques absoluts davant de qualsevol amenaça de revolució liberal.

L'EUROPA DEL CONGRÉS DE VIENA (1815)

1. Observa atentament el mapa i explica els canvis imposats pel Congrés de Viena. ¿Quiénes fueron los grandes Estados beneficiados?
2. Qui van ser els grans Estats beneficiats? I els pobles més perjudicats?

La revolució del 1830

El Congrés de Viena no va respectar els principis liberals ni tampoc les aspiracions nacionals d'alguns pobles europeus.

D'aquesta manera, a partir del 1815, **liberalisme** i **nacionalisme** es van convertir en les dues forces d'oposició, que van impulsar les onades revolucionàries (1830 i 1848) que van posar fi al sistema de la Restauració.

Les insurreccions van gaudir d'un important suport popular i, allà on van triomfar, van significar la substitució de l'absolutisme per sistemes polítics liberals, basats en la sobirania nacional i el sufragi i regits per una constitució, en els quals la burgesia tenia el poder.

El moviment es va iniciar a **França**, on, el juliol del 1830, es va derrocar el monarca absolut Carles X, que havia estat entronitzat després de la mort de Lluís XVIII. La revolució va situar **Lluís Felip d'Orleans** com a nou monarca constitucional. Per això va ser anomenat el "rei ciutadà".

L'any 1831 va esclatar una revolta a **Polònia**, que estava sota el domini autocràtic de l'Imperi rus, però va ser reprimida durament per l'exèrcit tsarista.

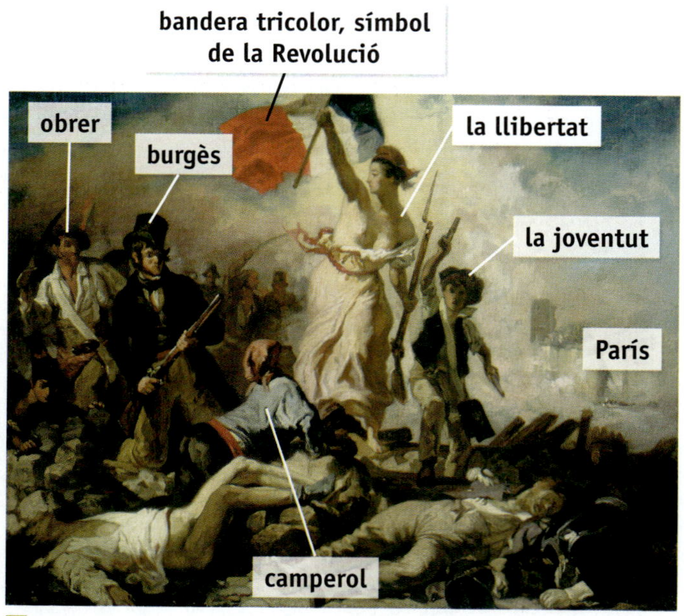

Eugène DELACROIX: *La llibertat guiant el poble*, 1830. El quadre enalteix les jornades de juliol del 1830 i mostra la unió de diferents sectors socials en la seva lluita per la llibertat.

1848: LA PRIMAVERA DELS POBLES?

A l'Europa del segle XIX, molts pobles vivien sota el domini d'un **imperi** (com ara l'austríac, el rus o el turc) o estaven fragmentats en **diversos Estats** (com, per exemple, Alemanya i Itàlia).

Per aquesta raó, el sorgiment del liberalisme va anar acompanyat, en molts territoris, de l'expansió del nacionalisme, que defensava una Europa de nacions lliures enfront dels imperis absolutistes.

La Revolució del 1848, coneguda com la "primavera dels pobles", va significar el despertar de les nacions que estaven sotmeses als grans imperis, on les demandes nacionalistes van anar acompanyades del desig de constituir nous governs liberals.

A l' **Imperi austríac**, la revolta va tenir un **caràcter liberal** a Viena, on la revolució va obligar el canceller Metternich a dimitir. Però també fou un **alçament nacionalista** a Hongria, Bohèmia, el nord d'Itàlia i la Confederació Germànica.

A **França**, un alçament popular el 25 de febrer va proclamar la **II República**, que va adoptar una sèrie de mesures democràtiques: sufragi universal masculí, llibertat de premsa, abolició de la pena de mort i reconeixement d'alguns drets per als treballadors.

Tot i que la majoria de les revolucions van ser sufocades, les reformes democràtiques i moltes aspiracions nacionalistes es van consolidar a Europa a la segona meitat del segle XIX.

LES NACIONALITATS DE L'IMPERI AUSTROHONGARÈS

LA REVOLUCIÓ DEL 1848

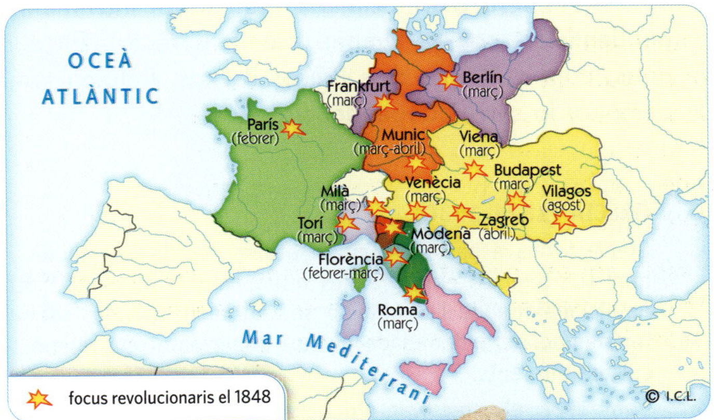

Un nou concepte: la democràcia

La Revolució del 1848 va significar l'aparició dels ideals democràtics i, també, el sorgiment dels treballadors com a força política.

Els demòcrates s'identificaven amb els preceptes bàsics del liberalisme, però, davant del concepte de sobirania nacional, que proposava el sufragi censatari, defensaven el principi de **sobirania popular**, que preservava el dret de tots els homes a votar (sufragi universal masculí) independentment de la seva riquesa. També proposaven l'ampliació dels drets col·lectius, reconeixent el dret de reunió i el dret d'associació.

Al·legoria del sufragi universal, 1850.

3. Qui es va reunir al Congrés de Viena? Quins objectius perseguien?
4. Quines forces es van oposar a la restauració de l'absolutisme? Com van aconseguir posar fi al sistema ideat per Metternich?
5. Explica quins canvis van comportar a França les revolucions del 1830 i el 1848.
6. Observa el mapa de l'Imperi austrohongarès i explica per què era un imperi plurinacional. Quina relació pots establir-hi amb el mapa de l'esclat revolucionari l'any 1848?
7. Per què parlem del 1848 com l'any de la "primavera dels pobles"? Justifica la resposta.
8. Estableix les diferències entre liberalisme i democràcia, i entre sobirania nacional i sobirania popular.

DESCOBREIX

7 Quins nous Estats es van crear a Europa?

El nacionalisme defensa el dret de les nacions a exercir la seva sobirania i a crear el seu propi Estat. D'aquesta manera, sosté la necessitat de fer coincidir Estat i nació, és a dir, de reagrupar a l'interior d'unes fronteres determinades els membres d'una mateixa comunitat nacional.

Els moviments nacionalistes es van expandir per l'Europa del segle XIX i van tenir un caràcter disgregador en els imperis plurinacionals i un caràcter unificador en les nacions fragmentades.

Quins nous Estats es van crear a Europa com a conseqüència d'aquests moviments liberals i nacionals?

L'IMPERI TURC A EUROPA (1829)

A LA INDEPENDÈNCIA DE GRÈCIA I BÈLGICA

En els **imperis plurinacionals*** van sorgir **moviments independentistes**, com a l'Imperi otomà (Grècia). En altres indrets, com al Regne dels Països Baixos, Bèlgica també va demanar la seva independència.

GRÈCIA (1821-1830)

Grècia formava part de l'Imperi otomà des de feia segles. Malgrat que algunes elits gregues integraven la burocràcia otomana, la majoria de la població se sentia marginada, sotmesa a forts impostos i dominada per un poble amb una religió i una cultura diferents.

L'any 1822, els grecs van proclamar la seva independència a Epidaure, que, com que no va ser reconeguda pels turcs, va provocar l'inici d'una guerra. La causa grega va tenir la solidaritat dels liberals europeus, que van donar suport a un territori considerat el bressol de la cultura europea.

El 1827, França i Anglaterra van intervenir militarment i van ajudar a derrotar l'Imperi otomà. El 1829 l'Imperi otomà va reconèixer la independència grega i el 1830 va entrar en vigor.

BÈLGICA (1830-1839)

Bèlgica havia estat unida a Holanda el 1815 pel Congrés de Viena, que va crear el Regne dels Països Baixos.

L'expansió de les idees liberals va fer que el 1830 triomfés la revolució, que va establir un sistema de monarquia liberal sota el regnat de Leopold I.

El nou govern va proclamar la independència i, després d'un conflicte armat, Holanda va reconèixer la nova Bèlgica l'any 1839.

La declaració d'independència de Grècia

Nosaltres, descendents dels savis i nobles pobles de l'Hèl·lade (...), no creiem ja possible patir sense covardia i automenyspreu el jou cruel del poder otomà que ens ha sotmès durant més de quatre segles; un poder que no coneix més llei que la seva pròpia voluntat (...).

Després d'aquesta perllongada esclavitud, hem decidit recórrer a les armes per alliberar la nostra pàtria d'una terrible tirania (...).

El nostre objectiu és reconquerir els drets de la llibertat individual, de la propietat i de l'honor.

Declaració d'Epidaure, 1822.

Al·legoria del combat dels grecs per la independència, segons un gravat del 1821.

Insurrecció del 1830 a Brussel·les.

B LES UNIFICACIONS D'ITÀLIA I ALEMANYA

A principis del segle XIX, Itàlia estava dividida en diversos Estats i Àustria havia incorporat al seu imperi la Llombardia i el Vèneto. Alemanya també estava fraccionada en 36 Estats i integrada en la Confederació Germànica, on rivalitzaven les dues grans potències germàniques, Prússia i Àustria.

Itàlia

El 1859, el **Piemont**, amb la monarquia liberal **de Savoia** i governat per **Cavour**, va iniciar un procés unificador, es va enfrontar amb Àustria i va aconseguir l'annexió de la Llombardia. Paral·lelament, un alçament popular, encapçalat per **Garibaldi**, va derrocar els monarques absoluts dels Estats del centre i el sud d'Itàlia (Regne de les Dues Sicílies).

L'any 1861, el primer parlament italià va proclamar rei d'Itàlia **Víctor Manuel II de Savoia**; el 1866, els austríacs van abandonar el Vèneto, i el 1870, els Estats Pontífexs van ser annexionats i Roma es va convertir en la capital.

Alemanya

Prússia va prendre la iniciativa primer i, l'any 1834, va potenciar una **unió duanera** (Zollverein) que agrupava gran part dels Estats alemanys. El 1848, un intent d'unificar aquests Estats, liderat per un parlament reunit a Frankfurt, va fracassar perquè el rei de Prússia no va acceptar la corona de la nova Alemanya.

L'impuls definitiu va arribar a la dècada del 1860, quan **Guillem I** va accedir al tron prussià i va nomenar canceller **Otto von Bismarck**. El nou canceller va impulsar una política agressiva amb els Estats veïns: el 1864 va declarar la guerra a Dinamarca; el 1866, a Àustria, i el 1870, a França.

La victòria en aquests conflictes va permetre unir tots els Estats sota el ceptre del rei de Prússia i, el 1871, es va produir la proclamació del **II Imperi (Reich) alemany** i de **Guillem I** com a kàiser (emperador).

Trobada entre el rei Víctor Manuel II i Garibaldi a Nàpols, 1860.

LES UNIFICACIONS D'ITÀLIA I ALEMANYA

1. Observa els mapes de la pàgina esquerra i explica la situació de Grècia i Bèlgica. Com van aconseguir la independència aquests pobles?

2. Llegeix la Declaració d'Epidaure i estableix els motius i els objectius de la revolta grega contra els turcs.

3. Completa el quadre següent:

Agents i factors	Italia	Alemanya
Estat que dirigeix la unificació	...	...
Monarca	...	...
Primer ministre	...	...
Data de consecució de la unitat	...	...
Fases de la unificació	...	...

Investiga

4. Busca en el tema un mapa que mostri l'Imperi rus, l'Imperi turc i l'Imperi austrohongarès a principis del segle XIX. Compara'ls amb un mapa actual d'Europa i enumera quins Estats actuals havien format part d'aquests imperis.

8 El nou art de la burgesia

La nova societat burgesa, que va posar fi a l'Antic Règim, també va revolucionar els gustos artístics. Els vells principis sobre els quals es fonamentava l'art es van qüestionar, i les noves alternatives van deixar de ser uniformes.

Aquests canvis van iniciar l'art contemporani, que va perdre l'homogeneïtat d'estil característica de les etapes anteriors. Els artistes van plantejar camins diversos que es van plasmar en una varietat d'estils que evidenciaven el desig d'originalitat que regnava.

Aquesta evolució artística va originar diversos moviments artístics, entre els quals destaquen el romanticisme, el realisme i el modernisme.

A EL ROMANTICISME: L'EXALTACIÓ DELS SENTIMENTS

El Romanticisme es va expandir per tot Europa durant les primeres dècades del segle XIX i va sorgir com una reacció contra el classicisme anterior.

Aquest corrent va significar una nova estètica i un nou sentiment que tenia com a valors principals l'amor a la **llibertat**, l'exaltació de l'**individualisme** i la defensa dels **sentiments** enfront del racionalisme de la Il·lustració.

Caspar David FRIEDRICH: *Viatger al costat d'un mar de boira*, 1818. El quadre ens mostra la soledat de l'ésser humà davant les forces de la natura.

François RUDE: *La Marsellesa*, 1836.

L'escultura romàntica aspirava a expressar el moviment i els sentiments, utilitzant formes agitades i dinàmiques i donant molta importància a la gestualitat i a l'expressió dels rostres.

MEMOART: La pintura romàntica

- Exaltació de l'individu i de les tradicions.
- Aspiració a la llibertat individual i racional, que va plasmar els ideals de les revolucions burgeses.
- Comprensió de la natura des d'una òptica sentimental.
- Predilecció per allò exòtic i allò imaginari, que va comportar un interès pel nord d'Àfrica i per la cultura oriental.
- Més moviment i dinamisme en les composicions, mitjançant línies corbes i diagonals.
- Nova expressió del color i la llum amb l'ús de colors brillants, aplicats amb pinzellades soltes i pastoses, que van omplir els quadres de lluminositat.
- Van destacar **Eugène Delacroix** i **Théodore Géricault**, que van apostar per la recreació de temes històrics i mitològics, i els paisatgistes **Joseph W. Turner** i **Caspar D. Friedrich**.

Eugène DELACROIX: *La massacre de Quios*, 1824.

B EL REALISME

A la segona meitat del segle XIX, el romanticisme va ser desplaçat pel realisme. Aquest canvi va tenir l'origen en diverses causes:

- El final de la visió idealitzada que proposava el romanticisme, davant l'evidència de noves desigualtats socials.
- L'avanç de la industrialització, que va deixar al descobert que en el nou sistema hi havia misèria, treball infantil i explotació.
- L'avanç de la ciència al segle XIX, que va imposar l'observació i la descripció com a mètode per conèixer la realitat.

Els artistes realistes es van interessar per conèixer la realitat concreta de la seva època i descriure-la fidelment. Els pintors realistes, com ara **Gustave Courbet**, **Honoré Daumier** i **Jean François Millet**, van plasmar la vida quotidiana i els problemes socials de la industrialització (la injustícia, la fatiga en el treball, etc.), tractats d'una manera més verídica, objectiva i imparcial.

C EL MODERNISME

El modernisme va sorgir a finals del segle XIX i va ser bàsicament un moviment arquitectònic, tot i que també va tenir el seu reflex en la pintura i l'escultura. Els pintors es van decantar per l'abandonament dels aspectes quotidians per plasmar temes de contingut simbòlic i conceptual.

Amb una finalitat clarament decorativa, es van inspirar en les formes de la natura, i la dona es va convertir en un tema recurrent. Destaquen l'austríac **Gustav Klimt** i el txec **Alfons Mucha**, que també va ser un cartellista important.

Gustav KLIMT: *El petó*, 1908.

Gustave COURBET: *Enterrament a Ornans*, 1850.

FITXAART

Busca a Internet informació sobre l'obra i elabora'n la fitxa:

a) Identificació. Situa l'autor, el tema, el corrent pictòric i la cronologia.

b) Descripció de la pintura. Descriu detalladament el paisatge i els personatges que apareixen a l'escena.

c) Anàlisi artística.

- Explica quina és la composició de l'obra i la disposició dels personatges.
- Quin element destaca en el pla del fons? Quin valor simbòlic creus que té?
- Quins colors empra el pintor? Creus que augmenten la sensació de dramatisme de l'obra? Per què?

d) Relació entre art i societat. Aquesta pintura va ser molt mal valorada en el món acadèmic de l'època, pel fet de representar una escena de poca transcendència temàtica, per la manca de bellesa i per la vulgaritat i la lletjor dels personatges.

- Com creus que devia respondre el pintor a aquestes crítiques? Com devia justificar la seva obra?

1. Sintetitza quins elements caracteritzen el romanticisme i el realisme, subratllant les diferències entre tots dos corrents.
2. Observa el quadre de Delacroix i interpreta quins sentiments mostren els personatges. Quines altres característiques del romanticisme pots destacar?
3. Quin moviment artístic creus que va ser el més innovador dels tres? Justifica la teva resposta.

Aprecia l'art

4. Quina és l'única part de la pintura de Klimt tractada de manera realista? Quina atmosfera envolta la resta del quadre? Quin contingut simbòlic atribuiries a la pintura?

COMPLETA EL MAPA CONCEPTUAL

Amb la informació del tema, completa al teu quadern l'esquema següent:

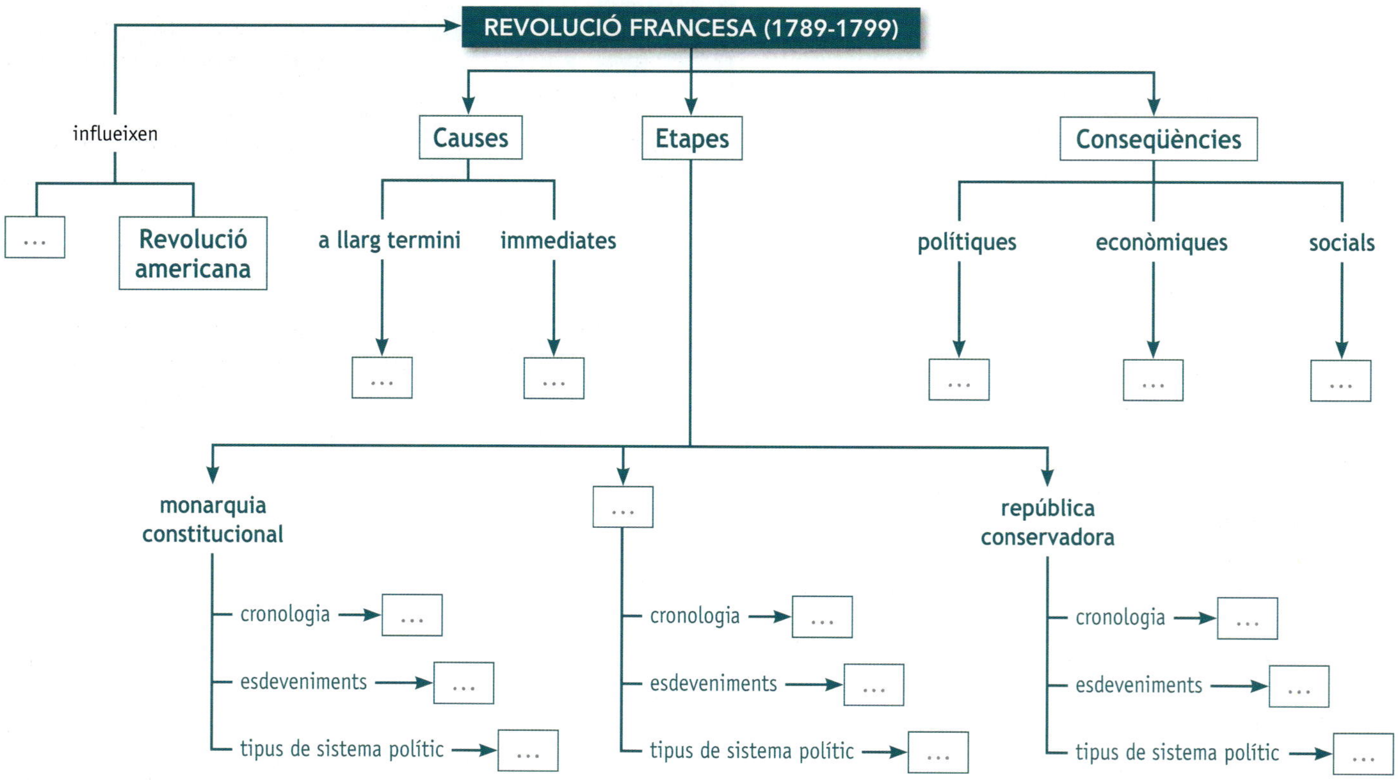

1 CONSOLIDA EL QUE HAS APRÈS

a) Quins dos models de liberalisme es van implantar a França durant el desenvolupament de la Revolució francesa? Què caracteritzava cadascun dels models?

b) Què va significar Napoleó Bonaparte per a França? I per a Europa? Per què va ser derrotat el 1815?

c) Quin llegat de la Revolució francesa podem trobar en les societats democràtiques actuals?

d) Què va ser la Restauració absolutista? Com es va remodelar el mapa d'Europa?

e) Què entens per nacionalisme? Quins grans imperis dominaven Europa? Quins problemes nacionals hi havia a la primera meitat del segle XIX?

f) Quins nous Estats van sorgir a Europa entre el 1829 i el 1871? Com es van crear?

2 DEFINEIX CONCEPTES CLAU

- liberalisme
- nacionalisme
- absolutisme
- constitució
- *sans-culotte*
- república

3 IDENTIFICA ELS PERSONATGES

- Lluís XVI
- Napoleó
- Víctor Manuel II
- Robespierre
- Cavour
- Lluís Felip d'Orleans
- Bismark
- Garibaldi
- Olympe de Gouges

4 ESTABLEIX LA CRONOLOGIA

- la presa de la Bastilla
- l'execució de Lluís XVI
- la independència de Grècia
- la caiguda de Napoleó

5 EXPLICA LES DIFERÈNCIES

- sufragi universal / sufragi censatari
- sobirania nacional / sobirania popular
- imperi plurinacional / nació multiestatal
- absolutisme / liberalisme
- nació / Estat

RESPON A LA PREGUNTA INICIAL

Quins canvis van introduir les revolucions liberals en la societat i en la manera de governar?

APRÈN A... COMENTAR UN TEXT HISTÒRIC

Declaració de Drets de l'Home i del Ciutadà, 1789

Article 1. Els homes neixen i romanen lliures i iguals en drets (...).

Article 2. El fi de tota associació política és la conservació dels drets naturals i imprescriptibles de l'home. Aquests drets són la llibertat, la propietat, la seguretat i la resistència a l'opressió.

Article 3. El principi de tota sobirania rau en la nació. Cap cos, cap individu, no pot exercir autoritat que no n'emani expressament (...).

Article 4. La llibertat consisteix a poder fer tot allò que no danyi un tercer (...). Aquests límits només poden ser fixats per la llei (...).

Article 6. La llei és l'expressió de la voluntat general. Tots els ciutadans tenen dret a participar personalment, o per mitjà dels seus representants, en la seva formació. La llei ha de ser la mateixa per a tothom, tant si protegeix com si castiga. Tots els ciutadans, essent iguals als seus ulls, són igualment admissibles a totes les dignitats, càrrecs i feines públiques, segons les seves capacitats, i sense cap altra distinció que la de les seves virtuts i talents.

Article 7. Cap home no pot ser acusat, arrestat ni detingut més que en els casos determinats per la llei i segons les formes que aquesta llei ha prescrit (...).

Article 10. Ningú no ha de ser molestat per les seves opinions, fins i tot religioses, sempre que la seva manifestació no alteri l'ordre públic establert per la llei (...).

Article 11. La lliure comunicació de pensaments i opinions és un dels drets més preuats de l'home; així doncs, tot ciutadà pot parlar, escriure, imprimir lliurement, sense perjudici de respondre de l'abús d'aquesta llibertat en els casos determinats per la llei.

Article 13. Per al manteniment de la força pública i per a les despeses de l'administració, és indispensable que es fixin uns impostos. El pagament d'aquests impostos s'haurà de repartir entre els ciutadans de manera proporcional a la riquesa de cadascun d'ells (...).

Article 16. Tota societat en la qual la garantia dels drets no estigui assegurada, ni la separació dels poders estigui determinada, no té Constitució.

Article 17. Essent la propietat un dret sagrat i inviolable, ningú no en pot ser privat llevat dels casos en què ho exigeixi la necessitat pública (...).

1. Identificació i presentació

- Estableix de quin tipus de text es tracta, i indica'n la cronologia, els autors i els destinataris. En quines circumstàncies es va redactar i on es va fer?

2. Síntesi i anàlisi

- Resumeix cada article. Agrupa'ls segons drets i deures individuals, límits a aquests drets, origen del poder i la llei.
- Per què es considera la Declaració una peça fonamental de l'abolició de l'Antic Règim?

3. Context històric

- Quins principis ideològics van inspirar la redacció d'aquesta Declaració de Drets?
- Explica breument el context històric en què es va aprovar aquesta Declaració.

4. Conclusions

- Quina ha estat la seva transcendència històrica?
- Creus que aquesta Declaració té vigència actualment? Raona la teva resposta.

RAONA HISTÒRICAMENT

Empatia. Imagina que ets un diputat de la Convenció en la qual s'està debatent si el rei Lluís XVI és responsable de "traïció i conspiració contra l'Estat" i has de votar a favor o en contra de la culpabilitat del rei:

Copia i completa al teu quadern el quadre següent:

Arguments a favor de la culpabilitat del rei	Arguments a favor de la innocència del rei
...	...

1 Organització de la informació. Compara sistemes polítics

a) Copia i completa al teu quadern aquests esquemes de tres sistemes polítics. Assigna cada lletra a un dels conceptes i, després, explica les diferències principals que hi ha:

Rei absolut	Rei amb poder limitat
President	Súbdits
Ciutadans	Senat
Parlament	Congrés dels Diputats
Govern	Tribunals de Justícia
Ministres i secretaris d'Estat	

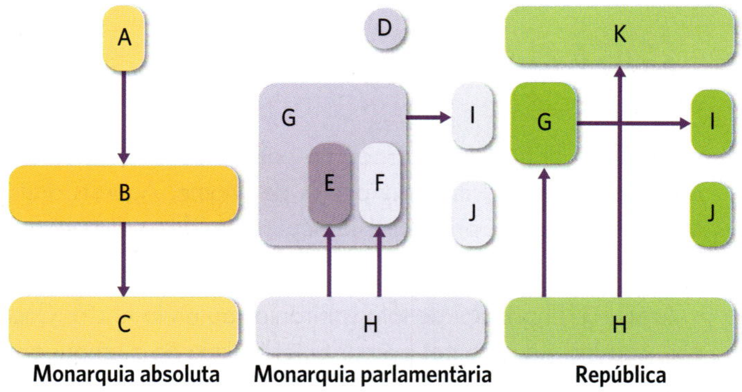

2 Fonts documentals. Què és una nació?

Acabem de veure alguns elements que no són suficients per crear una nació: la raça, la llengua, els interessos, les afinitats religioses, la geografia, les necessitats militars. (...) Què més es necessita?

Una nació és essencialment una ànima, un principi espiritual. Dues coses que (...) constitueixen la mateixa essència (...). Una es refereix al passat, l'altra forma part del present. Una és el fet de posseir en comú un ric llegat del passat; l'altra és el consentiment present, el desig de viure conjuntament. (...)

Una nació és, per tant, una gran solidaritat, forjada pel sentiment dels sacrificis que s'han fet i pels que s'està disposat a continuar fent. (...)

Conferència pronunciada per Ernest Renan, 1882.

a) Llegeix el text i explica quins elements conformen una nació segons l'autor.

b) Observa aquest esquema i defineix amb les teves paraules què és una nació. Seguidament, busca'n la definició en un diccionari i comprova si l'has definit de manera adequada i concisa. Després, escriu-la en el lloc corresponent de l'esquema.

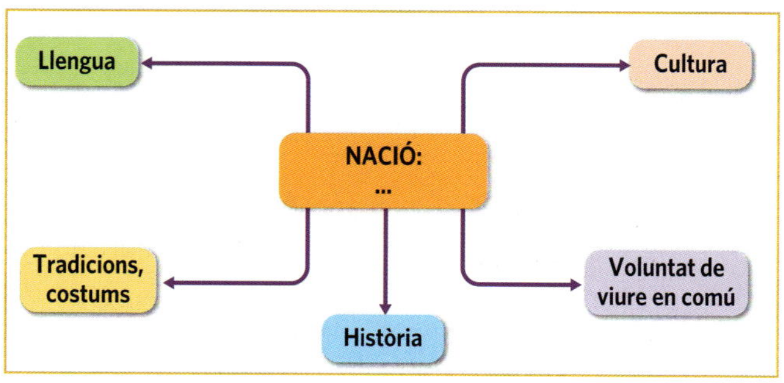

3 Fonts gràfiques. El vot als Estats Generals

	SISTEMA TRADICIONAL		DEMANDES DEL TERCER ESTAT	
Grups	**Diputats**	**Vot per grup**	**Diputats**	**Vot per persona***
Clero	291	1	291	Alt clergat 46 Baix clergat 245
Noblesa	270	1	270	Absolutistes 220 Liberals 50
Tercer Estat	289	1	578	Tercer Estat 578

*No va ser acceptat.

a) Observa aquest quadre i explica quin nou nombre de diputats i sistema de votació va exigir el Tercer Estat en els Estats Generals convocats per Lluís XVI el 1789.

b) Justifica per què aquestes demandes eren tan importants. Com van respondre els privilegiats?

c) Raona la importància que va tenir aquesta qüestió en l'inici de la Revolució francesa.

4 Fonts materials. Els símbols revolucionaris generals

a) Identifica els objectes assenyalats amb un número, esbrina'n el simbolisme i explica per què es van convertir en símbols de la Revolució.

Un *sans-culotte* de París.

5 Fonts iconogràfiques. La societat estamental

Gravat titulat *El despertar del Tercer Estat*, 1789.

a) Descriu l'escena i identifica els tres personatges. Què representa l'edifici dibuixat al fons?

b) Què simbolitzen els tres personatges? Analitza la seva actitud.

c) Explica quin missatge ha volgut transmetre l'autor d'aquest gravat i relaciona'l amb el seu context històric.

6 Espai i temps. Europa en 1815

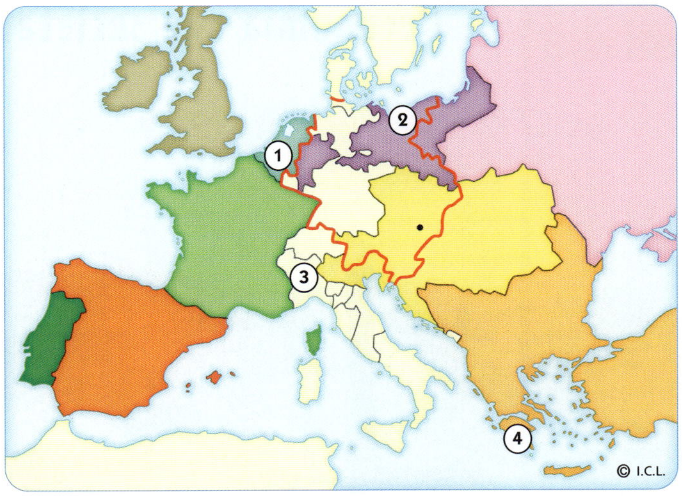

a) Digues el nom dels Estats representats per diversos colors. Quins eren els grans imperis multinacionals?

b) Quina ciutat representa el punt? Per què destaca a l'Europa del 1815? Què representa la línia vermella?

c) Indica els nous Estats sorgits al llarg del segle XIX que estan assenyalats amb un número, i explica breument com van aconseguir la seva independència o unificació.

WWW. ESPAI WEB

7 Fonts digitals. El calendari republicà

El 5 d'octubre de 1793, la Convenció Nacional va adoptar l'anomenat calendari republicà, que començava el 22 de setembre de 1792 i canviava els noms dels mesos, modificava els dies de la setmana i suprimia les festes religioses.

Consulta la informació a www.tiching.com/747773 i respon:

a) Per què el calendari republicà es va iniciar el mes de setembre del 1792?

b) Quin nom van rebre els mesos de l'any? En què es va inspirar aquesta nova denominació? A quin mes de la denominació actual corresponia cada nova denominació?

c) De quants dies es componia la setmana? Quines noves festivitats es van instituir per reemplaçar les festes religioses?

d) Fins quan va estar vigent aquest calendari?

Família de *sans-culottes*.

8 Fonts audiovisuals. Les causes de la Revolució

Entra a www.tiching.com/747778 i visiona el vídeo sobre les causes i l'esclat de la Revolució francesa:

a) Què són els Quaderns de Queixes? Quan i per què es van elaborar? Per què constitueixen una font important per conèixer les causes de la Revolució?

b) Quines eren les peticions principals de cada un dels tres estaments? Classifica les reivindicacions segons que siguin polítiques, econòmiques o socials.

c) Per què els diputats del Tercer Estat van abandonar els Estats Generals? Explica quin conflicte va motivar la seva decisió.

REPTES A LA XARXA

MINIUNITAT VISUAL: La democràcia a Amèrica.

ACTIVITATS AUTOCORRECTIVES: Resol aquestes activitats i repassa el que has après.

www.vvd.link/012138/2

3 L'ORIGEN DE LA INDUSTRIALITZACIÓ

De quina manera la Revolució Industrial va transformar l'economia i la societat tradicionals?

LA REVOLUCIÓ INDUSTRIAL

1730 · 1750 · 1770 · 1790 · 1810 · 1830 · 1850 · 1870

- **1730** Arada de Rotherham
- **1732** Carbó de coc als alts forns
- **1733** Llançadora volant de Kay
- **1764** Filadora Spinning Jenny
- **1769** Màquina de vapor de Watt
- **1776** Adam Smith: *La riquesa de les nacions*
- **1780** Màquina de batre
- **1785** Teler mecànic de Cartwright
- **1807** Primers vaixells de vapor
- **1811** Luddisme (1811-1817)
- **1824** Segadora mecànica
- **1825** Primers sindicats
- **1829** Locomotora de vapor de Stephenson
- **1834** Great Trade Union
- **1855** Fabricació d'acer Convertidor de Bessemer
- **1864** I Internacional

Constantin Meunier: *En el país negre*, 1893.

La Revolució Industrial va començar a la Gran Bretanya a la darreria del segle XVIII i es va difondre per Europa i per l'Amèrica del Nord al segle següent.

La nova indústria, basada en la mecanització de la producció, en les innovacions tècniques i en el mètode fabril de producció, va provocar un gran creixement de la producció de béns.

La industrialització va anar acompanyada d'una nova organització de l'economia (el capitalisme) i va transformar la societat; hi va haver un èxode rural que va comportar el creixement de les ciutats, on les noves activitats industrials es desenvolupaven.

Dues noves classes socials van vertebrar la societat: la burgesia, que tenia capital per invertir, i el proletariat, que treballava a les fàbriques.

Què en sabem?

- Per què el naixement de la indústria s'anomena Revolució Industrial?
- Observa la pintura i explica per què aquesta imatge representa un paisatge industrial. Saps per quin motiu s'anomenaven "paisatges negres"?
- Fixa't en el mapa. Quin va ser el bressol de la Revolució Industrial? Quan es va estendre per Europa?

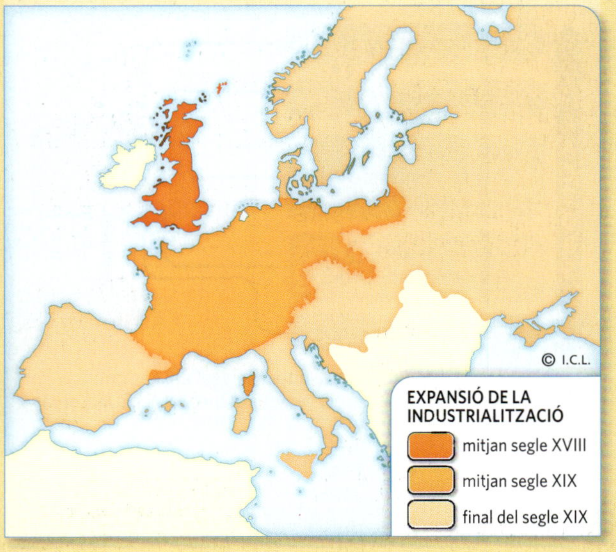

PREGUNTA CLAU

1 De quina manera la producció de béns va canviar

A les acaballes del segle XVIII la revolució industrial va generar la transformació més important des de la revolució neolítica, quan l'ésser humà va començar a conrear la terra.

La industrialització va representar el pas de l'economia agrària a una altra de dominada per la indústria, en la qual la producció de béns es feia de manera mecanitzada.

Aquests canvis en els sistemes de producció van comportar una nova organització de l'economia (capitalisme) i van transformar l'organització de la societat (societat de classes).

L'impacte de la indústria va ser tan important que els historiadors el van anomenar Revolució Industrial. En què va consistir i quins factors la van impulsar?

A FACTORS IMPULSORS DE LA INDUSTRIALITZACIÓ

La revolució industrial va néixer a la **Gran Bretanya** a mitjan segle XVIII. Una sèrie de factors expliquen per què va ser pionera i es va convertir en el primer país industrial, en el "**taller del món**":

- Un **sistema polític** en el qual des del segle XVII el Parlament limitava el poder de la monarquia i en el qual la influència de la burgesia era gran.
- Un **creixement de la població** que va comportar l'augment de la demanda i la disponibilitat de mà d'obra per a les noves fàbriques.
- Abundància de **recursos i de matèries primeres**, sobretot de carbó, que es va convertir en la font d'energia principal.
- Facilitat de **transport** per mijà d'una àmplia xarxa de rius i de canals.
- Possessió d'un **imperi colonial** (conquesta de l'Índia al segle XVIII) que va permetre accedir fàcilment a les noves matèries primeres (cotó) i que va generar un gran mercat per exportar la producció industrial.

L'HEGEMONIA INDUSTRIAL DE LA GRAN BRETANYA

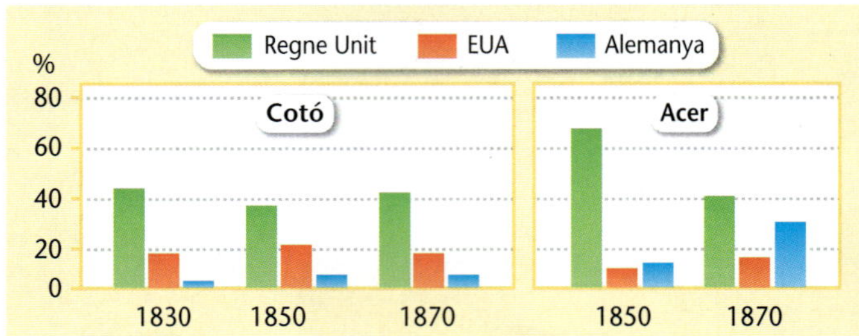

EL CANAL DE SUEZ

El 1869 la inauguració del canal de Suez va facilitar el comerç amb l'Índia i amb Orient.

B UN CONJUNT DE "REVOLUCIONS PARAL·LELES"

FACTORS QUE VAN AFAVORIR LA INDUSTRIALITZACIÓ

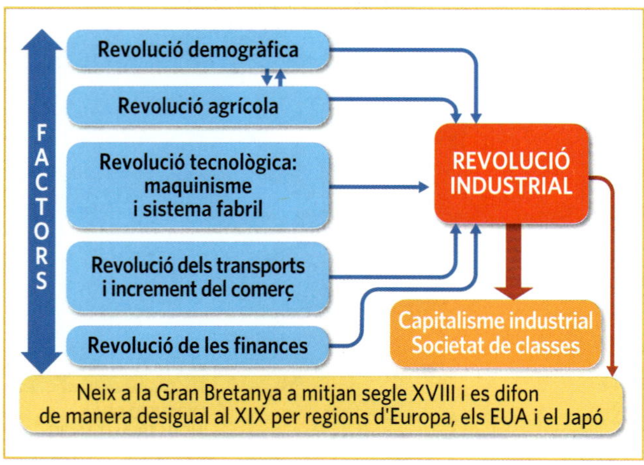

La revolució industrial va ser possible gràcies a una sèrie de canvis que, interconnectats, van provocar una gran transformació del sistema econòmic. L'element comú de tots aquests canvis va ser la **innovació**, que va generar una sèrie de "revolucions paral·leles":

- Una revolució **agrícola**: va augmentar la quantitat d'aliments.
- Una revolució **demogràfica**: va incrementar la població.
- Una revolució **tecnològica**: va posar al servei de la indústria noves màquines i fonts d'energia.
- Una revolució en el **transport** i en el **comerç**: va permetre vendre la producció a mercats llunyans i extensos.
- Una revolució en les **finances**: van aportar nous sistemes per finançar les empreses i per facilitar els pagaments.

amb la Revolució Industrial?

C EL SISTEMA FABRIL DE PRODUCCIÓ

El naixement de la indústria va estar estretament vinculat a tres elements del procés industrialitzador que s'han convertit en emblemàtics: la mecanització del procés productiu i l'ús de noves fonts d'energia i la fàbrica com a lloc de producció.

MECANITZACIÓ

- Consisteix en la utilització de **màquines**, que substitueixen parcialment el treball humà, per a la producció de béns.
- La mecanització va substituir les feines manuals i la tracció animal per les màquines, tant per a la fabricació industrial, com per al transport de mercaderies i passatgers (ferrocarril).

Mecanització de la indústria tèxtil, segle XVIII.

FONTS D'ENERGIA

- Les fonts d'energia anteriors a la revolució procedien fonamentalment de la força humana o animal, del vent i de l'aigua.
- La primera innovació va consistir a perfeccionar la roda hidràulica per moure les màquines de la indústria tèxtil.
- La segona, i la més innovadora, va ser fer servir el carbó gràcies a la màquina de vapor de Watt (vegeu la pàgina 52).

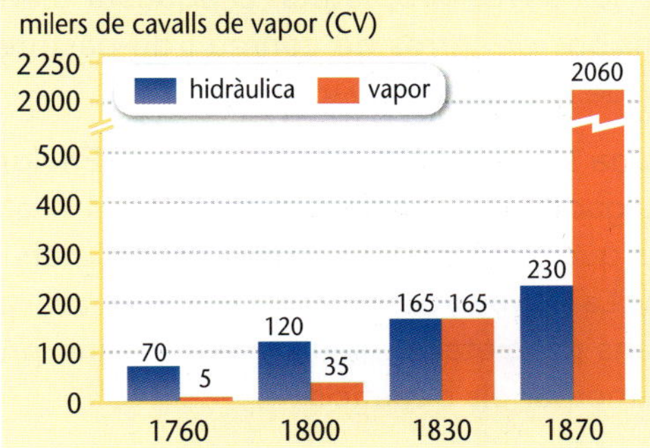

SISTEMA FABRIL

- La mecanització, l'ús de grans instal·lacions per a les noves fonts d'energia i l'interès a controlar més la mà d'obra van provocar la concentració obrera en edificis destinats a la producció (fàbriques). Aquesta nova manera de produir es coneix com a **sistema fabril** i va implicar produir en sèrie i un augment ben notable de la productivitat.
- La generalització del sistema fabril va comportar la ruïna de molts artesans i l'acabament de la producció manual artesanal, de manera que els gremis, que controlaven la producció des de l'edat mitjana, van anar desapareixent poc a poc.

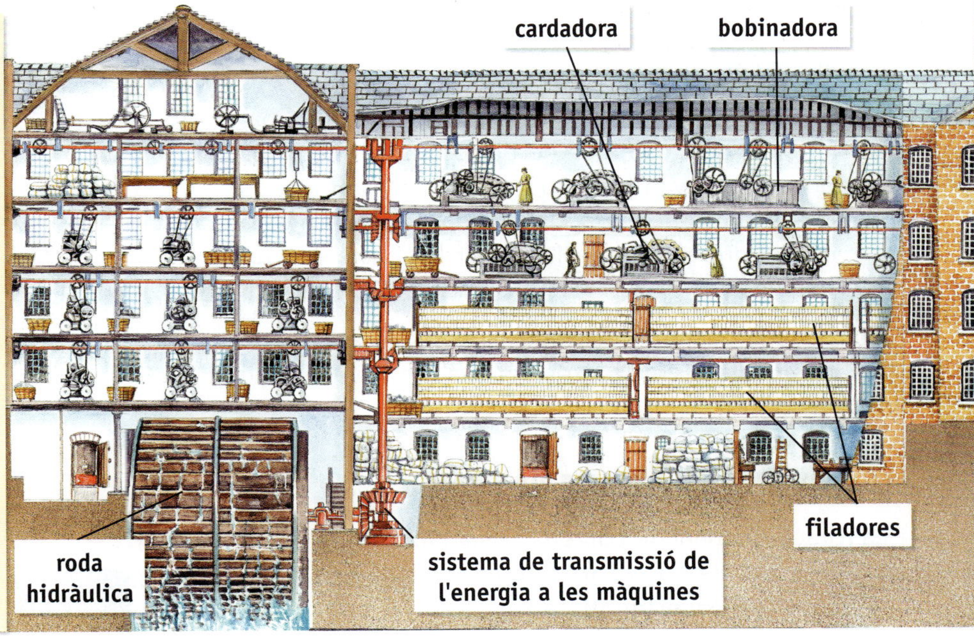

1. Quins avantatges tenia la Gran Bretanya sobre altres països del seu entorn per convertir-se en el país pioner (*first comer*) de la industrialització?

2. Quins canvis en sectors interconnectats de l'economia van fer possible la Revolució Industrial?

3. Explica en què consisteix la mecanització i quines conseqüències va tenir en la producció de béns.

4. Observa el dibuix de la fàbrica i descriu-la. En què consistia el sistema fabril? Observa el mecanisme hidràulic i explica com s'obtenia l'energia.

Argumenta la resposta

5. Raona per què es considera que la Revolució Industrial va ser el canvi més important en la història de la humanitat d'ençà de la revolució neolítica.

2 Les transformacions de l'agricultura

Un conjunt de transformacions agràries van impulsar un increment de la producció agrícola a la segona meitat del segle XVIII. Aquest desenvolupament va ser el resultat d'ordenar la propietat d'una nova manera, de mecanitzar les feines agrícoles i d'introduir nous sistemes de conreu.

La nova estructura de la propietat

La pujada del preu dels cereals va encoratjar els propietaris a fer-se amos de les terres d'ús col·lectiu i a tancar les seves propietats. D'aquesta manera, grans extensions de terres de conreu i de pastures van passar a ser de propietat privada.

Una sèrie de lleis de tancament (***Enclosure Acts***) promulgades pel Parlament anglès van avalar aquest procés que va comportar que les propietats es concentressin. La nova ordenació de la propietat va beneficiar els grans propietaris, que van aconseguir produir més i incrementar els beneficis.

La individualització de la producció va incentivar la millora de les tècniques de conreu i va implicar passar del sistema de camps oberts (*openfields*) al de camps tancats (*enclosures*).

La concentració de la propietat va perjudicar els pagesos pobres, que, com que no disposaven de recursos per tancar terres, van haver de vendre les propietats i convertir-se en jornalers a canvi d'un salari. A més a més, van perdre el dret de fer servir les pastures i les terres comunals.

Com que la quantitat de pagesos que buscaven feina era alta, els salaris eren baixos, i molts van haver d'emigrar a les ciutats.

Els canvis en el sistema de conreu

La rotació triennal de conreus va ser substituïda per la quadriennal (**sistema Norfolk**), que combinava la sembra de cereals, que empobreixen la terra, amb la de plantes farratgeres (naps, trèvols, alfals...), que l'enriqueixen perquè ajuden a fixar nitrogen al sòl.

El nou sistema va permetre suprimir el guaret* de la rotació triennal, i augmentar la superfície conreada.

El creixement del farratge produït també va permetre incrementar la cabanya ramadera, els fems de la qual, al seu torn, van millorar la fertilitat de la terra.

Alhora, l'augment de la quantitat de bestiar va incrementar la disponibilitat de carn i de llet, de manera que la dieta humana va poder millorar.

Léon-Augustin LHERMITTE: *La paga dels segadors*, 1882.

Els avantatges dels camps tancats

No hi ha dubte dels beneficis superiors que obtindran els agricultors conreant els seus camps tancats de manera individual (enclosure) en comptes de fer-ho seguint la rotació a què obligava l'antic sistema de camps oberts (openfields).

Amb l'antic sistema, el pagès estava lligat de mans i peus i no podia fer cap variació en funció del sòl, dels preus o de l'època. Encara que alguns conreus fossin millors i li convinguessin més, no els podia canviar, sinó que havia d'anar igual que els altres pagesos.

El nou sistema li permetrà triar els conreus més adequats per a cada època de l'any i sembrar els que pensi que li generaran més beneficis.

Annals of Agriculture, 1800 (adaptació).

LA ROTACIÓ QUADRIENNAL: EL SISTEMA NORFOLK

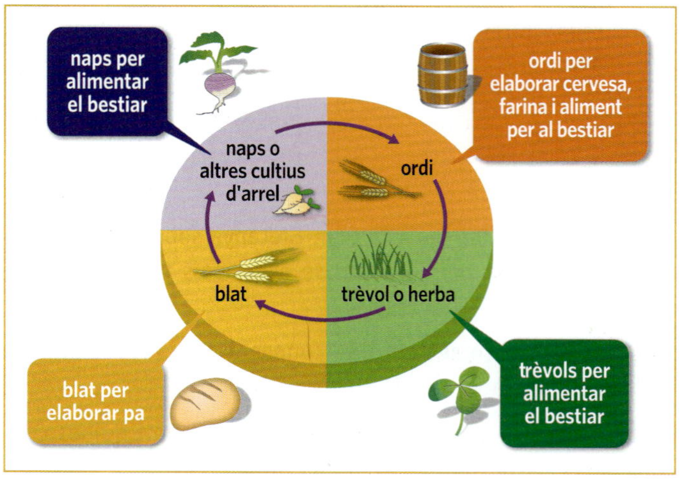

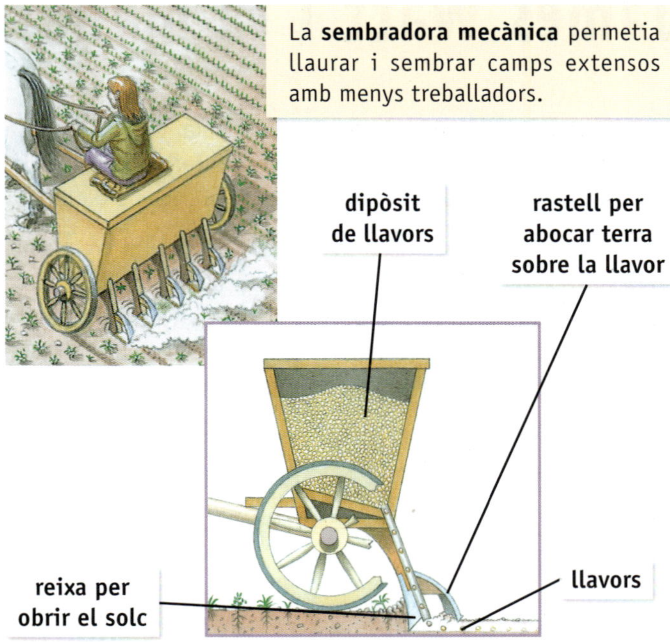

La introducció de noves màquines

La invenció de noves màquines va permetre dur a terme les feines agrícoles amb més facilitat i eficàcia. Una de les primeres innovacions va ser la **sembra mecànica** en solcs de fileres paral·leles (mètode Jethro Tull), que va possibilitar recollir tant fruits com males herbes d'una manera molt més senzilla.

La **nova arada** de Rotherham va permetre remoure els camps amb més facilitat i profunditat i tapar les llavors amb terra per protegir-les del vent i dels animals.

La introducció de la màquina de vapor i el desenvolupament de la siderúrgia van permetre utilitzar noves màquines segadores i batedores que van facilitar la sega i la batuda.

També es van introduir **nous conreus** (patata, blat de moro...), que van diversificar la producció d'aliments. La utilització del guano* com a adob va contribuir a millorar la productivitat.

L'augment de la producció

Aquestes transformacions agrícoles van fer possible un augment notable de la producció d'aliments, cosa que al seu torn va permetre la supervivència d'una producció que creixia ràpidament.

La productivitat agrícola també va pujar: si el 1650 la producció d'un pagès permetia alimentar 1,5 persones, l'any 1800 havia pujat a 2,5 persones.

La patata, que d'entrada els pagesos no van rebre gaire bé, es va convertir en un aliment fonamental de la dieta popular.

PUJADA DEL PREU DEL BLAT

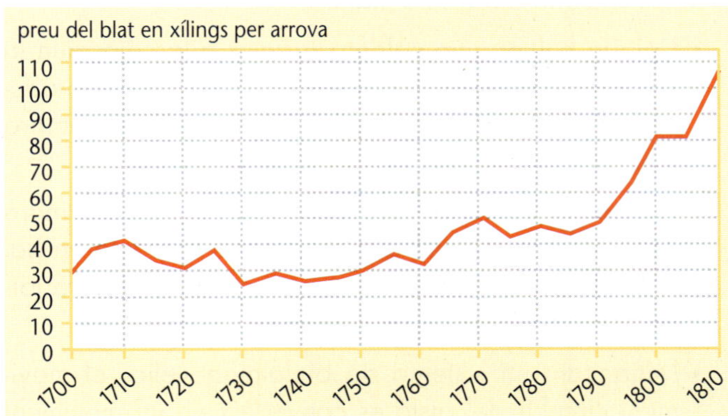

1. En què va consistir el tancament dels camps (enclosures)? Qui en van ser els més beneficiats i els més perjudicats? Raona'n el perquè.
2. Llegeix el text sobre els camps tancats (enclosures) i explica quins avantatges presenta aquest sistema sobre els camps oberts (openfields).
3. Explica en què consisteix el sistema Norfolk i els avantatges que té respecte de la rotació de conreus amb guaret.
4. Descriu les feines agrícoles i les màquines que apareixen als dibuixos. Quins avantatges hi aportaven?
5. Fixa't en el gràfic. Raona per quina causa l'alça del preu del blat va estimular els agricultors a millorar els sistemes de producció.
6. Explica de quina manera la revolució agrícola va afectar els grans propietaris agrícoles, els pagesos pobres i el conjunt de la població.

3 James Watt i la màquina de vapor

James Watt (1736-1819), nascut a Escòcia, va començar a 14 anys a estudiar matemàtiques i a col·laborar al taller mecànic del seu pare, on va adquirir una gran habilitat en la fabricació d'eines.

El 1764 va rebre al seu taller una màquina de vapor creada per Newcomen per reparar-la. En fer-ho, es va adonar que tenia un rendiment baix a causa de la quantitat de vapor que malbaratava i va buscar la manera d'evitar-ho. De resultes d'això, va crear una màquina molt més eficaç, que es va aplicar com a força motriu per a la indústria i el transport.

La seva associació amb l'empresari Matthew Boulton, que fabricava productes de metall, va permetre comercialitzar l'invent amb èxit.

Segell que representa James Watt i la màquina de vapor, emès el 2009 per la casa de correus britànica en una sèrie que commemorava els pioners de la Revolució Industrial.

A LA MÀQUINA DE VAPOR I LA SEVA APLICACIÓ INDUSTRIAL

La màquina de vapor aprofita la força del vapor per generar un moviment continu que trasllada a les màquines. Funciona d'aquesta manera:

- L'aigua bull en una caldera gràcies a la calor que la combustió del carbó origina. El vapor que es produeix genera una alta pressió i va cap a una cambra tancada, coneguda com a cambra de vapor.
- A l'extrem frontal d'aquesta cambra hi ha un cilindre que empeny un pistó que puja i que empenta un balancí. El vapor es refreda en un condensador i fa tornar a baixar el pistó i el balancí.
- Mitjançant un sistema de biela-manovella, el moviment circular del pistó es converteix en un moviment de translació o de rotació.

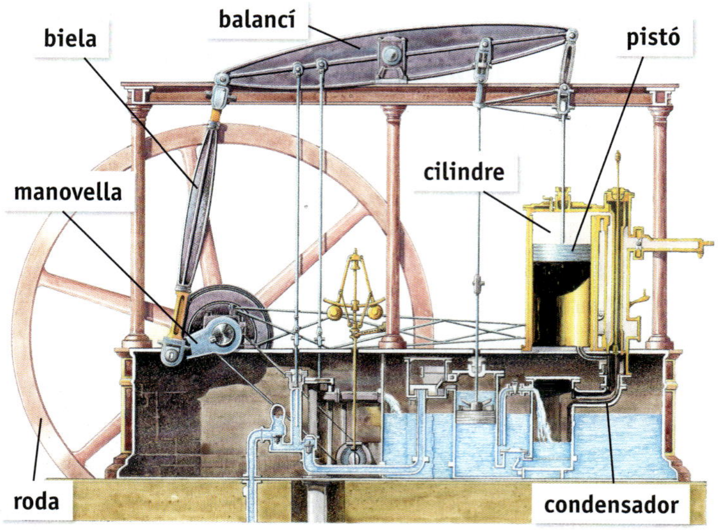

LA FORÇA DEL VAPOR MOU LES MÀQUINES DE LES INDÚSTRIES

James Watt va adaptar la màquina de vapor per impulsar els mecanismes industrials.

Aplicada a la mecanització de la indústria tèxtil (filatura i teixidura) va provocar l'augment de la productivitat (quantitat produïda per unitat de temps) i de la producció total (quantitat de béns produïts), cosa que va permetre abaratir els costos i abaixar el preu de venda.

La màquina de vapor es va aplicar també a la maquinària agrícola, a les fàbriques de paper, als molins de farina, etc., i va ser molt important en la mineria, en què es va utilitzar per evacuar l'aigua de les galeries.

B LA LOCOMOTORA I EL FERROCARRIL

El ferrocarril va ser el primer vehicle mogut per l'aplicació de la màquina de vapor. Va néixer de la unió de dos mecanismes:

- El sistema d'arrossegar vagonetes o diligències de passatgers tirades per animals sobre rails.
- La invenció de la locomotora, de **Stephenson** (1829), que va fer servir una màquina de vapor per transmetre un moviment continu a les rodes.

El nou sistema de transport va permetre traslladar més persones i mercaderies en menys temps i a un cost reduït. Aquesta millora va estimular el comerç de mercaderies i va tenir un paper fonamental en l'articulació d'un gran mercat interior.

Al començament del segle XIX la màquina de vapor es va aplicar als vaixells de vela, que es van substituir per **vaixells de vapor**. Un cop fet el canvi, el temps de la travessia transatlàntica entre Europa i Amèrica es va escurçar notablement.

XARXA FERROVIÀRIA EUROPEA

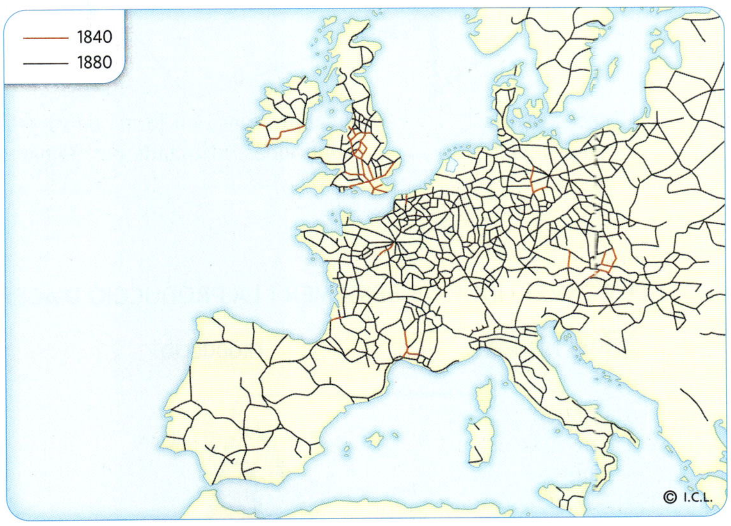

Els avantatges del ferrocarril

Abans que es construís la línia del ferrocarril de Liverpool a Manchester hi havia 22 diligències de línia regular i unes set d'ocasionals entre totes dues ciutats, que, en total, només podien transportar 688 persones cada dia.

El ferrocarril, en els primers vuit mesos de funcionament, va transportar una mitjana diària de 1070 passatgers, i només va estar aturat un dia, a causa de l'únic accident que hi va haver.

La tarifa de les diligències era de 10 xílings si es viatjava a l'interior i de 3 xílings i 6 penics si es feia a fora. El viatge durava unes quatre hores, i amb el ferrocarril, una hora i tres quarts.

J.T. Ward: *The Annual Register*, 1832.

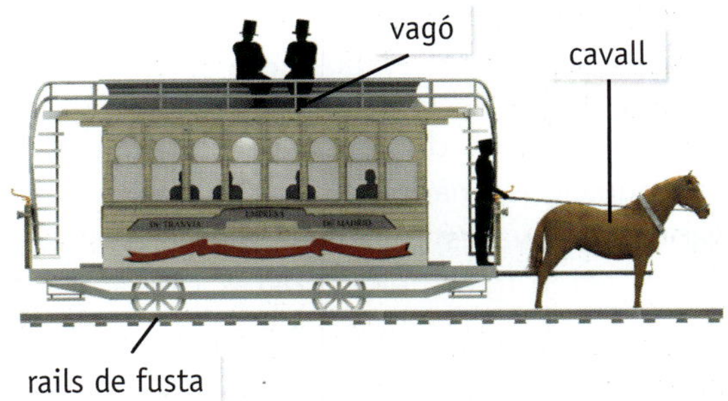

1. Quines dues innovacions es van ajuntar per crear el ferrocarril de vapor? Explica-ho a partir del dibuix del ferrocarril. On era la màquina de vapor?

2. Fixa't en el mapa. Quina zona va ser la pionera en la construcció del ferrocarril? En quin lloc la xarxa era més extensa al segle XIX? A quins sectors econòmics va beneficiar la construcció del ferrocarril?

3. Llegeix el text sobre els avantatges del ferrocarril i explica quines conseqüències van derivar de la seva construcció.

Posa't en lloc seu

4. Imagina't que ets James Watt i que has de presentar el teu invent a un grup d'empresaris tèxtils per convèncer-los dels avantatges de fer servir la màquina de vapor. Escriu el text de la presentació:
   - Amb l'ajut del dibuix de la màquina de vapor, explica'n el funcionament.
   - Fixa't en el gravat de la fàbrica tèxtil i explica de quina manera la màquina de vapor devia moure les filadores.

4 Desenvolupament de la indústria i augment del comerç

L'aplicació de les noves tecnologies (mecanització i energia del vapor) i del sistema fabril es va dur a terme primer a la indústria tèxtil i més endavant a la siderúrgia, que van ser el motor de la industrialització.

La indústria tèxtil

Al segle XVIII hi havia un gran comerç d'indianes*, un teixit de cotó estampat procedent de l'Índia. El govern britànic en va prohibir la importació, cosa que va afavorir la producció de teixits de cotó a l'interior del país.

El cotó és un teixit suau, fàcil de rentar i més higiènic que la llana, de manera que els consumidors el van acceptar molt bé. A més a més, produït en grans quantitats, era ben econòmic.

La matèria primera, el cotó en branca, es comprava a baix cost perquè s'importava de l'Índia o de les grans plantacions esclavistes dels Estats Units.

El procés de mecanització va començar per la **llançadora volant de Kay** (1733), que va apujar la velocitat de la teixidura i que va permetre eixamplar les peces, i les **màquines de filar** (Spinning Jenny, Mule Jenny i Water Frame), que van fer incrementar molt la productivitat de la filatura.

L'últim pas va ser el **teler mecànic** de Cartwright (1785), que va fer augmentar la producció de teixits i va permetre abaratir-ne el cost.

La siderúrgia

Al segle XVIII la demanda de ferro per fabricar vaixells, municions, màquines i eines va pujar de manera notable. Això va estimular la recerca d'un combustible per a la siderúrgia menys costós i més efectiu que el carbó vegetal, que s'utilitzava llavors.

La primera innovació que va esperonar el creixement de la siderúrgia va ser l'ús del **carbó de coc** (Darby, 1709) als alts forns utilitzats per a la foneria. El seu alt poder calorífic va permetre produir grans quantitats de ferro i va fomentar el creixement de la mineria del carbó.

El perfeccionament de tècniques com ara la pudelació* i el laminatge del ferro, inventades per Cort l'any 1783, van ser importants per al desenvolupament de la siderúrgia.

Més endavant, el 1856, el **convertidor de Bessemer** va permetre fabricar **acer** (una barreja de ferro i carboni), un material de gran elasticitat, molt apte per a la construcció de maquinària, eines, edificis i obres públiques.

CONSUM DE LLANA I COTÓ A LA GRAN BRETANYA

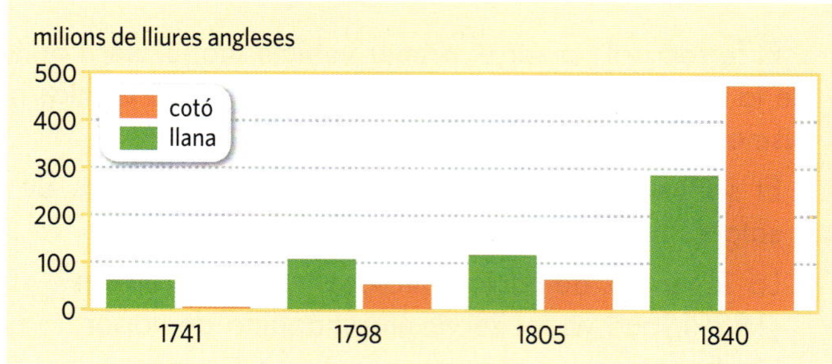

1. Com van evolucionar el consum d'aquestes dues matèries primeres? Què va provocar el canvi?

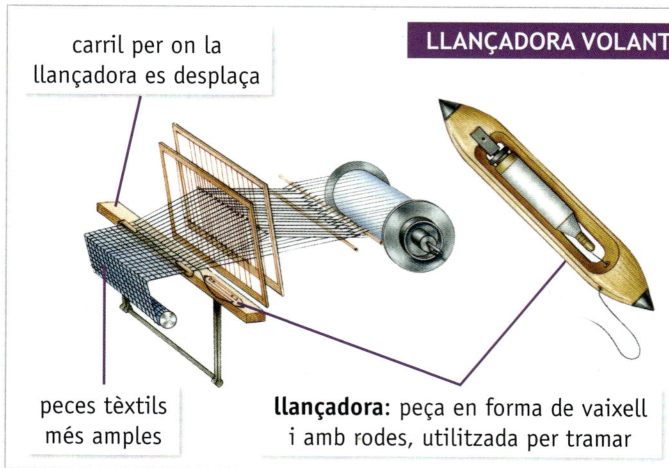

EL CONVERTIDOR DE BESSEMER I LA PRODUCCIÓ D'ACER

La mineria del carbó i del ferro

La generalització de l'ús dels minerals com a matèria primera va ser una altra de les característiques del nou món industrial. Els sectors miners que es van desenvolupar primer van ser el del carbó i el del ferro.

El **carbó** es va convertir en la gran font d'energia de la revolució industrial; la demanda de carbó mineral va augmentar perquè es feia servir per a la màquina de vapor i per fabricar ferro i acer.

Les mines de carbó van proliferar a Europa. Gal·les, a la Gran Bretanya, es va convertir en una de les grans zones mineres; se n'extreia carbó d'alta qualitat gràcies a l'alt poder calorífic que tenia.

Les regions carboníferes van atreure les **indústries siderúrgiques**, que s'anaven desenvolupant per proporcionar ferro per a les noves màquines. En aquestes regions es van generar els característics "paisatges negres", fruit de les escòries del material i del fum derivat de la combustió del carbó.

L'expansió comercial

La Revolució Industrial va donar pas a una **economia de mercat**, en la qual es produïa no només per a l'autoconsum, sinó també per a la venda en mercats urbans. Aquest canvi va ser possible com a conseqüència de l'increment de la producció, de l'augment de la població i de la millora del poder adquisitiu.

La millora dels sistemes de transports va facilitar de manera progressiva el **comerç interior**, cosa que va fer ampliar els mercats locals i va consolidar un mercat d'àmbit nacional que va aguantar i afavorir el creixement industrial.

El **comerç exterior** amb les colònies extraeuropees va oferir al Regne Unit els mercats on podia exportar la producció de les noves indústries i començar l'arrencada industrial.

Nens que treballen en una mina de carbó anglesa. Litografia, del 1844.

Els paisatges negres

Coketown és una ciutat de maons que es veurien vermells si el fum i les cendres ho permetessin (...). És plena de fàbriques i xemeneies altes d'on surt un inacabable fum serpentejant que no s'atura mai (...).

La travessa un canal negre per on circulen unes aigües envermellides pels tints, envoltat de fàbriques amuntegades plenes de finestres, en què la jornada transcorre enmig de l'estrepitós soroll de les màquines i de les tremolors que provoca el pistó de la màquina de vapor cada cop que puja i baixa.

Charles Dickens: *Temps difícils*, 1854.

2. De quina manera Dickens descriu la ciutat industrial? Justifica per què aquestes ciutats es qualifiquen de "paisatges negres".

3. Quin va ser el primer sector productiu que va encapçalar la industrialització? Quina matèria primera emprava? De quina manera el govern anglès va ajudar a estendre la industrialització cotonera britànica?

4. Explica com es va dur a terme la mecanització del tèxtil. Observa el dibuix i explica el funcionament de la llançadora volant.

5. Quins productes van fer augmentar la demanda de ferro? Quin invent en va fer possible la producció massiva?

6. Què és l'acer? Quins avantatges té sobre el ferro? Observa amb atenció el dibuix del convertidor de Bessemer i explica'n el funcionament.

7. Per què la demanda de carbó va pujar? Explica per quin motiu el creixement de la producció de carbó i de ferro estan relacionats.

8. Fixa't en la litografia del 1844. Qui treballava a la mina de carbó? Penses que això actualment seria possible? Per què?

5 El creixement de la població i el desenvolupament

PASSAT I PRESENT

L'augment de la població va esperonar l'arrencada industrial del segle XIX perquè va comportar un augment del nombre de treballadors disponibles i de la demanda de béns de consum.

L'increment demogràfic va ser possible millorant la producció agrícola, perquè la població, més ben alimentada, es va fer més resistent a les malalties, i la mortalitat va començar a reduir-se.

La industrialització, que necessita concentració de capitals i de treballadors, va esperonar el creixement urbà. La burgesia va instal·lar les fàbriques a la vora de les ciutats i els pagesos van emigrar del camp per treballar-hi. D'aquesta manera, la societat va passar de ser majoritàriament agrària i rural a ser industrial i urbana.

El creixement de les ciutats va començar una urbanització progressiva que a hores d'ara encara no s'ha aturat. El món actual és un món de ciutats.

EVOLUCIÓ DE LA POBLACIÓ RURAL I URBANA

	Rural (en %)	Urbana (en %)
Any	**Gran Bretanya**	
1851	47,8	52,2
1886	30,6	69,4
1911	21,9	78,1
Any	**França**	
1851	74,5	25,5
1886	64,1	35,9
1911	55,8	44,2
Any	**Alemanya**	
1851	63,9	36,1
1886	74	53
1911	40	60

A LA REVOLUCIÓ DEMOGRÀFICA

Cap al 1750 la població europea va començar un procés de creixement conegut com a **revolució demogràfica**, les causes de la qual van ser l'augment de la producció d'aliments i, posteriorment, les millores en la medicina i en la higiene.

La millor alimentació va permetre que les grans fams desapareguessin i va fer que la població fos més resistent a les malalties. Així, doncs, la mortalitat va anar disminuint progressivament, mentre que la natalitat tendia a mantenir-se o a créixer lleugerament.

La reducció de la mortalitat, sobretot la infantil, també va fer possible que l'esperança de vida pugés de 38 anys a les acaballes del segle XVIII a 50 anys al final del segle XIX.

La Gran Bretanya va ser el país europeu on l'expansió demogràfica es va encetar i on aquest creixement va assolir unes proporcions més grans. Entre el 1700 i el 1800, el nombre d'habitants va augmentar en gairebé el 69%.

El conjunt d'Europa va passar de 140 milions d'habitants el 1750, a 192 el 1800, i a 274 milions el 1850.

L'EVOLUCIÓ DEMOGRÀFICA A ANGLATERRA

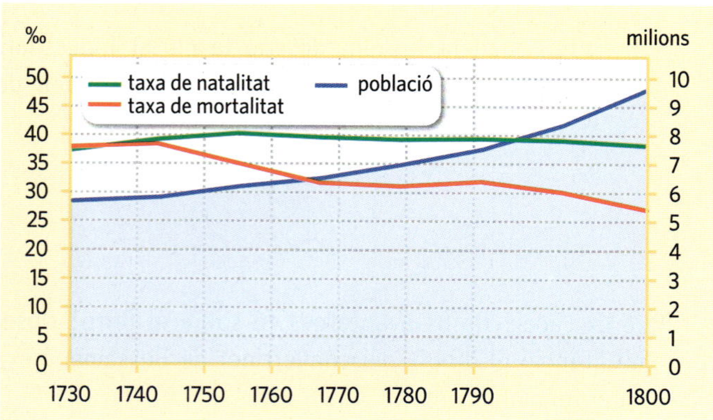

LA POBLACIÓ EUROPEA I MUNDIAL

Població (en milions d'habitants)	Cap al 1800	Cap al 1850
Gran Bretanya	16,1	27,5
França	27,3	35,8
Itàlia[1]	18,1	24,3
Alemanya[1]	24,6	35,9
Espanya	10,5	15,6
Rússia	37	60,2
Europa	**192**	**274**
Món	**906**	**1171**

(1) Dades de població del territori unificat el 1870 i 1871, respectivament.

@ **Amplia a la xarxa...**

Per saber-ne més de la revolució demogràfica, entra a: www.tiching.com/72089

urbà

B L'EXPANSIÓ DE LES CIUTATS

La industrialització va convertir les ciutats en grans metròpolis perquè els habitants es van multiplicar.

En aquest desenvolupament urbà es van enderrocar les muralles, van néixer barris, es van crear mitjans de transport (ferrocarril, tramvia...) i es van construir infraestructures (empedrat de carrers, clavegueram...) i serveis (hospitals, mercats, teatres, etc.).

El creixement urbà va ser conseqüència de l'**èxode rural**. Els pagesos, als quals la mecanització de les feines agrícoles i la concentració de la propietat van deixar sense terres i sense feina, es van desplaçar a les ciutats a buscar un lloc de treball a les fàbriques.

A la nova **ciutat industrial** hi va haver una forta segregació social per **barris**, en la qual els elegants barris de la burgesia contrastaven amb els espais industrials envoltats de suburbis obrers.

EL CREIXEMENT URBÀ

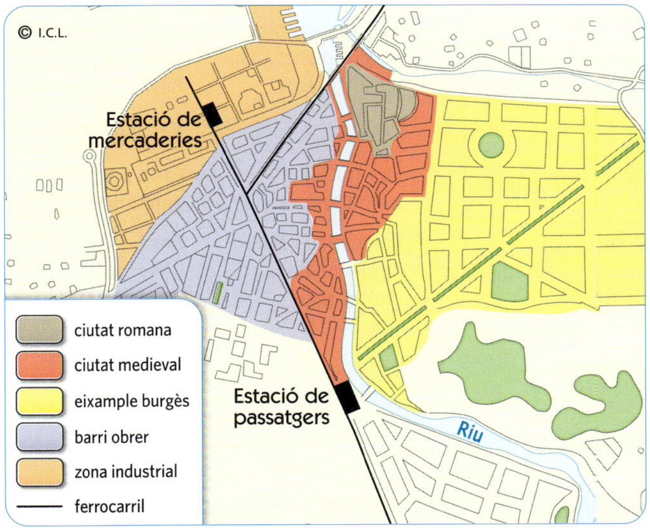

C. PISSARRO: *L'avinguda de l'Òpera de París*, 1898.

La burgesia va planificar nous barris residencials que tenien edificacions de diversos pisos amb habitatges luxosos i còmodes, envoltades d'espais enjardinats, comunicades per mitjà d'àmplies avingudes i dotades de serveis.

G. DORÉ: *Londres, una peregrinació*, 1870. (Gravat)

Als barris obrers no hi havia infraestructures (els carrers no estaven asfaltats i no tenien clavegueram) i la falta d'espai va provocar l'amuntegament als habitatges.

1. A partir d'aquest gràfic explica en què va consistir l'evolució demogràfica a Anglaterra.
2. Consulta la taula. Quin pes tenia la població europea respecte de la mundial a mitjan segle XIX? Trobes que actualment aquesta proporció es continua mantenint?
3. Per què la industrialització va afavorir el creixement de les ciutats? Fixa't en el plànol i explica l'estructura per barris d'una ciutat industrial.
4. En què es diferenciaven els barris burgesos dels barris obrers?

Relaciona ahir i avui

5. El creixement demogràfic va esperonar el desenvolupament econòmic del segle XIX. Esbrina si la població europea creix actualment com ho va fer durant aquella centúria. Quines conseqüències socials i econòmiques penses que poden derivar de l'actual situació demogràfica d'Europa?
6. La industrialització va comportar un transvasament de població del camp a la ciutat. Per què et sembla que avui dia la majoria de gent s'estima més viure a les ciutats? Descobreix si aquesta tendència continua vigent i si predomina la població rural o bé l'agrària.

6 La victòria del capitalisme

La Revolució Industrial va impulsar el desenvolupament del **capitalisme**, un sistema econòmic que es fonamentava en el liberalisme econòmic. Aquesta doctrina, basada en la iniciativa privada, la van establir una sèrie d'autors britànics (Escola de Manchester), entre els quals va destacar **Adam Smith**.

Honoré DAUMIER: *El banquer*, 1835.

El capitalisme industrial

El capitalisme és un sistema econòmic en el qual els instruments de producció (les fàbriques, la maquinària i els estocs* de béns) són majoritàriament de **propietat privada**.

Les activitats econòmiques responen a la **lliure iniciativa** dels individus, que tenen com a objectiu buscar el **màxim benefici**. És un sistema **no planificat**, en el qual la intervenció de l'Estat s'ha de reduir al mínim.

Els interessos dels particulars –venedors o compradors– concorren en el mercat, que només es regula mitjançant la **llei de l'oferta i la demanda**.

La competència entre els empresaris per conquerir el mercat provoca una competició per reduir costos i preus, cosa que constitueix un incentiu per a la renovació tecnològica constant (**llei de la competència**).

Un dels problemes més greus del capitalisme són les **crisis de sobreproducció**, que són conseqüència d'un excés de producció en relació amb la capacitat de consum de la societat. En deriven la baixada de les vendes, la caiguda dels preus i dels beneficis, el tancament d'empreses i l'atur obrer.

LES CRISIS ECONÒMIQUES

Característica	Crisi de subsistència	Crisi de sobreproducció
Manifestació i origen	Males collites, falta d'aliments	Creixement excessiu de la producció: sobreproducció
Evolució dels preus	Pujada dels preus dels aliments per falta d'oferta	Baixada dels preus industrials per la falta de demanda
Extensió	Regional o nacional	Nacional o mundial
Periodicitat	Cap (cicles irregulars)	Cada deu anys, aproximadament
Conseqüències	Epidèmies i fam. Augment de la mortalitat	Declivi d'empreses i bancs. Pujada de l'atur

El creixement de les finances

La industrialització va comportar el desenvolupament de les **entitats bancàries**, que es van multiplicar i diversificar, i es van especialitzar a captar els estalvis (bancs de dipòsit) i a subministrar capital a la indústria (bancs d'inversió). A més a més, actuaven com a intermediaris entre empreses, proveïdors i consumidors facilitant els pagaments i els intercanvis (lletres de canvi, xecs, pagarés...).

La necessitat de capital per fundar una nova empresa va fer crear **societats anònimes**, en les quals el capital es divideix en participacions (accions), que els accionistes compren i que donen dret a cobrar-ne beneficis (dividends). Les accions tenen un valor nominal que té relació amb el capital de l'empresa que les emet.

La compravenda d'accions es fa a la **borsa**. Aquesta institució es regeix per la llei de l'oferta i la demanda: si hi ha molts compradors i poques accions a la venda, la cotització puja per sobre del valor nominal; quan passa el contrari, el valor baixa.

FUNCIONAMENT D'UNA SOCIETAT ANÒNIMA

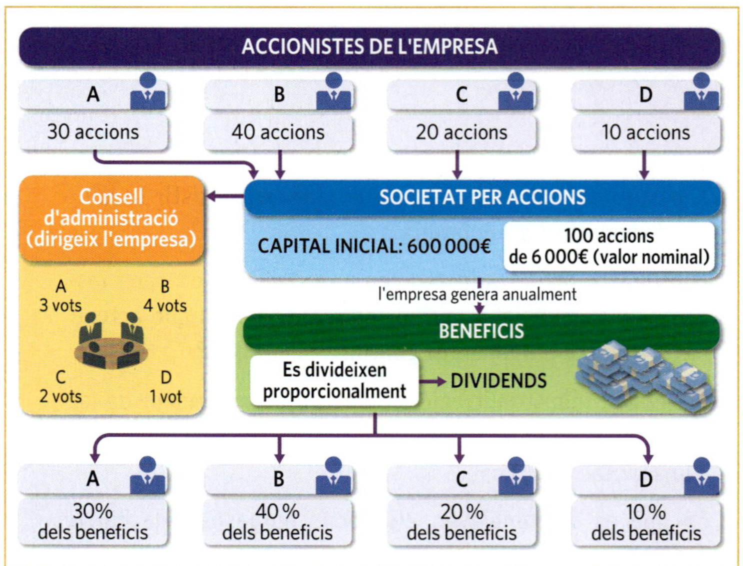

Proteccionisme i lliurecanvisme

El Regne Unit, com a país pioner del procés d'industrialització, es va mostrar partidari del **lliurecanvisme**, és a dir, de la no-intervenció estatal en el comerç internacional. El lliure intercanvi de mercaderies entre els Estats seria un estímul comercial per augmentar la producció i per millorar la competitivitat empresarial.

Per evitar la competència del Regne Unit i fomentar el creixement de la seva pròpia indústria, tant els països del continent com els Estats Units van aplicar **mesures proteccionistes**. El proteccionisme defensa la imposició d'aranzels (impostos) a l'entrada de productes estrangers amb l'objectiu d'encarir-los i aconseguir que no sigui rendible importar-los.

El lliurecanvisme

En un sistema de llibertat total de comerç, cada país consagra el seu capital i la seva indústria a l'ocupació que li sembla més útil i que té més ben preparada. Un país que, per la superioritat en la maquinària i per l'habilitat dels obrers, fabrica a millor preu que els seus veïns pot vendre els productes de la seva indústria i fer venir de l'exterior el blat que necessita per al consum.

D. Ricardo: *Principis d'economia política*, 1817.

1. Com defensa l'autor la conveniència del lliurecanvisme?
2. Amb quins arguments s'hi van oposar els proteccionistes?

L'expansió de la industrialització

El procés industrialitzador es va estendre pel món, tot i que de manera desigual.

Al principi del segle XIX les transformacions econòmiques van començar a França i a Bèlgica, on el sector tèxtil tenia menys pes, i la industrialització es va basar en l'explotació dels jaciments de carbó.

A mitjan segle, Alemanya va fonamentar el seu desenvolupament industrial en l'abundància de carbó i de ferro i en el sector siderúrgic i químic. A Itàlia i Espanya el creixement industrial va ser posterior.

A l'Europa oriental, l'Antic Règim va tenir vigència durant tot el segle XIX. Únicament en zones localitzades dels imperis austrohongarès i rus va començar-hi al final de segle una industrialització incipient.

A la resta del món, només als Estats Units i al Japó hi va haver un desenvolupament de la indústria semblant a l'europeu.

INDUSTRIALITZACIÓ D'EUROPA CAP AL 1850

3. Explica les característiques del sistema capitalista. Per què s'hi produeixen crisis econòmiques periòdiques? Observa la taula i estableix en què es diferencien les crisis de subsistències típiques de l'Antic Règim i les crisis de sobreproducció capitalistes.
4. A partir de l'esquema d'una societat anònima, explica com funciona una empresa capitalista fent servir les paraules següents: acció, accionista, dividend, borsa, consell d'administració i capital. Justifica també per què la borsa és indispensable per al desenvolupament del sistema capitalista.
5. Fixa't en el mapa. Quines zones eren les més industrials d'Europa i quines n'eren les indústries predominants? En quines fases cronològiques es va portar a terme l'expansió de la industrialització?

7 La nova societat de classes

El capitalisme va instaurar la divisió entre capital i treball i va organitzar la societat en dos grups o classes socials: la burgesia i el proletariat.

La burgesia tenia capital, feia anar els negocis i era la propietària de les fàbriques, de les entitats financeres i de les empreses comercials. El proletariat (la classe obrera) vivia de la feina que feia a les fàbriques, a les mines i als mitjans de transport a canvi d'un salari.

A diferència de la societat estamental, les classes són grups socials oberts amb mobilitat social, en les quals el poder econòmic és la categoria bàsica de definició social. Quines desigualtats presentava la nova societat de classes?

Caricatura titulada *El capital i el treball*, de començament del segle XX.

A LA BURGESIA: LA NOVA ELIT SOCIAL

En el nou món industrial, la **gran burgesia**, formada per empresaris, banquers i grans propietaris agrícoles, es va convertir en la nova classe dominant. La riquesa i l'afany de mostrar públicament el seu poder i prestigi li van permetre, de mica en mica, substituir l'aristocràcia en la vida social.

Per sota hi havia una **burgesia mitjana** que formaven professionals (advocats, metges...), funcionaris i comerciants, i una **petita burgesia**, constituïda per empleats, botiguers i artesans, amb unes condicions de vida que pràcticament no diferien de les del proletariat.

La nova burgesia va imposar els seus valors socials: l'exaltació de la propietat privada, la virtut del treball i de l'estalvi i l'èxit individual. De la burgesia en provenien la majoria dels qui accedien a l'ensenyament universitari i formaven els intel·lectuals: els professors, els enginyers, els caps de les institucions i els de les empreses, cosa que generava veritables dinasties familiars.

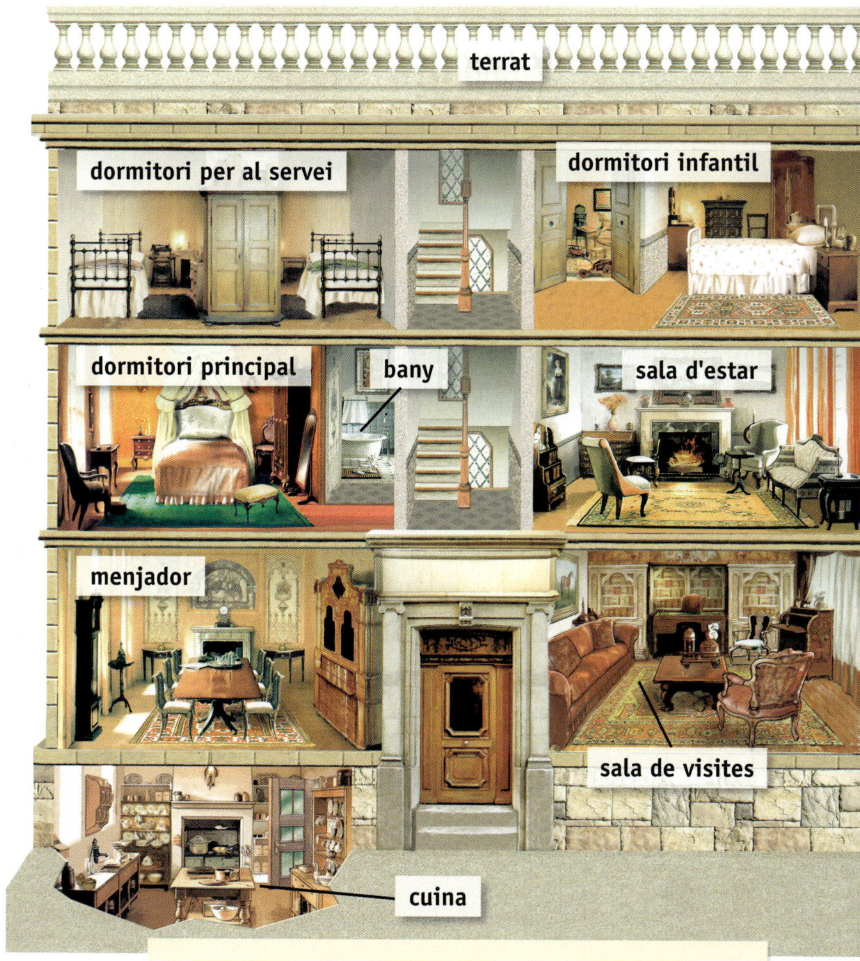

Per a la gran burgesia, la casa familiar es va transformar en un símbol de la prosperitat i del poder. Les residències eren grans i luxoses i tenien uns serveis nombrosos.

S. GIRAUD: *Interior d'un saló burgès de París*, 1889.

La família es va convertir en el nucli essencial de transmissió i consolidació del patrimoni de la burgesia.

B EL PROLETARIAT: LA FORÇA DE TREBALL

En la nova societat industrial, la **classe obrera** era la mà d'obra necessària per fer funcionar les màquines i constituïa el grup social més desafavorit.

En els primers temps de la industrialització, no hi havia cap legislació laboral que regulés les condicions de treball i els salaris, o que garantís cap protecció en el cas d'accident o de malaltia.

Els obrers estaven sotmesos a una **dura disciplina laboral** en la qual els càstigs i les penalitzacions eren freqüents, i els podien acomiadar en el moment que l'empresari volgués.

Les jornades a les fàbriques o a les mines eren molt llargues (14-16 hores), pràcticament sense descans setmanal, i es feien en condicions ambientals molt deficients, amb sorolls i fums asfixiants. Els salaris eren molt baixos i no es cobraven en cas de malaltia, d'accident o de vellesa.

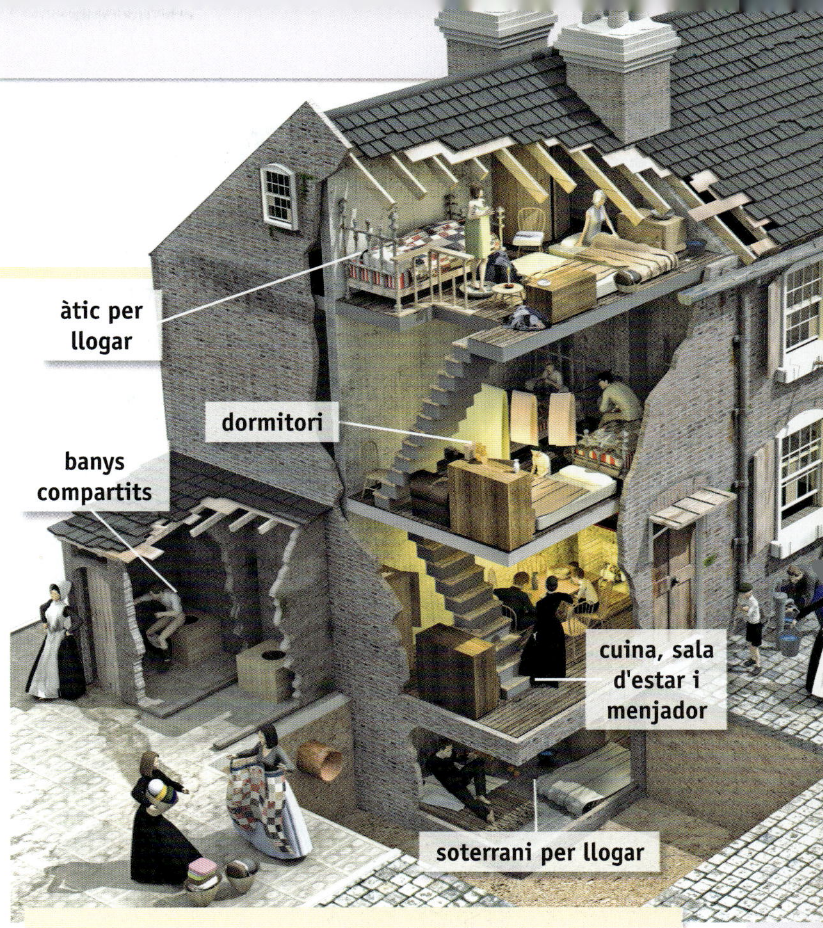

Les cases obreres eren molt petites i s'hi arribaven a amuntegar deu o dotze persones en habitacions insalubres sense serveis higiènics ni aigua potable.

Interior d'una casa obrera a Berlín (1907), on es poden veure les condicions de vida tan precàries de la classe treballadora.

Els nens i les dones treballaven en les mateixes condicions que els homes tant a les fàbriques com a les mines, però tenien salaris inferiors. A Anglaterra el sou dels nens equivalia a un 10% del dels homes; i el de les dones, aproximadament, a un 40%.

Les pèssimes condicions de vida, el cansament, les malalties professionals, la desnutrició i les epidèmies posaven fi molt aviat a la vida dels membres de les famílies obreres. L'esperança de vida era baixa i a 50 anys ja s'era vell.

1. ¿Quins canvis socials va comportar la industrialització? Quines diferències pots establir entre la nova societat de classes i la vella societat estamental?
2. Quines dues classes socials es van imposar amb la industrialització? Què caracteritza cadascuna?
3. Descriu l'habitatge burgès i l'obrer i compara'ls. En quin entorn urbà es trobava cada una? A quines conclusions pots arribar sobre les condicions de vida de totes dues classes socials?
4. Fixa't en la pintura i descriu la sala d'estar de la família burgesa i com passaven el vespre. Quines diferències pots establir amb la fotografia de l'interior d'una llar obrera?

Investiga

5. El treball infantil va ser una de les grans xacres de la Revolució Industrial. Mira't un fragment de la pel·lícula belga *Daens* a www.tiching.com/747776 i contesta aquestes preguntes:
   - A quines feines es dedicaven els infants? A quines edats començaven a treballar? En quines condicions laborals estaven a les fàbriques?
   - De quina manera aquesta feina en perjudicava el desenvolupament físic i mental?
   - Per què les fàbriques donaven feina a dones i a nens? Com es va començar a lluitar contra aquesta situació?

8 Els nous moviments socials

Les difícils condicions de treball i la misèria en què vivia la classe obrera en el sistema industrial van generar una nova conflictivitat social.

Les associacions obreres

La primera reacció obrera contra el treball industrial va ser el **luddisme**. Aquest moviment va néixer a Anglaterra a l'entrada del segle XIX i es va dedicar a destruir violentament màquines, que consideraven responsables dels baixos salaris i de l'atur obrer.

Alguns obrers es van començar a adonar de la necessitat de crear associacions pròpies per defensar els seus interessos. Les primeres organitzacions van ser les **Societats d'Auxili Mutu**, que actuaven com a agrupacions de resistència i ajudaven els treballadors en cas de malaltia o atur. Aquestes societats van organitzar les primeres vagues gràcies al cobrament de quotes que permetien crear caixes de resistència.

La derogació a Anglaterra de les lleis que prohibien les associacions obreres va permetre que es creessin els primers **sindicats**, que reunien els obrers d'un mateix ofici o ram, com ara el Sindicat de Filadors.

Més endavant, el 1834, es va fundar la **Great Trade Union**, que agrupava treballadors de diversos oficis. Les seves primeres reivindicacions van ser la defensa del dret d'associació, la reducció de la jornada laboral, les millores salarials i la regulació del treball infantil.

La denúncia de la desigualtat social

En la nova societat industrial, una sèrie de pensadors van denunciar les injustícies creades pel capitalisme:

- Els **socialistes utòpics** (Saint-Simon, Proudhon i Fourier) van ser els primers a denunciar la propietat privada com la causa principal de les desigualtats i a proposar formes de propietat col·lectiva.
- A mitjan segle XIX alguns pensadors van defensar la necessitat d'una **revolució** per posar fi al capitalisme i constituir una nova societat igualitària. Aquestes idees van desembocar en dos grans corrents revolucionaris: el **marxisme** i l'**anarquisme**.
- L'**Església catòlica** es va preocupar per la qüestió obrera i la desigualtat social. El 1890 el papa Lleó XIII va publicar l'encíclica Rerum novarum, en la qual parlava de la necessitat de millorar les condicions de vida dels obrers per mitjà de la promulgació de lleis socials.

CONFLICTES LABORALS A LA GRAN BRETANYA

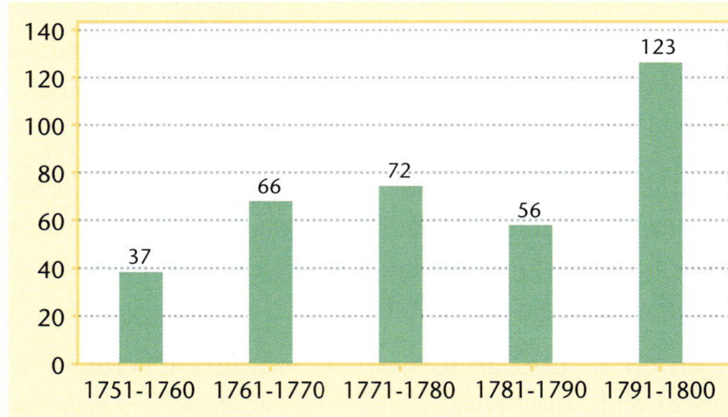

El dret d'associació

Fa anys que la nostra classe va caminant cap a la ruïna. Els salaris minven. El preu dels comestibles i el de les habitacions són més alts. Cada dia hem de reduir el cercle de les nostres necessitats, enviar les nostres dones al taller en perjudici de l'educació dels nostres fills, els quals hem de sacrificar fent-los treballar prematurament.

El mal ja és gravíssim, i el remei és urgent (...). Només us demanem poder exercir lliurement el dret d'associar-nos.

Avui se'ns concedeix aquest dret només per afavorir-nos en cas de malaltia o de falta de feina; que d'ara endavant se'ns concedeixi per oposar-nos a les exigències desmesurades dels amos dels tallers i poder establir-hi tarifes de sous (...).

Exposició de la Classe Obrera Espanyola a les Corts, 1855.

R. KOHLER: *La vaga*, 1886.

La vaga va ser la principal mesura de pressió dels obrers perquè els patrons acceptessin negociar les seves reivindicacions laborals.

MARXISME, ANARQUISME I INTERNACIONALISME

El marxisme i l'anarquisme s'oposaven a la propietat privada i aspiraven a destruir el capitalisme, però diferien en la manera com s'havia de fer la revolució i en el model de societat que l'havia de substituir.

L'ANARQUISME

Piotr Kropotkin.

No és una doctrina única, sinó que aplega les idees de diversos pensadors com ara **Bakunin** i **Kropotkin**.

- Es basa en l'exaltació de la llibertat individual i de la solidaritat social, la defensa de la propietat col·lectiva i el rebuig de qualsevol autoritat.
- Defensa que la revolució ha de ser el resultat d'una vaga general que destrueixi l'Estat per crear una societat igualitària amb formes de propietat col·lectiva.
- S'oposa a la participació en la política (eleccions) i a l'organització en partits polítics. Un sector defensava l'acció violenta contra el capitalisme (burgesia, Exèrcit, Estat i Església), i un altre, la creació de sindicats revolucionaris (anarcosindicalisme).

EL MARXISME

Marx i Engels.

És el resultat de la col·laboració de **Karl Marx** i **Friedrich Engels**, que van denunciar l'explotació dels treballadors i van defensar la revolució per destruir el capitalisme.

La revolució proletària havia de tenir dues fases:

- L'assoliment del poder polític per crear un Estat obrer (dictadura del proletariat) que havia de destruir la propietat privada i posar-la en mans de l'Estat.
- La societat comunista, en la qual les classes socials i l'Estat (comunisme) desapareixien.

Els marxistes van crear partits obrers socialistes. Tenien com a objectiu la revolució obrera, però també defensaven participar en les eleccions i entrar en els parlaments per impulsar lleis favorables als treballadors.

LES INTERNACIONALS OBRERES

Marxistes i anarquistes van participar en els conflictes obrers de l'època i van proposar la necessitat d'unir els obrers d'arreu del món per aconseguir-ne l'emancipació social (internacionalisme proletari).

A iniciativa de Karl Marx, l'any 1864 es va crear l'**Associació Internacional de Treballadors** (**I Internacional**), a la qual es van adherir marxistes, anarquistes i sindicalistes, però les discrepàncies ideològiques la van fer inviable i va acabar desapareixent cap al 1876.

L'any 1889 els marxistes van fundar la **II Internacional** amb l'objectiu de coordinar els diferents partits socialistes. La II Internacional va crear alguns dels símbols d'identitat del moviment obrer, com ara l'himne de La Internacional i la festa del Primer de Maig (Dia dels Treballadors).

Al·legoria de la Primera Internacional, 1870.

1. Observa el gràfic. Per què van augmentar els conflictes laborals? Quines eren les reivindicacions dels obrers?
2. Què és el luddisme? Per què els obrers van reaccionar contra les màquines? Penses que eren les responsables de la seva situació? Raona la resposta.
3. Llegeix el text sobre el dret d'associació. Què es demanava a les Corts? Amb quins arguments?
4. Quines van ser les primeres associacions d'obrers? En què es diferenciaven les unes de les altres?
5. Quines ideologies van aparèixer al segle XIX per denunciar les desigualtats socials del capitalisme? Què proposava cadascuna?
6. Explica les diferències i semblances entre marxisme i anarquisme. Què van ser les Internacionals Obreres?

COMPLETA EL MAPA CONCEPTUAL

Amb la informació del tema, completa al teu quadern l'esquema següent:

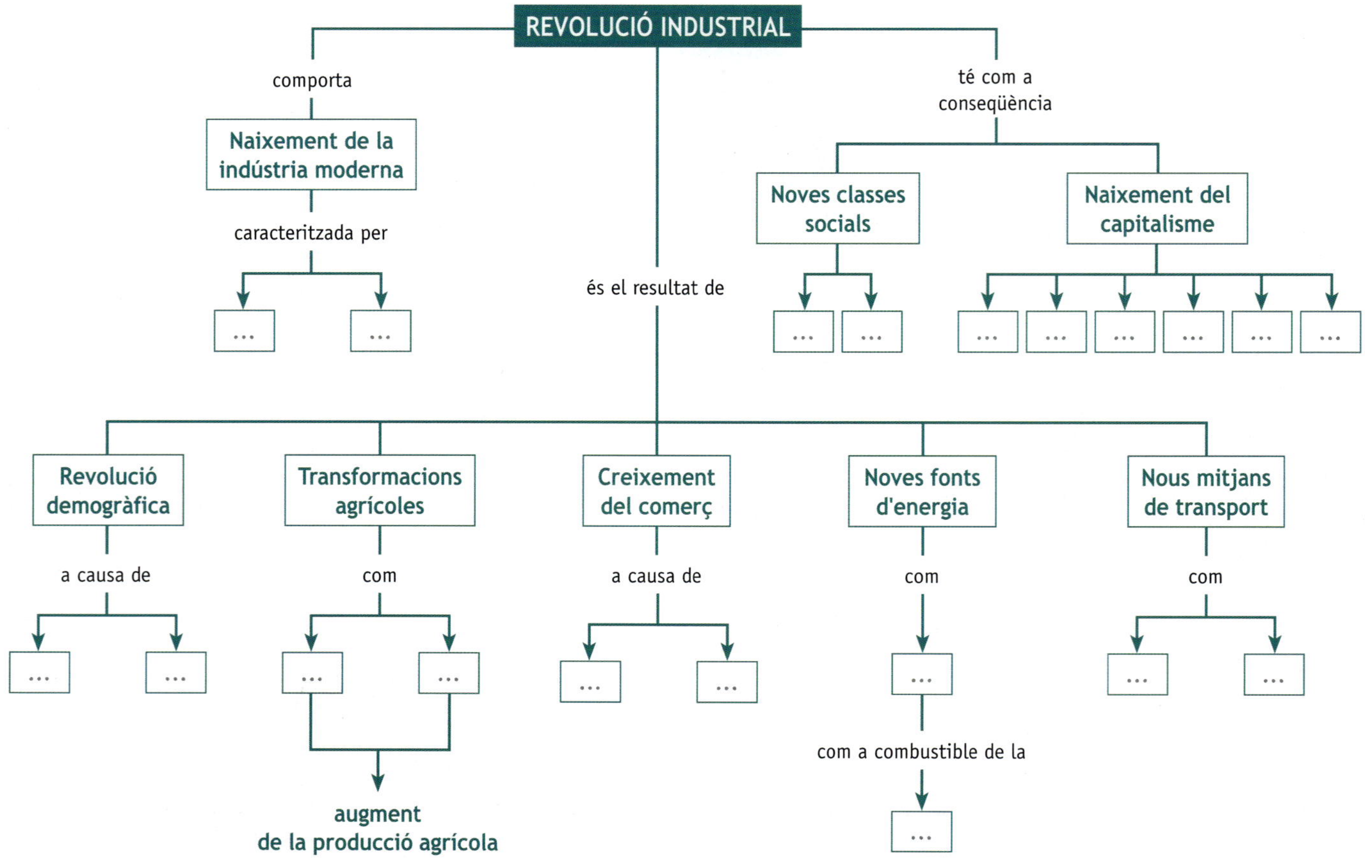

1 CONSOLIDA EL QUE HAS APRÈS

a) Què entens per Revolució Industrial? Quins canvis en diversos sectors de l'economia la van fer possible? Quin país va ser el "taller del món"? Per què?

b) Quines innovacions van donar lloc al maquinisme i al sistema fabril de producció de béns? Quins sectors van ser els primers a adoptar el sistema industrial?

c) Quins canvis hi va haver als mitjans de transport? Quines conseqüències en van derivar?

d) Quines són les característiques del capitalisme i de la societat de classes?

e) Quines noves ideologies van denunciar les desigualtats socials del capitalisme? Quines alternatives proposaven?

2 DEFINEIX CONCEPTES CLAU

- mecanització
- sistema fabril
- sistema Norfolk
- urbanització
- societat de classes
- sindicat

3 FIXA LA CRONOLOGIA

- màquina de vapor
- teler de Cartwright
- llançadora volant de Kay
- alt forn de Darby
- locomotora de Stephenson
- convertidor de Bessemer

4 ESTABLEIX LES DIFERÈNCIES

- *openfield*/*enclosure*
- energia hidràulica/energia del vapor
- liberalisme econòmic/capitalisme
- proteccionisme/lliurecanvisme
- burgesia/proletariat
- Primera Internacional/Segona Internacional

CONTESTA LA PREGUNTA INICIAL

De quina manera la Revolució Industrial va transformar l'economia i la societat tradicionals?

APRÈN A... COMPARAR I VALORAR DUES IMATGES

Aquestes imatges ens donen informació sobre les fàbriques tèxtils al principi de la industrialització, però cada una mostra la visió de la realitat que l'autor vol destacar.

El treball en una fàbrica de filatures de cotó, 1840.

El treball en una fàbrica de teixits de cotó, 1834.

1. Identificació i presentació

- Quin tema comú mostren totes dues imatges?
- Les van dibuixar a la mateixa època?

2. Descripció i anàlisi

- Descriu cada una de les imatges. Quina part del procés tèxtil es fa en cada una? Com ho has reconegut?
- Quina font d'energia movia les màquines de l'època? És la mateixa en tots dos casos? Fixa't en les imatges, busca informació i explica el funcionament del sistema de barres i politges per proporcionar energia a la maquinària.
- Quins personatges apareixen en cada una de les imatges? Fixa't en el nen que hi ha sota la filadora. Què et sembla que fa? Busca informació i descobreix-ho. Quines feines fan els homes i les dones? Tenen la mateixa jerarquia laboral? Justifica la resposta.

3. Context històric

- Com es va produir la mecanització de la filatura i de la teixidura? Quina va començar primer? Quines conseqüències va tenir la mecanització sobre la producció i els preus?
- Era freqüent que dones, nenes i nens treballessin a la indústria tèxtil? Per què? A quines condicions els sotmetien?

4. Conclusions

- Penses que aquestes imatges ensenyen fidelment l'ambient que es vivia a l'interior d'una indústria tèxtil? Estan idealitzades o distorsionades?
- Quina de les dues reflecteix més bé com devia ser l'interior d'una fàbrica tèxtil? Quins aspectes destacaries de cada imatge com a més fidels a la realitat? Raona les respostes.

RAONA HISTÒRICAMENT

Causalitat. La Gran Bretanya, quines condicions prèvies tenia per convertir-se en el primer país on hi va haver l'arrencada industrial? Valora la importància de cadascuna per facilitar el procés d'industrialització.

Argumentació. Quina relació pots establir entre la mecanització agrícola i industrial, el creixement de la indústria siderúrgica, la construcció del ferrocarril i el desenvolupament de la mineria?

1 Fonts iconogràfiques. **Indústria siderúrgica**

a) On se situa l'escena de la pintura? De quin tipus d'indústria es tracta? Com es titula l'obra? Qui n'és l'autor? Quan es va fer?

b) Quina activitat duen a terme els obrers? Quins instruments i màquines fan servir?

c) Observa la composició de l'escena:

- Apareix fosca o il·luminada? Quin espai vol ressaltar l'autor? Com ho aconsegueix?
- És una escena ordenada o confusa? Quina impressió es vol transmetre de l'espai de treball? Quins recursos es fan servir per donar vida a l'escena?

d) Què podem deduir de les condicions de treball dels obrers de la siderúrgia?

Adolf VON MENZEL: *La forja*, 1875.

2 Fonts materials. **Les societats anònimes**

a) Què és una acció? Per a què s'utilitzaven? Observa amb atenció la imatge:

- A quina empresa pertany l'acció? Quan i on la van fundar? Quin n'és el capital inicial?
- Quantes accions ha emès? Quin valor nominal té cada acció?

b) Per què les empreses emetien accions? Quins beneficis en treien els accionistes?

c) On es compraven i es venien les accions? Com funcionava aquesta institució financera?

d) Fixa't en el dibuix central. Et sembla que la fàbrica utilitzava la màquina de vapor? Com ho has deduït? Esbrina a quin sector de producció pertanyia aquesta empresa.

3 Fonts gràfiques. **La desigualtat social**

PRESSUPOST FAMILIAR AL COMENÇAMENT DEL SEGLE XIX

Concepte	Família burgesa (% del sou)	Família obrera (% del sou)
Alimentació	13	52,5
Habitatge	13,3	9,4
Calefacció i servei	12,3	9,2
Vestimenta	14,1	22,5
Oci	35,5	6,5
Impostos	3	–

Sou anual família burgesa 17 000 francs

Sou anual família obrera 2 500 francs

Font: M. PERROT: *Le Mode de vie de families*, Armand Colin, 1961.

a) Quines dades presenta la taula?

b) Quin és el pressupost anual de cada família? Quines són les dues primeres despeses d'una família obrera? Quina part del pressupost se n'hi va?

c) Per què la despesa en alimentació de la família burgesa és molt més petita? Això vol dir que mengen menys i de pitjor qualitat?

d) Quina partida no apareix en el pressupost obrer i sí en el burgès? Per què?

e) A partir d'aquesta taula i amb la informació de la lliçó, fes una redacció que expliqui les condicions de vida de la burgesia i de la classe obrera dels primers anys del segle XIX.

4 Fonts documentals. Marxisme i anarquisme

1 La societat es divideix cada cop més en dos camps enfrontats, en dues classes diametralment oposades: la burgesia i el proletariat (...).

L'objectiu immediat dels comunistes és el mateix que el de tots els partits obrers: constitució del proletariat en classe, destrucció de la dominació burgesa i assoliment del poder polític. Això últim, amb la finalitat de suprimir totes les diferències i oposicions de classe.

El proletariat se servirà de la seva supremacia política per desposseir la burgesia de tot el capital i centralitzar tots els instruments de producció en mans de l'Estat. (...) Això només es podrà dur a terme violant despòticament els drets de propietat i el règim burgès de producció.

K. Marx i F. Engels: *Manifest comunista*, 1848 (adaptació).

2 Nosaltres volem la llibertat i afirmem que és incompatible amb qualsevol forma de poder, sigui la que sigui, monàrquica o republicana, imposada o elegida. (...) El mal, a ulls dels anarquistes, no és la forma de govern, és el principi d'autoritat en si (...).

Però no hi ha llibertat sense igualtat. No hi ha llibertat en una societat en què el capital el monopolitza una minoria cada cop més reduïda. La propietat l'han d'exercir els treballadors de manera col·lectiva.

Paraules de M. Bakunin davant un tribunal de justícia, 1883 (adaptació).

a) Identifica els autors de tots dos textos. A quina ideologia pertanyen?

b) Llegeix el text **1**:
- Quina anàlisi fa de la societat capitalista?
- Quin programa d'actuació política proposa per al proletariat? Quin objectiu té? Quins mitjans haurà d'utilitzar per poder-lo dur a terme?
- A què es refereix l'expressió "violar despòticament"?

c) Llegeix el text **2**:
- Quins són els mals principals de la societat capitalista? Per què?
- Quines transformacions proposa per a la nova societat a la qual aspira?

d) Compara el projecte marxista i l'anarquista i estableix quins aspectes tenen en comú i quines són les diferències més importants.

WWW. ESPAI WEB

5 Fonts digitals. Liberalisme econòmic

Consulta a www.tiching.com/747777 la informació sobre el liberalisme econòmic i contesta les preguntes següents:

a) Quin pensador és considerat el pare del liberalisme econòmic? A quin sistema econòmic va aportar la base teòrica?

b) Quins són els principis bàsics del liberalisme econòmic? I del capitalisme?

c) Esmenta els grans problemes que van derivar d'implantar aquest model econòmic.

d) Quins nous problemes va originar la industrialització?

e) Quines respostes es van plantejar per a les noves desigualtats socials?

Adam Smith (1723-1790).

6 Investigació. El Primer de Maig

El dia 1 de maig és el Dia Internacional dels Treballadors o Primer de Maig, la festa més important del moviment obrer mundial. Troba a la xarxa les pàgines web necessàries per contestar les preguntes següents:

a) Quins fets es recorden l'1 de maig? Quan i per què es va decidir commemorar aquest dia?

b) Quan es va convertir en festiu al nostre país? I a la resta del món?

c) També hi ha el Dia de la Dona Treballadora. Esbrina'n l'origen, el dia que es celebra actualment i els objectius d'aquesta jornada.

REPTES A LA XARXA

MINIUNITAT VISUAL: Camins de ferro.

ACTIVITATS AUTOCORRECTIVES: Resol aquestes activitats i repassa el que has après.

www.vvd.link/012138/3

4

ESPANYA I CATALUNYA AL SEGLE XIX: LA CONSTRUCCIÓ D'UN RÈGIM LIBERAL

Com es va desenvolupar la implantació d'un Estat liberal a Espanya? Quines repercussions va tenir a Catalunya?

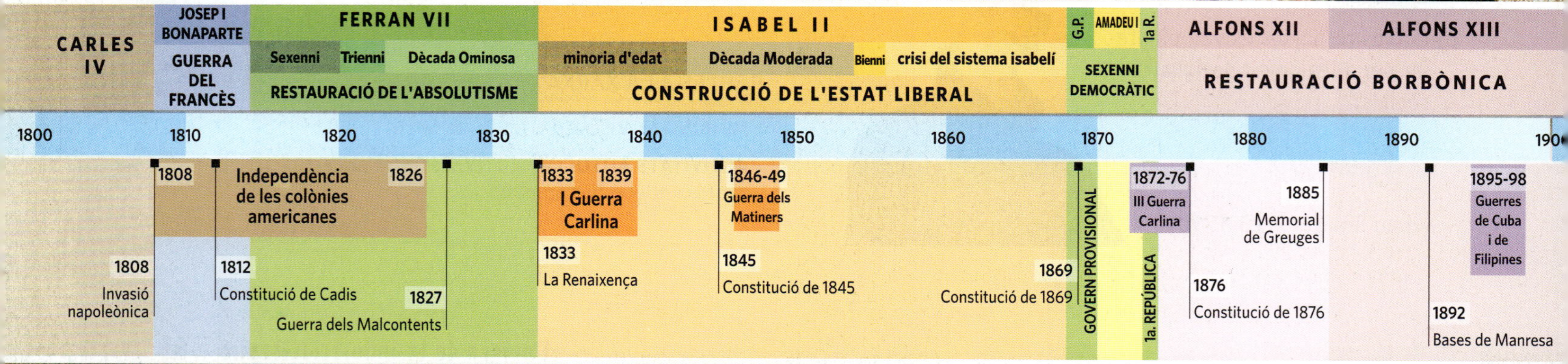

Com en altres països d'Europa, durant la primera meitat del segle XIX es va produir a Espanya la fi de l'Antic Règim i la construcció d'un nou Estat liberal.

La inexistència d'una burgesia forta va conduir el país a un peculiar model de revolució liberal, en què l'exèrcit es va convertir en el garant de la monarquia constitucional i el caciquisme va obstaculitzar el lliure joc democràtic.

La implantació d'un Estat centralitzat i uniformista va aixecar recels a Catalunya, on a la segona meitat del segle van sorgir diferents propostes de descentralització de l'Estat espanyol: el republicanisme federal i el catalanisme.

Què en sabem?

- Podries dir el nom d'alguns monarques espanyols del segle XIX? Eren absolutistes o constitucionalistes?
- Saps quina va ser la primera constitució espanyola? Et diu res l'expressió "Visca la Pepa!"?
- Què va ser la Renaixença? Saps quan van néixer les primeres organitzacions catalanistes? Quins eren els seus objectius?

Onofre ALSAMORA: *Ball de disfresses a la Llotja de Barcelona*, 1847.

1 Com es va implantar el liberalisme a Espanya?

L'esclat de la Guerra del Francès (1808-1814) va ser el desencadenant de la crisi de l'Antic Règim a Espanya, que va culminar en un procés de construcció de l'Estat liberal durant el regnat d'Isabel II (1833-1868).

L'absència d'unes elits burgeses fortes en termes de poder polític i econòmic va dotar el liberalisme espanyol de peculiaritats: un gran protagonisme de la Corona, la intervenció de l'exèrcit en la política, el caciquisme i el falsejament electoral i un Estat molt centralitzat.

Quines característiques particulars expliquen el model de revolució liberal a Espanya? Quines repercussions va tenir a Catalunya l'organització centralista de l'Estat?

A UNA MONARQUIA CONSTITUCIONAL

El primer intent d'instaurar un règim constitucional a Espanya va tenir lloc durant la Guerra del Francès. El fet que el tron espanyol estigués ocupat per un germà de Napoleó Bonaparte va motivar la formació d'unes juntes*. Reunides a Cadis, van aprovar l'any 1812 la **primera Constitució espanyola**, que va tenir una vigència molt limitada (la Pepa).

El segon i definitiu intent es va dur a terme durant la **Primera Guerra Carlina** (1833-1840), en què es van posar en joc dos models d'Estat: l'absolutista, defensat pels carlins, i el liberal, amb el suport dels isabelins.

La victòria dels isabelins va significar la implantació durant el regnat d'**Isabel II** d'una **monarquia constitucional** que, malgrat les seves limitacions, va consolidar el triomf del liberalisme.

José CASTELARO: *Isabel II jura la Constitució del 1837*, 1844.

B L'ALTERACIÓ DEL LLIURE JOC POLÍTIC

Els liberals estaven dividits en **moderats** i **progressistes**, dues tendències que ocupaven el poder segons els resultats electorals. Això no obstant, aquesta alternança va estar adulterada per una sèrie de pràctiques que van obstaculitzar el lliure joc polític i van dificultar la consolidació d'un règim polític estable. Entre aquestes pràctiques van destacar:

- La constant **intervenció de la Corona** en la vida política, gairebé sempre a favor dels moderats.
- L'existència d'una camarilla* integrada per sectors de la noblesa, l'exèrcit i els alts càrrecs del clero, que exercia una gran influència en la Cort en benefici propi (**camarillisme**).
- Un **sufragi censatari**, que donava el vot només a l'1 % de la població; a més a més, els resultats es falsejaven de manera sistemàtica a favor del partit en el poder.
- La gran influència sobre la població que exercien unes famílies determinades per la seva posició política o econòmica, que influïen decisivament en el nomenament de candidats i en els resultats electorals (**caciquisme**).

Denúncia del caciquisme a la revista satírica *El Loro*, 1881.

C EL PAPER ARBITRAL DE L'EXÈRCIT

El general Espartero recorre les barricades a Madrid durant la revolta progressista del 1854.

El paper de l'exèrcit en la Guerra del Francès i en les posteriors guerres carlines va donar a determinats militars un gran prestigi i influència, que va comportar la seva intervenció en la vida política. D'aquesta manera, militars com ara Espartero, Narváez, O'Donnell o Prim es van convertir en líders polítics que van donar suport als partits moderat i progressista, i fins i tot els van liderar.

D'altra banda, les limitacions del sistema electoral i el falsejament dels resultats van fer que, sovint, el partit de l'oposició recorregués a un **pronunciament militar*** per forçar el monarca a entregar-li el govern. Aquests pronunciaments anaven acompanyats de la intervenció de la Milícia Nacional i de la formació de juntes revolucionàries de civils, que donaven el seu suport als militars.

D'aquesta manera, una peculiaritat del liberalisme espanyol va ser la constant intervenció de l'exèrcit en les disputes entre les diferents opcions polítiques.

D L'ORGANITZACIÓ CENTRALISTA DE L'ESTAT

Les diferents constitucions del nou Estat liberal van definir Espanya com a nació única i amb les Corts espanyoles com a úniques dipositàries de la sobirania nacional. A més a més, van configurar un model d'organització de l'Estat basat en la **centralització** política, econòmica, administrativa, jurídica i militar.

Aquesta centralització, que anava acompanyada d'un procés d'uniformització legal, lingüística i cultural, va ser criticada a Catalunya des de diferents sectors i moviments socials. Alhora, el procés industrialitzador de Catalunya va fer néixer una nova burgesia, que no es trobava representada dins el nou Estat liberal espanyol.

Tot això va provocar que sorgissin a Catalunya moviments culturals i polítics que reclamaven el reconeixement de la personalitat cultural de Catalunya i el seu dret a tenir institucions de govern pròpies. Des de **Catalunya** el federalisme i el catalanisme van impulsar propostes per descentralitzar l'Estat espanyo .

Ramon CASAS: *Sardanes a la font de Sant Roc d'Olot*, 1901-1902.

1. En què es diferenciaven les monarquies constitucional i absoluta? Quan es va implantar el liberalisme a Espanya? En quin context polític?
2. Quines dues grans opcions conformaven el liberalisme? Quines pràctiques polítiques van obstaculitzar el lliure joc electoral? Quines conseqüències en van derivar?
3. Per què l'exèrcit va tenir un gran protagonisme en la vida política? Com es va concretar la seva intervenció?
4. Quines repercussions va tenir a Catalunya el centralisme del nou Estat liberal? Quines respostes va provocar?

Argumenta la resposta

5. Sintetitza les característiques peculiars que va tenir a Espanya la implantació del liberalisme polític. Creus que va contribuir a donar estabilitat política al sistema? Raona la resposta.

2 Guerra i revolució liberal (1808-1814)

La crisi de la monarquia de Carles IV

Un any després de l'arribada al tron de **Carles IV** (1788-1808) va començar la Revolució francesa. Per por del contagi de les idees liberals, Espanya es va unir a la coalició internacional, va declarar la guerra a França i va envair el Rosselló des de Catalunya. La contraofensiva francesa va significar la retirada del Rosselló i la invasió d'una part de la Cerdanya i de l'Empordà (Guerra Gran, 1793-1795).

La derrota militar va provocar un canvi d'estratègia i **Manuel Godoy**, primer ministre de Carles IV, va aliar-se amb Napoleó per enfrontar-se amb Anglaterra, el principal enemic d'Espanya. La firma del **Tractat de Fontainebleau** (1807) va permetre que les tropes franceses travessessin Espanya per envair Portugal, aliada dels britànics.

L'amenaça revolucionària

Les alteracions de França eren cada dia més greus; el perill de contagi, més amenaçador. La tempesta esclatava, bramava per tot arreu.

Enmig d'aquesta tremolor de terra, a les vores d'un volcà la fumarada negra del qual anunciava l'explosió immediata, quan el terror amenaçava les nostres portes, em vaig veure jo, Déu meu!, de sobte, en el timó de l'Estat.

Memòries de Godoy, 1836.

La invasió napoleònica

La presència de tropes franceses en territori espanyol i les intrigues de Ferran, el fill gran de Carles IV, contra el seu pare van provocar el popular **Motí d'Aranjuez** (1808). En va resultar la dimissió de Godoy i l'abdicació del rei en el seu fill Ferran VII.

Napoleó va aprofitar aquestes discrepàncies per reunir a Baiona (França) Carles IV i Ferran VII. Amb pressions va aconseguir que tots dos acceptessin abdicar en el seu germà Josep Bonaparte (**abdicacions de Baiona**).

Josep I (1810-1813) va emprendre algunes reformes amb el suport d'alguns liberals espanyols, els anomenats **afrancesats**. El monarca va atorgar una carta constitucional (Estatut de Baiona), va proclamar mesures per abolir l'Antic Règim i va promulgar diversos codis (penal, civil...).

R. MARTÍ ALSINA: *El gran dia de Girona*, 1863 (detall). L'escena mostra la visita al camp de batalla del general Álvarez de Castro, defensor de Girona, el 19 de setembre de 1809.

La Guerra del Francès

El 2 de maig de 1808, l'aixecament del poble de Madrid va comportar l'inici de la guerra. Les seves fases més importants van ser:

- **Resistència popular** (1808): es van formar guerrilles* per fustigar els francesos. A Catalunya, els grups de voluntaris (miquelets i sometents) van derrotar els francesos a la batalla del Bruc. Paral·lelament, l'exèrcit espanyol va obtenir una victòria a Bailèn.
- **Ofensiva francesa** (1808-1812): Napoleó va intervenir directament en el conflicte i va ocupar la major part d'Espanya. Algunes ciutats van resistir el setge* uns quants mesos, com ara Girona, Tarragona i Saragossa. Un cop controlat el territori el 1812, Napoleó va desplaçar bona part de les tropes per envair Rússia.
- **Victòries angloespanyoles** (1812-1814): l'exèrcit britànic, comandat pel mariscal Wellington, va arribar des de Portugal per ajudar les tropes espanyoles, i va vèncer els francesos a Arapiles (1812).

Napoleó va haver de reconèixer la seva derrota i, mitjançant el **tractat de Valençay** (1813), va retirar les tropes d'Espanya i va alliberar els reis a Baiona.

DESENVOLUPAMENT DE LA GUERRA DEL FRANCÈS

LES CORTS DE CADIS I LA CONSTITUCIÓ DEL 1812

Les abdicacions de Baiona van donar el tron espanyol a un monarca estranger. Aquest buit de poder va estimular la formació d'unes **juntes locals** integrades per patriotes amb l'objectiu de rebutjar la invasió i crear un govern legítim.

El juny del 1808 es va crear la Junta Suprema de Catalunya i el 1810 la **Junta Suprema Central**, amb la finalitat de controlar els esforços de les diferents juntes locals. La Junta Central va convocar una reunió de **Corts a Cadis**, amb l'objectiu de redactar una Constitució.

La **Constitució** va ser aprovada el **1812** (coneguda popularment com "la Pepa"); establia la sobirania nacional, la divisió de poders i el sufragi universal masculí i reconeixia àmplies llibertats individuals.

Les Corts també van aprovar una sèrie de reformes destinades a abolir l'Antic Règim, a posar fi als privilegis de la societat estamental i a implantar un règim liberal a Espanya.

Tanmateix, les vicissituds de la guerra van dificultar en gran manera l'aplicació efectiva de la Constitució i la consolidació del liberalisme.

Les Corts van celebrar la seva primera sessió al Teatro Cómico de la Isla de León (Cadis), el 24 de setembre de 1810.

Els diputats catalans a Cadis

La Junta Suprema de Catalunya va enviar setze diputats a les Corts de Cadis, entre els quals va sobresortir l'il·lustrat Antoni de Capmany.

Entre les seves demandes hi havia recobrar els privilegis i les institucions de quan "manava la casa d'Àustria" i mesures proteccionistes per a la indústria i el comerç català.

LA CONSTITUCIÓ DE CADIS

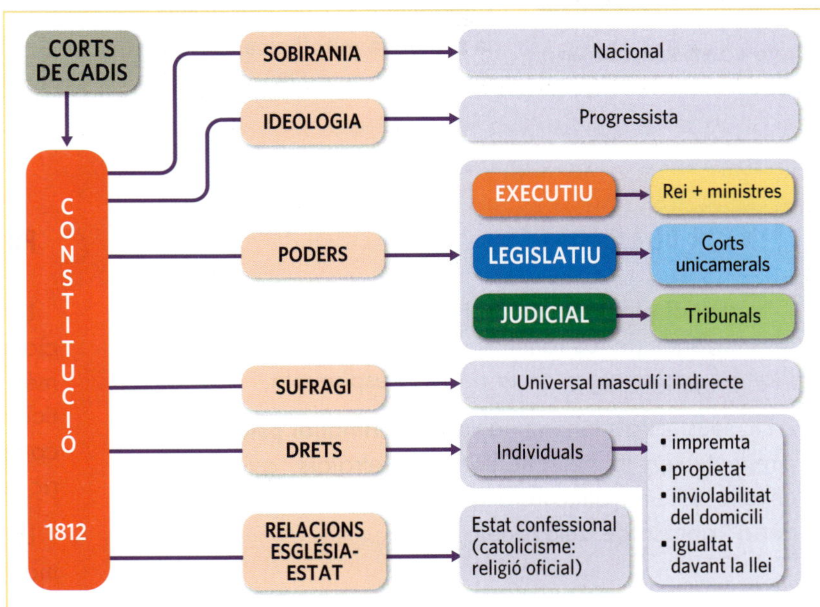

1. Quin canvi d'estratègia en les relacions entre Espanya i França va proposar Godoy? Com va ser rebut? Explica què va passar al Motí d'Aranjuez i quins objectius perseguia.
2. Com es va dur a terme la invasió napoleònica? En què van consistir les abdicacions de Baiona?
3. Quines mesures va emprendre Josep I? Qui eren els afrancesats? Quina podia ser la causa de la seva existència?
4. Com es va desenvolupar la Guerra del Francès? Quin paper hi van tenir les guerrilles? Per què va ser decisiva la intervenció anglesa? Amb l'ajuda del mapa explica com es va desenvolupar la guerra.
5. Què van ser les juntes? Per a què es van crear?
6. Amb quina finalitat es van convocar les Corts de Cadis? Qui les componia? Quines mesures van prendre? Quines peticions portaven a Cadis els diputats catalans?
7. Consulta l'esquema i descriu les característiques de la Constitució del 1812. Penses que comportava la fi de l'Antic Règim? Justifica la resposta.

3 Goya i el naixement de l'art contemporani

Francisco de Goya (1746-1828) és un dels grans artistes espanyols de tots els temps i està considerat un dels precursors de l'art contemporani.

L'artista, nascut a Fuendetodos (Saragossa), es va formar com un pintor del barroc tardà i del rococó, però posteriorment va trobar el seu propi estil, més profund i crític, a partir de la malaltia que va patir (sordesa) i el recolliment a la seva residència de la Quinta del Sordo (Madrid).

Vicente LÓPEZ: *Retrat de Goya,* 1826.

Goya va ser un pintor total, que va dominar diverses tècniques: cartró per a tapissos, pintura al fresc (*San Antonio de la Florida*), pintura a l'oli (retrats i escenes) i gravats (*Capritxos* i *Els desastres de la Guerra*).

També va conrear les escenes populars, el retrat, la pintura religiosa (*Crist crucificat*) i la temàtica mitològica (*Saturn devorant els seus fills*).

A PINTOR COSTUMISTA

Goya va ser un dibuixant excepcional. Els seus primers treballs van ser cartrons que servien per a l'elaboració de **tapissos** que havien de decorar les estances dels palaus reials.

Amb un estil que palesava la influència rococó, va pintar l'ambient, els tipus, els paisatges i les escenes quotidianes de les classes populars amb una visió alegre i optimista.

La verema, 1786.

B PINTOR DE LA CORT

Nomenat pintor de la Cort el 1775, va retratar múltiples escenes de les famílies de **Carles III** i de **Carles IV**, i també personatges de la noblesa espanyola.

Els seus retrats tenen una gran **profunditat psicològica** i reflecteixen la personalitat dels retratats, que Goya envolta en una atmosfera que recorda la "perspectiva aèria" apresa de Velázquez.

La família de Carles IV, 1800.

C PRECURSOR DE L'ART CONTEMPORANI

La sordesa que li van diagnosticar el 1792 va condicionar el seu art i va provocar en l'artista una actitud més pessimista, que destacava els defectes i les supersticions de la societat de l'època. Els colors foscos i les composicions complexes ens condueixen a un món oníric relacionat amb la imaginació i els somnis.

La seva sèrie de ***Pintures Negres*** (1814-1820) el mostren com un precursor de l'expressionisme, i teles com ara *La lletera de Bordeus*, com un antecessor de l'impressionisme.

Pelegrinatge a la font de sant Isidre, 1819. Detall d'una de les pintures negres de la Quinta del Sordo.

D TESTIMONI DE LA CRISI DE L'ANTIC RÈGIM

El pintor aragonès va ser un cronista excepcional de la crisi de l'Antic Règim. En alguns quadres, com la sèrie dels ***Capritxos***, Goya va fer una crítica del fanatisme religiós i de les supersticions de la seva època.

Impressionat per la violència que es va desencadenar durant la Guerra del Francès, el pintor va voler deixar constància de les escenes que ell mateix va presenciar en quadres com ara *La càrrega dels mamelucs* i *El 3 de maig a Madrid*.

En una sèrie de gravats, ***Els desastres de la guerra***, va denunciar els cruels efectes de la guerra sobre la població civil i la duresa del conflicte.

En la seva condició d'il·lustrat, Goya es va sentir afí a les idees liberals, hereves de la Revolució francesa. Això podria explicar el seu retir després de la tornada de Ferran VII i l'exili a França després del Trienni Liberal.

El 3 de maig a Madrid o *Els afusellaments de la Moncloa*, 1814.

Carretes al cementiri, 1814. Gravat de la sèrie *Els desastres de la guerra*, 1810-1820.

FITXAART

Busca a Internet informació sobre el quadre i elabora'n la fitxa:

a) Identificació. Situa cronològicament i geogràficament el quadre. Quin fet mostra? On va passar, aquest fet? Quins personatges hi apareixen?

b) Anàlisi artística. Quins plans es poden distingir en el quadre? Quin lloc ocupa cada grup de personatges? Quin paper fan les diferents tonalitats del quadre?

c) Relació entre art i societat. Quines diferències observes entre aquest quadre i qualsevol dels que va pintar Goya en la seva primera època? Què creus que simbolitza l'autor amb el color blanc del personatge central? Què va voler mostrar Goya amb aquesta tela?

1. Quines etapes artístiques va conèixer la pintura de Goya? Descriu una pintura de cada etapa i explica els estils que reflecteixen.
2. Com va influir la malaltia en el seu art? Què són les *Pintures Negres*? Són personatges reals o estan relacionats amb el món dels somnis?
3. De quina manera va reflectir l'autor la crisi de l'Antic Règim? Com ho va plasmar a la seva obra?
4. Esbrina qui són cada un dels personatges del quadre *La família de Carles IV*.

Aprecia l'art

5. Observa el gravat de la sèrie *Els desastres de la guerra*. Què ens mostra? Quins sentiments et produeix observar-lo? Què et sembla que hi pretenia el pintor?
6. Penses que a Goya se l'pot anomenar "artista total"?

4 Ferran VII: retorn a l'absolutisme (1814-1833)

Ferran VII, aclamat com el Desitjat, va tornar a Espanya el 1814. El seu objectiu era regnar com un monarca absolut, però la difusió de les idees liberals durant la Guerra del Francès va dificultar la seva pretensió de restaurar l'absolutisme.

El Sexenni Absolutista (1814-1820)

Després de recuperar el tron, i amb el suport dels absolutistes (Manifest dels Perses), va derogar la Constitució del 1812 i va anul·lar l'obra reformista de les Corts. El país tornava a la situació anterior a la Guerra del Francès, com si res no hagués passat.

La seva acció de govern va anar acompanyada de la **repressió** dels liberals, que havien confiat que el rei es convertiria en un monarca constitucional. Per forçar el rei a acatar la Constitució, els liberals van portar a terme diversos **pronunciaments** (Espoz y Mina el 1814, Porlier el 1815 i Torrijos el 1817), que van fracassar. Molts dels qui hi van participar es van haver d'exiliar, i altres foren executats.

El Trienni Liberal (1820-1823)

El 1823 el pronunciament del **coronel Rafael del Riego** a Cabezas de San Juan (Sevilla) va trobar prou suports per triomfar, i el rei va haver d'acceptar la Constitució del 1812. Per protegir la Constitució i fer front a l'oposició absolutista, es va organitzar la **Milícia Nacional**, un cos de voluntaris liberals armats.

Ferran VII sempre va ser contrari a la nova situació i va demanar ajuda als monarques absoluts d'Europa per derrotar els liberals. L'any 1823 la **Santa Aliança** va enviar els **Cent Mil Fills de Sant Lluís**, un exèrcit que, amb el duc d'Angulema al capdavant, va tornar a instaurar l'absolutisme.

La Dècada Ominosa (1823-1833)

L'última dècada del regnat de Ferran VII va comportar l'anul·lació de tota l'obra legislativa del Trienni Liberal i el retorn a l'absolutisme. Tanmateix, els problemes polítics i econòmics van portar la monarquia absoluta a la seva crisi definitiva.

En l'**àmbit econòmic**, la guerra contra els francesos havia afeblit l'economia i havia deixat la Hisenda en bancarrota. A més a més, la independència de les colònies americanes va privar les arques de l'Estat d'una important font d'ingressos.

Per superar la crisi, es va proposar una **reforma fiscal** en la qual els privilegiats paguessin impostos. Ara bé, aquests privilegiats eren els principals defensors de l'absolutisme i el rei no s'hi podia posar en contra.

El naixement l'any 1830 d'Isabel, la filla gran de Ferran VII, va provocar un **conflicte dinàstic**, perquè la **llei sàlica*** impedia a les dones regnar. Per assegurar-li el tron, Ferran VII va dictar la **pragmàtica sanció***, que abolia aquesta prohibició i feia hereva la seva filla. Els sectors més intransigents s'hi van oposar i van reclamar el tron per a **Carles**, germà del rei i fervent partidari de l'absolutisme.

La defensa de l'absolutisme

La monarquia absoluta és una obra de la raó i la intel·ligència; està subordinada a la llei divina, a la justícia i a les regles de l'Estat; per això ha estat necessari un poder sobirà absolut, per prescriure als súbdits tot el que fa referència a l'interès comú, i obligar a l'obediència els qui s'hi neguen.

Manifest dels Perses, 1814.

F. DE GOYA: *Ferran VII*, 1814.

La defensa de la Constitució

Espanya està vivint a mercè d'un poder arbitrari i absolut (...). El rei, que deu el seu tron a tots els qui van lluitar a la Guerra del Francès, no ha jurat la Constitució del 1812. És necessari, perquè Espanya se salvi, que el rei juri i respecti aquesta Constitució (...) de tots els espanyols.

Proclama de Riego, 1820.

L'any 1827 alguns sectors absolutistes intransigents es van aixecar a Catalunya (Guerra dels Malcontents) contra Ferran VII, perquè no havia restablert el Tribunal de la Inquisició i perquè s'oposaven a les reformes que proposava.

A la ilustració veiem execucions davant la Ciutadella, a Barcelona (gravat, 1827).

LA INDEPENDÈNCIA DE L'AMÈRICA HISPANA

La crisi de l'Antic Règim a Espanya va coincidir amb el moviment d'independència de les colònies a Amèrica.

L'aixecament va ser dirigit per la burgesia criolla (descendents d'espanyols però nascuts a Amèrica), que veien Espanya com un obstacle per al desenvolupament de l'economia americana.

El moviment emancipador el van dirigir militars liberals, entre els quals van destacar Simón Bolívar, Antonio José de Sucre i José San Martín.

La pèrdua de les colònies va significar un cop molt dur per a la Península, perquè va perdre el seu prestigi com a potència colonial i va quedar privada dels mercats americans i de bons ingressos per a la Hisenda.

Causes del moviment independentista

- Difusió dels principis de llibertat i igualtat de la Revolució francesa, i també la proclamació de la independència dels Estats Units el 1776.
- Descontentament de la burgesia criolla a causa de les fortes càrregues fiscals i el monopoli que Espanya exercia sobre el comerç.
- Acaparament de la majoria dels càrrecs de l'administració colonial per espanyols peninsulars, que constituïen un grup privilegiat.
- Feblesa de la monarquia espanyola, que havia perdut part de la seva armada en la derrota de Trafalgar (1805) i havia patit la invasió napoleònica.

PROCÉS D'INDEPENDÈNCIA DE L'AMÈRICA HISPANA

@ Amplia a la xarxa...

Per saber-ne més de la independència de l'Amèrica hispana, entra a: www.tiching.com/748894

Etapes del procés d'independència

Primera fase (1808-1814)

A Amèrica durant la Guerra del Francès també es van formar juntes controlades per les elits criolles. Van destacar les de Bogotà, Quito, Caracas i Buenos Aires. El 1811 el Paraguai va ser pioner a proclamar la independència.

El retorn de Ferran VII va frenar el procés d'autogovern i va obligar les juntes a dissoldre's.

Segona fase (1816-1826)

El 1816, després de la independència d'Argentina, la insurrecció es va generalitzar per tot el territori i va començar una guerra contra les tropes colonials.

Després de diverses victòries militars (Boyacá, Carabobo, Chacabuco i Ayacucho) sobre els exèrcits espanyols, van aconseguir la independència Mèxic, Veneçuela, Xile, Equador, Colòmbia, Perú, Bolívia, Paraguai i Uruguai.

L'any 1826 Espanya havia perdut totes les colònies excepte Cuba, Puerto Rico i les Filipines.

---

1. Fes un quadre al teu quadren com el següent, que sintetitzi les tres etapes del regnat de Ferran VII:

Etapa	Cronologia	Característiques	Problemes
Sexenni Absolutista	...	...	...

2. Quin grup social va impulsar la independència de les colònies i quines en van ser les causes?

3. Observa el mapa i confecciona una taula amb el nom del país i la data de la independència ordenada cronològicament. Quines van ser les principals campanyes i batalles militars?

5 Els carlins, defensors de l'Antic Règim

L'Estat liberal es va implantar a Espanya enmig d'un conflicte armat, la guerra carlina (1833-1839), que va tenir un fort impacte a Catalunya.

En aquesta guerra no tan sols estava en joc la persona que havia d'ocupar el tron, sinó també si s'havia de mantenir l'absolutisme o calia implantar una nova monarquia liberal.

Els absolutistes donaven suport a la candidatura de Carles, que defensava l'Antic Règim, i els liberals donaven suport a Isabel II, que apostava per una monarquia constitucional.

Quins sectors socials van donar suport al carlisme? Quins interessos i ideals defensaven? Per què el carlisme va tenir força a Catalunya?

A EL SUPORT DELS ISABELINS

Quan Ferran VII va morir el 1833, els grups favorables a l'absolutisme es van negar a reconèixer Isabel, que només tenia tres anys, com a legítima successora a la Corona, i van apostar per **Carles Maria Isidre**. Per defensar el seu candidat, es van revoltar contra el govern de Maria Cristina de Borbó, que exercia la regència* en nom de la seva filla.

Davant l'aixecament absolutista, la regent va buscar el suport dels liberals (anomenats **isabelins** o cristins) per preservar el tron d'Isabel. D'aquesta manera, es va formar un **govern liberal moderat** que va emprendre reformes encaminades a construir una nova monarquia constitucional.

El nou govern liberal va tenir el suport d'alguns privilegiats i de la majoria de l'exèrcit, que es van mantenir fidels a la monarquia establerta; però, sobretot, va estar impulsat per la burgesia i els sectors populars de les ciutats.

Absolutistes i liberals pugnen per derrocar o sostenir el tron d'Isabel II, segons una caricatura del 1833.

B LES BASES SOCIALS DEL CARLISME

El carlisme, que recollia l'herència dels malcontents, va aglutinar els diferents sectors socials poc inclinats al liberalisme. Entre els **privilegiats**, la noblesa rural i el clero tenien por d'haver de pagar impostos sobre les seves terres i de perdre part de les seves propietats. En el cas de l'Església, també recelava de la pèrdua de poder i influència social.

Entre els **no privilegiats** abundaven els pagesos, temorosos de perdre l'accés als béns comunals si el liberalisme els privatitzava i de la desemparança que els podia comportar l'abolició del règim senyorial.

La seva força residia al País Basc, a Navarra i en zones muntanyoses de Catalunya, Aragó i València, que defensaven les seves antigues tradicions i el manteniment dels seus antics furs. Els carlins van tenir seguidors sobretot en els medis rurals més tradicionals.

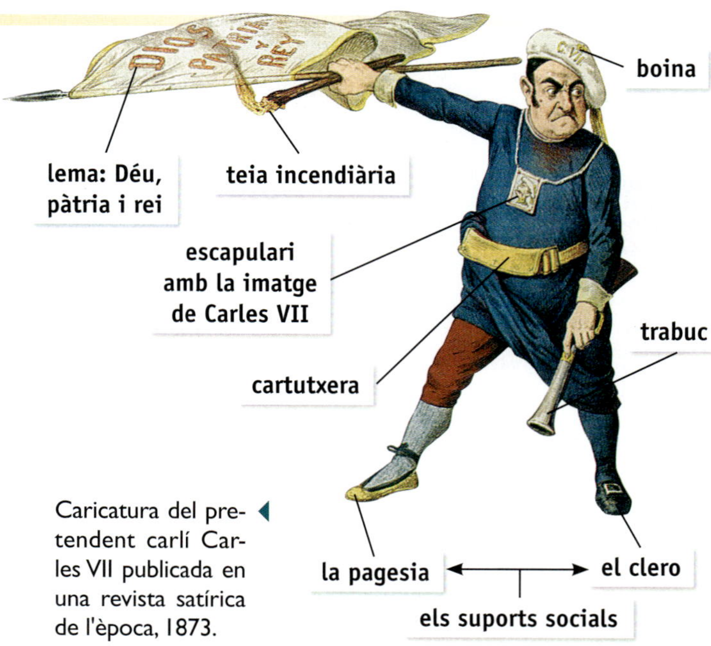

Caricatura del pretendent carlí Carles VII publicada en una revista satírica de l'època, 1873.

C ELS IDEALS DEL CARLISME: "DÉU, PÀTRIA, REI I FURS"

"Déu, pàtria, rei i furs" era el lema del carlisme, que defensava l'origen diví i el poder absolut del rei, la presència activa de l'Església en la vida pública i el manteniment dels furs dels antics regnes de la Corona d'Aragó i Navarra.

La **reivindicació foral** explica que el carlisme tingués força sobretot al País Basc, Navarra i Catalunya. Així, els carlins defensaven el restabliment dels furs i les institucions tradicionals, un sistema fiscal propi i l'exempció del sistema de reclutament militar obligatori (lleves).

Una proclama carlina

El rei nostre senyor Carles V, a qui he vist en el meu pelegrinatge (...), que, corresponent als esforços que aquestes classes facin en defensa de la seva sobirania i dels seus indubtables drets, promet respectar els antics privilegis d'aquest Principat de Catalunya, respectar i mantenir en estat florent la santa religió dels nostres progenitors, protegir el comerç, fomentar la indústria i reparar els danys dels rams de l'Estat i no escatimar les seves benèfiques mires als qui es facin dignes d'assolir-les.

Proclama de Benet de Plandolit i de Tarragona, 1834.

D LES GUERRES CARLINES

LA PRIMERA GUERRA CARLINA (1833-1840)

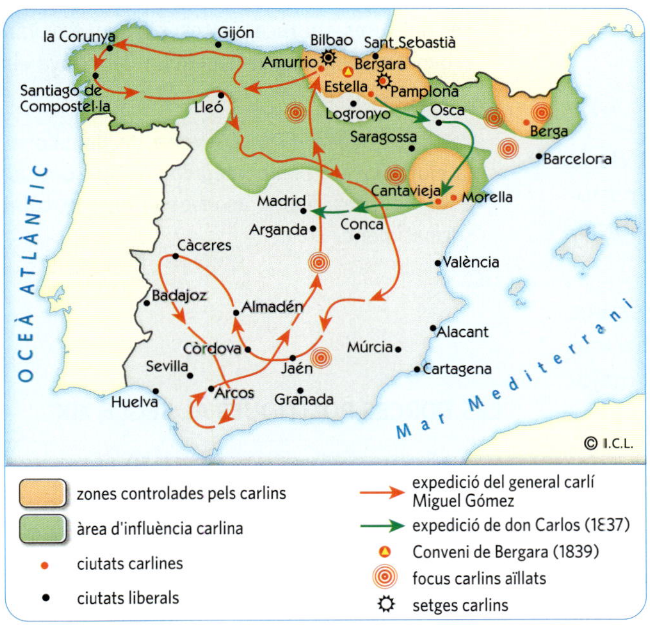

Els dirigents del carlisme a Catalunya foren Benet Tristany, Francesc Savalls i Ramon Cabrera, que actuava al Maestrat i al Baix Aragó.

Durant el segle XIX hi va haver dues guerres carlines que van afectar el conjunt d'Espanya i una que es va desenvolupar només en territori català.

- La **Primera Guerra Carlina** (1833-1839) va començar al País Basc i a Catalunya, on els carlins van controlar bona part de l'interior (l'Alt Urgell, la Garrotxa, el Solsonès i el Berguedà) i del Baix Ebre. El 1839 van ser derrotats per les tropes liberals del general Espartero i la pau es va signar en el **Conveni de Bergara**.
- La **Guerra dels Matiners** o **Segona Guerra Carlina** (1846-1848) va ser el resultat de nous aixecaments carlins a Catalunya motivats per la crisi econòmica (mancança d'aliments i augment de l'atur) i pel suport al nou pretenent carlí (el comte de Montemolín, fill de Carles Maria Isidre).
- La **Tercera Guerra Carlina** (1872-1876) es va iniciar durant el Sexenni Revolucionari, per la nova vacant al tron espanyol després de l'exili d'Isabel II. Els carlins catalans van aconseguir algunes victòries (Alpens, 1873) i van ocupar ciutats com ara Berga, Manresa, Vic i Olot.

L'ofensiva de l'exèrcit liberal de l'any 1875 va derrotar el carlisme a Catalunya, però la guerra va continuar un any més al País Basc i Navarra.

1. Per què es va originar el conflicte carlí? Què defensava cada bàndol? Quins suports socials tenia cada un?
2. Indica el significat dels quatre elements del lema de la ideologia carlina. Quin explica el fort suport que van tenir a Catalunya i al País Basc?
3. Observa el mapa i explica com es va desenvolupar la guerra. Quins altres conflictes carlins hi va haver al segle XIX?

Relaciona ahir i avui

4. Aplegueu-vos en parelles. Un alumne de cada parella ha de fer una proclama que defensi Carles Maria Isidre, el pretendent carlí, i el manteniment de l'absolutisme. L'altre ha d'escriure una proclama liberal que defensi Isabel i la conveniència de posar fi a l'Antic Règim i construir un Estat liberal a Espanya.

6 Isabel II i la construcció de l'Estat liberal

Durant la minoria d'edat d'Isabel II (1833-1843) va començar la construcció d'un Estat liberal a Espanya, que es va institucionalitzar durant la Dècada Moderada i va entrar en crisi a partir del 1856.

La regència de Maria Cristina (1833-1840)

Als primers temps de la regència, Maria Cristina va buscar el suport dels liberals moderats, que van emprendre tímides reformes. Tanmateix, una sèrie d'aixecaments militars (insurrecció de La Granja, 1836) i de revoltes populars van fer que entregués el poder als liberals progressistes, que volien aprofundir en el liberalisme.

El líder dels progressistes, **Juan Álvarez Mendizábal**, va iniciar l'abolició de l'Antic Règim: **reforma fiscal**, dissolució del règim senyorial, desvinculació de la propietat i desamortització dels béns de l'Església. També es van suprimir el delme, els privilegis de la Mesta, les duanes interiors i els gremis.

Una nova **Constitució** (1837) de caràcter progressista va reconèixer la sobirania nacional, tot i que amb sufragi censatari, i la divisió de poders (amb dues cambres, Congrés dels Diputats i Senat) i va atorgar amplis drets i llibertats individuals.

La regència del general Espartero (1840-1843)

L'any 1837 els moderats van arribar al poder amb el suport de la regent i van intentar fer un gir conservador al govern liberal. Un moviment d'oposició va forçar la dimissió de Maria Cristina i el nomenament com a regent del progressista **Baldomero Espartero**.

El tarannà autoritari del nou regent i la promulgació de mesures lliurecanvistes que desprotegien la incipient indústria catalana van generar una forta oposició. Aleshores es va decidir avançar la majoria d'edat d'Isabel II, que va ser proclamada reina.

La Dècada Moderada (1843-1854)

La arribada al tron d'Isabel va significar el predomini dels moderats, sota la direcció del **general Narváez**. Les noves Corts van proclamar una **Constitució moderada** (1845), que restringia el vot, limitava les llibertats i compartia la sobirania entre les Corts i la Corona.

Diverses mesures van ajudar a consolidar un sistema polític de caràcter moderat i centralista. En primer lloc, es va uniformitzar tota l'**administració estatal i municipal**, i només el País Basc i Navarra van conservar els seus antics **drets forals**.

Es van centralitzar els impostos en l'Estat, es va elaborar un **Codi penal** i un sistema d'**instrucció pública nacional**. També es va firmar un **Concordat amb la Santa Seu** (1851), que assegurava el manteniment del culte i del clero i frenava el procés desamortitzador. Per mantenir la llei en el medi rural es va crear la **Guàrdia Civil** (1844).

La deriva autoritària dels seus líders (Narváez i Bravo Murillo), la forta influència de les **camarilles** i el **falsejament electoral** van fer que els progressistes recorreguessin un altre cop al pronunciament militar.

Maria Cristina i les seves filles Isabel i Lluïsa Fernanda, el 1835.

Espartero i Catalunya

Les mesures lliurecanvistes d'Espartero van provocar diversos aixecaments a Catalunya els anys 1842 i 1843.

Per tal de posar fi a la revolta de Barcelona, la ciutat va ser bombardejada des de Montjuïc dues vegades fins a aconseguir el seu total sotmetiment.

LES FORCES POLÍTIQUES AL SEGLE XIX

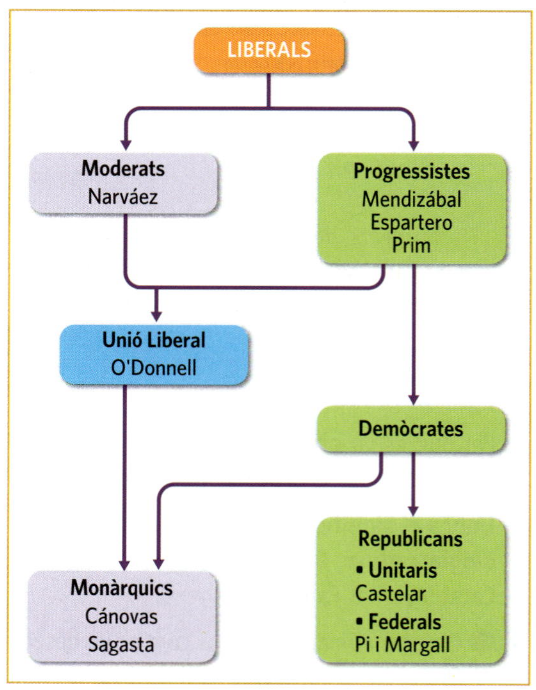

(1833–1868)

El Bienni Progressista (1854–1856)

L'any 1854, el general O'Donnell va encapçalar una revolta popular contra els moderats. Va ser el **pronunciament de Vicálvaro** (1854), en el qual va participar la Milícia Nacional i es van formar juntes revolucionàries.

Isabel II va cedir a les pressions i va donar el poder als progressistes, que van tornar a recórrer a Espartero. Les Corts van redactar una nova **Constitució** (1855), que no es va arribar a aprovar, i el govern va aprofundir en les reformes econòmiques amb tres lleis fonamentals:

- Una nova desamortització que va afectar els béns comunals i dels ajuntaments (**Desamortització de Madoz**, 1855).
- Una llei de ferrocarrils i una llei de mines per impulsar la xarxa ferroviària i l'explotació minera, malgrat que les van posar en mans de capital estranger.

LA IDEOLOGIA DE MODERATS I PROGRESSISTES

	MODERATS	PROGRESSISTES
Tipus de sobirania	• Compartida entre el rei i les Corts. • Dret del Rei a intervenir en la política.	• Nacional. Resideix exclusivament en les Corts. • No accepten la intervenció de la Corona.
Sufragi	• Censatari molt limitat.	• Censatari una mica més ampli. • Els demòcrates defensen el sufragi universal.
Poder local/central	• Més pes dels poders centrals de l'Estat.	• Més autonomia dels poders locals (regió, municipi).
Drets individuals	• Reconeixen drets individuals, però amb tendència a restringir-los.	• Reconeixen drets individuals més àmpliament (llibertat d'impremta) i alguns de col·lectius (de reunió i associació).
Exèrcit	• Exèrcit i Guardia Civil, únics cossos armats.	• Defensen la Milícia Nacional.
Reformisme	• Reformes restringides; es respecten alguns drets dels privilegiats. • Fre a la desamortització.	• Reformes més profundes. • Impulsen la desamortització.
Relacions amb l'Església	• Estat confessional i sense llibertat de culte.	• Estat confessional amb llibertat de culte. • Els demòcrates defensen la separació d'Església i Estat.

La descomposició del sistema (1856–1868)

Una nova crisi del govern d'Espartero va impulsar la reina a confiar el govern a **O'Donnell**, que havia creat la **Unió Liberal**, un nou partit de caràcter centrista.

Des del 1856 unionistes i moderats es van alternar en el poder, mentre que els progressistes en van quedar marginats. L'actuació del govern va ser molt autoritària, va prescindir de les Corts per governar i va exercir una forta repressió sobre l'oposició.

En aquests anys es va impulsar una política exterior colonialista, que es va concretar en les campanyes militars al Marroc i Indoxina i en el suport internacional a una coalició per intervenir a Mèxic.

L'oposició al règim moderat es va ampliar i van néixer nous grups entre els exclosos del sistema, com ara els **demòcrates**, que defensaven el sufragi universal masculí, i els **republicans**, partidaris d'enderrocar la monarquia i proclamar la república.

L'any 1866 una greu crisi econòmica va convertir en imparable la degradació del règim isabelí, va augmentar el descontentament social i va establir les bases d'un nou pronunciament militar.

Afusellament dels sergents insurrectes a la caserna de San Gil el 1866, que va tenir el suport de progressistes i demòcrates.

1. Quins partits polítics van dominar la vida política a Espanya durant el regnat d'Isabel II? Observa el quadre de la ideologia dels moderats i dels progressistes i descriu les diferències principals entre tots dos.
2. Quines causes expliquen el deteriorament del prestigi de la monarquia isabelina? Quins grups polítics van quedar exclosos del sistema?
3. Elabora al teu quadern un esquema com el que tens a continuació per analitzar les diferents etapes del regnat d'Isabel II:

Etapa	Cronologia	Característiques	Problemes
...	...	...	...

El Sexenni Democràtic (1868-1874)

El setembre del 1868 la crisi de la monarquia isabelina va conduir a la "Gloriosa Revolució", una insurrecció per enderrocar Isabel II i democratitzar el sistema polític.

Tanmateix, els governs sorgits de la revolució no van aconseguir donar estabilitat al nou sistema democràtic i durant el Sexenni es van proposar diferents fórmules polítiques, que van haver de fer front a nombrosos problemes.

Quines fórmules polítiques es van intentar? Quins problemes van impedir la consolidació d'un sistema democràtic? Quin model d'Estat proposava la República federal?

A LA REVOLUCIÓ I EL GOVERN PROVISIONAL (1868-1869)

La Revolució del 1868 va ser impulsada per progressistes i demòcrates, als quals es van afegir els unionistes, i dirigida per l'almirall **Topete** i els **generals Prim** (progressista) i **Serrano** (unionista).

Arreu del país es van formar juntes revolucionàries de suport al moviment revolucionari i les tropes lleials a la reina van ser vençudes a la **batalla d'Alcolea**. Com a conseqüència d'això, la reina Isabel II i el seu hereu Alfons van marxar a l'exili.

Aquell mateix any es va crear un govern provisional amb la missió de democratitzar el sistema polític. Es van convocar unes Corts constituents que van redactar una nova **Constitució** de caràcter democràtic, que fou aprovada el 1869.

En aquesta Constitució es recuperava la sobirania nacional, s'incorporava el sufragi universal masculí i s'atorgaven amplis drets i llibertats. L'Església se separava de l'Estat, però l'Estat es comprometia a mantenir el culte i el clero catòlic.

La Constitució establia la monarquia constitucional com a forma d'Estat, de manera que va caldre buscar un nou rei.

Causes de la Revolució del 1868

- Descontentament popular derivat de la crisi econòmica del 1866, que va comportar un augment de l'atur i la pujada dels preus.
- Oposició al monopoli del poder exercit per moderats i unionistes, que governaven de manera autoritària.
- Poca imparcialitat de la monarquia, que donava suport als moderats, i impopularitat d'Isabel II.
- Difusió entre les classes populars dels ideals democràtics i republicans basats en el sufragi universal masculí i en l'ampliació dels drets i les llibertats.

Caricatura del general Prim, que era originari de Reus.

B LA MONARQUIA D'AMADEU I (1870-1873)

L'opció escollida va ser **Amadeu de Savoia**, representant d'una monarquia liberal que havia contribuït a la unificació d'Itàlia. Uns quants dies abans de l'arribada del nou rei, el seu principal valedor, el general Prim, va ser assassinat.

Amadeu I va tenir el suport de progressistes, unionistes i demòcrates, i el govern va posar en marxa noves mesures per a la recuperació econòmica i per a la democratització real del país.

No obstant això, va haver de fer front a una forta oposició: els moderats i part de l'Església es van mantenir lleials als Borbons; els carlins van aprofitar l'oportunitat per proclamar rei Carles VII, amb la qual cosa va començar una nova guerra, i els republicans aspiraven a proclamar la República.

Davant la gran quantitat de problemes, als quals es va unir una insurrecció independentista a l'illa de Cuba (1869), Amadeu I va decidir renunciar a la Corona i abandonar el país.

Amadeu I jura la Constitució el 2 de gener del 1871. Gravat editat a la revista *La Ilustración Española y Americana*.

C LA PRIMERA REPÚBLICA (1873-1874)

Amb l'abdicació del rei, el febrer del 1873, les Corts van votar la proclamació de la **República**. Però aquest resultat no reflectia un suport real de la cambra a la nova forma de govern, perquè la majoria de diputats es reconeixien com a monàrquics.

La República va ser rebuda amb entusiasme pels sectors populars de les grans ciutats, i el govern republicà va emprendre un programa de reformes econòmiques i socials.

Les eleccions del 1873 les van guanyar els republicans federals i les Corts van redactar un projecte de constitució federal que repartia les competències legislatives entre el govern central i les repúbliques federades, que no es va arribar a aprovar mai.

La República va tenir quatre presidents (**Figueras**, **Pi i Margall**, **Salmerón** i **Castelar**), però un seguit de problemes no van fer possible que es consolidés:

- Les divisions en el republicanisme entre unitaris i federals i entre moderats i intransigents, que aspiraven a una revolució social més gran.
- La dificultat de fer front a la insurrecció a Cuba i l'inici d'una nova guerra carlina el 1872.
- Una insurrecció cantonal* a Cartagena el 1873, que es va proclamar cantó independent.
- L'oposició dels monàrquics, que van conspirar per preparar la restauració de la monarquia en Alfons, el fill d'Isabel II.

El gener de l'any 1874 un **cop d'Estat** liderat pel general Pavía va dissoldre les Corts i va entregar la presidència del govern espanyol al **general Serrano**, que va intentar estabilitzar una república conservadora i presidencialista.

La proclamació de la República

La República va venir per on menys l'esperàvem. En obrir-se la sessió del Congrés el 10 de febrer de 1873, les resistències ja estan vençudes. Llegida l'abdicació del rei, es refonen en una sola assemblea les dues cambres i gairebé sense debat accepten la República.

Quina República era proclamada? Ni la federal, ni la unitària. Hi havia acord entre els antics i els moderns republicans i havien convingut a deixar a unes Corts Constituents la definició i l'organització de la nova forma de govern.

PI i MARGALL: *La República de 1873*, 1874.

Dibuix que satiritza l'oposició entre republicans unitaris i federals en la forma d'organitzar l'Estat, Revista *La Flaca,* 1873.

1. Què va ser la "Gloriosa Revolució" del 1868? Quines causes la van provocar? Quins n'eren els objectius?
2. Quins són els aspectes més destacats de la Constitució del 1869? Per què la qualifiquen de *democràtica*?
3. Explica com Amadeu de Savoia va ser proclamat rei, qui li va donar suport i a quins problemes va haver de fer front el nou rei.
4. Com es va proclamar la Primera República? Valora la frase en cursiva del text de Pi i Margall.
5. Quina nova forma d'organització de l'Estat va promoure la República? Explica què és el federalisme.
6. A quins problemes es va haver d'enfrontar la República? Com es va posar fi a la República federal?
7. Per què durant el Sexenni no es va aconseguir estabilitzar un règim democràtic? Argumenta la resposta.

Investiga

8. Elabora un eix cronològic amb les diferents etapes del Sexenni Democràtic, els líders polítics i els esdeveniments més rellevants de cada una de les etapes.

8 La Restauració borbònica (1874-1902)

El desembre del 1874 el pronunciament a Sagunt del general **Martínez Campos** proclamava **Alfons XII** com a rei, i començava la restauració de la monarquia borbònica.

Martínez Campos "restaura" la monarquia en la persona d'Alfons XII. Caricatura del 1875.

El sistema canovista

L'ideòleg de la restauració monàrquica va ser **Antonio Cánovas del Castillo**, un polític conservador que aspirava a una monarquia constitucional, que garantís l'ordre social, sense pronunciaments militars ni revoltes populars.

Un dels primers objectius va ser la pacificació del país. D'aquesta manera, el 1876 es va posar fi a la guerra carlina i el 1878 la **Pau de Zanjón** va posar fi també a la insurrecció cubana.

Per garantir l'estabilitat del nou règim es va proclamar la **Constitució del 1876**. El text proposava la monarquia constitucional, amb sobirania compartida entre les Corts i el rei, unes Corts amb dues cambres (Congrés i Senat) i amplis poders per al monarca –que podia nomenar govern–, i declarava l'Estat confessional.

Es tractava d'un text moderat, però flexible i consensuat, perquè deixava molt oberts els repertoris de drets i les formes com s'havia d'exercir el sufragi. D'aquesta manera, cada govern (conservador o liberal) els podia modificar segons les seves necessitats sense haver de promulgar una nova Constitució.

Per impedir els pronunciaments militars d'etapes anteriors, l'exèrcit quedava subordinat al poder civil.

Cánovas ensenya a Sagasta com cal aplicar la Constitució del 1876. Caricatura de l'època.

Bipartidisme i torn pacífic

El funcionament polític es basava en l'alternança en el poder de dos partits dinàstics: el **Partit Conservador**, liderat per Cánovas, i el **Partit Liberal**, encapçalat per Sagasta.

Tots dos partits coincidien en allò essencial: defensa de la monarquia, de la Constitució, de la propietat privada i d'un Estat centralitzat i unitari. Diferien en el fet que el Partit Conservador es declarava confessional i es considerava el garant de l'ordre social, mentre que el Partit Liberal era partidari de reformes socials i tenia un caràcter més laic.

Conservadors i liberals s'alternaven en el poder mitjançant l'anomenat **torn pacífic**. Exclosos del poder quedaven els **partits marginats** del sistema (carlins, demòcrates, republicans i socialistes), que només podien aspirar a una petita minoria parlamentària.

Després de la mort del rei l'any 1885, la firma del **Pacte d'El Pardo** va consolidar l'alternança en el poder durant la regència de la seva dona Maria Cristina (1885-1902). L'ascens al poder dels liberals va comportar l'adopció del sufragi universal masculí el 1890.

LA CONSTITUCIÓ DEL 1876

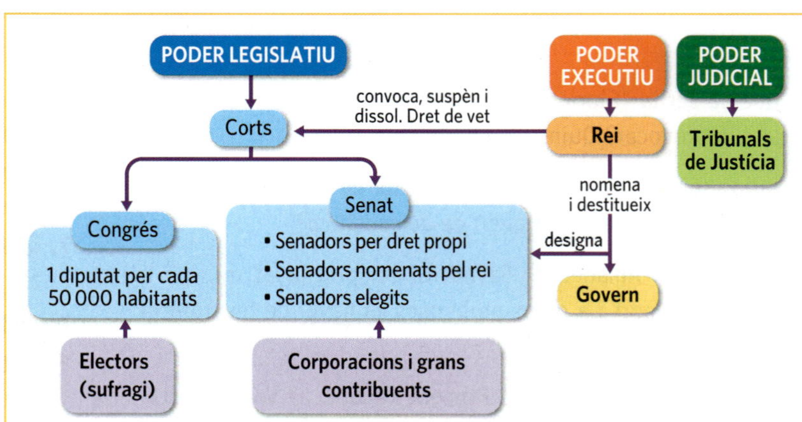

El caciquisme i el falsejament electoral

L'alternança en el poder de conservadors i liberals quedava assegurada mitjançant el **caciquisme**, que era un sistema de coerció social, que es produïa a les zones rurals, per mitjà del qual determinades persones podien coaccionar els votants i orientar el seu vot.

Els cacics, que podien ser tant conservadors com liberals, aconseguien l'elecció del candidat governamental mitjançant tota mena de trampes (**tupinada**). Per fer-ho, no dubtaven a falsificar actes, comprar vots, amenaçar els electors...

El sorgiment dels nacionalismes

La consolidació d'un Estat centralitzat i uniformista va provocar l'aparició de moviments nacionalistes:

- A **Catalunya**, la reivindicació de la llengua i la identitat catalanes (Renaixença) va donar pas a la creació de partits polítics que defensaven l'organització federal de l'Estat o l'autonomia de Catalunya.
- Al **País Basc**, l'abolició dels furs després de la Tercera Guerra Carlina va generar moviments de protesta que van convergir en la creació del Partit Nacionalista Basc (1894).
- A **Galícia** va sorgir el Rexurdimento, un moviment de caràcter més cultural i literari que no pas polític.

La crisi del 1898

L'any 1895 va esclatar una nova **insurrecció a Cuba** com a conseqüència de la incapacitat de l'Administració espanyola de fer reformes polítiques a l'illa, dotar-la d'autonomia i reduir el control econòmic des d'Espanya. En aquesta ocasió, els insurrectes van tenir el suport dels Estats Units, país perjudicat pels aranzels que li impedien comerciar amb l'illa.

El 1898 els Estats Units va declarar la guerra a Espanya després de l'enfonsament del cuirassat *Maine* a l'Havana. Espanya va patir una ràpida derrota i la firma del **Tractat de París** (1898) va segellar la independència de Cuba, Filipines i Puerto Rico.

El fracàs del 1898 va provocar en la societat espanyola un estat de frustració i pessimisme. Com a reacció van néixer **moviments regeneracionistes** que demanaven una veritable democratització de l'Estat i la fi del caciquisme i la corrupció.

El xacra del caciquisme

Per fer llistes d'electors s'hi afegeixen alguns noms veritablement perduts entre una multitud d'imaginaris i, sobretot, de difunts. La representació d'aquests darrers es dóna sempre a agents disfressats de paisà per anar a votar.

L'autor d'aquestes línies ha vist moltes vegades com el seu pare, mort ja fa uns quants anys, acudia a dipositar el seu vot a l'urna sota la figura d'un escombriaire de la ciutat o d'un rastrejador de policia, abillat amb un vestit manllevat (...).

Valentí ALMIRALL: *España tal como es*, 1866.

Vinyeta de *L'Esquella de la Torratxa*, que denuncia el frau electoral de fer votar els difunts, 1905.

"El descobriment d'Amèrica: com va començar i com ha acabat". Publicat a *La Campana de Gràcia*, 1898.

1. Quins objectius es proposava el sistema polític de la Restauració? Quines característiques tenia?
2. Quins mecanismes asseguraven el torn pacífic? Què era el caciquisme?
3. Llegeix el text d'Almirall. Quines pràctiques de frau electoral denuncia? Descriu la vinyeta i relaciona-la amb el text.
4. Quines causes expliquen el sorgiment dels nacionalismes? On van emergir? Què pretenien?
5. Com va perdre Espanya les últimes colònies? Quin paper hi van tenir els Estats Units?
6. Observa les dues vinyetes sobre Cuba i descriu-les. Quin missatge vol transmetre cada una?

Els orígens del catalanisme

A mitjan segle XIX a Catalunya hi va haver un moviment cultural de recuperació de la llengua i la cultura catalanes que va anar acompanyat d'un sentiment de reconeixement de la identitat catalana.

En paral·lel, el desenvolupament industrial de Catalunya va accentuar aquest sentiment diferencial i va evidenciar els problemes del nou Estat liberal, que era molt centralista i uniformista. Això va provocar actituds de refús, que van quallar en l'aparició del catalanisme, un moviment polític que aspirava a l'autonomia de Catalunya

Quines propostes es van elaborar per aconseguir l'autogovern de Catalunya?

A LA RENAIXENÇA LITERÀRIA I CULTURAL

Al llarg dels segles XVIII i XIX l'ús del català va quedar circumscrit a la parla quotidiana, sense tenir presència ni en l'Administració de l'Estat ni en l'ensenyament. Com a llengua literària s'utilitzava tan sols en cançons, romanços i llibres religiosos o d'entreteniment.

Cap als anys trenta del segle XIX va sorgir un moviment cultural, conegut com la **Renaixença**, que reivindicava l'ús del català com a **llengua de cultura** i la recuperació de la història, el dret, el folklore i les tradicions de Catalunya.

L'any 1859 es van recuperar els Jocs Florals, un concurs literari que premiava textos poètics en català. Aquest certamen va contribuir a fer del català una llengua de prestigi i a donar popularitat als seus literats (Àngel Guimerà, Jacint Verdaguer...).

Paral·lelament, es va produir la revifada d'un **moviment cultural popular**, que sense gaires pretensions literàries escrivia en una llengua planera i molt acostada a la parlada pels sectors populars. El seu autor més representatiu va ser Frederic Soler (conegut amb el pseudònim de Serafí Pitarra).

Emblema dels Jocs Florals, mitjan segle XIX.

Portada de la *Història de Catalunya*, escrita per Antoni Aulèstia l'any 1887.

B EL REPUBLICANISME FEDERAL

La primera proposta política de descentralitzar l'Estat espanyol va sorgir del republicanisme federal i de les propostes del seu dirigent, **Francesc Pi i Margall**, que fou el principal teòric del federalisme.

Per a Pi i Margall, l'Estat s'havia d'organitzar des de baix i havia de garantir la plena participació dels ciutadans i l'exercici de les llibertats. Per això, defensava que l'Estat espanyol no havia de venir imposat des de dalt (centralisme), sinó que havia de ser el resultat de la unió voluntaria dels diferents pobles d'Espanya (federalisme).

El federalisme va arrelar a moltes ciutats de Catalunya i va disposar del suport de la petita burgesia més radical, dels menestrals i dels treballadors industrials. Ildefons Cerdà i Josep Anselm Clavé en foren alguns dels dirigents més destacats.

Durant la Restauració, els federals catalans van elaborar un projecte de Constitució de l'Estat Català dins la Federació Espanyola, (1883), que proposava dotar Catalunya d'uns Corts sobiranes i d'un govern amb àmplies competències.

Caricatura de Pi i Margall que mostra el federalisme a partir dels barrets característics dels diferents pobles d'Espanya, 1879.

C LES PRIMERES PROPOSTES CATALANISTES

El fracàs de la Primera República va impulsar l'aparició d'**organitzacions polítiques** específicament catalanes, al marge dels partits d'àmbit estatal. Així va néixer el catalanisme polític, que des de diferents postures aspirava al reconeixement del particularisme de Catalunya i a la creació d'òrgans de poder catalans.

ALMIRALL I EL CENTRE CATALÀ

La primera organització estrictament catalanista fou el **Centre Català** (1882), un grup de caire progressista fundat per Valentí Almirall. Les seves propostes defensaven un govern català amb àmplies atribucions administratives, econòmiques i culturals.

Almirall va ser un dels promotors del **Memorial de Greuges** (1885) lliurat a Alfons XII, en què es denunciava l'opressió del centralisme sobre Catalunya i n'afirmava la personalitat política.

L'ideari del catalanisme

Demà, lo català serà la llengua oficial de la nostra terra, (...) demà no haurem de demanar protecció per al nostre treball, puix que el protegirem nosaltres mateixos d'una manera efectiva (...) demà ni ens manaran ni manarem, sinó que dintre de casa nostra nos arreglarem de la manera que ens doni la real gana (...) amb les nostres lleis, els nostres costums (...) i Catalunya, germana, que no germanastra, de les demés regions espanyoles, estarà unida amb totes pels llaços de la sang i del carinyo, no pels de la imposició i la violència.

Fragment d'un dels escrits de Valentí Almirall al Diari Català, *1879-1881.*

LA LLIGA REGIONALISTA

La crisi del 98 va comportar a Catalunya una amplia mobilització ciutadana per posar fi al corrupte sistema de la Restauració.

El triomf d'una candidatura catalanista a les eleccions de 1901 va impulsar la creació de la **Lliga Regionalista**, un partit conservador que defensava enviar representants a les Corts espanyoles per modernitzar l'Estat espanyol i aconseguir l'autonomia de Catalunya.

La seva base social eren les classes altes i mitjanes urbanes, i els líders, Enric **Prat de la Riba** i Francesc **Cambó**.

Caricatura d'Enric Prat de la Riba, 1906.

Capçalera del periòdic catalanista, *Joventut*, 1900.

LA UNIÓ CATALANISTA I LES BASES DE MANRESA

El 1891 es va fundar la **Unió Catalanista**, una entitat de caire conservador que aplegava diferents organitzacions catalanistes. El seu objectiu era la propagació de les idees regionalistes i l'elaboració d'un programa comú.

Aquest programa es va concretar en les **Bases de Manresa** (1892), un projecte d'autogovern de Catalunya que en defensava la sobirania i el restabliment de les institucions tradicionals.

Segell de la Unió Catalanista, 1899.

1. Quins factors van impulsar la Renaixença? En què va consistir? Quins dos vessants va tenir?
2. En què consisteix el federalisme? Quines propostes van fer els republicans federals per a Catalunya?
3. Què diferenciava el republicanisme federal del catalanisme?
4. Explica les principals opcions del catalanisme durant el període de la Restauració, quines propostes tenia i quines actuacions va fer.

Investiga

5. Busca informació a Internet sobre el Memorial de Greuges i explica com va ser elaborat, quin era el seu objectiu i com es va presentar al rei. Resumeix també quines eren les principals demandes del catalanisme al monarca.

COMPLETA EL MAPA CONCEPTUAL

Amb la informació del tema, completa al teu quadern l'esquema següent:

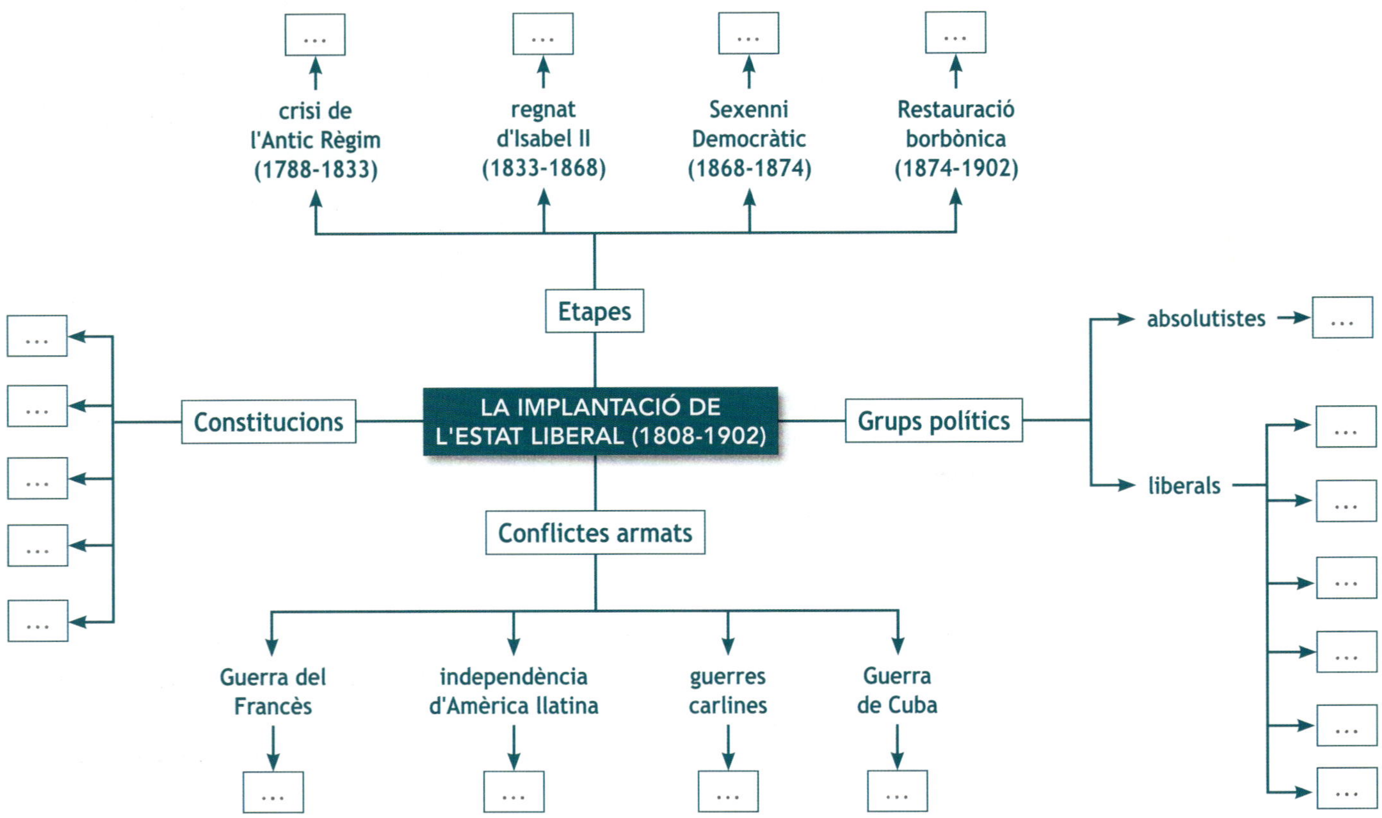

1 CONSOLIDA EL QUE HAS APRÈS

a) Quin paper van tenir els militars en l'Espanya del segle XIX? Per què es va produir aquesta situació?

b) Quins són els esdeveniments més importants de la crisi de l'Antic Règim? Quin llegat va quedar de la Constitució de Cadis?

c) Quina fou la posició de Ferran VII amb el liberalisme? Per quines fases va passar?

d) Quines conseqüències va tenir la independència de les colònies per a Amèrica i per a Espanya?

e) De quin grup social va buscar el suport Isabel II per regnar? Per què es va anar deteriorant el sistema isabelí?

f) Per què no va tenir èxit la Primera República? Quines altres fórmules polítiques es van provar durant el Sexenni?

g) Com es va reinstaurar la monarquia borbònica? Quines característiques va tenir el sistema de la Restauració?

h) Quan i per què va néixer el catalanisme polític? Quines opcions es van obrir durant la Restauració?

2 DEFINEIX CONCEPTES CLAU

- pronunciament
- Milícia Nacional
- llei sàlica
- carlisme
- Junta revolucionària
- Renaixença

3 IDENTIFICA ELS PERSONATGES

- Ferran VII
- Espartero
- Pi i Margall
- Josep I
- Prim
- Prat de la Riba
- Carles Maria Isidre
- Narváez
- Cánovas del Castillo

4 EXPLICA LES DIFERÈNCIES

- absolutistes/afrancesats
- carlins/isabelins
- moderats/progressistes
- federalistes/catalanistes

CONTESTA LA PREGUNTA INICIAL

Com es va desenvolupar la implantació d'un Estat liberal a Espanya? Quines repercussions va tenir a Catalunya?

APRÈN A... COMPARAR DUES CONSTITUCIONS

	CONSTITUCIÓ DEL 1869	CONSTITUCIÓ DEL 1876
Subjecte de sobirania	Nació	Rei i Corts
Caràcter ideològic	Progressista/demòcrata	Conservador
Relació entre poders	En reconeix la separació	En reconeix la separació, però el rei participa en els poders legislatiu i executiu
Paper de la monarquia	Limitat: poder executiu	Ampli: poder executiu i comparteix el legislatiu amb les Corts
Corts	Dues cambres escollides per sufragi	Bicamerals, però només s'escull per sufragi el Congrés i una petita part del Senat
Elaborada per	Corts constituents plurals	Corts constituents restringides
Tipus de sufragi	Universal masculí	Censatari
Declaració de drets	Molt àmplia	Àmplia, però restringida mitjançant lleis
Relació Església-Estat	No confessional, llibertat de culte	Confessional catòlica

1. Identificació i presentació

- Explica en quin moment històric i durant quin procés es van aprovar aquestes constitucions.
- Per a què s'elabora una constitució? En què es diferencien les unes de les altres?

2. Anàlisi i comparació

- Explica amb altres paraules cada una de les files; busca en el tema arguments que justifiquin el que significa cada concepte.
- Busca a la taula els elements comuns que comparteixen els dos textos i on rauen les diferències principals.
- Quins dos elements fan que la Constitució del 1869 sigui molt diferent de les altres aprovades al segle XIX?

3. Context històric

- A què aspirava cada una d'aquestes constitucions?
- Quins models de liberalisme defensa cadascuna de les constitucions?
- Resumeix el període de 1868-1876 de la història d'Espanya.

4. Conclusions

- Quins efectes van tenir aquestes constitucions en els períodes polítics en què es van aprovar?
- Esbrina quant de temps van estar en vigor i qui van ser els principals ideòlegs de cada una.
- Penses que la nostra constitució actual té alguna relació amb les que acabes d'analitzar? En quins aspectes s'hi assembla i en quins aspectes és diferent?

RAONA HISTÒRICAMENT

Argumentació. Explica en què consistia el caciquisme, qui eren els cacics i quina influència tenien en els processos electorals. El caciquisme representava un obstacle per a la veritable democratització del sistema polític liberal a Espanya? Argumenta la resposta.

Temps històric. Elabora un eix cronològic del segle XIX i situa-hi els diferents regnats, les etapes de cadascun d'aquests regnats, les diferents constitucions, els conflictes bèl·lics i alguns fets que consideris que van ser especialment rellevants.

Empatia. Al cap de dos anys de regnat, Amadeu I va abdicar el tron espanyol i va abandonar el país desbordat pels greus problemes que havia d'afrontar.

Posa't al lloc del rei i escriu un "Manifest al poble espanyol" en el qual expliquis les raons que t'han dut a prendre aquesta decisió.

Tot seguit consulta a www.tiching.com/748174 el manifest del rei i estableix semblances i diferències entre la teva proclama i la que el monarca va escriure. Has fet servir un tipus de llenguatge similar?

1 Espai i temps. La invasió napoleònica

a) Quines rutes van seguir els exèrcits francesos per ocupar Catalunya?

b) Què és un setge? Quines ciutats van ser assetjades pels francesos? A quines altres ciutats es van produir revoltes contra l'ocupació?

c) Quina va ser la principal batalla contra els francesos en terres catalanes? Coneixes la llegenda popular sobre el Timbaler del Bruc? Busca'n informació i explica-la.

d) A Catalunya, els enfrontaments contra els francesos es van esdevenir en dos moments: la Guerra Gran i la Guerra del Francès. Indica la cronologia de cada una de les guerres i explica en què van consistir.

2 Fonts documentals. El retorn de l'absolutisme

Ben públics i notoris van ser per a tots els meus vassalls els escandalosos fets que van precedir, acompanyar i seguir l'establiment de la Democràtica Constitució de Cadis el mes de març del 1820.

(...) El desacatament més horrible a la meva reial Persona i la violència més inevitable van ser els elements emprats per variar el Govern paternal dels meus regnes en un codi democràtic, origen de desgràcies (...).

Tot Europa, que coneixia prou bé el meu captiveri, (...) *va determinar posar fi a un estat de coses que era l'escàndol universal,* que hauria portat a trastornar tots els trons i totes les institucions antigues i les hauria convertides en la irreligió i la immoralitat (...).

Decreto el següent: són nuls i sense cap valor els actes del govern anomenat *constitucional* (...).

Reial decret, 1 d'octubre de 1823.

a) Qui és l'autor del decret? En quin moment històric va ser publicat? Quina finalitat tenia?

b) Com valora el monarca els esdeveniments del Trienni Liberal? Fou sincer, el seu acatament de la Constitució del 1812? Argumenta la resposta amb exemples trets del text.

c) A què es refereix el rei en la frase en cursiva? Explica els fets que van posar fi al Trienni Liberal.

3 Fonts estadístiques. El dret a vot

EVOLUCIÓ DEL NOMBRE D'ELECTORS

Any	Total d'electors segons el cens electoral	% respecte a la població espanyola	Total de votants
1837	257 984	2,2	143 026
1839	381 853	3,1	246 291
1844	635 517	5,2	415 647
1846	99 149	0,8	64 630
1853	139 641	1,14	95 163
1854	696 420	5,7	484 551
1857	148 975	0,9	91 093
1869	3 801 071	24,2	2 660 749

a) Quina informació ens mostra la taula? Com va evolucionar al llarg del segle XIX?

b) Què era el sufragi censatari? Quina relació pots establir entre aquest sufragi i les dades de la taula?

c) Amb les dades que ens mostra la taula, pots establir una relació entre el nombre de persones amb dret a vot i les etapes de govern moderat i progressista durant el regnat d'Isabel II?

d) Quan es va establir el sufragi universal? En què consistia? Com el pots reconèixer a la taula? Descriu el context històric en el qual va ser proclamat.

4 Fonts iconogràfiques. **El torn pacífic**

a) Descriu les dues caricatures. Recordes quines característiques té una caricatura?

b) Pots identificar els personatges que tenen un número? Quins trets dels dos personatges ha exagerat el caricaturista perquè els puguem reconèixer?

c) Quina és la intencionalitat política de la caricatura? Quins recursos ha utilitzat el dibuixant per oferir el seu punt de vista?

d) Per què les caricatures van ser tan importants durant el segle XIX?

Caricatures de la revista *El Loro*, 1881.

5 Organització de la informació. **Moderats i progressistes**

a) Amb la informació del tema, copia al teu quadern la taula següent i completa-la:

PARTITS POLÍTICS A ESPANYA (1833-1868)

Períodes de govern		Moderats	Progressistes
Líders		...	...
Base social		...	...
Bases ideològiques. Tipus d'Estat	Tipus de sufragi	...	...
	Tipus de sobirania	...	...
	Reconeixement de drets	...	...
	Relacions Església-Estat	...	...

WWW. ESPAI WEB

6 Empatia. **Mariana Pineda**

Mariana Pineda fou una dona granadina d'idees liberals que va morir executada. El fet que fos tan jove quan va morir i la injustícia que s'hi va cometre la van convertir en un mite i en un símbol de la llibertat.

Busca informació a Internet sobre Mariana Pineda per conèixer la seva vida, les seves idees i el context històric de l'època:

a) A quina època va viure Mariana Pineda? On va néixer i on va morir?

b) Quin monarca regnava a Espanya? Quin era el context històric en aquell moment? Quins enfrontaments polítics van dominar aquell període?

c) Quins eren els ideals de Mariana Pineda? Per què fou perseguida i condemnada? Quin càstig va rebre?

d) Raona per què Mariana Pineda s'ha convertit en un símbol i un mite de la lluita per la llibertat.

e) A quina pàgina web has trobat la informació? Penses que es tracta d'una font fiable? Per què?

7 Fonts audiovisuals. **El desastre del 1898**

Mira't el documental de www.tiching.com/748175, sobre la Guerra de Cuba, i contesta les preguntes:

a) Per què els Estats Units van donar suport als independentistes cubans i van declarar la guerra a Espanya?

b) Com va reaccionar la societat espanyola amb la declaració de guerra?

c) Quines dues estratègies va seguir el govern espanyol per intentar pacificar l'illa?

d) Com va acabar el conflicte entre Espanya i Cuba? Qui van ser els principals perjudicats per aquesta guerra? Raona la resposta.

REPTES A LA XARXA

DETECTIU DEL PASSAT: La desamortització a debat.

ACTIVITATS AUTOCORRECTIVES: Resol aquestes activitats i repassa el que has après.

www.vvd.link/012138/4

5 INDUSTRIALITZACIÓ I CANVI SOCIAL A ESPANYA I A CATALUNYA AL SEGLE XIX

Com es va produir la industrialització d'Espanya i de Catalunya? Van seguir un procés similar?

ECONOMIA

- 1802 Prohibició d'importar cotó filat
- 1831 Borsa de Madrid
- 1833 Primera màquina de vapor
- 1836 Desamortització de Mendizábal
- 1848 Ferrocarril Barcelona-Mataró
- 1855 Desamortització de Madoz
- 1868 Creació de la pesseta
- 1882 Altos Hornos de Bilbao
- 1902 Altos Hornos de Vizcaya

1800 · 1810 · 1820 · 1830 · 1840 · 1850 · 1860 · 1870 · 1880 · 1890 · 1900 · 1910

OBRERISME

- 1821 Fets d'Alcoi
- 1835 Incendi de la fàbrica Bonaplata
- 1840 Fundació de l'Associació de Teixidors de Barcelona
- 1855 Primera vaga general
- 1879 Fundació del PSOE
- 1888 Fundació de la UGT
- 1910 Fundació de la CNT

Etiqueta d'una fàbrica de filatures de Puig-reig (1849).

El procés d'industrialització de Catalunya es va iniciar al segle XVIII, lligat a les fàbriques d'indianes, i es va consolidar al segle XIX, tot i que va haver de fer front a la manca de primeres matèries i a l'escassa capacitat de compra de la població. A remolc d'aquest procés d'industrialització, la societat catalana va evolucionar amb la consolidació d'una burgesia industrial i d'un proletariat obrer.

En el conjunt d'Espanya, la industrialització es va fer amb retard i de manera força incompleta. Llevat d'alguns nuclis industrials (País Basc, Astúries...), va continuar sent un país essencialment agrícola, amb un gran pes de l'oligarquia terratinent, un elevat nombre de pagesos i una burgesia industrial molt dèbil.

Què en sabem?

- Observa el mapa. Quines eren les principals zones agrícoles d'Espanya? Què s'hi conreava? On es va produir l'activitat minera i industrial?
- Quin va ser el sector capdavanter de la industrialització catalana?
- Què et suggereix el paisatge del quadre amb relació al tema?

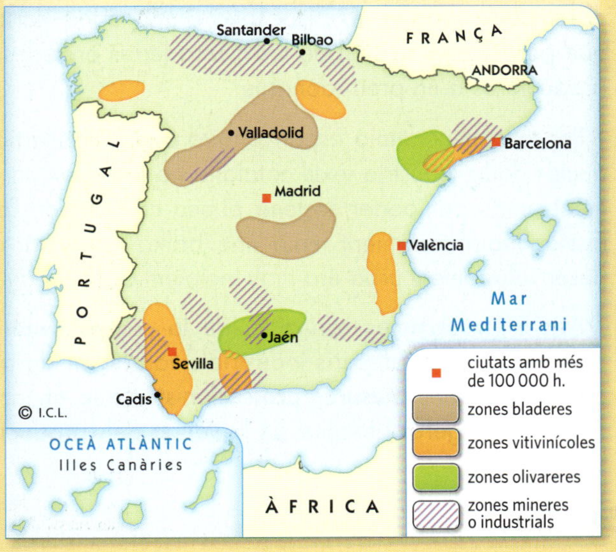

La Revolució Industrial a Espanya: èxit o fracàs?

A Espanya, com a la resta d'Europa, la implantació del liberalisme polític va comportar la fi de l'Antic Règim i l'evolució cap a una economia industrial i capitalista.

Catalunya es va incorporar al procés industrialitzador al final del segle XVIII amb les primeres fàbriques d'indianes i, sobretot, a partir de la incorporació del vapor cap a l'any 1830. A mitjan segle Catalunya formava part del grup reduït de regions europees que s'havien industrialitzat.

Al conjunt d'Espanya, igual que en una gran part dels països del sud i de l'est d'Europa, l'economia es va transformar de manera important, però no es va industrialitzar plenament, de manera que a la darreria del segle XIX continuava sent un país fonamentalment agrari.

Quins factors expliquen les limitacions de la industrialització espanyola? De quina manera Catalunya es va convertir en la fàbrica d'Espanya?

A EL MANTENIMENT D'UNA AGRICULTURA TRADICIONAL

A la Gran Bretanya la industrialització va anar precedida de canvis en l'estructura de la propietat que van estimular el creixement de la producció agrícola.

A **Espanya**, però, bona part de la terra va continuar en mans de grans propietaris, molts d'ells absentistes i sense estímuls per innovar. A més a més, l'abundància de pagesos va mantenir els salaris baixos, cosa que facilitava el manteniment d'una **agricultura tradicional** amb una baixa productivitat.

A **Catalunya** la propietat de la terra era més favorable als pagesos i això va esperonar la modernització agrícola. L'existència de contractes de conreu com ara l'emfiteusi, la rabassa morta i la masoveria donaven estabilitat als pagesos i els estimulava a introduir millores agrícoles. A més a més, la institució de l'**hereu**, que deixava les terres al fill gran, va evitar l'excessiu fraccionament de la terra.

L'ESTRUCTURA DE LA PROPIETAT DE LA TERRA

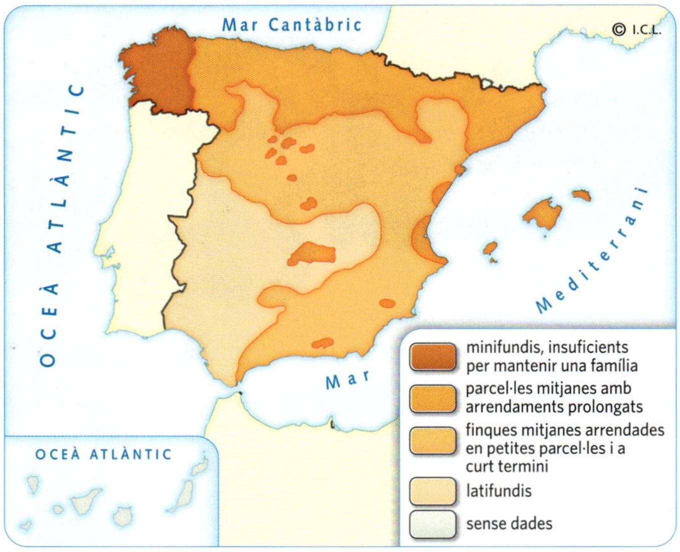

B LA DIFÍCIL ARTICULACIÓ DEL MERCAT I EL PROTECCIONISME

Un segon problema de la industrialització espanyola prové de les dificultats per integrar un mercat en el qual els productes es poguessin intercanviar fàcilment. A l'escassetat de compradors cal afegir-hi el fet que Espanya no disposava d'una bona xarxa de transports que permetés el trasllat de les mercaderies entre les diferents zones productores a un preu raonable.

Per tant, l'economia espanyola va quedar desarticulada i els productes de la indústria tèxtil catalana no trobaven un mercat suficientment ampli per poder sostenir el seu creixement. La pagesia espanyola, majoritàriament tenia una baixa capacitat adquisitiva, i el desenvolupament urbà era molt incipient a tot el país.

Aquests problemes van dificultar la competitivitat de la indústria catalana i els empresaris industrials van haver de pressionar l'Estat perquè apliqués **mesures proteccionistes** que encarissin les mercaderies estrangeres i facilitessin la venda dels productes propis.

Defensa del proteccionisme

Els lliurecanvistes
ara ens amenacen
de deixar-nos tots
amb les mans plegades,
tot obrint les portes
al que ve de fora.

Per això nosaltres,
els qui avui paguem,
els qui produïm,
els manifestem
que només volem
viure del treball.

Si de l'estranger,
per ser més barats,
ens vénen el gra,
les teles, els draps,
sense guanyar un ral,
amb què els comprarem?

Poema anònim, 1872 (traducció).

C EL DÈFICIT DE LA HISENDA I L'ESCASSETAT DE CAPITAL

Per augmentar els ingressos de la Hisenda pública espanyola, el 1845 es va dur a terme una **reforma fiscal** que va obligar els privilegiats de l'Antic Règim a pagar impostos.

Tanmateix, l'Estat no va augmentar la recaptació en els termes esperats i la Hisenda es va mantenir durant tot el segle XIX permanentment en dèficit, amb la qual cosa calia recórrer als crèdits exteriors i a l'emissió de deute públic.

El fet que invertir en deute públic reportés alts interessos als compradors va atreure una bona part dels capitals disponibles i va restar inversors per finançar la indústria. D'aquesta manera, la **falta de capital inversor** va esdevenir un dels grans problemes per a la innovació i el desenvolupament industrial.

La indústria espanyola, a causa de la baixa productivitat, resultava poc competitiva en el mercat internacional, cosa que repercutia en el comerç exterior. Durant tot el segle XIX les importacions van ser superiors a les exportacions i la **balança comercial** es va mantenir gairebé sempre **deficitària**.

Títol de Deute de l'Estat, 1875.

EL COMERÇ EXTERIOR D'ESPANYA

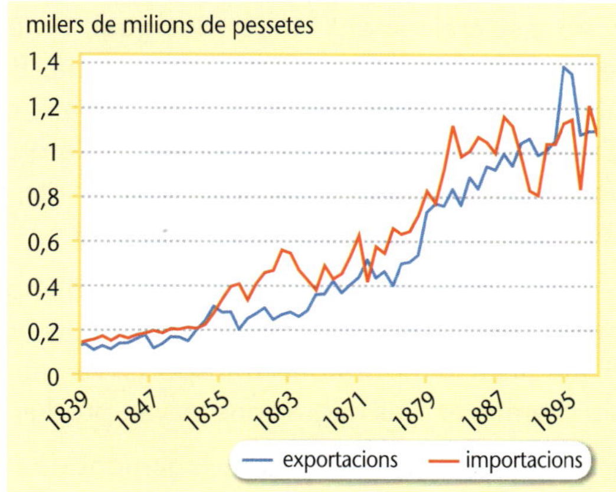

D UNA INDUSTRIALITZACIÓ TARDANA I INCOMPLETA

EVOLUCIÓ DEL PIB *PER CAPITA*

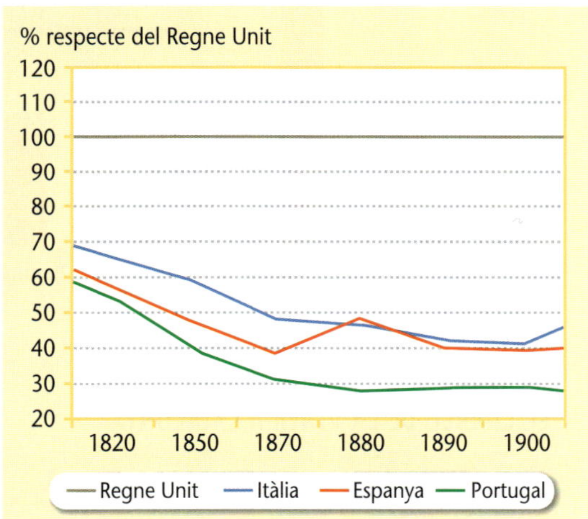

La versió més tradicional sobre la industrialització espanyola defensava la idea de fracàs de la Revolució Industrial a Espanya. Només el País Basc i Catalunya havien estat capaços de seguir el camí industrialitzador, en un procés, en el qual al principi també havien participat Andalusia, Astúries, Cantàbria i València.

Avui dia se sosté més aviat la hipòtesi d'un **endarreriment relatiu**. L'economia espanyola del segle XIX estava molt allunyada de la del Regne Unit, França o Alemanya; però, igual que en altres països del sud d'Europa, es va anar industrialitzant, tot i que més tard i de manera incompleta i amb grans diferències entre regions.

Amb tot, els problemes de la modernització agrària, l'excessiu intervencionisme estatal sobre l'economia, l'abandonament del sector exterior, el proteccionisme integral i un sistema financer endarrerit van dificultar la tasca de la modernització econòmica d'Espanya.

1. Quins problemes van dificultar la modernització de l'agricultura a Espanya? Observa el mapa i explica com es distribueix territorialment l'estructura de la propietat.
2. Quins canvis en l'agricultura catalana van estimular l'impuls industrial? Per què?
3. Per què la indústria catalana va haver de recórrer al proteccionisme? Amb quins arguments defensa al poema la necessitat d'aranzels protectors?
4. Per què l'emisió del deute públic a un interès alt va perjudicar el finançament de les noves indústries? Reflexiona la resposta.

Argumenta la resposta

5. Quina posició adoptaries davant la disjuntiva èxit o fracàs de la industrialització a Espanya?
6. I pel que fa a Catalunya? Justifica per què al segle XIX es parla de Catalunya com la "fàbrica d'Espanya"?

2 La població i l'agricultura

Creixement demogràfic i emigració

Espanya va passar de tenir 11,5 milions d'habitants el 1797 a tenir-ne 18,6 el 1900, la qual cosa comporta un **creixement sostingut**, però moderat en comparació d'altres països europeus. El descens de la mortalitat i el manteniment d'una natalitat elevada van ser les causes d'aquest creixement.

Aquest creixement va ser **desigual**, i més accentuat a les zones costaneres (Catalunya, Múrcia, País Basc i Canàries) que a l'interior, amb l'excepció de Madrid. A Catalunya la població es va doblar al llarg del segle XIX i va passar de 0,9 a 1,9 milions d'habitants, una xifra que representava el 10 % del total espanyol.

El creixement va anar acompanyat d'importants moviments de població. Els canvis esdevinguts en el món agrari, afegits a la millora dels transports, van fomentar la decisió d'**emigrar**. Les migracions es van produir en dues direccions:

- **Èxode rural**, és a dir, abandonament de les àrees rurals per buscar feina a les zones industrials. En l'àmbit espanyol, els focus principals d'atracció van ser Barcelona, Bilbao i Madrid. A Catalunya, les comarques industrialitzades properes al litoral (Barcelonès, Maresme, Vallès...) van rebre població rural de l'interior i dels Pirineus.
- **Emigració exterior** cap a l'Amèrica Llatina, especialment Cuba i l'Argentina, en les últimes dècades del segle XIX, a la recerca de millors oportunitats. Canàries i tota l'àrea cantàbrica van ser les principals zones des d'on va emigrar població. Pel que fa a Catalunya, gairebé 100 000 persones van marxar cap a Amèrica.

LA DENSITAT DE POBLACIÓ AL SEGLE XIX

L'EVOLUCIÓ DE LA POBLACIÓ AL SEGLE XIX

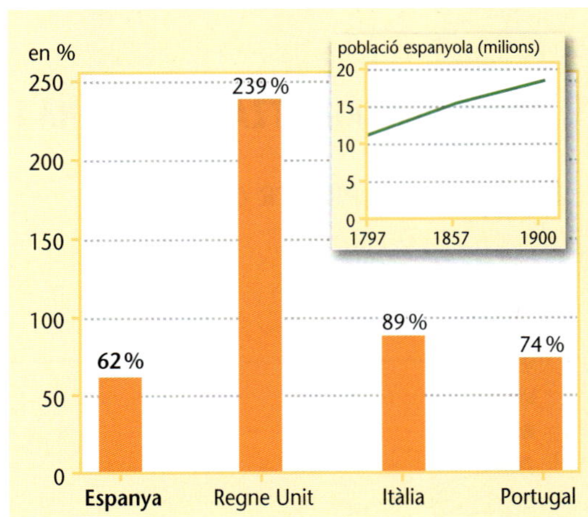

La transformació de l'agricultura catalana

L'agricultura catalana va començar, al final del segle XVII, un procés d'especialització de la producció, que cada cop es destinava més a l'autoconsum i menys als mercats urbans i a l'exportació.

La vinya, per fer vi i aiguardent, va constituir un dels grans motors agrícoles, com les oliveres per a la producció d'oli (Camp de Tarragona, Garrigues, Segrià) i el conreu de fruits secs (ametlles i avellanes) a les comarques del sud de Tarragona. També van expandir-se la producció de suro a les comarques del nord de Girona, per abastar la indústria tapera, i la producció d'arròs al delta de l'Ebre.

La destrucció de les vinyes a França per l'arribada de la plaga de la fil·loxera va comportar una gran expansió de la producció vitícola per tot Catalunya a la segona meitat del segle XIX. Aquest fet va permetre l'augment de les exportacions i que els vins catalans substituïssin els francesos en el mercat europeu.

En canvi, l'expansió del conreu de cereals i de llegums a les comarques de l'interior (Segarra, Urgell, Noguera), no va ser tan destacable. Catalunya va esdevenir deficitària en cereals, que es van haver d'importar de l'estranger o de Castella.

EL CONREU DE LA VINYA A CATALUNYA

TOTAL SUPERFICIE CONREADA (EN %)		
Comarca	**cap al 1720**	**cap al 1860**
Segarra	6,93	36,88
Anoia	24,79	66,58
Alt Penedès	16,18	67,46
Garraf	50,18	62,13
Alt Camp	33,83	52,87
Baix Camp	50,91	37,33
Tarragonès	44,12	49,09

1. Identifica les causes que van conduir a l'expansió del conreu de la vinya.

EN QUÈ VA CONSISTIR LA REFORMA AGRÀRIA LIBERAL?

La reforma agrària liberal va ser un conjunt de reformes fetes pel govern progressista el 1836. L'objectiu era la dissolució de l'Antic Règim en el camp i la introducció de formes de propietat i de producció capitalistes.

Aquestes reformes van comportar l'abolició del règim senyorial*, la desvinculació de la propietat i la desamortització de la majoria de les terres de l'Església (**desamortització de Mendizábal** el 1836) i dels ajuntaments (**desamortització de Madoz** el 1855).

Els efectes de la reforma agrària van ser molt menys notoris del que s'esperava, perquè bona part dels nous i els vells propietaris van utilitzar les terres adquirides per arrendar-les i viure de les rendes que generaven.

LA REFORMA AGRÀRIA LIBERAL

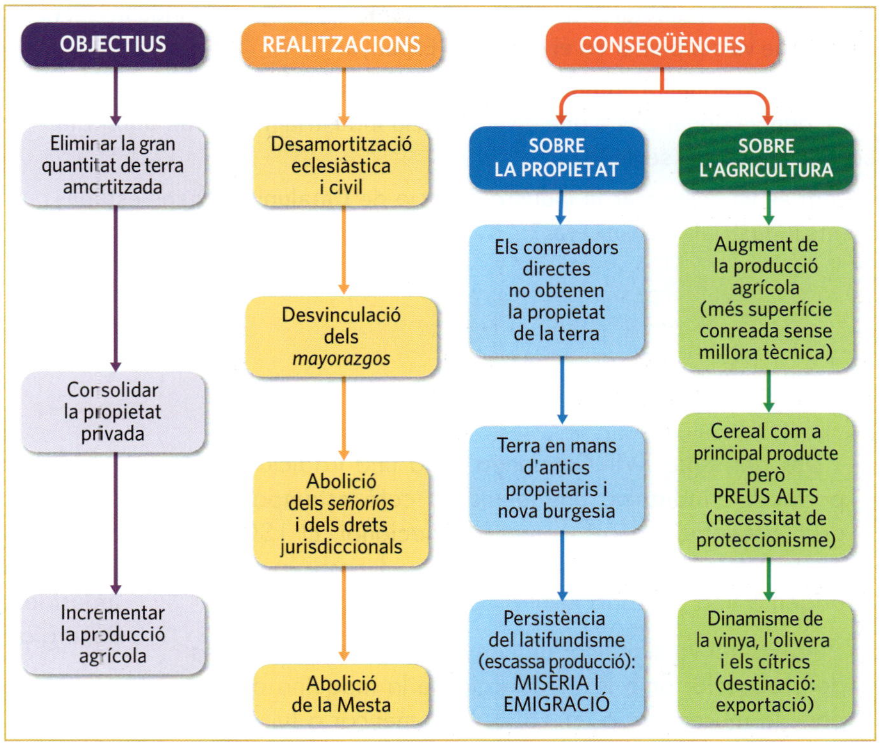

LA DISTRIBUCIÓ DELS CONREUS A ESPANYA

Joaquim VAYREDA: *La sega*, cap al 1881.

Els cereals constituïen el principal producte de conreu de bona part de la Meseta i d'Andalusia. Al nord de la Península s'hi conreaven patates, i a Galícia també blat de moro; a les regions mediterrànies hi abundaven l'**arròs** i els **cítrics**.

A la Rioja la viticultura va assolir una gran expansió, mentre que a Andalusia ho va fer l'oliverar. Les taronges, el vi i l'oli d'oliva eren els principals productes d'exportació.

Desamortització i desvinculació

En la **desamortització** l'Estat expropia determinades terres, que van després a particulars. Bona part de les terres desamortitzades les van comprar els burgesos o els antics propietaris.

La **desvinculació** anul·la tots els vincles senyorials que requeien en una propietat i els converteix en béns privats, que es poden comprar i vendre lliurement.

1. Observa el mapa i explica com es distribuïa la població espanyola. Quines eren les zones més densament poblades?
2. Quina evolució va seguir la població espanyola al segle XIX? Compara-la amb la dels altres països.
3. Per quins motius van emigrar els espanyols i els catalans al segle XIX? Cap on van emigrar?
4. Quina era la situació de l'agricultura catalana? Quins eren els principals productes agrícoles?
5. Amb la informació del document sobre la reforma agrària liberal, contesta:
   - Quin conjunt de mesures incloïa la reforma agrària liberal? Amb quins objectius?
   - En què va consistir la desamortització? Quina finalitat perseguia? Qui van ser els més beneficiats de la desamortització? I els menys afavorits? Raona la resposta.
   - Les desamortitzacions van assolir els objectius perseguits? Quines en van ser les conseqüències immediates?

La industrialització de Catalunya

Catalunya va aprofitar el creixement agrícola del segle XVIII i el sorgiment de les manufactures d'indianes per començar un procés industrialitzador, que va ser pioner en el conjunt d'Espanya.

El motor d'aquesta embranzida industrial va ser la indústria tèxtil cotonera, que va donar pas a una diversificació industrial més gran durant la segona meitat del segle XIX.

Com es va començar la industrialització de Catalunya? Quins establiments industrials es van crear?

Santiago RUSIÑOL: *La fàbrica*, 1889.

A LA INDÚSTRIA TÈXTIL COTONERA

Des del segle XVIII **Catalunya** tenia una tradició d'exportació d'indianes, uns teixits de cotó estampats de gran acceptació en el mercat internacional. El 1802 es va prohibir importar cotó filat, la qual cosa va donar origen a una indústria tèxtil pròpia.

Aquest fet va significar un canvi important en el procés de producció, amb la introducció de la màquina de **vapor** i la **mecanització**. El 1833 va començar a funcionar la primera màquina de vapor a la fàbrica Bonaplata de Barcelona i, progressivament, entre el 1833 i el 1860, es van anar instal·lant les màquines de filar que s'utilitzaven al Regne Unit. La mecanització del tissatge va ser més tardana, a partir del 1870.

La mecanització va comportar una **disminució dels costos** de producció i dels preus de venda. Això va estimular la demanda, que, a més, estava protegida de la competència estrangera pel proteccionisme.

La falta de carbó fou un obstacle per al creixement del sector tèxtil català. La solució ideada pels empresaris va consistir a situar les fàbriques a prop del port de Barcelona (vapors) per abastar-se més fàcilment o ubicar les indústries a prop dels salts d'aigua per poder aprofitar l'energia hidràulica (colònies).

També en va dificultar l'expansió la feblesa del mercat espanyol, format, sobretot, per pagesos amb escàs poder adquisitiu.

@ Amplia a la xarxa...

Per saber-ne més dels vapors tèxtils, entra a: www.tiching.com/76422

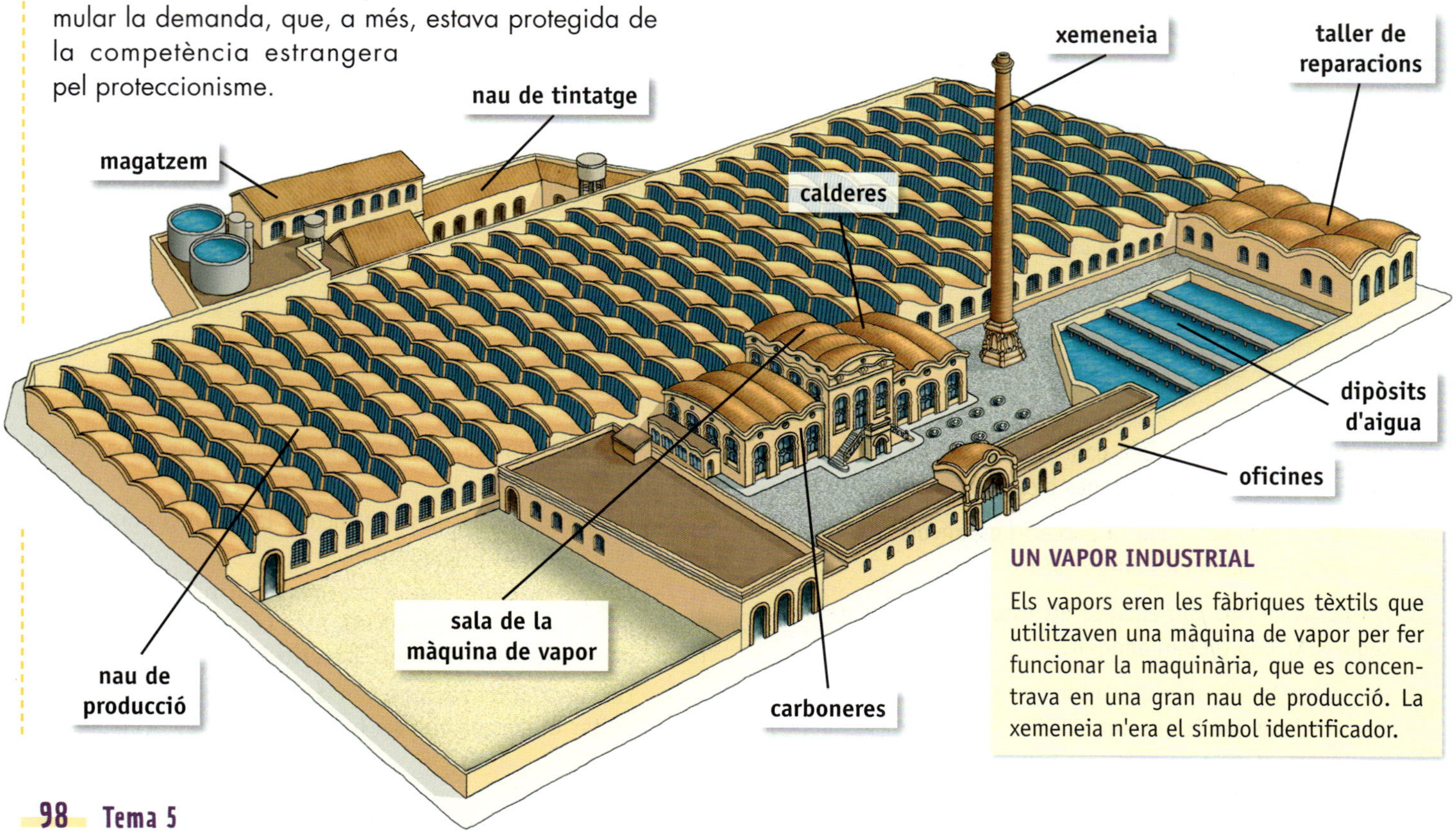

UN VAPOR INDUSTRIAL

Els vapors eren les fàbriques tèxtils que utilitzaven una màquina de vapor per fer funcionar la maquinària, que es concentrava en una gran nau de producció. La xemeneia n'era el símbol identificador.

UNA COLÒNIA TÈXTIL

Les colònies industrials es van situar a les ribes dels rius Ter i Llobregat per aprofitar l'energia hidràulica. A més de la fàbrica, incloïa els habitatges obrers i tot allò que els treballadors necessitaven per a la vida diària (església, escola, teatre, economat...).

B LA DIVERSIFICACIÓ INDUSTRIAL

Malgrat que la indústria tèxtil cotonera o llanera va mantenir la seva hegemonia, això no va impedir el desenvolupament d'altres sectors industrials.

La mecanització va estimular la **indústria metal·lúrgica**, que fabricava maquinària industrial, ponts metàl·lics i material ferroviari. La fàbrica Nueva Vulcano va construir el primer vaixell de vapor d'Espanya i el 1855 es va crear **La Maquinista Terrestre i Marítima**.

Al final de segle van començar dues noves indústries pioneres, la de l'electricitat i la de la telefonia. El 1875 es va executar la primera instal·lació elèctrica d'Espanya i al cap de dos anys es va establir la primera comunicació telefònica entre Barcelona i Girona.

Al marge de les indústries més noves, les manufactures tradicionals (paper, cuir, farina, taps de suro...) es van continuar desenvolupant i van tenir un paper important en la diversificació industrial. També va prosperar la producció de gas per a l'enllumenat de les ciutats.

LA LOCALITZACIÓ DE LA INDÚSTRIA TÈXTIL AL SEGLE XIX

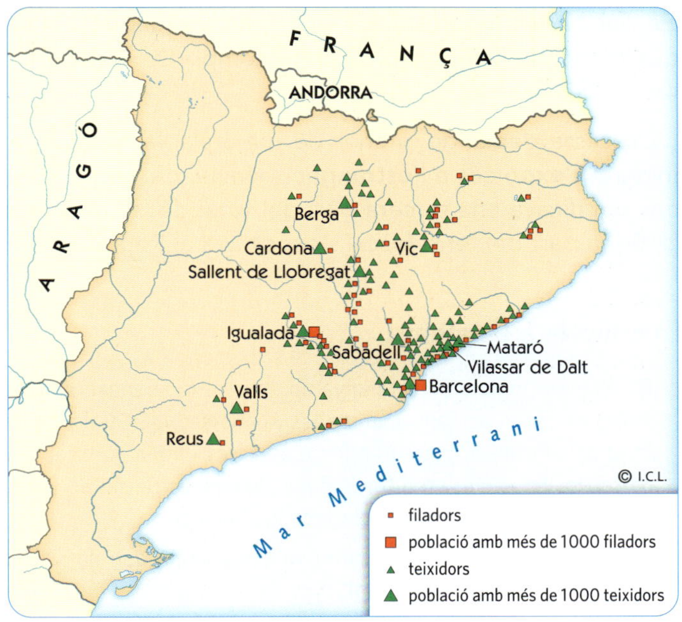

1. Com es va estimular la fabricació de teixits de cotó a Catalunya? Com se'n va produir la mecanització?
2. Quins obstacles va haver d'afrontar la indústria tèxtil? Com es van superar?
3. Observa els dibuixos del vapor i la colònia tèxtil. Descriu de quines parts constaven i què diferenciava l'un de l'altra.
4. Observa el mapa i explica on hi havia la indústria tèxtil. Per què les indústries tèxtils se situaven vora els rius?
5. Com es va diversificar la indústria catalana a la segona meitat del segle XIX?

Investiga

6. Consulta a www.tiching.com/76425 la informació sobre les colònies tèxtils de Catalunya. Explica com s'aconseguia l'energia necessària per al funcionament de la fàbrica i com hi vivien els obrers i els empresaris. Quina funció fan aquestes colònies avui dia?

4 Explotació de la mineria i indústria siderúrgica

L'explotació de la mineria

La industrialització va comportar un augment considerable de la demanda de productes miners. Espanya disposava d'abundants mines, les quals es van començar a explotar de manera sistemàtica a partir de l'aprovació de la **Llei de mines** (1868).

Com que l'extracció minera requeria una gran quantitat de capital, el govern va atorgar-ne l'explotació a **companyies estrangeres**, principalment franceses i angleses. A més a més, el pagament de la concessió havia d'ajudar a reduir el deute de la Hisenda espanyola.

Els recursos més importants del subsòl espanyol eren el ferro (Màlaga, Santander i, sobretot, Biscaia), el plom (Cartagena), l'hulla i el zinc (Astúries) i el coure i la pirita (Huelva). L'augment de la producció va influir positivament en el desenvolupament del ferrocarril i d'indústries com ara la naval.

L'explotació del carbó asturià va presentar diversos problemes perquè tenia poc poder calorífic i, a diferència del gal·lès, es trobava a una gran profunditat, cosa que n'encaria l'extracció. Això va comportar la necessitat de lleis proteccionistes.

JACIMENTS MINERS A ESPANYA

L'escassa demanda interior de minerals va fer que la majoria del mineral **s'exportés a l'estranger** i, al final del segle XIX, el sector miner significava una tercera part del total de les exportacions del país. Bona part del ferro biscaí s'exportava al Regne Unit.

UNA MINA

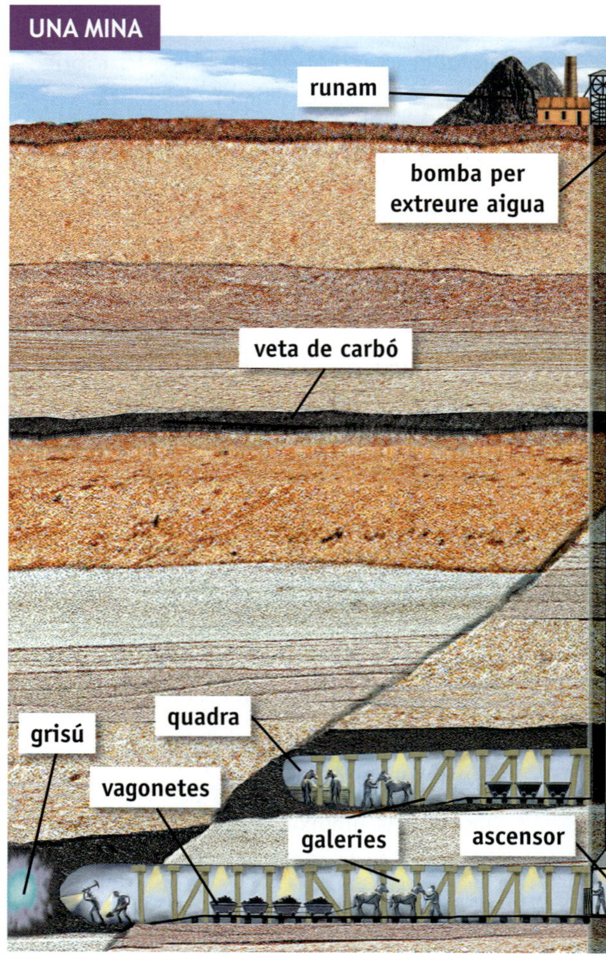

La mineria a Catalunya

Els recursos miners de Catalunya no eren gaire abundants. S'explotaven les mines de carbó de Sant Joan de les Abadesses, de Calaf i de Berga i les de ferro dels Pirineus, però eren força escasses i bona part del carbó calia importar-lo. En canvi, eren força riques les mines de sal de Súria i de Cardona, que s'utilitzaven per a l'elaboració d'adobs.

Aquesta falta de ferro i de carbó va condicionar que no s'hi desenvolupés un sector siderúrgic important.

JACIMENTS MINERS A ESPANYA

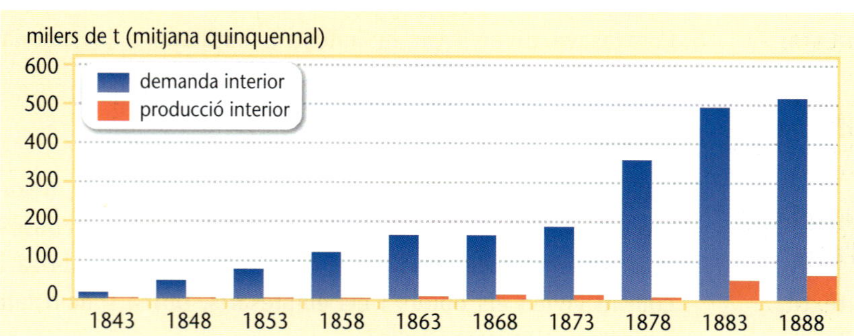

El desenvolupament de la siderúrgia

El ferro i els seus derivats van ser un element central de la industrialització. La producció del ferro i els seus derivats s'havia de dur a terme en **alts forns**, que requerien una gran quantitat de carbó.

El problema de l'abastament de carbó i de ferro va dificultar la consolidació de la indústria siderúrgica, que va passar per diferents etapes i localitzacions:

- Entre el 1830 i el 1860 es van crear diversos alts forns a la província de **Màlaga**, rica en mineral de ferro. Tanmateix, la seva producció va ser molt modesta, a causa dels alts costos que comportava el trasllat del carbó.
- A partir del 1860, entre **Mieres** i **La Felguera**, al cor de la conca minera asturiana, s'hi van instal·lar fàbriques de ferro. La proximitat de les mines de carbó compensava els alts costos d'extracció.
- Als anys vuitanta del segle XIX, a la **ria del Nerbion**, a prop de les mines de ferro biscaïnes, es van crear els Altos Hornos de Vizcaya, que van establir les bases de la consolidació de la siderúrgia al País Basc.

La ria es va convertir en la via de sortida del ferro biscaí que s'exportava al Regne Unit, on s'adquiria carbó gal·lès, amb més poder calorífic que l'asturià. Aquest intercanvi de ferro i carbó permetia rendibilitzar els costos del transport marítim.

El **País Basc** es va consolidar com una àrea plenament industrialitzada, amb noves empreses metal·lúrgiques i de construcció naval, una elevada concentració empresarial, protecció de l'Estat (proteccionisme) i finançament bancari (Banco de Bilbao i Banco de Vizcaya).

Fàbrica de Nuestra Señora de El Carmen de la Sociedad de Altos Hornos y Fábricas de Hierro y Acero de Bilbao (1882), Barakaldo, Biscaia.

PRODUCCIÓ SIDERÚRGICA

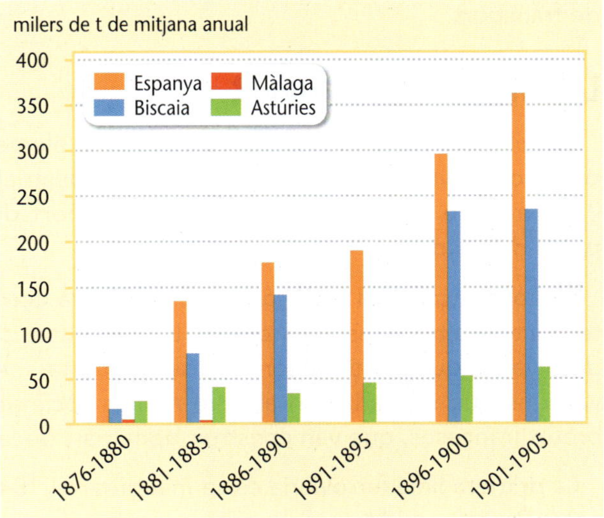

El creixement de la indústria basca

Ha influït poderosament en el prestigi de la indústria naval biscaïna la proximitat dels establiments siderúrgics. Els principals centres industrials del sector naval s'han emplaçat efectivament al districte siderometal·lúrgic de la ria de Bilbao, i així les drassanes tenen a mà, en immillorables condicions de preu i transport, les primeres matèries: ferro i acer.

Com que l'esperit biscaí no podia quedar inactiu, veient que les importacions de carbó (...) es feien per mitjà de vapors estrangers es van fundar empreses navilieres.

G. Ibáñez i V. Vidaurrázaga: *Orientaciones generales para el desarrollo y prosperidad de Vizcaya*, 1933.

1. Quan va començar a ser important l'explotació minera? Com es van atorgar les explotacions? Per què?
2. Observa al mapa. Quines eren les mines més importants i quins minerals s'extreien?
3. Era important la mineria a Catalunya? Quines conseqüències en van derivar?
4. Quines dues matèries primeres necessita la indústria siderúrgica? On hi ha mines d'aquestes dues matèries primeres a Espanya?
5. Observa el gràfic de la producció siderúrgica i explica les tres fases de la indústria siderúrgica espanyola. Per què va progressar més en unes regions que en d'altres?

5 El transport i les finances

La lentitud del procés industrialitzador espanyol va estar molt relacionada amb l'escassa articulació del mercat interior, com a conseqüència de la falta de compradors i de les deficiències dels sistemes de transport.

La millora del transport

La millora de la xarxa de transports era un element molt important per al desenvolupament de la Catalunya industrial, perquè facilitava l'arribada de matèries primeres i el transport de mercaderies als punts de venda.

La construcció del ferrocarril a Espanya va començar amb retard respecte a altres països europeus. La necessitat de fer-ho amb rapidesa va fer que molts materials fossin importats. A més, les altes inversions que requeria van atreure moltes societats estrangeres, sobretot franceses, que van construir bona part de la xarxa.

La primera línia ferroviària es va inaugurar el 1848 i unia el trajecte entre Barcelona i Mataró, però la construcció d'una xarxa generalitzada no es va iniciar fins a la promulgació de la **Llei general de ferrocarrils** (1855). Es va dur a terme en dues fases: entre el 1855 i el 1865 es van obrir 4 500 km de via, però la crisi financera del 1866 va aturar-ne la construcció, que es va reprendre entre el 1876 i el 1885, amb uns 3 000 km més.

Paral·lelament, es va emprendre la millora de la xarxa de camins i carreteres. A partir del 1848 les diputacions provincials van impulsar el primer Pla de carreteres de Catalunya, que va tenir una gran activitat constructora.

La conveniència de comerciar amb les colònies antillanes va estimular la creació d'empreses de navegació amb vaixells de vapor, entre les quals va destacar la Companyia Transatlàntica (1881), especialitzada en el comerç colonial.

Inauguració del trajecte del ferrocarril Barcelona-Mataró el 28 d'octubre de 1848.

La importació de material ferroviari

Espanya, que només consumeix 3 000 000 de quintars de ferro, en rep de l'estranger 1 800 000. Les nostres fàbriques, actualment, haurien pogut produir prou per proveir el mercat, però ho ha impedit l'estímul que s'ha cregut que s'havia de donar a les empreses de ferrocarrils, que tenen el privilegi d'importar lliure de drets tot el ferro que necessitin.

Com voleu que es facin comandes de rails a les nostres fàbriques? La indústria nacional ferrera ha vist com es reduïa, a causa d'aquesta franquícia, en una tercera part el seu mercat i no ha pogut tenir el desenvolupament al qual estava cridada. El que havia de ser motiu de prosperitat, ha estat la causa de la decadència i perill de mort.

Observacions dels fabricants de ferro, 1862.

La banca i les finances

A mitjan segle XIX va començar el procés de substitució de les antigues cases de banca i de préstecs, característiques de l'Antic Règim, per un nou sistema financer capaç de respondre a les necessitats del capitalisme industrial. Aquesta renovació es va iniciar a partir de la **Llei de bancs del 1856** i aquell mateix any es va crear el Banc d'Espanya, que més endavant va rebre el monopoli de l'emissió de bitllets i la gestió del deute públic.

D'altra banda, en el **sector privat** es van crear societats financeres dedicades al crèdit comercial i industrial, com ara el Banc de Barcelona (1844), el de Bilbao (1856) i l'Hispano Colonial (1876), moltes de les quals estaven vinculades al finançament dels ferrocarrils i la mineria.

El 1831 va començar a funcionar la **Bolsa de Madrid** i el 1845 es va crear el **Borsí de Barcelona**, que va afavorir l'aparició de nombroses societats anònimes mercantils, industrials, de serveis, etc., que emetien accions i obligacions.

Bitllet emès pel Banc de Barcelona, fundat el 1844. Fins 1874 va tenir la capacitat d'emitir paper i moneda.

Les primeres monedes de pesseta tenien l'efígie del rei Amadeu de Savoia.

QUINS EFECTES VA TENIR LA CONSTRUCCIÓ DEL FERROCARRIL?

La millora dels sistemes de transport per estimular el comerç i vertebrar el mercat interior era una de les grans necessitats de la industrialització espanyola.

Amb tot, els problemes derivats de la precipitada planificació i construcció del ferrocarril en van limitar el paper com a difusor de la industrialització.

El ferrocarril, però, va tenir efectes positius per a l'economia, atès que va afavorir el trasllat de persones i de mercaderies i va contribuir a la formació d'un mercat interior més integrat.

LA CONSTRUCCIÓ DE LA XARXA FERROVIÀRIA

ELS PROBLEMES DE LA XARXA FERROVIÀRIA

- Va consolidar una **estructura radial** de la xarxa que, amb centre a Madrid, no afavoria la connexió entre els centres industrials més actius (Catalunya i el País Basc).
- Es va triar un **ample de via diferent de l'europeu**, justificat en les dificultats del relleu espanyol, que obligava a transbordar les mercaderies a la frontera, cosa que encaria els costos i el temps de transport.
- La importació de material ferroviari (rails, locomotores, vagons...) lliure d'aranzels (impostos) va perjudicar la naixent indústria siderúrgica i metal·lúrgica espanyola.
- La construcció del ferrocarril va implicar la mobilització més important de capitals a la borsa espanyola en aquella època. No obstant això, l'elevat cost de la construcció del ferrocarril i l'escassetat de mercaderies i viatgers transportats van desembocar en la fallida de moltes companyies ferroviàries el 1866, perquè la seva rendibilitat no era tan alta com s'esperava.

EL FERROCARRIL A CATALUNYA

1. Per què la millora de la xarxa de transports era tan important per consolidar la industrialització?
2. Com es va fer la construcció del traçat ferroviari espanyol? Observa el mapa i explica les diferents fases de construcció de les línies.
3. Quins problemes va comportar la manera com es va dur a terme la construcció del ferrocarril? Per què les companyies ferroviàries van fer fallida l'any 1866?
4. Llegeix el text sobre la importació de material ferroviari i explica quines queixes s'hi presenten. Quins problemes va comportar la construcció del ferrocarril per a la indústria siderúrgica i metal·lúrgica?
5. Per què era important la creació d'una nova banca i d'una borsa per al desenvolupament industrial?
6. Penses que la unificació de pesos i mesures i la creació de la pesseta va facilitar els intercanvis? Raona la resposta.

Canvi social i creixement urbà

Durant el segle XIX a Espanya i a Catalunya la societat estamental es va convertir en una societat de classes.

El predomini del sector agrari i la dèbil industrialització del conjunt d'Espanya van mantenir vigent una estructura social tradicional amb un pes considerable de la noblesa terratinent i de l'Església i una gran majoria de pagesos.

A Catalunya l'embranzida industrial va conformar la societat al voltant de dos nous grups: la burgesia, que va esdevenir la propietària dels negocis i les indústries, i els obrers, que treballaven a les fàbriques.

Quines semblances i quines diferències es poden fer paleses en les societats espanyola i catalana del segle XIX?

A LES NOVES CLASSES DIRIGENTS

La **noblesa terratinent**, que havia perdut els drets senyorials, però que encara conservava la propietat de la terra, va continuar tenint un paper rellevant en la societat espanyola. No obstant això, a la darreria del segle algunes famílies aristocràtiques, incapaces d'incorporar-se a les noves activitats econòmiques, es van arruïnar i es van haver de vendre progressivament el patrimoni per sobreviure.

La nova classe adinerada era l'**alta burgesia**. Compartia amb la noblesa el predomini social i era la propietària de les noves indústries, de les grans companyies i dels bancs. També es va convertir en terratinent gràcies a l'adquisició de bona part de les terres desamortitzades.

La **mitjana burgesia** era escassa al conjunt d'Espanya, que presentava una societat més polaritzada. En canvi, el desenvolupament industrial de Catalunya va donar un protagonisme social més gran als petits empresaris industrials, als comerciants i també als professionals liberals.

Romà RIBERA: *Sortida del Liceu*, 1902. L'obra ens mostra el refinament de l'alta burgesia barcelonina.

B LA PAGESIA

Tomàs MORAGAS: *Interior d'una masia catalana*, 1890.

Els pagesos constituïen la majoria de la població espanyola, prop del 65 % el 1860, i les seves condicions de vida eren força difícils. Els preus dels arrendaments eren cars, la feina, escassa, i els jornals, tenint en compte el cost de la vida, baixos.

Bona part dels pagesos no eren propietaris de terres i havien de treballar les dels grans propietaris agrícoles en règim d'**arrendament**. Una altra part, encara més nombrosa, treballava per a un jornal: eren els **jornalers** i els mossos (criats). El seu nombre va augmentar considerablement durant el segle XIX: va passar de 3 600 000 a 5 400 000.

A Catalunya, el desenvolupament agrícola i els sistemes de tinença de la terra van donar seguretat a la pagesia, que tenia millors condicions de vida que en altres indrets d'Espanya.

Durant molts anys hi va predominar una concepció tradicional (**pairal***), que deixava la terra i el mas a l'hereu, el qual havia d'ajudar econòmicament els altres germans (cabalers) perquè poguessin aprendre un ofici i emigrar a les ciutats per guanyar-se la vida.

C ELS TREBALLADORS DE LES CIUTATS

A les ciutats hi vivia un nombre important d'**artesans i menestrals** (sabaters, ferrers, fusters...) i també moltes persones dedicades als **serveis** (criats, transportistes, venedors de carrer...). Pel que fa al servei domèstic, més de la meitat eren dones (criades, bugaderes, planxadores, etc.).

Les indústries instal·lades a les ciutats van propiciar l'anomenat **proletariat industrial**. Ara bé, el limitat procés d'industrialització espanyol va implicar que el nombre d'**obrers industrials** fos petit i que es concentrés bàsicament a Catalunya.

A mitjan segle XIX els obrers industrials eren uns 150 000, dels quals 100 000 treballaven en el tèxtil català. Les jornades laborals eren llargues i els sous, baixos. Les dones i els nens hi treballaven per salaris inferiors als dels homes.

Durant l'últim terç del segle el creixement de la indústria i la mineria va consolidar també un sector obrer important al País Basc, Astúries i Madrid.

Treballadors de la secció de rodeters d'una fàbrica tèxtil de l'Hospitalet de Llobregat a la darreria del segle XIX.

D EL CREIXEMENT URBÀ

El creixement de la indústria i la falta de feina a les zones agràries van propiciar l'emigració cap a les ciutats i un augment de la **urbanització**. Entre el 1850 i el 1900 Espanya va duplicar la seva població urbana, i Madrid, Barcelona, València, Sevilla, Màlaga i Saragossa van ser les ciutats que més van incrementar el nombre d'habitants.

A Catalunya els nous nuclis industrials van créixer per sobre de la mitjana espanyola. A moltes ciutats es van dur a terme plans d'eixample per donar cabuda a una població en augment. A Barcelona es van enderrocar les muralles medievals i, l'any 1860 va continuar la construcció de l'Eixample. L'any 1900, Barcelona, concentrava el 27 % de la població catalana.

Tot i la urbanització creixent, al conjunt d'Espanya la majoria de la població continuava sent eminentment rural i el 70 % vivia en nuclis de menys de 20 000 habitants.

L'EVOLUCIÓ DE LA POBLACIÓ URBANA

Població	1857	1900
Badalona	10 485	19 242
Barcelona	215 942	533 000
Granollers	4 632	6 755
Manresa	15 264	23 252
Mataró	16 595	19 704
Sabadell	13 945	23 295
Terrassa	8 721	15 956
Població agrícola	**1857**	**1900**
Cervera	4 499	4 350
Tortosa	24 997	24 452
Reus	28 171	26 681
Vic	13 712	11 628

1. Quines van ser les noves classes dirigents del segle XIX? Quines característiques presentaven?
2. Quins grups integraven les classes populars? Quines feines duien a terme? Quin era el grup majoritari? Per què?
3. Quines diferències pots establir entre la societat espanyola i la catalana al segle XIX?
4. Per què les ciutats van créixer al segle XIX? Observa la taula i assenyala quines ciutats van augmentar la seva població i quines van quedar estancades. Explica el perquè del diferent comportament entre les ciutats catalanes.

Investiga

5. Visita www.tiching.com/748860 i visualitza els videos de diferents dones treballadores de la fàbrica. Pren nota i explica quines condicions de treball tenien les dones. Eren iguals que les dels homes? Creus que ara segueix passant lo mateix? Raona la resposta.

6 Els pioners del moviment obrer

A causa de les dures condicions laborals, els treballadors de les fàbriques es van associar per lluitar per millorar la seva situació i per proposar formes més igualitàries d'organització social. Van ser els pioners del moviment obrer.

L'obrerisme va tenir un impacte més fort a les zones més industrialitzades (Catalunya, el País Basc, Astúries o Madrid). A les zones agràries s'hi van desenvolupar moviments que demanaven un repartiment més equitatiu de les terres, van ser especialment importants a Andalusia.

Entre aquests dos sectors es van difondre les idees del marxisme i l'anarquisme; el moviment que va assolir un grau més alt d'implantació va ser l'anarquisme.

A LES PRIMERES ASSOCIACIONS OBRERES

Les primeres protestes de la nova classe treballadora a Espanya van tenir un caràcter luddita i van consistir en la destrucció de màquines de filar. Així va passar a Alcoi el 1821 i en l'incendi de la fàbrica Bonaplata de Barcelona el 1835, que havia introduït una màquina de vapor.

Paral·lelament, es van crear les primeres associacions d'obrers per defensar les seves demandes (millores salarials, reducció de l'horari laboral, regulació del treball de dones i nens i dret a associar-se).

El 1840 es va fundar l'**l'Associació de Teixidors de Barcelona**, una primera organització de caràcter sindical, que va ser clausurada perquè les associacions d'obrers estaven prohibides.

La **vaga** va esdevenir el principal instrument de pressió cap als patrons. La primera vaga general va tenir lloc el 1855 a Barcelona com a reacció a la introducció de noves màquines que restaven llocs de treball als obrers i reduïen els seus salaris.

L'any 1869, es va crear la **Federació de les Tres Classes de Vapor**, un sindicat d'oficis que aplegava tots els treballadors de la indústria tèxtil i que fou el més important de Catalunya al final del segle XIX.

Segells de diverses societats obreres.

@ Amplia a la xarxa...

Mira a www.tiching.com/76459 el vídeo sobre el moviment obrer a Catalunya.

B LES REVOLTES CAMPEROLES

Jornalers detinguts a la presó de Jerez per haver participat en una revolta pagesa al final del segle XIX.

Els efectes de la reforma agrària liberal van condemnar molts petits llauradors a la condició de **jornalers**, sotmesos a salaris baixos i a la temporalitat del treball.

Les crisis freqüents originades per l'escassetat de blat, l'augment del preu del pa, la propagació de la fam i la impossibilitat de pagar impostos van provocar protestes pageses, que es van concretar en el robatori de collites o l'ocupació de terres per conrear-les.

Una de les revoltes que va tenir més impacte es va produir el 1861 a les poblacions andaluses de Loja, Iznájar i Archidona, originada per les pèssimes condicions de vida dels treballadors del camp.

La conscienciació entre alguns grups catòlics de les conseqüències socials de la industrialització va estimular la creació de petits **sindicats catòlics** a les zones rurals per ajudar els pagesos i fomentar el crèdit agrícola.

C L'ARRIBADA DE LA PRIMERA INTERNACIONAL

Coincidint amb el Sexenni Democràtic, van arribar a Espanya les idees i les organitzacions de l'Associació Internacional de Treballadors (AIT). La convocatòria del Congrés Obrer del 1870 a Barcelona va donar lloc a la creació de la **Federació Regional Espanyola de la Primera Internacional**.

D'aquesta manera, els corrents marxistes i anarquistes es van introduir a Espanya. L'anarquisme va arrelar amb força a Catalunya i al camp andalús, mentre que el socialisme ho va fer a Madrid, Astúries i el País Basc.

Gravat del 1870 que mostra com la Internacional posarà fi a les classes privilegiades.

MARXISME

- Es va difondre gràcies a la tasca de propaganda de P. Lafargue, gendre de Marx, que va influir en la creació de la Federació Madrilenya de l'AIT, d'orientació marxista.
- La seva influència es va propagar entre diversos grups obrers, d'on van sorgir el 1879 el **Partit Socialista Obrer Espanyol**, i el 1888, el sindicat de la **Unió General de Treballadors** (UGT).
- Amb el lideratge de **Pablo Iglesias**, van utilitzar la vaga per defensar les reivindicacions obreres, van donar suport a la revolució social i van participar de manera activa en la política nacional a través dels seus representants al Congrés de Diputats.

Al·legoria dels màrtirs de Chicago, publicat a la Tramuntana, 1890.

ANARQUISME

- Introduït per Fanelli, que s'havia desplaçat a Barcelona, va ser majoritari dins de la secció espanyola de la Internacional.
- Defensaven la vaga general com a fórmula per promoure la revolució social i la "propaganda pel fet" per mitjà de magnicidis (Cánovas, Martínez Campos, Alfons XIII) o atemptats simbòlics (bomba del Liceu de Barcelona).
- Aquesta escalada de violència va fer que un grup d'anarquistes es declaressin contraris a la violència i partidaris de l'acció sindical. Així, l'any 1910, es va fundar a Barcelona la **Confederació Nacional del Treball** (CNT), que es va convertir en majoritària dins el sindicalisme català.

Els objectius del socialisme

L'ideal del Partit Socialista Obrer és (...) l'abolició de totes les classes socials i la seva conversió en una sola classe de treballadors, amos del fruit del seu treball (...). I com a mitjans per apropar-nos a l'assoliment d'aquest ideal tenim els següents:

- Llibertats polítiques, dret d'associació i legalitat de la vaga.
- Reducció de les hores de treball, prohibició de treballar als menors de nou anys (...), lleis protectores de la vida i de la salut dels treballadors (...), pensions als invàlids del treball (...).

Programa del PSOE, 1888.

1. Quines formes van adoptar les primeres accions col·lectives del moviment obrer? Quines en van ser les principals reivindicacions
2. Què va motivar les lluites pageses? On es van produir amb més intensitat?
3. Quines mesures van prendre les autoritats davant les associacions i lluites obreres i pageses?
4. Com es van difondre a Espanya les idees socialistes i anarquistes? On van tenir més impacte cadascuna d'aquestes idees? Quins diferents camins d'acció van seguir els socialistes i els anarquistes?

Posa't al seu lloc

5. Imagina't que ets un treballador d'una fàbrica tèxtil i que formes part d'un dels primers sindicats obrers. Elabora un escrit en el qual expliquis les teves condicions de treball i les reivindicacions que presentaries als propietaris de la fàbrica.

7 Els nous corrents artístics del segle XIX

Els moviments artístics del segle XIX apleguen els últims intents de recuperar la tradició clàssica grecoromana (neoclassicisme) i les noves tendències de la societat liberal (romanticisme, realisme i modernisme), que reflecteixen el nou gust de la burgesia i la societat industrial.

Els artistes espanyols i catalans no van quedar aliens a aquest dinamisme i van participar en tots aquests corrents. A Catalunya va tenir una gran implantació el modernisme, que va comportar la plasmació artística de la nova civilització nascuda de la indústria.

A L'ESCULTURA

L'**empremta neoclàssica** va quedar palesa en els grans monuments públics que commemoraven esdeveniments notables de la història i en el tractament de temes mitològics, una tendència continuada pel romanticisme i el realisme.

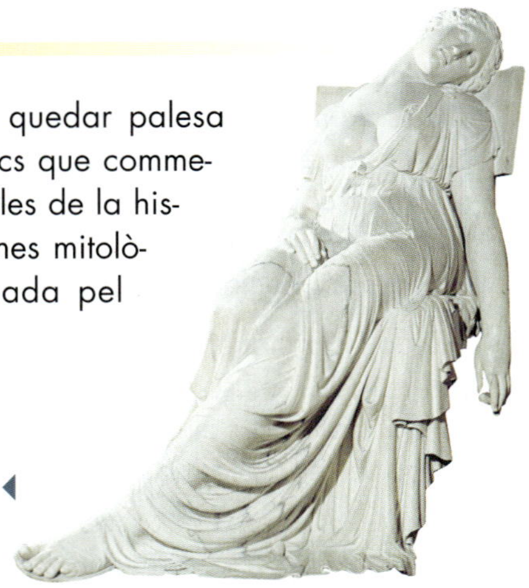

Damià CAMPENY: *Lucrecia* (1804). És un exemple de la recreació de l'escultura clàssica.

B ELS MOVIMENTS PICTÒRICS

La pintura espanyola del segle XIX reflecteix els grans corrents artístics europeus. De cadascun d'aquests corrents en van destacar nombrosos artistes:

- **Neoclàssica**: liderada per **José de Madrazo** i continuada pel seu fill Federico, es dedica, sobretot, al retrat de personatges de la societat de l'època.
- **Romàntica**: molt en el corrent de la pintura d'història i exaltació de la identitat nacional. Les figures més destacades en són **Eduardo Rosales** i **Marià Fortuny**.
- **Realista**: amb una línia de retrat social (Ramon Martí i Alsina) i una altra de paisatgística en què sobresurt **Joaquim Vayreda**.
- **Modernista**: destaca per les línies ondulades i els contrastos de color units a la temàtica social, tractada per autors com ara **Ramon Casas**, **Santiago Rusiñol** i **Isidre Nonell**.

Santiago RUSIÑOL: *La riallera*, 1894.

Marià FORTUNY: *La batalla de Tetuan*, 1865. El pintor s'interessa més per copsar l'aspecte exòtic de la batalla que no pas per l'acció bèl·lica.

C L'ARQUITECTURA MODERNISTA

El modernisme va significar la ruptura definitiva amb la tradició academicista, l'aprofitament de la tecnologia i la indústria de l'època i la integració de les altres arts en les construccions arquitectòniques.

En els edificis modernistes es va imposar el predomini de la **línia corva i ondulada** i de l'**asimetria**. Aquestes formes s'inspiraven essencialment en la natura, la imitació de la qual va permetre als arquitectes gaudir d'absoluta **llibertat creativa**.

El modernisme va tenir el seu principal focus a Catalunya i en van destacar Domènech i Montaner, Puig i Cadafalch i, sobretot, **Antoni Gaudí**.

CASA BATLLÓ

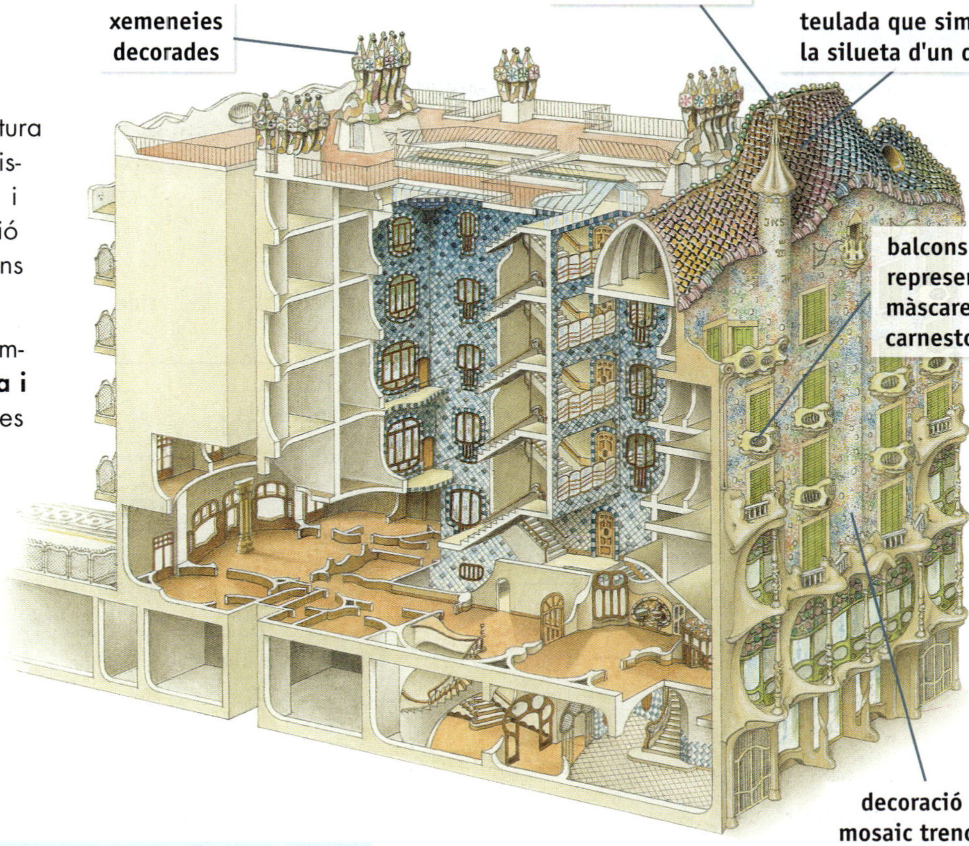

Antoni GAUDÍ: *Casa Batlló*, 1904-1906. L'arquitecte es va inspirar en la natura per a representar les diverses parts de l'edifici ubicat a Barcelona.

Antoni GAUDÍ: *El Capricho*, a Comillas (Cantàbria), 1885. Aquest edifici és un bon exemple de la seva gran capacitat de fantasia.

FITXAART

Busca informació sobre *El Capricho* i elabora'n la fitxa:

a) **Identificació.** Situa cronològicament i geogràficament el monument. A quin estil arquitectònic pertany? Qui n'és l'autor?

a) **Descripció arquitectònica.** Quines parts es poden diferenciar en l'edifici? Com són les formes i la decoració? Quins materials utilitza?

b) **Anàlisi artística.** Exemplifica en aquesta obra per què el modernisme es caracteritza per la "llibertat creativa" dels seus arquitectes.

c) **Relació entre art i societat.** Esbrina la relació d'aquesta obra amb la família Comillas-Güell. Com havien fet fortuna? A quin grup social pertanyien? Quins encàrrecs va rebre Gaudí d'aquesta família?

1. Per què l'art del segle XIX és considerat de transició?
2. Quins temes van predominar en l'escultura? Quins aspectes de Lucrècia et recorden l'escultura clàssica?
3. Completa la taula següent referida a la pintura:

Estil	Tema	Artista
Neoclassicisme	...	...
Romanticisme	...	...
Realisme	...	...
Modernisme	...	...

Aprecia l'art

4. Observa les obres de Gaudí; què et sembla que fa diferent el seu art? Pensa tres adjectius que puguis utilitzar per definir la Casa Batlló.

COMPLETA EL MAPA CONCEPTUAL

Amb la informació del tema, completa al teu quadern l'esquema següent:

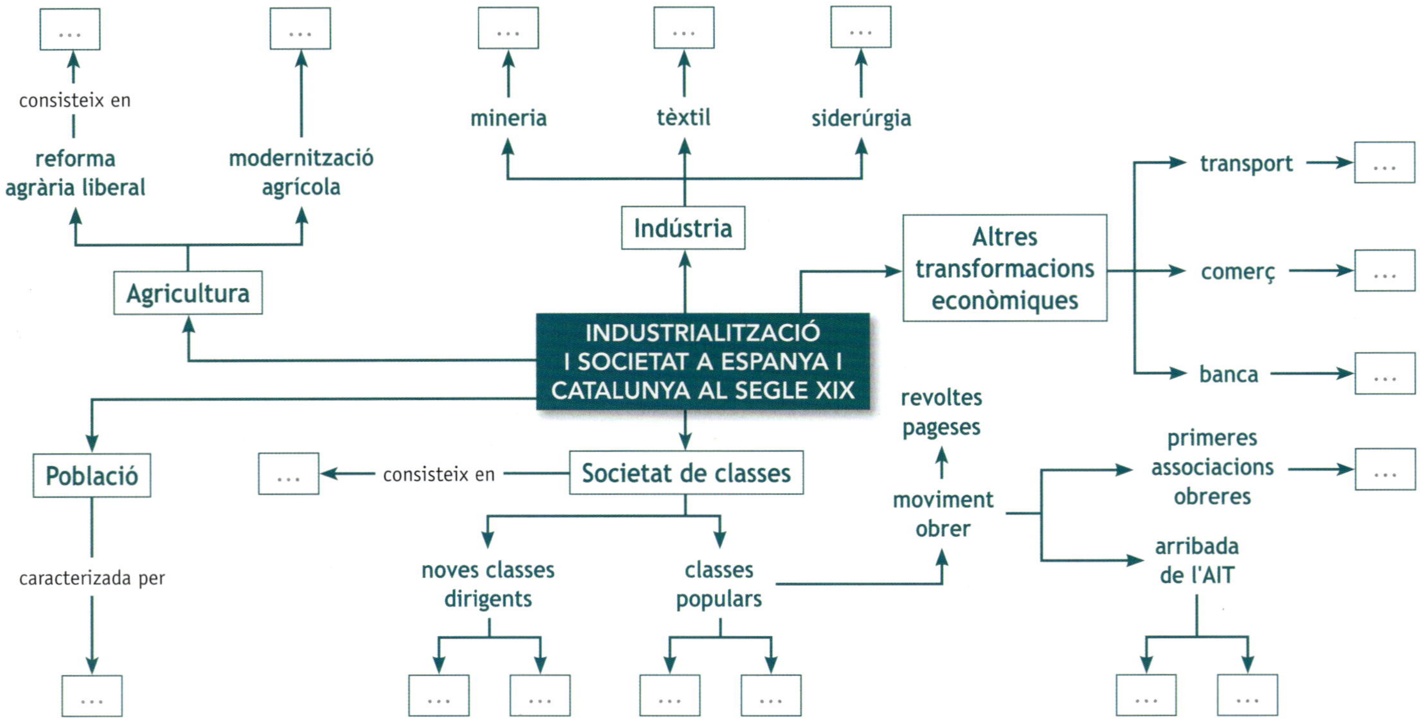

1 CONSOLIDA EL QUE HAS APRÈS

a) Quina evolució van seguir les poblacions espanyola i catalana al segle XIX? Com es distribuïa la població?

b) Quins elements integraven la reforma agrària liberal? En què va consistir la desamortització?

c) Com es va produir el naixement de la indústria tèxtil catalana? Quins models fabrils va desenvolupar? Quins problemes va haver d'afrontar?

d) Com es va desenvolupar la mineria espanyola? Assenyala'n les mines més importants. Qui les va explotar? Quina era la destinació de les extraccions?

e) Quina evolució va tenir el naixement de la indústria siderúrgica a Espanya? On va acabar consolidant-se?

f) Com es va dur a terme la construcció de la xarxa ferroviària? Quins problemes va comportar?

g) Com era la societat del segle XIX? Quins eren els grups dominants? Quins grups integraven les classes populars?

h) Quins corrents del moviment obrer van ser els més importants a partir del 1870? A quines zones es va implantar cadascun?

2 DEFINEIX CONCEPTES CLAU

- èxode rural
- proteccionisme
- deute públic
- desamortització
- colònia industrial
- vapor
- sindicat obrer
- desvinculació

3 IDENTIFICA ELS PERSONATGES

- Mendizábal
- Pablo Iglesias
- Lafargue
- Madoz
- Fanelli
- Rusiñol
- Moyano
- Cases
- Gaudí

4 ESTABLEIX LA CRONOLOGIA

- desamortització de Madoz
- incendi de la fàbrica Bonaplata
- Llei de Ferrocarrils
- fundació de la UGT
- primera vaga general
- Llei de Mines
- fundació del PSOE
- creació de la pesseta

CONTESTA LA PREGUNTA INICIAL

Com es va produir la industrialització d'Espanya i de Catalunya? Van seguir un procés similar?

APRÈN A... ANALITZAR UN EIXAMPLE URBÀ: BARCELONA

Durant el segle XIX el creixement industrial i l'arribada de població procedent del camp van fer que l'antic perímetre de les ciutats quedés petit. L'expansió es va dur a terme enderrocant les antigues muralles i construint nous barris, anomenats *eixamples*, amb carrers més amples i bones infraestructures (aigua corrent, clavegueram...). En aquestes àrees s'hi van instal·lar les noves classes burgeses.

1. Identificació i presentació

- Quina informació presenta el plànol 1? Identifica els límits de Barcelona al final del segle XVIII i el projecte de creixement del segle XIX.

2. Anàlisi

- Analitza les característiques de l'eixample proposat per l'urbanista Ildefons Cerdà:
  - Com eren les illes? Hi havia eixos en diferents direccions?
  - Quines diferències en el traçat urbà pots observar entre el nucli antic i els eixamples?
- Aquest creixement es va completar al final de segle amb la incorporació de nous barris. Observa el plànol 2 i fes una relació dels municipis agregats.

3. Context històric

- Per què va caldre crear nous barris urbans? Què s'hi pretenia?
- Quins havien de ser els efectes en matèria d'habitatge? Quines altres infraestructures s'hi van construir?

4. Conclusions

- Quins beneficis va tenir per al creixement demogràfic i econòmic de la ciutat aquesta remodelació urbana?
- Dóna la teva opinió sobre si aquest procés va ser beneficiós per a Barcelona i per als municipis afectats.

1

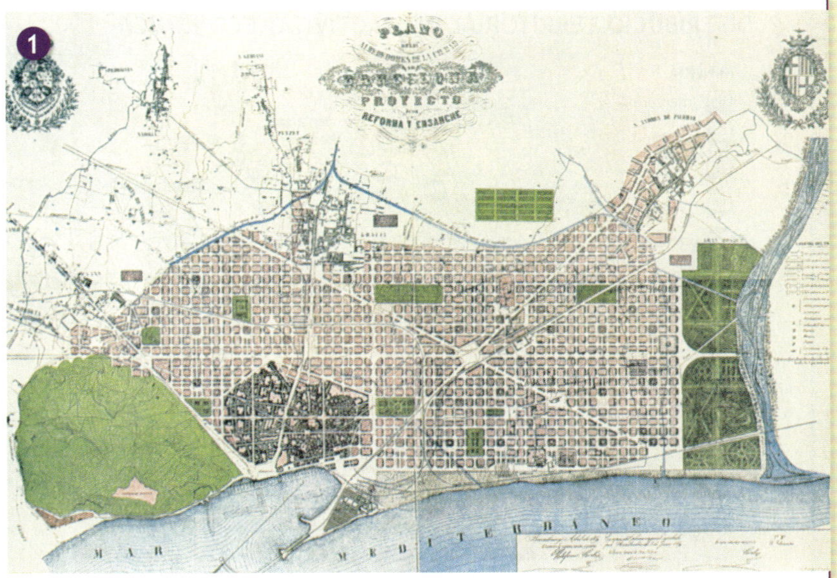

Projecte d'eixample d'Ildefons Cerdà, 1859.

2

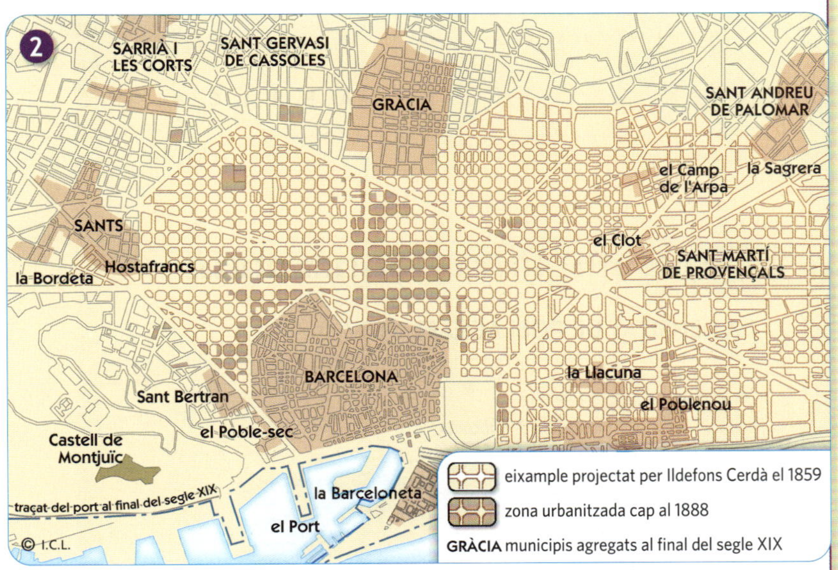

Els pobles agregats a Barcelona, 1897.

RAONA HISTÒRICAMENT

Causalitat. Enumera cinc factors que van contribuir a l'endarreriment de la industrialització a Espanya i explica com van influir-hi.

Conseqüències. Assenyala els avantatges i els inconvenients que van derivar del recurs constant al proteccionisme per protegir la indústria i la mineria espanyoles.

Canvi i continuïtat. Quines semblances i quines diferències pots establir entre la societat estamental del segle XVIII i la societat de classes nascuda de la Revolució Industrial?

Argumentació. Per què diries que l'anarquisme es va imposar a Andalusia i a Catalunya malgrat que totes dues zones tenien estructures socials i econòmiques molt diferents?

1 Fonts cartogràfiques. L'economia espanyola al segle XIX

DISTRIBUCIÓ TERRITORIAL DE L'ACTIVITAT ECONÒMICA

a) Quines eren les principals zones agrícoles d'Espanya? Quins productes es conreaven en cadascuna d'aquestes zones?

b) On se situaven les mines més importants? Quins eren els principals productes que se n'extreia? Quins s'exportaven majoritàriament?

c) Per què va tenir tanta importància l'exportació de minerals?

d) Quines eren les regions espanyoles més industrialitzades? Quin sector predominava en cada una d'aquestes regions?

e) Quines eren les ciutats més poblades? Quins eren els principals centres financers? Relaciona-ho amb l'activitat econòmica de l'època.

f) Penses que a l'Espanya del segle XIX hi havia un dualisme econòmic? Raona la resposta.

2 Fonts cartogràfiques. La població catalana

LA DENSITAT DE POBLACIÓ EL 1887

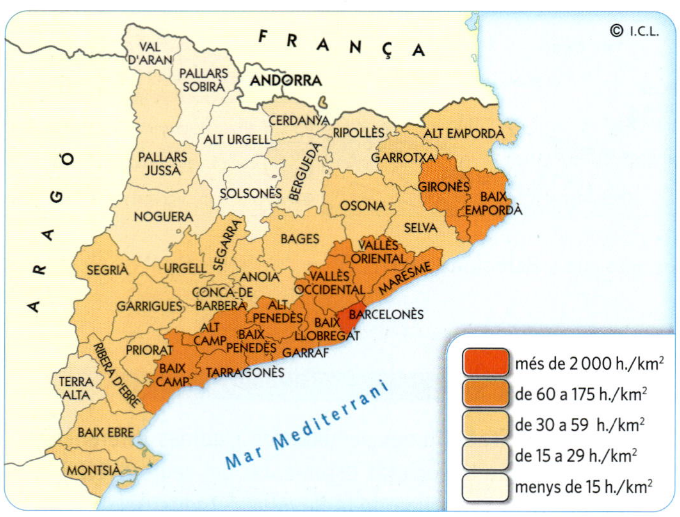

a) Com es distribuïa la població a Catalunya? Quines eren les comarques més poblades? I les més deshabitades?

b) Explica les causes d'aquesta distribució territorial.

3 Fonts gràfiques. La industrialització

LA INDÚSTRIA CATALANA EL 1856 (EN %)

Sector	Estructura del sector industrial	Sobre el total d'Espanya
Tèxtil	61,3	10,1
Alimentari	21,9	66,3
Ceràmica, vidre i calç	3,3	5,7
Paper	2,9	31,8
Metal·lúrgia	2,6	21
Química	2,4	17,5
Fusta, suro i cuir	4,2	59,3
Altres	1,4	32,5

a) Quina indústria predominava a Catalunya? Quines altres indústries hi havia al territori català? Quin percentatge del total espanyol representava?

b) Per què a Catalunya no hi havia indústria siderúrgica? A quines activitats es dedicava la indústria metal·lúrgica?

4 Organització de la informació. L'endarreriment industrial espanyol

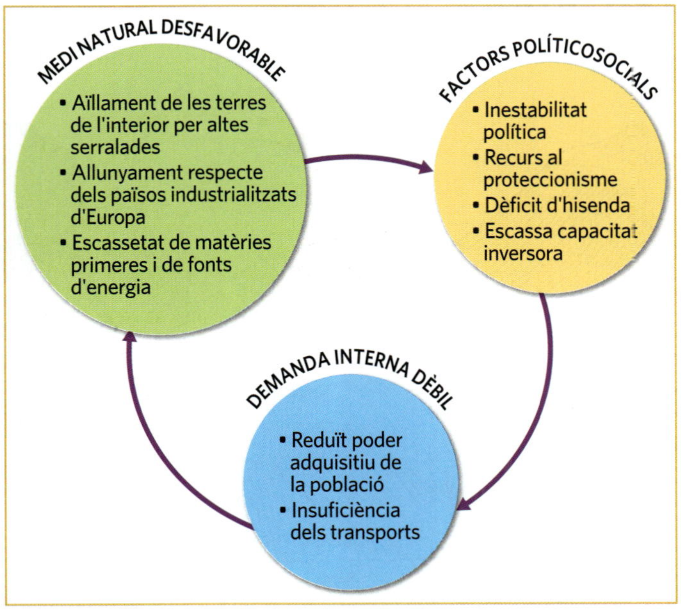

a) Observa l'esquema i sintetitza, relacionant-los entre ells, els factors que expliquen la feble industrialització d'Espanya durant el segle XIX.

5 Fonts documentals. Els inicis de l'obrerisme

La llibertat desitja associar-se en els casos en què, tenint salut, li falti la feina (...) per poder rebutjar el jornal que consideri insuficient per a les seves necessitats (...) per la mateixa raó que el capitalista pot associar els seus capitals i rebutjar els jornals que consideri massa alts (...). També demana el nomenament d'un jurat mixt, d'amos i de treballadors, que resolgui les qüestions derivades dels jornals (...), que es fixi en 10 el màxim d'hores de treball i que s'inspeccionin els establiments fabrils per veure si compleixen les condicions higièniques (...).

Finalment, que s'estableixin sales d'acollida per als fills quan els obrers són a la feina (...) i que es prohibeixi als pares que els posin a treballar abans de l'edat de deu anys.

Petició dels obrers catalans al general Espartero, 1855.

a) Quines eren les principals demandes dels obrers catalans a mitjan segle XIX?

b) Quines organitzacions van crear els obrers per defensar les seves reivindicacions? En què consistien?

WWW. ESPAI WEB

6 Cerca al web. El funcionament d'un vapor

El vapor Aymerich, Amat i Jover de Terrassa va ser una construcció emblemàtica del seu temps que avui dia s'ha convertit en el Museu de la Ciència i la Tècnica de Catalunya.

L'antiga fàbrica tèxtil es dedicava bàsicament a la producció de teixits de llana.

Visita www.tiching.com/747997 i contesta les qüestions següents sobre el procés d'elaboració dels teixits de llana:

a) Explica breument les fases que constituien el procés textil llaner (des de la llana en brut fins a l'elaboració d'una tela).

Llana en brut → Preparació de la llana → La filatura → El tissatge → Tela

b) Enumera les màquines que s'empraven a cada fase d'aquest procés i explica què feien.

c) Explica l'evolució tècnica del teler al vapor Aymerich, Amat i Jover al llarg de la història.

7 Fonts audiovisuals. La mineria del carbó

Per transportar el carbó des de les mines fins al punt de distribució (estació de ferrocarril, port...) es feien servir diversos sistemes.

Consulta a www.tiching.com/76473 i fes les activitats:

a) Busca informació sobre els sistemes de transport i digues quina era la seva utilitat.

b) Dibuixa un croquis de cada sistema.

Miquel BLAI: *Ferrers*, 1907.

REPTES A LA XARXA

DETECTIU DEL PASSAT: Un tomb per les ciutats dels bandolers.

ACTIVITATS AUTOCORRECTIVES: Resol aquestes activitats i repassa el que has après.

www.vvd.link/012138/5

6 L'ÈPOCA DE L'IMPERIALISME

Quines característiques va tenir l'expansió imperialista europea del segle XIX?

EXPANSIÓ COLONIAL (1850–1880) · **APOGEU IMPERIALISTA** (1880–1914)

1850 · 1860 · 1870 · 1880 · 1890 · 1900 · 1910 · 191

- **1850** Obertura de la Xina
- **1856–1860** Segona guerra de l'opi
- **1858** Expedició de Livingstone (Cascades Victòria)
- **1860** Descobriment de les fonts del Nil
- **1867** Modernització del Japó. Canadà, domini britànic
- **1869** Inauguració del Canal de Suez
- **1875** Expedició de Stanley (Àfrica Central)
- **1877** Victòria I, emperadriu de l'Índia
- **1880** Màxima emigració europea. Conflicte anglobòer
- **1885** Conferència de Berlín
- **1887** Indoxina francesa
- **1898** Annexions nord-americanes: Puerto Rico, Filipines, Hawaii. Incident de Fashoda
- **1899** Rebel·lió dels bòxers
- **1905** Guerra russajaponesa per Manxúria
- **1914** Obertura del Canal de Panamà

SEGONA REVOLUCIÓ INDUSTRIAL

- **1869** Dinamo
- **1876** Telèfon
- Motor d'explosió
- **1895** Cinematògraf
- **1897** Transformador
- **1903** Taylorisme. 1r vol dels germansWright

Gravat en què es veu la conquesta francesa d'Alger, 1830.

A partir de l'últim terç del segle XIX la Segona Revolució Industrial va transformar alhora l'economia i la societat de les potències europees principals.

L'aplicació de descobriments científics i tècnics importants, una nova organització del treball i noves fórmules empresarials van facilitar un desenvolupament espectacular de la producció, del comerç i dels transports.

Aprofitant la superioritat tècnica, militar i financera, Europa es va abocar a dominar políticament i econòmicament la resta del món.

Amb l'expansió, alguns països europeus van aconseguir, d'una banda, explotar els recursos d'Àfrica, de l'Amèrica Llatina i d'Àsia; i, de l'altra, dominar políticament una gran part d'aquests continents.

Què en sabem?

- Què va ser la Segona Revolució Industrial? Quines novetats va aportar?
- Com definiries el terme *imperialisme*? Per què et sembla que l'apliquem al domini del món que les potències industrials van aconseguir a la darreria del segle XIX.

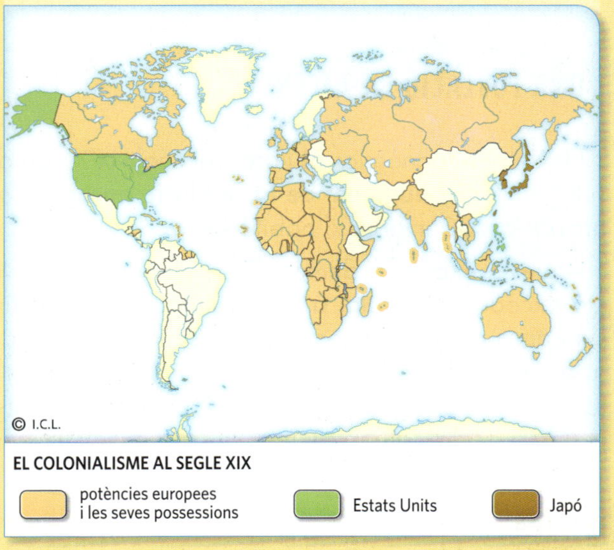

EL COLONIALISME AL SEGLE XIX

PREGUNTA CLAU

1 Per què hi va haver l'expansió imperialista?

Els països europeus, aprofitant la superioritat econòmica, tècnica i militar, es van llançar a dominar la resta del món, especialment zones sense Estats organitzats. Entre el 1870 i el 1914 van ocupar territoris, principalment a Àfrica i Àsia, i van crear imperis colonials.

Què va portar els països industrialitzats a abocar-se a conquerir i a dominar territoris d'arreu del món?

Com van justificar aquests països el domini i l'explotació que van sotmetre a les poblacions dels territoris colonitzats?

A ELS INTERESSOS ECONÒMICS

Els països industrialitzats d'Europa necessitaven buscar nous mercats en els quals poguessin vendre l'excedent de la seva producció industrial.

També aspiraven a comprar **primeres matèries** (carbó, ferro, cotó, cautxú...) i **productes colonials** (sucre, xocolata, te...) al preu més barat possible.

Finalment, volien invertir els **excedents de capitals** en llocs fora d'Europa, on la mà d'obra, més barata, els permetia obtenir més beneficis.

EL PES A EUROPA EL 1914

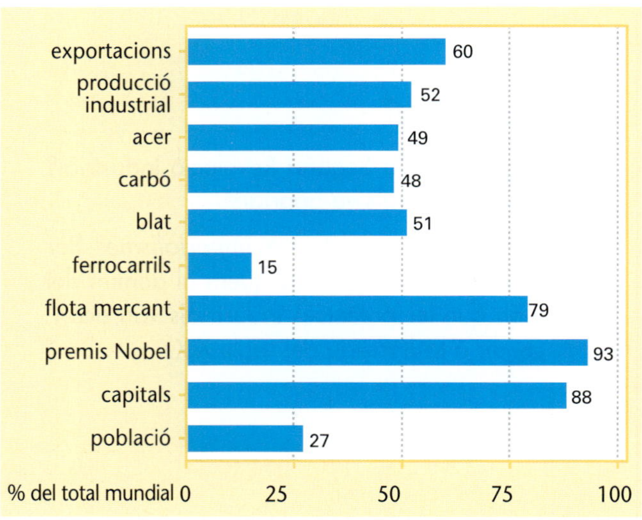

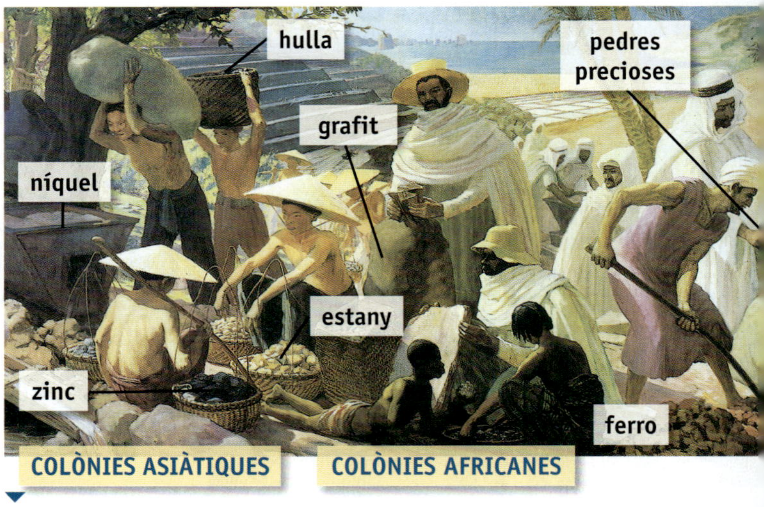

Representació de les riqueses de les colònies de l'Imperi francès en una pintura del 1931.

La necessitat econòmica de l'explotació colonial

Ahir vaig ser a l'East End de Londres [un barri obrer] i vaig assistir a una assemblea d'aturats. Vaig sentir discursos exaltats que eren com un crit: pa!, pa! De tornada a casa vaig reflexionar sobre el que havia sentit, més convençut que mai de la importància de l'imperialisme. (...) Hem de prendre possessió de nous territoris per col·locar l'excés de població, per trobar nous mercats on puguem vendre els productes de les nostres fàbriques i les nostres mines. (...)

Cecil RHODES, empresari i polític britànic, 1895.

B UNA POBLACIÓ EN ASCENS

Els canvis econòmics al llarg del segle XIX van donar com a resultat un gran **augment de la població europea**, que el 1900 va arribar a 450 milions d'habitants.

Aquesta expansió demogràfica va generar un volum de població excedent, sobretot a l'agricultura, que va estimular l'**emigració** cap a altres continents. La possibilitat de disposar de colònies a les quals es podia emigrar era una solució per a les metròpolis*, que, d'aquesta manera, evitaven en part els problemes de malestar social (atur, vagues...).

EL CREIXEMENT DE LA POBLACIÓ

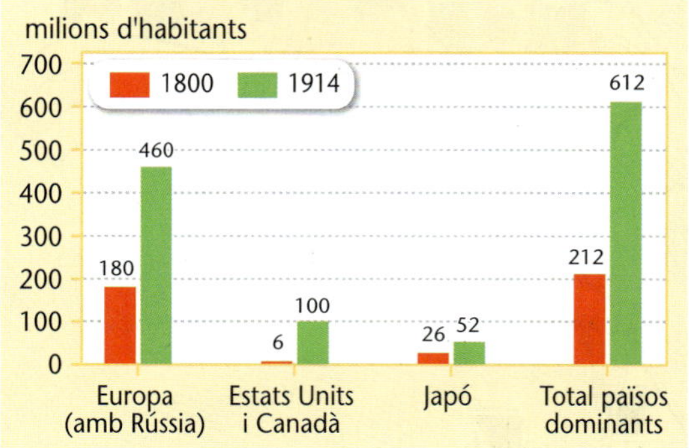

C LA RIVALITAT ENTRE LES POTÈNCIES

L'expansió imperialista també la va provocar el desig d'**ampliar les zones d'influència** de cada una de les potències industrials, com a forma d'augmentar el seu poder polític i d'obstaculitzar l'expansió de les competidores.

A Europa, a partir de la unificació d'Itàlia i d'Alemanya, que va estabilitzar les fronteres, els desigs que tenien els països d'ampliar el poder polític només es podien complir ocupant altres continents. Els imperis colonials eren la demostració de la seva capacitat d'influència en el context diplomàtic internacional.

Tot això va promoure una **cursa per controlar nous territoris**. Els principals dirigents polítics europeus van considerar l'expansió colonial com una necessitat, perquè la volien utilitzar com a base estratègica del seu poder militar i per intentar impedir l'expansió dels seus rivals.

A la recerca d'influència internacional

Jo afirmo que la política colonial de França (...) està inspirada en una veritat (...). És a saber, que una Marina com la nostra no es pot passejar pels mars sense refugis sòlids, defenses, centres d'avituallament (...). Les nacions, en els temps que vivim, són grans per l'activitat que porten a terme (...).

Exercir una influència sense actuar, sense barrejar-se en els afers del món, mantenir-se allunyat de totes les aliances europees, considerar com una trampa o com una aventura qualsevol expansió cap a Àfrica o cap a Orient (...), per a una gran nació és, creieu-me, abdicar.

Jules FERRY, polític francès, 1885.

Cartell de propaganda de l'exèrcit colonial francès.

D EL MITE DE LA RAÇA SUPERIOR

Les causes profundes de l'imperialisme* no es poden entendre sense les **concepcions racistes i nacionalistes**. La idea d'una raça blanca superior, els atributs d'intel·ligència i laboriositat de la qual la legitimaven per imposar-se sobre les altres, es va donar com un fet, o, encara més, com una veritat científica a gairebé tots els països europeus.

Filòsofs, científics, escriptors i polítics van subscriure sense enrojolar-se aquesta idea i van arrossegar darrere d'ells una gran part de la població. Igualment, es va imposar la idea que per exercir aquest domini legítim tots els mitjans eren vàlids, fins i tot la guerra.

La guerra era considerada una manera de refermar la força i la superioritat cultural de cada país, i es va estendre el convenciment que els europeus tenien el deure de difondre la seva cultura i civilització entre els pobles considerats inferiors.

Les races dominants

La britànica és la més gran de les races dominants que el món ha conegut i, per tant, el poder determinant en la història de la civilització universal. (...) L'Imperi britànic, fermament unit, i els Estats Units han d'assegurar plegats la pau del món i assumir la feixuga responsabilitat d'educar per a la civilització els pobles endarrerits.

Joseph CHAMBERLAIN, ministre britànic, 1895.

Les potències occidentals tutelen els pobles colonitzats, caricatura del 1886.

1. Quin pes tenia Europa en l'economia mundial? Quin interès tenia a ocupar colònies? Què n'esperava extreure?
2. Quina tendència té la població europea al segle XIX? Relaciona-la amb l'interès per les possessions colonials.
3. Les possibilitats d'expansionisme territorial i militar eren possibles al continent europeu al segle XIX? Com justifica Jules Ferry la necessitat de colònies?
4. Què afirma Joseph Chamberlain al seu discurs? Era un posicionament majoritari a l'Europa del segle XIX?

Argumenta la resposta

5. Escriu un text sobre les causes de l'imperialisme colonial i les justificacions que es van donar per legitimar el domini d'aquestes poblacions i territoris. Valora si avui dia es continuen produint situacions semblants.

2 La victòria del capitalisme industrial

Al final del segle XIX el món sencer va entrar en una nova fase del procés d'industrialització. És l'anomenada Segona Revolució Industrial, en la qual l'Europa occidental i els Estats Units es van convertir en economies industrialitzades.

La Segona Revolució Industrial (1880-1914)

A partir del darrer terç del segle XIX van aparèixer i es van desenvolupar noves **fonts d'energia**. Així, la invenció de la dinamo industrial (1869) va permetre produir **electricitat** en centrals hidroelèctriques, mentre que l'alternador i el transformador (1897) van fer possible el trasllat del corrent.

L'electricitat va aconseguir múltiples aplicacions en la indústria (força motriu de les màquines), en els transports (ferrocarril, tramvia...), en els sistemes de comunicació (telèfon, telègraf, ràdio...), en l'oci (fonògraf, cinematògraf...) i en la il·luminació.

D'altra banda, als Estats Units a mitjan segle XIX es va començar a extreure **petroli**, i la invenció del **motor d'explosió** va fer possible que es comencés a utilitzar com a combustible per als automòbils (1885), un mitjà de transport fonamental al segle XX.

En aquesta etapa també es van desenvolupar nous sectors industrials: la **química** (tints, medicaments, etc.), la **metal·lúrgia** de l'alumini, la fabricació d'**automòbils** i l'**aeronàutica**. A més, es va produir un augment enorme de la producció de béns corrents (mobles, aparells per a la llar, etc.) i es van continuar desenvolupant les **indústries tradicionals**: el tèxtil, la siderúrgia, la mineria del carbó, etc.

Bona part de l'enorme salt tecnològic del final del segle XIX es va deure a una unió entre la recerca científica i la indústria per mitjà de la creació de grans laboratoris finançats per les empreses industrials, per l'Estat o per fundacions.

Els descobriments científics es van aplicar ràpidament a la tècnica i a instruments que van revolucionar la vida quotidiana: bombeta, aspiradora, càmera de fotos, ràdio, telèfon, plàstic, aspirines, etc.

Una nova organització de la producció

L'any 1903 Taylor va revolucionar els mètodes de producció inventant l'organització científica del treball, o **taylorisme***. La producció es va orientar cap a la fabricació en sèrie com la millor manera d'augmentar la productivitat, disminuir el temps emprat i reduir costos de fabricació.

Aquests nous mètodes de treball es basen en la **cadena de producció**, en la qual cada obrer fa una part molt concreta del procés productiu.

La fàbrica d'automòbils Ford, als Estats Units, va ser una de les primeres a implantar una cadena de producció d'automòbils en sèrie (fordisme). El resultat va ser una producció estandarditzada i massiva a uns costos reduïts, cosa que va permetre estendre el consum a sectors més amplis de la població.

Cartell publicitari sobre els avantatges de l'ús de l'electricitat.

1. Descriu els usos d'aparells domèstics que permet l'electricitat.

Cartell publicitari de pneumàtics per als nous automòbils.

FABRICACIÓ I PREU DELS AUTOMÒBILS FORD

Any	Fabricació (nombre de cotxes)	Preu (dòlars)
1909	18 664	950
1910	34 528	780
1911	78 440	690
1912	168 220	600
1913	248 317	550
1914	308 213	490

La banca i la concentració empresarial

Les altes inversions de capital que requerien les innovacions tecnològiques van estimular la **relació entre banca i indústria**; els bancs es van dedicar a finançar el procés industrial.

D'altra banda, també hi va haver una progressiva **concentració industrial** i les empreses es van fer cada cop més grans. Per restringir la competència, les grans empreses signaven acords entre si per fixar preus i establir àrees d'influència. Així van néixer el **càrtel**, el **trust**, el **hòlding** i el **monopoli** (dret exclusiu d'una empresa a comercialitzar un producte).

MÈTODES DE CONCENTRACIÓ INDUSTRIAL

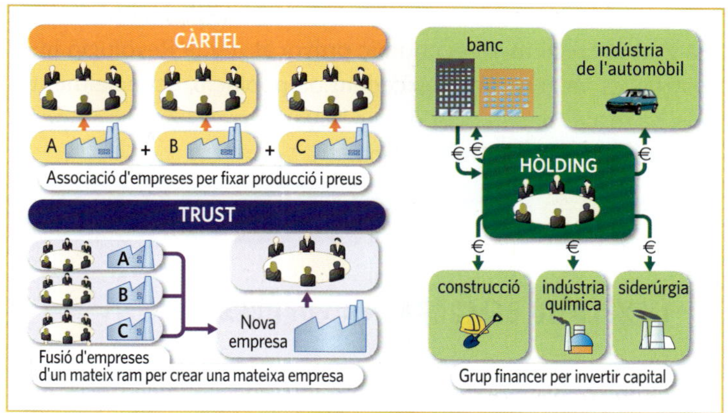

El domini del comerç i les finances internacionals

Al final del segle XIX, els països industrials dominaven el comerç mundial. Europa feia la meitat de les exportacions del món i absorbia tres quartes parts de les importacions. Igualment, controlava les rutes marítimes i els grans ports comercials (Londres, Anvers, Hamburg, Marsella i Nova York) i disposava de grans flotes i de borses de comerç.

L'augment del volum comercial va ser possible pels progressos del transport (ferrocarrils transcontinentals, obertura dels canals de **Suez el 1869 i Panamà el 1914**) i per les innovacions en les formes de venda (venda a terminis, venda per correu, grans magatzems, etc.).

També Europa i, posteriorment, els Estats Units tenien el **domini financer del món**. La seva enorme riquesa els permetia invertir capitals al món sencer: prestaven diners als Estats i invertien en terres, indústries o mitjans de transport. Aquestes inversions proporcionaven grans interessos o beneficis als bancs i als particulars.

LA PRODUCCIÓ MUNDIAL EL 1913

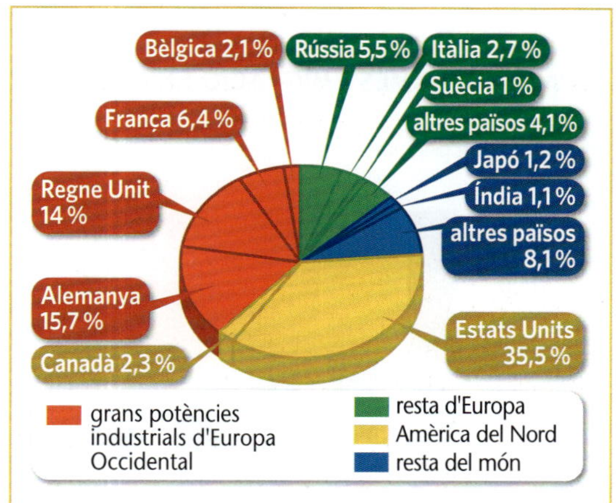

MOVIMENTS DE CAPITALS AL MÓN A FINALS DEL SEGLE XIX

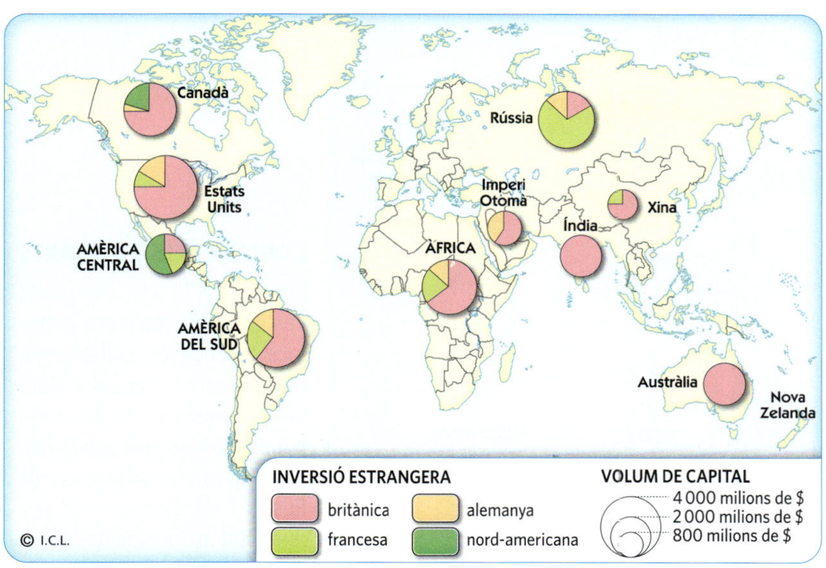

2. Quines noves fonts d'energia van aparèixer en aquesta època? Quines aplicacions principals tenien? Quins sectors industrials es van desenvolupar?
3. Què va fer possible l'enorme avenç industrial del final de segle?
4. Què era el taylorisme? Quin va ser l'objectiu principal d'aquesta nova forma d'organització del treball? On es va aplicar? Amb quins resultats?
5. Quines formes de concentració empresarial van néixer? Defineix-les i explica'n el seu objectiu.
6. Quin posicionament tenien els països industrialitzats en el conjunt de la producció mundial? I en les inversions de capital? Valora si aquests països tenien capacitat per controlar l'economia mundial.

Els emigrants europeus del segle XIX

Des del segle XIX fins al començament del XX, la població europea va créixer com no ho havia fet mai en la seva història. Malgrat el creixement econòmic provocat per la Revolució Industrial, es va generar un excedent de població, especialment dels pagesos, desplaçats de les seves terres i amb ben poques possibilitats de trobar feina.

L'emigració a altres continents, fos a països independents o a colònies, va ser l'oportunitat per a molta d'aquesta gent. Seixanta milions de persones van abandonar al segle XIX el continent per establir-se en països extraeuropeus i es van convertir en protagonistes d'una de les grans migracions de la història contemporània.

A L'EXPLOSIÓ DEMOGRÀFICA EUROPEA

Al llarg del segle XIX les reformes en l'agricultura, la industrialització i els avenços mèdics (vacunes i medicaments) i higiènics havien provocat un enorme descens de la mortalitat a Europa. Però fins ben entrat el segle XX la natalitat no va disminuir al mateix ritme.

El saldo entre naixements i defuncions va provocar l'augment de la població, primer als països industrialitzats i, després, al conjunt del continent. La població europea es va doblar ("explosió blanca") i part d'aquesta població va emigrar cap a altres continents.

PAÏSOS AMB MÉS EMIGRACIÓ ENTRE 1870 I 1900

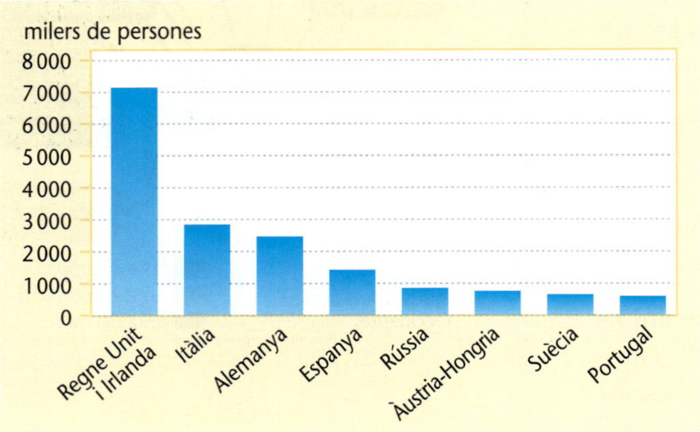

L'estímul a l'emigració

Informacions completes i de franc sobre emigracions a La Plata (l'Argentina).

Cada dia, de 10 del matí a 12 del migdia, s'ofereix informació sobre les condicions d'aquella regió: organització, política, lleis generals i lleis de terres, colònies, sous, transports, productes, clima, indústria, comerç, preu dels articles de consum principals i passatges des dels ports més importants d'Europa a La Plata.

Adreceu-vos personalment o per carta a l'oficina d'aquest diari: Avinguda de Carnot, 17, París.

Anunci a la Revue Sud-Américane, 1 de setembre del 1884.

LES MIGRACIONS EUROPEES, 1800-1914

L'ORIGEN DELS EMIGRANTS

Fins al 1875 els emigrants van ser principalment britànics, irlandesos i alemanys, però a partir d'aquella data van començar a ser més nombrosos els que procedien de l'Imperi autrohongarès, de Rússia i els d'origen mediterrani (italians i espanyols).

B ELS VIATGES TRANSOCEÀNICS

Les migracions van ser possibles per l'existència de nous mitjans de transport i, especialment en el cas de les migracions transoceàniques, pels **vaixells de vapor**. El temps de durada de les travessies es va escurçar extraordinàriament. Al primer terç del segle XIX des d'Europa es trigava un mes al continent americà, i al principi del segle XX la travessia durava poc més de cinc dies.

Milers de persones de totes les classes socials s'hi embarcaven, alguns a les cabines superiors, amb salons i restaurants. Però la immensa majoria viatjaven amuntegats a les bodegues: els passatges eren més barats, tot i que hi havien de destinar bona part dels seus estalvis.

Els grans vaixells transoceànics de vapor van anar augmentant la grandària i capacitat. Podien assolir alçàries pròximes a un edifici de tres plantes i traslladar 2 000 persones.

C EMIGRANTS POBRES I ELITS COLONIALS

La població que abandonava Europa no era homogènia. La majoria eren pagesos pobres, treballadors sense feina o classes mitjanes a la recerca de millors oportunitats.

Hi havia diferència entre l'emigració de països amb àmplies colònies, com en el cas d'Anglaterra, en les quals els emigrants s'instal·laven en les noves terres com a grangers o per formar part de l'administració colonial, i la dels països sense aquestes possessions (polonesos, italians, etc.), els emigrants dels quals arribaven a les noves terres en pitjors condicions i molts d'ells passaven a ser simples assalariats.

Funcionaris, militars, propietaris de terres i també professionals i empleats van reproduir a l'Índia els costums i la forma de vida de la societat britànica i van tenir una prosperitat molt més elevada que la del seu lloc d'origen.

Immigrants a la ciutat de Nova York. Les condicions de vida de molts dels immigrants van ser molt difícils. Una gran part d'ells va conformar les classes treballadores dels països als quals van emigrar.

1. Quines van ser les causes del creixement demogràfic europeu? Com es va anomenar aquest fenomen? Per què perses que es va anomenar així?
2. Assenyala els països amb un nombre més alt d'emigrants. Fixa't en el mapa i digues quines eren les destinacions principals de l'emigració.
3. Com es feien els viatges? Quin invent va revolucionar el transport marítim? Qui viatjava? Quines diferències de condicions tenien segons la categoria social?

Posa't en lloc seu

4. Imagina't que ets una de les dones que són al pati de l'habitatge novaiorquès. Escriu a la teva família a Irlanda sobre el viatge en vaixell, l'arribada i els primers mesos a la ciutat. Què consideres que seria diferent si fossis una de les dones del jardí de l'Índia?
5. Actualment es produeixen moviments de població semblants? Hi ha les mateixes diferències en les formes de viatge i en la situació social en arribar al nou país?

4 Europa, a la conquesta del món

L'extraordinària superioritat tecnològica d'Europa, la seva capacitat de producció i l'enorme creixement de la població van conduir les economies industrials a buscar noves àrees d'inversió i de negoci. Va començar l'època de l'**imperialisme**, un sistema en el qual la **cultura**, la **política** i l'**economia** del món s'organitzaven en funció del domini d'uns països sobre els altres.

Exploració i conquesta

A mitjan segle XIX gran part de l'interior d'Àfrica, d'Àsia i dels oceans era pràcticament desconeguda. La recerca de nous territoris per expandir-se va propiciar una sèrie de viatges científics i d'exploracions geogràfiques.

Les primeres expedicions europees les van fer principalment britànics i francesos. Van destacar els exploradors anglesos **Livingstone** i **Stanley** i el francès **Brazza**, que van recórrer i cartografiar l'Àfrica central.

Després de l'exploració dels territoris, la **conquesta** es va dur a terme de manera relativament ràpida i fàcil. Per fer-ho, els europeus van aprofitar les rivalitats internes de les tribus i ètnies indígenes amb la finalitat d'enfrontar-les entre si i de reclutar tropes al seu servei.

Els enfrontaments entre potències colonials

L'imperialisme del segle XIX va tenir un caràcter bel·licós, amb guerres constants. El xoc d'interessos entre les potències rivals pel repartiment d'Àfrica va impulsar la convocatòria de la **Conferència de Berlín** (1885). Aquí es van decidir les normes per repartir-se el territori i les zones que ocuparia cada potència.

Malgrat això, l'enfrontament dels interessos imperialistes es va fer inevitable. D'aquesta manera, França i Gran Bretanya van topar l'any 1898 en un territori a l'est del llac Txad (Sudan) anomenat **Fashoda**, i la guerra va estar a punt d'esclatar.

Un altre incident greu va ser els **conflictes angloböers** (1880-1881 i 1899-1902), en el qual els britànics es van enfrontar amb els colons holandesos (bòers) instal·lats a la zona sud-africana des del segle XVI, on havien format les repúbliques del Transvaal i l'Estat Lliure d'Orange. La notícia que s'havien descobert importants mines al Transvaal va impulsar els britànics a envair aquestes repúbliques i a annexar-se-les. Al cap de tres anys de guerra, els territoris bòers es van incorporar a l'Imperi britànic.

D'altra banda, gran part del **continent asiàtic** va ser ocupat tant per les potències europees (Gran Bretanya, França i Alemanya) com per altres països (Rússia, Estats Units i Japó).

A la **Xina**, totes les potències europees volien ser presents en un mercat tan important a causa la nombrosa població. Per mitjà de les Guerres de l'Opi (1840-1858) entre la Xina i l'Imperi britànic, van forçar l'obertura del comerç i l'entrada d'interessos occidentals en l'explotació de les seves riqueses. La intromissió estrangera va ser contestada amb diverses revoltes socials, com ara la dels **bòxers*** (1899).

LES EXPEDICIONS EUROPEES A L'ÀFRICA

1. Quines potències van impulsar les expedicions? Descriu les grans rutes de francesos, anglesos i belgues.

Un nou colonialisme

Els imperis colonials existien des del segle XVI, però a partir del XIX la velocitat d'ocupació, la quantitat de territoris conquerits i l'explotació dels recursos van ser molt més grans.

La superfície terrestre ocupada per les potències imperialistes era, el 1800, del 35 %; el 1878, del 67 %; i el 1914, del 84,4 %.

El repartiment de la Xina, caricatura d'un diari francès, 1898.

L'ORGANITZACIÓ I L'EXPLOTACIÓ DE LES COLÒNIES

Després de la conquesta militar de la colònia se n'organitzava l'administració i el control del territori. No totes les colònies tenien les mateixes característiques.

Uns territoris determinats eren destinats essencialment a l'**explotació econòmica**, per extreure'n matèries primeres (cafè, cacau, te, cautxú, coure, or, diamants, etc.). Podien ser governats totalment per la **metròpoli** (país ocupant) o mantenir governs locals però sota control.

Altres colònies, per les seves característiques climàtiques, pel tipus de terres o per la menor densitat de població indígena, van ser essencialment de **colònies de poblament**, és a dir, llocs als quals acudia població de les metròpolis a instal·lar-se.

Els colonitzadors vistos pels colonitzats

La civilització que ens ve d'Europa és voraç i dominant: consumeix els pobles que envaeix i extermina les races que s'oposen a la seva conquesta. (...)

Concentra totes les seves forces en l'únic objectiu d'enriquir-se, com ho faria un milionari que ven la seva ànima per una fortuna. (...)

Nosaltres profetitzem, sense cap dubte, que això no podrà durar sempre.

Rabindranath TAGORE, 1916.

Capitostos indígenes se sotmeten als colons a Costa d'Ivori, el 1893.

TIPUS DE COLÒNIES

COLÒNIES D'EXPLOTACIÓ

- Dependents de la metròpoli i sense govern propi
  - **COLÒNIES**: La metròpoli exercia una verdadera política d'ocupació. El governador, els comandaments militars i els funcionaris d'elit eren europeus. Els petits funcionaris i soldats acostumaven a ser indígenes.
- Govern propi compartit amb la metròpoli
  - **PROTECTORATS**: Territoris que, després de l'ocupació europea, van mantenir un govern indígena, però amb l'exèrcit i la política exterior controlats per la metròpoli.

COLÒNIES DE POBLAMENT

- La metròpoli reconeixia certa autonomia al govern interior
  - **DOMINIS**: És el nom que rebien les colònies de poblament de l'Imperi britànic. El Canadà aconseguí el rang de domini el 1867, i més tard Austràlia, Nova Zelanda i la Unió Sud-africana.
  - **TERRITORIS D'ULTRAMAR**: A França, les colònies de poblament van rebre aquest nom. L'exemple més rellevant fou Algèria, que es va arribar a considerar una província francesa.

ALTRES TIPUS DE COLÒNIES

- **CONCESSIONS**: Zones cedides a una metròpoli per un temps (per exemple, Hong Kong als anglesos).
- **ENCLAVAMENTS ESTRATÈGICS**: Petits territoris situats en un lloc estratègic, com ara: el Canal de Suez i Gibraltar.

2. Quina era la primera etapa per poder començar la colonització d'un territori? Esmenta alguns dels exploradors més importants.
3. Què passava després de l'exploració del territori? La conquesta era fàcil i ràpida? Els principals conflictes bèl·lics eren amb els indígenes o entre les potències imperialistes? Esmenta els enfrontaments més importants.
4. Llegeix atentament el text de Rabindranath Tagore. De què acusa els colonitzadors? Què profetitza? La profecia es va complir? Saps si a hores d'ara aquests països encara són colònies?
5. Quins diferents tipus de colònia existien? Quina era la funció de cada una? Quines diferències hi ha entre colònia i protectorat? I entre colònia de concessió i enclavament estratègic?
6. Relaciona les colònies de poblament amb el creixement demogràfic europeu, i les colònies d'explotació amb les necessitats econòmiques del capitalisme europeu.

5 Com es van repartir el món els imperis colonials?

DESCOBREIX

Les grans potències es van llançar a la lluita pel repartiment del món i van arribar a controlar part d'Amèrica, la majoria de les illes del Pacífic, gairebé tot Àsia i Àfrica i, finalment, a partir del 1919, la totalitat de l'Orient Mitjà.

Els principals imperis colonials europeus van ser el francès i el britànic, però molts altres països van tenir colònies. El rei de Bèlgica, Leopold II, va adquirir com a propietat privada una gran colònia al llarg del riu Congo, que va llegar a Bèlgica quan va morir.

Alemanys i italians van arribar tard al repartiment, però Alemanya es va instal·lar a Tanganyika i a l'Àfrica sud-occidental, mentre que Itàlia va ocupar Líbia.

Holanda controlava possessions a Indonèsia, i Portugal a Àfrica (Angola, Moçambic...). Rússia es va expandir per l'Àsia des del Turkistan fins a Manxúria i Espanya es va establir a la zona del golf de Guinea, al Sàhara i al nord del Marroc. Finalment, dues potències extraeuropees, els Estats Units i el Japó, també es van expandir cap a Amèrica i Àsia.

A L'IMPERI BRITÀNIC

Al final del segle XIX el Regne Unit tenia l'imperi colonial més gran del món i controlava les rutes comercials marítimes amb bases a l'Atlàntic, l'Índic, el Pacífic i el Mediterrani.

A **Àfrica**, van formar un imperi de nord a sud, que s'estenia des del Caire (Egipte) fins a Ciutat del Cap (Sudàfrica).

La principal colònia de l'Imperi va ser l'**Índia**. Amb una població nombrosa, l'Índia es va convertir en un gran mercat per als productes del Regne Unit i en una important proveïdora de primeres matèries. Per garantir un territori de seguretat que l'envoltés, els britànics van rivalitzar amb França per annexar-se Birmània (1886) i amb Rússia pel domini d'Afganistan i del Tibet.

Mapa de les colònies angleses. A les il·lustracions, el Regne Unit, representat per una dona armada amb casc, escut i llança, domina el món amb el seu exèrcit. Els diferents pobles i races reten tribut a la metròpoli i li ofereixen els seus béns.

B L'IMPERI FRANCÈS

El segon gran imperi colonial era el de França. Els francesos es van instal·lar en diverses zones, (a l'Atlàntic, a l'Índic, al Carib...) però especialment al nord d'Àfrica i al sud-est asiàtic.

El projecte francès d'ocupar un vast territori d'**est** a **oest** d'**Àfrica**, del mar Roig a l'oceà Atlàntic, va topar amb els interessos britànics al Sudan. Tanmateix, França va consolidar el seu domini en una àmplia zona que s'estenia pel Marroc, Algèria i Tunísia, i, més al sud, a les anomenades Àfrica Occidental Francesa i Àfrica Equatorial Francesa.

La presència francesa al **sud-est asiàtic** (Cotxinxina*), des de mitjan segle XIX, es va ampliar amb l'establiment d'una sèrie de protectorats que van formar la Indoxina francesa (Cambotja, Vietnam i Laos).

L'ocupació d'Àfrica

Déu ofereix Àfrica a Europa. Preneu-la. (...) Aboqueu-vos-hi, i alhora resoldreu les qüestions socials, canviareu els vostres proletaris per propietaris. Aneu-hi i feu-hi carreteres, feu-hi ports, feu-hi ciutats, creixeu, conreeu, colonitzeu, multipliqueu.

Victor HUGO, 1879.

ELS IMPERIS COLONIALS EL 1914

C ELS IMPERIS EXTRAEUROPEUS: ELS ESTATS UNITS I EL JAPÓ

Dues potències d'industrialització més tardana van participar en el repartiment colonial: els **Estats Units** i el Japó. Als Estats Units, després de la Guerra de Secessió (1861-1865) es va imposar el model industrial del nord, i els seus enormes recursos energètics i de matèries primeres, juntament amb la utilització de la tecnologia i els avenços ja desenvolupats a Europa, la van convertir en poques dècades en una gran potència.

L'expansió colonial dels Estats Units va anar cap al Pacífic i el Carib. En una guerra ràpida va expulsar els espanyols de les Filipines, Cuba i Puerto Rico i es va apoderar d'una franja de Panamà, on va acabar de construir el canal transoceànic.

Al **Japó** la industrialització va ser un projecte de modernització del país, encapçalat des del 1868 per l'emperador Mutsuhito (època Meiji*). Amb l'assessorament de tècnics occidentals, el suport de grans conglomerats financers i la subvenció de l'Estat, es va dur a terme una ràpida industrialització.

Japó va intervenir per aturar l'avanç rus a la província xinesa de Manxúria i va ocupar les illes Kurils, Corea i Formosa (Taiwan).

Caricatura sobre el domini dels Estats Units a l'Amèrica Central, 1905.

1. Quins van ser els imperis colonials més importants? Quines grans zones van ocupar?
2. Explica la diferent expansió de britànics i francesos a l'Àfrica.
3. Completa el quadre següent sobre la colonització:

Països	Colònies
...	...

Investiga

4. @ Consulta Internet i explica tres característiques de la industrialització dels Estats Units i del Japó.

6

L'herència del colonialisme

DESCOBREIX

Els territoris colonitzats van rebre un impacte profund que va trastocar la forma de vida dels pobles indígenes.

Quines conseqüències va tenir per als pobles colonitzats l'expansió imperialista? Hi va haver factors positius? Quins van ser els més negatius? N'hi ha que han tingut repercussions fins avui?

Un oficial alemany i un altre de francès delimiten les fronteres del Congo. Il·lustració del 1913.

A LA MODIFICACIÓ DEL TERRITORI

Els europeus van crear nous països i en van traçar les fronteres, van talar boscos i van posar en conreu immenses terres verges. Igualment, van construir **infraestructures** necessàries per explotar i comunicar els territoris conquerits (ports, carreteres, ferrocarrils, línies telefòniques...) i van aixecar noves ciutats.

Tot això va comportar una **modificació de l'estructura econòmica i política africana** que no va tenir en compte les diferències tribals, lingüístiques o religioses de les poblacions i que va formar països amb problemes greus de cohesió interna.

La formació de països artificials, en els quals les fronteres es traçaven seguint meridians i paral·lels, va donar lloc, després de la independència d'aquests països al segle XX, a l'enfrontament entre comunitats radicalment oposades dins d'un mateix país, i ha estat una de les herències més conflictives de la colonització.

B L'IMPACTE DEMOGRÀFIC

La introducció de mesures higièniques i la construcció de nous hospitals en els quals es vacunava els indígenes van permetre reduir les epidèmies.

Com a conseqüència d'això, la mortalitat va disminuir notablement i la població va augmentar. Tanmateix, en moltes colònies, sobretot del continent africà, l'augment d'habitants va trencar l'equilibri entre població i recursos i es va començar a produir una situació de **subalimentació** crònica.

POBLACIÓ AFRICANA APROXIMADA

Any	Població (en milions)
1650	100
1700	90
1800	92
1870	104
1900	120
1950	207

C LA COLONITZACIÓ CULTURAL

En l'àmbit cultural, els costums autòctons, de tradició oral i sense elaboracions teòriques, no van oferir resistència a l'impacte de la **cultura occidental**, que va fer perdre a aquests països bona part de la seva identitat i va pertorbar-ne les creences i tradicions. La difusió de l'ensenyament va contribuir a l'expansió de les llengües, les creences i les formes de vida europees, mentre els missioners difonien el cristianisme.

Aquest fenomen d'**aculturació** es va produir més a Àfrica que a Àsia, on importants cultures com ara la xinesa i l'índia van resistira la colonització cultural més bé.

Un missioner alfabetitza nens al Congo al començament del segle XX.

La destrucció de la cultura nativa

Ja que a Europa les reivindicacions nacionals s'han fonamentat sempre en la unitat de la llengua, s'ha negat als musulmans l'ús del seu propi idioma. Des del 1830, la llengua àrab està considerada a Algèria una llengua estrangera. Però això no és tot: per desunir els àrabs, l'Administració francesa els ha confiscat la religió i recluta els sacerdots islàmics entre els seus assalariats. (...)

Jean-Paul SARTRE a la revista *Temps moderns*, 1956.

D LES CONSEQÜÈNCIES ECONÒMIQUES

A les colònies es van imposar els interessos econòmics dels colonitzadors, amb l'ajut dels grups aristocràtics i de la burgesia local, que van mantenir una situació de privilegi.

En canvi, la majoria de la població indígena va quedar sotmesa als colonitzadors i les seves condicions de vida van empitjorar.

Moltes terres van passar a les mans dels colonitzadors i es van abandonar determinats conreus tradicionals, que asseguraven la subsistència de les famílies indígenes, per imposar grans **plantacions** de productes que beneficiaven la metròpoli: cacau, cafè, cotó, fruites, cautxú, etc.

Els natius havien de treballar a les plantacions per subsistir, i havien de comprar els aliments, perquè es va imposar una **economia monetària** i de mercat, que fins aleshores desconeixien.

A més, l'artesania local es va arruïnar per culpa de la competència dels productes industrials importats des de la metròpoli, a preus barats i en grans quantitats.

LES CONSEQÜÈNCIES ECONÒMIQUES DEL COLONIALISME

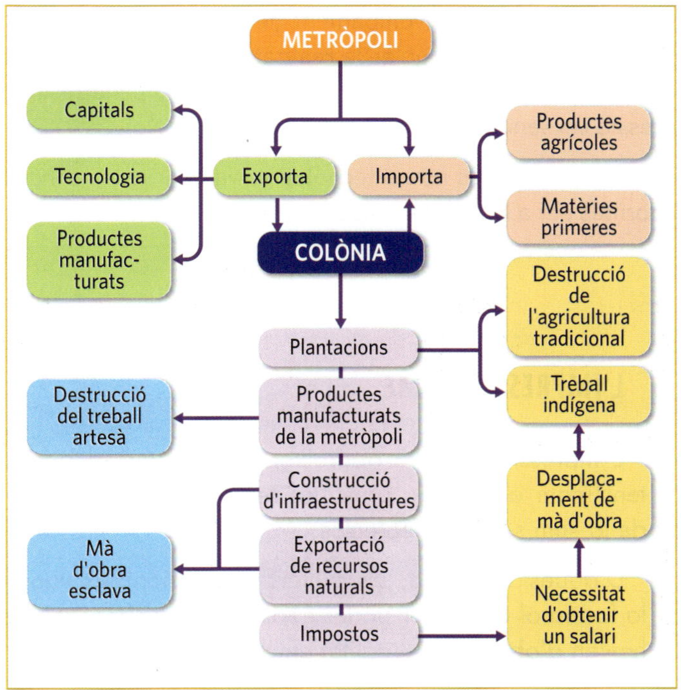

E LA DESARTICULACIÓ DE LES SOCIETATS TRADICIONALS

L'estructura social també va canviar. Els colonitzadors no van tenir gens de respecte per les formes de vida dels pobles indígenes.

Els nous ritmes de treball van desorganitzar la vida tribal i l'antic sistema de jerarquies socials (paper de les persones grans, tipus de família...). Igualment, unitats ètniques van ser dividides o agregades de manera artificial i, d'aquesta manera, es van trencar ètnies i es va forçar la convivència de grups enfrontats. Finalment, els europeus van utilitzar determinats grups indígenes per reclutar el seu exèrcit i els seus funcionaris.

El menyspreu a les societats indígenes

El negre salvatge i bàrbar és capaç de totes les estupideses i, malauradament, (...) sembla condemnat en el seu país d'origen a la salvatgeria i a la barbàrie per sempre. (...)

La falta de qualsevol idea de progrés i de moral no li permet adonar-se del valor incalculable i de l'infinit poder del treball, i les seves lleis són les passions brutals, els apetits ferotges, els capricis de la seva imaginació pertorbada.

Armand Dubarry: *Viatge a Dahomey*, 1879.

1. Com es van traçar en molts casos les fronteres africanes en l'època colonial? Raona en interès de qui es van fer aquests traçats.
2. Justifica de manera raonada les conseqüències econòmiques de la colonització per als pobles indígenes.
3. De què va acusar Jean-Paul Sartre els colonitzadors? Com actuaven per imposar la cultura occidental?
4. Quina posició respecte a les societats africanes expressa el text de Dubarry?

Investiga

5. @ El colonialisme va crear problemes que avui dia encara són vigents. Esbrina quines comunitats rivals van ser unides artificialment a Rwanda i quines conseqüències va tenir això al final de segle XX.

El canvi de segle, cap a una revolució artística

A les últimes dècades del segle XIX una sèrie d'artistes van trencar la tradició i van establir les bases de la revolució del començament del segle XX.

En pintura, el desenvolupament de la fotografia feia que cada cop fos més innecessari copiar la realitat; així, doncs, els artistes es van dedicar a explorar el llenguatge pictòric perquè penetrés més en la impressió i el sentiment de l'espectador.

D'altra banda, les noves tecnologies van permetre construir edificis enormes per a les noves concentracions urbanes.

Édouard MANET: *El dinar campestre*, 1863.

El pintor fa servir la gradació cromàtica per representar els objectes en l'espai. El verd, per exemple, reprodueix la forma d'un arbre i l'aigua del rierol

A L'IMPRESSIONISME

L'impressionisme va aparèixer a l'últim terç del segle XIX i va tenir com a objectiu principal representar els efectes canviants de la llum sobre els objectes.

D'aquesta manera, els pintors impressionistes van subordinar la forma al color. Per poder copsar aquesta sensació, els artistes havien d'observar la realitat en directe, a l'aire lliure.

Igualment, els impressionistes feien servir una tècnica de pinzellades soltes i ràpides i juxtaposaven els colors de tal manera que, a una certa distància, es fonien a la retina de l'espectador. L'objectiu no era pintar el que l'artista veia, sinó reflectir com ho veia.

França va ser el bressol d'aquest nou estil, que va tenir com a exponents més destacats **Édouard Manet**, **Claude Monet**, **Auguste Renoir** i **Alfred Sisley**.

Auguste RENOIR: *La Grenouillère*, 1868.

MEMOART: El Postimpressionisme

- A mitja dècada dels vuitanta del segle XIX una sèrie d'artistes es va allunyar dels plantejaments impressionistes i va explorar altres vies com la geometria, el color, la línia i l'expressivitat.
- L'anomenat postimpressionisme agrupa artistes excepcionals com **Edgar Degas, Georges Seurat, Paul Cézanne, Vincent van Gogh, Henri Toulouse-Lautrec** i **Paul Gauguin.**

Paul CÉZANNE: *Els jugadors de cartes*, 1893. L'artista fa servir pinzellades breus de diferents tonalitats per modelar geomètricament els volums i els objectes.

Vincent VAN GOGH: *L'habitació de Van Gogh a Arle*, 1888.

B L'ARQUITECTURA DEL FERRO I L'ACER

La darreria del segle XIX l'arquitectura va fer un salt endavant tècnic i estètic amb l'aparició de nous materials de construcció, de producció massiva. D'aquesta manera, la utilització del ferro i de l'acer, que és més flexible i dúctil que el ferro; la invenció del ciment com a material de construcció i la popularització del vidre en alguns acabats van permetre idear i construir edificis molt originals per l'època.

D'altra banda, la indústria, les comunicacions i les noves ciutats necessitaven edificis i construccions (ponts, fàbriques, magatzems, estacions de ferrocarril, biblioteques, edificis comercials, etc.) funcionals, pràctics, espaiosos, i, si era possible, ràpids i barats de construir. Els edificis van començar a ser importants per la funció i no pas per l'estètica.

Als Estats Units, els arquitectes de l'**Escola de Chicago**, com **Louis Sullivan**, van alçar els primers gratacels i van inaugurar una manera de construir basada en espais amplis, grans finestrals i una gran quantitat de pisos.

La torre que l'enginyer Gustave Eiffel va construir per a l'Exposició Universal de París del 1889 es va convertir en l'edifici més alt del món i en el símbol de la modernitat.

@ Amplia a la xarxa...

Per saber-ne més de la construcció de la Torre Eiffel, entra a: www.tiching.com/748599

FITXAART @

Busca a Internet informació sobre l'obra de Louis Sullivan i fes-ne una fitxa amb les dades següents:

a) **Identificació.** Situa en el temps i en l'espai l'arquitecte i les seves obres. A quin corrent arquitectònic pertany?

b) **Descripció.** Descriu l'edifici i explica'n les característiques tècniques i artístiques i la funció.

c) **Marc històric.** Aquests edificis, en quin context social i econòmic es van fer? Com reflectien la realitat dels Estats Units d'aleshores? Quina transcendència van tenir en l'arquitectura moderna?

Magatzems Carson, Pirie, Scott and Company de Chicago, 1904, obra de Louis Sullivan; exemple extraordinari de funcionalitat de l'obra arquitectònica.

1. Quina era la preocupació principal dels pintors impressionistes? Com aconseguien aquest objectiu?

2. Quina innovació van aportar els anomenats artistes postimpressionistes? Quins van ser els màxims representants d'aquest corrent pictòric?

3. Quins nous materials i quines noves necessitats socials van facilitar l'evolució de l'arquitectura?

Aprecia l'art

4. Consulta l'adreça web que et presentem i explica les fases de construcció de la torre Eiffel.

8 La influència de l'art asiàtic i africà en l'art

Al segle XIX l'art no europeu diferia notablement de l'europeu. Buscava coses semblants, com ara la bellesa, l'expressió dels sentiments i la plasmació de la realitat, però amb principis estètics i tècniques completament diferents.

Europa coneixia una mica l'art d'aquestes societats, en especial d'Orient, però va ser a partir de l'expansió colonial que l'art asiàtic i africà es van difondre, i van influir profundament en els artistes de l'època, sobretot en les avantguardes.

A EL DESCOBRIMENT DE L'ART ASIÀTIC

La senzillesa i l'elegància de la pintura asiàtica o la bellesa de les seves ceràmiques van enlluernar ràpidament les societats occidentals. De mica en mica van comprendre, a més, que no eren simples objectes decoratius, sinó l'expressió de **conceptes estètics profunds**: l'equilibri, l'harmonia, la relació entre el que és ple i el que és buit, la capacitat de copsar l'essencial i de transmetre emocions.

Molts museus occidentals van encetar col·leccions d'art asiàtic i els particulars van començar a buscar objectes d'art oriental.

Gerra xinesa de la dinastia Ming.

Pintura xinesa amb cal·ligrafia feta a pinzell amb traços solts gairebé impressionistes.

B EL JAPONISME

És un terme utilitzat per descriure la fascinació i la influència que les pintures japoneses van tenir sobre els pintors de l'avantguarda europea del final del segle XIX i principi del segle XX.

A pintors com ara Manet, Klimt, Monet, Degas, etc., els van atreure les formes sinuoses i ondulants, els colors plans, l'abstracció de persones i coses o la representació del paisatge com a emoció.

La influència nipona els va portar, d'una banda, a pintar obres de temàtica japonesa i, de l'altra, a incorporar-ne les tècniques.

MEMOART: Característiques de l'art japonès

- L'artista aprèn per mitjà de la repetició i de la imitació fins que és capaç de crear espontàniament.
- L'obra d'art ha de buscar la simplicitat i l'austeritat de formes i missatges.
- L'asimetria, l'irregular, corbat o imperfecte expressa bellesa perquè és un reflex de la natura.

Katsushika HOKUSAI: *La gran onada de Kanagawa*, 1829.

Gustav KLIMT: *Bosc de faigs*, 1902.

occidental

C LA INFLUÈNCIA DE L'ESTÈTICA AFRICANA

Fins al segle XIX l'art africà era poc conegut i apreciat. Amb la colonització van arribar a Europa una enorme quantitat d'**escultures** i de **màscares** que es consideraven simples objectes decoratius.

L'art africà és en essència escultòric i en fusta. Està format per talles, màscares, cascos, etc. Té finalitats rituals relacionades amb el culte als avantpassats, amb les forces de la natura o amb la identificació tribal. En el cas de les màscares és art en moviment, i s'utilitzen per portar-les amb la pròpia decoració en pintures del cos humà.

L'estètica africana, la seva força expressiva, l'estil esquemàtic, la deformació de la realitat per expressar l'essencial, van impactar els artistes de les avantguardes europees, que buscaven noves formes de representació.

Escultura tradicional africana.

Alberto GIACOMETTI: *Dona cullera*, 1926.

Els models estètics més trencadors s'assemblaven en aquesta època a les formes artístiques més tradicionals africanes, com pots observar en les talles de fusta de Giacometti.

Pablo PICASSO: *Nu amb una tovallola*, 1907.

Màscara africana.

Máscara africana.

Edvard MUNCH: *El crit*, 1893.

Les avantguardes artístiques europees (el cubisme, el fauvisme, l'impressionisme) d'aquesta època van trobar en l'art africà, en la seva deformació dels rostres, en l'expressivitat i el simbolisme, una font d'inspiració constant, com ens mostren les obres de Picasso o de Munch.

FITXAART @

Busca a Internet informació sobre l'obra *El crit*, d'Edvard Munch, i elabora'n la fitxa:

a) Identificació. Situa cronològicament i geogràficament l'obra. Indica les dades biogràfiques principals de l'autor.

b) Descripció. Quina escena es representa al quadre? Quins personatges hi surten?

c) Anàlisi artística. Quina tècnica fa servir l'autor? Explica quins elements de l'art africà hi pots identificar.

1. Quines característiques presentava l'art asiàtic? Per què els pintors europeus s'hi van sentir atrets?
2. Què és el japonisme? Qui va influir? Quines eren les característiques principals de l'art japonès?
3. Quines diferències hi ha entre l'art europeu i l'art africà al segle XIX? Com va inspirar l'art africà les avantguardes artístiques occidentals?

Aprecia l'art

4. Observa les imatges i fes una valoració personal dels elements estètics que van aportar l'art asiàtic i l'africà a l'art occidental. Quins d'aquests elements aprecies personalment?

PASSAT I PRESENT

9 Del segle XIX al XXI: una transformació constant

La Primera Revolució Industrial havia obert el camí al progrés tecnològic, però va ser entre el final del segle XIX i el principi del segle XX que la societat industrial va començar un progrés constant en la recerca científica i tecnològica.

A partir d'aquell moment, i fins avui, els avenços s'han multiplicat i han obert noves fases de recerca i coneixement que han transformat la vida econòmica i social de les poblacions del món.

Louis Pasteur (1822-1895) va demostrar la falsedat de la hipòtesi de la generació espontània, va establir les bases de la bacteriologia, va investigar sobre diverses malalties i va desenvolupar algunes vacunes.

A ELS AVENÇOS DE LA MEDICINA

Des del final del segle XIX els progressos en la medicina han estat enormes i han contribuït a augmentar l'esperança de vida. La comprensió dels mecanismes de transmissió de les malalties i de les infeccions han generalitzat l'esterilització de l'instrumental mèdic i l'asèpsia als hospitals. Les **vacunes** i els **antibiòtics** han contribuït a lluitar contra les malalties infeccioses i els avenços en química han obert la producció massiva de fàrmacs.

A partir de mitjan segle XX els enormes progressos en les **tècniques quirúrgiques** i de diagnòstic han obert el camí a la **medicina assistida per ordinador** i a les teràpies gèniques.

L'ESPERANÇA DE VIDA A ESPANYA DES DEL 1900

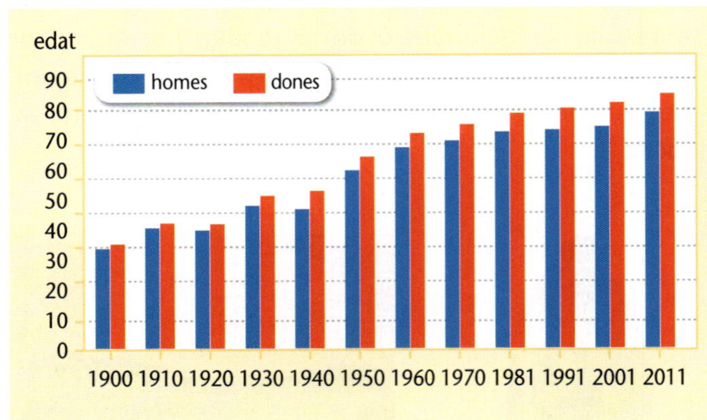

B LA REVOLUCIÓ DE LA INFORMACIÓ I LA COMUNICACIÓ

Durant el segle XIX i les primeres dècades del XX els mitjans de comunicació van avançar de manera revolucionària.

El 1838, el **telègraf**, inventat per Samuel Morse, permetia transmetre senyals elèctrics a llarga distància i rebre els missatges gravats sobre paper. Posteriorment, Graham Bell va descobrir que el so també es podia transmetre a través d'un cable elèctric, i el 1876 va patentar el **telèfon**.

L'any 1886 Heinrich Hertz va demostrar que les ones electromagnètiques viatjaven per l'aire a una gran velocitat. Guglielmo Marconi s'hi va inspirar per inventar la **ràdio**, un sistema de transmissió de senyals mitjançant la utilització d'aquestes ones.

A partir del segle XX l'avenç ha estat molt accelerat. A mitjan segle, la fabricació de transistors va revolucionar l'electrònica quan es va aplicar a ràdios, televisors, aparells de reproducció d'àudio o vídeo, ordinadors, etc.

El món es va començar a fer petit; el que passa en un punt apartat es coneix ràpidament a la resta del planeta. L'ús d'ordinadors ha comportat des del final del segle XX una **nova revolució tecnològica**.

Model del primer telèfon comercialitzat al principi del segle XX.

Televisor fabricat als anys cinquanta del segle passat.

El començament de la revolució informàtica

El 1943 J. Presper Eckert i J. Mauchly van crear als Estats Units el primer ordinador electrònic per a ús general. El 1951 es va fabricar el primer ordinador comercial i el 1971 la invenció dels microprocessadors va obrir el camí als ordinadors personals, que han anat creixent en rapidesa i en memòria.

de la ciència i la tecnologia

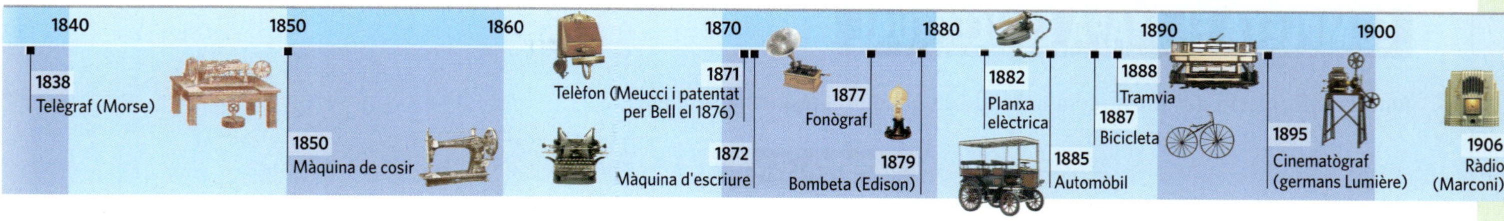

C EL PROGRÉS DELS MITJANS DE TRANSPORT

L'**automòbil** i l'**avió** van aparèixer entre les dècades finals del segle XIX i les primeres del segle XX.

A partir d'aquell moment, la innovació va ser constant en tots els mitjans de transport. Els ferrocarrils han anat assolint velocitats inimaginables, els vols són com més va més llargs, ràpids i segurs, i l'automòbil s'ha perfeccionat i abaratit fins a convertir-se en un objecte d'ús massiu.

A mitjan segle XX es van inventar els primers **coets espacials**, i el 1969 l'home va trepitjar la lluna per primer cop.

El 21 de juliol del 1969 Neil Armstrong i Edwin Aldrin van ser els primers éssers humans a trepitjar el nostre satèl·lit, després de quatre dies de viatge; la fita es va retransmetre en directe a tota la Terra.

El primer vol en avió el van fer l'any 1903 els germans Wright. L'**aviació** va ser la darrera de les grans innovacions en el transport, i el seu progrés en velocitat i seguretat ha estat enorme en el segle XX.

D LES TRANSFORMACIONS DE LA VIDA QUOTIDIANA

El segle XX va estar marcat per una sèrie d'innovacions que permeten oferir **béns de consum**, especialment els **electrodomèstics**, que han millorat el nivell de vida i la comoditat de la població.

A més a més, la invenció de la **fotografia*** va revolucionar la percepció i el record de les persones, dels paisatges i dels esdeveniments.

Finalment, amb el **cinematògraf** va néixer una nova indústria i uns nous hàbits d'oci, que han progressat constantment.

Cartell publicitari del cinematògraf dels germans Lumière, els primers a oferir sessions de cinema comercial l'any 1895 a París.

1. Observa el gràfic i analitza de quina manera els avenços mèdics van repercutir en l'esperança de vida de la població al segle XX.
2. Quin salt tecnològic hi va haver en les comunicacions al segle XIX? I a partir del segle XX? I en els transports?
3. Quins invents del segle XX han ajudat a millorar el nivell de vida?

Relaciona ahir i avui

4. Elabora una llista amb cinc objectes que siguin habituals en la teva vida quotidiana. Esbrina quan es van inventar o es van començar a fer servir de manera generalitzada. Troba quins són de la darreria del XIX i el principi del XX i quins són invents de les acaballes del XX i del començament del XXI.

COMPLETA EL MAPA CONCEPTUAL

Amb la informació del tema, completa al teu quadern l'esquema següent:

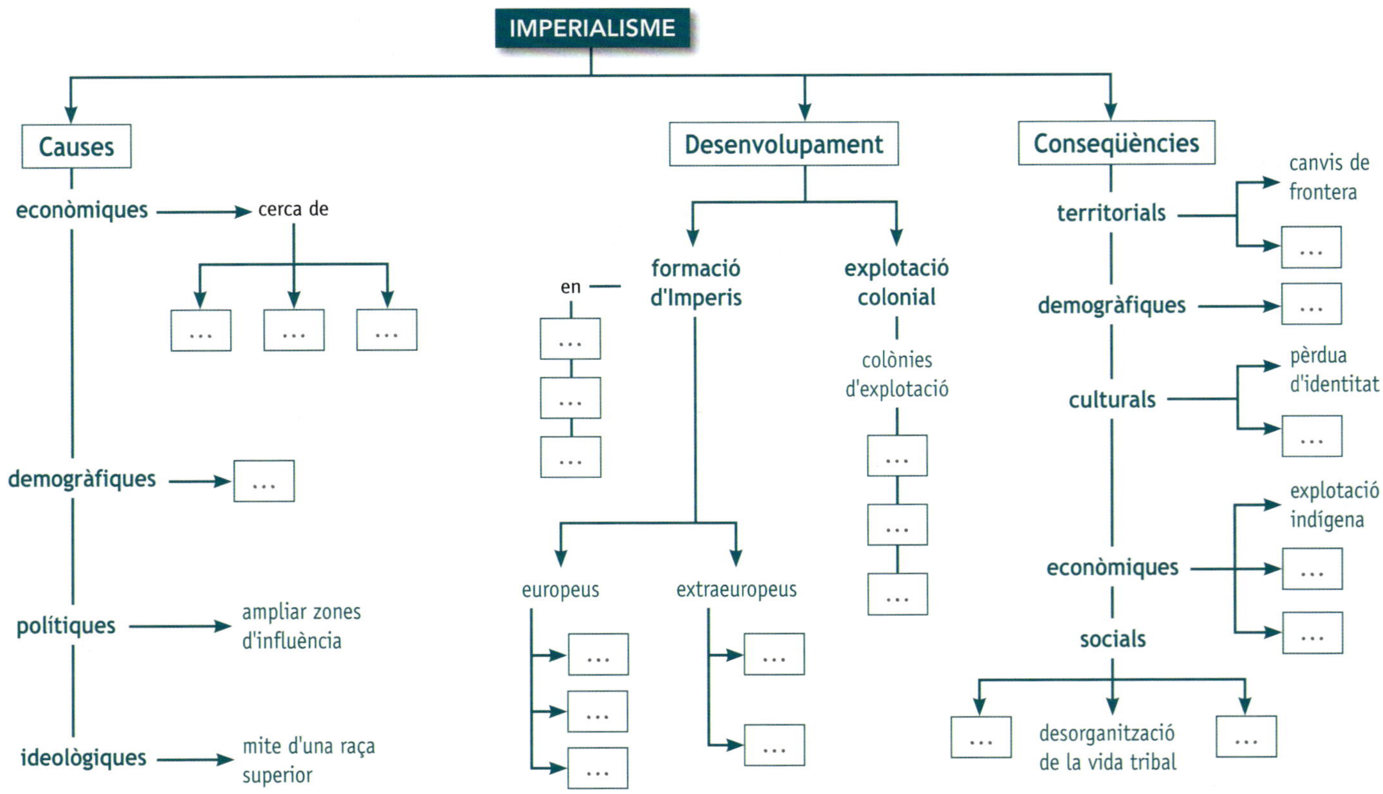

1 CONSOLIDA EL QUE HAS APRÈS

a) Explica què s'entén per Segona Revolució Industrial. De quin període és?

b) Quin fenomen demogràfic coneixem com a "explosió blanca"? Quines conseqüències va provocar en els efectes migratoris?

c) Quins factors principals van impulsar l'expansió imperialista de l'últim terç del segle XIX?

d) Quins territoris van ocupar els europeus? Esmenta els imperis més importants.

e) Quina importància va tenir l'Índia en el conjunt de l'Imperi britànic?

f) Explica com s'organitzaven les colònies en l'àmbit econòmic i polític.

2 DEFINEIX CONCEPTES CLAU

- imperialisme
- colònia
- aculturació
- repartiment d'Àfrica
- domini
- protectorat
- taylorisme
- metròpoli
- fordisme
- migracions transoceàniques
- plantació
- domini

3 IDENTIFICA ELS PERSONATGES

- Henry Ford
- Stanley
- Livingstone
- Brazza
- Reina Victoria
- Leopold II

4 ESTABLEIX LA CRONOLOGIA

- Conferència de Berlín
- Guerres de l'Opi
- Conflicte anglobòer
- Incident de Fashoda
- Revolta dels bòxers
- Construcció del canal de Suez

5 EXPLICA LES DIFERÈNCIES

- colònia d'explotació/colònia de poblament
- trust/càrtel/hòlding

CONTESTA LA PREGUNTA INICIAL

Quines característiques va tenir l'expansió imperialista europea del segle XIX?

APRÈN A... COMENTAR UN MAPA

EL REPARTIMENT COLONIAL DEL MÓN

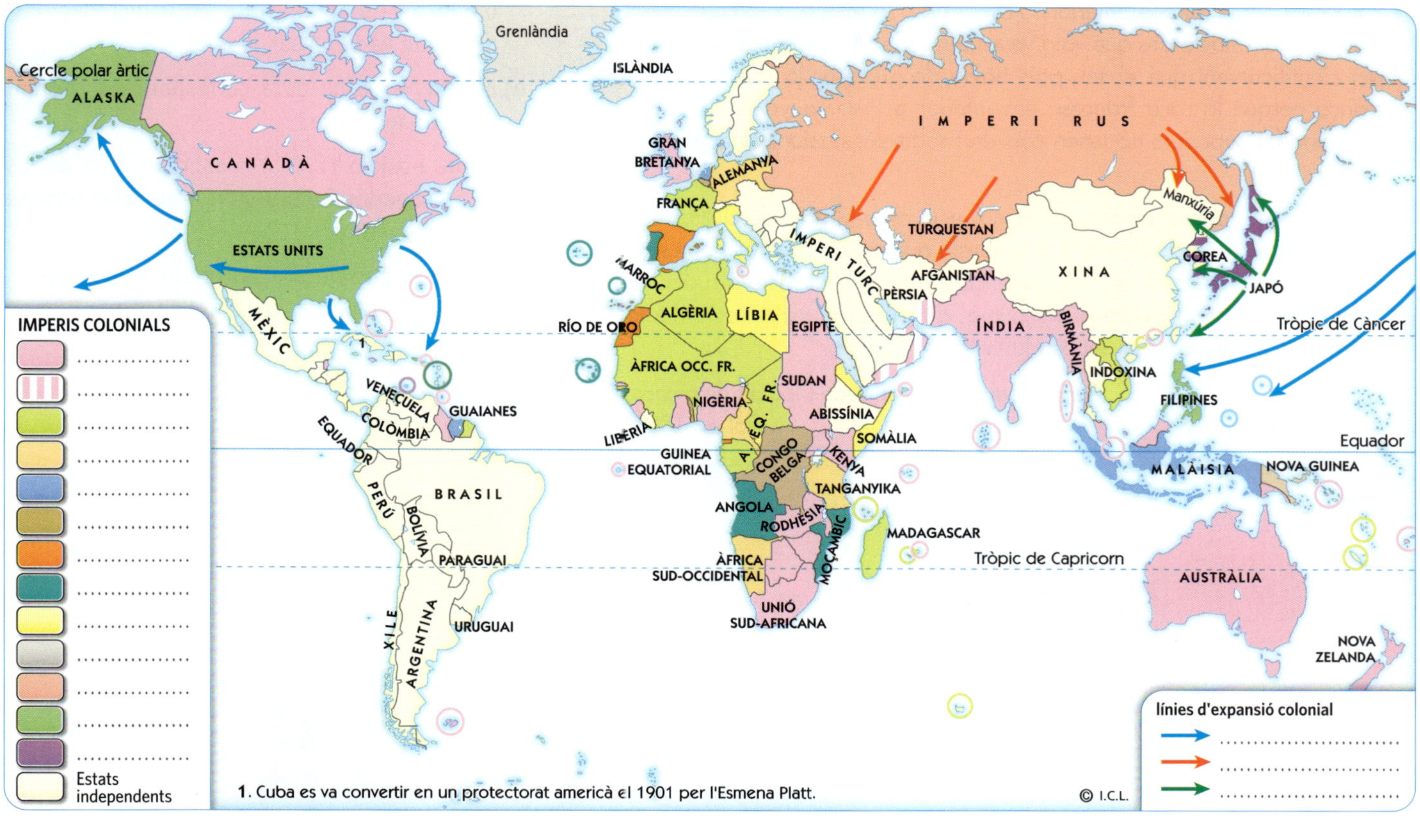

1. Identificació i presentació

- Quin aspecte històric es representa al mapa? És d'àmbit polític, econòmic, social o cultural?
- Quin any es situa? Quin període representa?
- Quin àmbit territorial abasta el mapa?
- Llegenda. Quins símbols hi apareixen? Què ens indiquen els colors? Què marquen les fletxes?

2. Anàlisi

- Quins eren els grans imperis colonials europeus? Quin territori abraçava cadascun? Quins països de fora d'Europa participaven en l'expansió colonial? Quines línies d'expansió van tenir?
- Quin imperi colonial tenia més extensió? Quin continent va afectar més el procés de colonització?

3. Context històric

- En quin moment històric hi va haver l'expansió colonial europea?
- Quins van ser els motius de l'expansió industrial? Relaciona-ho amb la Segona Revolució Industrial.
- Com va afectar l'economia i la societat dels pobles dominats?

4. Conclusions

- Hi ha cap relació entre els països colonitzats al segle XIX i els països subdesenvolupats actuals?

RAONA HISTÒRICAMENT

Argumenta. Per què diem que l'imperialisme colonial es va convertir en una necessitat per a les potències industrials a partir de l'últim terç del segle XIX?

Empatia. Imagina't que ets un habitant d'un país colonitzat al segle XIX. Escriu tres arguments per oposar-te al domini colonial.

1 Fonts documentals. Les justificacions de l'imperialisme

Races superiors! Races inferiors! Aviat és dit. Jo m'oposo completament a aquesta afirmació des que vaig veure que els savis alemanys demostraven científicament que el seu país havia de guanyar la guerra contra França perquè la raça francesa era inferior a l'Alemanya. Les nacions anomenades superiors no tenen cap dret sobre les nacions anomenades inferiors. (...)

No provem, doncs, de revestir la violència amb el nom de civilització; no parlem de dret, de deure. La conquesta que preconitzeu és només un abús del poder de la civilització científica sobre les civilitzacions rudimentàries a fi d'apropiar-se de l'ésser humà, d'explotar-lo i d'extreure'n tota la força en benefici de qui suposadament ve a civilitzar

G. Clemenceau a la Cambra de Diputats de França, juliol del 1885.

a) Qui és l'autor del text? Busca informació sobre la seva biografia i les posicions ideològiques que va defensar.

b) El text, a quina data correspon? És coetani als fets que narra?

c) Quina posició té l'autor sobre la idea de les races superiors? Amb quin argument defensa la seva postura?

d) Valora la posició de l'autor sobre el colonialisme i digues-hi la teva.

2 Organització de la informació. El taylorisme

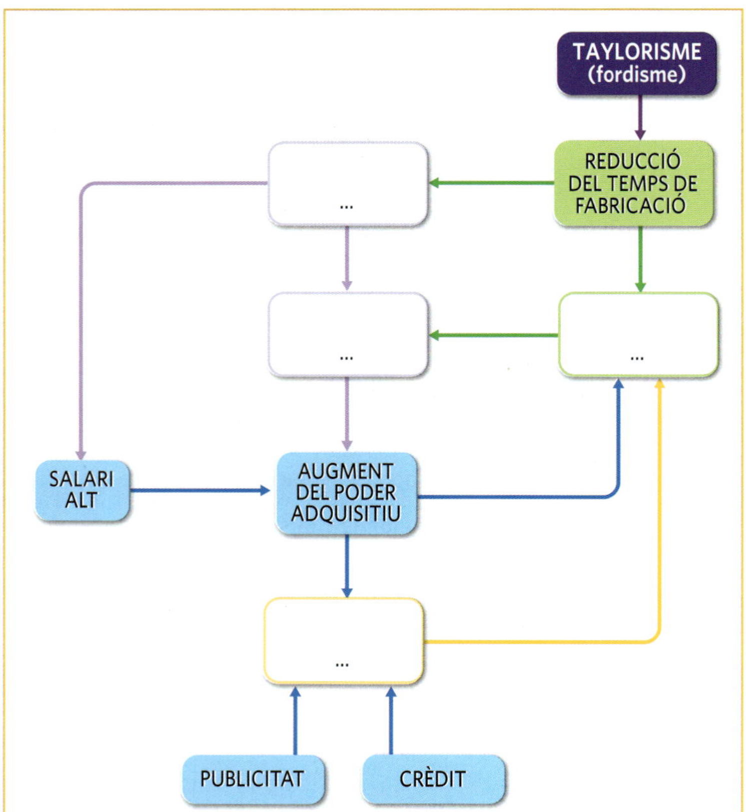

a) Completa l'esquema al teu quadern indicant: baixada de preus, producció en sèrie, estímul al consum, producció massiva.

b) Redacta una síntesi breu sobre els efectes del taylorisme i l'aplicació que té en els sistemes de producció industrial.

3 Fonts gràfiques. El dret de conquesta

Dibuix al·legòric sobre el colonialisme anglès, segle XIX.

a) Com està representat el país ocupat? Com pots saber de quin territori es tracta?

b) Quina actitud té el colonitzador? Com tracta el natiu?

c) Relaciona la imatge amb la posició ideològica de la majoria de l'opinió pública europea sobre el colonialisme a les acaballes del segle XIX.

4 Fonts gràfiques. L'expansionisme dels EUA

a) Descriu l'escena i identifica el lloc on passa i el personatge principal. Què fa? On és? Què porta a cada mà? Per què? Què simbolitzen aquests elements?

b) Emmarca la caricatura en el context històric i explica els fets a què fa referència.

▸ *El garrot gros al Carib*, vinyeta nord-americana del 1904. Ironitza sobre la política exterior del president dels EUA Theodore Roosevelt, resumida en el lema "Parla suaument i porta un garrot ben gros; així arribaràs lluny".

5 Treball col·laboratiu. Conseqüències de la colonització

La colonització ha comportat tantes conseqüències que, tot i la descolonització del segle XX, avui encara continua provocant problemes greus. Dividiu-vos en dos grups.

a) El primer ha de consultar a www.tiching.com/748176 el text sobre els efectes de la colonització a Àfrica i fer un informe que tingui en compte:
   - Els canvis que els governs colonials van introduir en l'economia tradicional. Com van afectar l'agricultura i les comunitats pageses?
   - La situació en la qual es trobaven els països quan van aconseguir la independència i quins nous problemes van haver d'afrontar. Es pot afirmar de manera raonable que van continuar depenent econòmicament de les metròpolis?

b) El segon grup ha de buscar a Internet el vídeo de la cançó *Plus Rien Ne M'étonne*, del grup Tiken Jah Fakoly, analitzar la lletra de la cançó i les imatges i arribar a conclusions: conseqüències de la colonització i la relació que té amb els problemes actuals d'Àfrica.

c) Cada grup ha d'exposar el treball a l'aula, amb les imatges o àudios que vulgui.

d) Elaboreu un mural conjunt sobre les repercussions de l'imperialisme colonial en el passat i en el present.

6 Fonts audiovisuals. La Guinea espanyola

Mira't el vídeo www.tiching.com/748177 sobre la societat colonial de la Guinea espanyola i contesta les preguntes següents:

a) Quan i per què va començar la colonització de Guinea Equatorial? Qui s'hi va instal·lar?

b) Què s'hi explotava principalment? Quins beneficis en treia la metròpoli? Quin paper hi feia l'Església catòlica a Guinea?

c) Al reportatge, quina imatge es transmet dels natius africans? Quins records de la seva presència conserven els colons blancs? Com vivien?

d) Colons i nadius es relacionaven? Com es tractava els guineans?

e) Com es governava? Quines infraestructures es van fer? Amb quina finalitat? Quan i per què els espanyols van haver de deixar la colònia?

REPTES A LA XARXA

MINIACTIVITAT VISUAL: El vent del dimoni.

ACTIVITATS AUTOCORRECTIVES: Resol aquestes activitats i repassa el que has après.

www.vvd.link/012138/6

7 La Primera Guerra Mundial i la Revolució russa

Quins esdeveniments hi va haver a Europa al començament del segle XX? Com van afectar la política mundial?

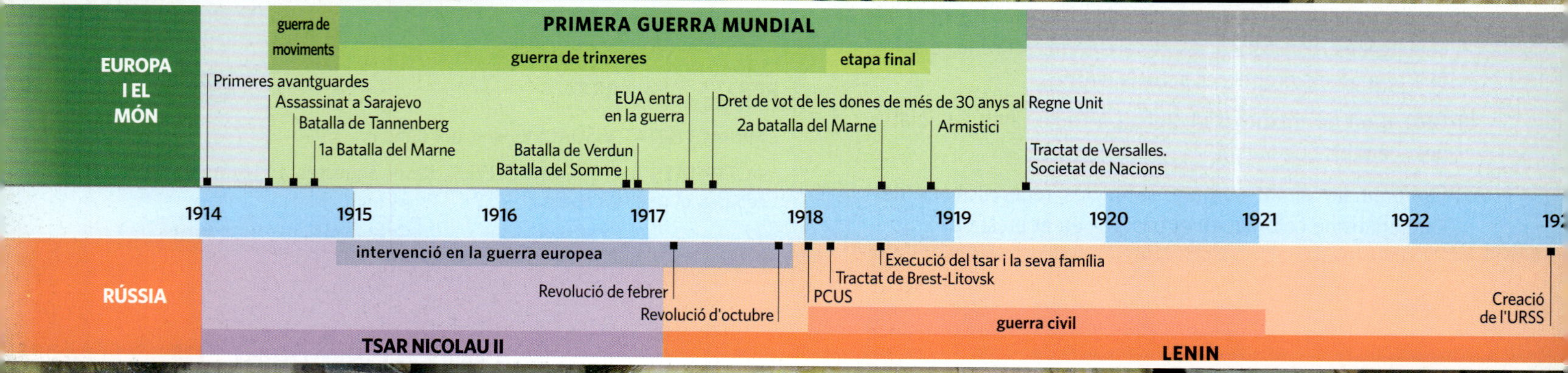

John NASH: *El bosc d'Oppy*, 1917.

Al principi del segle XX les rivalitats econòmiques, colonials i nacionals entre els Estats europeus van conduir a una escalada de tensions i a una cursa d'armaments que van desembocar en la Primera Guerra Mundial (1914-1918).

Va ser un tipus de conflicte nou que va implicar països d'arreu del món, va mobilitzar no tan sols els exèrcits, sinó també la població civil, i va deixar un terrible saldo de morts i de destrucció.

La participació de l'Imperi rus en el conflicte va provocar un gran descontentament entre la població, i el 1917 una doble revolució va enderrocar el tsarisme i va instaurar el primer Estat socialista del món.

Què en sabem?

- Observa l'eix. Quines fases va tenir la Primera Guerra Mundial? En quina hi va haver la Revolució russa? Què en saps, del que pretenia aquesta revolució?
- Descriu la il·lustració. Amb quins adjectius qualificaries aquest paisatge? Què coneixes de les trinxeres de la Primera Guerra Mundial?

PREGUNTA CLAU

1 Per què a Europa el 1914 hi va esclatar una guerra?

Des de les acaballes del segle XIX, i especialment al llarg de la primera dècada del segle XX, l'escalada de les tensions internacionals entre les potències europees va anar creant un clima de "pau armada" que anunciava la imminència d'un conflicte bèl·lic.

Quines rivalitats colonials, econòmiques i nacionals van provocar enfrontaments entre països? Quines hostilitats van afavorir una cursa armamentista i la configuració de blocs antagònics d'aliances? Quins interessos van conduir a l'esclat de la guerra?

A ELS ENFRONTAMENTS COLONIALS

Alemanya amenaça França al Marroc, i el Regne Unit hi arriba per ajudar França. Caricatura, 1908.

La Conferència de Berlín (1885) havia intentat establir mesures d'acord i arbitratge entre els imperis, però l'ascens de potències com ara **Alemanya**, que havia arribat tard a la cursa colonial, va reobrir els conflictes entre els països europeus.

Al principi del segle XX, el **Marroc** va ser l'**escenari principal** d'enfrontaments. Tanmateix, la tensió podia aparèixer a qualsevol lloc i en qualsevol moment.

Les crisis marroquines

El 1905 el govern alemany va oferir suport al soldà del Marroc perquè s'enfrontés als francesos, que volien crear un protectorat a la zona. La Conferència d'Algesires (1906) va frustrar les aspiracions alemanyes, perquè va establir un protectorat francoespanyol al Marroc.

Ara bé, Alemanya, el 1911, amb motiu d'una insurrecció al sud del Marroc, va enviar vaixells de guerra al port d'Agadir, amb el pretext de protegir els súbdits alemanys. El Regne Unit va donar suport incondicional a França, però la pressió alemanya va acabar aconseguint a canvi l'ampliació de la colònia del Camerun.

B LES RIVALITATS ENTRE LES POTÈNCIES. EL NACIONALISME

Les potències europees també van adoptar posicions nacionalistes, exacerbades per la defensa dels seus interessos a Europa i als imperis colonials. Hi va haver a tot arreu una exaltació dels valors i de la identitat de cada nació, que va generar un clima de desconfiança mútua.

A més a més, en l'ascens dels nacionalismes s'hi barrejaven les **aspiracions d'independència** d'alguns pobles europeus que volien alliberar-se de la tutela dels vells imperis tradicionals.

Com a conseqüència, la regió dels **Balcans**, dominada des de feia segles per l'Imperi turc, es va convertir en un focus d'importants tensions internacionals.

Igualment, els **francesos** i els **alemanys** s'enfrontaven a causa de l'ocupació alemanya de les regions franceses d'**Alsàcia** i **Lorena** arran de la guerra francoprussiana.

Finalment, hi havia una forta **rivalitat** entre el **Regne Unit** i **Alemanya** pel control comercial i econòmic d'Europa i de les rutes mercantils.

ALSÀCIA I LORENA

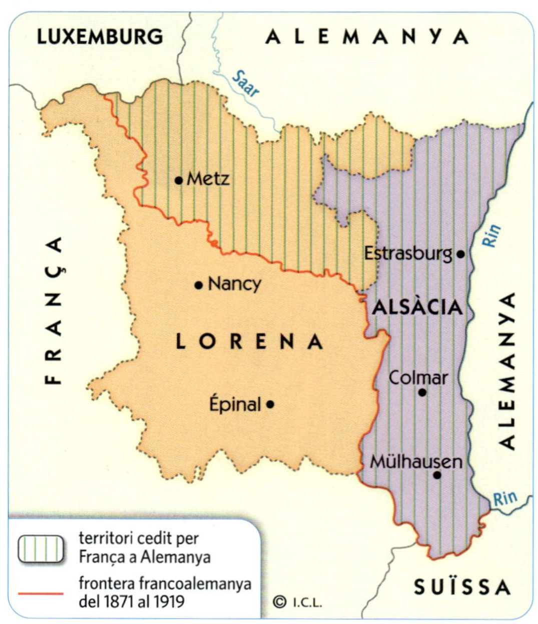

C ELS CONFLICTES BALCÀNICS

Com a conseqüència de la decadència de l'Imperi turc, Àustria-Hongria aspirava a expandir-se als Balcans. Ara bé, s'enfrontava a les ambicions de Sèrbia i de l'Imperi rus, que també volien augmentar la influència i ocupar els estrets del Bòsfor i els Dardanels, que havien de permetre obrir els seus dominis al mar Mediterrani.

L'annexió de Bòsnia i Hercegovina a l'Imperi austrohongarès (1908) va agreujar les tensions als Balcans i va provocar que en pocs anys hi hagués **dues guerres** (1912 i 1913) que encara van empitjorar més la situació. Les guerres van consolidar Sèrbia, amb el suport de Rússia, com la potència de la zona. Aquest lideratge va alarmar Àustria-Hongria, que temia un alçament general dels pobles eslaus que controlava. Per aquest motiu, va buscar el suport d'Alemanya contra Rússia.

Il·lustració editada a *Le Petit Journal*, 1908, que mostra Rússia i Àustria-Hongria disputant-se el domini i el repartiment dels Balcans, i la impotència de Turquia.

D ALIANCES MILITARS I CURSA D'ARMAMENTS

Les potències es van llançar a un complex sistema d'aliances militars per preparar-se per a un possible enfrontament. El 1882 Alemanya, Àustria-Hongria i Itàlia van signar la **Triple Aliança**.

França, temorosa del gran poder militar i de l'expansionisme alemanys, es va aliar amb Rússia i va millorar les relacions amb el Regne Unit, deteriorades per les disputes colonials. Les tres potències van acabar signant la **Triple Entesa** (1907).

El malestar entre les grans potències va originar, a més a més, una **cursa d'armaments**. Els Estats van invertir grans quantitats de diners a fabricar armes (canons, obusos, metralladores...), a construir vaixells de guerra i a entrenar les tropes. Al principi del segle XX, tothom es preparava per a la guerra i qualsevol incident podia ser l'excusa que desencadenés el conflicte.

L'assassinat de l'arxiduc austríac Francesc Ferran (juny del 1914) va ser l'espurna que va incendiar Europa, però les causes del conflicte s'havien anat forjant durant dècades.

ELS SISTEMES D'ALIANCES EUROPEUS

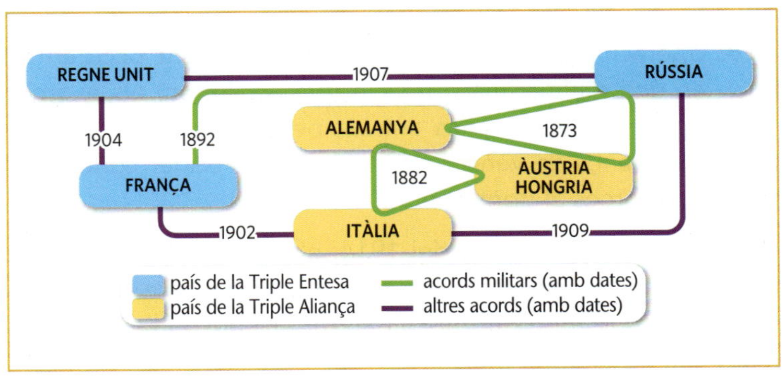

LA DESPESA EN ARMAMENT

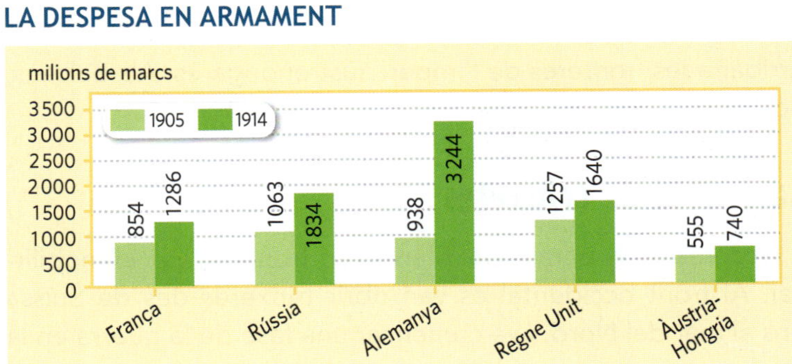

1. Per què els països europeus s'enfrontaven en les colònies? Quina nova potència plantejava els problemes principals? Què va ser les crisis marroquines?
2. Per què molts països van adoptar posicions nacionalistes? Quin era el conflicte principal entre França i Alemanya? Quins interessos s'enfrontaven als Balcans?

Argumenta la resposta

3. Justifica per què aquesta època es coneix com la de la "pau armada" i es diu que la Primera Guerra Mundial va ser una "guerra anunciada".
4. Distingeix entre les causes profundes i el motiu concret de l'esclat de la guerra.

2 El desenvolupament de la guerra

L'esclat de la guerra

El 28 de juny de 1914 l'hereu de l'Imperi austrohongarès, Francesc Ferran, va ser assassinat a Sarajevo, capital de Bòsnia (ocupada pels austríacs des del 1908). L'atemptat el va cometre un estudiant bosnià relacionat amb les organitzacions nacionalistes sèrbies.

Àustria, animada per Alemanya, va acusar **Sèrbia** d'haver instigat el magnicidi i li va declarar la guerra el 28 de juliol. Rússia hi va intervenir per protegir Sèrbia i va declarar la guerra a Àustria. Al seu torn, Alemanya, aliada d'Àustria, va declarar la guerra a **Rússia** i a **França**. El **Regne Unit** va declarar la guerra a Alemanya i a Àustria quan els exèrcits alemanys van envair **Bèlgica**, aliada de França. Tan sols Itàlia es va mantenir neutral al principi.

L'enfrontament austroserbi es va convertir en una **guerra europea**.

La guerra de moviments

Les operacions bèl·liques van començar al **front occidental**, quan en una rapidíssima operació (pla Schlieffen) els exèrcits alemanys van atacar França entrant per Bèlgica i Luxemburg, amb l'esperança de vèncer ràpidament i de poder concentrar tots els esforços al front oriental.

Al principi de setembre del 1914, els alemanys es trobaven a 40 quilòmetres de París. Ara bé, els exèrcits francès i anglès van aconseguir reorganitzar-se i aturar l'avanç de l'exèrcit alemany a la **batalla del Marne**.

Al **front oriental**, a la **batalla de Tannenberg** els alemanys hi van derrotar els russos, els quals, però, van reaccionar i van arribar a les fronteres de l'Imperi austrohongarès. Als Balcans, l'ofensiva austríaca contra Sèrbia va ser aturada.

L'EXTENSIÓ DEL CONFLICTE

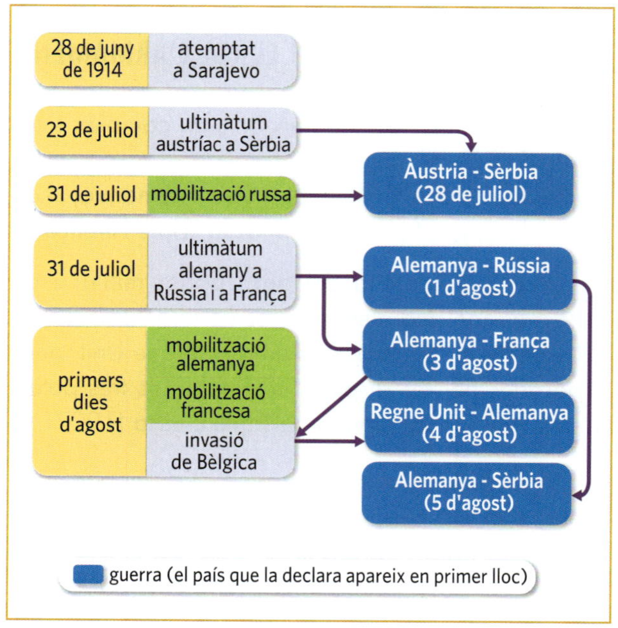

La guerra de trinxeres

Després de la batalla del Marne, els fronts es van immobilitzar. Al front occidental es van obrir trinxeres des de Suïssa fins al mar del Nord, i va començar una fase de la guerra en la qual guanyar un pam de territori a l'enemic comportava desenes de milers de morts. Aleshores es va fer necessari buscar **nous aliats** que aportessin més soldats al front.

Al final del 1914 Turquia va entrar a la guerra, l'any següent ho van fer Itàlia i Bulgària i, el 1916, s'hi va incorporar Romania. Aquell mateix any, els alemanys van llançar una nova ofensiva al front occidental, però a la **batalla de Verdun** els francesos van resistir durant mesos. Al juliol els britànics i els francesos van atacar, amb poc èxit, les línies alemanyes (**batalla de Somme**).

Milers de soldats van viure durant mesos a les trinxeres en unes condicions de vida miserables.

EL DESENVOLUPAMENT DE LA GUERRA I LES TRINXERES

Des del mar del Nord fins a Suïssa es van cavar milers de quilòmetres de trinxeres, des de les quals els exèrcits es van enfrontar; hi va haver un cost humà molt alt: un milió de baixes entre els aliats i 800 000 els alemanys.

@ Amplia a la xarxa...

Per saber-ne més de la guerra de trinxeres, entra a: www.tiching.com/732627

1917: l'entrada dels EUA i el final de la guerra

L'any 1917 va ser decisiu per a la guerra. D'una banda, els combats tan violents de la guerra de trinxeres van provocar la deserció de soldats i una gran quantitat d'amotinaments al front; de l'altra, a Rússia hi va triomfar la revolució bolxevic i els revolucionaris, ocupats a consolidar el seu govern, van signar la pau amb Alemanya i es van retirar de la guerra (**pau de Brest-Litovsk**).

La retirada de Rússia la va compensar la **intervenció dels Estats Units**, que, després de que un submarí alemany enfonsés el transatlàntic *Lusitania*, va decidir entrar també a la guerra. Tot i que la guerra ja s'havia estès a les colònies, la presència dels Estats Units va comportar la **mundialització** definitiva **del conflicte**.

El 1918, al front oriental, els britànics, els francesos i els italians van derrotar els austríacs i els seus aliats. Els imperis austrohongarès i turc van demanar l'armistici*, i els combats es van aturar.

Al front occidental, els alemanys van ser derrotats a la segona batalla del Marne i es van produir revoltes a l'exèrcit i a la marina, a més de manifestacions obreres contra el govern alemany. L'alt comandament alemany es va desmoralitzar per aquest fracàs i va suggerir al kàiser (Guillem II) que demanés la pau. L'11 de novembre del 1918, **Alemanya va signar l'armistici**, i els combats es van aturar.

Els Estats Units entren en la guerra

Amb consciència absoluta del caràcter solemne de la decisió que acabo de prendre i de les greus responsabilitats que comporta, però obeint el que considero que és el meu deure constitucional, aconsello que el Congrés declari que la recent conducta del govern imperial alemany no és sinó un canvi de direcció de la guerra contra el govern i el poble dels Estats Units. Proposo que el Congrés accepti la posició de bel·ligerant (...).

Missatge de guerra del president Wilson, 1917.

1. Quin fet concret va provocar l'esclat de la guerra? Relaciona'l amb el conflicte balcànic.
2. Quina posició va adoptar Alemanya? Per què estava tan interessada a desencadenar un conflicte?
3. Quin joc d'aliances va provocar que l'enfrontament entre Àustria i Sèrbia es convertís en un conflicte mundial?
4. Explica les fases de la guerra i els esdeveniments i les característiques de cada una.
5. Quins fets van provocar que el 1917 la guerra fes un tomb? Per què parlem de "mundialització del conflicte"?

Els soldats al front

A la guerra, més enllà de les batalles, dels països contendents i de les xifres que ensenyaven les baixes i les forces en combat, hi va haver una realitat quotidiana de patiment i de destrucció.

Milers d'homes, en general joves, van ser reclutats i enviats al front, i van ser els protagonistes autèntics de la guerra. La seva experiència, sobretot a les trinxeres, va ser terrible i va marcar tota aquella generació.

A EL PATIMENT HUMÀ

L'extraordinari desenvolupament tecnològic del segle XIX, i especialment de la Segona Revolució Industrial, es va aplicar a la guerra, amb l'objectiu d'aconseguir els mitjans més efectius per destruir i per matar.

ARTILLERIA, BOMBES I GAS

Es van fabricar canons més poderosos, metralladores..., van aparèixer els primers tancs i avions i es van utilitzar gasos, que van sembrar el terror entre els contendents. L'ús de **noves armes** cada vegada més mortíferes va comportar un nombre de víctimes molt superior al de guerres anteriors.

La quantitat de projectils és increïble: 80 000 obusos en poques hores en un espai de 1 000 metres d'amplada per 400 de profunditat. Un es pregunta de quina manera els éssers humans arriben a sobreviure i a combatre en un infern així, en el qual no queda ni un sol metre quadrat que els obusos no hagin bombardejat.

M. POISOT: *Mon journal de guerre: 1914-1918 [El meu diari de guerra]*, 1985.

Batalla de Verdun

- 300 dies de combats
- 3 200 canons alemanys
- 270 canons francesos
- 30 milions d'obusos (4 tones de bombes per m^2)
- 163 000 morts francesos
- 143 000 morts alemanys

Els primers moments amb una careta antigàs són decisius per saber si viuràs o moriràs: la qüestió consisteix a comprovar que és impermeable i que no és trencada (...).

E. M. REMARQUE: *Res de nou a l'oest*, 1929.

Otto DIX: *Tropes d'assalt avançant sota un atac de gass*, 1924.

Fam i brutícia

Dins d'aquest fangar, els combatents tenen un aspecte del tot estrany. La brutícia ha revestit els soldats d'un uniforme en el qual la invisibilitat desafia qualsevol reconeixement. Van vestits de terra, maquillats de terra. Els pantalons, la capa, la cara o les armes són plens de fang. (...) Només la culata dels fusells està tapada amb un drap per protegir-la. No podem distingir si els cadàvers que trobem pel camí són francesos o alemanys.

Article periodístic, abril de 1915.

Estan exhausts, no poden més. No hi ha cafè; no protesten. Saben que tot és misèria en aquest món de misèria. S'omplen les carmanyoles i mengen en silenci el guisat fred de bou cuit i patates avinagrades, mirant de protegir-se de l'aigua i de la terra; però tenen les mans gelades i el pa que mengen els cruix entre les dents.

Diari d'un combatent, 1917.

Assistir els ferits

El nou armament que es va fer servir a la guerra, a més de ser més mortífer, provocava una gran quantitat de ferits, especialment a causa de la metralla i de les bombes. Es muntaven hospitals de campanya i hi van començar a ser habituals no tan sols els metges, sinó també les infermeres.

A la Gran Guerra ja hi operava l'organització de la Creu Roja, que tenia per funció assistir els ferits i presoners sense distinció de bàndols.

Infermeres durant la Primera Guerra Mundial.

UNA TRINXERA DE LA PRIMERA GUERRA MUNDIAL

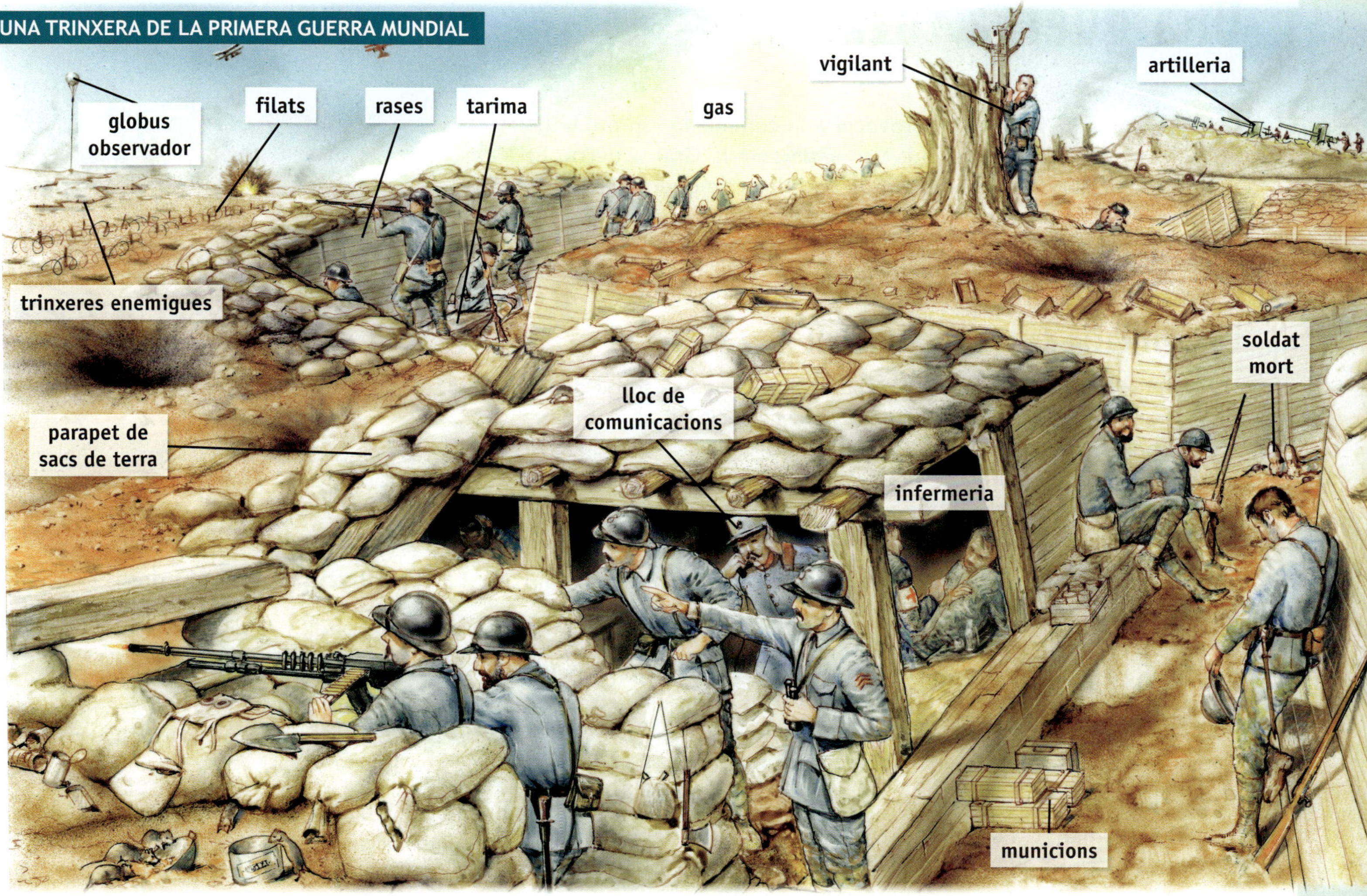

B LA VIDA A LA TRINXERA: RESISTIR I ATACAR

La rutina diària dels soldats consistia a resistir els atacs de l'artilleria enemiga parapetats a les trinxeres rere un entramat de filferros i rases.

Per debilitar l'adversari, periòdicament es llançaven ofensives en les quals la infanteria abandonava la trinxera i intentava avançar a camp obert enmig del foc enemic.

Un atac fora de les trinxeres

Els talussos (de les trinxeres) es cobreixen d'homes que avancen alhora que nosaltres. Travessem els filats pels forats. Ens comencen a arribar algunes bales (...). Bruscament, davant nostre, al llarg del pendent s'alcen ombres flamejants. D'esquerra a dreta, els obusos cauen del cel, els explosius surten de la terra, és una cortina esgarrifosa. Ens aturem estupefactes (...) Després, un esforç simultani alça el nostre grup i el llança veloçment cap endavant.

H. BARBUSSE: *El foc*, 1916.

1. Fixa't en el dibuix i descriu com era el sistema de trinxeres a la Primera Guerra Mundial. Quines instal·lacions hi havia sota terra? Quin armament distingeixes a les trinxeres? I en l'equip dels soldats? Per què eren tan importants les caretes antigàs?
2. Com s'intentava assaltar la posició enemiga? Quina era la dificultat principal? Com s'organitzava la defensa d'un atac enemic?

Posa't en lloc seu

3. Amb tota la informació d'aquestes pàgines, redacta una petita descripció d'un dia a les trinxeres:
   - Descriu com era l'espai, la sensació de brutícia (el fang, els polls, les rates...), de fam (menjar escàs i insípid), etc.
   - Intenta relatar un moment de bombardeig a les trinxeres, o d'un assalt amb baioneta*, o la sensació de ser atacat amb gas.
   - Explica la por que devien sentir els soldats quan donaven l'ordre de sortir de la trinxera i avançar cap a l'enemic.

4 Una guerra total

La guerra de 1914-1918 va provocar una commoció tan profunda en les societats europees que la van anomenar la **Gran Guerra**. Es va considerar el primer exemple d'un nou tipus de guerra, la "guerra total", perquè ja no es limitava només als camps de batalla ni als soldats professionals, sinó que implicava tota la població i tots els recursos de les nacions contendents.

Cartell de reclutament del 1916 que diu: "Nois, veniu! Us necessitem".

La implicació de la població civil

En primer lloc, el nou tipus d'**exèrcit nacional**, que va sorgir de les revolucions del segle XIX, va implicar la participació en els combats, no de mercenaris o voluntaris, sinó del gruix de la **població civil** masculina en edat militar; per tant, els desastres de la guerra van castigar de manera generalitzada la població, perquè marits i fills de moltes famílies van participar en la contesa.

Igualment, l'avanç dels exèrcits el 1914 podia ser molt més ràpid perquè disposaven de ferrocarrils i de vehicles amb motor. Com a conseqüència d'això, tant a Bèlgica i el nord-est de França com a Prússia, Rússia o Sèrbia, es va produir l'èxode de milions de civils pel pànic dels saquejos, de la destrucció o de les represàlies, i va donar origen a un dels primers grans **moviments de refugiats** causats per un conflicte bèl·lic en el món contemporani.

La guerra va requerir una enorme producció d'armament, municions, avituallament... Per això, es va utilitzar massivament el **treball de dones** i homes en edat no militar, i les jornades laborals es van allargar.

A més a més, les necessitats de la guerra eren prioritàries i la producció de béns de consum se'n va ressentir. Faltaven queviures i productes de primera necessitat. A l'entrada del segle XX bona part de la població ja vivia a les ciutats i no tenia recursos, com en el camp, per alimentar-se: va aparèixer la fam.

La contribució de les colònies

Tropes colonials i de voluntaris van participar en els combats al costat de cada bàndol. A més, les colònies van oferir recursos econòmics per auxiliar les economies europees, molt malmeses. La mobilització dels imperis colonials va estendre el conflicte a altres parts del planeta: l'Àfrica (enfrontaments a Togo i el Camerun), el l'Orient Mitjà (possessions britàniques) i l'Extrem Orient (enfrontaments entre la Xina i el Japó).

Cartell del 1917 en què s'exalta el paper de les tropes colonials.

Propaganda i control de l'opinió

Perquè el conjunt de la població mantingués la moral i contribuís a l'esforç bèl·lic, els Estats van recórrer per primer cop a la **propaganda**, amb mètodes moderns ideats amb les tècniques de màrqueting. Aquesta propaganda va permetre mobilitzar l'opinió pública de cada bàndol, a còpia de fer servir de manera recurrent l'exaltació de la pàtria i l'odi a l'enemic com a forma per comprometre tota la població en el conflicte.

Es va recórrer, també, a la censura de premsa i es van manipular els comunicats militars per crear un estat d'opinió unànime. Els pacifistes o els socialistes contraris a la guerra van ser detinguts o silenciats.

Cartell americà que demana el suport de la població per a l'esforç de la guerra.

Cartell britànic que apel·la a l'ajuda a Bèlgica, en mans del monstre alemany. "Destrueix aquesta bèstia boja. Allista't".

L'ECONOMIA AL SERVEI DE LA GUERRA

Des del punt de vista econòmic, els governs van instaurar autèntiques **economies de guerra**, amb una forta intervenció de l'Estat. Les fàbriques havien de funcionar al màxim de la seva capacitat per fabricar armes, i qualsevol queixa o falta de rendiment es considerava una traïció. La població femenina, i la masculina no reclutada, va haver d'incorporar-se a aquesta producció.

Però la guerra s'havia de pagar, i els governs es van endeutar i van demanar préstecs. Els aliats ho van fer especialment amb els Estats Units, la potència més rica, que va estar al marge del conflicte fins al 1917.

Cartell francès que demana que els particulars donin or per poder afrontar les despeses de la guerra.

Dones que treballen en una fàbrica d'obusos.

L'ESFORÇ BÈL·LIC

País	Nombre de soldats	Nombre de cuirassats	Producció de ferro
Regne Unit	719 000	64	6 900 000
França	3 500 000	28	4 300 000
Rússia	4 400 000	16	4 400 000
Alemanya	8 500 000	40	17 000 000
Àustria	3 000 000	16	2 700 000
Turquia	350 000	sense dades	sense dades

EL PAPER DE LES DONES DURANT LA PRIMERA GUERRA MUNDIAL

Per col·laborar en l'esforç bèl·lic, les dones van començar a treballar a les fàbriques d'armament, als hospitals, als transports, etc. Quan va acabar el conflicte, les dones constituïen el 35 % de la mà d'obra industrial d'Alemanya i del Regne Unit.

Les dones van ser conscients que tenien les mateixes capacitats que els homes, però no els mateixos drets, i els **moviments sufragistes**, que demanaven el dret al vot, van adquirir una gran rellevància.

Manifestació de sufragistes al Regne Unit per demanar el dret de vot de les dones, en vigílies de la Primera guerra Mundial.

1. Quin tipus d'exèrcit es va configurar per combatre a la Primera Guerra Mundial? Com va implicar el conjunt de la població? Quin va ser el paper de les colònies en aquesta guerra?
2. Què significava per a la població civil dedicar enormes esforços a la guerra? Quins patiments comportaven?
3. Quin paper hi van tenir les tècniques de propaganda? Què buscava, la propaganda?
4. Què va significar la guerra per a les dones? Com hi van participar? Què van reivindicar a partir d'aquest moment?
5. Explica raonadament per què es qualifica la Primera Guerra Mundial com a "guerra total".

5 Per què hi va haver una revolució a Rússia?

La guerra va afectar tots els països contendents, però a l'Imperi rus hi va tenir conseqüències profundes. Va generar, el 1917, una revolució sense precedents que va transformar completament el sistema econòmic, polític i social. Per què la primera revolució socialista es va produir al país dels tsars?

Quines condicions de misèria i de desesperació van portar la població russa a la revolta? Per quin motiu el sistema polític fou incapaç d'integrar les reivindicacions de reformes moderades? Quines idees, partits i líders van poder posar fi al tsarisme?

A UN IMPERI AUTOCRÀTIC

Al començament del segle XX, l'Imperi dels tsars era un immens territori on encara pervivia l'absolutisme monàrquic. Políticament, el tsarisme era una autocràcia, és a dir, el tsar estava investit d'un **poder absolut**: governava per decret, no estava subjecte a cap constitució i no havia de respondre davant d'un parlament.

Una fidel burocràcia i un poderós exèrcit asseguraven el control de l'Imperi, mentre que l'Església ortodoxa constituïa un dels grans pilars ideològics del règim.

El tsar Nicolau II i la tsarina Alexandra Fiodorovna el 1894. Els tsars es presentaven davant el poble com a déus de poder inabastable.

Iliá Repin: *Processó de Pasqua a la regió de Kursk*, 1883.
El tsar era la màxima autoritat de l'Església ortodoxa, que exercia una gran influència sobre una població el 80 % de la qual era analfabeta.

B UNA AGRICULTURA FEUDAL I UNA INDÚSTRIA DEPENDENT

L'economia i les estructures socials de l'Imperi rus eren de les més endarrerides del continent europeu. L'**agricultura** constituïa la principal activitat econòmica i la terra estava en mans d'una aristocràcia privilegiada, immensament poderosa i rica.

Els pagesos, la majoria de la població, estaven sotmesos a un règim gairebé feudal, desaparegut pràcticament a tot Europa, que els condemnava a unes condicions de vida miserables. La servitud personal es va mantenir fins al 1865, i, encara que es va abolir, el poder de la noblesa terratinent va quedar intacte.

En algunes zones de l'Imperi (Moscou, Sant Petersburg, els Urals...) havia començat un procés industrial impulsat, en bona part, per capital estranger.

Hi havia aparegut un **nombrós proletariat industrial** que treballava en grans fàbriques (gairebé la meitat ho feia en empreses de més de 500 obrers) per uns salaris miserables.

LA POBLACIÓ DE SANT PETERSBURG

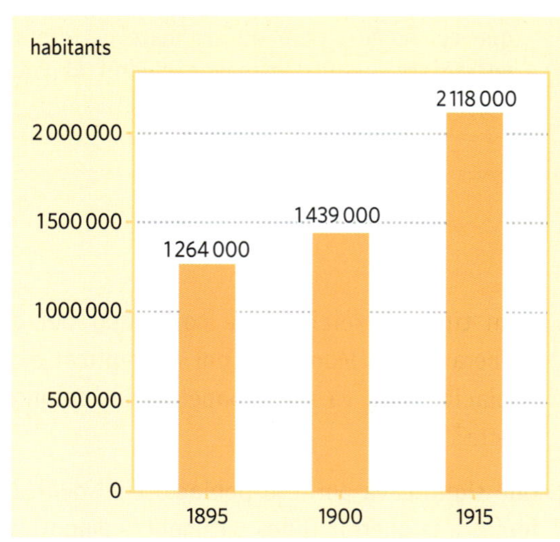

C L'OPOSICIÓ AL TSARISME

Els primers corrents d'oposició, populistes (narodniki) i anarquistes, van sorgir entre els pagesos, però sense establir alternatives clares. Entre els obrers industrials es van difondre les idees marxistes.

El 1898 es va fundar el **Partit Obrer Socialdemòcrata Rus**, que tenia com a líder més destacat Vladímir Ílitx Uliànov, Lenin. Ben aviat, el partit es va escindir en dues ales: els menxevics (o minoritaris) i els bolxevics (o majoritaris), partidaris del **camí revolucionari**, perquè veien molt clara la incapacitat del tsarisme per tirar endavant reformes.

Al principi del segle XX va aparèixer un partit liberal burgès, el **Partit Democràtic Constitucional** (els militants del qual eren anomenats *kadets*). Més a l'esquerra es situava el **Partit Social-Revolucionari** (anomenats *eseristes*) amb una gran influència entre els pagesos.

La revolta del 1905

El 1905 va esclatar una revolta que exigia la fi de l'autocràcia. Es va celebrar una **manifestació pacífica** i el tsar hi va respondre amb una repressió contundent (**Diumenge Sagnant**), però les manifestacions i les vagues van continuar i els treballadors van crear consells d'obrers, pagesos i soldats, anomenats **soviets**, per organitzar-se. Veient la situació, el tsar es va comprometre a convocar eleccions per **sufragi universal** al Parlament (Duma) i a promoure una **reforma agrària**. Tanmateix, les promeses no es van complir i al cap de pocs anys el tsar va clausurar la Duma i va tornar a governar autocràticament.

Lev Trotski (1879-1940) va ser un dels dirigents bolxevics principals. El 1905 va organitzar el primer soviet a Sant Petersburg.

ELS GRUPS POLÍTICS A RÚSSIA

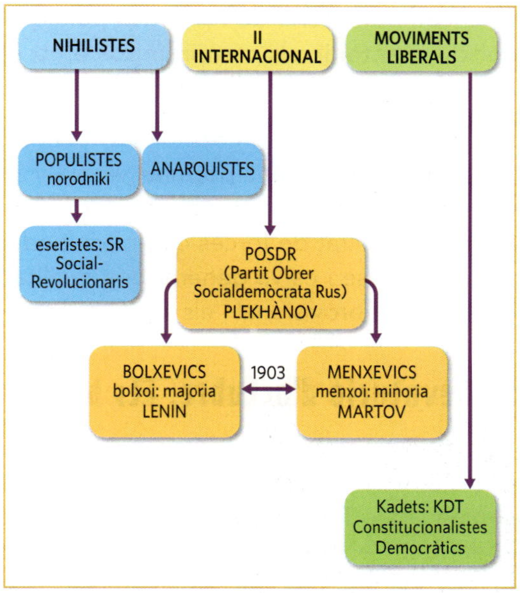

D LA CONJUNTURA DE LA PRIMERA GUERRA MUNDIAL

El 1914, quan Rússia va entrar a la Primera Guerra Mundial, es va evidenciar que no estava a punt per a una guerra tan llarga, dura i cara: l'exèrcit rus no estava preparat, els sistemes de transport no eren eficaços i la indústria d'armament no era suficient. Com que els mitjans econòmics del país es destinaven a la guerra, la fam es va estendre per les ciutats i va créixer el **malestar** entre els obrers, els pagesos i els soldats. Tot plegat va desacreditar el tsar Nicolau II i el seu govern.

En plena guerra, els qui s'oposaven al tsarisme sabien que era l'oportunitat de fer caure el règim i assolir el poder.

L'IMPERI RUS A LA PRIMERA GUERRA MUNDIAL

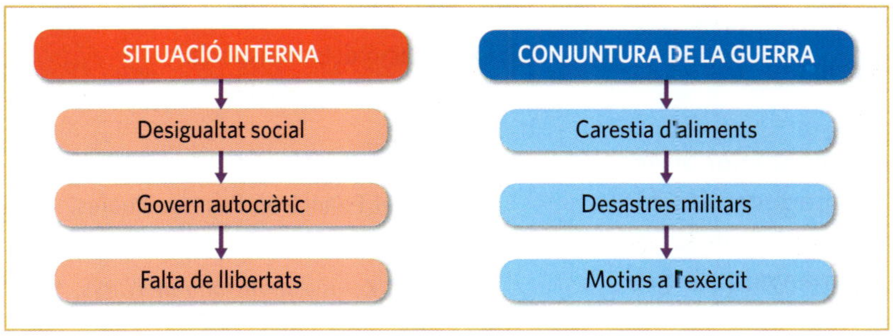

1. Quina forma de govern hi havia a Rússia al començament del segle XX? Qui tenia el poder? Quin era el grup social dominant? Quina situació econòmica hi havia? Descriu-ne les diferències amb el sistema social i polític de l'Europa Occidental de l'època.
2. Quina oposició tenia el tsarisme? Per què el liberalisme burgès era tan feble? Per què els grups socialistes creixien? Què va passar el 1905? Com va afectar la Primera Guerra Mundial la situació russa?
3. Observa l'esquema de l'esquerra: per què hi va haver la revolució a Rússia?

Investiga

4. Busca informació sobre el Partit Obrer Socialdemocràta Rus. Redacta un petit comentari que descrigui l'origen del partit, els dirigents i les diferències ideològiques entre els dos corrents: els menxevics i els bolxevics.

6 La Revolució Russa

La Revolució de febrer del 1917. Caiguda del tsarisme

El 23 de febrer del 1917 hi va haver una gran manifestació a Petrograd (nom eslau amb què s'havia batejat Sant Petersburg el 1914), seguida d'una **vaga general** i d'**amotinaments als quarters**. El tsar va abdicar i es va proclamar una república dirigida per un **govern provisional**, que es va comprometre a convocar eleccions constituents per convertir Rússia en una democràcia parlamentària.

El nou govern, dominat pels partits burgesos (cadets i esserites), va encetar una sèrie de **reformes** polítiques i socials. Però alhora va decidir **mantenir** els compromisos amb els seus aliats a la guerra. Això impedia millorar les condicions de vida de la població i començar l'esperada reforma agrària.

El **descontentament popular** va pujar i els **soviets**, que demanaven la retirada de la guerra, van començar a exigir la destitució del govern. La unitat de forces que havia enderrocat el tsar va començar a esquerdar-se i es va generar una dualitat de poders que enfrontava el govern provisional i els soviets.

Manifestació de dones demanant pau i pa, febrer del 1917.

La Revolució d'octubre. Els bolxevics al poder

Els **bolxevics** van anar guanyant el suport de la majoria dels soviets. El seu líder, **Lenin**, va tornar a Rússia de l'exili i va propugnar les anomenades **Tesis d'abril**, en què marcava la ruta que calia seguir: enderrocar el govern provisional i instaurar un govern de soviets obrers i pagesos, signar la pau amb Alemanya, repartir les terres entre els pagesos, cedir la direcció de les fàbriques als obrers, nacionalitzar la banca i reconèixer les nacionalitats de l'Imperi.

Els bolxevics, amb el suport dels soviets, que havien creat les seves pròpies milícies armades, la **Guàrdia Roja**, van preparar una insurrecció per al dia **25 d'octubre del 1917**. Els revoltats van ocupar la ciutat de Petrograd, van prendre el Palau d'Hivern i van destituir el govern provisional. La **revolució** es va estendre ràpidament per Moscou i els nuclis industrials del país.

El II Congrés dels Soviets de Rússia, que estava reunit a Petrograd, va proclamar un **govern obrer** que fou presidit per Lenin i en el qual figuraven Trotski i Stalin.

El novembre del 1917 es van celebrar les eleccions a l'**Assemblea Constituent**, que havien estat convocades pel govern provisional. Els bolxevics només van obtenir el 25 % dels escons, encara que la seva força era majoritària a les ciutats i a les zones industrials. Per por que els grups contraris a la Revolució s'imposessin a la Duma, Lenin va dissoldre l'Assemblea i va posar **fi al pluralisme polític** en la nova Rússia soviètica.

El nou govern va decretar les **primeres mesures revolucionàries**: es van expropiar les terres per repartir-les entre els pageos i les fàbriques van quedar sota el control de comitès obrers. A banda, es va signar el Tractat de Brest-Litovsk (1918) amb Alemanya, pel qual Rússia va haver d'acceptar importants pèrdues territorials.

Lenin

Lenin va ser el líder bolxevic i principal inspirador de la revolució d'octubre del 1917.

L'any 1897 el van empresonar i el van deportar a Sibèria per les activitats contra l'autocràcia tsarista. El 1900, un cop alliberat, es va exiliar a Suïssa. Després del triomf de la revolució de febrer va tornar a Rússia per dirigir la presa de poder dels bolxevics.

Les primeres mesures de la Revolució

- Expropiació del capital de l'Estat.
- Expropiació de la terra dels propietaris i nacionalització de la terra.
- Expropiació del capital financer i nacionalització dels bancs.
- Expropiació dels transports.
- Expropiació dels crèdits, principalment els estrangers.
- Expropiació del capital dels pagesos rics i creació del Comitè de Pagesos Pobres.
- Expropiació del gran capital industrial.

Y. KUKUSHKIN: *Història de l'URSS*, 1982.

LA GUERRA CIVIL I LA FORMACIÓ DE L'URSS

Al principi del 1918 els partidaris de la tornada del tsarisme (terratinents, exèrcit...) o del liberalisme (burgesia) es van alçar en armes contra el govern dels soviets. L'anomenat **Exèrcit Blanc** va tenir l'ajuda de les tropes franceses, britàniques, japoneses i nord-americanes, i es va enfrontar amb l'**Exèrcit Roig**, organitzat pels bolxevics i dirigits per Trotski.

Els tres anys de **guerra civil** van ser d'una gran crueltat per a la població, tant per l'**escassetat d'aliments** com pels morts en combat. El 1921, l'Exèrcit Roig va aconseguir imposar-se militarment, però el conflicte havia contribuït en gran manera a l'enduriment del règim soviètic.

L'estiu del 1918, el tsar i la seva família van ser executats pels bolxevics.

El poder bolxevic

El partit bolxevic, que des del 1918 havia agafat el nom de **Partit Comunista de la Unió Soviètica** (PCUS), va aconseguir el monopoli del poder, va reprimir tots els opositors (tsaristes, liberals, menxevics, anarquistes, etc.) i va organitzar una policia política (Txekà) per perseguir les activitats contrarevolucionàries.

En l'àmbit econòmic, es va instaurar el "**comunisme de guerra**", amb el qual es va nacionalitzar tota la indústria, es van col·lectivitzar les terres i es va obligar els pagesos a lliurar les collites a l'Estat.

La Constitució de l'URSS

Art. 2. La base política de l'URSS són els Soviets de Diputats dels Treballadors, com a conseqüència de l'enderrocament del poder dels terratinents i dels capitalistes i de l'assoliment de la dictadura del proletariat. (...)

Art. 4. La base econòmica de l'URSS és el sistema socialista d'economia (...) com a resultat de la supressió del sistema capitalista i de la propietat privada i de l'anul·lació de l'explotació de l'home per l'home. (...)

Constitució del 1923.

LES REPÚBLIQUES SOVIÈTIQUES A PARTIR DEL 1922

El 1922, el Congrés dels Soviets va ratificar la creació d'un Estat Federal, la Unió de Repúbliques Soviètiques.

Cada una de les repúbliques conservava la seva llengua i tenia autoritat sobre la justícia, l'educació..., però no sobre el partit, l'exèrcit, l'economia, les relacions exteriors, etc.

L'URSS era un Estat federal amb un Parlament (Soviet Suprem) i un sol partit, el PCUS (Partit Comunista de la Unió Soviètica). Es tractava d'un sistema totalitari que es justificava amb la teoria de la dictadura del proletariat*.

1. Què va passar el febrer del 1917? Quines mesures va prendre el nou govern? Qui hi estava en contra? Per què?
2. Què són les Tesis d'abril? Qui les va proposar?
3. Què va passar l'octubre del 1917? Qui va prendre el poder? Quins van ser els seus primers decrets? Què es va esdevenir el novembre del 1917?
4. Per què va començar una guerra civil? Qui es va enfrontar? Què va passar al tsar i a la seva família?
5. Explica amb detall la relació entre guerra civil, atacs exteriors i reforçament del poder bolxevic. Com va aconseguir el control el Partit Comunista? Què va significar per al futur de Rússia?

7 Europa en acabar la guerra

El desastre demogràfic i econòmic

La guerra va provocar aproximadament deu milions de soldats morts en combat, als quals cal afegir les víctimes civils, afectades per la subalimentació i les malalties, i la falta de naixements durant el conflicte; tot això va comportar una r**eculada demogràfica** generalitzada.

Des del punt de vista econòmic, la Primera Guerra Mundial va significar la **pèrdua** definitiva de l'**hegemonia europea**. El conflicte va empobrir els països bel·ligerants. El potencial industrial d'Europa es va reduir el 40 %, i l'agrícola, el 30 %. Tots els països europeus estaven endeutats tant a l'interior (emprèstits* de guerra) com a l'exterior (préstecs sobretot amb els Estats Units).

En canvi, els **Estats Units** van ser precisament els grans beneficiats de la guerra i la seva economia es va convertir en líder de les finances mundials. El seu producte nacional brut es va doblar durant els anys que va durar la guerra i el dòlar va substituir la lliura esterlina com la moneda forta i hegemònica en les transaccions internacionals.

VÍCTIMES DE LA PRIMERA GUERRA MUNDIAL

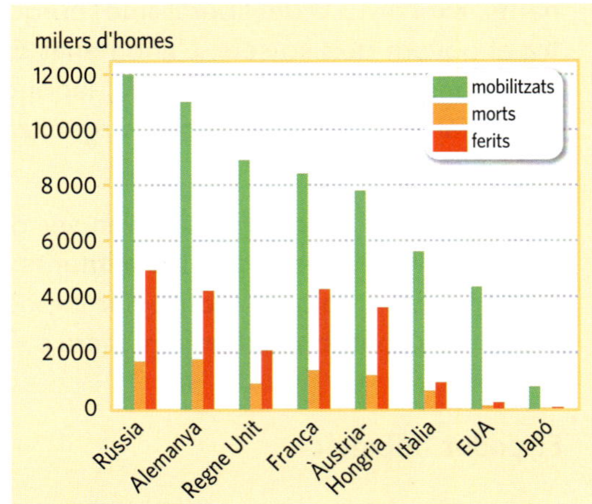

L'organització de la pau

El gener del 1919 es va inaugurar a París una conferència per establir les condicions de pau. El tractat més important va ser el **Tractat de Versalles**, que va imposar les condicions de pau a Alemanya. Una altra sèrie de tractats es van signat amb Àustria, Bulgària, Hongria i l'Imperi turc. En conjunt, es va imposar fragmentació dels imperis i la **remodelació de les fronteres europees**.

El president nord-americà, Thomas Woodrow Wilson, havia aportat la seva visió d'una pau fundada en la concòrdia i en l'absència de revenja (**14 punts de Wilson**). Així doncs, a proposta seva es va crear la **Societat de Nacions** (SDN), una organització internacional que havia de garantir la pau i la cooperació entre els Estats. Amb tot, les condicions imposades pels vencedors van provocar que els vençuts no s'integressin a la SDN. Tampoc ho van fer l'URSS ni, al final, els EUA, i la SDN va acabar tenint molt poca influència en la política internacional.

Dibuix de la revista *J'ai vu*, febrer del 1919.

Nous problemes, nous conflictes

Les conferències de pau no van tancar les ferides de la guerra; al contrari, van obrir noves renyines. Els **alemanys** van considerar les condicions imposades pel Tractat de Versalles com una **humiliació**, la qual cosa en va acabar exacerbant el nacionalisme i l'anhel de revenja. També **Itàlia** va plantejar la seva frustració pel fet de no rebre les reivindicacions territorials que havia demanat i hi va créixer un moviment nacionalista.

D'altra banda, la Revolució russa del 1917 havia plantejat a Europa una nova situació de tensió. La revolució bolxevic animava les forces revolucionàries de tot Europa. Es van produir alçaments a Alemanya i Hongria, cosa que evidenciava, malgrat que havien estat sufocats, l'existència d'un nou conflicte entre el capitalisme i el comunisme.

La Societat de Nacions (1919)

Considerant que cal fomentar la cooperació entre les nacions i garantir-los la pau i la seguretat, és important:

Acceptar certs compromisos de no recórrer a la guerra.

Mantenir (...) relacions internacionals fundades en la justícia i l'honor.

Observar rigorosament les prescripcions del Dret Internacional, reconegudes d'ara endavant com a regla de conducta efectiva dels governs.

Fer que regni la justícia i alhora respectar escrupolosament totes les obligacions dels tractats en les relacions mútues dels pobles organitzats.

Pacte de la Societat de Nacions, 1919.

ELS TRACTATS DE PAU: UN NOU MAPA D'EUROPA

Els diversos tractats de pau van conformar un nou mapa d'Europa. El fet essencial va ser l'**acabament dels grans imperis** i la formació de **noves nacions**, seguint el principi d'un Estat per a cada nacionalitat.

Amb tot, la realitat no sempre va coincidir amb les idees i, molt sovint, les fronteres dels nous Estats i les nacionalitats no es corresponien. En aquest sentit, alguns Estats com ara Polònia, Romania i Iugoslàvia incloïen fortes minories d'altres nacionalitats, i la formació d'una gran Polònia o d'una gran Romania només tenia per objectiu crear Estats que fessin de contenció de l'URSS.

El Tractat de Versalles

El tractat més important va ser el de la pau amb Alemanya, signat a Versalles. S'hi declarava Alemanya responsable de la guerra i l'obligaven a pagar fortes indemnitzacions pels danys causats. També quedava desposseïa del seu imperi, que es va repartir entre el Regne Unit i França. Finalment, es reduïa al mínim l'exèrcit i l'armada alemanys i es dividia part del territori entre els vencedors.

FRONTERES EUROPEES DESPRÉS DEL TRACTAT DE VERSALLES

URSS
Es confirmen les independències dels Estats bàltics i la cessió d'un gran territori a Polònia. Romania s'annexa Bessaràbia.

IMPERI TURC
Cedeix territoris a Grècia, França i el Regne Unit en forma de mandats.

Les reparacions de guerra

Art. 231. Els governs aliats i associats declaren, i Alemanya ho reconeix, que Alemanya i els seus aliats són responsables, per haver-los causat, de tots els danys que s'han fet als governs aliats i associats i als seus habitants (...).

Art. 232. Els governs aliats i associats exigeixen a Alemanya, que s'hi compromet, les reparacions de tots els danys causats a la població civil de les potències aliades i associades i als seus béns.

Tractat de Versalles: Part VIII. Reparacions, 1919.

ALEMANYA CEDEIX
- Alsàcia i Lorena a França.
- Schleswig-Holstein a Dinamarca.
- Eupen i Malmédy a Bèlgica.
- Posnània a Polònia.
- Niemen a Lituània.

Prússia queda separada pel corredor de Danzig.

FINAL DE L'IMPERI AUSTROHONGARÈS
Neixen nous Estats: Àustria, Txecoslovàquia, Iugoslàvia, Hongria i Polònia.

1. Quina situació demogràfica i econòmica hi va haver a Europa amb la guerra? I per als Estats Units?
2. Com es va negociar la pau? Quines condicions es van imposar a Alemanya? Amb quin objectiu es va crear la Societat de Nacions? Per què no va ser efectiva?
3. Quins nous Estats van sorgir a Europa en desaparèixer l'Imperi austrohongarès? Què se'n va fer, de l'Imperi turc?
4. El 1939 va esclatar una nova guerra mundial. Intenta trobar tres raons que expliquin els problemes pendents que van portar a un nou conflicte.

8 Les avantguardes artístiques

Durant la primera meitat del segle XX van aparèixer a Europa una sèrie de moviments, essencialment pictòrics, que van rebre el nom de primeres avantguardes.

Encara que amb plantejaments diferents, tots aquests corrents van qüestionar l'art del passat, van rebutjar qualsevol imitació de la realitat i van experimentar amb nous materials i tècniques.

A EL FAUVISME

Nascut a París el 1905, el fauvisme es va caracteritzar per la distorsió de la perspectiva i per l'ús autònom del color respecte a la forma i a la realitat.

En aquest sentit, els colors no coincideixen necessàriament amb l'objecte representat, sinó que hi preval la visió subjectiva i estètica de l'artista. Els principals artistes fauvistes van ser **Henri Matisse**, **André Derain** i **Maurice Vlaminck**.

Henri MATISSE: *L'habitació vermella*, 1908. Els colors, vibrants, componen l'espai i creen la profunditat.

André DERAIN: *El pont de Westminster*, 1906.

B L'EXPRESSIONISME

L'**expressionisme** va ser un moviment pictòric centrat en l'expressió dels sentiments i les emocions humanes. L'ús de línies trencades, de formes corbes i anguloses i de colors exaltats i molt contrastats va permetre als artistes reflectir l'angoixa existencial de l'individu en la societat moderna.

E. L. KIRCHNER: *Torre vermella a Halle*, 1914. Les línies anguloses provoquen una sensació d'inquietud.

MEMOART: Les escoles expressionistes

- Dins d'aquest moviment, de caràcter eminentment germànic, hi podem distingir dos grups principals:
  - **Die Brücke** (El pont), representat per Ernst Ludwig Kirchner i Erich Heckel, que va reflectir les tensions sociopolítiques que van precedir la Primera Guerra Mundial.
  - **Der Blaue Reiter** (El cavaller blau), liderat per **Vassili Kandinski**, que va arribar a l'abstracció a partir de l'esquematització de les formes.

Vassili KANDINSKY: *Composició IV*, 1911. L'obra manté elements figuratius, com ara els tres cavallers en primer pla, però tot el conjunt tendeix a l'abstracció.

C EL CUBISME

Es caracteritza per la construcció geomètrica de l'espai i la superposició en un mateix pla de diferents visions d'un objecte o figura. Amb això es trencava el punt de vista únic, és a dir, la perspectiva i la profunditat en la pintura que es feien servir des del Renaixement. Els principals temes eren els retrats i les natures mortes, que es representaven de manera simplificada a partir de formes geomètriques (cubs, cilindres, etc.).

Els autors més representatius d'aquest moviment van ser **Pablo Picasso**, **Georges Braque** i **Juan Gris**.

En el cubisme hi podem diferenciar dues etapes:

- **Fase analítica** (1907-1911), caracteritzada per una forta restricció cromàtica de tonalitats càlides (ocres, beix i castanys) i fredes (blaus i grisos) i la geometrització compositiva.
- **Fase sintètica** (1911-1914), en la qual apareix el *collage*, una tècnica en què s'empren diversos materials –retalls de diaris, fustes, etc.– enganxats a la pintura.

Pablo PICASSO: *Les senyoretes del carrer d'Avinyó*, 1907. L'aparició del cubisme es vincula directament a aquest quadre, en el qual apareixen les bases d'aquest moviment artístic.

D EL FUTURISME

Umberto BOCCIONI: *Dinamisme d'un ciclista*, 1913.

FITXAART @

Busca a Internet una obra de qualsevol dels corrents artístics i fes-ne la fitxa:

a) **Identificació.** Situa cronològicament i geogràficament l'autor i l'obra. A quin corrent pertany?

b) **Descripció.** Què s'hi representa? Com? Quines tècniques utilitza? Quin material? Quins colors?

c) **Valoració.** Explica per què l'has triat, què en destacaries i quines emocions o sentiments et transmet.

Aquest moviment va ser fundat a Itàlia per **Filippo Tommaso Marinetti** i agrupava artistes com ara Umberto Boccioni i Giacomo Balla, que van proclamar la mort de l'art del passat i van exaltar el poder de la màquina, el moviment i la tecnologia, símbols del món modern.

Els futuristes van intentar reproduir a les seves obres la sensació de velocitat, dinamisme i canvi. Per això van inventar una nova tècnica, el simultaneisme, que consistia a repetir les imatges successivament i de manera superposada, amb la qual cosa es creava una seqüència fílmica.

El 1914, i derivada del futurisme, va sorgir la **pintura metafísica**, que recreava una realitat inquietant. **Giorgio de Chirico** en va ser el representant principal.

1. Quines aportacions presenta el fauvisme? Què pretenia transmetre l'expressionisme? Quins dos grups el van integrar? Què caracteritza el cubisme? Explica'n les dues etapes i les particularitats de cada una. Què caracteritza el futurisme?

Aprecia l'art

2. Penses que en el món contemporani s'havia de superar la pura reproducció de les persones, les coses o els paisatges? Què diries que pretenien els artistes de les avantguardes? Amb quin corrent t'identifiques més? Explica'n el perquè?

COMPLETA EL MAPA CONCEPTUAL

Amb la informació del tema, completa al teu quadern l'esquema següent:

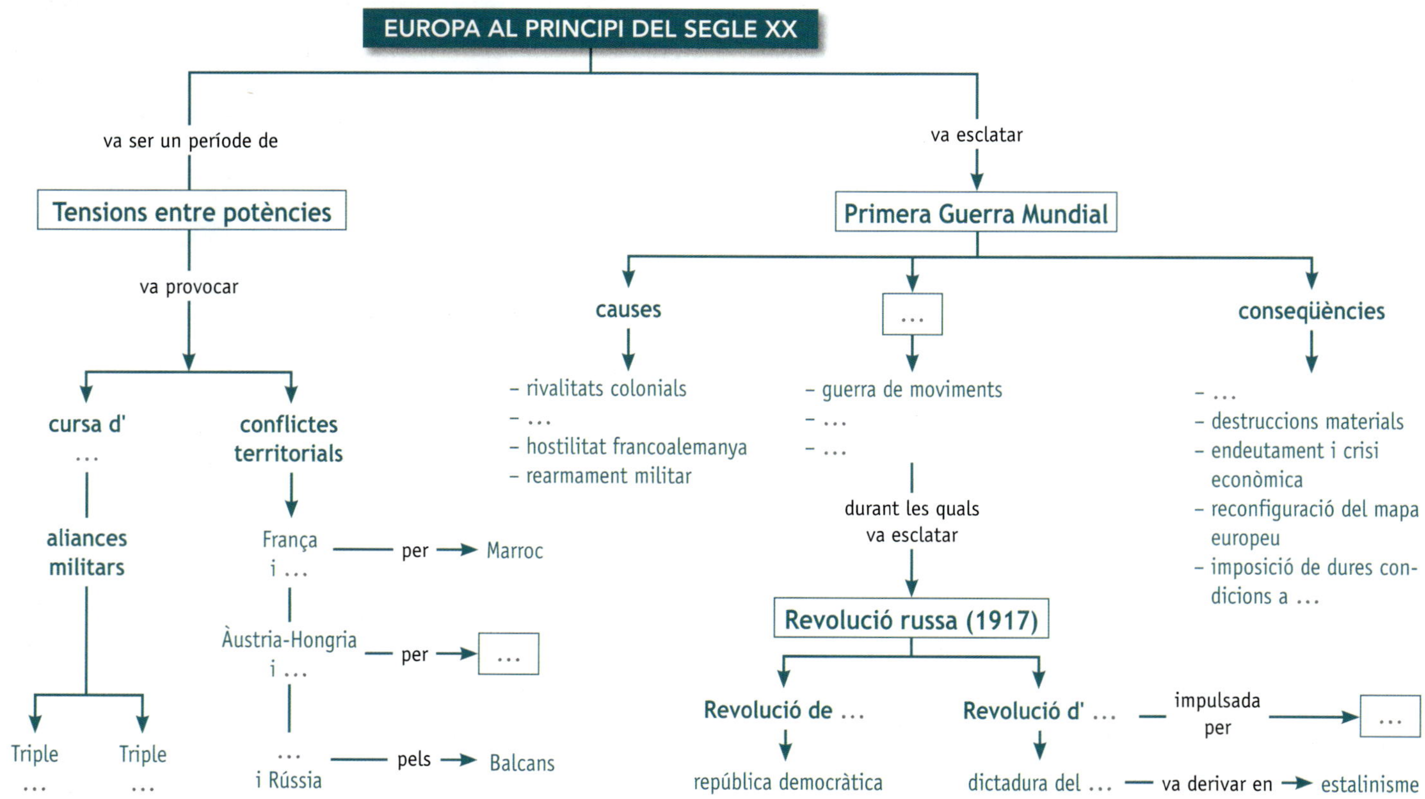

1 CONSOLIDA EL QUE HAS APRÈS

a) Explica cronològicament les aliances que es van establir entre països abans de la Primera Guerra Mundial. A quins interessos responien? Per què es va arribar el 1914 a un conflicte mundial?

b) Quines etapes va tenir el conflicte i quines en van ser les característiques i els esdeveniments més importants?

c) Quines conseqüències polítiques, econòmiques i socials van derivar de la Primera Guerra Mundial?

d) Per què Alemanya va interpretar el Tractat de Versalles com una humiliació? Quines condicions li van imposar?

e) Quines característiques presentava la Rússia tsarista? Per què va esclatar una revolució el 1905?

f) Quan i com es va produir la caiguda del tsarisme? Quin règim el va substituir? Quines diferències hi ha entre la revolució de febrer i la d'octubre?

g) Quina importància va tenir la guerra civil russa per a l'enfortiment del bolxevisme?

2 DEFINEIX CONCEPTES CLAU

- pau armada
- cursa d'armaments
- reparacions de guerra
- moviment sufragista
- Societat de Nacions (SDN)
- autocràcia tsarista
- soviets
- bolxevisme

3 IDENTIFICA ELS PERSONATGES

- Arxiduc Francesc Ferran
- Thomas Wilson
- Trostski
- Nicolau II
- Guillem II
- Lenin

4 EXPLICA LES DIFERÈNCIES

- Triple Entesa/Triple Aliança
- guerra de moviments/guerra de trinxeres
- revolució de febrer/ evolució d'octubre
- bolxevic/menxevic

CONTESTA LA PREGUNTA INICIAL

Quins esdeveniments hi va haver a Europa al començament del segle XX? Com van afectar la política mundial?

APRÈN A... COMENTAR UN CARTELL DE PROPAGANDA POLÍTICA

Els cartells amb representacions (dibuixos, fotografies, *collages*) i textos van ser un mètode de difusió de propaganda política molt utilitzat durant el segle XX.

Els cartells s'enganxaven a les parets com a propaganda a favor o en contra d'unes determinades idees, com ara convocatòries d'actes importants o difusió de partits polítics o institucions.

Cartell bolxevic (1919). S'hi pot llegir: "El camarada Lenin neteja el món d'escombraries".

Algunes de les tècniques més importants del cartellisme polític es van desenvolupar a la Unió Soviètica, després de la revolució.

L'enorme massa d'analfabets i el suport de nombrosos artistes a les idees revolucionàries expliquen la gran difusió dels cartells. A més, es van innovar les tècniques de crear cartells, les quals més tard es van exportar al món sencer.

1. Identificació i presentació

- Quin tipus d'imatge és?
- Quan la van publicar? A quin país?
- De què tracta? Com es descriu en el text i en la imatge?

2. Anàlisi

- Descriu l'escena representada al cartell. Qui n'és el personatge principal? Com l'identifiques? Quin estri fa servir aquest personatge? De quin color és? Quina simbologia té aquest color?
- Quins personatges surten escombrats? Identifica a partir dels símbols els tres poders dominants de Rússia abans de la revolució.
- Quina simbologia s'utilitza en el cartell, de manera senzilla i clara, per transmetre els objectius de la revolució bolxevic? Aquests objectius es limitaven a Rússia? Per què penses que Lenin és damunt la bola del món?

3. Context històric

- Quin moment històric vivia Rússia l'any 1919? Què havia passat durant els dos anys precedents? Quina ideologia havia aconseguit el poder? Què pretenia transmetre el cartell a la població mundial?

4. Conclusions

- Valora la importància dels cartells per a la propaganda política i analitza si avui dia continuen tenint una funció similar. Busca'n un exemple actual i fes-ne un comentari breu.

RAONA HISTÒRICAMENT

Argumenta. Per què els tractats de pau que van seguir la Primera Guerra Mundial no van ser capaços de garantir la pau més enllà de dues dècades?

Empatia. Situa't a la Rússia del 1917 i defensa la posició bolxevic davant la menxevic per passar de la revolució de febrer a la d'octubre.

Causalitat. Determina els esdeveniments que van influir en la Primera Guerra Mundial. Organitza'ls segons aquests tres elements bàsics:

- Nacionalisme.
- Imperialisme.
- Aliances internacionals.

1 Fonts documentals. Alemanya cap a la guerra

"Em sembla que no ens trobem en vigílies d'un nou repartiment del món; però, en tot cas, de la mateixa manera que no volem perjudicar cap potència, tampoc permetrem que cap potència ens deixi de banda (...)". El ministre d'Afers Exteriors va continuar el seu discurs fent referència al ràpid augment de la població d'Alemanya i al desenvolupament de la indústria i el comerç. "Tot això", va dir, "ens obliga a una política mundial. Quan els anglesos parlen de la *Greater Britain*, i els francesos, de la *Nouvelle France*, quan els russos s'endinsen a l'Àsia, també nosaltres hem de pretendre una Alemanya més gran".

França encara no està preparada per al combat. Anglaterra està preocupada per les seves dificultats interiors i colonials. Rússia té por de la guerra perquè tem una revolució interior. És que hem d'esperar que els nostres adversaris estiguin preparats, o hem d'aprofitar aquest moment favorable per provocar la decisió?

Fragment d'un article del diari alemany Die Post, *febrer del 1914.*

a) De quina classe de document es tracta? Quin tipus de font és? A qui pertanyen les opinions de l'article? De quina data és? Qui són els destinataris del text?

b) Quins arguments s'utilitzen per defensar les posicions probèl·liques d'Alemanya? Quines febleses d'altres països s'exposen? Per què es defensa anar a un conflicte com més aviat millor?

c) Valora el paper que va tenir Alemanya en l'esclat de la Primera Guerra Mundial i relaciona-ho amb la seva evolució econòmica i política a partir de la unificació (1871).

2 L'art en el seu context. Efectes de la guerra

Otto Dix: *Jugadors de cartes*, 1920.

a) Descripció. Observa i descriu l'aspecte físic dels personatges. Quina relació té aquest aspecte amb els fets esdevinguts entre el 1914 i el 1918? Com vol reflectir el pintor els horrors de la guerra?

b) Context històric. Redacta una síntesi sobre les causes de l'enorme quantitat de morts, ferits i mutilats a la Gran Guerra i de quina manera va afectar la generació de la postguerra europea.

3 Espai i temps. El conflicte als Balcans

LA DISGREGACIÓ DE L'IMPERI TURC

a) Quin territori apareix representat al mapa? A quina època correspon? Quin conflicte bèl·lic s'hi va produir? Quines conseqüències va tenir per a l'Imperi turc?

b) Quines potències tenien interessos a la zona? Per què? Quines aliances es van forjar? Quin va ser el resultat de la guerra?

c) Relaciona el conflicte balcànic amb l'esclat de la Primera Guerra Mundial.

4 Anàlisi. El sistema d'aliances

a) Identifica les banderes. Quina ha canviat respecte de l'actualitat?

b) Observa i determina quin bloc, A o B, representa la Triple Entesa i quin la Triple Aliança.

BÀNDOLS QUE VAN PARTICIPAR EN LA GRAN GUERRA

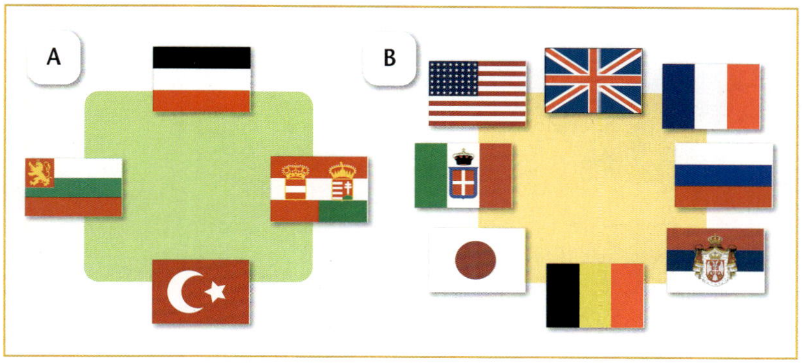

5 Cronologia. Rússia (1900-1924)

Dibuixa un eix cronològic que comprengui el període indicat i situa-hi les etapes i esdeveniments següents:

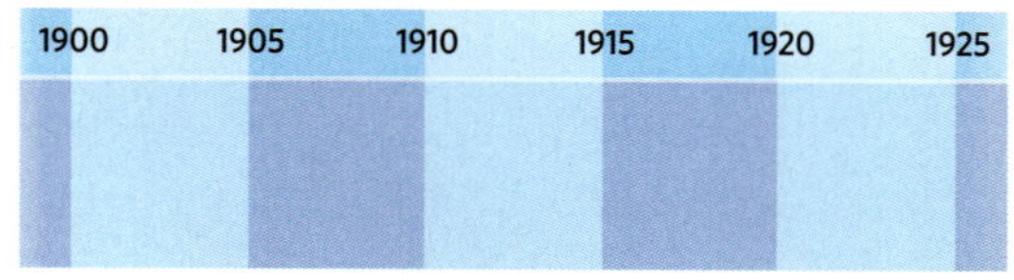

a) Etapes. Imperi tsarista, revolució bolxevic i guerra civil, formació de l'URSS.

b) Esdeveniments. revolució del 1905, començament de la Primera Guerra Mundial, caiguda del tsarisme, Revolució d'octubre, assassinat del tsar, mort de Lenin, Constitució soviètica, Tractat de Brest-Litovsk.

WWW. ESPAI WEB

6 Fonts audiovisuals. SDN

En acabar la Primera Guerra Mundial es va crear la Societat de Nacions. Consulta a www.tiching.com/748048 la informació sobre la SDN i respon:

a) Com va néixer aquest organisme internacional i amb quin objectiu?

b) Quins països en van formar part? A quins països es va vetar l'entrada? Per què?

c) En la solució de quins conflictes va intervenir? Quins van ser els seus èxits més importants? En quins contextos va fallar?

S'ha parlat molt del fracàs de l'organització per no haver estat capaç d'impedir l'esclat de la Segona Guerra Mundial. Informa-te'n a www.tiching.com/748049 i responde:

d) Quines causes van motivar l'escassa efectivitat de la Societat de Nacions?

e) Esbrina quin nou organisme va substituir la SDN en acabar la Segona Guerra Mundial. Coincideixen pel que fa als objectius?

Dibuix publicat a la revista francesa *Le Pèlerin*, 1934.

7 Cerca d'informació. Fotografies

Entra a www.tiching.com/748050 i mira't el conjunt de fotografies acolorides sobre la guerra.

a) Tria tres imatges que et mostrin el dolor o la tragèdia, la vida quotidiana dels soldats i de la població civil. Justifica la tria.

REPTES A LA XARXA

MINIUNITAT VISUAL: Unitat o mort.

ACTIVITATS AUTOCORRECTIVES: Resol aquestes activitats i repassa el que has après.

www.vvd.link/012138/7

8 EL PERÍODE D'ENTREGUERRES

Per què els anys entre el 1918 i el 1939 van ser temps de crisi econòmica, social i política?

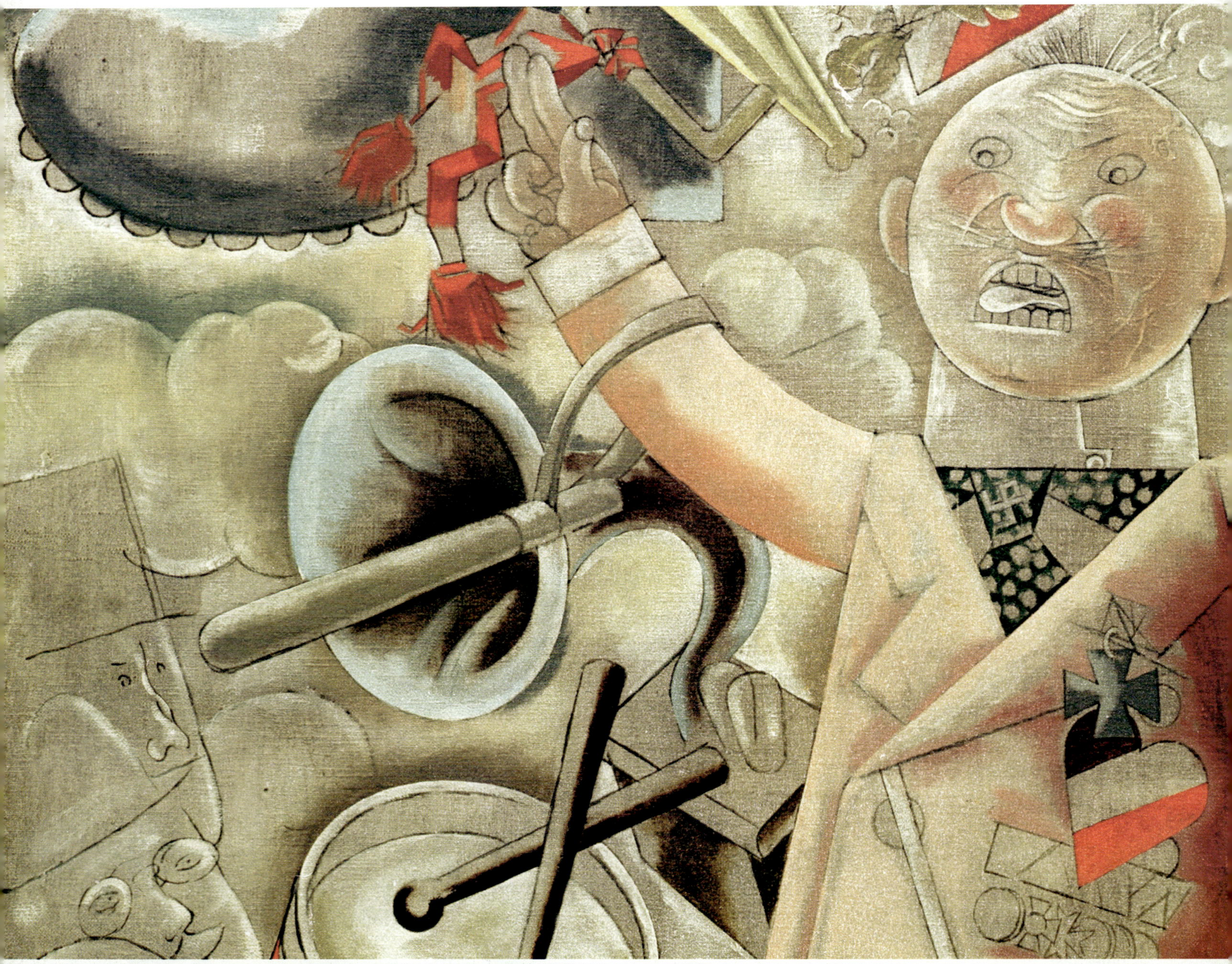

EUA
FELIÇOS ANYS VINT
Plan Dawes
GRAN DEPRESSIÓ
Dijous Negre
Roosevelt, president
"NEW DEAL"

ITÀLIA
Fundació Partit Nacional Feixista
Marxa sobre Roma
MONARQUIA DE VÍCTOR MANUEL III
BENITO MUSSOLINI "DUCE" D'ITÀLIA
Invasió d'Etiòpia

1919 1920 1921 1922 1923 1924 1925 1926 1927 1928 1929 1930 1931 1932 1933 1934 1935 1936 1937 1938 1939

ALEMANYA
Fundació NSDAP
Ocupació francesa del Ruhr
REPÚBLICA DE WEIMAR
Incendi del Reichstag
DICTADURA NAZI
Hitler, Führer i canciller del III Reich

URSS
LENIN
Mort de Lenin
LLUITA PODER (Troski/Stalin)
Col·lectivització forçada. Institució del gulag
DICTADURA DE STALIN
Processos de Moscou

George Grosz: *L'agitador*, 1929 (detall).

El període d'entreguerres va ser una època d'inestabilitat greu. Com a conseqüència de la Primera Guerra Mundial van sorgir forts rancors polítics entre vencedors i vençuts i problemes econòmics greus que van empitjorar amb la crisi del 1929 als Estats Units.

A més a més, el triomf de la Revolució russa va fer témer, entre les classes conservadores, l'expansió del comunisme.

El resultat va ser, en molts casos, l'aparició de règims autoritaris i el retrocés de la democràcia.

En aquest context van aparèixer el moviment feixista a Itàlia i el nazisme a Alemanya. La seva política exterior, de caràcter agressiu, va portar el món cap a la Segona Guerra Mundial.

Què en sabem?

- Observa detingudament l'eix cronològic. Quins grans esdeveniments van marcar el període d'entreguerres?
- Observa el mapa atentament. En quin país va començar la crisi econòmica? Cap a on es va expandir?
- Observa la pintura. Fa referència a Adolf Hitler. Què penses que vol representar?

PREGUNTA CLAU

1 Quins problemes van conduir a una nova guerra

L'etapa compresa entre el 1918 i el 1939, coneguda com el període d'entreguerres, és una de les etapes més convulses de la història contemporània, especialment a Europa.

En l'escenari postbèl·lic dels anys vint, semblava que havia de començar una etapa de pau, però no va ser així.

Els rancors acumulats durant la Primera Guerra Mundial, la gran crisi del capitalisme del 1929, les esperances revolucionàries que havia comportat la Revolució russa i l'aparició de sistemes polítics totalitaris van fer inevitable l'esclat d'un nou conflicte.

A ELS DESEQUILIBRIS ECONÒMICS MUNDIALS

Els Estats Units van sortir molt beneficiats de la Primera Guerra Mundial. Als seus territoris no hi havia hagut cap destrucció, les seves pèrdues humanes eren relativament petites i la venda d'aliments, armes i productes industrials als aliats li va reportar beneficis enormes.

En acabar la guerra, els **Estats Units** s'havien convertit en la **primera potència econòmica mundial**. La seva producció agrícola era molt alta i la industrial representava el 44,8% de la producció mundial. La gran competitivitat que tenia va obrir els mercats internacionals als seus productes, els quals van envair els mercats mundials, dominats fins aleshores per les indústries europees.

A més a més, molts països d'Europa estaven endeutats amb els Estats Units com a conseqüència dels préstecs de guerra.

En contrast amb l'expansió nord-americana, la guerra mundial **va empobrir els països europeus**, que, amb una producció agrícola i industrial que reculava, van haver de fer front als emprèstits de guerra i a la devaluació* de les seves monedes.

Quan l'any **1929** una terrible **crisi econòmica** va colpir els Estats Units, tota l'economia mundial, vinculada i dependent d'aquest país –la primera potència econòmica de l'època–, també va entrar en una etapa de depressió econòmica. Tanmateix els efectes de l'atur i la pobresa van provocar una crisi social greu.

La postguerra a Alemanya

Els **problemes econòmics** van ser especialment greus per a Alemanya, que no podia pagar les reparacions de guerra exigides pel Tractat de Versalles. Aquesta situació va provocar una gran inflació, la pèrdua de valor del marc, un gran augment de l'atur i un vertiginós descens del nivell de vida.

Tot i que a mitjan anys vint la situació econòmica europea va començar a millorar, la crisi econòmica desencadenada el 1929 va tornar a conduir Alemanya a una situació de dificultats econòmiques greus que va incentivar l'**apogeu del nacionalisme** i l'ascens de Hitler al poder.

LA PRODUCCIÓ INDUSTRIAL MUNDIAL EL 1929

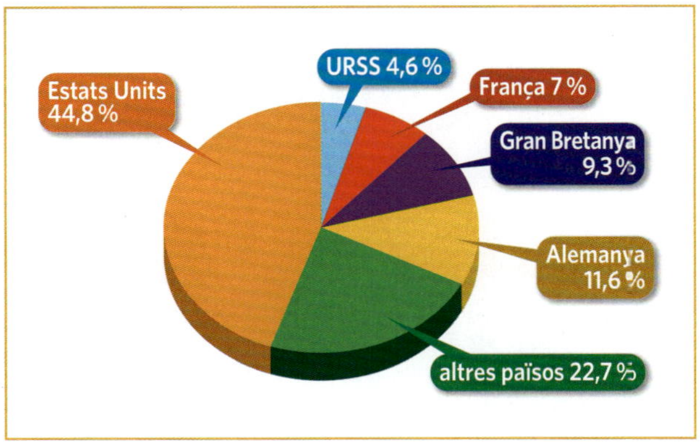

DÈFICIT COMERCIAL[1] D'EUROPA AMB ELS ESTATS UNITS

Anys	Milions de dòlars
1901-1905	553
1910-1914	514
1921-1925	1268
1926-1929	4195

(1) Exportacions menys importacions.

DEUTES ENTRE PAÏSOS ALIATS (1918)

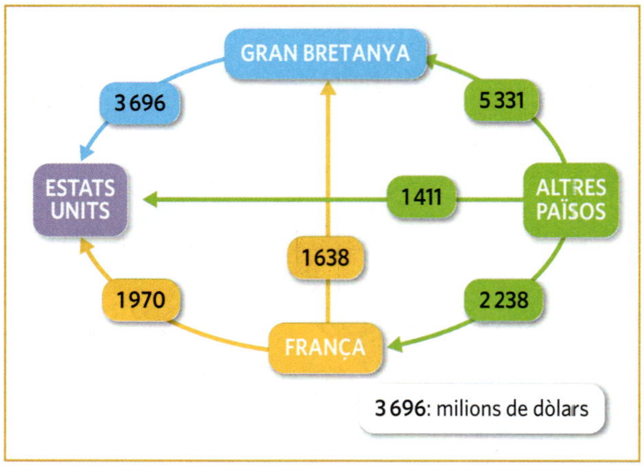

mundial en només vint anys?

B ELS EFECTES DE LA REVOLUCIÓ RUSSA

Les dificultats econòmiques van provocar una **greu crisi social**, que sovint va revestir característiques revolucionàries. Entre el 1919 i el 1920 hi va haver vagues a la Gran Bretanya, França, Alemanya, Itàlia... Les mobilitzacions les van sufocar durament la policia i l'exèrcit i es van acabar limitant els drets sindicals. Amb tot, els sindicats i els partits socialistes i comunistes es van reforçar recordant als treballadors que la Revolució Soviètica havia portat la classe obrera al poder.

Tot plegat va conduir a una forta oposició a les democràcies, tant en el proletariat, insatisfet per la repressió dels seus drets, com en la burgesia, que temia una situació revolucionària.

El gener del 1919 es va produir a Alemanya l'alçament de la Lliga Espartaquista, els comunistes, que pretenien proclamar un govern de consells obrers segons el model soviètic. Va ser durament reprimit, i els seus líders principals, com ara Rosa Luxemburg, van ser assassinats.

Massacre d'espartaquistes a Berlín.

C LA CRISI DE LES DEMOCRÀCIES: L'ASCENS DELS TOTALITARISMES

AVANÇ I RECULADA DE LA DEMOCRÀCIA (1914-1939)

A causa de la crisi econòmica i de l'agitació social, els països amb un fort arrelament del parlamentarisme i de la democràcia van aconseguir integrar el socialisme emergent per mitjà del sufragi universal i de la formació de coalicions polítiques. Aquest va ser el cas d'Anglaterra, França, Bèlgica i Holanda, principalment.

Amb tot, als països amb poca tradició parlamentària, els partits liberals van quedar superats per la revolta social i es van acabar imposant sistemes polítics autoritaris, que prometien combatre l'avanç de les idees socialistes i comunistes.

Què és el totalitarisme?

És un règim polític que rebutja els principis de la democràcia liberal i pretén **controlar totalment la societat.** Es caracteritza pel culte al cap, el partit únic, l'adoctrinament, el terror i la violència i la persecució de l'oposició.

1. Quines eren les potències industrials als anys vint? Per què els Estats Units es van convertir en la primera potència econòmica mundial en acabar la Gran Guerra?
2. Quina situació econòmica es vivia a Europa? Quin país tenia la pitjor conjuntura? Per què?
3. Quines conseqüències va tenir la Revolució russa en la postguerra europea? Qui eren els espartaquistes?

Argumenta la resposta

4. Quines causes econòmiques i polítiques van contribuir a la crisi i la inestabilitat a l'Europa de la postguerra? Explica com Europa va afrontar aquesta situació.
5. Relaciona l'aparició de totalitarismes i la seva defensa de la violència i la guerra amb l'esclat d'una nova guerra mundial el 1939.

2 Els Estats Units: de la prosperitat a la crisi

Els "feliços anys vint"

El creixement econòmic nord-americà es va allargar durant els deu anys que van seguir la fi de la guerra (1918-1929). Va ser una dècada de prosperitat, els anomenats *feliços anys vint*, en què l'**estil de vida nord-americà** (*american way of life*) i els valors que l'emparaven (la iniciativa, l'esforç individual i l'èxit), que prometien enriquiment i benestar als seus ciutadans, es van convertir en model per al món sencer.

L'expansió dels Estats Units es va basar en una profunda transformació del procés de producció de béns, dominat per la innovació tècnica. D'una banda, el taylorisme i el fordisme* van contribuir a incrementar la productivitat i a reduir costos.

De l'altra, l'augment dels salaris dels obrers, les campanyes publicitàries, la compra a terminis i els préstecs bancaris van obrir el camí a l'era del **consum de masses**.

La prosperitat es va reflectir en un **gran apogeu de la borsa**. Els bons resultats empresarials van fer augmentar la demanda d'accions, el valor de les quals pujava constantment.

Als anys vint es va imposar una nova concepció de l'oci, amb moderns espectacles de masses (cinema, esports, cabaret, teatre...), innovadors corrents musicals (jazz, xarleston, blues...) i una nova manera més informal de vestir.

Les contradiccions de la prosperitat

La prosperitat no va beneficiar tothom de la mateixa manera i a partir dels anys 1926-1927 una sèrie d'elements van anunciar la crisi que s'acostava.

L'agricultura va viure grans dificultats. Els preus agrícoles no pujaven tan ràpidament com els industrials. Molts pagesos s'havien endeutat per adquirir noves terres i maquinària amb la finalitat d'augmentar la producció. Tanmateix, el mercat no va poder absorbir tota aquesta producció. L'acumulació d'estocs va fer baixar els preus i molts pagesos no van poder tornar els préstecs i van perdre les terres, les màquines i les cases.

En les indústries, l'augment dels salaris fou molt més baix que el dels beneficis o el de la quantitat dels productes fabricats. Una part dels nord-americans tenia cada vegada menys capacitat adquisitiva i la **sobreproducció** (excés de productes per a la capacitat de compra) va començar a ser un problema.

La defensa del model nord-americà

Som el poble més important del món. El nostre govern és el millor. (...) Com a poble, som el més savi, el més lliure políticament, el més desenvolupat socialment (...). Déu ens ha escollit per salvar i purificar el món amb el nostre exemple. Només si la resta de nacions volen adoptar els nostres principis religiosos i polítics, la nostra actitud general, la nostra visió de la vida, podran ser, sens dubte, tan felices i tan pròsperes com nosaltres.

F. Bohn: *American Journal of Sociology*, 1925.

PREUS I EXISTÈNCIES DELS ALIMENTS[1]

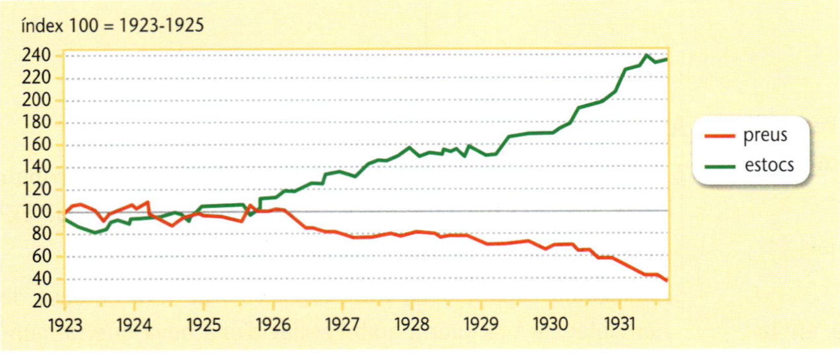

(1) Mitjana mundial dels aliments principals.

LLARS AMB ELECTRODOMÈSTICS ALS EUA[1]

	1912	1932
Planxa	0	65
Ràdio	0	65
Aspiradora	0	30
Rentadora	0	27
Torradora	0	27
Cafetera	0	19
Nevera	0	12

(1) Sobre el total de llars.

El crac borsari del 1929

Molts accionistes eren conscients que la cotització de les accions era molt superior al seu valor real. La desconfiança es va estendre entre els inversors, i el **24 d'octubre de 1929** (*dijous negre*) una gran onada venedora va afectar la Borsa de Nova York. De cop i volta, tothom volia vendre les seves accions i ningú no en volia comprar. El valor va caure en picat i es va desencadenar el **crac borsari** del 1929.

Milers d'**inversors es van arruïnar** i el pànic es va apoderar dels ciutadans, que van acudir als bancs per retirar els seus diners. Els bancs van haver de tancar per falta de fons, perquè no van poder cobrar els préstecs a particulars i a empreses arruïnades. El crac de la borsa va precipitar la fallida de molts bancs.

En pocs anys, la crisi es va estendre a tots els sectors de l'economia (indústria, comerç i agricultura) i va provocar una **recessió econòmica generalitzada** (Gran Depressió).

Amb l'augment de l'atur, el **consum va baixar** i moltes fàbriques van tancar perquè no podien vendre la seva producció. La xifra d'**aturats** va augmentar a 13 milions el 1932 i moltes famílies van caure en la misèria i van haver de recórrer als ajuts públics.

COTITZACIONS DE LA BORSA DE NOVA YORK

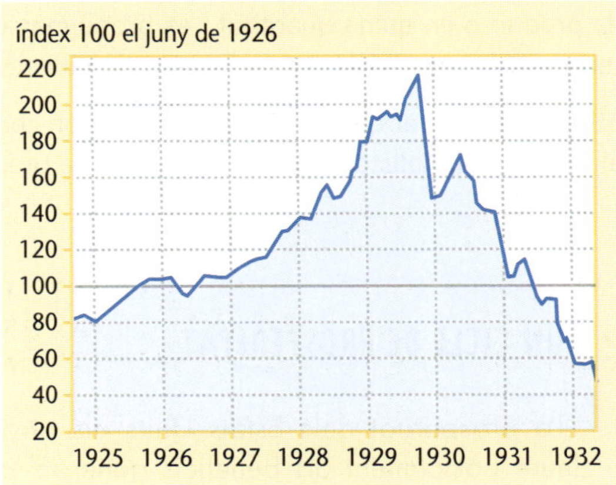

Un home protesta contra la desocupació, 1935.

La lluita contra la crisi, el *New Deal*

A causa de l'extensió de la crisi, tant els Estats Units com la majoria de països europeus van adoptar mesures per pal·liar-ne els efectes i afavorir la recuperació de l'economia.

El president **Franklin D. Roosevelt**, elegit el 1932, va proposar el ***New Deal*** (Nou Acord), un programa basat en les idees de l'economista J. M. Keynes, que defensava la **intervenció de l'Estat** en economia. Els principals àmbits d'actuació van ser:

- **Àmbit econòmic.** Es va proposar ajudar les empreses privades en dificultats, per mitjà de subvencions, crear empreses públiques en sectors sense incentius per a la inversió privada i destruir els estocs agrícoles acumulats. A més a més, l'Estat va establir un **control sobre els bancs**: en vigilava els dipòsits i els obligava a facilitar préstecs amb interessos baixos.
- **Àmbit social.** Per lluitar contra l'atur, l'Estat va promoure un gran pla **d'obres públiques** (carreteres, embassaments...), va incentivar l'augment salarial i va reduir la jornada laboral a 40 hores setmanals.

Els efectes del crac del 1929

Vaig notar que tot havia canviat quan una tarda vaig tornar de l'escola i la meva mare ens va enviar a la cua de la sopa gratuïta. Si hi arribaves el primer de tots, només et donaven l'aigua greixosa de dalt de tot. Així, doncs, li demanàvem al que la servia en els bols (...) que la remenés i introduís el cullerot fins al fons per aconseguir una mica de carn i patates.

Peggy Terry, que va viure a Oklahoma City entre el 1929 i el 1936.

1. En quins elements es va basar el creixement econòmic nord-americà els anys vint? Observa les dades de la taula i relaciona-les amb el sistema de producció en sèrie i la venda a crèdit.
2. Per què penses que parlem dels "feliços anys vint"? Com definiries l'"estil de vida nord-americà"? Com valoraven el seu sistema?
3. Quines febleses tenia l'economia dels Estats Units?
4. Què va passar l'octubre del 1929? Explica el mecanisme que va conduir del crac borsari a la crisi i a la depressió econòmica. Llegeix el text de Peggy Terry i descriu les conseqüències per a la població.
5. Què va ser el *New Deal*? Quines polítiques va aplicar i amb quin objectiu?

1929, exemple de crisi de l'economia capitalista

El sistema econòmic capitalista es caracteritzava, el 1929, per l'absoluta llibertat d'empresa i de mercat. És a dir, no hi havia una planificació econòmica que determinés què s'havia de produir o en quina quantitat i es propugnava l'escassa intervenció i control dels governs en els circuits econòmics.

Es va demostrar que les crisis cícliques són consubstancials al sistema capitalista: una fase de pujada de preus, de beneficis i de producció és seguida normalment d'una altra de depressió, amb saturació del mercat, caiguda de preus i de producció i augment de l'atur. Però la crisi del 1929 fou tan greu que va portar a introduir alguns canvis en el sistema econòmic i a qüestionar-se la confiança il·limitada en el capitalisme liberal.

Què va provocar una crisi tan greu de l'economia?

A UN CICLE DE PROSPERITAT

La prosperitat dels Estats Units als anys vint es va deure bàsicament als beneficis generats per la venda de productes durant la Primera Guerra Mundial i a l'enorme quantitat de préstecs amb alts interessos que els havien de tornar els països europeus. Era lògic que les accions de les empreses, que semblava que tenien grans beneficis, augmentessin de valor a la borsa.

Però ja hem vist que, en poc temps, ni l'agricultura ni la indústria podien vendre tanta quantitat de productes, en part perquè els sous dels treballadors no permetien mantenir el creixement constant del consum, tot i el recurs al crèdit.

Què va passar, doncs? Per què el valor de les accions continuava augmentant?

LES RESERVES D'OR

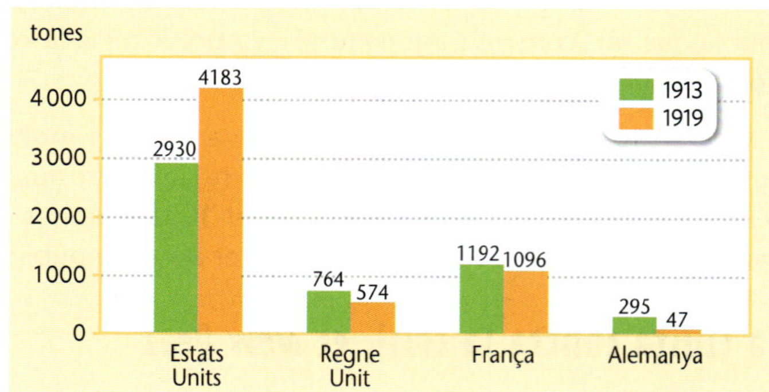

L'any 1919 els Estats Units concentraven gairebé la meitat de les reserves d'or del món, perquè els deutes de guerra s'havien de pagar en or o mercaderies.

B L'ESPECULACIÓ BORSÀRIA

El que es va produir va ser una bombolla especulativa. Una desconnexió entre l'economia real i l'economia productiva. L'augment del valor de les accions es produïa pel convenciment entre els inversors que mentre durés aquesta època d'alça podien obtenir grans beneficis simplement comprant i tornant a vendre. Hi havia molts diners interessats a invertir, però també es recorria al crèdit per jugar a la borsa.

Fins i tot, s'arribaven a crear **empreses fictícies**, i mitjançant operacions complexes es feia córrer la veu que hi havia una gran demanda de les seves accions i immediatament el seu valor pujava. Si al cap d'uns quants mesos se'n venien les accions, es guanyaven molts diners sense que ningú es plantegés què feia, què venia o què rendia aquest producte.

Jugar a la borsa

Jugar a la borsa s'ha convertit en una malaltia nacional que afecta totes les classes socials. (...) Ara, quan la gent es reuneix, siguin homes de negocis o treballadors, dones de l'alta societat o joves empleades, la borsa, amb els seus impetuosos capricis, constitueix el tema de conversa més agradable.

Discurs pronunciat per W. H. King, senador de Utah, 1929.

L'AUGE DE LA BORSA

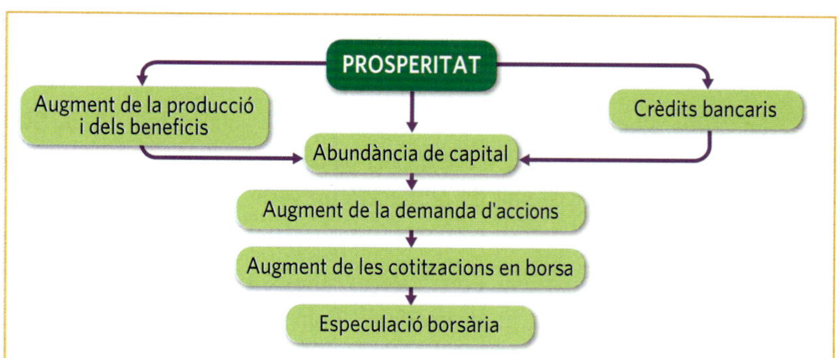

C DE LA CRISI BORSÀRIA A LA CRISI ECONÒMICA

Quan a partir de l'octubre del 1929 es va produir el crac de la borsa, la primera conseqüència va ser la **crisi de la banca**. L'enfonsament del sistema bancari nord-americà es va produir sense que la Reserva Federal (banc central dels Estats Units) injectés liquiditat, salvés els dipòsits dels contribuents o n'impedís la fallida.

El sistema capitalista funciona amb els diners en circulació i amb el crèdit. Els bancs no tenen en metàl·lic els diners que s'hi dipositen. Els inverteixen també en borsa o els presten amb interessos a particulars (inversors, empreses, etc.).

Quan els bancs no poden recuperar aquests diners invertits o prestats, el sistema econòmic s'enfonsa i es produeix la crisi de la indústria, del comerç i de l'agricultura.

EFECTES ACUMULATIUS DE LA CRISI

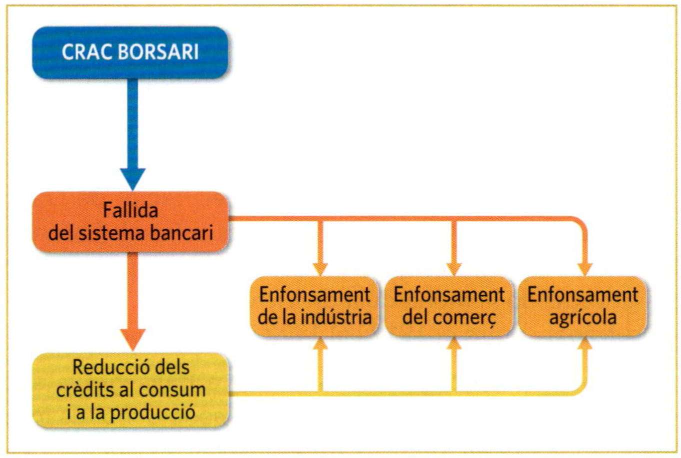

D LA MUNDIALITZACIÓ DE LA CRISI

Des dels Estats Units, la crisi bancària es va estendre a la resta del món i va provocar que immediatament el crèdit es reduís, els inversors retiressin els capitals dipositats als bancs europeus i les empreses nord-americanes disminuïssin les inversions.

A més a més, les importacions nord-americanes var caure en picat, amb la qual cosa el comerç mundial va patir una gran recessió.

La crisi dels Estats Units als anys trenta va arrossegar molts països d'Europa i de la resta del món i va provocar la fallida de bancs, el descens de la producció del comerç i l'augment de l'atur.

LA CAIGUDA DEL COMERÇ INTERNACIONAL

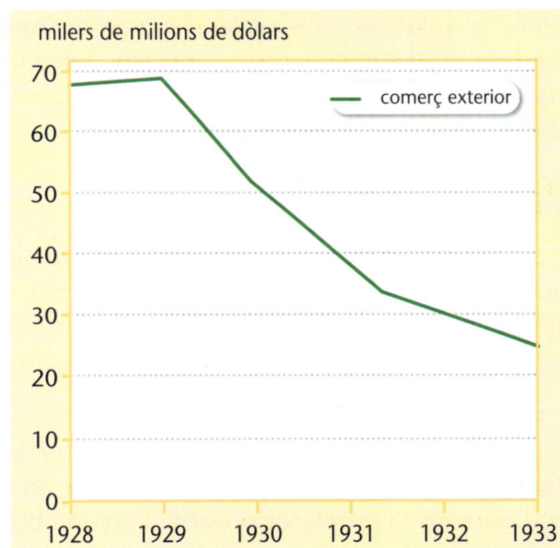

▸ Lliurament de menjar a Viena (Àustria) durant els anys trenta.

1. Què caracteritza el sistema econòmic capitalista? Per què de vegades les crisis són inevitables?
2. Com es passa de la crisi bancària o borsària a l'econòmica?
3. Com i per què es va produir la mundialització de la crisi? Quines repercussions va tenir?

Investiga

4. @ Amb la informació d'aquestes pàgines i la consulta a Internet elabora un informe sobre l'onada de prosperitat dels anys vint del segle passat als Estats Units, la crisi de la borsa i la fallida del sistema bancari.

4 La crisi de la democràcia: el feixisme italià

Itàlia fou el primer exemple d'un país europeu, amb un sistema democràtic parlamentari, en el qual les conseqüències de la Gran Guerra van provocar l'ascens d'opcions polítiques nacionalistes i autoritàries que van acabar imposant un sistema antidemocràtic i dictatorial.

Itàlia en la postguerra

Els **acords de pau** van comportar una gran decepció, perquè els aliats van acordar el lliurament a Itàlia del Trentino, de Trieste i d'Ístria, però no de la Dalmàcia i del Fiume, tot i que el Tractat de Londres (1915) establia també el lliurament d'aquests territoris veïns als italians, que els reivindicaven com a propis. A aquesta situació s'hi va sumar la **inestabilitat política**: els governs de la monarquia de Víctor Manuel III no aconseguien una majoria suficient i entre el 1919 i el 1922 se'n van succeir cinc de diferents.

D'altra banda, la guerra va deixar a Itàlia **greus seqüeles humanes i econòmiques**: van morir 700 000 persones, moltes indústries van quedar inutilitzades i l'alt deute exterior havia fet augmentar la inflació. Per a molts italians, el cost de la vida es va incrementar, mentre que els salaris reals van disminuir i el nombre d'aturats no parava de créixer.

La crisi econòmica va generar una forta **tensió social**. Al nord d'Itàlia es va originar un moviment vaguístic que, animat per l'exemple soviètic, pretenia objectius revolucionaris. Alguns pagesos van ocupar les terres dels grans propietaris i els obrers es van apropiar de moltes fàbriques. Tots aquests moviments van ser reprimits, però la por de l'esclat d'una revolució social com la que s'havia produït a Rússia va començar a preocupar les classes més conservadores.

L'ascens del feixisme

En aquesta situació de crisi va aparèixer la figura de **Benito Mussolini**, que, el 1919, va crear els **Fasci de combat**, grups paramilitars uniformats amb camises negres, amb els quals pretenia frenar l'auge del moviment obrer, a còpia d'atacar violentament els sindicats obrers i els seus líders.

El 1921, els Fasci es van transformar en el **Partit Nacional Feixista**, que es presentava com el recurs més eficaç per aturar els moviments revolucionaris a Itàlia. El seu programa es basava en la construcció d'un Estat fort, que garantís la propietat privada, i en una política exterior expansionista.

El nou partit va gaudir del suport de la petita burgesia, del finançament dels grans propietaris agrícoles i industrials i de la tolerància de l'Església catòlica i del monarca mateix , Víctor Manuel III.

En les **eleccions del 1922**, el Partit Feixista només va aconseguir 22 diputats en un Parlament de 500. Però aquell mateix any, denunciant la incapacitat del govern per mantenir l'ordre en la vaga general dels sindicats socialistes i anarquistes, Mussolini va exigir al rei que li lliurés el govern. Per mostrar la seva força va organitzar una **Marxa sobre Roma**, acompanyat per 300 000 camises negres. A l'octubre, el monarca, pressionat per les forces conservadores, el va nomenar cap del govern.

ÍNDEX DE PREUS DELS ALIMENTS I DE LA ROBA A ITÀLIA (1913=100)

Any	Aliments	Roba
1913	100,0	100,0
1914	96,2	111,1
1915	104,6	118,6
1916	154,6	191,9
1917	221,9	355,5
1918	284,9	500,7
1919	326,6	594,4
1920	443,4	990,0
1921	464,1	671,3

Programa del Partit Feixista

La nació és un organisme que agrupa totes les generacions passades, presents i futures, la síntesi dels valors materials i espirituals de la raça.

Els poders del Parlament han de ser limitats (...).

Itàlia ha de complir el seu paper de baluard de la civilització llatina al Mediterrani (...).

El feixisme reconeix la propietat privada, que és un dret i un deure (...). Es prohibirà la vaga en els serveis públics.

Programa del Partit Nacional Feixista, 1921.

Mussolini encapçala la Marxa sobre Roma, envoltat dels màxims dirigents feixistes, l'octubre del 1922.

ELS PRINCIPIS IDEOLÒGICS DEL FEIXISME

Entre el 1922 i el 1924, Benito Mussolini va dur a terme un procés de restricció de les llibertats i de persecució dels seus adversaris (socialistes, comunistes i democratacristians), però va mantenir la ficció d'un règim parlamentari.

Després de les **eleccions del 1924**, que va guanyar gràcies a la violència exercida envers els seus oponents, Mussolini va anunciar la instauració d'un **règim autoritari**.

L'Estat i el Partit Nacional Feixista van quedar totalment identificats en un règim en el qual **Mussolini** es va atribuir **plens poders**. Els partits polítics van ser prohibits, els seus líders, perseguits i empresonats, i el Parlament, substituït per la Cambra dels Fasci.

A més a més, les vagues van ser prohibides, i els sindicats, substituïts per un **sistema de corporacions** per oficis, que englobaven representants dels obrers, dels patrons i de l'Estat. També controlava l'economia, defensava una **política econòmica autàrquica** que aspirava a l'autosuficiència i donava suport a les empreses privades, amb comandes militars i fortes subvencions.

L'Estat exercia un ferri **control de la societat** a través del partit, que dirigia la vida social i dominava els mitjans de comunicació (ràdio, premsa i cinema). Es va imposar una concepció extremament conservadora de la família i del paper de la dona, i en aquesta línia Mussolini va signar un concordat amb la Santa Seu per restaurar a Itàlia totes les atribucions de l'Església catòlica.

Finalment, Mussolini va prometre la creació d'un Imperi italià que, de la mateixa manera que l'antic Imperi romà, havia de controlar la Mediterrània. Amb aquest objectiu, el 1935 va envair Etiòpia per ampliar les colònies italianes al nord d'Àfrica.

La simbologia feixista

El feixisme italià va voler emular les glòries de la Roma imperial. Així, el terme "feixisme" deriva de la paraula italiana *fascio*, que es refereix al símbol format per un feix de vares (bastons) envoltant una destral. Aquest emblema ja s'utilitzava a la Roma antiga, i representava l'autoritat.

Mussolini es va fer anomenar *Duce*, que significa "guia", "conductor", i que era la denominació dels cabdills militars romans. La mateixa salutació, amb el braç aixecat, també es feia servir a la Roma antiga.

Benito Mussolini

De família humil, educat per religiosos, va ser mestre de professió. Es va afiliar al Partit Socialista Italià (PSI). El 1914 es va declarar favorable a la guerra i es va separar dels antics companys socialistes. El seu discurs ideològic era una barreja confusa de radicalisme social i nacionalisme exacerbat.

CARACTERÍSTIQUES DEL FEIXISME

Exaltació de l'Estat per damunt de l'individu.
Nacionalisme agressiu que aspirava a l'expansió territorial. Racisme i persecució de les minories.
Rebuig del liberalisme i de la democràcia. Anticomunisme. Estat autoritari.
Intervencionisme de l'Estat en l'economia.
Culte al líder carismàtic. Obediència cega.
Legitimació de la violència i culte al militarisme.

Contra la democràcia

A més de combatre el socialisme, el feixisme ataca tot el conjunt de les ideologies democràtiques, i les rebutja (...) afirma la desigualtat irremeiable, fecunda i beneficiosa dels homes.

Només la guerra pot aixecar totes les energies humanes (...). Per tant, la nostra és una doctrina que es basa en el postulat prèviament establert que la pau és aliena al feixisme (...). El feixisme transporta aquest esperit antipacifista fins i tot a la vida dels individus (...), és un nou estil de vida italià (...).

B. MUSSOLINI: *La doctrina del feixisme*, 1932.

1. Descriu la situació d'Itàlia a la postguerra. Quins van ser els elements que van afavorir l'ascens del feixisme?
2. Què era el Partit Nacional Feixista? Qui n'era el líder? Què es proposava? Quins mètodes utilitzava?
3. Com va arribar al poder Mussolini? Quins suports va tenir per aconseguir-ho?
4. Quines van ser les característiques més destacades del règim feixista italià? Quins símbols va adoptar? Explica'n les principals actuacions de govern.
5. Valora què va significar per a la democràcia l'arribada al poder del feixisme. Contra quins principis democràtics es va posicionar?

5 Alemanya, l'ascens del nazisme

L'Alemanya de la postguerra

El 1918, després de la derrota alemanya a la Gran Guerra, el kàiser Guillem II **va abdicar** i es va proclamar la república, que va establir la seva capital a la ciutat de Weimar, i es va fonamentar en una constitució democràtica. La **República de Weimar**, dirigida per democratacristians i socialistes, va haver de fer front al descontentament d'amplis sectors de la població.

Durant els primers anys, la nova república va tenir l'amenaça de moviments revolucionaris d'esquerra (alçament de la Lliga Espartaquista o comunista) i de diversos intents de cops d'Estat de l'extrema dreta (Putsch de Munic* de les milícies nazis).

Una part del malestar provenia del fet que Alemanya havia hagut d'assumir la **derrota militar** i acceptar les dures condicions de pau imposades pels vencedors. El Tractat de Versalles acusava Alemanya de provocar la guerra, li arrabassava territoris, en reduïa l'exèrcit i li imposava fortes **reparacions econòmiques**.

A més a més, els anys de postguerra van ser per a Alemanya de **crisi econòmica, misèria i atur**. Els deutes de guerra i les reparacions van provocar una inflació alta, que va anar acompanyada d'una gran depreciació del marc. Al descontentament dels sectors nacionalistes s'hi va afegir el de les classes populars, en una greu situació de pobresa.

Hans GRUNDIG: *La marxa de la fam*, 1932.

LA CRISI ECONÒMICA A ALEMANYA

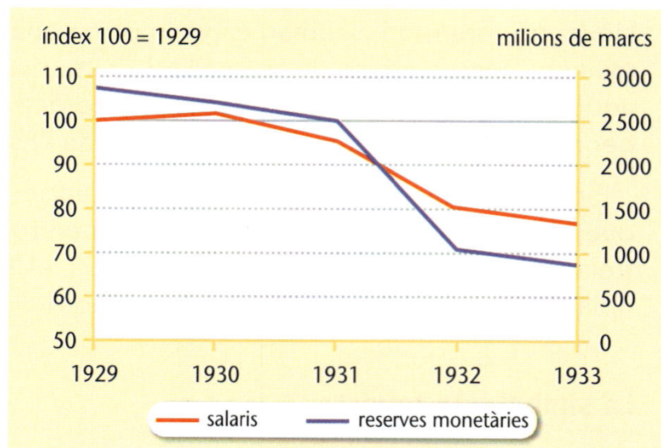

Adolf Hitler i l'aparició del Partit Nazi

Adolf Hitler era un soldat desmobilitzat de la Primera Guerra Mundial que no havia acceptat la derrota alemanya i que el 1920 va ingressar al **Partit Nacionalsocialista dels Treballadors d'Alemanya** (NSDAP), del qual es va erigir en líder indiscutible.

La seva ideologia va ser recollida al llibre *La meva lluita* (*Mein Kampf*), on va expressar el menyspreu per la democràcia parlamentària i l'odi al bolxevisme. Igualment, defensava l'antisemitisme, la superioritat de la raça ària i la necessitat de forjar un gran imperi (Reich) que unís tots els pobles de llengua alemanya.

Per captivar les classes treballadores, Hitler va fer servir la **demagògia**: va prometre feina per a tothom, reduir els beneficis industrials o millorar els salaris. En els seus discursos, va carregar durament contra els qui acusava de ser els **responsables de la crisi alemanya**: els jueus, els comunistes i els demòcrates.

El Partit Nazi va triar com a emblema la bandera vermella amb la creu gammada i es va dotar d'organitzacions paramilitars, les **Seccions d'Assalt** (SA*) i les **Seccions de Protecció** (SS*). Aquestes milícies es van oposar violentament a la república i van protagonitzar diversos intents insurreccionals; es van enfrontar amb les organitzacions d'esquerra presentant-se com una garantia d'ordre social davant l'agitació revolucionària.

El programa nazi

1. Exigim la unió de tots els alemanys per constituir una Gran Alemanya (...).
2. Exigim (...) l'abolició dels tractats de Versalles i de Saint-Germain.
3. Exigim territoris i colònies per a l'alimentació del nostre poble i per a l'establiment del nostre excés de població.
4. (...) ningú, tret d'aquells per les venes dels quals corre sang alemanya, sigui quin sigui el seu credo religiós, no pot ser membre de la nació. Per tant, cap jueu no pot ser membre de la nació.

Els 25 punts del programa del Partit Nazi, 1920 (adaptació).

L'ARRIBADA DE HITLER AL PODER

Alemanya va viure entre el 1924 i el 1929 un període de relativa millora econòmica. Ara bé, la crisi del 1929 va arrossegar molts bancs a la fallida, cosa que va provocar tancaments de fàbriques, atur i descontentament social.

Una bona part de la població es va inclinar per les propostes dels partits extremistes. Burgesos arruïnats, pagesos i obrers desesperats es van sentir atrets per les promeses nazis; els intel·lectuals i la majoria d'obrers es van decantar pel Partit Comunista.

D'altra banda, el **Partit Nazi** va començar a tenir el suport de destacades personalitats de la indústria i de les finances i a disposar d'importants ajuts econòmics. En les **eleccions del 1932**, va obtenir 13 milions de vots i, el gener del 1933, va aconseguir que el president Hindenburg nomenés **Hitler canceller**.

Per aconseguir una majoria parlamentària, Hitler va convocar noves eleccions per al març del 1933. En plena campanya electoral, els esquadrons nazis van provocar un incendi al Reichstag (Parlament) i en van acusar els comunistes. Aquest incident va servir de pretext a Hitler per eliminar els seus adversaris i exigir plens poders.

El 1934, després de la mort de Hindenburg, Adolf Hitler es va **proclamar Führer i Canceller del III Reich**.

Com va aconseguir Hitler arribar al poder?

- Va aprofitar els mecanismes de la democràcia per fer-se nomenar canceller.
- Es va presentar com a alternativa al descontentament social i a la crisi política i econòmica.
- Va emprar les seves habilitats de lideratge.
- Va presentar un programa demagògic i populista.
- Les organitzacions paramilitars nazis van imposar el terror.

Cartell nazi en què es demana el vot obrer, 1933.

Destruir la democràcia

Ens presentem a diputats per paralitzar la democràcia de Weimar amb la seva pròpia ajuda. Si la democràcia és tan estúpida que ens concedeix dietes i viatges pagats per a la nostra tasca inclement, pitjor per a ella (...).

Si en aquestes eleccions aconseguim introduir de 60 a 70 agitadors del nostre partit en diversos Parlaments, l'Estat mateix finançarà el nostre equip de combat (...). Venim com a enemics! Venim com el llop que ataca el ramat!

Article de J. Goebbels a Der Angriff, 1928.

AUGMENT DE L'ATUR I ASCENS DEL NAZISME

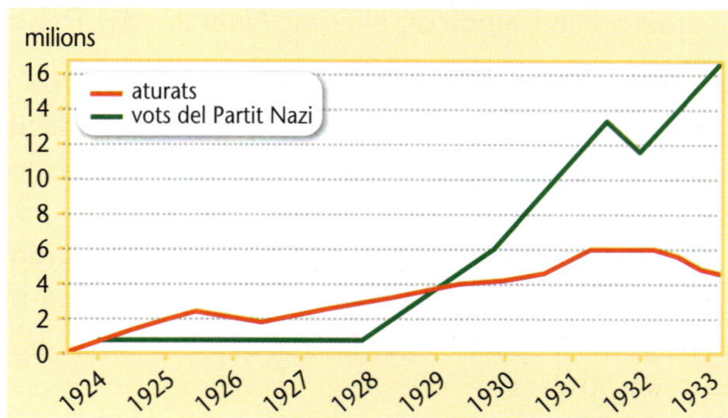

El suport del gran capital

Els dirigents de l'economia desitjaven l'arribada al poder d'un *führer* fort. (...) L'interès comú del gran capital era frenar el bolxevisme (...). Un altre interès comú era la voluntat de posar en pràctica el programa econòmic de Hitler (...).

La construcció d'autopistes a tot el Reich, la millora dels mitjans de transport (en particular, dels ferrocarrils) i un desenvolupament d'indústries com les de l'automòbil o l'aviació i els seus sectors annexos.

Declaracions del banquer Kurt von Schöder
Procés de Nuremberg, 1945-1946.

1. Què va ser la República de Weimar? Quina situació econòmica i política va haver d'afrontar?
2. Què era l'NSDAP? Qui n'era el líder? Quin era el seu ideari? Quins mètodes van utilitzar?
3. Quines conseqüències va tenir la crisi del 1929 a Alemanya? Quines repercussions polítiques se'n van derivar?
4. Com va aconseguir Hitler el poder? Quin paper va tenir en l'incendi del Reichstag?
5. Quins suports econòmics va disposar el nazisme? Per què?
6. Explica raonadament la posició del nazisme respecte a la seva participació en les eleccions i per què hi volien concórrer.

6

DESCOBREIX

El règim nazi, un sistema totalitari

En pocs mesos, els nazis van transformar Alemanya en un règim totalitari, en el qual Hitler i el Partit Nazi controlaven les institucions, la societat i els individus.

En quins principis ideològics es basava el nazisme? Com va actuar?

A UN SISTEMA TOTALITARI

A partir de l'any 1934 va començar la identificació entre el Partit Nazi i l'Estat, sota l'única autoritat de Hitler, el führer. Es **van suprimir les llibertats** i les garanties individuals. Es va decretar la **dissolució dels partits i els sindicats**. Només fou autoritzat l'NSDAP, i tots els treballadors van ser comminats a afiliar-se a l'únic sindicat, el Front Alemany del Treball.

L'Administració pública va ser depurada. La judicatura va quedar sotmesa a la voluntat del partit. La policia va ser substituïda en les seves feines de repressió per les formacions paramilitars dels nazis, fonamentalment per la SS. L'any 1934 es va crear la **Gestapo** (Policia Secreta), dirigida per Himmler i encarregada de la repressió dels opositors al règim i del control sobre l'opinió pública.

Cartell nazi dels anys trenta. "Un poble, un imperi, un führer" va ser un dels eslògans del nazisme.

El poder absolut del führer

L'Estat (...) no posseirà cap organisme representatiu que decideixi sobre cap afer pel vot de la majoria, sinó només organismes consultius que estaran sempre al costat del cap i que rebran instruccions seves.

Adolf Hitler: *Mein Kampf*, 1925.

B LA IMPOSICIÓ DE LA IDEOLOGIA NAZI

Per a l'Estat nazi, la societat alemanya havia de tenir una absoluta **unitat ideològica**. Es va crear el Ministeri de Cultura i Propaganda, que van confiar a Goebbels, perquè imposés un pensament basat en les **idees racistes** i **nacionalistes**. La ciència i la cultura (diaris, llibres, ràdio...) es van "nazificar", amb la qual cosa es va aniquilar la llibertat intel·lectual.

Es va reorganitzar i politizar el sistema educatiu: es van depurar professors d'universitats i escoles, i es va introduir la censura a les aules i als llibres de text.

El manteniment de la puresa racial de la societat alemanya va comportar la persecució i l'eliminació de tota minoria considerada inferior (gitanos, jueus, etc.) i fins i tot dels disminuïts físics o psíquics. Però la **persecució dels jueus**. va tenir una importància especial. L'any 1933 es va promulgar el boicot als negocis jueus, el 1935 es van dictar les Lleis de Nuremberg, que impedien els matrimonis mixtos i excloïen els jueus de la ciutadania alemanya, i el 1938 se'ls va obligar a portar un distintiu.

A partir del 1933 es van crear els **camps de concentració** per recloure els opositors del Reich. Socialistes, comunistes, demòcrates de tot tipus i sobretot els jueus van ser sotmesos a treballs forçats i, en part, van ser exterminats.

La crema de llibres considerats perniciosos es va convertir en un acte ritual del nazisme.

Les Lleis de Nuremberg

Convençut de la consciència que la força de la sang alemanya és la premissa de la perpetuació del poble alemany, i inspirat en la voluntat indomable d'assegurar el futur de la nació alemanya, el Reichstag ha adoptat per unanimitat la llei següent:

1. Els matrimonis entre jueus i subjectes de sang alemanya estan prohibits.
2. La relació extramarital entre jueus i subjectes de sang alemanya està prohibida.

Lleis de Nuremberg, 1935.

C AUTARQUIA ECONÒMICA I REARMAMENT

El III Reich es va proposar promoure un rellançament que fes d'Alemanya una potència econòmica mundial, preparada per encarar una guerra que es considerava inevitable. En conseqüència, la política econòmica nazi responia fonamentalment al **projectes militaristes** i expansionistes de Hitler.

L'Estat nazi va exercir un fort dirigisme econòmic, que tenia com a objectiu aconseguir l'**autarquia*** econòmica per no dependre de l'exterior i per convertir Alemanya en un Estat autosuficient. Es va donar prioritat a la indústria pesant, sobretot la d'armament, que va aconseguir un gran desenvolupament. Per fer front a l'atur, es va portar a terme un ambiciós programa d'obres públiques amb la construcció d'un gran nombre d'autopistes i altres infraestructures.

DESPESES DE L'ESTAT ALEMANY

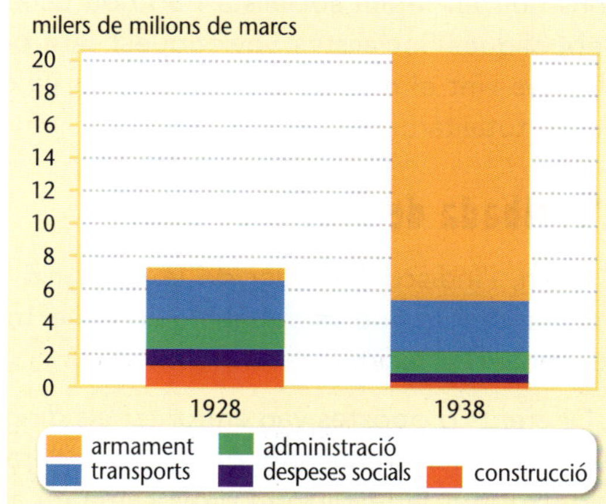

D UNA POLÍTICA EXPANSIONISTA

Hitler va vincular estretament la formulació de la superioritat racial amb la seva voluntat d'implantar un **nou ordre a Europa** fonamentat en el domini germànic. Les ambicions expansionistes requerien un exèrcit poderós i Hitler va començar una política militarista: **va reforçar l'exèrcit** amb la institució del servei militar i la creació d'un nou exèrcit, la Wehrmacht, i d'una aviació moderna, la Luftwaffe.

Amb un exèrcit poderós i una economia orientada a la guerra, Hitler es va sentir preparat per llançar-se a la construcció d'un gran imperi i a la conquesta d'un "**espai vital***" a l'est d'Europa. El camí cap a la Segona Guerra Mundial ja estava preparat.

La defensa de la guerra

Les fronteres del 1914 no tenen cap significat per al nostre futur. (...) No donaran a la nació alemanya solidaritat interna ni li subministraran aliments; des del punt de vista militar, no són adequades, ni tan sols satisfactòries (...).

Les fronteres es tracen i es modifiquen només d'acord amb la voluntat humana. El fet que una nació aconsegueixi adjudicar-se un territori que no li pertanyia (...) prova, simplement, el poder del vencedor i la feblesa dels vençuts. Aquest poder és l'única cosa que dóna dret a la possessió (...).

Adolf Hitler, 1927.

E L'ADOCTRINAMENT DE LA POBLACIÓ

Georg. Grosz: *La societat alemanya*, 1933.

El nazisme va dedicar grans esforços a enquadrar i adoctrinar la població, especialment la joventut, organitzada en les **Joventuts Hitlerianes**.

La propaganda i la por, però també l'atractiu del projecte hitlerià, que exaltava la grandesa d'Alemanya, l'orgull de la raça i un futur de progrés, va produir l'adhesió de la població i una despreocupació respecte als mètodes utilitzats pels nazis. Tot això va permetre al nazisme presentar-se davant del món com un règim incontestat que tenia el suport massiu de la població.

1. Explica les característiques principals del règim nazi i per què el definim com un règim totalitari.
2. De quina manera l'Estat nazi pretenia cohesionar la societat alemanya i imposar-hi la seva ideologia?
3. Com es perseguia l'oposició? Com aconsegueix el nazisme l'adhesió de la població?
4. Indica la relació entre l'expansionisme militar del règim nazi i la seva política econòmica.

Investiga

5. Busca informació sobre la persecució dels jueus i explica les mesures repressives que van patir fins al 1939 a l'Alemanya nazi.

7 La Unió Soviètica, la dictadura estalinista

A Rússia s'havia produït una revolució el 1917 i s'havia constituït un règim socialista i un nou Estat, l'URSS (Unió de Repúbliques Socialistes Soviètiques). Ara bé, paradoxalment, als anys vint el nou dirigent de l'URSS va construir un règim polític totalitari.

L'arribada de Stalin al poder

Lenin, l'indiscutible líder de la revolució, va morir el 1924, en un moment que es debatia quin era el millor camí per consolidar la revolució.

Diferents propostes van enfrontar els dirigents del partit, en especial Trotski i Stalin. El primer considerava que era necessari exportar la revolució i provocar-la en altres països. El segon proposava la "construcció del socialisme en un sol país", mitjançant la transformació de l'URSS en una gran potència que fos el bressol de les futures revolucions.

Stalin, que s'havia convertit en **secretari general del PCUS**, es va fer l'amo de la situació a partir del 1927 i es va convertir en el principal dirigent de l'URSS. Trotski, el seu rival, es va exiliar i el 1940 va ser assassinat per ordre del mateix Stalin.

El socialisme en un sol país

La política estalinista va imposar una **economia** i una **societat col·lectivistes**, amb l'objectiu de provocar un creixement que fes de l'URSS una gran potència industrial. Per fer-ho es van seguir aquestes directrius:

- Es va instituir una **economia planificada i dirigida per l'Estat**, que elaborava plans quinquennals per organitzar la producció agrícola i industrial. Un organisme oficial, el Gosplan, assenyalava els objectius per assolir i n'avaluava els resultats.
- Es va prohibir la propietat privada i, d'aquesta manera, les terres, les fàbriques, els bancs i els transports es van convertir en propietat estatal.

  El 1929 va començar un programa de **col·lectivització forçosa** de l'agricultura que va generar grans tensions en el camp. Les propietats col·lectives es van organitzar en dues classes d'explotacions: el **koljós**, que funcionava com una cooperativa gestionada pels pagesos, i el **sovjós**, que constituïa una granja propietat de l'Estat.
- Es va donar prioritat al **desenvolupament industrial** basat en la indústria pesant amb l'objectiu de construir les infraestructures necessàries. El resultat va ser una ràpida industrialització, però l'agricultura va patir un endarreriment considerable. A més a més, prioritzant la indústria pesant es va descuidar la producció de béns de consum, i una bona part de les necessitats de la població no van quedar cobertes.

Cartell propagandístic en què es llegeix "Stalin condueix els pobles cap al socialisme".

LA SOCIALITZACIÓ FORÇOSA DE L'URSS (%)

	1924	1928	1937
En la renda nacional	35	44	99,1
En la producció bruta de la indústria	76,3	82,4	99,8
En la producció bruta de l'agricultura	1,6	3,3	98,5
En la xifra de negocis del comerç al detall	47,3	76,4	100

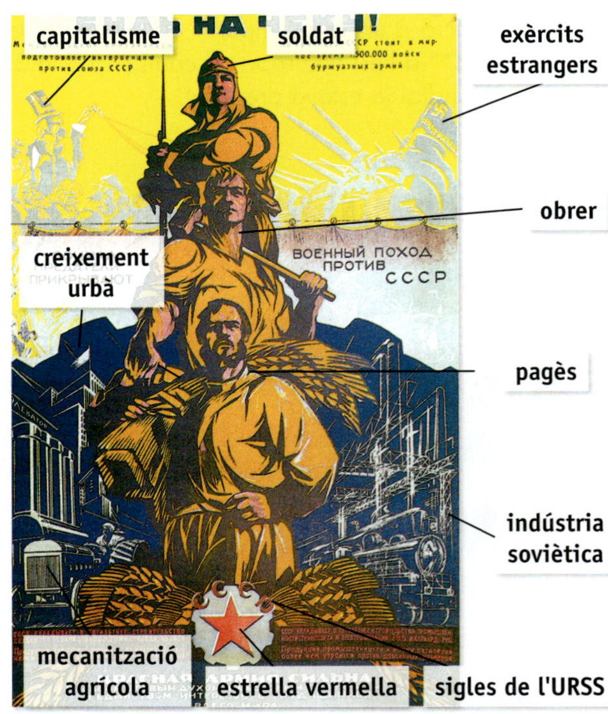

Cartell de propaganda soviètic: *El pagès, l'obrer i el soldat de l'Exèrcit Roig desafien els imperialistes*, 1932.

COM VA IMPOSAR EL SEU PODER ABSOLUT A L'URSS, STALIN?

Stalin va exercir el poder a l'URSS mitjançant una **dictadura personal** (estalinisme) allunyada dels principis que havien inspirat la revolució bolxevic.

El Partit Comunista es va consolidar com a eix vertebrador que dirigia i controlava tots els òrgans de l'Estat. Va quedar a mercè de la voluntat de Stalin.

La **pertinença al partit** es va convertir en imprescindible per ocupar qualsevol càrrec de responsabilitat i la ideologia comunista es va imposar a tota la societat.

Per consolidar el seu poder personal, Stalin va sembrar el terror arreu del país i va exercir una **dura repressió**, que va afectar tant el conjunt de la societat com els membres del Partit Comunista. Qualsevol sospitós d'oposar-se a Stalin va ser acusat d'"enemic del socialisme".

La repressió va afectar el conjunt de la societat. Van ser especialment castigats els pagesos propietaris (kulaks) que s'oposaven a la col·lectivització forçosa, però també van ser castigats els dissidents polítics i molts membres del Partit Comunista.

El 1929 es van instituir els **gulags***, una xarxa de **camps de presoners** on es recloïa els opositors al règim i se'ls obligava a fer treballs forçats.

Les purgues de Stalin

La persecució més gran va tenir lloc durant els **processos de Moscou** (1936-1938), en els quals es va depurar la majoria dels antics dirigents bolxevics que podien disputar el lideratge a Stalin, i part dels oficials de l'exèrcit.

Molts d'ells van ser executats, empresonats o deportats als camps de treballs forçats.

El culte a Stalin

El lideratge de Stalin es va reforçar mitjançant el **culte a la seva personalitat***, lloada en totes les seves actuacions i en els mitjans de propaganda del règim.

Propaganda soviètica que ens mostra nens afalagant Stalin.

La repressió als kulaks

El meu pare no volia formar part del koljós; aleshores van venir a casa nostra persones que van discutir amb ell i se'l van endur per pegar-li. Teníem un cavall, una vaca (...), cinc xais i alguns porcs. Un matí, uns desconeguts van venir a casa i se'n van emportar totes les nostres coses i els animals (...).

Ens van portar a tota la família a l'església del poblat. Al matí ens van fer posar en camí, escortats per milicians. Ens van portar a uns vagons de tren i, quan el nostre vagó va ser ple, el van tancar amb cadenat des de l'exterior. Després, el tren es va posar en marxa. Ningú no sabia cap a on anàvem.

Testimoni d'un nen deportat al gulag.

REPRESSIÓ POLÍTICA

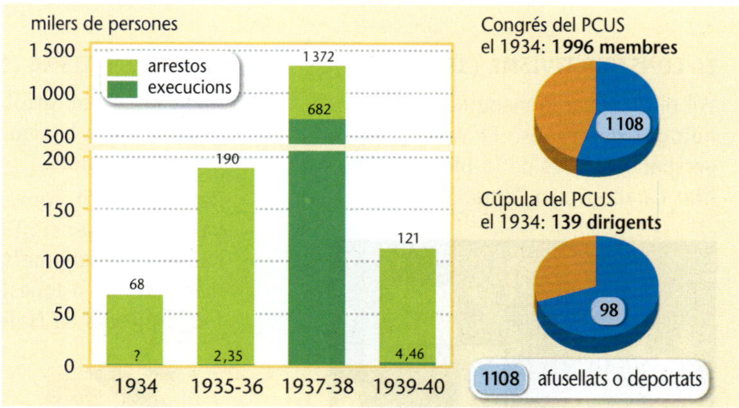

1. Què proposava Stalin en contraposició amb Trotski? Qui va aconseguir el poder?
2. Sintetitza les mesures adoptades per Stalin per transformar l'URSS en una potència industrial. Quines transformacions va viure l'agricultura i quines conseqüències se'n van derivar?
3. Explica per què l'Estat soviètic era un règim totalitari. Quines diferències penses que tenia respecte a Alemanya o Itàlia?
4. Com va imposar el seu poder Stalin? Com va tractar els qui s'oposaven a les col·lectivitzacions? Què es va decidir en els processos de Moscou?

8 L'art del període d'entreguerres

La Primera Guerra Mundial va tenir un gran impacte en la consciència de les persones. Una sensació d'esgotament i amargor, com a resultat dels grans desastres provocats pel conflicte bèl·lic, va envair els representants del món de la cultura i l'art.

Aquest descontentament va originar un gran nombre de corrents de protesta que volien arraconar l'art antic, símbol d'una societat que havia conduït la humanitat a una confrontació sense precedents.

Entre els artistes va sorgir un gran desig de denúncia social, i de buscar noves dimensions de la imaginació i de la creativitat artística. A més a més, els avenços tècnics (fotografia, cinema...) van portar artistes a plantejar-se la funció i el sentit de l'art.

A EL DADAISME

El dadaisme va començar el 1916 amb la intenció de destruir totes les convencions establertes en l'art.

La seva proposta reflectia un art il·lògic i absurd, com a reflex de la bogeria autodestructiva de l'ésser humà durant la Primera Guerra Mundial.

Els artistes dadà, com **Marcel Duchamp**, van defensar el caos davant de l'ordre i la imperfecció del seu art, i van adoptar una actitud antiracional i provocativa com a eina creadora.

Marcel DUCHAMP: *Roda de bicicleta*, 1913. Duchamp va demostrar que una obra d'art es pot fer a partir de qualsevol objecte quotidià.

B ELS CORRENTS DE L'ABSTRACCIÓ

L'abstracció va ser el corrent més innovador del segle XX. Rebutjava la pintura figurativa i la representació de la realitat. La va començar **Vasili Kandinsky** el 1910, i durant la postguerra es van desenvolupar diversos moviments abstractes, de tendència geomètrica.

EL CONSTRUCTIVISME (1913)

Vol representar la maquinària i la tecnologia modernes. El rebuig de la perspectiva i l'ús de la bidimensionalitat caracteritzen l'obra.

TORRES GARCÍA: *Constructivisme amb campana*, 1932.

EL SUPREMATISME (1913-1923)

Aquest corrent utilitzava les formes geomètriques bàsiques i una gamma reduïda de colors.

Rebutjava l'art convencional i buscava la pura sensibilitat a través de l'abstracció geomètrica. La primera manifestació d'aquest corrent artístic fou la pintura de **Malévich**.

Kasimir MALÉVICH: *Suprematisme I*, 1915.

EL NEOPLASTICISME (1917)

Es buscava la depuració formal a partir de la intersecció de les línies i els colors.

Aquest plantejament artístic, que **Mondrian** va proposar, persegueix la depuració absoluta de les formes.

Piet MONDRIAN: *Composició en vermell, groc i negre*, 1921.

C EL SURREALISME

El surrealisme va néixer el 1924 a París, influït per les teories de la psicoanàlisi de Sigmund Freud. Es va caracteritzar pel fet d'intentar plasmar, mitjançant formes abstractes o figures simbòliques, la realitat més profunda de l'ésser humà: el subconscient.

Dins del surrealisme es distingeixen dos corrents:

- L'**automatista**, que reprodueix un univers de símbols, de vegades abstractes, sorgits de l'inconscient i l'atzar; tenen com a representants a **André Masson** i **Joan Miró**.
- L'**oníric**, que recrea figurativament associacions estranyes pròpies del món dels somnis (**René Magritte** i **Salvador Dalí**).

Joan MIRÓ: *Dona amb ocell a la llum de la lluna*, 1949.

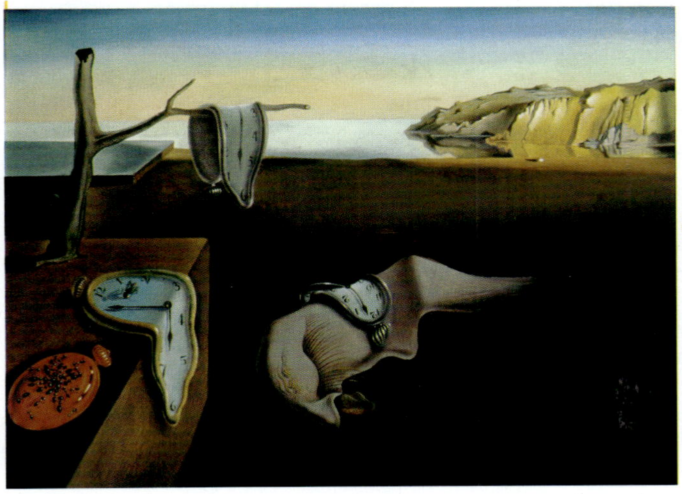

Salvador DALÍ: *La persistència de la memòria*, 1931.

FITXAART @

Busca a Internet informació sobre aquesta obra

a) **Identificació.** Situa cronològicament i geogràficament l'autor i l'obra. A quin corrent pertany?

b) **Descripció.** Què s'hi representa? Com ho simbolitza? Quines tècniques fa servir?

c) **Valoració.** Explica què destacaries d'aquesta obra i quines emocions o sentiments et produeix.

D LA NOVA OBJECTIVITAT

La terrible situació d'Alemanya després de la Primera Guerra Mundial va tenir el seu impacte en el món de la cultura i l'art i els artistes dels anys vint van proposar un art tremendament agressiu i carregat d'una **crítica ferotge** contra la societat i les institucions del poder.

Aquesta tendència va reprendre l'estètica expressionista, i va fer servir un detallisme meticulós i punyent per mostrar i denunciar les atrocitats causades per la Primera Guerra Mundial.

Els principals representants d'aquest corrent van ser els alemanys **Georg Grosz** i **Otto Dix**.

Otto DIX: *El venedor de llumins*, 1920.

1. Què és el dadaisme? En quin sentit l'obra de Duchamp ataca les convencions artístiques?
2. En què consisteix l'art abstracte? Quins corrents hi ha? Quines característiques tenen cada una?
3. Què és el surrealisme? El surrealisme pot ser abstracte?

Aprecia l'art

4. Com va influir la Gran Guerra en els corrents artístics? Quins sentiments i sensacions va generar en els artistes?
5. Observa la pintura d'Otto Dix. Descriu-la i explica quin missatge vol transmetre l'autor.
6. Identifica en aquest tema i en l'anterior quadres del corrent de la nova objectivitat i analitza el missatge que transmeten.

COMPLETA EL MAPA CONCEPTUAL

Amb la informació del tema, completa al quadern l'esquema següent:

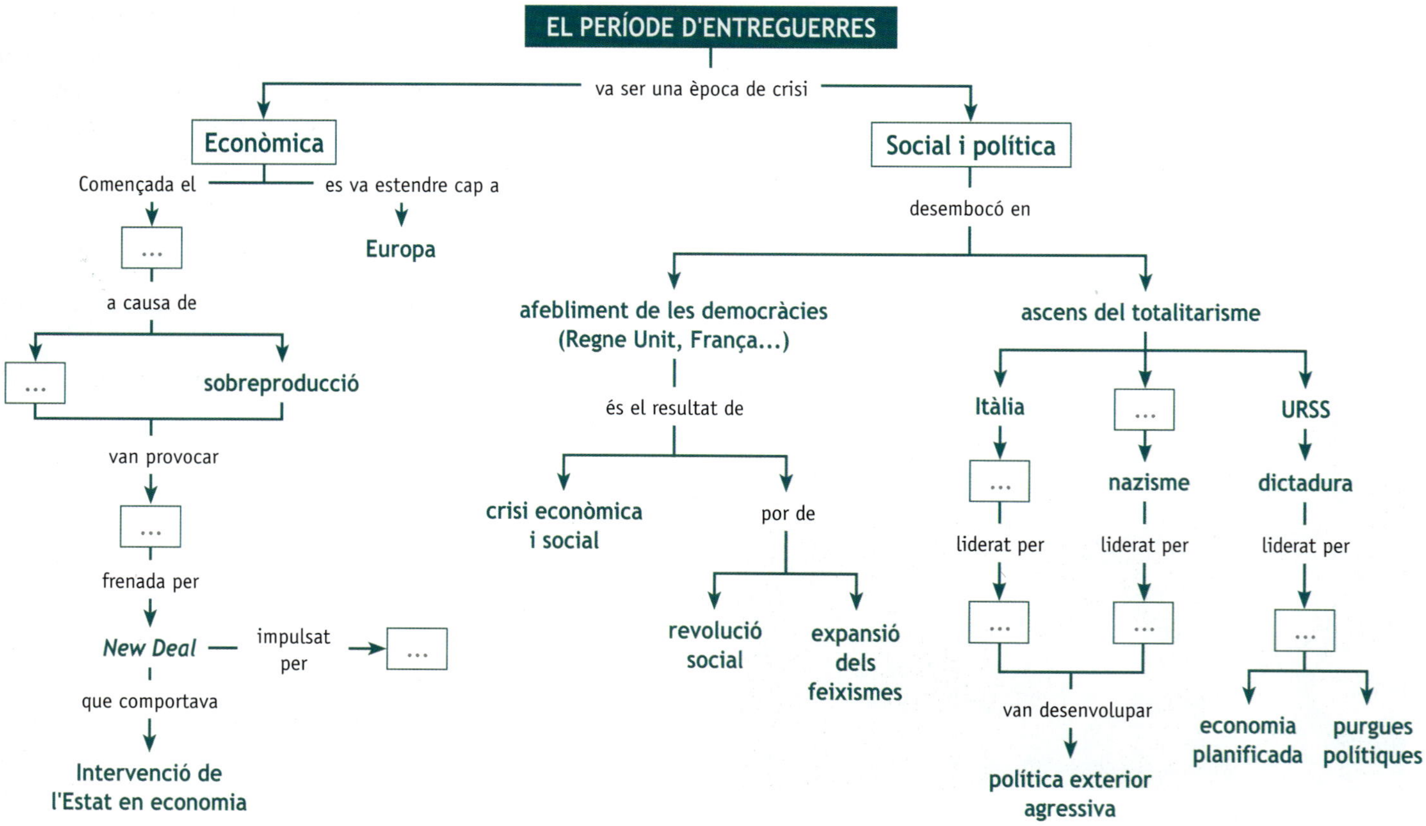

1 CONSOLIDA EL QUE HAS APRÈS

a) Què entenem pels feliços anys vint? Quin esdeveniment va posar fi a aquesta dècada de prosperitat? Què va ser la Gran Depressió? Com es va intentar superar?

b) Què és el feixisme? Quines característiques presenta? Com s'ho va fer Benito Mussolini per aconseguir tot el poder?

c) Quines circumstàncies van afavorir a Alemanya l'ascens al poder d'Adolf Hitler? Quines són les idees fonamentals del nazisme?

d) Quins aspectes ideològics del nazisme i de la seva política econòmica van preparar el camí cap a la Segona Guerra Mundial?

e) Com va aconseguir Stalin arribar al poder a la URSS? Quines característiques va tenir el règim estalinista?

2 DEFINEIX CONCEPTES CLAU

- nacionalisme
- totalitarisme
- "espai vital"
- dictadura
- sobreproducció
- nazisme
- feixisme
- especulació borsària
- depressió econòmica
- bombolla especulativa

3 IDENTIFICA ELS PERSONATGES

- Franklin D. Roosevelt
- John M. Keynes
- Benito Mussolini
- Adolf Hitler
- Paul von Hindenburg
- Iósif Stalin

4 EXPLICA LES DIFERÈNCIES

- duce / führer
- propaganda / adoctrinament
- Partit Nazi / SS
- col·lectivització / kulaks

CONTESTA LA PREGUNTA INICIAL

Per què els anys entre el 1918 i el 1939 van ser temps de crisi econòmica, social i política?

APRÈN A... COMENTAR UNA PEL·LÍCULA @

Títol: *L'onada (Die Welle)*.

Guió i direcció: Dennis GANSEL.

Repartiment: Jürgen Vogel, Max Riemelt, Jennifer Ulrich, Jacob Matschenz, Frederick Lau.

País: Alemanya.

Any: 2008.

Gènere: Drama.

Duració: 107 minuts.

L'argument de la pel·lícula

La trama es basa en una novel·la de Morton Rhue, fonamentada en un cas real. Se situa en un institut d'ensenyament mitjà d'una ciutat alemanya. El professor Rainer Wenger proposa als estudiants que facin una activitat sobre el totalitarisme com a forma de govern.

Els estudiants estan farts de discutir sobre el nazisme, un tema perenne a les escoles alemanyes. Davant la pregunta del professor "Així que no penseu que a Alemanya sigui possible una altra dictadura?", els estudiants es mostren escèptics i no creuen que la tornada del nacionalsocialisme sigui un perill real.

Aleshores, el professor decideix començar un experiment amb els alumnes amb el qual pretén demostrar com n'és, de fàcil, manipular les masses.

1. Presentació

- Justifica per què la pel·lícula està enquadrada en el gènere dramàtic.
- Què en saps, del director de la pel·lícula? Entra a la pàgina web www.tiching.com/748119 i llegeix l'entrevista que li fan al director, Dennis Gansel. Explica quines raons van fer que s'interessés pel tema del nazisme i quin objectiu es va proposar a l'hora de rodar aquesta pel·lícula.

2. Anàlisi

- Elabora una breu sinopsi de l'argument de la pel·lícula.
  - Escriu un subtítol per a la pel·lícula que reveli el missatge que conté.
  - Tria'n algunes escenes significatives i explica la intenció del director.
  - Descriu minuciosament la personalitat, les raons que els mouen a adherir-se a "L'onada" i l'evolució al llarg de la pel·lícula dels personatges següents: el professor Wenger, Tim, Marco, Lisa, Karo, Sinan i Bomber.
  - Quines raons argumenten les noies (Mona i Karo) per no participar en l'experiment del professor?
  - Què penses de la uniformitat en els vestits? Reflexiona sobre l'escena en què Tim crema la seva roba anterior.
  - En quin moment el professor s'adona que l'experiment se li ha escapat de les mans? Com intenta resoldre el problema? Et sembla que ho aconsegueix? Per què Tim s'acaba suïcidant quan l'experiment s'acaba?

3. Context històric

- Explica, a través de les escenes de la pel·lícula, els elements que faciliten la implantació d'una dictadura.
  - Quin missatge educatiu volia transmetre el professor als seus alumnes amb l'experiment? Diries que ho va aconseguir? Raona la teva resposta.

4. Conclusions

- Què hauries fet tu per frenar "L'onada"?
  - Recomanaries aquesta pel·lícula a un amic? Per què?

RAONA HISTÒRICAMENT

Argumenta. Quins principis del nazisme expressa l'eslògan "Un poble, un imperi, un führer"? I el lema del feixisme "Mussolini sempre té raó"

Empatia. Situa't en l'època i pensa quines raons et podrien portar a donar suport a la política expansionista de Hitler i quines a oposar-t'hi.

Causalitat. Determina la situació d'Europa després de la Gran Guerra i els problemes (no resolts) que van incidir en un nou conflicte bèl·lic. Organitza't en funció d'aquests dos elements:

- Ideologia: crisi de les democràcies.
- Desequilibris econòmics.

1 Fonts documentals. La política del *New Deal* als Estats Units

La nostra tasca prioritària és fer que la gent torni a treballar. Això es pot aconseguir mitjançant un reclutament directe del govern. (...) Nosaltres podem facilitar que aquest objectiu s'aconsegueixi apujant el preu dels productes agrícoles i, gràcies a això, la capacitat adquisitiva dels agricultors. (...) Ho podem facilitar unificant les ajudes a les víctimes de la crisi. (...) Ho podem facilitar planificant i supervisant a escala nacional totes les formes de transport, de comunicacions i de serveis que tenen clarament un caràcter d'interès públic (...).

Finalment, en el nostre camí cap a la plena ocupació necessitarem dur a terme tres mesures destinades a prevenir un retorn als mals temps passats: hi haurà d'haver una estricta vigilància de totes les activitats bancàries, financeres i d'inversions; caldrà limitar les activitats dels qui especulen amb els diners dels altres; i caldrà assegurar-se que la nostra divisa sigui aviat adequada i sanejada. (...)

Primer discurs de F. D. Roosevelt com a president, 1933.

a) Identifica l'autor del discurs. Quan el va fer?

b) Quina política econòmica i social proposa? En quines teories econòmiques s'inspira?

c) Identifica alguns dels trets essencials d'aquesta política econòmica.

d) A quina situació pretenia fer front? Quines van ser les causes que van originar la situació de crisi dels anys trenta del segle XX?

e) Valora si les mesures que va portar a terme Roosevelt et semblen adequades en cas de crisi econòmica. Justifica la resposta.

2 Anàlisi. El crac del 1929

LES CAUSES DE LA CRISI DEL 1929

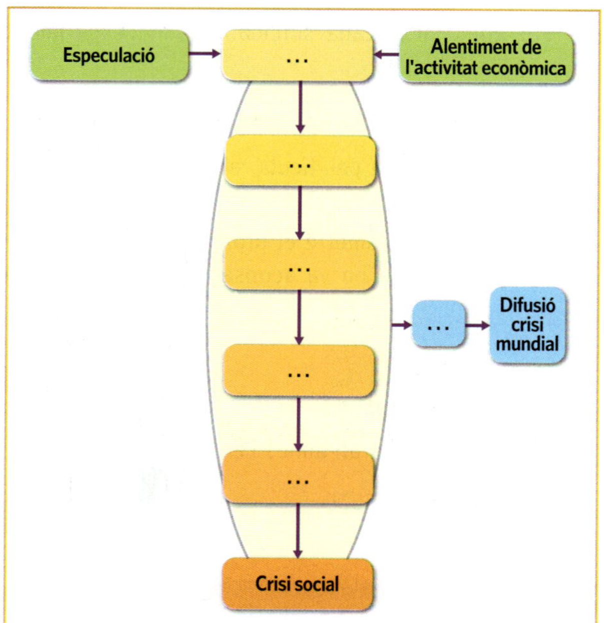

a) Completa l'organigrama amb els conceptes següents: crisi de liquiditat, augment de l'atur, crisi econòmica, reducció de les importacions, enfonsament de la borsa, fallides bancàries.

b) Explica de quina manera aquesta crisi va acabar desencadenant una recessió en l'economia mundial.

3 Espai i temps. Indústria i treballs forçats

LA INDUSTRIALITZACIÓ SOVIÈTICA (1928-1939)

a) Quines eren les regions industrials de l'Imperi rus abans del 1928? Quines noves zones es van desenvolupar durant l'etapa estalinista? Quins sectors industrials es van potenciar?

b) Què eren els camps de treball o gulags? On es van instal·lar? Quina funció tenien?

c) Quines feines es van confiar als presos polítics? Elabora una síntesi del procés d'industrialització rus a la primera meitat del segle XX.

4 Fonts documentals. L'educació nazi

Farem créixer un jovent davant el qual el món tremolarà. Un jovent violent, orgullós, intrèpid, cruel. Així és com el vull. Sabrà suportar el dolor. No tindrà gens de feblesa o tendresa. Vull que tingui la força i la bellesa de les feres joves (...).

A. HITLER: *Mein Kampf*, 1924.

Il·lustració d'un llibre escolar alemany del 1936.

a) Descripció. Com mostra el dibuix els aris i els jueus? Quina és l'actitud dels aris? I la dels jueus? Com descriu Hitler a *Mein Kampf* la joventut?

b) Anàlisi. A quina forma de comportament amb els jueus incita el dibuix? Com els reflecteix? Quins objectius pretenia aquesta propaganda antisemita i racista? Quines conseqüències va tenir en la manera de pensar de la població?

5 Fonts iconogràfiques. El feixisme italià

Itàlia durant els anys trenta.

a) Descripció. Descriu la fotografia, els personatges que hi apareixen i la pintada a la paret.

b) Anàlisi. Relaciona tots aquests elements amb el feixisme italià i la seva ideologia.

WWW. ESPAI WEB

6 Treball de reflexió. Racisme

Al llarg de la història hi ha hagut una gran quantitat de mostres de racisme que sostenen actituds d'intolerància, separació, segregació, discriminació i odi.

Sovint, el racisme recolza en falses teories científiques que pretenen demostrar la superioritat d'unes races sobre les altres.

Consulta la pàgina web sobre el memorial de l'Holocaust a www.tiching.com/748120 i contesta:

a) Com definiries el racisme? I l'antisemitisme? Quins experiments pseudocientífics va desenvolupar el nacionalsocialisme alemany per justificar la teoria de la superioritat de la raça ària?

b) Quins mètodes de propaganda van utilitzar els nazis per difondre les seves teories racials entre la població?

c) Algunes persones van ajudar els jueus a amagar-se i a escapar de la persecució. Busca a la pàgina web el cas del ciutadà George Mandel i explica quina actuació va tenir. Coneixes cap cas semblant d'ajuda als jueus perseguits?

A continuació reflexionarem sobre el racisme i la xenofòbia en la societat actual:

a) Què entens per xenofòbia? Penses que hi ha actituds racistes o xenòfobes en la societat actual? Posa'n algun exemple.

b) Busca a la premsa o a Internet algun fet que mostri actituds racistes o xenòfobes. Quina creus que n'és la causa?

c) Com es podrien eradicar aquestes actituds? Com pot contribuir l'educació a una tolerància més gran? Què podríem fer des del nostre centre escolar?

REPTES A LA XARXA

MINIUNITAT VISUAL: Un recorregut per la història del Partit Nazi.

ACTIVITATS AUTOCORRECTIVES: Resol aquestes activitats i repassa el que has après.

www.vvd.link/012138/8

9 Crisi de la Restauració, Segona República i Guerra Civil (1902-1939)

Per què a la dècada del 1930 hi va haver una guerra civil?

Alfons XIII (1902-1931) · **Dictadura de Primo de Rivera** (1923-1930) · **Segona República** (1931-1936): **Bienni reformista**, **Bienni conservador** · **Guerra Civil** (1936-1939)

1902 1907 1908 1909 1910 1911 1912 1913 1914 1915 1916 1917 1918 1919 1920 1921 1922 1923 1924 1925 1926 1927 1928 1929 1930 1931 1932 1933 1934 1935 1936 1937 1938 1939

- **1902** Majoria d'edat d'Alfons XIII
- **1907** Triomf de Solidaritat Catalana
- **1909** Setmana Tràgica
- **1910** Canalejas inicia el reformisme liberal. Fundació de la CNT
- **1914** Creació de la Mancomunitat de Catalunya
- **1917** Ampli moviment de protesta
- **1921** Assassinat de Dato. Desastre d'Annual
- **1923** Cop d'Estat de Primo de Rivera
- **1925** Desembarcament d'Alhucemas
- **1930** Pacte de Sant Sebastià
- **1931** Proclamació de la Segona República. Constitució de 1931
- **1932** Reforma agrària. Estatut de Núria
- **1934** Revoltes a Astúries i Catalunya
- **1936** Eleccions: Triomf del Front Popular
- **17-18 Juliol 1936** Cop d'Estat. Inici Guerra Civil
- **1938** Batalla de l'Ebre
- **1 Abril 1939** Fi de la guerra

Cel·lebració de l'aprovació de l'Estatut d'Autonomia del 1932 a la plaça Sant Jaume de Barcelona.

Els problemes del règim de la Restauració es van agreujar de manera progressiva durant les primeres dècades del segle XX, tot i que a Catalunya les reivindicacions catalanistes van aconseguir la creació de la Mancomunitat.

El 1923 el general Primo de Rivera va instaurar una dictadura que va desprestigiar la monarquia d'Alfons XIII. La crisi de la dictadura, el 1930, va comportar un profund canvi polític.

El 1931 es va proclamar la Segona República, que va emprendre un programa de reformes. Per a Catalunya, la República va significar la instauració d'un govern autònom, la Generalitat.

La resistència dels sectors més conservadors a les reformes republicanes van acabar desembocant en un cop d'Estat el juliol del 1936, que va donar lloc a una cruenta guerra civil (1936-1939).

Què en sabem?

- Identifica a l'eix les grans etapes del primer terç del segle XX.
- Quin esdeveniment recull la fotografia? Què va significar per a Catalunya?
- Quin conflicte va posar fi a la Segona República? Quina transcendència penses que va tenir?

PREGUNTA CLAU

1 Per què el sistema de la Restauració va entrar en crisi?

Alfons XIII va començar a regnar el 1902, quan el van declarar major d'edat, fet que va coincidir amb una forta crisi provocada pel desastre del 98.

Els partits dinàstics (conservadors i liberals) van emprendre reformes regeneracionistes, però el sistema de la Restauració va ser incapaç de democratitzar realment la vida política i de fer-hi cabre l'oposició. Alhora, la conflictividad social creixia.

Quines circumstàncies van coincidir perquè la Restauració entrés en crisi? Quins van ser els actors socials i polítics que van reclamar més protagonisme?

Joaquín SOROLLA: *Alfons XIII*, 1907.

A UNES REFORMES INSUFICIENTS

Els governs d'Alfons XIII van mirar d'establir algunes mesures per regenerar el país. Des del **Partido Conservador**, Antoni Maura va emprendre "la revolució des de dalt", amb petites mesures de reforma fiscal i de regulació del dret de vaga.

Per la seva banda, el **Partido Liberal**, de José Canalejas, va intentar reduir la influència de l'Església en la vida pública i en l'educació i va introduir les primeres lleis de protecció social dels treballadors. Per atendre les demandes del catalanisme, l'any **1914** es va constituir la **Mancomunitat de Catalunya**, un primer pas en la descentralització de l'Estat.

Amb tot, el caciquisme i la manipulació de les dades electorals continuaven afeblint el sistema, colpit també per fets com ara la Setmana Tràgica i l'assassinat de Canalejas.

La política corrupta de la Restauració

La política no és entre nosaltres el servei a la pàtria, sinó un ofici lucratiu (...); no és una lluita d'ideals, sinó una batussa moguda pels interessos més mesquins i egoistes.

Una conseqüència d'aquesta misèria moral i intel-lectual de l'ambient polític espanyol és el creixent retraïment d'aquells esperits sans i actius que no han volgut posar el cabal de les seves energies al servei de la corrompuda política professional, amb la qual cosa s'ha produït una selecció a la inversa, que ha abandonat els interessos públics a les mans més indignes.

*José Ortega y Gasset a la Lliga d'Educació Política,*1913.

B L'ENFORTIMENT DE L'OPOSICIÓ

Els grups de l'oposició al sistema van adquirir més protagonisme:

- Els **republicans** van crear la coalició Unió Republicana, que va anar augmentant la seva força electoral. El seu líder, Alejandro Lerroux, tenia un discurs populista i extremista, amb què va aconseguir molts seguidors entre els obrers catalans.
- El **socialisme** es va enfortir al País Basc, a Astúries i a Madrid, i Pablo Iglesias va aconseguir l'acta de diputat el 1910. Al començament del 1921 va arribar a 58 000 afiliats, però aquell mateix any els sectors més revolucionaris es van escindir i van crear el Partido Comunista de España (PCE).
- Els **nacionalismes** van consolidar l'ascens electoral per mitjà de la Lliga Regionalista a Catalunya i del Partit Nacionalista Basc al País Basc.

Caricatura d'Alejandro Lerroux al setmanari *¡Cu-Cut!*, 1905.

Míting de Pablo Iglesias a Madrid.

L'auge de l'obrerisme

El sindicalisme va augmentar l'afiliació obrera i la capacitat de pressió mitjançant les vagues. El 1910 es va crear la **Confederació Nacional del Treball (CNT)**, un sindicat anarquista que en pocs anys va estendre la seva influència entre el proletariat, sobretot a Andalusia i a Catalunya. El 1919 la CNT va arribar a tenir uns 700 000 afiliats, i el **sindicat socialista UGT**, uns 211 000.

C LA REVOLTA DEL 1909: LA SETMANA TRÀGICA

L'any 1909 l'oposició al reclutament de soldats ja llicenciats per a la Guerra del Marroc va fer desencadenar una revolta popular a Barcelona, coneguda com la **Setmana Tràgica**.

L'aixecament va comportar un esclat espontani, antimilitarista i anticlerical, resultat de totes les tensions socials acumulades durant moltes dècades. Va ser aixafat per l'exèrcit i la repressió va ser desproporcionada (afusellament del pedagog i lliurepensador Ferrer i Guàrdia).

Els fets del 1909 van ser un cop dur per al sistema polític de la Restauració i per als partits dinàstics, perquè van provocar la condemna de l'opinió pública i la dimissió del president del govern, el conservador Antoni Maura.

Com a resultat d'aquesta situació, el rei va encarregar formar nou govern a Canalejas, del Partido Liberal. El 1912, però, l'assassinat de Canalejas a mans d'un anarquista va obrir una etapa d'inestabilitat que va conduir novament els conservadors al poder.

Contra la guerra del Marroc

L'Assemblea protesta enèrgicament:

1. Contra l'acció del govern espanyol al Marroc (...).
3. Contra l'enviament a la guerra de ciutadans útils per a la producció i, en general, indiferents al triomf de la creu sobre la mitja lluna (...).

I compromet la classe obrera a concentrar totes les seves forces per si calgués declarar la vaga general per obligar el govern a respectar els drets que tenen els marroquins a conservar intacta la independència de la seva pàtria.

Moció de l'Assemblea Obrera de Terrassa, 21 de juliol de 1909.

D LA CRISI DEL 1917

El descontentament va esclatar el 1917 en diversos àmbits:

- Les **forces polítiques** no estaven d'acord amb la manera de governar del conservador **Eduardo Dato**, perquè dissolia amb una gran freqüència les Corts i governava per decret llei. Grups de l'oposició (Assemblea de Parlamentaris a Barcelona) van exigir la dimissió del govern i la convocatòria de Corts constituents.
- Diversos **sectors de l'exèrcit** protestaven contra el sistema d'ascens que afavoria els militars que participaven en les campanyes del Marroc (africanistes), i alguns militars van organitzar juntes de defensa i es van oposar a la política del govern.
- Amb l'empitjorament de les condicions de vida resultant de la pujada dels preus, els sindicats CNT i UGT van convocar una **vaga general revolucionària**.

Tot i que el govern va poder reprimir les vagues i pactar amb els militars i els polítics, es van fer evidents una greu crisi del sistema de torn de partits i la necessitat d'una renovació política profunda.

L'IMPACTE ECONÒMIC DE LA PRIMERA GUERRA MUNDIAL A ESPANYA

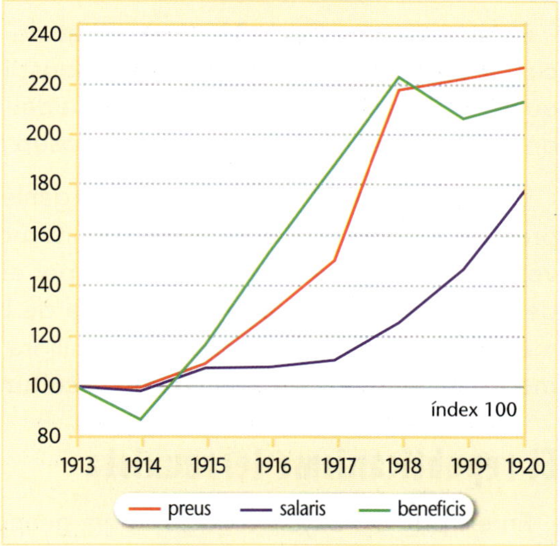

1. En què van consistir el reformisme conservador i el reformisme liberal? Com es van atendre les demandes del catalanisme?
2. Quins eren els principals grups de l'oposició? Penses que compartien els mateixos objectius?
3. Valora què tenen en comú i què de diferent els fets del 1909 i els del 1917. Per què van fer evident la crisi del sistema polític de la Restauració?

Argumenta la resposta

4. Contesta la pregunta clau fent referència als aspectes següents: incapacitat dels partits dinàstics per democratitzar el sistema polític, marginació de l'oposició, increment de la conflictivitat obrera i descontentament de l'exèrcit. Fes un escrit que ocupi una pàgina.

2 Catalunya al primer terç del segle XX

La població. La primera allau migratòria

Durant el primer terç del segle XX la població catalana va créixer considerablement: l'any 1900 hi havia 1,9 milions d'habitants, i l'any 1930 es va arribar a 2,7 milions. Gran part d'aquest creixement es devia a l'emigració i va engrossir la classe treballadora. Procedien majoritàriament de les comunitats autònomes actuals de Múrcia, Aragó i València i de la província d'Almeria i van venir a treballar a les fàbriques o a les infraestructures (pantans, electrificacions, metro, etc.).

Paral·lelament, es va incrementar la tendència del segle anterior a l'**èxode rural** de les zones de l'interior i les zones agràries catalanes cap a les zones urbanes i industrials, de manera que el 1930 només treballava en l'agricultura el 26,6% de la població activa, la meitat de la mitjana espanyola. Aquests moviments de població van fer créixer ciutats, especialment Barcelona, i els nuclis de població que tenia a la vora (l'Hospitalet, Badalona, Sabadell, etc.).

EL CREIXEMENT MIGRATORI A CATALUNYA

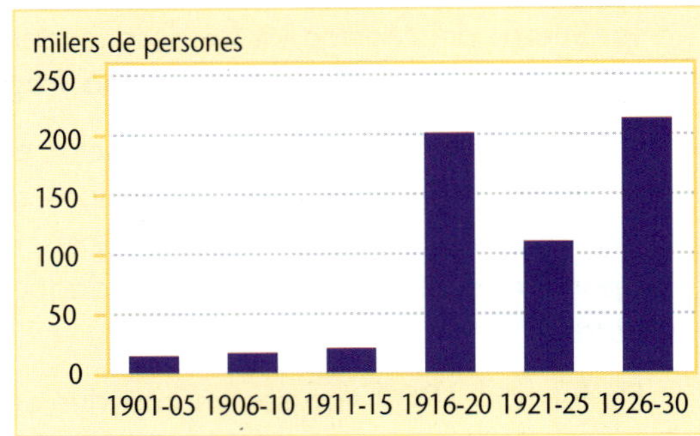

El creixement del catalanisme: la Mancomunitat

Als primers anys del segle XX la **Lliga Regionalista**, que reclamava l'autonomia política per a Catalunya, va ser el partit hegemònic del catalanisme. L'any 1907 va tenir lloc la primera gran victòria electoral del catalanisme amb el triomf de **Solidaritat Catalana**, que agrupava totes les forces polítiques de Catalunya llevat dels lerrouxistes i dels partits dinàstics. El 1907 el dirigent de la Lliga **Enric Prat de la Riba** va ser elegit president de la Diputació de Barcelona.

El 1914, es va crear la **Mancomunitat de Catalunya** com a institució de govern que agrupava el pressupost i les competències de les quatre diputacions. El primer president de la Mancomunitat fou Prat de la Riba, que va succeir l'any 1917 **Josep Puig i Cadafalch**.

La Mancomunitat va ser el primer organisme de poder català després del 1714, tot i que tenia atribucions molt limitades. Va crear **noves infraestructures** i **serveis públics** per estimular la modernització de l'economia catalana (pla de millora de la xarxa viària, dels sistemes postal i telefònic i projecte de millora agrària). A més, va **promoure la llengua, l'ensenyament** i la **cultura catalanes**.

La Mancomunitat va donar suport a l'Associació Protectora de l'Ensenyança Catalana.

L'obra cultural de la Mancomunitat

Per difondre la llengua i la cultura catalanes, la Mancomunitat va crear:

- Escoles Experimentals i els estudis normals per formar mestres.
- La Junta de Museus i el Servei de Conservació i Catalogació de Monuments.
- Biblioteques públiques; a més, la Biblioteca de Catalunya va obrir les portes al públic.

Per normalitzar l'ús del català, l'Institut d'Estudis Catalans va encarregar a Pompeu Fabra el projecte d'estandarditzar l'ortografia de la llengua catalana.

El republicanisme lerrouxista

En els primers anys del segle XX va guanyar força entre els obrers barcelonins, desil·lusionats amb altres partits polítics, emigrants i classes mitjanes, el **republicanisme** que liderava **Alejandro Lerroux**. El lerrouxisme tenia un discurs populista, revolucionari i anticlerical. A més, hi afegia un fort component anticatalanista i aspirava a fer de contrapès de la creixent influència de la Lliga Regionalista.

Ara bé, la incapacitat de Lerroux de liderar el moviment popular l'any 1909, durant la Setmana Tràgica, i la influència creixent de l'anarquisme entre els obrers li van fer perdre molts suports. Lerroux es va traslladar a Madrid, on va fundar el **Partido Republicano Radical** (1908) i va moderar el seu discurs ideològic.

Caricatura del *¡Cu-Cut!* que presenta Lerroux com a "cabdill de la púrria urbana", 1904.

LA CONSOLIDACIÓ D'UN NOU MOVIMENT OBRER

Les desigualtats generades per la industrialització i el fet que el nombre de treballadors creixés enormement a les primeres dècades del segle XX va fer que la societat catalana visqués una època de forta conflictivitat social. Les organitzacions obreres cada cop tenien més força i s'organitzaven de manera independent dels partits polítics.

Un fet rellevant va ser la creació de **Solidaritat Obrera**, una federació d'organitzacions obreres que reunien sindicalistes, anarquistes, i, en menys quantitat, socialistes, convençuts que calia unir esforços. El 1910 es va fundar a Barcelona el sindicat anarquista **Confederació Nacional del Treball** (**CNT**), que va créixer imparablement fins que l'any 1919 va arribar a 400 000 afiliats a Catalunya i es va convertir en el gran sindicat obrer català. Era un sindicat que volia millorar les condicions salarials i laborals dels obrers mitjançant les vagues i aspirava a fer una revolució social.

Els anarquistes, els socialistes i els republicans van fomentar la creació d'**ateneus obrers** per difondre l'ensenyament i la cultura entre els treballadors. S'hi desenvolupaven activitats assistencials, lúdiques i educatives, i van contribuir a formar una cultura popular i pròpia diferent de la de la burgesia.

ASSASSINATS A BARCELONA PER MOTIUS POLÍTICS I SOCIALS (1916-1923)

Any	Patrons	Gerents, directors i encarregats	Agents de l'autoritat	Obrers	Total
1916	–	1	–	1	2
1917	2	–	–	3	5
1918	4	3	–	6	13
1919	–	3	5	7	15
1920	8	4	1	26	39
1921-23	9	13	2	128	152
Total	23	24	8	171	226

Capçalera dels inicis del diari *Solidaridad Obrera*.

Una organització pròpia

(...) Els explotats no podem tenir una causa comuna amb els qui ho tenen tot, amb els qui ho manen tot i que són els nostres explotadors; sinó que, en conseqüència, hem d'agrupar-nos en defensa pròpia fins a arribar a la possessió de la força (...).

Com a classe obrera només podem tenir un objectiu comú, que és defensar els nostres interessos; i només ens pot unir un ideal: la nostra emancipació econòmica, que ha de transformar el règim capitalista actual, basat en l'explotació de l'home (...).

Manifest de Solidaritat Obrera, 1907.

Portada de *La Vanguardia* de 1919 que informava dels enfrontaments de la vaga de la Canadenca.

Els anys del pistolerisme (1919-1923)

L'any 1919 hi va haver un moviment vaguístic important que s'inicià amb la vaga a l'empresa d'electricitat La Canadenca, que va paralitzar el 70 % de la indústria. Va durar un mes i mig i la patronal va acceptar reduir la jornada a 8 hores, apujar els sous, alliberar els detinguts i readmetre els treballadors despatxats.

L'incompliment d'aquests acords va tornar a portar a la vaga i la lluita sindical va degenerar en un activisme violent contra les autoritats i els patrons, que s'hi tornaven fent servir les forces de l'ordre i "pistolers privats" per atemorir els obrers.

1. Explica l'evolució de la població catalana a les primeres dècades del segle XX i les raons del creixement.
2. Quin era el partit hegemònic del catalanisme en aquest període? Què va ser Solidaritat Catalana? Quins resultats electorals va aconseguir? Explica com es va crear la Mancomunitat de Catalunya i quina va ser la seva actuació.
3. Què va ser el lerrouxisme? Valora l'èxit que va tenir.
4. Sintetitza la situació del moviment obrer a Catalunya al començament del segle XX i explica en què va consistir el moviment anarcosindicalista. Què eren els ateneus obrers?
5. En què va consistir la vaga de La Canadenca? Quines conseqüències en van derivar? Observa el quadre anterior i analitza els resultats del pistolerisme. Qui en van ser els més perjudicats?

3 La dictadura de Primo de Rivera

DESCOBREIX

El 1923 a la incapacitat dels partits dinàstics de reformar el sistema i a la conflictivitat social s'hi van afegir les derrotes militars al Marroc. Aleshores l'opinió pública va començar a exigir responsabilitats polítiques.

La sortida de l'enfonsament del règim va ser instaurar una dictadura militar imposada pel general Primo de Rivera el 1923. Com va ser possible, instaurar-la? Quina política va seguir el nou règim? Per què el dictador va acabar dimitint?

A EL PROBLEMA DEL MARROC

Al principi del segle XX, de l'antic Imperi colonial espanyol només en quedaven alguns enclavaments al nord d'Àfrica.

Al 1906 la Conferència d'Algesires es va arribar a l'acord de crear un protectorat francoespanyol al Marroc, i Espanya va obtenir el control de la franja nord, el Rif, ric en minerals.

L'ocupació del Rif tenia l'oposició dels berbers i va originar una **guerra permanent**. El 1909 els espanyols van ser derrotats al Barranc del Lobo i, el 1921, a Annual. La guerra no tenia el suport de la societat, que rebutjava la mobilització de soldats veterans, i pensava que la guerra es devia a l'interès de la corona i de certes empreses per quedar-se al Marroc.

EL PROTECTORAT ESPANYOL AL MARROC

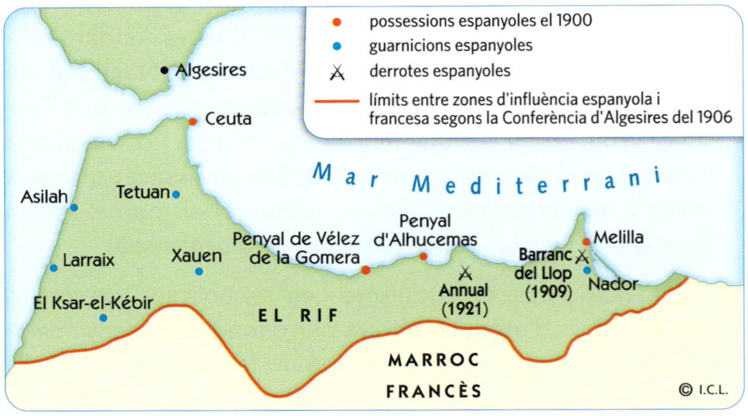

El 1925, el desembarcament militar a Alhucemas va acabar el conflicte del Marroc i va establir el control efectiu sobre el protectorat.

Després de les derrotes es va obrir una comissió d'investigació per depurar responsabilitats. Els resultats van formar l'**Expedient Picasso**, pel qual alguns militars i fins i tot el rei semblava que estaven implicats en escàndols de corrupció econòmica.

B LA CRISI SOCIAL (1919-1923)

Al mateix temps que la crisi del Marroc, es vivia una **crisi social** greu. A les zones industrials, especialment Catalunya, els **treballadors** van convocar una sèrie de vagues per reivindicar millores salarials i laborals.

Les protestes es van estendre també fins al camp, sobretot a Andalusia (l'anomenat Trienni bolxevic). Les vagues dels camperols, que reclamaven el repartiment dels latifundis, van ser reprimides durament per la Guàrdia Civil.

El govern i les organitzacions patronals van promoure la creació de sindicats favorables als seus interessos i de grups armats que exercien la violència contra dirigents obrers, que, al seu torn, també responien amb violència. Es va arribar així a una **guerra social**. El president del govern, Eduardo Dato, va ser assassinat el 1921 per un anarquista.

C EL COP D'ESTAT MILITAR

Amb la crisi generalitzada i la por que l'expedient Picasso es debatés a les Corts, el **general Primo de Rivera** va dirigir un **cop d'Estat** (1923), que tenia el consentiment del rei i el suport de la patronal i d'alguns polítics conservadors.

El cop es va presentar com una solució per eradicar les protestes i la violència als carrers.

La justificació del cop

No hem de justificar el nostre acte, que el poble sa demana i imposa. Assassinats de prelats, exgovernadors, agents de l'autoritat, patrons, capatassos i obrers; atracaments audaços i impunes; (...) intrigues polítiques mesquines que agafen com a pretext la tragèdia del Marroc; (...) indisciplina social; (...) propaganda comunista impune; propaganda separatista descarada (...).

No venim a lamentar-nos de les penes ni de les vergonyes, sinó a posar-hi remei immediat i radical (...).

Manifest del cop d'Estat, 13 de setembre de 1923.

D LA DICTADURA DE PRIMO DE RIVERA

D'entrada, el cop d'Estat de Primo de Rivera va ser ben rebut per un sector de la burgesia catalana i de la Lliga Regionalista, que esperaven que posés fi a la conflictivitat obrera i que garantís l'ordre social. Allò en què no estaven d'acord era l'actitud anticatalana que va desenvolupar el dictador.

El 1923 mateix va començar a desmantellar les institucions catalanes, va tancar un bon nombre d'entitats catalanistes i fins i tot va clausurar el camp del FC Barcelona.

La **Mancomunitat** va ser presidida provisionalment per l'anticatalanista Alfons Sala, fins que l'any 1925 va ser **suprimida** de manera definitiva. També es van prohibir les manifestacions públiques en català i l'ús de la senyera.

El 1929 es va organitzar l'Exposició Internacional de Barcelona com un acte de propaganda econòmica del règim, que, a més, buscava atreure la burgesia catalana.

L'exposició del 1929 va significar un gran desenvolupament urbanístic de Barcelona i la remodelació de la muntanya de Montjuïc i dels seus voltants.

E LA CRISI DE LA DICTADURA (1930-1931)

Les repercussions de la crisi econòmica internacional del 1929 es van començar a notar a Espanya, i el clima d'oposició a la Dictadura va augmentar considerablement. Sense suports, després de la pèrdua de confiança d'Alfons XIII, Primo de Rivera va dimitir el gener del 1930.

Aleshores el rei va nomenar cap del govern el general Berenguer, el qual havia de propiciar el retorn gradual a la legalitat constitucional.

L'agost del 1930 bona part de l'oposició va signar el **Pacte de Sant Sebastià**, en què reivindicaven unes eleccions democràtiques i la instauració d'una República. Els signants van comprometre's a reconèixer el dret a l'autonomia de Catalunya, el País Basc i Galícia.

Al cap de poc temps, Berenguer va ser substituït per un altre militar, l'almirall Aznar, que va convocar eleccions municipals per al 12 d'abril de 1931.

El Pacte de Sant Sebastià

Espanyols! Sorgeix de les entranyes socials un profund clamor popular que demana justícia (...). Venim a enviar la monarquia als arxius de la història i a establir una República sobre la base de la sobirania nacional representada en una assemblea constituent. (...) un dret nou, ungit de les aspiracions a la igualtat econòmica i a la justícia social. Visca la República!

Manifest del Comitè Revolucionari Republicanosocialista, octubre del 1930.

Les repercussions de la crisi del 1929

La crisi econòmica internacional es va deixar sentir a Espanya, per bé que l'impacte va ser inferior respecte a altres països gràcies al proteccionisme de l'economia espanyola.

Tot i això, van disminuir els productes destinats a l'exportació, com ara els cítrics, el ferro o l'hulla, perquè la demanda provinent de països del nord d'Europa va baixar notablement.

1. Quins interessos tenia Espanya al Marroc? Quins problemes plantejava l'ocupació del Rif?
2. Quina situació va portar al cop d'Estat del 1923? De quina manera el nou règim va afectar les institucions catalanes?
3. Com es va acabar la dictadura de Primo de Rivera? Quin objectiu es van proposar els seus successors?

Investiga

4. @ Consulta Internet i descobreix què va passar a l'estadi del FC Barcelona (llavors jugava al camp de Les Corts) perquè el dictador el clausurés sis mesos.

4 La Segona República espanyola

La proclamació de la República

Les eleccions municipals del 12 d'abril del 1931 les va entendre la població com un plebiscit entre monarquia i república. La participació hi va ser molt alta i els resultats electorals van indicar una clara voluntat de canvi polític: la victòria republicana va ser evident a les grans ciutats (majoria a 41 capitals de província), tot i que els monàrquics van aconseguir en total una quantitat superior de regidors.

Amb aquests resultats electorals i la proliferació de manifestacions per demanar la proclamació de la República, **Alfons XIII va suspendre la potestat reial** i va abandonar el país camí de l'exili.

Dos dies després, el **14 d'abril del 1931 es va proclamar la Segona República Espanyola** i es va formar un govern provisional amb membres de la coalició republicanosocialista, guanyadora de les eleccions.

El govern provisional i les Corts Constituents

El nou govern va emprendre diverses **reformes** que amplis sectors de la societat havien demanat: legalització de tots els partits i sindicats, amnistia general per a presos polítics de la Dictadura, creació d'una Generalitat provisional per al govern de Catalunya i un gran nombre de lleis socials que incloïen la jornada de vuit hores, el salari mínim i l'assegurança d'accidents laborals.

Amb tot, en la implantació de la República també hi va haver problemes. D'una banda, l'actitud hostil cap al nou règim d'alguns sectors eclesiàstics va provocar una onada d'anticlericalisme i a diverses ciutats s'hi van cremar esglésies.

De l'altra, alguns grups anarquistes (sobretot la CNT) van pressionar el nou govern i van fer una crida per aconseguir una revolució social amb una onada de vagues obreres i ocupacions de terres.

El juny del 1931 es van convocar eleccions a les **Corts Constituents**, que van donar la majoria a la coalició republicanosocialista. La primera gran tasca de les noves Corts va consistir a elaborar una Constitució, que es va aprovar el desembre d'aquell mateix any.

Un nou clima polític

La República va originar una gran efervescència política. Els debats a les Corts eren seguits per la població, que segons la seva posició ideològica donava suport a uns partits o als altres.

Dirigents com ara el republicà Manuel Azaña, el socialista Francisco Largo Caballero, el conservador José María Gil-Robles, la dirigent comunista Dolores Ibárruri o l'anarquista Buenaventura Durruti arrossegaven grans multituds als seus mítings.

Alfons XIII abandona el tron

Les eleccions celebrades diumenge em revelen clarament que no tinc l'amor del meu poble. (...) Sóc el rei de tots els espanyols, i sóc un espanyol, també. (...) Ara bé, em vull apartar decididament de tot el que sigui llançar un compatriota contra un altre en una guerra civil fratricida. No renuncio a cap dels meus drets, perquè més que meus són un dipòsit que la història ha acumulat (...). M'espero a conèixer l'autèntica expressió de la consciència col·lectiva i, mentre parla la Nació, suspenc deliberadament l'exercici del poder reial i m'aparto d'Espanya, que reconec com a única senyora del seu destí.

Comunicat d'Alfons XIII, 14 d'abril del 1931.

PARTITS POLÍTICS I SINDICATS

	ESQUERRES	DRETES
Partits republicans o que accepten la República	• Izquierda Republicana (Azaña) • Partit Radical Socialista (Domingo)	• CEDA (Gil Robles) • Partit Radical (Lerroux)
Partits autonomistes	• Esquerra Republicana de Catalunya (Macià, Companys) • Organització Republicana Gallega Autònoma (ORGA; Casares Quiroga)	• Lliga Regionalista (Cambó) • Partit Nacionalista Basc (Aguirre)
Partits contraris a la República		• Renovación Española (Calvo Sotelo) • Falange Española (J. A. Primo de Rivera) • JONS (Ledesma) • Comunión Tradicionalista (antics carlins)
Partits i sindicats obrers	• PSOE (Prieto, Besteiro) • UGT (Largo Caballero) • CNT i FAI (Montseny, Durruti) • PCE ("Pasionaria") • POUM (Nin)	

ELECCIONS MUNICIPALS DEL JUNY DEL 1931

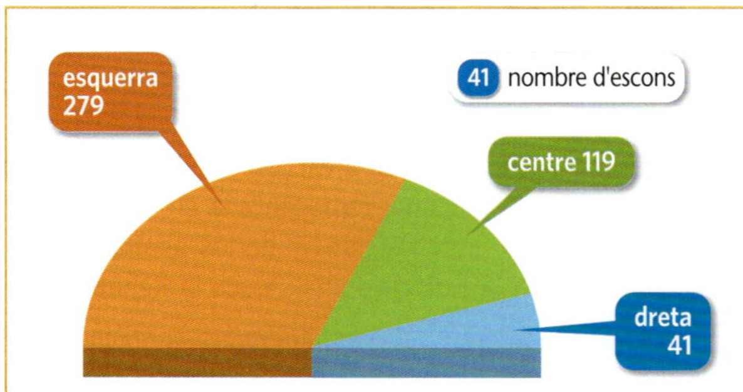

LA CONSTITUCIÓ REPUBLICANA DEL 1931

La nova Constitució va establir les bases d'una república democràtica i de progrés, però no va tenir el suport dels grups conservadors, que discrepaven en qüestions socials, religioses i autonòmiques. El text establia aquests principis:

- Espanya es definia com un **Estat integral**, amb la possibilitat d'establir governs autònoms.
- Es va instaurar el **sufragi** universal masculí i **femení**.
- Es va proclamar l'**aconfessionalitat de l'Estat**, però es respectaven tots els cultes i creences. Es va permetre el matrimoni civil i es va implantar el divorci.
- Presentava una **declaració de drets individuals** i establia àmplies **llibertats públiques i privades**. Reconeixia el dret a la propietat privada, tot i que el govern podia expropiar béns considerats d'utilitat social.
- El **poder legislatiu** residia en les **Corts**, formades per una sola cambra; el **poder executiu** restava en mans del Consell de Ministres i del president de la República. Es refermava la independència del poder judicial.

Aprovada la Constitució, Niceto Alcalá Zamora, republicà catòlic i moderat, va ser escollit president de la República, mentre que Manuel Azaña, republicà d'esquerres, va presidir el govern format per republicans, socialistes i nacionalistes. Començava el **Bienni Reformista** (1931-1933).

La Constitució de 1931

Art. 1. Espanya és una República democràtica de treballadors de tota mena, que s'organitza en règim de llibertat i de justícia. Els poders de tots els seus òrgans emanen del poble. La República constitueix un Estat integral, compatible amb l'autonomia dels municipis i les regions. (...)

Art. 3. L'Estat espanyol no té religió oficial. (...)

Art. 25. No poden ser fonament de privilegis jurídics la naturalesa, la filiació, el sexe, la classe social, la riquesa, les idees polítiques ni les creences religioses. (...)

Art. 29. Ningú no pot ser detingut ni empresonat si no és a causa d'un delicte. (...)

Art. 34. Tothom té dret d'expressar lliurement les seves idees i opinions. (...)

Art. 39. Els espanyols poden associar-se o sindicar-se lliurement. (...)

Art. 52. El Congrés dels Diputats està integrat pels representants escollits per sufragi universal, igual, directe i secret.

Constitució Espanyola del 1931.

El vot femení

La Constitució del 1931 va reconèixer, per primera vegada a Espanya, el dret al **sufragi femení**. El debat a les Corts va ser controvertit.

La dreta s'oposava al vot femení perquè considerava que el lloc de la dona en la societat era la llar, mentre que els afers públics es reservaven als homes.

L'esquerra donava suport a la igualtat legal d'homes i dones i defensava el dret de les dones a votar i a ser escollides. Tanmateix, alguns diputats republicans dubtaven de si els era convenient, perquè consideraven que el vot femení era eminentment conservador.

▸ Míting de Clara Campoamor per reclamar el sufragi femení, 1931.

1. Explica per què es considera que les eleccions municipals del 1931 van ser plebiscitàries.
2. Quines van ser les principals mesures que va emprendre el govern provisional?
3. Fixa't en el quadre de partits polítics i sindicats i explica'n la ideologia, qui n'eren els líders i quina posició tenien respecte del nou règim republicà. Després, fixa't en el gràfic de les eleccions del juny del 1931 i explica quina representació van aconseguir les principals tendències polítiques.
4. Ordena les característiques de la Constitució del 1931 en una taula que inclogui: tipus d'Estat, sufragi, poder legislatiu, poder executiu i poder judicial. Justifica si era una Constitució progressista o conservadora.
5. Sintetitza les dues postures que es van enfrontar en el debat sobre la conveniència del sufragi femení.

DESCOBREIX

5 Quines reformes va emprendre la República?

Durant el Bienni Reformista (1931-1933), el govern de la conjunció republicano-socialista va emprendre un programa de reformes encaminades a modernitzar l'Estat i a resoldre el problema crònic de l'agricultura espanyola.

Les reformes van topar amb l'oposició frontal d'aquells qui podien perdre una part dels seus privilegis, però també amb els qui consideraven que els canvis eren massa lents. Quins sectors afectaven aquestes reformes? En què consistien?

Al·legoria de la Segona República.

A LA MODERNITZACIÓ DE L'ESTAT

La Segona República va dur a terme algunes reformes que des de feia decennis estaven pendents i que eren indispensables per modernitzar el país i refermar el règim republicà.

En primer lloc, Manuel Azaña va emprendre la **reforma de l'exèrcit**, endarrerit i amb excés d'oficials, per convertir-lo en una institució eficient i lleial a la incipient República.

Una altra de les iniciatives de la Constitució era la **separació entre Església i Estat**. Les reformes pretenien reduir la influència de l'Església en la vida pública i l'educació.

Igualment, es va posar en marxa el procés de **descentralització de l'Estat**, recollit en la Constitució, que reconeixia l'existència d'unes nacionalitats històriques amb llengua i identitat pròpies i que permetia elaborar **estatuts d'autonomia** i establir governs autònoms.

L'excés d'oficials

És manifest que en totes les escales de l'exèrcit hi ha un gran excés de personal (...). A això s'hi ha arribat a causa de les guerres civils i colonials, en virtut d'un sistema erroni en el reclutament dels oficials. (...) Cal posar fi a aquesta situació i el govern hi està del tot decidit.

Preàmbul del Decret de 25 d'abril de 1931.

La reforma de l'exèrcit

- Decrets aprovats entre l'abril i el setembre del 1931 (Llei del retir), que van fer possible la jubilació de gairebé la meitat dels oficials.
- Es va tancar l'Acadèmia Militar de Saragossa, on es formaven els alts comandaments, en general hostils a la República.
- Es va canviar de destinació els oficials més contraris al nou règim.
- Es va crear la Guàrdia d'Assalt, una nova policia militaritzada i lleial a la República.

L'oposició de l'Església

S'ha comès el greu i funest error d'excloure l'Església de la vida pública i activa de la nació, de les lleis, de l'educació del jovent, de la mateixa societat domèstica, amb un gran menyspreu dels drets sagrats i de la consciència cristiana del país.

Declaració col·lectiva de l'episcopat en resposta a la nova Constitució, 20 de desembre de 1931.

La separació entre Església i Estat

- Supressió del pressupost públic per al manteniment del clero.
- Disminució de la influència dels ordes religiosos dedicats a l'ensenyament i dissolució de la Companyia de Jesús.

La reforma territorial: els estatuts d'autonomia

- El primer territori a acollir-se a la prerrogativa autonòmica va ser Catalunya. Després d'una Generalitat provisional el 1931, i tot i l'oposició de la dreta a les Corts, l'Estatut de Catalunya es va aprovar el 1932.
- Al País Basc es va començar a redactar un estatut, que es va aprovar el 1936.
- A Galícia el començament de la Guerra Civil va frenar el procés autonòmic.

Portada de l'Estatut del 1932, que proclamava l'autonomia de Catalunya dins la República espanyola.

B LA REFORMA AGRÀRIA

La República va abordar el problema del **latifundisme**. En algunes zones d'Espanya, sobretot a Andalusia i a Extremadura, hi havia centenars de milers de jornalers sense terres i en una situació de misèria extrema, mentre que la propietat es concentrava en mans d'uns centenars de propietaris.

Una llei del 1932 va decretar **expropiables les grans finques que no es conreessin** i va permetre distribuir-les entre pagesos sense terres. Alhora, es va crear l'**Institut de Reforma Agrària** (IRA) per indemnitzar els propietaris i facilitar l'assentament a les famílies pageses.

No obstant això, l'escassetat de recursos per indemnitzar els propietaris i els nombrosos plets que interposaven van fer que la reforma fos lenta i limitada.

@ Per ampliar a la xarxa...

Per saber-ne més de la reforma agrària i els grups socials més afectats, entra a: www.tiching.com/750694

PROPIETAT AGRÀRIA I MOVIMENTS SOCIALS CAP AL 1930

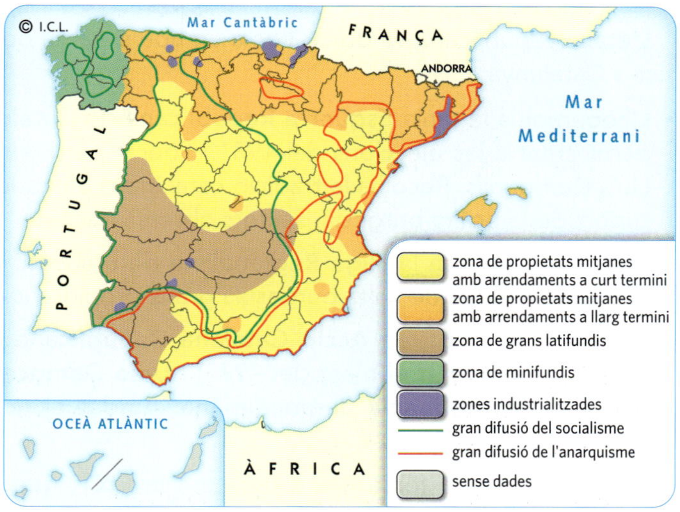

LA REFORMA AGRÀRIA ENTRE EL 1932 I EL 1934

	finques	extensió (ha)	famílies assentades
Expropiades	468	89 133	8 609
Ocupades	61	27 704	3 651

C L'OPOSICIÓ AL GOVERN REPUBLICANOSOCIALISTA

El reformisme republicà va haver de fer front a dos blocs d'oposició:

- L'**enfrontament amb els afectats per les reformes**, com ara els grans propietaris agraris, la jerarquia de l'Església catòlica, part de l'exèrcit i amplis sectors de les classes altes i mitjanes-altes, que sentien que podien perdre el seus privilegis. L'any 1932, aprofitant aquest descontentament, el general Sanjurjo va fer un intent de cop d'Estat que el govern va frenar.
- La **crítica dels sectors d'esquerra**, deguda a la lentitud d'algunes reformes, especialment la reforma agrària, cosa que va irritar alguns jornalers i obrers.

  La UGT es va radicalitzar i alguns nuclis anarquistes, sobretot els vinculats a la FAI, van apostar directament per la insurrecció armada. Així, van protagonitzar alguns aixecaments com els de l'**Alt Llobregat** (1932) i de **Casas Viejas** (1933), que les forces de l'ordre públic va reprimir durament.

Grup de pagesos detinguts per la Guàrdia Civil després de l'aixecament de Casas Viejas (Cadis).

1. Fes un quadre sobre les grans reformes del bienni reformista en què constin les causes que les van motivar, les mesures que es van prendre i les conseqüències que en van derivar.
2. Llegeix el text sobre l'excés d'oficials i explica a quines causes responia i quina solució hi proposava el govern.
3. Observa el mapa sobre la propietat agrària i distingeix les regions amb més concentració de latifundis. A continuació, fixa't en la taula de la reforma agrària i explica quines mesures es van prendre per corregir el latifundisme.

Investiga

4. L'aixecament de Casas Viejas va ser un incident que va fer entrar en crisi el govern republicanosocialista. Busca'n informació i explica en què va consistir.

6 La Generalitat republicana

Un nou escenari polític

L'etapa republicana va donar lloc a un nou sistema de partits polítics a Catalunya:

- L'hegemonia la tenia **Esquerra Republicana de Catalunya**, un nou partit creat a les eleccions del 1931 i liderat per Francesc Macià i Lluís Companys. Recollia la tradició catalanista d'esquerres, amb el suport de la petita burgesia, sectors obrers i pagesos.
- A la dreta hi havia la **Lliga Regionalista** de Francesc Cambó, que agrupava sectors de l'alta burgesia i grans propietaris agraris.
- Al centre es trobaven **Acció Catalana Republicana** (de caràcter nacionalista, fundat el març del 1931) i **Unió Democràtica de Catalunya** (de tendència democristiana, fundat el novembre del 1931).
- En l'obrerisme la força majoritària era la **CNT**, que propugnava l'abstencionisme electoral i tenia un grup activista molt fort, la **Federació Anarquista Ibèrica** (FAI). També hi havia partits marxistes com el **Partit Obrer d'Unificació Marxista** (POUM), creat el 1935, i el **Partit Socialista Unificat de Catalunya** (PSUC), creat el 1936.

La Generalitat provisional

A Catalunya les eleccions municipals de l'abril del 1931 les havia guanyades Esquerra Republicana. **Francesc Macià** va proclamar la República Catalana integrada dins una hipotètica Federació Ibèrica, fet que va provocar un enfrontament amb el govern de Madrid.

Les posteriors negociacions amb el govern de la República Espanyola van donar lloc a la creació d'un govern provisional català, al qual van donar el nom de **Generalitat**. El nou govern va encarregar a una comissió d'experts, reunits a Núria, que redactessin un **Estatut d'Autonomia**, que es va sotmetre a referèndum l'agost del 1931 i hi va obtenir un suport majoritari (99 % dels votants).

Francesc Macià va presentar el nou Estatut a les Corts de Madrid, on va haver d'enfrontar-se a una forta campanya en contra dels partits de dreta espanyola. Després de moltes discussions i considerables retallades, l'Estatut es va aprovar el setembre de 1932.

L'Estatut d'Autonomia del 1932 (de Núria)

L'Estatut reconeixia Catalunya com una regió autònoma de l'Estat espanyol i proclamava la cooficialitat del català i del castellà. Les institucions de govern de Catalunya eren el **Parlament**, el govern de la **Generalitat** i el **President**. També es va crear el **Tribunal de Cassació**, organisme judicial de la Generalitat que tenia competències en matèries civils i administratives.

L'Estatut ordenava les competències de la Generalitat, que eren compartides amb el govern de la República en ordre públic, administració de justícia, educació, cultura i sanitat, mentre que establia competències plenes respecte al dret civil català i al règim administratiu. Els conflictes entre la Generalitat i l'Estat s'havien de resoldre per mitjà del Tribunal de Garanties Constitucionals.

Macià proclama la República catalana

Catalans:

Interpretant els sentiments del poble que ens acaba de donar el seu sufragi, proclamo la República Catalana com a Estat integrant de la Federació Ibèrica.

D'acord amb el president de la República federal espanyola, senyor Niceto Alcalá Zamora, amb el qual hem ratificat el Pacte de Sant Sebastià, em faig càrrec provisionalment de les funcions de president del govern de Catalunya, esperant que el poble espanyol i el català expressaran quina és en aquests moments llur voluntat. (...)

Francesc Macià, 14 d'abril del 1931.

Les dones, privades encara de vot, van organitzar una campanya de recollida de signatures (400 000) a favor de l'Estatut.

Estatut de Catalunya del 1932

Article 1. Catalunya es constitueix en regió autònoma dintre de l'Estat espanyol, de conformitat amb la Constitució de la República i el present Estatut (...).

Article 2. L'idioma català és, igual que el castellà, llengua oficial a Catalunya (...).

Article 15. Tots els conflictes de jurisdicció que es suscitin entre autoritats de la República i de la Generalitat (...) seran resolts pel Tribunal de Garanties Constitucionals (...).

L'OBRA DE GOVERN DE LA GENERALITAT

La primera tasca de la Generalitat va ser desenvolupar les competències que li oferia el nou Estatut i organitzar les institucions pròpies de l'administració catalana que li permetien començar a governar:

- En el **terreny econòmic** va intentar resoldre els problemes dels pagesos rabassaires (arrendataris de vinyes) reduint les rendes que pagaven als propietaris i va començar a elaborar una nova llei d'arrendament agrari (Llei de Contractes de Conreu). També va fomentar les cooperatives i els centres d'experimentació agrària.
- En l'**àmbit social** es van reglamentar les condicions laborals, d'acord amb la nova normativa republicana, i es va fer una important tasca per organitzar l'assistència social i de salut pública, especialment els programes de protecció de la infantesa.
- Es va fer un enorme esforç per millorar l'**ensenyament primari** (més de 1700 aules) i **secundari** (fundació de l'Institut-Escola de la Generalitat, 1932) i promoure la llengua i la cultura catalanes; es va continuar la feina de la Mancomunitat. Una de les fites va ser la publicació del *Diccionari general de la llengua catalana*, de Pompeu Fabra.

El 1933 el govern de l'Estat, fins aleshores format per membres dels partits d'esquerra, va passar a ser del centredreta; en canvi, a Catalunya el govern continuava dirigit per Esquerra Republicana. Aquesta diversitat ideològica entre tots dos governs va dificultar i, de vegades, va paralitzar l'obra de la Generalitat, com va passar en el cas de la Llei de Contractes de Conreu, anul·lada pel Tribunal de Garanties Constitucionals.

Les eleccions de 1932 i el govern

Les primeres eleccions al Parlament de Catalunya es van celebrar el 20 de novembre del 1932 i els resultats van donar la victòria a Esquerra Republicana.

Lluís Companys va ser elegit president del Parlament, i Francesc Macià, president de la Generalitat, càrrec que ocupar fins que es va morir, el dia de Nadal del 1933. Llavors, la presidència va quedar en mans de Companys.

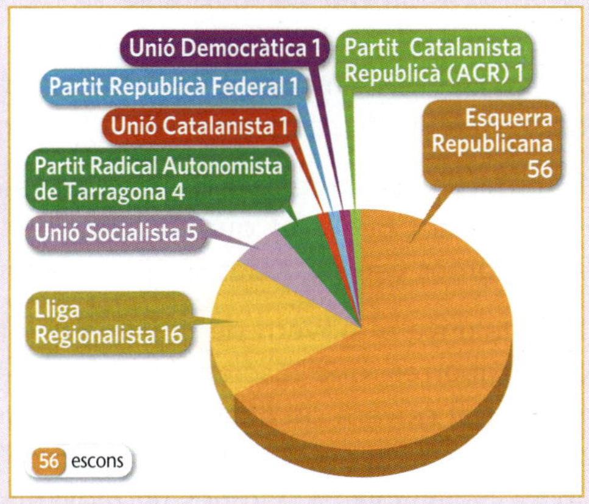

L'ORGANITZACIÓ DEL PODER A CATALUNYA

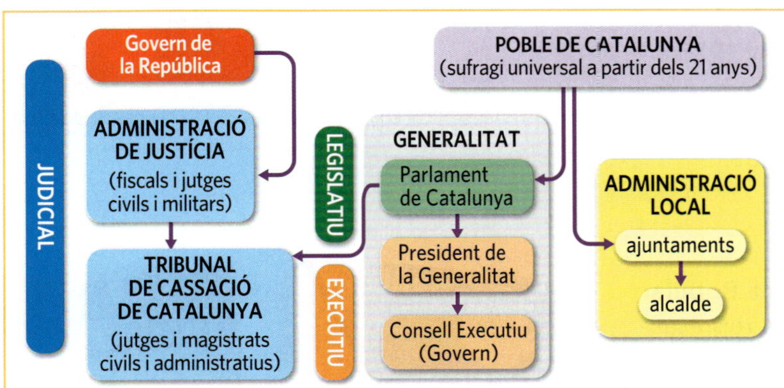

▸ Cartell de la Unió de Rabassaires, que defensava els drets dels pagesos de la vinya a continuar treballant a les seves terres.

1. Quines són les forces que dominaven el panorama polític català durant la República? Quina posició mantenia el moviment obrer?
2. Com es va instaurar la Generalitat provisional? Quin va ser el procés d'aprovació de l'Estatut del 1932?
3. Com s'organitzaven les institucions de Catalunya?
4. Per què es van celebrar noves eleccions el 1932 al Parlament de Catalunya? Quin partit va guanyar-les? Qui van nomenar president?
5. Sintetitza les principals accions del govern de la Generalitat. Per què a partir del 1933 hi va haver desavinences amb el govern de la República? Posa'n algun exemple.

7 El Bienni Conservador i el Front Popular

El Bienni conservador (1933-1935)

La repressió de l'aixecament de Casas Viejas va provocar una crisi al govern, que va desembocar en la dimissió d'Azaña. El president de la República, Alcalá Zamora, va dissoldre les Corts i va convocar **noves eleccions** per al novembre del 1933.

Els republicans d'esquerres s'hi van presentar dividits. En canvi, els conservadors es van unir en la **Confederación Española de Derechas Autónomas** (**CEDA**). La victòria del centredreta (Partido Radical i CEDA) va comportar que es formés un nou govern, presidit per Lerroux, que va paralitzar bona part del procés reformista de l'etapa anterior: va aturar les reformes agrària i militar, va modificar la política religiosa i educativa i va amnistiar els participants en el cop d'Estat del general Sanjurjo.

El 1934 una remodelació del govern va donar entrada a ministres de la CEDA, fet que va provocar l'esclat de revoltes; les més greus van ser a Catalunya i a Astúries.

A Catalunya el govern de la Generalitat l'exercia una coalició d'esquerres, que discrepava del procés de contrareforma emprès pel govern de l'Estat. El mes **d'octubre del 1934**, el president Companys va proclamar l'**Estat Català** dins la República Espanyola. A Astúries un moviment insurreccional impulsat per socialistes i comunistes va declarar la revolució social i va ocupar la conca minera.

L'exèrcit va reprimir durament tots dos moviments, i després hi va seguir una gran repressió. A Catalunya es va dissoldre la Generalitat, es va anul·lar l'Estatut i es va empresonar el govern.

Després dels fets de l'octubre del 1934, les diferències entre el Partido Radical i la CEDA van augmentar. L'any 1935 alguns ministres radicals van quedar implicats en diversos escàndols de corrupció (cas de l'estraperlo*) i el president de la República va convocar eleccions per al febrer del 1936.

El Front Popular (1936-1939)

Les forces d'esquerra es van agrupar en el **Front Popular** amb un programa que proposava l'amnistia per als represaliats del 1934 i la recuperació de les grans reformes del primer bienni republicà. Alguns dirigents de la CNT van manifestar el seu suport a aquesta coalició.

La dreta hi va acudir dividida en diferents coalicions i amb un programa que pretenia augmentar la direcció conservadora de l'últim bienni i modificar la Constitució. A Catalunya, la Lliga va organitzar el **Front Català d'Ordre**, que reunia tots els partits conservadors.

Les eleccions van donar la victòria, per un marge escàs de vots, al Front Popular. El mes de maig, Manuel Azaña va ser elegit president de la República, i Santiago Casares Quiroga, cap de govern.

La revolta a Catalunya

Les forces monarquitzants i feixistes que d'un temps ençà pretenen trair la República han aconseguit llur objectiu i han assaltat el Poder. (...) Totes les forces autènticament republicanes d'Espanya i els sectors socials avançats, sense distinció ni excepció, s'han aixecat en armes contra l'audaç temptativa feixista. (...)

En aquesta hora solemne, en nom del poble i del Parlament, el Govern que presideixo assumeix totes les facultats del poder a Catalunya, proclama l'Estat Català de la República federal espanyola i, en establir i fortificar la relació amb els dirigents de la protesta general contra el feixisme, els invita a establir a Catalunya el Govern Provisional de la República. (...)

Catalans! L'hora és greu i gloriosa. L'esperit del President Macià, restaurador de la Generalitat, ens acompanya. Cadascú al seu lloc i Catalunya i la República en el cor de tots. Visca la República i visca la Llibertat!

Proclama del president Lluís Companys, 6 d'octubre del 1934.

ELS RESULTATS ELECTORALS DEL 1933

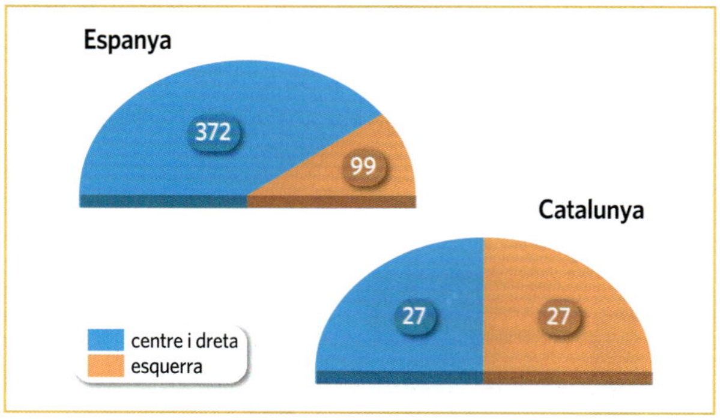

Cartells de propaganda per a les eleccions del 1936, en què es veu la radicalització de les posicions de tots dos blocs electorals.

DEL FRONT POPULAR A LA GUERRA CIVIL

El Front Popular va tornar a emprendre el **programa de reformes que havia començat el 1931**, però amb més iniciativa i resolució política. Es va concedir una amnistia als represaliats de la revolta del 1934, es va accelerar la reforma agrària, es va reinstaurar la Generalitat de Catalunya i es va reprendre el procés autonòmic al País Basc i a Galícia. A més, es va allunyar de Madrid els generals sospitosos de preparar un aixecament (Franco, Mola i Goded).

La divisió entre els sectors més radicals de dretes i d'esquerres es va fer sentir al carrer. L'extrema dreta defensava la necessitat de posar fi a la República i donava suport a una conspiració militar, que preparava un cop d'Estat. L'esquerra més revolucionària propugnava la conveniència de dur a terme la revolució social.

Les tensions van desencadenar un clima d'**enfrontament**, que va provocar l'assassinat del diputat monàrquic José Calvo Sotelo en represàlia per la mort del tinent José Castillo, militant socialista abatut a trets en un carrer de Madrid. Aquest clima de confrontació social va servir de pretext a les forces contràries a la República per accelerar els plans colpistes.

L'aixecament militar es va iniciar el **17 de juliol** del 1936 al nord d'Àfrica (Melilla, Ceuta i Tetuan), i es va desplegar el **18** i **19** a les Canàries, les Balears i la Península. La insurrecció va fracassar a les grans ciutats; però a les regions industrials va donar lloc a una guerra civil.

Fracàs del cop d'Estat a Catalunya

El general Goded va dirigir la insurrecció a Catalunya, que va tenir un escàs suport.

Una part de l'exèrcit, la Guàrdia Civil i, sobretot, la Guàrdia d'Assalt* van ser lleials a la República. A més, els partits i sindicats d'esquerra van mobilitzar els seus militants per aturar el cop d'Estat.

Després de dos dies de lluita al carrer, els militars rebels van rendir-se.

El context internacional

L'esclat de la Guerra Civil no es pot entendre sense emmarcar-lo en el **context europeu de la dècada dels trenta.**

En aquells anys les democràcies europees es sentien amenaçades per l'ascens dels feixismes i pels moviments revolucionaris influïts per la Unió Soviètica.

En conseqüència, la guerra d'Espanya va ser fruit de la polarització entre un sector de la dreta, que no admetia que el país es democratitzés realment, i un altre de l'esquerra, que aspirava a un procés revolucionari.

Cartell en què es fa una burla dels suports de Franco.

DIVISIÓ D'ESPANYA DESPRÉS DEL COP D'ESTAT

1. Quin canvi polític van comportar les eleccions del 1933? Què va passar l'octubre del 1934? Compara les revoltes d'Astúries i de Catalunya.
2. Per quin motiu es van convocar noves eleccions per al febrer del 1936? De quina manera hi van concórrer els dos grans sectors polítics del país? A qui va correspondre la victòria?
3. Relaciona les reformes del Bienni Reformista amb les del Front Popular. Tenien a veure amb problemes anteriors?
4. Per què hi va haver el cop d'Estat el 1936? Qui hi va donar suport? Fixa't en el mapa i enumera les zones en què l'aixecament militar va triomfar. Què va passar a Catalunya?
5. Per què va començar la Guerra Civil? En quin context internacional s'ha de situar?

8 La Guerra Civil i la revolució social a Catalunya

La República en guerra

El govern es va veure desbordat pel cop d'Estat. Azaña va nomenar cap de govern José Giral, amb l'esperança de poder frenar-lo. Giral va dissoldre l'exèrcit i va confiar la defensa de la República a les milícies voluntàries de partits i sindicats d'esquerres.

Les forces obreres, la CNT i els grups activistes de la FAI van voler imposar un nou ordre revolucionari i van crear **comitès obrers** integrats per representants de les forces antifeixistes per dirigir l'esforç bèl·lic i la vida civil a la rereguarda. Els comitès van impulsar un procés de revolució social i es va desfermar una persecució contra tots els sospitosos de colpistes, i es va suprimir qualsevol signe aristocràtic, burgès o religiós.

Cartell del Comitè de Milícies Antifeixistes que cridava a la mobilització.

Els intents de controlar la situació

Per controlar la situació revolucionària, entre el setembre i el novembre del 1936, a Catalunya **Companys** va presidir un govern amb presència de republicans, socialistes, comunistes i anarquistes. A Madrid, el socialista **Largo Caballero** va fer el mateix. Les autoritats republicanes es van esforçar a aturar la repressió incontrolada, i, amb la voluntat de guanyar eficàcia al front, van dissoldre les milícies voluntàries per integrar-les en un **Exèrcit Popular** amb un comandament militar unificat.

El govern de Negrín

A causa dels fracassos militars i de l'esclat dels fets del maig del 1937 a Barcelona, el socialista **Juan Negrín** va formar un nou govern estatal amb una forta influència comunista com a condició del suport de la Unió Soviètica a la República. Amb la República en una situació crítica, Negrín va plantejar a la Societat de Nacions una proposta de pau per posar fi al conflicte mitjançant l'acceptació pels dos bàndols d'un programa de **Tretze Punts** que Franco va rebutjar. Com a conseqüència, el lema republicà fins al final de la guerra va ser "resistir és guanyar".

Els 13 punts de Negrín

3. República democràtica amb un govern de plena autoritat.
4. Plebiscit per determinar l'estructuració jurídica i social de la República.
5. Llibertats regionals sense menystenir la unitat espanyola.
7. Garantia de la propietat legítima i protecció de l'element productor.
8. Democràcia pagesa i liquidació de la propietat semifeudal.
9. Legislació social que garanteixi els drets del treballador.
11. Exèrcit al servei de la Nació, lliure de tendències i partits.
12. Renúncia a la guerra com a instrument de política nacional.
13. Àmplia amnistia per als espanyols que vulguin reconstruir i engrandir Espanya.

30 d'abril del 1938.

Els revoltats: la creació d'una dictadura

L'**exèrcit** va assumir **el poder a la zona colpista** des del començament del cop. Tots els seus **esforços** van anar dirigits a la **victòria militar** i a organitzar un nou **Estat d'inspiració feixista** que anul·lés la legislació reformista de la República.

Després d'alguns dubtes sobre qui havia de portar la iniciativa, la Junta de Defensa Nacional –primera institució del nou Estat– va nomenar **Francisco Franco Generalísimo i cap de govern** (tant Sanjurjo com Mola van morir en accidents d'aviació). A continuació es va crear la Junta Tècnica de l'Estat, de la qual es va valer Franco per refermar el seu lideratge.

L'abril del 1937 es va decretar la unificació de falangistes i tradicionalistes en un partit únic (FET y de las JONS), i, al cap d'un any, es va crear el primer govern a Burgos, capital provisional del nou Estat. Les **mesures principals** van ser prohibir partits i sindicats a excepció de FET y de las JONS, suprimir la Constitució i els estatuts d'autonomia, recuperar la confessionalitat de l'Estat i anul·lar totes les reformes republicanes.

Els objectius dels revoltats

El govern resultant de la insurrecció s'ha de constituir en sentit purament apolític, amb militars (...). Immediatament haurà de revisar tot el que s'ha legislat fins a aquell dia, especialment en matèria religiosa i social. És necessari que s'aturin les activitats dels partits polítics (...) i anar cap a l'estructuració del país rebutjant l'actual sistema liberal i parlamentari.

Carta del general Sanjurjo,
11 de juliol del 1936.

LA REVOLUCIÓ SOCIAL A CATALUNYA

Després d'aturar la rebel·lió militar, el president Companys va convocar els dirigents de la CNT-FAI, que havien tingut un paper molt destacat en la lluita contra els militars rebels, i els va proposar crear un **Comitè Central de Milícies Antifeixistes**. Aquest òrgan va agrupar les forces polítiques i sindicals fidels a la legalitat republicana i es va ocupar d'organitzar les columnes de voluntaris que marxaven al front i de controlar l'ordre públic.

Els comitès obrers, impulsats per l'anarcosindicalisme, van començar un procés revolucionari per col·lectivitzar la producció i posar-la en mans dels obrers i dels pagesos, encara que les autoritats republicanes es van esforçar a controlar el procés de col·lectivitzacions (Decret de Col·lectivitzacions d'octubre del 1936) i a mantenir la legalitat constitucional.

Els fracassos militars, però, van aprofundir la divisió de les forces republicanes. Republicans, socialistes i comunistes defensaven la necessitat de frenar la revolució i posar les milícies i els comitès sota control de l'Estat per donar prioritat a l'esforç bèl·lic i guanyar la guerra.

Anarquistes i trotskistes del POUM es van oposar a les noves mesures del govern i, al maig del 1937, es va arribar a un enfrontament armat a Barcelona (fets de Maig), en el qual es van imposar les forces que donaven suport al govern de la Generalitat.

La col·lectivització de la indústria

Es fa necessari, doncs, organitzar la producció, orientar-la en el sentit que l'únic beneficiari ha de ser la col·lectivitat, el treballador (...). El principi de l'organització economicosocial de la gran indústria ha de ser la producció col·lectivitzada. La substitució de la propietat individual per la col·lectivitat la concep el Consell de la Generalitat col·lectivitzant els béns de les grans empreses, és a dir, el capital, i deixant subsistir la petita propietat privada dels béns de consum i de la petita indústria.

Decret sobre col·lectivització de la Generalitat de Catalunya, octubre del 1936.

LA COL·LECTIVITZACIÓ DE L'ECONOMIA

Els sectors més radicals del bàndol republicà van imposar a partir del 1936 la col·lectivització de gran part de la propietat industrial i agrària. Es van ocupar moltes fàbriques i es van controlar els comitès dels treballadors. També al camp es van formar comunes de pagesos autogestionades. Alhora, la banca va quedar controlada, i els salaris, regulats.

ELS MILICIANS

El terme *milicià* designa les forces civils voluntàries que, organitzades per sindicats o partits, van participar en la guerra al costat de la República.

L'any 1937 totes les milícies van quedar integrades en l'Exèrcit Popular, tot i les resistències anarquistes, i es va establir el reclutament obligatori (lleves).

UN NOU PAPER DE LES DONES

En el bàndol republicà es va defensar la incorporació de la dona als àmbits social i laboral en peu d'igualtat amb els homes. Així, durant els primers mesos de guerra es van poder allistar com a milicianes, es van incorporar a les indústries de guerra, van participar en programes d'alfabetització, etc.

Treballadora de la indústria de guerra.

1. Quins van ser els principals problemes interns amb els quals es va enfrontar la República en guerra?
2. Quins esforços va fer Negrín per aconseguir la pau?
3. Llegeix el text del general Sanjurjo i explica quins objectius polítics s'havien plantejat els insurrectes. Quines mesures es van prendre?
4. Què pretenien i quines accions van dur a terme els sectors més revolucionaris?
5. @ Busca més informació. Què van ser els fets del maig del 1937 a Barcelona? Quins grups es van enfrontar? Com es va acabar? Quina relació tenien els fets de maig amb la revolució social?

9 La Guerra Civil: les fases militars

La Guerra Civil va durar cap a tres anys, durant els quals l'exèrcit rebel, més ben organitzat i equipat, va portar la iniciativa militar. Els republicans, sense una estratègia militar eficaç i i sense ajudes exteriors importants, van actuar gairebé sempre a la defensiva intentant frenar l'avanç de l'exèrcit franquista.

AGOST 1936 - MARÇ 1937. LA BATALLA DE MADRID

Les tropes revoltades van avançar per Extremadura i Toledo i el novembre del 1936 es van situar a les portes de Madrid. Tement que la ciutat caigués de manera imminent, el govern republicà es va traslladar a València.

A la batalla de Madrid, les forces republicanes (part de l'Exèrcit, milícies de voluntaris i membres de les Brigades Internacionals) van resistir l'atac. Els comandaments revoltats van intentar sense èxit altres vies per entrar a la ciutat (batalles del Jarama i Guadalajara) i Franco va decidir abandonar el front de Madrid i avançar en altres regions.

ABRIL 1937 - DESEMBRE 1937: LA BATALLA DEL NORD I DE TEROL

Entre l'abril i l'octubre del 1937 es va produir la batalla del Nord. Durant aquells mesos, l'exèrcit franquista va atacar les ciutats més importants de la costa cantàbrica. El 26 d'abril de 1937 la Legió Còndor alemanya va bombardejar i va arrasar la ciutat de Gernika (Biscaia), amb una alta quantitat de víctimes civils. El País Basc i la seva producció minera i industrial va caure en mans dels revoltats.

Per provar de frenar l'ofensiva franquista del nord, els republicans van contraatacar a Belchite (Terol) i Brunete (Madrid), però no van impedir la caiguda de Cantàbria (agost del 1937) i Astúries (octubre del 1937).

GENER 1938 - ABRIL 1939: DE LA BATALLA DE L'EBRE A LA FI DE LA GUERRA

Al febrer del 1938 les tropes franquistes van ocupar Terol, van avançar per l'Aragó i van arribar al Mediterrani.

Per deturar l'avanç dels insurrectes, el govern de la República va concentrar totes les seves forces a la batalla de l'Ebre (juliol-octubre del 1938), la més llarga i dura de la Guerra Civil. Després de portar la iniciativa, el bàndol republicà va haver de retrocedir per l'avanç franquista. Entre el novembre del 1938 i el febrer del 1939 les tropes franquistes van ocupar tot Catalunya. Madrid i la zona centre, les úniques que resistien, van ser ocupades entre el febrer i el març. L'1 d'abril del 1939 un comunicat de guerra va donar el conflicte per acabat.

QUINS SUPORTS INTERNACIONALS VA REBRE CADA BÀNDOL?

La Guerra Civil espanyola va ser un conflicte entre dues grans **ideologies**, que en aquells moments s'enfrontaven, com hem vist, **a tot Europa**. La guerra es va considerar un enfrontament entre els sistemes democràtics i els règims feixistes. Els partits polítics, els intel·lecturals i els grups socials influents es van alinear en un bàndol o en l'altre.

Al marge de la posició dels governs, les **Brigades Internacionals** van ser l'exemple més gran de **mobilització social** que va originar la Guerra Civil al món. Aquestes unitats van agrupar uns 30 000 voluntaris de més de 50 països, que van acudir a donar suport al bàndol republicà entre el mes de setembre del 1936 i el del 1938.

Cartell de Joan Miró a favor de la causa republicana, 1937.

L'ajuda militar a tots dos bàndols

La **Itàlia** de Mussolini va ser el primer gran suport per als colpistes; els va enviar material de guerra i soldats. L'**Alemanya** de Hitler va fer igual, i va adonar-se que ajudar el bàndol revoltat era una forma de provar el nou armament. La Legió Còndor, un cos d'aviació d'elit, va ser especialment valuosa.

Portugal, on feia poc temps que s'havia implantat una dictadura militar, va donar suport als revoltats tant amb voluntaris com permetent les operacions al seu territori.

La **Unió Soviètica** va ser l'únic país que va donar suport al govern republicà. La seva ajuda va consistir en armament, tancs i avions. A més, van enviar oficials soviètics per formar l'Exèrcit Popular.

La Legió Còndor es dirigeix a bombardejar Gernika l'abril del 1937.

INTERVENCIÓ ESTRANGERA A LA GUERRA CIVIL

Homes i armament	Itàlia	Alemanya	URSS
Soldats i tècnics	80 000	18 000	4 000
Avions	726	756	680
Carros de combat	180	202	390
Canons i metralladores pesades	5 237	5 230	6 416

El Comitè de No-Intervenció

França i la Gran Bretanya, que temien la política annexionista de Hitler, van formar un Comitè de No-Intervenció proclamant la seva neutralitat en el conflicte, tot i que reconeixien que la guerra era un atac contra un govern legítim.

Això va comportar que es prohibís a Espanya importar material de guerra i altres recursos, sobretot de França i del Regne Unit, i que les democràcies europees s'inhibissin en les dificultats de la República per defensar la democràcia.

Les Brigades Internacionals

Què és això que veig, sinó un plebiscit en petit de tots els pobles del món, testimoniat per tots els qui senten com a seva la causa d'Espanya, que és la causa de la llibertat i del dret? Heu vingut a Espanya, espontàniament, a defensar el nostre país: sense cap obediència a cap jerarquia superior a vosaltres, per la vostra pròpia voluntat de sacrificar el que més difícilment es presta a ningú, a sacrificar la vida. Veníeu a defensar la justícia, el dret menyspreat, perquè sabíeu, també, que aquí, a Espanya, es jugava la llibertat del món sencer.

Discurs de comiat de Juan Negrín a les Brigades Internacionals, 1938.

1. Digues els territoris que controlava cada bàndol fins al març del 1937.
2. Què va ser la batalla del nord? Quin resultat va tenir?
3. Sintetitza l'evolució de la guerra entre el 1936 i l'abril del 1939. Quina importància va tenir la batalla de l'Ebre?
4. Per què les democràcies occidentals no van donar suport al govern de la República? Relaciona-ho amb la situació internacional. Quines ajudes exteriors va tenir cada bàndol?
5. Fixa't en la taula d'intervenció estrangera en la Guerra Civil. Quin bàndol hi va rebre més ajuda? Quines conseqüències va tenir aquesta circumstància?
6. Què eren les Brigades Internacionals? Quines raons havien motivat els voluntaris a anar a lluitar a Espanya? Quant de temps van estar al camp de batalla? Llegeix el text de Negrín en què s'acomiada de les Brigades Internacionals. Com les valora?

Els desastres de la guerra

Darrere la línia del front quedava la població civil, que també patia les conseqüències de la guerra. En tots dos bàndols es temia per la vida dels qui combatien en primera línia, però també es tenia por dels bombardeigs, de la gana o de la repressió. De quina manera una guerra afecta la vida quotidiana de la gent?

Cues per aconseguir menjar a Barcelona, 1937.

A EL PATIMENT DE LA POBLACIÓ CIVIL

UN REFUGI DURANT LA GUERRA CIVIL

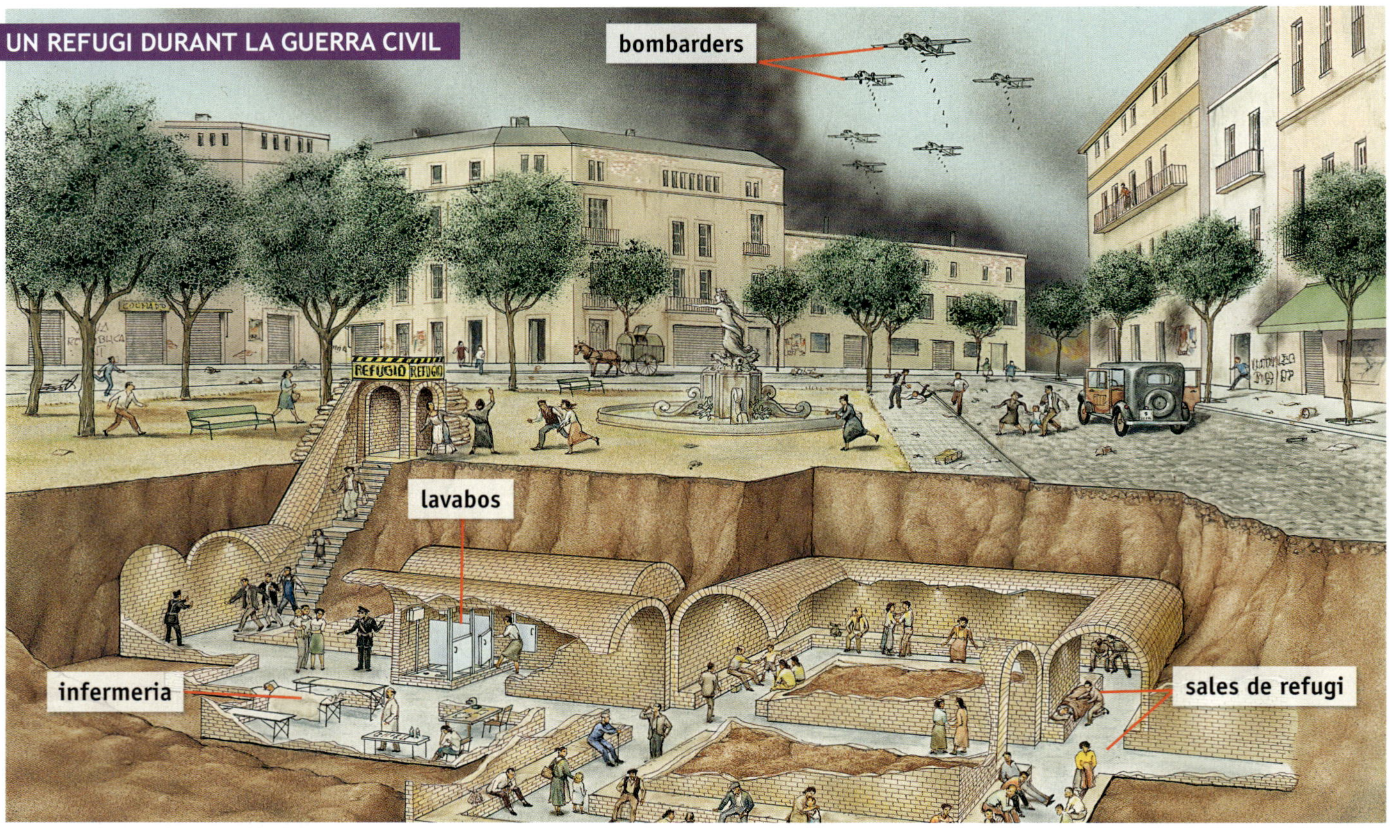

La Guerra Civil espanyola va ser una de les primeres al món en què es va **bombardejar la població civil**.

A Catalunya les bombes van caure de manera més persistent a la costa: els ports de Barcelona i de Tarragona van quedar arrasats. Al final de la guerra el nombre de morts va arribar a 5 500, la meitat d'ells a Barcelona, i uns 6 000 edificis van quedar afectats, un terç del quals van acabar completament destruïts.

La **gana**, provocada per l'escassetat d'aliments, va ser molt greu i va provocar l'acaparament de productes i l'aparició d'un mercat negre. A mesura que el conflicte avançava, la gana es va fer més present i les dificultats per aconseguir l'aliment diari es van multiplicar, alhora que els preus augmentaven desmesuradament.

Els problemes d'alimentació, d'allotjament, d'escolarització, de sanitat, d'higiene, etc., van fer molt difícil la vida a la rereguarda, on hi havia fonamentalment dones, infants i gent gran. La desnutrició i les penúries van provocar moltes malalties i, de vegades, fins i tot la mort.

Els refugiats

L'avanç dels revoltats va comportar que moltes persones vinguessin a Catalunya, que va acollir més de 500 000 refugiats provinents d'altres zones d'Espanya.

Per allunyar els nens dels horrors de la guerra, el govern va decidir evacuar-ne molts. La gran majoria els van portar a França, però uns 3 000 van acabar a l'URSS, d'on no en van tornar, i van formar la generació dels "nens de Rússia".

Grup de nens bascos evacuats a l'URRS durant la Guerra Civil.

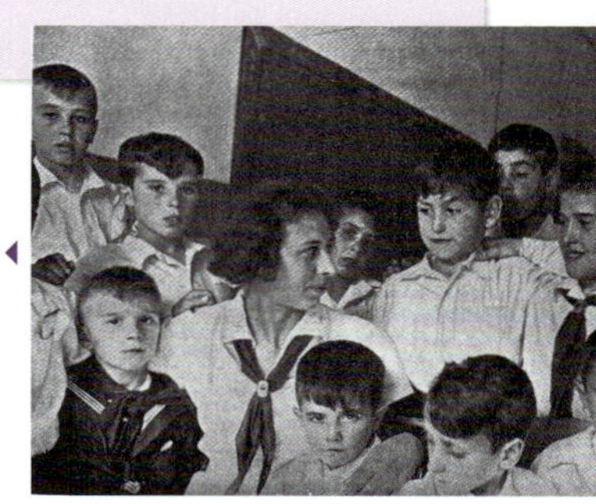

B PERSECUCIÓ I REPRESSIÓ

Els combats de la Guerra Civil van deixar nombrosos morts i ferits. Però, a més de la lluita als camps de batalla, la violència es va exercir, en tots dos bàndols, contra la població civil, com a venjança de l'adversari per motius polítics o personals.

A la **zona republicana**, als primers moments la repressió es va manifestar d'una manera violenta i incontrolada, quan les patrulles obreres van detenir o van assassinar una gran part de partidaris dels colpistes. Amb l'arribada al poder de Negrín, la violència a la zona republicana pràcticament es va eradicar.

A la **zona franquista** es va institucionalitzar la persecució sistemàtica (detencions, empresonaments, depuracions i afusellaments) dels dirigents i militants dels partits i sindicats d'esquerra. La repressió es va fer amb el consentiment dels grups polítics que donaven suport a l'"alzamiento", i tenien l'objectiu d'atemorir la població i impedir qualsevol oposició.

"Sacas" i "paseos"

El descontrol inicial al bàndol republicà va donar lloc a innumerables "paseos" o "sacas" en els quals algun dels nombrosos grups armats (milícies de partits o sindicats) portaven els detinguts o presoners als afores de pobles i ciutats per afusellar-los.

Destruir l'enemic

Es tindrà en compte que l'acció ha de ser extremament violenta per reduir tan aviat com es pugui l'enemic, que és fort i està ben organitzat. Per descomptat, s'empresonarà tots els dirigents dels partits polítics, societats o sindicats no afectes al moviment i s'aplicaran càstigs exemplars a aquests individus per ofegar els moviments de rebel·lia o les vagues.

Circular del general Mola als seus subordinats, juliol del 1936.

C LES CONSEQÜÈNCIES DE LA GUERRA

La Guerra Civil va deixar un impacte de llarg abast en la societat espanyola que es va fer visible en quatre aspectes:

- **Demogràfics**: A les víctimes als camps de batalla cal unir les de la població civil i l'enorme nombre d'**exiliats** que hi havia quan el conflicte es va acabar.
- **Econòmics**: La destrucció d'infraestructures durant els combats va ser molt important i costosa de reconstruir. A més a més, la producció agrària i industrial també va quedar molt reduïda.
- **Polítics**: Va significar la destrucció de la democràcia i la imposició d'un règim militar que va privar Espanya de drets i de llibertats durant gairebé quaranta anys.
- **Socials**: La **divisió entre vencedors i vençuts** es va mantenir durant tot el règim de Franco, que es va oposar sempre a qualsevol política de conciliació.

LES VÍCTIMES MORTALS DELS BOMBARDEJOS FRANQUISTES A CATALUNYA (1936-1939)

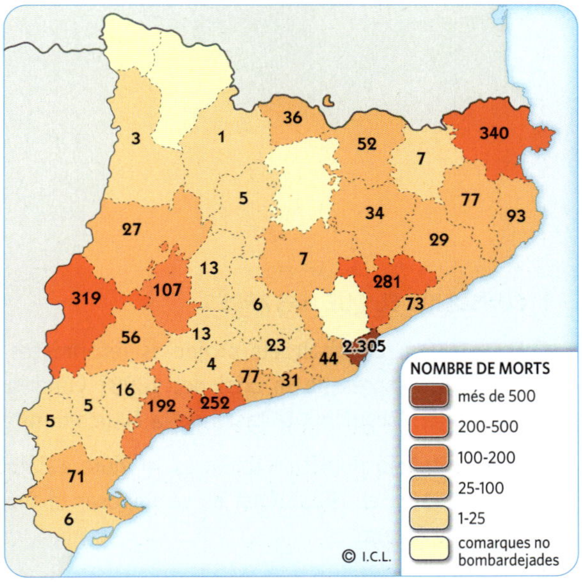

1. Quines penúries va haver de passar la població durant la Guerra Civil.
2. Fixa't en el dibuix del refugi i en les parts de què constava. Quina funció feia aquesta mena de construcció?
3. Observa la fotografia del grup de nens i informa't sobre els "nens de Rússia" a www.tiching.com/750705 i a www.tiching.com/750699. A continuació, redacta un text que n'expliqui les experiències: quan van marxar, de quina manera i com es van adaptar a la nova vida.
4. Fixa't en el mapa i identifica les zones més bombardejades de Catalunya. A què ho atribueixes?
5. Quines conseqüències va tenir, la guerra? Diferencia les que van tenir un impacte a curt termini de les que el van tenir a llarg termini.

COMPLETA EL MAPA CONCEPTUAL

Amb la informació del tema, completa al teu quadern l'esquema següent:

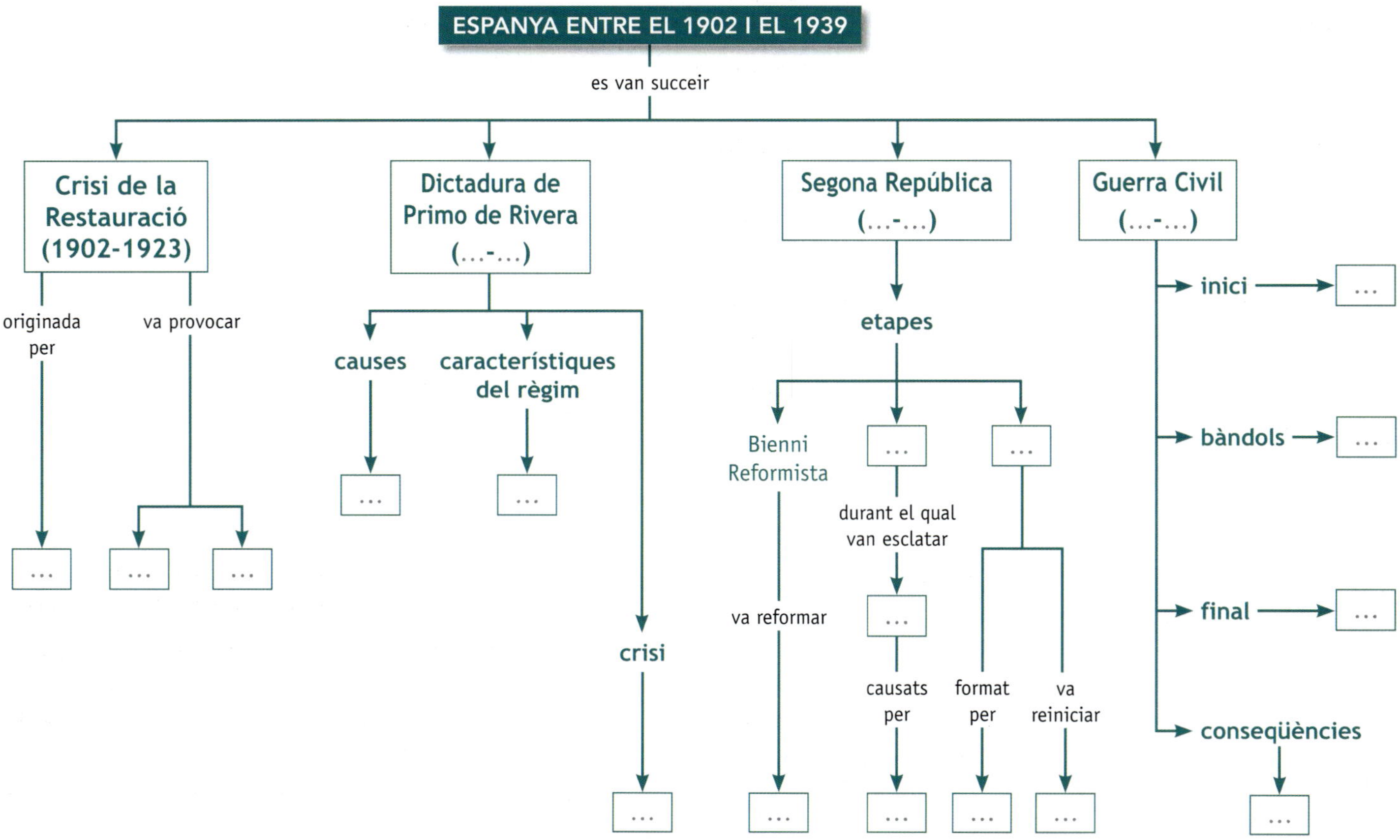

1 CONSOLIDA EL QUE HAS APRÈS

a) En què van consistir els projectes reformistes dels governs de després de la crisi del 1898? Com van afectar Catalunya? Resumeix la tasca de la Mancomunitat.

b) Quina situació política i social es va viure a Catalunya entre el 1919 i el 1923? Com es va imposar la Dictadura de Primo de Rivera?

c) Com es va passar de la monarquia a la República? Quines reformes va emprendre el règim republicà durant el Primer Bienni (1931-1933)?

d) Quines causes van provocar la Guerra Civil? Qui va enfrontar? Quins suports internacionals va tenir cada bàndol?

2 DEFINEIX CONCEPTES CLAU

- Trienni Bolxevic
- pistolerisme
- Comitè de No-Intervenció
- Generalitat de Catalunya
- Estatut de Núria
- milicià

3 IDENTIFICA ELS PERSONATGES

- Francesc Macià
- Lluís Companys
- Alcalá Zamora
- Lerroux
- Azaña
- Largo Caballero
- Cambó
- Franco
- Negrín

4 ESTABLEIX LA CRONOLOGIA

- barranc del Llop
- Revolució d'octubre
- Pacte de Sant Sebastià
- Front Popular

5. EXPLICA LES DIFERÈNCIES

- Annual/Alhucemas
- Lliga Regionalista/Esquerra Republicana
- franquistes/republicans

RESPON A LA PREGUNTA INICIAL

Per què a la dècada del 1930 hi va haver una guerra civil?

APRÈN A... COMENTAR UNA NOVEL·LA COM A FONT HISTÒRICA

La plaça del Diamant és una novel·la que se situa, en bona part, a l'època de la Segona República i la Guerra Civil. La seva qualitat literària l'ha convertit en un símbol de les esperances, els patiments i la desolació que aquest període històric va significar per a la gent corrent.

L'obra narra la vida quotidiana d'una dona, Natàlia, la seva família, els seus veïns i els seus amics i reflecteix fidelment els esdeveniments i les vivències d'aquestes persones en el context històric en què transcorre la trama.

És molt probable que ja coneguis l'obra o que te l'hagin recomanat a Literatura. En aquesta activitat, però, el que et demanem és que facis servir la novel·la com una font de comprensió de la vida quotidiana durant la República i la Guerra Civil i de les seqüeles dels personatges, després del final de la guerra, perquè analitzis no tan sols el que els passa, sinó també com viuen aquesta situació.

Títol: *La plaça del Diamant*
Autora: Mercè Rodoreda
Gènere: novel·la

Portada de l'obra de Mercè Rodoreda.

1. Tema i resum de l'argument

- Defineix el tema de l'obra. Què pretén mostrar-nos?
- Resumeix en poques línies la trama argumental.

2. Estructura i ubicació cronològica

- De quants capítols consta la novel·la? En quina època se situen cadascun dels capítols? Quant de temps transcorre entre el principi i el final de la novel·la? És homogènia la distribució de capítols amb relació al temps històric?
- Qui és el narrador en l'obra?

3. Caracterització dels personatges i ambientació

- Caracteritza els diferents personatges (principals i secundaris) i explica la relació que hi ha entre ells. Qui és el personatge central? Quina importància té el seu punt de vista en l'obra?
- Quina ideologia política pots atribuir a cadascun? Com es manifesten les diferències de pensament polític? Com s'alineen en els dos bàndols de la Guerra Civil?
- Quin paper tenen en l'obra els coloms i el so que fan? Relaciona-ho amb el sobrenom de Colometa. I els somnis de la Natàlia?

4. Context històric

- Quines dades històriques permeten al lector ubicar temporalment els diferents capítols? Posa'n alguns exemples.
- Com ens descriu la vida quotidiana del barri de Gràcia i les relacions personals? Com van canviant en el transcurs de la novel·la? Com es mostren les misèries quotidianes de la guerra (fam, por, mort...)?
- Quina situació, material i moral, ens mostra de la postguerra?

5. Punt de vista de l'autora

- Creus que l'autora ofereix una visió neutral de la Guerra Civil i la postguerra? En quin punt de vista se situa respecte als diferents personatges? Justifica la resposta.
- ¿Quin sentit simbòlic atribueix l'autora als coloms en l'obra?
- Com mostra el patiment dels innocents durant la Guerra Civil a través del personatge principal?

6. Valoració personal

- Expressa la teva opinió sobre l'obra: quins aspectes t'han interessat més? Amb quins personatges t'has identificat? Com t'ha ajudat a comprendre la Guerra Civil?

RAONA HISTÒRICAMENT

Empatia. Reflexiona sobre per què es diu que la pitjor de les guerres és la guerra civil. Escriu una llista d'elements en la qual es vegi què la fa diferent d'altres conflictes.

Argumentació. Per què diem que el règim de Primo de Rivera va ser una dictadura? Utilitza conceptes com ara llibertat o llibertats, constitució i pluralitat política.

1 Espai i temps. Les etapes militars de la Guerra Civil

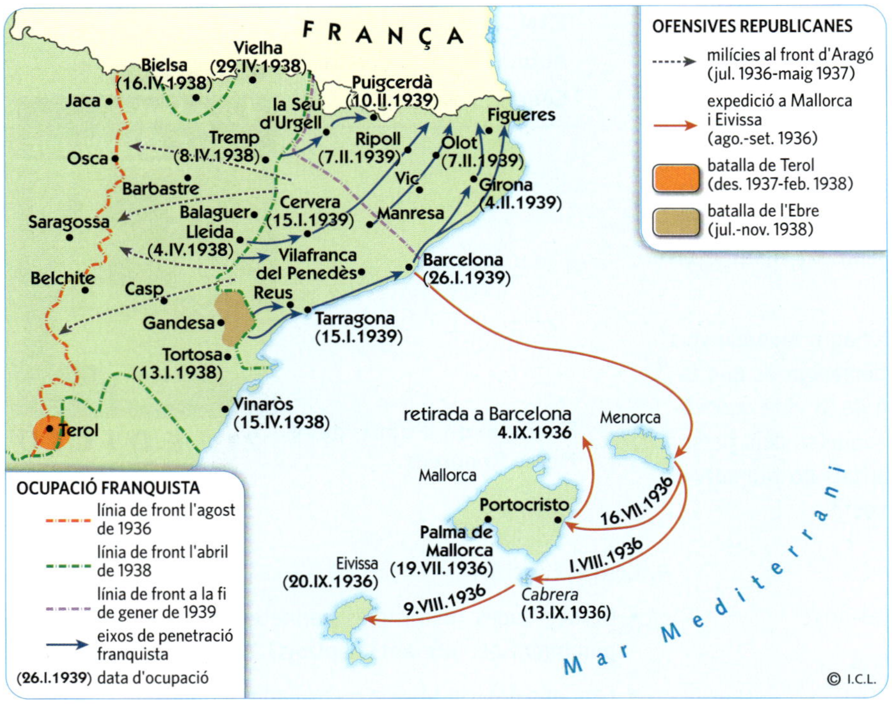

a) Quines forces es van dirigir cap a Aragó? Per què hi van anar? On es va estabilitzar el front? Per què un grup important de milicians va sortir cap a Madrid? En què va consistir l'expedició a Mallorca i Eivissa? Quin resultat va tenir?

b) Què van ser les batalles de Terol i de l'Ebre? Per què aquesta última batalla va ser tan important?

c) Per quins llocs van penetrar les tropes franquistes a Catalunya? Quines rutes van seguir fins a la frontera francesa? Per què van avançar tan ràpidament?

d) Com va afectar Catalunya el desenllaç de la Guerra Civil?

2 Fonts gràfiques. Conflictivitat social

L'estadística de vagues a Espanya és una manera d'aproximar-se a la conflictivitat social de l'època.

Analitza el gràfic i respon les preguntes que et proposem a continuació:

a) Quina fou l'evolució del nombre de vagues durant el primer terç del segle XX?

b) En quins moments hi va haver més conflictivitat social? Relaciona cada màxim amb el moment històric que li correspon.

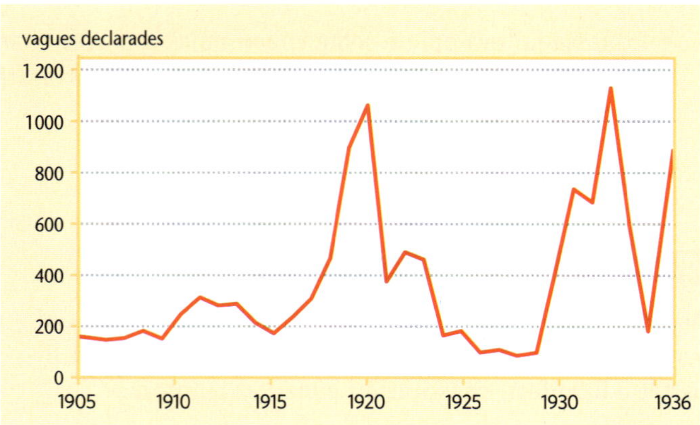

3 Fonts documentals. Programa de la CEDA

> Els candidats de la coalició antimarxista han de defensar de manera decidida la necessitat d'una immediata derogació, per la via que en cada cas convingui, dels preceptes tant constitucionals com legals, inspirats en designis laics i socialitzants, en realitat encaminats a destruir l'immens patrimoni moral i la ja exhausta riquesa material de la societat espanyola; han de treballar sense descans per aconseguir la cancel·lació de totes les disposicions confiscadores de la propietat i persecutòries de les persones, de les associacions i de les creences religioses.
>
> *Programa de la CEDA*, octubre del 1933.

a) Llegeix atentament aquest text i respon les preguntes següents: què pretenia derogar la CEDA? Per què? Com es qualificaven a si mateixos els candidats de la CEDA?

b) Quin fou el resultat de les eleccions del 1933? Quin període van iniciar? Quin partit o partits van governar a partir del 1933? Fins a quin any?

c) La CEDA formava part del govern quan es va donar a conèixer el seu programa polític?

4 Fonts iconogràfiques. Cartells de la Guerra Civil

Durant la Guerra Civil, l'agricultura i la ramaderia es van convertir en un objectiu essencial per a ambdós bàndols, ja que cada zona necessitava alimentar la nombrosa població civil de la rereguarda.

Observa i compara els dos cartells de propaganda:

a) Què pots veure en cada un dels cartells? Quina imatge es dóna del camperol en cada cartell? Com s'apel·la a la necessitat de produir en el cartell prorepublicà? De què apareix acompanyat el personatge del cartell profranquista?

b) Com interpretes els elements escrits que apareixen en cada un dels cartells? A qui s'hi dóna protagonisme?

c) Quina gran regió agrícola va quedar en mans dels colpistes des de l'inici de la Guerra Civil?

d) En què va consistir el procés de col·lectivització de la zona republicana?

Cartell del bàndol republicà.

Cartell del bàndol franquista.

WWW. ESPAI WEB

5 Fonts orals. Temps de memòria

Visiona a www.tiching.com/750806 el vídeo *Temps de memòria* i contesta les preguntes següents:

a) Què és el Memorial Democràtic i quins objectius persegueix? Quan es va crear? Resumeix el contingut de la llei.

b) Quin recorregut per la història de Catalunya fa l'audiovisual *Temps de memòria*? Quins fets destaca i narra? Quins patiments de les víctimes de la Guerra Civil relata?

c) Quin és el missatge que ens dóna sobre la necessitat de conservar la memòria de les víctimes de la Guerra Civil? Destaca dos personatges o experiències que t'hagin colpit.

6 Fonts audiovisuals. La Setmana Tràgica

Visiona el vídeo sobre la Setmana Tràgica del 1909 a www.tiching.com/751202 i respon aquestes preguntes:

a) Per què Espanya es va veure implicada en una guerra al nord d'Àfrica?

b) Quins soldats eren reclutats per anar a la guerra?

c) Explica les causes que van provocar l'esclat de la Setmana Tràgica i resumeix-ne els principals esdeveniments.

d) Per què l'execució de Ferrer i Guàrdia va originar una campanya de protesta a diverses ciutats europees?

REPTES A LA XARXA

MINIUNITAT VISUAL: Aquell 14 d'abril.

ACTIVITATS AUTOCORRECTIVES: Resol aquestes activitats i repassa el que has après.

www.vvd.link/012138/9

10 LA SEGONA GUERRA MUNDIAL

Qui i per què es va enfrontar en la Segona Guerra Mundial?

VICTÒRIES I EXPANSIÓ DE L'EIX (1940–1942)

- **Setembre** (1939): Invasió de Polònia
- **Maig** (1940): Ofensiva alemanya cap a l'Oest
- **Juny** (1941): Invasió de l'URSS
- **Desembre** (1941): Atac japonès contra Pearl Harbor

RECONQUESTES I VICTÒRIES DELS ALIATS (1942–1945)

- **Juny** (1942): Victòria americana de Midway
- **Novembre** (1942): Desembarcament aliat al nord d'Àfrica
- **Nov.** (1942) – **Febrer** (1943): Batalla de Stalingrad
- **Setembre** (1943): Capitulació d'Itàlia
- **Juny** (1944): Desembarcament aliat a Normandia
- **Maig** (1945): Capitulació d'Alemanya
- **Agost** (1945): Bombes atòmiques sobre Hiroshima i Nagasaki
- **Setembre** (1945): Capitulació del Japó

La ciutat de Berlín l'agost del 1945. Fotografia de Robert Capa.

La Segona Guerra Mundial (1939-1945) va ser el conflicte més brutal i devastador del segle XX, per la durada i la intensitat dels combats, pels recursos que es van utilitzar i per la pèrdua de vides humanes.

Els desencadenants de la guerra van ser els expansionismes nazi i japonès, i la incapacitat de les democràcies occidentals per frenar-los.

Aquest conflicte va ser una "guerra total", que va afectar la població civil i que va posar l'economia, la ciència i la tècnica al servei de les necessitats bèl·liques.

A més a més, va ser una guerra ideològica, que perseguia la plena liquidació de l'enemic i que va significar un enfrontament duríssim entre els que morien pels ideals de la democràcia i el socialisme i els que s'alineaven amb el feixisme.

Què en sabem?

- Observa l'eix cronològic. Quin període cronològic comprèn la Segona Guerra Mundial? Quines dues grans fases hi pots observar? Quins fronts diversos hi havia?
- Saps per què aquesta guerra rep el nom de mundial? Creus que va tenir un àmbit geogràfic més gran que la Primera Guerra Mundial?

Per què es va arribar a la Segona Guerra Mundial?

Els orígens remots de la Segona Guerra Mundial cal buscar-los en l'ordre internacional que va sorgir després de la Primera Guerra Mundial. El Tractat de Versalles va fomentar la humiliació i el ressentiment dels vençuts.

Molts alemanys i italians no van acceptar les imposicions de Versalles i això va estimular el revengisme i l'ascens, com hem vist, de sistemes polítics dictatorials, delerosos de buscar en una nova guerra el predomini econòmic i polític a Europa.

Quins fets es van encadenar per fer inevitable el conflicte? Quines aliances van donar lloc a un abast mundial de la guerra?

I·lustració escolar italiana. Els nens etíops s'inclinen davant la bandera italiana. Un exemple de l'adoctrinament expansionista del feixisme.

A EL BEL·LICISME DELS RÈGIMS TOTALITARIS

Els règims feixista italià i nazi alemany van desenvolupar, com hem vist, una **política expansionista** que aspirava a engrandir les seves fronteres territorials i desafiava el consens establert a la Societat de Nacions (SDN).

Per a això, van reforçar l'exèrcit, van impulsar el militarisme i van propiciar una intensa cursa d'armaments.

En aquests països es va exaltar el sentiment nacional i es va iniciar una política exterior agressiva que va conduir a l'esclat d'un nou enfrontament armat.

El programa de Hitler

La solució definitiva rau en l'eixamplament del nostre espai vital (*lebensraum*), font de primeres matèries i de la subsistència del nostre poble (...).

Per tant, estableixo els objectius següents:

- L'exèrcit alemany ha d'estar preparat per entrar en acció en el termini de quatre anys.
- En quatre anys, l'economia alemanya ha d'estar en condicions de sostenir una guerra.

Memoràndum secret d'Adolf Hitler, agost del 1936.

B UNA ESCALADA D'AGRESSIONS

El corredor de Danzig era un corredor sobre territori alemany atorgat a Polònia en el Tractat de Versalles per donar-li sortida al mar. Separava la Prússia Oriental de la resta d'Alemanya.

A la dècada del 1930, els Estats autoritaris van impulsar una sèrie d'agressions bèl·liques cap a altres països:

- A Àsia, el **Japó** buscava ampliar els seus territoris a costa de la Xina. L'any 1931 va ocupar Manxúria i, el 1937, va iniciar la invasió de la Xina.
- A Àfrica, el 1935, **Itàlia** va ocupar Etiòpia en el seu desig d'ampliar el seu imperi colonial. A Europa, també va envair Albània.
- Itàlia i Alemanya van intervenir a la **Guerra Civil espanyola** entre el 1936 i el 1939, facilitant soldats i armament als militars insurrectes, mentre que França i el Regne Unit es mantenien al marge (Pacte de No-Intervenció).
- **Alemanya** va desenvolupar una política d'expansió territorial amb la idea de crear un gran imperi (**III Reich**) amb les terres habitades per tots els pobles germànics. El 1936, en contra del que es va imposar en el Tractat de Versalles, Hitler va remilitaritzar la regió de Renània.

  El març del 1938 va ocupar militarment Àustria (*Anchluss*) i, al setembre, va exigir a Txecoslovàquia l'entrega del territori dels Sudets, poblat per una important minoria alemanya.

C LA FEBLESA DE LES DEMOCRÀCIES

Davant la política agressiva dels règims autoritaris, les democràcies es van obstinar a mantenir-se al marge dels problemes del món (aïllacionisme dels Estats Units) o a preocupar-se pels seus propis problemes interns, com ara l'augment de l'atur o l'agitació social.

D'aquesta manera, la feblesa de les democràcies i el fracàs de la Societat de Nacions davant les agressions dels règims nazi i feixista va estimular el bel·licisme d'Alemanya i Itàlia i va acabar conduint a la guerra.

La **Conferència de Munic** (1938), convocada pel mateix Hitler, enfront de les queixes de França, el Regne Unit i altres potències pel seu expansionisme, va acabar amb la claudicació de les democràcies davant les promeses de Hitler d'aturar el seu avanç.

El ministre britànic Chamberlain, el ministre francès Daladier, Adolf Hitler i Benito Mussolini a la Conferència de Munic. Hitler va aconseguir l'acceptació de França i del Regne Unit per a l'ocupació dels Sudets, una part de Txecoslovàquia.

D PREPARANT LA GUERRA: LA FORMACIÓ D'ALIANCES

Aquesta política expansionista es va basar en una sèrie de tractats internacionals de suport mutu. El 1936, Alemanya va firmar una aliança amb Itàlia, coneguda com l'**Eix Roma-Berlín**. Aquesta aliança es va renovar el maig del 1939 amb el nom de **Pacte d'Acer**.

A més a més, el novembre del 1936, Alemanya va firmar amb el Japó el **Pacte Antikomintern**.

França i el Regne Unit s'havien mantingut al marge. Però quan el 1939 Hitler va reclamar el corredor de Danzig (territoris que separaven Alemanya de Prússia Oriental), França i el Regne Unit es van comprometre amb Polònia a anar a la guerra si era necessari.

Per evitar que l'URSS s'aliés amb França i que el Regne Unit ajudés Polònia, Hitler va firmar amb Stalin el **Pacte Germanosoviètic** (agost del 1939), després del qual va iniciar la invasió de Polònia (setembre del 1939).

Aleshores els **aliats** (França i el Regne Unit) van declarar la guerra a Alemanya. Aquest va ser l'inici de la Segona Guerra Mundial.

El Pacte Germanosoviètic

Totes dues potències, enemigues políticament, desitjaven posposar el seu enfrontament. Hitler volia evitar el conflicte, ja que considerava que no podia mantenir una guerra en dos fronts. Els soviètics també volien evitar la guerra fins a estar més ben preparats.

L'acord, a més a més, incloïa unes clàusules secretes de repartiment de Polònia i de reconeixement del control de l'URSS.

La invasió de Polònia

He enviat els meus esquadrons de la mort a l'estranger amb l'ordre de matar sense pietat tots els homes, dones i nens de raça i llengua polonesa. Només així obtindrem l'espai vital que necessitem. (...) El que faré a Polònia es repetirà de la mateixa manera a Rússia.

Hitler als seus col·laboradors militars, 1939.

1. Com evidencia el memoràndum secret de Hitler els plans bel·licistes del nazisme?
2. Quins canvis territorials a les fronteres d'Alemanya s'evidencien en el mapa? Com i quan es van dur a terme?
3. Quina actitud van mantenir les potències democràtiques? Com es va reflectir la seva actitud en la Conferència de Munic? Quines aliances es van firmar?
4. Per què la invasió de Polònia va significar l'esclat de la guerra?

Argumenta la resposta

5. Justifica raonadament per què la Segona Guerra Mundial va ser un conflicte llargament preparat i buscat, amb causes profundes generades des del final de la Primera Guerra Mundial.

2 El desenvolupament de la guerra

Les victòries de l'Eix (1939-1941)

Amb la invasió de Polònia (setembre del 1939), Hitler va iniciar la **guerra llampec**, basada en l'ús de divisions cuirassades (els panzer) i en un important suport aeri. Aquest tipus de guerra va permetre atacar per sorpresa i avançar amb rapidesa. Polònia es va enfonsar en tres setmanes i el país va ser dividit entre Alemanya i l'URSS, segons el Pacte Germanosoviètic.

El 1940, els exèrcits alemanys van envair la major part d'**Europa Occidental** (Dinamarca, Noruega, Països Baixos, Bèlgica i el nord i l'oest de França). L'estiu d'aquell mateix any, només el Regne Unit es resistia a Alemanya. Per preparar un possible desembarcament al Regne Unit, la Luftwaffe, l'aviació de guerra alemanya, va bombardejar els ports i les ciutats britàniques: fou l'anomenada **batalla d'Anglaterra**.

El Regne Unit va resistir l'atac i Hitler va haver de renunciar al desembarcament, però va decretar el bloqueig de les illes Britàniques i va desencadenar la **batalla de l'Atlàntic** per impedir l'arribada de subministraments als britànics. També va combatre els britànics al Mediterrani, i les tropes de l'Afrikakorps* (sota el comandament de Rommel) van conquerir el **nord d'Àfrica**. Iugoslàvia i Grècia també van ser conquerides a l'abril del 1941.

El juny del 1941, Hitler va llançar l'**Operació Barba-rossa** i va atacar Rússia, on va arribar amb rapidesa fins a les portes de Moscou i Leningrad. Aquest fet va tenir una enorme transcendència. L'URSS es va incorporar als aliats i es va enfrontar amb les potències de l'Eix.

El desembre del 1941, el Japó va destruir la flota estatunidenca a **Pearl Harbor** i els Estats Units va entrar a la guerra.

L'EXPANSIÓ DE L'EIX (1939-1941)

Soldats alemanys arrenquen els llocs fronterers de Polònia, 1939.

L'OFENSIVA JAPONESA

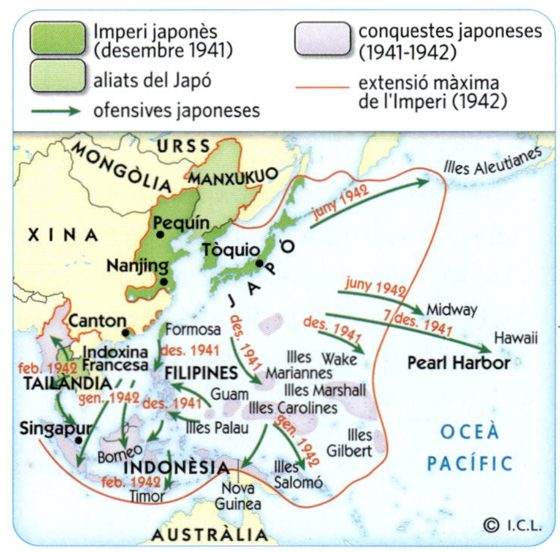

El 1932, el Japó havia envaït Manxúria, a la Xina, i el 1937 va ocupar Pequín. A partir d'aquesta data es va continuar estenent pel Pacífic.

El Regne Unit, sol davant de l'Eix

Jo diria a la Cambra, com vaig dir a tots els que s'han incorporat a aquest govern: "No tinc res més per oferir que sang, esforç, llàgrimes i suor".

(...) Quina és la nostra política? Fer la guerra per mar, per terra i per aire, amb tota la nostra potència i amb tota la força que Déu ens pugui donar; fer la guerra contra una tirania monstruosa, mai superada en l'obscur i lamentable catàleg de crims humans.

Discurs de Winston Churchil, maig del 1940.

Les ofensives aliades (1942-1945)

Després de l'entrada de l'URSS i els EUA en el conflicte, la guerra va començar a fer un tomb el juny del 1942. Els estatunidencs van frenar l'avanç japonès al Pacífic (**batalles de Midway** i **Guadalcanal**) i van iniciar la reconquesta dels territoris ocupats.

Al nord d'Àfrica, els britànics van derrotar els alemanys a **El-Alamein**, que van iniciar la seva retirada. Poc després, un exèrcit aliat, sota el comandament de general Eisenhower, va desembarcar a l'Àfrica francesa i va vèncer els alemanys a Tunísia (maig del 1943).

L'assalt alemany sobre **Stalingrad** (agost del 1942-febrer del 1943) va ser el primer gran fracàs de Hitler. La ciutat va resistir el setge, després del qual el mariscal alemany Paulus es va rendir. Aleshores, els soviètics van passar a l'ofensiva, van recuperar Ucraïna i van alliberar Leningrad del seu setge (gener del 1944).

LES VICTÒRIES DELS ALIATS (1942-1945)

L'alliberació d'Europa es va iniciar després del **desembarcament de Normandia** (juny del 1944) **per tropes britàniques i estatunidenques**, que va comportar l'entrada de nombrosos soldats i armament. Un cop vençuda la resistència alemanya, els britànics i els nord-americans van iniciar l'avanç des de l'oest, van alliberar part de França i van entrar a Alemanya. Per la seva banda, els russos van avançar cap a l'est i van expulsar els alemanys de Polònia, Romania i Bulgària. Per donar suport a aquest avanç, els aliats van bombardejar les ciutats alemanyes.

Els dos exèrcits aliats van iniciar l'ocupació d'Alemanya i es van trobar al riu Elba el 26 d'abril de 1945. El dia 30, Hitler es va suïcidar, i el 8 de maig, **Alemanya capitulava**.

El final de la guerra al Pacífic

Al Pacífic, la reconquesta estatunidenca dels territoris ocupats pels japonesos estava pràcticament finalitzada, però el Japó mantenia una fanàtica resistència, simbolitzada per l'acció dels *kamikazes**.

Per precipitar la rendició, el president dels Estats Units, Harry S. Truman, va decidir utilitzar una arma nova, la **bomba atòmica**, que va ser llançada sobre les ciutats d'Hiroshima i Nagasaki l'agost del 1945. Davant l'horror nuclear, el 2 de setembre, el Japó va capitular. La Segona Guerra Mundial havia acabat.

La ciutat d'Hiroshima, completament arrasada per la bomba atòmica. La destrucció va assolir unes proporcions desconegudes fins aleshores, i el nombre de víctimes va arribar a 150 000.

1. Explica les grans ofensives que van portar a terme les potències de l'Eix a Europa a partir del 1939. Quina importància va tenir l'operació Barba-rossa? Com va canviar les aliances bèl·liques?
2. Quines zones van ser ocupades pels japonesos en el Pacífic abans i durant la guerra?
3. Quin va ser el detonant de l'entrada dels Estats Units a la guerra? Quina importància va tenir la seva incorporació?
4. Explica les diferents fases de les ofensives dels aliats a Europa i el nord d'Àfrica. Quan es va rendir Alemanya?
5. @ Per què es van llançar bombes atòmiques sobre Hiroshima i Nagasaki? Esbrina'n les conseqüències.

3 Una guerra total

La Segona Guerra Mundial va ser un conflicte en el qual els dos bàndols, enfrontats per raons ideològiques i polítiques, perseguien objectius que només es podien aconseguir amb la destrucció del contrari. No hi havia opcions per negociar la pau i es van fer servir tots els mitjans possibles per aconseguir la victòria.

Un abast mundial

La Segona Guerra Mundial va ser una guerra total, en primer lloc per les seves dimensions geogràfiques: mai una guerra havia tingut tants adversaris. El conflicte va comptar amb països dels **cinc continents**, ja fossin aquests Estats independents o colònies, i les operacions bèl·liques es van produir no tan sols a Europa, sinó també a Àfrica, Àsia i Oceania.

A més a més, els efectius humans mobilitzats per la guerra van ser molt nombrosos. Al voltant de **50 milions de soldats** dels principals exèrcits i prop de 100 milions comptant tot tipus de tropes, policia, guerrilla, etc.

ELS PAÏSOS IMPLICATS EN LA SEGONA GUERRA MUNDIAL

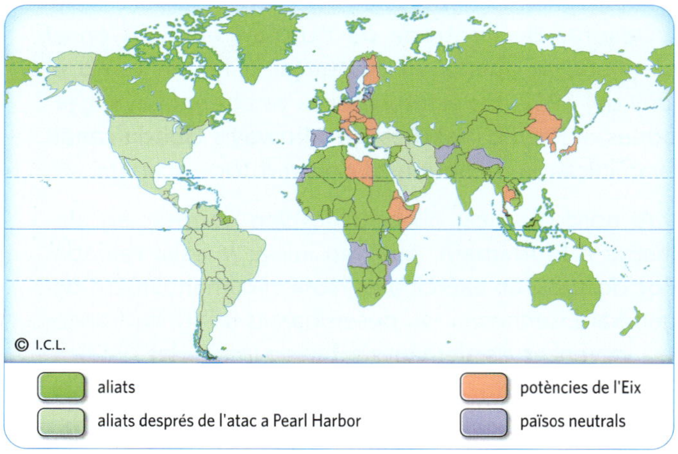

Població i economia al servei de la guerra

El conflicte no tan sols va afectar les tropes, sinó directament la població civil. El concepte tradicional de rereguarda va desaparèixer, en bona mesura a causa dels **bombardeigs**, que buscaven sembrar el terror a les ciutats, desmoralitzar la població i posar fi a la seva capacitat de resistència.

Al mateix temps, aquestes accions perseguien destruir i desarticular l'organització industrial i econòmica de l'enemic, i debilitar la seva capacitat militar. En l'etapa final de la contesa es van convertir en un càstig exemplar i devastador sobre els vençuts.

La Segona Guerra Mundial va tenir una dimensió econòmica indissociable, ja que es va desenvolupar com un conflicte ben planificat que va requerir la **intervenció de l'Estat** en la vida econòmica per posar la producció, la ciència i la tècnica al servei de les necessitats bèl·liques.

El creixement del complex industrial militar, associat al desenvolupament d'una tecnologia de la mort, va implicar un canvi extraordinari en l'organització de la producció i un gran augment de la mà d'obra en els països bel·ligerants.

En el cas del Regne Unit, els Estats Units i el Japó, va significar la **mobilització massiva de la dona** i la seva incorporació al mercat laboral, mentre que Alemanya va recórrer a l'explotació de treballadors estrangers.

L'escassetat d'aliments i de béns de consum va obligar els països a organitzar la penúria quotidiana per mitjà del **racionament**, fet que va estimular el mercat negre, i a limitar les manifestacions derivades del malestar social, amb la finalitat que no s'estengués, sobretot entre els soldats.

LA INVERSIÓ HUMANA I ECONÒMICA DELS PAÏSOS EN GUERRA EL 1944

País	Soldats mobilitzats	Despesa militar en % del PIB
URSS	12,4 milions	35,5
EUA	11,2 milions	42,7
Alemanya	9,1 milions	65,5
Japó	5,3 milions	41
Regne Unit	4,5 milions	–

Treballadores del complex industrial i militar d'Oak Ridge, a Tennessee (EUA), en el qual es va desenvolupar el Projecte Manhattan (1941-1945), que va aconseguir la fabricació de la bomba atòmica.

LA BATALLA IDEOLÒGICA

Per guanyar la guerra calien no tan sols mitjans materials, sinó també la mobilització de les consciències. Com ja vam veure a la Primera Guerra Mundial, els dos bàndols van exalçar els valors patriòtics i l'odi a l'enemic.

Els aliats van centrar les seves campanyes no tan sols en l'esperit de lluita, en la responsabilitat d'unir-se a l'esforç bèl·lic i en la defensa de la unitat dels aliats, sinó molt especialment en l'exaltació dels **valors democràtics** enfront de les dictadures.

Les potències de l'Eix, i especialment l'Alemanya nazi, van defensar el valor i la superioritat de la **raça ària** i van denunciar el "**complot jueu i comunista**" que amenaçava el món i que calia destruir.

Per llançar els seus missatges, tots dos bàndols van utilitzar els mitjans de comunicació de masses: la ràdio, els noticiaris, el cinema, la premsa i, molt especialment, els cartells de propaganda.

Darrere de les potències enemigues, el jueu. Cartell alemany, 1942.

Vèncer la tirania

Combatem com els nostres pares haurien combatut, per defensar la doctrina en la qual tots els homes són iguals als ulls de Déu. Els nostres adversaris s'esforcen a destruir aquesta creença profunda i a crear un món a imatge i semblança seva, un món de tirania, d'esclavitud i de crueltat. Cap compromís pot posar fi a aquest conflicte. No hi ha hagut mai, ni hi podrà haver mai, un pacte entre el bé i el mal. Només la victòria total pot recompensar els defensors de la tolerància, la llibertat i la fe.

Discurs del president F. D. Roosevelt, gener del 1942.

Les mans aliades esmicolen la creu gammada. Cartell de propaganda americà del 1944.

Les dones i l'esforç de guerra

La mobilització per a l'esforç de guerra va implicar les dones en més mesura que durant la Primera Guerra Mundial. Es van incorporar al treball en tots els sectors, i especialment en la indústria de guerra. També van anar al front com a metgesses i infermeres, o en feines auxiliars.

En el cas de l'URSS, van formar part de l'Exèrcit Roig com a soldats i oficials (van representar el 10 % de les tropes mobilitzades). També es van incorporar a les guerrilles i a les tasques d'espionatge.

Cartell de propaganda soviètic exalçant el paper de les dones en l'esforç bèl·lic.

1. Amb les dades del mapa i les dels països participants, explica per què realment aquesta va ser una guerra mundial.
2. Què va motivar l'enorme nombre de baixes civils?
3. Com va afectar a l'economia la contesa bèl·lica? Valora la dedicació del PIB a la despesa militar i dedueix les condicions de vida que va haver de patir la població.
4. Fixa't en la foto d'Oak Ridge. Què era el Projecte Manhattan? Relaciona'l amb l'aliança entre ciència i indústria militar.
5. @ La batalla ideològica va tenir una de les seves màximes expressions en els cartells. Busca a Internet un cartell de cada un dels bàndols. Explica per què l'has triat i comenta la seva iconografia i el missatge que transmet.

DESCOBREIX

4 Ocupació i violència durant la guerra

La guerra, com hem vist, va afectar profundament la vida quotidiana de la població dels països bel·ligerants. Però, a més a més, aquells territoris que van ser ocupats, fonamentalment pels nazis a Europa i per l'Imperi japonès a Àsia, van patir opressió política, persecució ideològica i explotació econòmica.

@ Amplia a la xarxa...

Per saber-ne més sobre l'expansió d'Alemanya durant la guerra, entra a: www.tiching.com/751278

A EL DOMINI POLÍTIC

Els alemanys van voler imposar el nou ordre nazi sobre el conjunt d'Europa. A mesura que els ocupaven, els països passaven a dependre, en diferents categories, del III Reich. Van organitzar els territoris conquerits en:

- **Regions incorporades al Reich** (Alsàcia, Lorena, Luxemburg, Bohèmia...), com una part més d'Alemanya.
- **Estats satèl·lit** amb governs col·laboracionistes amb l'ocupació (la França de Vichy, Eslovàquia, Romania...).
- **Territoris ocupats** (Polònia oriental, països bàltics, etc.), que eren els de menys consideració i els més maltractats.

EL TERCER REICH

B L'EXPLOTACIÓ ECONÒMICA

L'ocupació nazi tenia com a finalitat l'**explotació** dels territoris sotmesos en benefici d'Alemanya. Aquests territoris eren obligats a contribuir a l'esforç de guerra alemany i a proveir el Reich de primeres matèries, productes agrícoles, béns industrials i treballadors. El 1944, el 30% dels treballadors de la indústria armamentística alemanya eren estrangers.

També van exigir la participació de **capital alemany** en les empreses estrangeres, van controlar la **producció** alimentària i minera i van procedir a confiscacions forçoses, sense tenir en compte les necessitats de la població autòctona. En conseqüència, els desplaçaments massius, la fam i una mortalitat extraordinària es van estendre, sobretot, per l'Est europeu.

Espoliar els països ocupats

L'única manera d'administrar Polònia consisteix a explotar aquest país (...) prenent tots els seus productes alimentaris, primeres matèries, màquines, instal·lacions industrials, etc., necessaris per a l'economia de guerra alemanya, i utilitzar totes les categories de treballadors necessaris per enviar-los a Alemanya. Es tracta de reduir el conjunt de l'economia polonesa al mínim absolutament indispensable per a la simple supervivència de la població. Polònia serà tractada com una colònia. Els polonesos es convertiran en esclaus del Gran Reich alemany.

Hans Frank, governador de la Polònia ocupada, 1939.

ELS TREBALLADORS ESTRANGERS A ALEMANYA

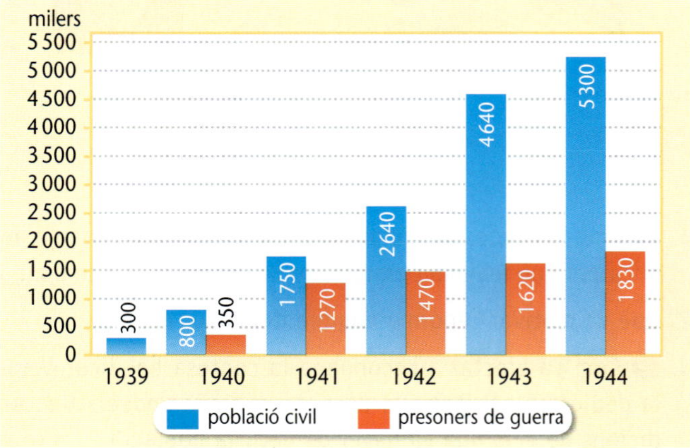

C LA SUBMISSIÓ DE LA POBLACIÓ

La violència contra la població civil va ser extrema amb l'ocupació alemanya. La implantació d'un **règim de violència i terror** va ser consubstancial amb el domini militar i polític.

La **Gestapo*** i les **SS*** alemanyes van ser brutals instruments de dissuasió davant de qualsevol dissidència i de repressió implacable sobre els resistents, que van ser sotmesos a arrest, tortura, deportació o execució.

La invasió japonesa

Als territoris ocupats pels japonesos (Xina, Corea i el sud-est asiàtic), els assassinats en massa, la tortura, els treballs forçats i l'esclavitud sexual van ser pràctiques habituals.

Una de les matances més conegudes es va produir el 1937 contra la població civil de la ciutat de Nanquín (Xina), on van ser assassinades un mínim de 200 000 persones.

La utilització del terror: els desapareguts

Amb l'inici de la campanya de Rússia, elements comunistes i germanòfobs han intensificat els seus atacs contra el Reich. (...) s'imposen mesures d'intimidació molt rigoroses (...).

Un efecte de terror eficaç i durador només es pot obtenir amb la pena de mort o amb mesures que mantinguin els familiars i la població en la incertesa de quin és el destí dels detinguts.

Han de ser transportats a Alemanya perquè desapareguin (...) cap informació sobre la seva ubicació no ha de ser difosa.

Decret Nacht und Nebel *(Nit i Boira)*, desembre del 1941.

D COL·LABORAR O RESISTIR

Els alemanys van trobar col·laboradors als països ocupats: els **governs col·laboracionistes**; també, industrials recelosos del comunisme o seduïts pels beneficis que oferien els ocupants, així com sectors de la població atrets pel nou ordre nazi o aterrits per la brutalitat del nazisme.

Amb tot, malgrat el perill, un bon nombre de **resistents*** es van organitzar per fer front a l'enemic o es van incorporar a grups armats clandestins (guerrilla).

▸ El govern col·laboracionista francès de Pétain acceptava els principis antisemites. La inscripció d'una oficina francesa diu: "Els jueus són en terra estrangera, perquè no són francesos, ni cristians, ni europeus".

Resistir davant l'ocupació

2. Has de treballar malament i a poc a poc quan ho facis per als alemanys.

3. Has de destruir tots els estris i màquines que puguin ser útils als alemanys.

4. Has de retardar tots els transports que vagin cap a Alemanya. (...)

6. No has de comprar res en comerços alemanys.

7. T'has de comportar amb els traïdors com es mereixen.

8. Has de protegir qualsevol que sigui perseguit pels alemanys.

Consells de la resistència danesa adreçats a la població, 1941.

1. Quins territoris van ocupar a Europa les potències de l'Eix? Com va organitzar Alemanya aquests territoris? Quins països o zones van quedar fora del seu domini?
2. Quina explotació econòmica es va dur a terme a les zones ocupades? Valora el text sobre Polònia. Com és considerada la seva població?
3. Descriu l'evolució dels treballadors estrangers a Alemanya durant la guerra, comparant la població civil amb els presoners.
4. Quin interès tenien els treballadors estrangers per a l'economia alemanya?
5. Com van sotmetre els alemanys la població? Què establia el decret *Nacht und Nebel*?

Investiga

6. @ Busca informació sobre la resistència a Europa. Agrupa-la segons que es tracti de resistència civil i col·laboració amb les forces aliades o guerrilles armades contra l'enemic.

5 L'Holocaust jueu

El racisme, l'autoritarisme i la xenofòbia continguts en l'ideari nazi van derivar en crims monstruosos contra tots aquells que eren considerats inferiors: discapacitats físics o psíquics, eslaus, gitanos, comunistes o opositors polítics.

Però d'entre tots els grups ètnics o socials, els jueus van ser escollits per Hitler com el col·lectiu que calia exterminar. L'Holocaust*, és a dir, l'extermini de milions d'éssers humans als camps de concentració, culpables només d'haver nascut jueus, va marcar la història del segle XX i la del poble protagonista d'aquest episodi tan terrible.

L'EXTERMINI DELS JUEUS A EUROPA

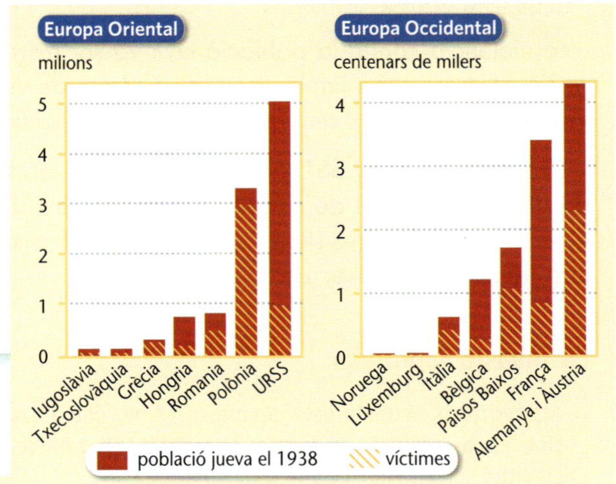

A PERSECUCIÓ I DETENCIÓ

Des de l'arribada al poder dels nazis a Alemanya, els jueus van ser perseguits i forçats a portar un distintiu a la roba, i posteriorment van ser traslladats, de vegades, a **camps de concentració** amb la imposició de fer treballs forçats.

Jueus detinguts al gueto de Varsòvia, després d'una revolta el 1943. En aquest gueto van arribar a amuntegar-s'hi 400 000 persones, de les quals només van sobreviure unes 50 000.

A partir del 1940, a Polònia i més tard en altres països, els jueus van ser obligats a viure en **guetos**. El juny del 1941 van començar les massacres de jueus a l'URSS i l'Europa oriental.

Les massacres de jueus

El nostre objectiu, alliberar Lituània de jueus, s'ha pogut assolir (...). La realització d'aquesta operació és un problema d'organització (...). Cal reunir els jueus en un o diversos llocs, i després, segons quants siguin, buscar un indret adequat per obrir les fosses necessàries. És una tasca difícil i a prova de nervis (...).

Informe de Karl Jäger, comandant de les SS i responsable de l'assassinat de 137 346 persones, majoritàriament jueus, 1941.

B LA DEPORTACIÓ: EL CAMÍ A L'EXTERMINI

El 1942, els jerarques nazis van decidir dur a terme la "**solució final**", és a dir, l'eliminació total dels jueus. Fou aleshores quan els camps de concentració es van convertir en llocs d'extermini massiu.

La tortura sistemàtica començava amb el trasllat dels jueus als camps de concentració en vagons de bestiar, on viatjaven amuntegats i sense menjar ni serveis higiènics. De vegades, aquest viatge significava també la mort i, en tot cas, un mètode de terror per apaivagar qualsevol possible rebel·lia.

L'arribada al camp

A Auschwitz, dos metges de les SS examinaven l'arribada dels presoners, els quals havien de passar per davant d'un dels dos metges, que amb un senyal indicava la seva decisió. Els que eren considerats aptes per al treball eren enviats als camps; la resta, traslladats als llocs d'extermini.

Els nens petits eren exterminats sense excepció, ja que no podien treballar.

Rudolf Franz HOESS, comandant d'Auschwitz, 1946.

Jueus traslladats al camp de concentració en vagons segellats.

EL CAMP DE CONCENTRACIÓ DE MAUTHAUSEN

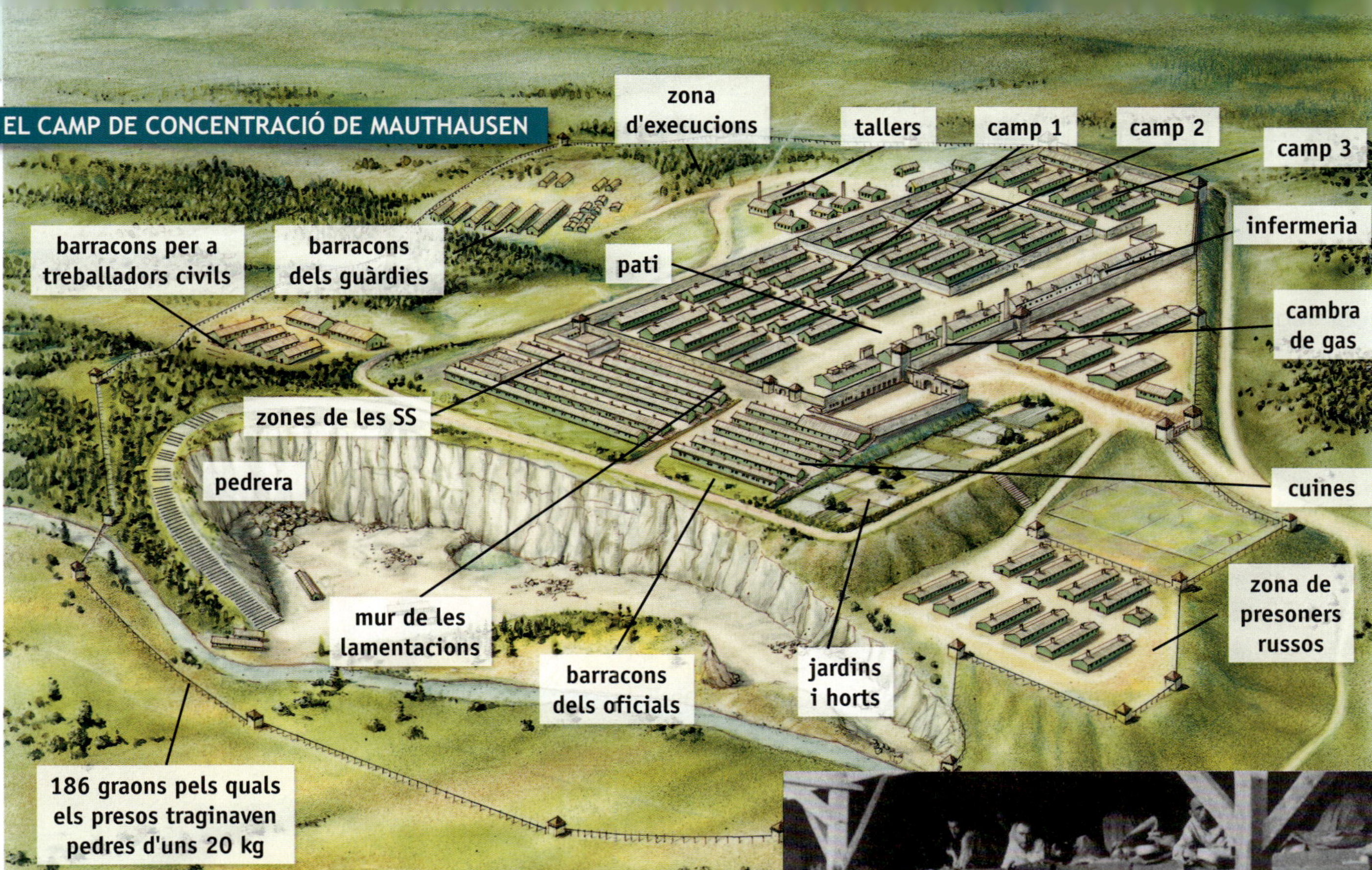

Interior d'un barracó de Dachau, el primer camp de concentració de l'Alemanya nazi, 1945.

C VIDA I MORT ALS CAMPS DE CONCENTRACIÓ

Els camps de concentració, especialment els d'extermini, eren "fàbriques" de tortura, degradació i mort per als presoners. Forçats a treballs extenuants, amb prou feines alimentats i vestits, eren torturats, sotmesos a experiments mèdics i assassinats massivament. Un món d'horror i menyspreu per la vida humana.

Les cambres de gas

En aparença eren unes inofensives sales de dutxes: trespol de mosaic, parets amb un fris de rajoles (...). Un cop tancada la porta de la cambra, aquells malaurats, nus i en completa promiscuïtat, esperaven en va que ragés l'aigua. De les peres, en comptes d'aigua, sortia gas que aviat saturava l'aire.

Joaquim Amat-Piniella: *K. L. Reich*, 1963.

Els presoners d'Auschwitz

Convertits en esclaus, fem cent vegades el recorregut monòton, com el d'una bèstia, a la feina, morts per a nosaltres mateixos, abans de morir per a la vida, anònimament. No tornarem. Ningú no sortirà d'aquí que pugui portar al món, amb el senyal gravat a la seva carn, la sinistra notícia del que l'home, a Auschwitz, ha estat capaç de fer a un altre home.

Primo Levi: *Si això és un home*, 1947.

1. Quins principis ideològics van conduir a la persecució, la tortura i la mort d'opositors polítics i minories ètniques o religioses? Quin grup fou el més perseguit? Què va ser l'Holocaust? I l'anomenada *solució final*?

Posa't al seu lloc

2. Formeu grups a l'aula. Es tracta d'elaborar la correspondència d'una família jueva polonesa que escriu als seus parents dels Estats Units entre el 1939 i el 1945. Podeu consultar www.tiching.com/751279/751280/751281.

- Un grup ha d'elaborar tres cartes que envien durant la primera persecució i l'estada al gueto de Varsòvia.
- Un altre grup escriu la carta que lliuren clandestinament a un guàrdia a canvi de diners al final del seu trasllat al camp d'extermini.
- Un altre grup ha d'escriure les tres cartes que envia l'únic supervivent del camp per explicar què els ha passat i valorar quin sentiment va experimentar l'opinió pública mundial en conèixer l'existència dels camps d'extermini.

6 Les conseqüències de la guerra

Les pèrdues humanes i econòmiques

La Segona Guerra Mundial va deixar un escenari de devastació i horror. Més de **cinquanta milions d'éssers humans** van morir al llarg del conflicte bèl·lic, dels quals la meitat corresponien a l'URSS, seguida d'Alemanya i Polònia.

Les armes, les bombes i els avions utilitzats en aquesta guerra van augmentar el poder de destrucció, no tan sols als fronts, sinó també entre la població civil. El nombre de víctimes civils va representar una mica més de la meitat de les víctimes totals. Si es compara amb l'escàs 5 % de civils que van morir durant la Primera Guerra Mundial, el desastre adquireix el seu ple significat.

Les **destruccions materials** durant la Segona Guerra Mundial van ser molt importants i van afectar, sobretot, les ciutats, els mitjans de comunicació i les instal·lacions industrials. El pillatge constant a les ciutats, la pràctica de cremar els conreus i els boscos i la destrucció d'indústries van provocar una reducció dràstica de la producció als països bel·ligerants.

En canvi, els països que havien quedat al marge de la contesa (Canadà, Austràlia, Suècia...) es van convertir en subministradors i van experimentar un gran creixement econòmic.

Els desplaçaments de població, habituals durant el conflicte, van continuar durant la postguerra: alliberament de presoners i de treballadors forçats que tornaven als seus països, expulsió de minories ètniques arran de la configuració de nous Estats i dels acords de pau, etc. Prop de trenta milions d'europeus van deambular pel continent en la immediata postguerra.

Europa estava materialment i moralment destrossada, i la seva població, delmada. En aquest paisatge de ruïna i desolació van emergir dues noves potències: els Estats Units i l'URSS, que van relegar Europa a un segon pla.

L'impacte moral

La barbàrie de les accions bèl·liques va fer qüestionar els valors morals i polítics sobre els quals s'havia edificat bona part de la civilització europea anterior. Els drets humans havien estat trepitjats sistemàticament i al llarg de sis anys s'havia imposat una **cultura de la violència** i la crueltat.

El descobriment dels camps de concentració i de les pràctiques d'extermini va posar en evidència les dimensions de l'horror nazi. I, en un altre sentit, la bomba atòmica sobre Hiroshima i Nagasaki es va viure com una veritable apocalipsi mundial. Així mateix, el descobriment de les massacres practicades pels soviètics a Polònia va fer créixer els dubtes ideològics. Tot plegat va provocar un intens trauma moral del qual van emanar profunds interrogants sobre la **barbàrie de la civilització occidental**.

VÍCTIMES DE LA SEGONA GUERRA MUNDIAL

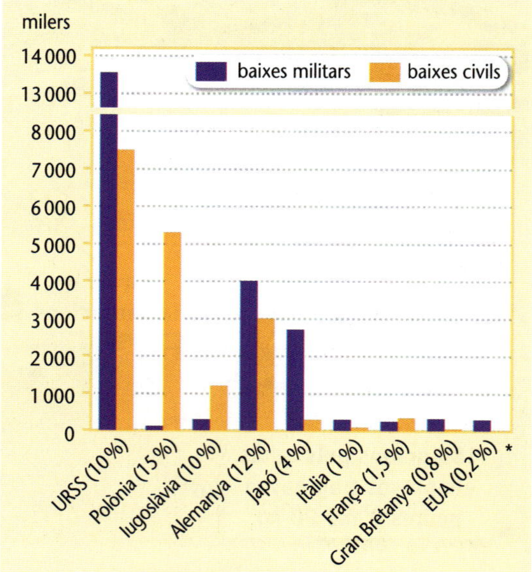

* sobre la població d'abans de la guerra (%)

@ Amplia a la xarxa...

Per saber-ne més sobre el procés de Nuremberg, entra a: www.tiching.com/751282

El procés de Nuremberg

Els vencedors de la guerra van impulsar la creació d'un tribunal que va definir un nou concepte en el dret internacional: el dels **crims contra la humanitat.**

El judici principal de Nuremberg (20 de novembre de 1945-30 de setembre de 1946) va fer possible asseure 21 dirigents nazis al banc dels acusats, davant d'un tribunal format per magistrats dels quatre grans Estats aliats que havien guanyat la guerra: Estats Units, URSS, Regne Unit i França.

Aquest procés va permetre fer un balanç públic de les atrocitats del nazisme i va establir un precedent perquè, en el futur, no quedessin impunes els actes criminals contra la humanitat.

Alts dirigents de la política nazi jutjats durant el procés de Nuremberg.

LES CONFERÈNCIES DE PAU I LA DIVISIÓ D'EUROPA

Els tres grans aliats (Regne Unit, Estats Units i l'URSS) es van reunir per primera vegada a la **Conferència de Teheran** (novembre del 1943), a la qual van assistir Churchill, Roosevelt i Stalin. En aquesta conferència es van prendre mesures militars conjuntes per accelerar el final de la guerra.

La segona conferència va tenir lloc a **Jalta** (febrer del 1945). S'hi va decidir la desnazificació i partició d'Alemanya i Àustria en quatre zones d'ocupació (amb la incorporació de França en el repartiment). A més a més, es van pactar una divisió similar de les ciutats de Berlín i Viena, l'organització d'eleccions democràtiques als països alliberats i la creació de l'ONU per garantir la pau. Aquesta conferència va significar, de fet, la divisió d'Europa en dues grans zones d'influència: l'americana i la soviètica.

La tercera conferència de pau es va celebrar a **Potsdam** (agost del 1945). Els nous protagonistes (Attlee, Truman i Stalin) es van posar d'acord en la devolució de tots els territoris europeus annexionats per Alemanya, la separació d'Àustria, el desmantellament de la indústria militar, i el procés i càstig dels líders nazis.

En la **Conferència de París** (1946) es van elaborar els tractats de pau amb la resta d'aliats d'Alemanya. El tractat amb Àustria no es va signar fins al 1955 i mentrestant el país va estar intervingut pels aliats.

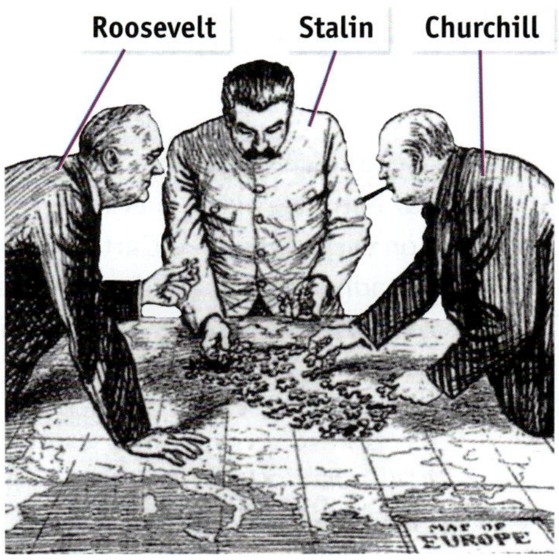

La Conferència de Jalta segons una caricatura britànica, 1945.

@ Amplia a la xarxa...

Per saber-ne més sobre els tractats de pau de la Segona Guerra Mundial, entra a: www.tiching.com/751283

EUROPA DEL 1945 AL 1947

El repartiment d'Europa

L'URSS va voler aprofitar la seva victòria sobre Alemanya per iniciar l'expansió del comunisme i mantenir la seva hegemonia als territoris ocupats per l'Exèrcit Roig. Amb aquest objectiu va forçar la instauració de les anomenades *democràcies populars* (Polònia, Romania, Hongria, Txecoslovàquia, Bulgària, Alemanya Oriental, Iugoslàvia i Albània), en les quals el Partit Comunista va aconseguir el poder.

Estats Units també va reforçar el seu domini a Europa occidental i va obligar els partits comunistes a abandonar els governs de coalició formats durant la postguerra. A Grècia, les forces britàniques van intervenir militarment per impedir el triomf de les guerrilles comunistes.

1. Quins països van patir més baixes totals? I respecte al total de població abans de la guerra? Per què?
2. Relaciona el nombre de baixes civils i militars amb el tipus de guerra, d'armament, etc. Treu-ne conclusions.
3. Què va ser el procés de Nuremberg? Valora'n la importància per a la justícia internacional.
4. Observa la caricatura. Qui són els personatges representats? Què estan fent? Indica quines van ser les principals conferències de pau i els acords als quals es va arribar.
5. Què va passar al final de la guerra a Europa? Quina àrea d'influència va quedar sota el control de l'URSS? I dels Estats Units i el bloc occidental?

7 L'Organització de les Nacions Unides (ONU)

La necessitat d'un organisme que substituís la desprestigiada Societat de Nacions es va plantejar entre els aliats ja el 1941. Fou a la Conferència de San Francisco (abril-juny del 1945) on es va aprovar la Carta de l'Organització de les Nacions Unides (ONU), a la qual es van adherir 46 Estats fundacionals. Actualment agrupa gairebé tots els Estats del món i duu a terme tasques humanitàries i de mediació en els conflictes bèl·lics.

A LA FUNDACIÓ DE L'ONU

La nova organització pretenia el manteniment de la pau i la seguretat internacionals, i la cooperació econòmica i social entre les nacions.

Establia la igualtat sobirana de tots els seus membres per resoldre els conflictes, com també el rebuig de la força, la no-ingerència en els afers interns de cada nació i el dret dels pobles a disposar de si mateixos.

Inspirada en aquests principis, el 1948 es va aprovar la **Declaració Universal dels Drets Humans**, un text que ha tingut una gran transcendència fins als nostres dies.

La Carta fundacional de l'ONU

Nosaltres, els pobles de les Nacions Unides, decidits a preservar les generacions futures del flagell de la guerra, el sofriment indescriptible de la qual hem patit dos cops al llarg de les nostres vides; a reafirmar la fe en els drets fonamentals de l'home, en la dignitat i en el valor de la persona humana, en la igualtat dels drets d'homes i dones i de les nacions grans i petites; a crear condicions sota les quals es puguin mantenir la justícia i el respecte de les obligacions emanades dels tractats i d'altres fonts del dret internacional; a promoure el progrés social i a elevar el nivell de vida dins d'un concepte més ampli de llibertat.

I, amb aquesta finalitat, a practicar la tolerància i a conviure en pau com a bons veïns; a unir les nostres forces per al manteniment de la pau i la seguretat mitjançant l'acceptació de principis i l'adopció de mètodes que no utilitzaran les forces armades si no és per servir l'interès comú, i a promoure el progrés econòmic i social de tots els pobles.

Hem decidit unir els nostres esforços per fer reals aquests designis (...). La Carta de l'ONU estableix per mitjà d'aquest acte una organització internacional que s'anomenarà Nacions Unides.

San Francisco, 26 de juny del 1945.

B ELS ÒRGANS DE GOVERN

Des del 1950, la seu de l'ONU es troba a Nova York, i l'àrea que ocupa es considera territori internacional.

Avui dia, l'ONU està formada per 193 països membres, la totalitat d'Estats reconeguts al món excepte el Vaticà, que només hi és com a observador. El 2012 també es va admetre Palestina com a Estat observador.

Des d'aleshores, tots els Estats membres de l'Organització de les Nacions Unides estan representats i tenen vot en l'**Assemblea General**, un òrgan deliberatiu l'autoritat del qual és bàsicament moral, ja que només pot emetre recomanacions.

El **Consell de Seguretat** és l'òrgan executiu bàsic. Inicialment estava format per onze membres (que s'han ampliat actualment a quinze), dels quals els grans –Estats Units, l'URSS, Regne Unit, França i Xina– són permanents, i la resta són escollits periòdicament per l'Assemblea General.

El Consell de Seguretat recull les recomanacions de l'Assemblea i pot transformar-les en decisions aprovades per majoria simple i de compliment obligatori per als Estats membres, per bé que qualsevol dels membres permanents té **dret de vet**. Amb això s'assegura el predomini de les grans potències.

Una **Secretaria General**, a Nova York, s'encarrega de l'administració permanent de la institució i duu a terme la coordinació de tota l'ONU. El secretari general és escollit per l'Assemblea General, a proposta del Consell de Seguretat, per un període de cinc anys.

C LA TASCA DE L'ONU

A més dels òrgans de representació i govern, l'ONU té altres organismes, alguns dependents de la mateixa Assemblea, com ara el **Tribunal Internacional de l'Haia**, al qual poden recórrer tots els Estats membres.

El **Consell Econòmic i Social** és el principal organisme per promoure el desenvolupament social i econòmic dels països. Amb el pas del temps s'ha convertit en una institució extraordinàriament important de la qual depenen un gran nombre d'organismes especialitzats que vetllen per la salut, la infància, el desenvolupament, els refugiats, etc.

Tot i que el paper polític de l'ONU està molt limitat per la seva incapacitat per imposar-se a les grans potències, la tasca d'aquests organismes és d'una gran importància per a la defensa dels drets humans. En aquest sentit, per exemple, **ACNUR** es dedica a la protecció dels refugiats, **UNICEF**, als programes per a la infància desfavorida, la **UNESCO**, al patrimoni cultural...

EL FUNCIONAMENT DE L'ONU

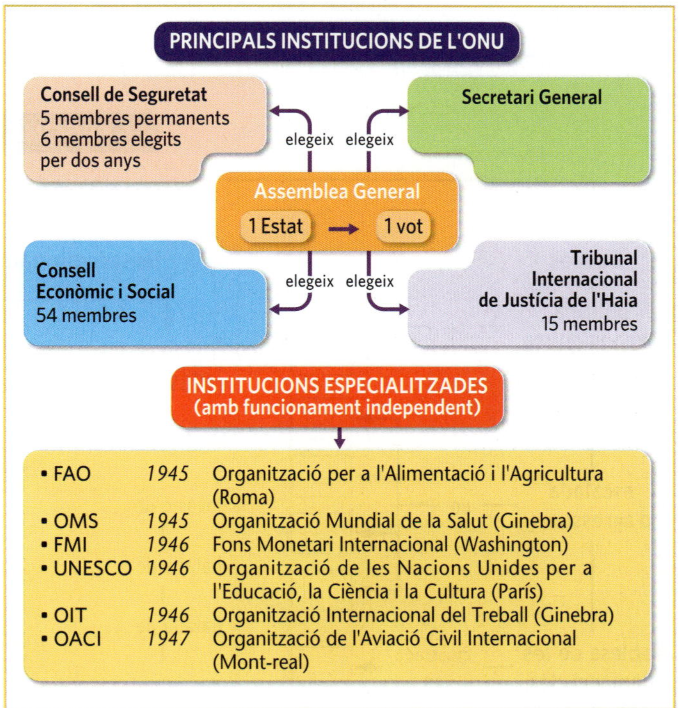

D L'ONU EN L'ACTUALITAT

El paper de l'Organització de les Nacions Unides (ONU) ha derivat avui dia en dues direccions essencials:

- L'estímul i control del respecte als drets humans. L'any 2000 es va aprovar la **Declaració del Mil·lenni**, en la qual s'estableixen els objectius de lluita contra la pobresa, la defensa de la igualtat entre homes i dones, la protecció del medi ambient i els programes de desenvolupament econòmic per al Tercer Món. Els recursos per a aquestes polítiques són limitats, però estableixen principis d'acció a nombrosos països.
- Les **missions de pau** o mediació en casos de conflicte. Tropes conegudes com a **cascos blaus** (provinents de tots els països membres) actuen en nom de resolucions de l'ONU, amb el consentiment dels bàndols enfrontats. El seu paper essencial és la protecció de la població civil, de les organitzacions humanitàries i dels refugiats.

La protecció de la població civil

En temps de guerra, els hospitals han de ser santuaris. Tanmateix, recentment hem vist un augment dels atacs a hospitals i centres de salut. A l'Afganistan, un bombardeig aeri va destruir una sala d'operacions i va devastar altres instal·lacions. Al Iemen, els hospitals han estat atacats i els nens que no han mort a causa de les bales o les bombes moren per manca de medicaments o assistència sanitària.

Jan ELIASSON, vicesecretari general de l'ONU, 19 de gener del 2016.

1. Quan es va fundar l'ONU? Quins objectius perseguia la nova organització? De quina altra organització era hereva? On es va ubicar la seva seu?
2. Explica quins són els organismes essencials de l'ONU i quina funció tenen. Per què és tan important el Consell de Seguretat?
3. Quants països agrupa l'ONU actualment?

Relaciona ahir i avui

4. @ Busca informació i sintetitza la tasca dels organismes de l'ONU que depenen del Consell Econòmic i Social. Assenyala tres de les tasques, campanyes o accions dutes a terme per aquests organismes en els darrers tres anys.
5. @ Indaga sobre tres missions de pau que actualment realitzin els cascos blaus. Descriu-ne el tipus de conflicte.

COMPLETA EL MAPA CONCEPTUAL

Amb la informació del tema, completa al teu quadern l'esquema següent:

1 CONSOLIDA EL QUE HAS APRÈS

a) Quines agressions bèl·liques van desencadenar l'esclat de la Segona Guerra Mundial? Quines aliances es van formar entre els diferents Estats?

b) Quins dos blocs es van enfrontar? Qui eren els principals integrants de cada bàndol?

c) Quines etapes va tenir la contesa? Estableix la cronologia.

d) Quina transcendència van tenir l'atac japonès a Pearl Harbor i la batalla de Stalingrad en el desenvolupament de la guerra?

e) Què va significar per a Europa el domini nazi?

f) Què va ser l'Holocaust? En quins principis ideològics es va basar aquesta barbàrie exercida pels nazis?

g) Quines van ser les conseqüències immediates del conflicte bèl·lic? Què va passar a partir del 1947?

2 DEFINEIX CONCEPTES CLAU

- Eix Roma-Berlín
- guerra total
- Pacte Germanosoviètic
- ONU
- Holocaust
- col·laboracionistes
- expansionisme nazi
- Conferència de Jalta
- camps d'extermini
- guerra llampec
- imperialisme nipó

3 ESTABLEIX LA CRONOLOGIA

- batalla de Stalingrad
- bombardeig d'Hiroshima
- desembarcament de Normandia
- Operació Barba-rossa
- Batalla de Guadalcanal

4 IDENTIFICA ELS PERSONATGES

- Neville Chamberlain
- Clement Attlee
- Charles De Gaulle
- Friedrich Paulus
- Henri-Philippe Pétain
- Erwin Rommel
- Hermann Göring

CONTESTA LA PREGUNTA INICIAL

Qui es va enfrontar en la Segona Guerra Mundial i per què?

APRÈN A... ANALITZAR UN GRÀFIC

Una bona part de les dades que ens aporten les sèries estadístiques i les taules numèriques es poden representar de manera gràfica.

Els gràfics són, per tant, un instrument visual primordial i molt útil a l'hora d'estudiar fenòmens quantificables, sobretot de la història social i econòmica.

Gràcies als gràfics podem compredre els fets de manera ràpida i clara.

Hi ha molts tipus de gràfics, però els més habituals són:

- Els de barres, com el que et presentem. Les barres es poden col·locar horitzontalment o verticalment.
- Els diagrames sectorials (circulars), molt apropiats per veure la proporció que existeix entre diferents quantitats d'un mateix concepte.
- Els gràfics de corbes o d'evolució, que permeten veure l'evolució d'un fenomen al llarg del temps.

LA PRODUCCIÓ A L'URSS EL 1945

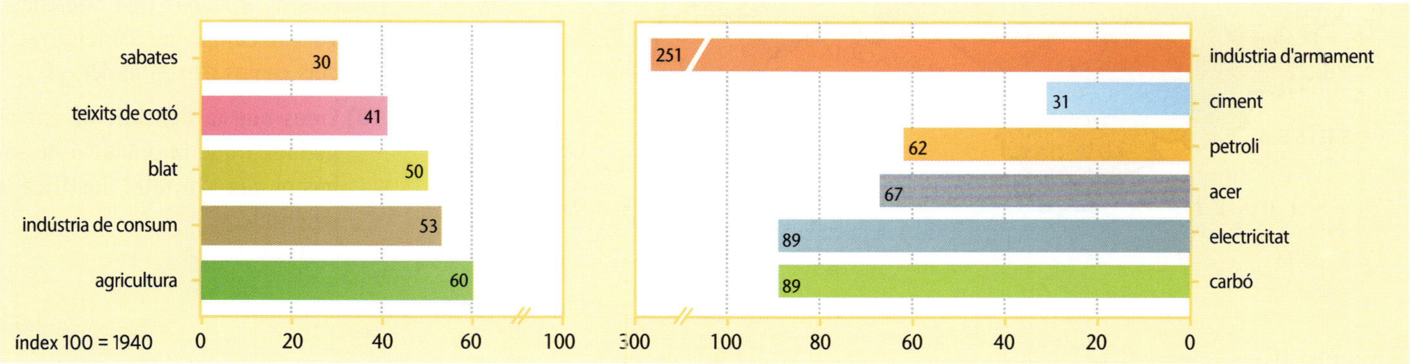

1. Identificació i presentació

- Tema: de què tracta el gràfic?
- Tipus: quin tipus de gràfic és? Què es representa en cada eix? Quines variables apareixen? En quines unitats (tant per cent, milers...) estan expressades?
- Cronologia i ubicació: a quina època correspon? A quin país?

2. Anàlisi

- Quin és l'índex del 1940 que serveix de referència per poder fer-ne la comparació amb la producció del 1945?
- Quina producció ha baixat el 1945 per sota de l'índex 100? Quins productes són els que han patit una davallada més gran? Quins productes ocupen una posició mitjana?
- Quina producció ha augmentat? A quin nivell?
- L'augment d'aquesta producció té alguna relació amb la baixada de la resta? Per què?

3. Context històric

- Quin moment històric vivia l'URSS a principis del 1945? Creus que la transformació de l'economia soviètica entre el 1940 i el 1945 va tenir cap relació amb la Segona Guerra Mundial? Creus que es va produir una situació similar en altres països en guerra?

4. Conclusions

- Valora per què parlem d'una economia al servei de la guerra durant el conflicte. Quines conseqüències creus que va tenir per a la població civil?

RAONA HISTÒRICAMENT

Argumentació. Per què anomenem política d'apaivagament l'actitud de les democràcies occidentals respecte a l'Alemanya nazi?

Empatia. Situa't en el procés de Nuremberg i defensa les raons per les quals els dirigents nazis han de ser condemnats per crims contra la humanitat.

Causalitat. En l'esclat de la Segona Guerra Mundial, fins a quin punt creus que va ser determinant l'actitud i les accions empreses per Alemanya durant els anys trenta?

Quina importància va tenir la incorporació dels Estats Units i la Unió Soviètica al bàndol aliat per a la victòria d'aquest bàndol en la guerra?

1 Espai i temps. Els camps de concentració nazis

ELS CAMPS DE CONCENTRACIÓ I D'EXTERMINI

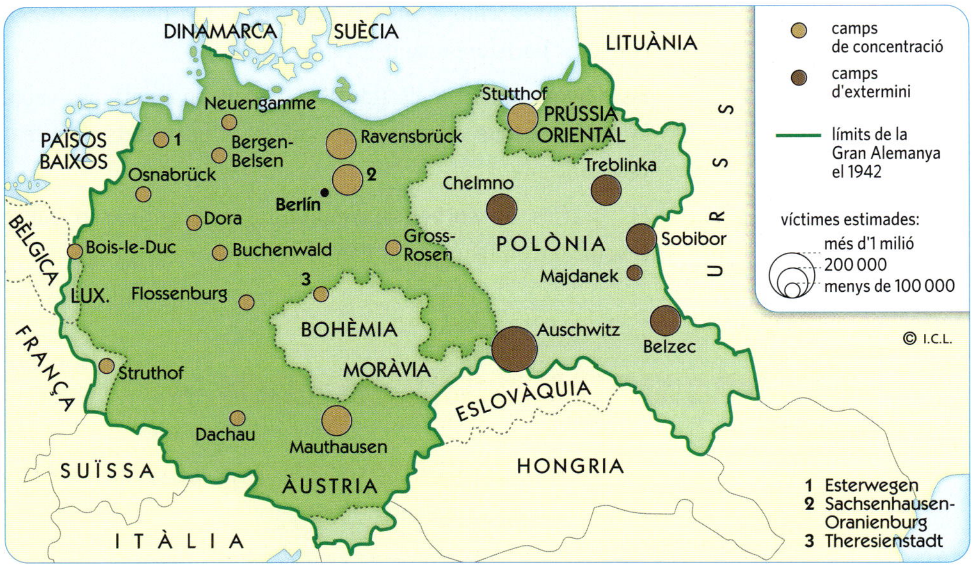

a) Quin aspecte històric es representa en el mapa? Quin any se situa? De quin període és representatiu?

b) Quin àmbit territorial comprèn el mapa? Quins símbols i colors hi apareixen? Què ens indiquen?

c) A quins principis ideològics corresponien els camps que ens mostra el mapa? Què diferenciava els camps de concentració dels camps d'extermini?

d) Creus que la densitat de camps permetia que la població no sabés el que s'hi feia? Justifica la resposta.

2 Fonts documentals. Hiroshima

Veia desfilar davant meu ombres humanes que semblaven una processó de fantasmes. Alguns expressaven un dolor indescriptible i avançaven amb els braços separats del cos tot balancejant els avantbraços (...).

Als carrers, silenciosos, només hi havia cadàvers. Semblava com si aquesta massa immòbil hagués estat petrificada per la mort just en el moment de fugir.

D'altres jeien a terra amb els membres esbocinats, com si algun gegant els hagués precipitat des de dalt d'una muntanya. Hiroshima ja no era una ciutat, sinó un desert de foc. Cap a llevant i cap a ponent tot havia estat devastat.

Michihiko HACHIYA: *Diari d'Hiroshima*, 1955.

a) Qui és l'autor del text? En quina època està escrit? Creus que és una font primària?

b) Què descriu el text? Sintetitza'n el contingut.

c) Valora la transcendència de la devastació que va causar la bomba d'Hiroshima i el canvi que va suposar en les tècniques de destrucció massiva.

3 L'art en el seu context. Les dones i la guerra

Laura KNIGHT: *Ruby Loftus Screwing a Breech Ring*, 1943. La treballadora concentra la seva atenció en la fresadora per aconseguir la màxima precisió en la fabricació d'un canó britànic.

a) Per què creus que en aquell moment l'artista va representar una obrera de les fàbriques de guerra? Quina importància tenien aquestes treballadores al Regne Unit durant la Segona Guerra Mundial?

b) Valora la relació entre el paper de les dones en les dues guerres mundials i l'augment dels seus drets polítics i socials.

4 Organització de la informació. La Segona Guerra Mundial

LES ETAPES DE LA SEGONA GUERRA MUNDIAL

	1939-1942	1942-1945
EUROPA (frente oriental)	...	...
EUROPA (frente occidental)	...	...
ASIA	...	...
ÁFRICA	...	...

a) Copia la taula al teu quadern i completa-la amb els fets més importants de les dues etapes de la Segona Guerra Mundial.

b) Quins continents van dominar la guerra en cada una de les dues etapes?

c) Explica per què l'any 1942 es va produir un gir en l'evolució de la guerra i quines en van ser les conseqüències.

5 Fonts gràfiques. La resistència al feixisme

Dones partisanes a Milà, abril del 1945.

a) Descriu la fotografia. Qui hi apareix? Què porten a les mans? Són civils o militars?

b) Busca informació sobre els partisans i relaciona'ls amb les persones que van participar en l'alliberament de Milà el 1945.

c) Esbrina també quina importància van tenir en la victòria contra el feixisme i el nazisme.

WWW. ESPAI WEB

6 Fonts digitals. El gran dictador

Visiona a www.tiching.com/751284 el fragment de la pel·lícula *El gran dictador*, en què Charles Chaplin parodia un discurs d'Adolf Hitler i analitza l'escena:

a) Quins elements de gesticulació, escenografia i manipulació utilitzava Hitler en els seus discursos? Com els parodia Chaplin? Quina és l'actitud dels seus seguidors?

b) Quines onomatopeies utilitza Chaplin? Per què?

c) Quins aspectes ideològics del nazisme es denuncien en aquest fragment?

d) Aquesta pel·lícula es va estrenar el 1940. Quina era la situació a Europa? Quina intenció va motivar Chaplin a rodar aquesta pel·lícula?

e) Quan va acabar la guerra, Chaplin va declarar que si hagués tingut coneixement de la crueltat amb què els nazis havien aplicat les seves teories racistes, no hauria fet una comèdia sobre això. Per què creus que ho va dir?

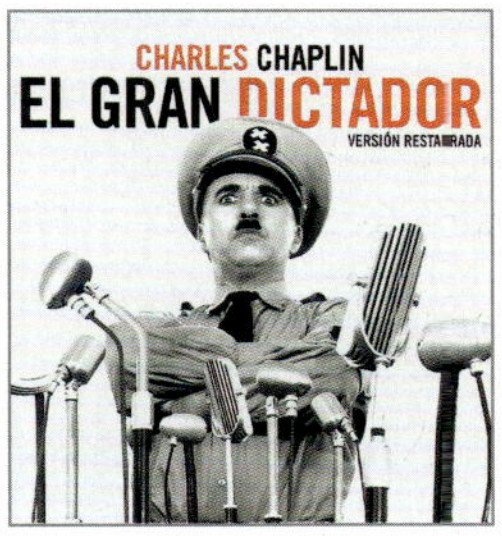

7 Fonts documentals. La Declaració Universal dels Drets Humans

Llegeix a www.tiching.com/751286 la Declaració Universal dels Drets Humans de l'ONU i respon:

a) Què estableixen els articles 1 i 2 de la Declaració? Sintetitza els drets reconeguts als articles que van del 3 al 28. Què diuen els articles 29 i 30?

b) Quina importància té per a la humanitat aquesta Declaració? Creus que és justa i necessària? Coneixes algun precedent semblant?

c) Quin és el seu àmbit d'actuació? Penses que aquests drets humans són sempre i a tot arreu respectats? Exposa la teva opinió.

REPTES A LA XARXA

DETECTIU DEL PASSAT: Una guerra per la ràdio.

ACTIVITATS AUTOCORRECTIVES: Resol aquestes activitats i repassa el que has après.

www.vvd.link/012138/10

11 UN MÓN DIVIDIT: GUERRA FREDA I DESCOLONITZACIÓ

Quin nou ordre polític internacional es va crear després de la Segona Guerra Mundial?

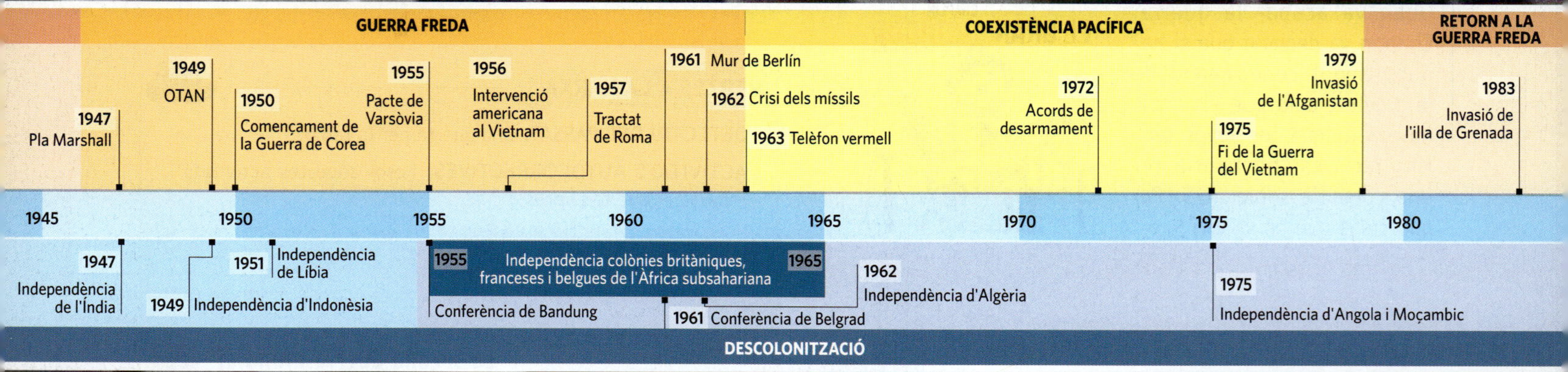

Els retrats dels governadors holandesos són despenjats després de la independència d'Indonèsia el 1949.

Des del 1945 fins al 1990, el món va estar dividit en dos blocs antagònics: el socialista, dirigit per l'URSS, i el capitalista, liderat pels EUA.

La tensió permanent entre aquests dos mons es va traduir en una situació de confrontació constant, l'anomenada Guerra Freda. A la dècada del 1960, la tensió va disminuir i es va inaugurar un nou marc de relacions internacionals: la coexistència pacífica.

També el 1945 es va iniciar la descolonització, i dels imperis colonials van sorgir nous Estats independents. No obstant això, les metròpolis van mantenir els seus interessos econòmics i van imposar un neocolonialisme.

Què en sabem?

- Observa el mapa. Quins dos grans blocs es van crear en acabar la guerra? Quins interessos els enfrontaven?
- Fixa't en la fotografia. Quina situació internacional ens mostra?
- Pots dir el nom de cinc països del món que van ser antigues colònies i van aconseguir la independència a la segona meitat del segle XX?

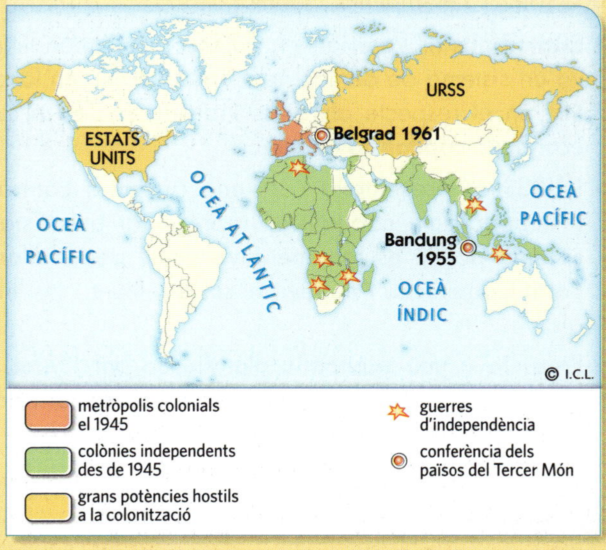

1 Per què Europa va quedar dividida per un "teló

La victòria a la Segona Guerra Mundial va posar fi a l'aliança dels vencedors del nazisme.

El repartiment d'influències en els tractats de pau va augmentar la desconfiança entre dues potències vencedores (els Estats Units i l'URSS), que s'acusaven d'aprofitar els desastres de la guerra per augmentar la seva esfera d'influència.

Des del 1945 fins al 1989, el món va estar dividit en dos blocs antagònics, que representaven dues formes d'organització política, econòmica i social: el socialista, dirigit per l'URSS, i el capitalista, liderat pels EUA.

Un infranquejable teló d'acer, en paraules de Winston Churchill, va dividir Europa i el món sencer.

A LA DESCONFIANÇA ENTRE ELS ALIATS

En acabar la guerra, la **influència de l'URSS** a Europa havia augmentat notablement. Els seus antics aliats (Estats Units i Gran Bretanya) desconfiaven de les intencions expansionistes de l'URSS i es mostraven recelosos davant del creixement del comunisme arreu del món.

La majoria dels països que havien estat alliberats del nazisme per l'Exèrcit Roig havien caigut sota la influència soviètica: el Partit Comunista havia arribat al poder i el comunisme s'havia implantat. A Grècia, una guerra civil enfrontava els resistents comunistes amb els no comunistes, que tenien el suport angloamericà. A Itàlia, a França i a Bèlgica, els partits comunistes formaven part dels nous governs de coalició.

De la mateixa manera, els soviètics acusaven els seus antics aliats de voler mantenir el seu domini imperialista sobre tot Europa, imposant-se sobre la voluntat dels pobles.

A més a més, el **paper hegemònic dels Estats Units** en la nova Organització de les Nacions Unides (ONU) i el seu indiscutible lideratge econòmic després dels acords monetaris de Bretton Woods (1944) van fer créixer els temors soviètics.

El teló d'acer

Un teló d'acer s'ha aixecat en el continent. Darrere d'aquesta línia hi ha tota l'Europa central i oriental (...) que ha caigut en el que he d'anomenar esfera soviètica.

W. Churchill, 1946.

Churchill fa una ullada sota el teló d'acer. Caricatura del *Daily Mail*, 1946.

B DOS SISTEMES OPOSATS I ENFRONTATS

La rivalitat entre les dues grans potències reflectia l'oposició entre dos sistemes econòmics i polítics:

- **Estats Units** es va erigir en defensor del "món lliure". Representava un sistema de democràcia liberal basat en la pluralitat de partits, en el respecte als drets individuals i en el predomini d'una **economia capitalista** de mercat.
- L'**URSS** es presentava com una garantia contra l'expansió de l'"imperialisme capitalista" representat pels Estats Units. El seu sistema polític es fonamentava en el poder d'un únic partit, el Partit Comunista, i negava el sufragi lliure i les llibertats individuals.

  Presentava una **economia planificada per l'Estat**, que negava la propietat privada i es basava en la propietat estatal dels mitjans de producció.

El món de l'Est i el món de l'Oest. Caricatura alemanya, 1945.

d'acer"?

C LA CONSOLIDACIÓ DE DOS BLOCS ANTAGÒNICS

La ruptura entre els aliats es va desencadenar el 1947, quan el president estatunidenc Truman va fixar com a objectiu prioritari la contenció del comunisme en el món (**doctrina Truman**).

El seu secretari d'Estat, George Marshall, va creure que una ajuda econòmica per a la reconstrucció postbèl·lica constituiria la millor arma per frenar l'expansió comunista i, per aquesta raó, va presentar el **Plan Marshall**.

La proposta americana va ser criticada pels soviètics (**doctrina Jdànov**) com una forma d'imperialisme per mantenir els països europeus sota el seu domini. L'URSS es va oposar a l'ajuda econòmica i va obligar els països de l'Est sota el seu control a rebutjar-la.

Europa estava dividida en dos blocs antagònics i hostils i les dues superpotències van iniciar una veritable guerra de propaganda per defensar la seva causa. Als Estats Units molts sospitosos de comunisme van ser detinguts (maccarthisme) i a l'URSS se sotmetia a dures purgues els acusats de traïció. La Guerra Freda havia començat.

El Plan Marshall

- Era un programa d'assistència econòmica a Europa de quatre anys de durada, que oferia ajudes i crèdits que s'havien de repartir entre els països que l'acceptessin.
- Aquests països van crear l'Organització Europea de Cooperació Econòmica (OECE) i, entre els anys 1947 i 1952, van rebre 13 000 milions de dòlars.

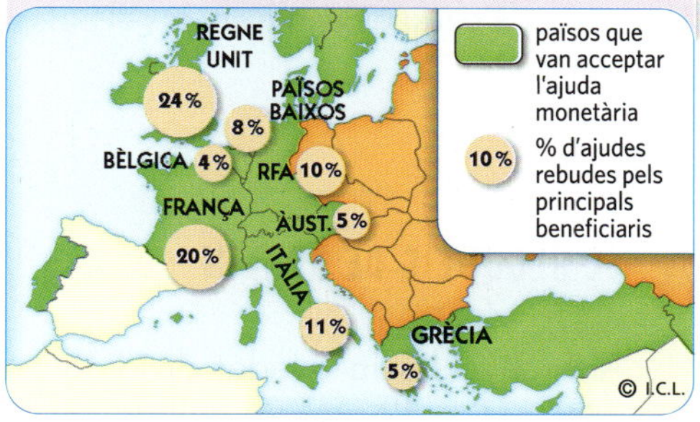

D ELS DIFERENTS SISTEMES D'ALIANÇA

Els dos grans van organitzar els seus respectius blocs mitjançant sistemes d'aliances econòmiques i militars.

El 1949 es va signar el **Pacte Atlàntic**, que integrava els Estats Units, el Canadà i deu països de l'Europa occidental. Va ser l'origen de l'**OTAN**, organisme de cooperació militar per defensar-se de qualsevol agressió estrangera i sota la direcció de Washington. L'any 1961, 20 països d'Amèrica del Nord i Europa van transformar l'OECE en l'**OCDE**, per fomentar el desenvolupament econòmic dels països de lliure mercat.

L'URSS i els països de l'Est europeu també van estrènyer els seus vincles. El 1949 es va fundar el **COMECON***, una organització que oferia ajuda econòmica al bloc socialista, i el 1955 es va crear una aliança militar, el **Pacte de Varsòvia**, que unia l'URSS i els països de l'Est per garantir militarment la seguretat i la integritat del territori comunista.

LES DUES GRANS ALIANCES MILITARS (1955)

1. Per què es van deteriorar les relacions entre els aliats en acabar la Segona Guerra Mundial? Quins dos blocs es van crear? Quins països integraven cada bloc?
2. Quines diferències ideològiques i d'organització de la societat enfrontaven les dues grans potències? Com representa la caricatura alemanya cada una de les potències?
3. Què va ser el Pla Marshall? A qui s'adreçava? Quin era el seu objectiu? Quins en van ser els principals beneficiaris?
4. Per què l'URSS i els seus aliats es van negar a acceptar l'ajuda nord-americana?
5. Quines aliances econòmiques i militars van crear tots dos blocs?

Argumenta la resposta

6. Per què Winston Churchill va utilitzar l'expressió "teló d'acer" per descriure la situació d'Europa a la postguerra? Et sembla apropiada?

DESCOBREIX

2 Alemanya, centre de la Guerra Freda

El primer escenari de l'enfrontament entre les dues grans potències va tenir lloc a Alemanya, l'any 1948, moment en què la ciutat de Berlín va quedar bloquejada. Quan la Segona Guerra Mundial encara era recent, el món va començar a témer l'esclat d'un nou conflicte bèl·lic.

El desenllaç de la qüestió berlinesa va acabar amb la divisió d'Alemanya en dos Estats, un al bloc occidental i l'altre sota influència soviètica. Paral·lelament, Berlín es va dividir en dos sectors, que van acabar separats per un mur l'any 1961.

Alemanya i la seva capital es van convertir en el centre de la Guerra Freda i de l'oposició entre els dos blocs. El teló d'acer estava allà més present que en qualsevol altre lloc d'Europa perquè dividia en dos el país i, també, la seva capital.

L'ós soviètic bloqueja Berlín. Caricatura del 1948.

A EL BLOQUEIG DE BERLÍN

Alemanya havia quedat dividida pels vencedors en **quatre zones d'ocupació militar**. Les regions orientals, un 30% del territori, van ser atorgades a soviètics i polonesos, mentre que la resta del país va quedar sota el control d'estatunidencs, britànics i francesos.

Els soviètics van començar a introduir el sistema comunista a l'àrea sota el seu control. Com a resposta, el 1948 els aliats occidentals van decidir unificar els seus territoris i van anunciar la seva intenció de crear un **Estat federal alemany** i d'establir una moneda única.

La capital, Berlín, repartida també en quatre zones d'ocupació, es trobava en ple territori controlat pels soviètics, els quals, com a resposta, van decidir tancar totes les fronteres i aïllar el sector occidental de la ciutat (bloqueig de Berlín).

Els Estats Units va respondre establint un pont aeri per proveir la capital, que es va mantenir de manera ininterrompuda fins que el 1949, després d'onze mesos de bloqueig, Stalin va decidir posar fi al setge.

EL SUBMINISTRAMENT A BERLÍN DURANT EL BLOQUEIG

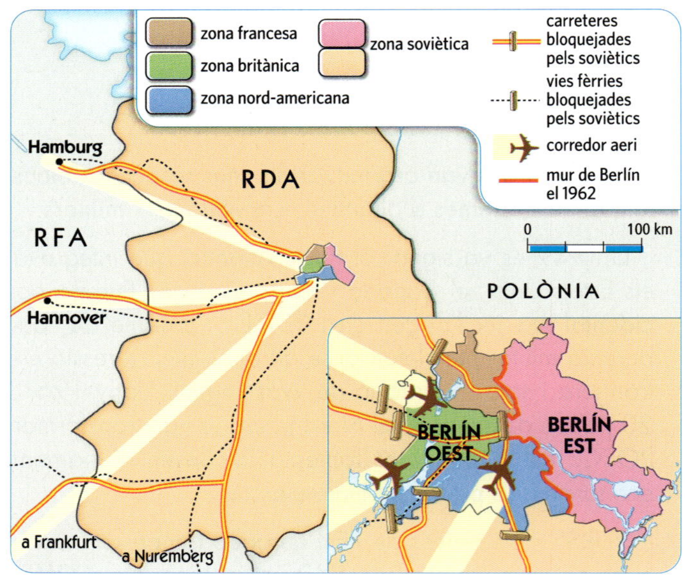

La partició d'Alemanya

La crisi de Berlín va accelerar la divisió d'Alemanya en dos Estats. La **República Federal d'Alemanya** (RFA) va néixer oficialment el 23 de maig del 1949 i la **República Democràtica d'Alemanya** (RDA) es va crear l'octubre del mateix any.

El posicionament dels Estats Units

Era evident que els russos estaven decidits a fer-nos sortir de Berlín. Acabaven de tenir alguns revessos a Itàlia, França i Finlàndia (...) i el programa d'ajuda a Europa començava a donar els seus fruits. El bloqueig era el contraatac del comunisme i el Kremlin havia escollit bé l'objectiu.

Berlín, la vella capital, que és un símbol per als alemanys, constituïa el punt més sensible d'Europa. Si no hi aconseguíem mantenir les nostres posicions, el comunisme sortiria molt enfortit davant l'opinió pública alemanya. (...) Havíem de considerar la possibilitat que Rússia hagués escollit Berlín com a pretext per iniciar un conflicte (...).

H. S. TRUMAN: *Memòries*, 1956.

B BERLÍN, DIVIDIDA PER UN MUR

Igual que la resta d'Alemanya, Berlín va quedar dividida en dues zones d'influència. Entre totes dues hi havia una frontera, però molts ciutadans de la RDA escapaven cap a Berlín-Oest. Entre el 1949 i el 1961, dos milions d'alemanys de l'Est van fugir cap a Occident. Entre aquests **disidents***, molts eren intel·lectuals i científics.

El problema va sorgir l'any 1958, quan els dirigents soviètics van voler posar fi a aquesta fugida. L'URSS va exigir que Berlín-Oest s'integrés a la RDA o es convertís en una zona neutral sota control de l'ONU.

Els Estats Units s'hi va oposar i, el 1961, per iniciativa de les autoritats de Berlín-Est, es va aixecar un mur que va dividir la ciutat en dos. El teló d'acer simbòlic es va convertir a Berlín en una realitat palpable.

La defensa de la construcció del mur

Les autoritats governamentals i militars de la RFA, fent servir la propaganda, el xantatge i la corrupció, inciten certs elements instal·lats a la RDA a escapar-se cap a l'Alemanya de l'Oest. Aquestes persones, que es deixen comprar, són obligades a enrolar-se a l'exèrcit o són reclutades (...) com a espies o sabotejadors de la RDA (...).

Davant d'aquestes agressives amenaces de les forces reaccionàries de la RFA i dels seus aliats de l'OTAN, els Estats del Pacte de Varsòvia no poden deixar de prendre les mesures necessàries per garantir la seguretat de la RDA i l'interès del mateix poble alemany.

Declaració del Pacte de Varsòvia, agost del 1961.

Jo sóc un berlinès

Fa dos mil anys, el màxim acte d'orgull era dir: "Civis romanus sum". Avui dia, en el món de la llibertat no podríem pensar en un orgull més gran que dir "Ich bin ein Berliner". Hi ha gent al món que no comprèn veritablement, o que pretén no comprendre, què és el que està en joc entre el comunisme i el món lliure. Que vinguin a Berlín. Hi ha altres que afirmen que el futur està en el comunisme. Només cal que vinguin a Berlín.

La llibertat coneix, sens dubte, moltes dificultats i la nostra democràcia no és perfecta. Això no obstant, nosaltres no hem necessitat mai aixecar un mur per impedir que el nostre poble fugi.

Discurs de J. F. Kennedy a Berlín-Oest, juny del 1963.

L'ESTRUCTURA DEL MUR DE BERLÍN

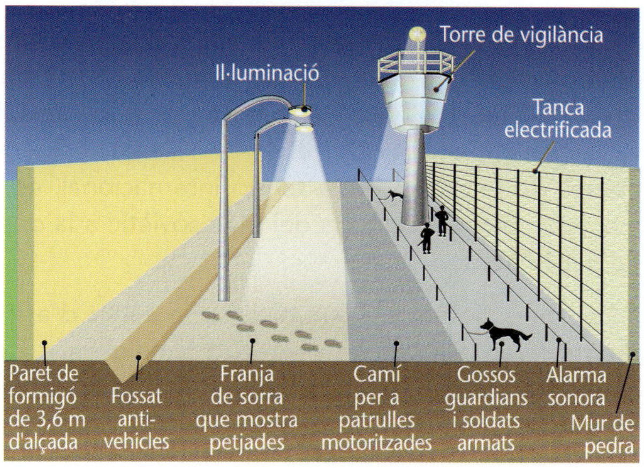

El mur es va construir en una nit, del 12 al 13 d'agost del 1961.

1. Observa el mapa sobre el bloqueig de Berlín:
   - Quines potències van ocupar Alemanya després de la guerra?
   - Què va ser el bloqueig de Berlín? Què va motivar l'URSS a portar-lo a terme? Com van reaccionar els occidentals? Quina va ser la conseqüència del bloqueig per al territori alemany?
2. Per què les autoritats de Berlín-Est van aixecar un mur? Llegeix el text del Pacte de Varsòvia i explica com es justifica.
3. Observa el dibuix i descriu com eren els sistemes de vigilància del mur de Berlín.
4. Llegeix el text de Kennedy. Quina és la intenció? Quin significat atribueixes a la frase "Jo sóc un berlinès"?

Investiga

5. Consulta www.tiching.com/751198 i elabora una fitxa sobre el mur en la qual descriguis: longitud, alçària, sistema de portes, sistemes d'alarmes silencioses, mur de protecció visual, franja de la mort i trets automàtics.

3 Els conflictes bèl·lics de la Guerra Freda

Què va ser exactament la Guerra Freda?

La Guerra Freda defineix una situació internacional extremadament tensa, que va enfrontar els Estats Units i la Unió Soviètica i va implicar els seus aliats. Es va iniciar entre el 1947 i el 1948 i, llevat d'algunes etapes de relaxació de la tensió internacional, es va mantenir fins a la caiguda del bloc soviètic a la dècada del 1990.

Les dues potències van iniciar una **cursa d'armaments** i van adoptar una **actitud bel·ligerant** i de confrontació ideològica, si bé no van arribar mai a un enfrontament armat directe. La tensió entre els blocs va comportar també l'ús del joc brut, de la propaganda hostil contra l'enemic i de l'espionatge.

Aquesta rivalitat es va manifestar en conflictes localitzats fora del seu territori, en els quals el desafiament es produïa a través d'aliats perifèrics.

ELS MECANISMES DE LA GUERRA FREDA

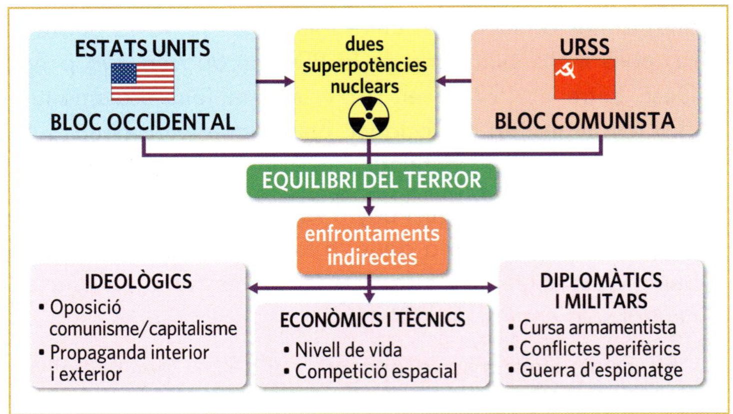

La Guerra de Corea

Després de la derrota de Japó, el nord de Corea va ser ocupat per les tropes russes, i el sud, a partir del paral·lel 38, per les tropes estatunidenques. Quan l'any 1949 es va produir la retirada de soviètics i nord-americans, la divisió es va consolidar.

Corea del Nord posseïa més riquesa minera i industrial i una administració comunista dirigida per Kim Il Sung.

Corea del Sud disposava de més recursos agraris, bons ports comercials i una dictadura militar prooccidental dirigida per Sygman Rhee.

Estimulat per la victòria de la revolució xinesa, el 1950 Stalin va animar els seus aliats de Corea del Nord a envair Corea del Sud. L'ONU va condemnar l'agressió i va acceptar l'enviament d'un contingent de tropes nord-americanes dirigides pel **general MacArthur**.

Aquestes tropes van frenar la invasió i van iniciar la seva expansió cap al nord, però la intervenció xinesa els va obligar a retrocedir. Per evitar l'extensió del conflicte, el president estatunidenc Harry Truman va destituir el radical i anticomunista MacArthur, que pretenia bombardejar Xina amb armament nuclear.

L'enfrontament va durar tres anys, va costar més d'un milió de morts i va ajudar a accelerar la cursa d'armaments. Va acabar el 1953 amb la firma de la **Pau de Panmunjom**, que va consagrar la divisió de les dues Corees.

Tropes estatunidenques a Corea es retiren davant l'avançada de l'exèrcit xinès, l'hivern del 1950.

LA GUERRA DE COREA (1950-1953)

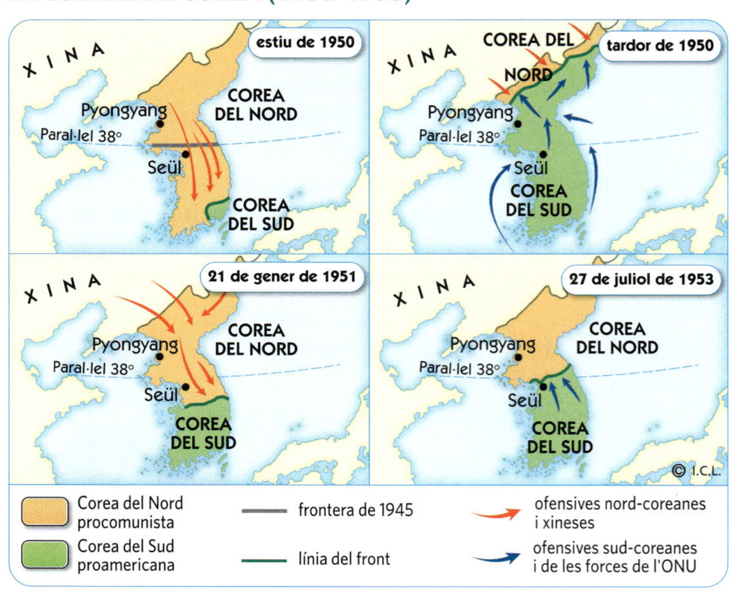

LA LLARGA GUERRA DEL VIETNAM (1945-1975)

En el territori de la colònia francesa d'Indoxina, en acabar la Segona Guerra Mundial es va iniciar una llarga guerra, primer contra França i després contra els Estats Units.

L'any 1945, les forces comunistes del **Vietminh**, liderades per **Ho Chi Minh**, van proclamar la independència. França no la va acceptar i va començar una guerra entre la guerrilla, que tenia el suport dels soviètics i controlava el nord del país, i l'exèrcit francès, que tenia el suport nord-americà.

La guerra va acabar el 1954, amb la derrota dels francesos, i va consolidar la divisió entre el nord, dirigit per un govern comunista, i el sud, amb un règim prooccidental.

Una guerrillera nord-vietnamita fa presoner un soldat nord-americà. Pintura de Gilles Aillaud inspirada en una fotografia, 1968.

La intervenció americana

Després de la retirada francesa, els Estats Units va enviar un contingent militar per donar suport a Vietnam del Sud amb l'objectiu d'evitar la reunificació sota un règim comunista. Es va iniciar aleshores una nova guerra, on els Estats Units va fer servir armes mortíferes amb les quals va massacrar poblats.

La denúncia dels mètodes emprats per les tropes nord-americanes i l'oposició dels joves estatunidencs a enrolar-se a l'exèrcit van provocar un moviment de protesta contra la guerra als Estats Units.

Malgrat la superioritat militar, els Estats Units va ser incapaç de guanyar la guerra i va iniciar la seva retirada. El 1975, les forces nord-vietnamites van ocupar el sud i hi van implantar un règim comunista.

LA GUERRA DEL VIETNAM (1954-1975)

La visió vietnamita

Els vietnamites no han fet mai cap mal als EUA, però els EUA (...) ha intensificat l'agressió militar contra Vietnam del Nord per perllongar la divisió del nostre país i convertir Vietnam del Sud en una colònia i en una base militar. (...)

Mig milió de soldats dels EUA i dels seus aliats utilitzen l'armament més inhumà i les estratègies militars més bàrbares possibles. Fan servir napalm, armes químiques tòxiques i gas per massacrar els nostres compatriotes, destruir les collites i arrasar pobles sencers. (...)

Els vietnamites no es rendiran mai davant l'agressió, i no acceptaran converses sota l'amenaça de les bombes.

Carta de Ho Chi Minh al president dels EUA, 1967.

1. Defineix el concepte de *guerra freda* i, fixant-te en l'esquema, explica en quins terrenys es va produir l'enfrontament. Defineix també *cursa d'armaments i equilibri del terror*.
2. Per què es va desencadenar una guerra a Corea? Quins van ser els països implicats? Observa el mapa i explica el desenvolupament de la guerra. Justifica per què és un exemple de la Guerra Freda.
3. Descriu els dos conflictes bèl·lics que va viure el Vietnam entre el 1945 i el 1955. Per què va intervenir els Estats Units?
4. Utilitza els documents d'aquesta pàgina i escriu un informe sobre la guerra del Vietnam: països implicats, operacions bèl·liques, armes i mètodes utilitzats, víctimes i conseqüències per a tots dos adversaris.
5. Argumenta amb les teves paraules quina de les opcions següents explica més bé per què els Estats Units va decidir retirar-se del Vietnam:
   - Perquè era impossible guanyar la guerra militarment.
   - Perquè la guerra era molt impopular als Estats Units.

4 Kennedy/Khruixtxov: cap a una coexistència pacífica?

A finals de la dècada del 1950, el fort clima de tensió entre els blocs va donar pas a una nova etapa, dominada per la distensió i el diàleg, que coneixem com a coexistència pacífica. A això hi van contribuir la por a una guerra nuclear, l'elevat cost de la cursa d'armaments, la impossibilitat de destruir el rival sense posar en perill tota la humanitat i el canvi d'actitud dels nous dirigents tant de la Unió Soviètica com dels Estats Units.

Aquesta nova entesa entre els blocs va representar l'inici d'una política de desarmament, que no va estar exempta de moments de tensió, com ara la crisi dels míssils de Cuba, quan el perill d'una guerra entre els dos grans va tornar a semblar imminent.

Entrevista entre els presidents Kennedy i Khruixtxov a Viena, juny del 1961.

A DOS DIRIGENTS AMB UN NOU TARANNÀ

John F. Kennedy als EUA

- El 1956 va ser reelegit com a president republicà Eisenhower, que va apartar del poder els sectors més anticomunistes, com ara el senador McCarthy. També va posar fi a la persecució de sospitosos de simpatitzar amb el comunisme ("caça de bruixes").
- L'elecció, l'any 1960, d'un president del Partit Demòcrata, John F. Kennedy, va significar un tomb important en la política exterior nord-americana.
- Aquesta nova orientació es basava en la no-agressió i la no-ingerència en els afers interns de l'altre bloc, i en la creació d'una nova diplomàcia basada en les converses i els acords.

> No pot ser satisfactori per a dos grans i poderosos grups de nacions el seu rumb actual: ambdues parts estan aclaparades pel cost de les armes modernes, alarmades per la contínua extensió de l'àtom mortífer i, tanmateix, totes dues estan obstinades en un incert equilibri de terror (...).
>
> Hem d'analitzar els problemes que ens uneixen en comptes d'insistir en els que ens separen. Que totes dues parts, per primer cop, formulin propostes serioses i precises per a la inspecció i el control dels armaments i que posin el poder de destruir altres nacions sota el control absolut de totes.
>
> *Discurs del president Kennedy*, 1960.

Nikita Khruixtxov a l'URSS

- Després de la mort de Josif Stalin (1953), al XX Congrés del PCUS, celebrat el febrer del 1956, el nou secretari general del partit, Nikita Khruixtxov, va denunciar públicament els errors i els crims de l'estalinisme i va iniciar un procés de desestalinització.
- També es van aprovar noves directrius en política exterior que proposaven la coexistència pacífica entre els blocs, la no-exportació de la revolució i la possibilitat d'accedir al socialisme per diverses vies, inclosa la democràtica.
- A més a més, es va acordar la dissolució del *Kominform**, que els occidentals consideraven una organització amenaçadora.

> Viure en pau i com a bons veïns o anar cap a una pròxima guerra: aquesta és l'opció davant la qual ens trobem la Unió Soviètica, els Estats Units i el món sencer. No hi ha una tercera via, llevat que un de nosaltres opti per traslladar-se a un altre planeta. Els soviètics no estem del tot malament sobre la Terra i crec que vosaltres no teniu intenció de reservar bitllets per a la Lluna. (...)
>
> No faig una crida a compartir la nostra visió del món i no crec que vosaltres pretengueu convertir-nos al capitalisme. Estic segur que vosaltres creieu en la victòria del vostre sistema tant com jo crec que el socialisme al capdavall triomfarà. (...)
>
> *Discurs del president Khruixtxov*, 1960.

Portada del diari italià *Domenica del Corriere* al·lusiva al "telèfon vermell", 1962.

B EL FRE A LA CURSA D'ARMAMENTS

Els nous dirigents van iniciar un diàleg entre les dues superpotències per frenar la pugna armamentística i aconseguir un equilibri estratègic. Les raons cal buscar-les en la por que una guerra comportés la destrucció mútua i en els elevats costos de la cursa d'armaments.

Els primers acords van iniciar una etapa de relacions directes entre els caps d'Estat de totes dues potències. El 1959, Khruixtxov va ser el primer dirigent soviètic a viatjar als Estats Units i reunir-se amb el seu president (Eisenhower). Posteriorment, el 1961 es va entrevistar amb Kennedy a Viena.

Les administracions dels dos governs van iniciar relacions més fluïdes i van establir un contacte permanent entre els seus mandataris: l'anomenat **telèfon vermell**, una comunicació, des del 1963, entre la Casa Blanca i el Kremlin.

Anys	Acords sobre armament nuclear
1963	Cessament de proves nuclears subterrànies
1967	Prohibició de l'enviament de càrregues nuclears a l'espai
1968	Tractat de no-proliferació d'armes nuclears
1969-1972	Acords SALT 1: limitació de míssils i antimíssils
1987	Desarmament de míssils nuclears de curt i mitjà abast
1991	START 1: reducció d'armes nuclears estratègiques
1993	START 2: nova reducció d'armes nuclears
1995	Prohibició dels assaigs nuclears

C LA CRISI DELS MÍSSILS

El 1959, la guerrilla revolucionària de Fidel Castro va aconseguir el poder a Cuba. La seva política de nacionalització dels recursos econòmics va provocar l'hostilitat del govern dels Estats Units, que va declarar el boicot econòmic a Cuba.

La Unió Soviètica va oferir la seva ajuda al règim castrista i, el 1960, van signar un tractat de cooperació econòmica i militar, amb la qual cosa es va consolidar l'aproximació cubana al bloc comunista.

El moment de màxima tensió es va viure el 1962, quan davant l'amenaça que l'URSS instal·laria míssils nuclears a l'illa, Kennedy va ordenar el **bloqueig naval de Cuba** per impedir l'arribada de les peces nuclears que transportaven els vaixells soviètics.

Finalment, després de dies d'angoixa, Khruixtxov va ordenar el retorn dels vaixells que anaven cap a Cuba i es va comprometre a retirar les armes nuclears. Com a contrapartida, el govern de Kennedy va aixecar el bloqueig naval de l illa.

EL CONFLICTE CUBÀ

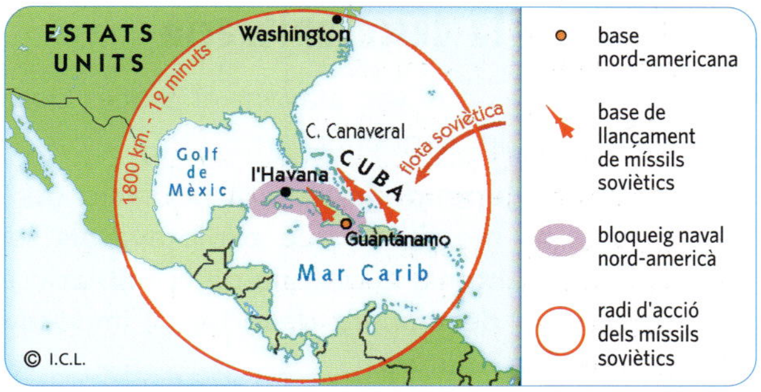

Una victòria soviètica?

Cuba va ser una victòria de la política de pau i coexistència pacífica, gràcies a la qual les conquestes revolucionàries del poble cubà van quedar definitivament protegides. Gràcies a aquesta victòria, el prestigi dels països socialistes va créixer enormement i el perill d'una guerra nuclear es va allunyar. (...)

Discurs de Khruixtxov, 1963.

1. Què va ser la coexistència pacífica? Quins factors van propiciar la distensió de la Guerra Freda?
2. Explica la situació interior dels EUA i l'URSS a mitjan dècada del 1950 i com va influir en el canvi d'orientació de la seva política internacional.
3. Llegeix els textos de Kennedy i Khruixtxov. Com argumenta cada un d'ells la conveniència de la coexistència pacífica?
4. En què va consistir la crisi dels míssils? Com es va resoldre?

Posa't al seu lloc

5. Tots dos presidents (Kennedy i Khruixtxov) van valorar el final de la crisi cubana com una gran victòria. Posa't al lloc de cadascun d'aquests dirigents i escriu un petit discurs (deu línies) presentant la resolució del conflicte com una victòria del teu país.

Pensa quins diferents arguments faries servir en cadascun dels dos casos.

5 El procés de descolonització

Un nou marc internacional

El 1945, la major part del territori mundial estava en mans de les potències colonials europees, però les condicions creades per la Segona Guerra Mundial van desencadenar l'inici del procés descolonitzador.

Les metròpolis (Gran Bretanya i França) van ser derrotades en les seves colònies asiàtiques i africanes pel Japó i Alemanya, que van ocupar bona part dels territoris colonials.

Aquesta derrota va posar de manifest la debilitat de les potències europees per mantenir el seu domini colonial i va agreujar les seves dificultats econòmiques. A més a més, va comportar la **disminució del prestigi** dels colonitzadors i va posar fi a la llegenda de la superioritat de la raça blanca i de la imbatibilitat de les potències europees.

El procés descolonitzador es va desenvolupar en el context de la Guerra Freda i les dues grans potències van rivalitzar per atreure cap a la seva causa els nous països sorgits de la descolonització.

Les causes de la descolonització

Entre les causes que van afavorir el procés descolonitzador podem destacar les següents:

- El **desig d'independència** de la població de les colònies enfront d'una metròpoli que explotava els seus recursos econòmics, mantenia la majoria de la població en la pobresa, governava de manera despòtica i imposava les seves formes de vida i cultura.
- La puixança dels **moviments nacionalistes**, que, inspirats en diferents ideologies (comunistes, islamistes, nacionalistes...), es van veure amb forces per enfrontar-se amb els colonitzadors.
- L'expansió d'una **opinió internacional** contrària a la colonització, que es va manifestar a través de la Carta de l'Atlàntic (1941), la *Declaració de l'ONU* (1946) i la *Declaració Universal dels Drets Humans* (1948), que van proclamar el dret dels pobles a disposar de si mateixos (dret d'autodeterminació).
- El **suport a la descolonització de les dues grans potències** (els EUA i l'URSS), que no posseïen imperis colonials i tenien interès a afeblir les velles potències colonials i atreure els nous Estats cap a la seva esfera d'influència.

El procés descolonitzador

La descolonització es va dur a terme entre el 1945 i el 1975 i va comportar el sorgiment de gairebé un centenar de nous Estats. No obstant això, per a molts d'aquests Estats, el procés emancipador va ser molt dificultós i només van assolir la independència després de cruentes guerres d'alliberament (Vietnam, Algèria, Congo...).

Dibuix de l'anglès Ronald Searle que denuncia el colonialisme a l'Àfrica, 1959.

Les dues superpotències, contra el colonialisme

Després d'un any, vull manifestar la nostra opinió sobre el fet que Indoxina no hauria de tornar sota la dominació francesa, sinó que s'hauria de posar sota la tutela d'una comissió internacional (...). Cada situació colonial ha de ser estudiada per separat, però el cas d'Indoxina és perfectament clar. Fa cent anys que França dessagna aquest país. El poble d'Indoxina mereix millor fortuna.

Declaracions de F. D. Roosevelt, 1945.

Els pobles de les colònies no volen viure més com en el passat. Les classes dominants de les metròpolis no poden continuar dominant les colònies com han fet fins ara. Les temptatives d'aniquilar el moviment d'alliberament nacional per la força es troben amb la creixent resistència armada dels pobles de les colònies i condueixen a guerres colonials de llarga durada, com a Indonèsia i Indoxina.

Declaracions d'A. Jdànov, 1947.

Gandhi va liderar un moviment a favor de la independència de l'Índia, que presentava com a mètode d'acció la no-violència i la desobediència civil a les lleis britàniques.

LA DESCOLONITZACIÓ

1a ETAPA (1945-1954)

- Al Pròxim Orient van accedir a la independència el Líban, Síria i Jordània. Igualment, es va acabar el mandat britànic sobre Palestina i gran part del seu territori va passar a formar el nou Estat d'Israel.
- A Àsia, el 1947 el Regne Unit va acceptar la independència de l'Índia; el 1949, Indonèsia es va convertir en un Estat independent, i el 1954, França va abandonar Indoxina.

2a ETAPA (1951-1962)

- Va afectar el nord d'Àfrica i es va iniciar quan la colònia italiana de Líbia va accedir a la independència (1951).
- El 1956, França va reconèixer la independència del Marroc i Tunísia, però va intentar mantenir-se a Algèria, cosa que va comportar una llarga guerra que va acabar amb la independència d'aquest país el 1962.

3a ETAPA (1955-1965)

- Es va centrar en l'Àfrica subsahariana, quan la majoria de les colònies britàniques (Kenya, Nigèria...), franceses (Guinea, Mauritània, Madagascar...) i belgues (Congo) es van proclamar independent.

4a ETAPA (1975-1993)

- Va tenir com a escenari el con Sud-africà i va ser força tardana. El 1975 van desaparèixer les colònies portugueses (Angola i Moçambic), i el 1990 Namíbia es va proclamar independent.
- A Sud-àfrica, la independència va ser declarada el 1961 pels colons blancs, que van instaurar un règim de segregació racial contra la majoria de la població negra (*apartheid**).

  Aquesta situació es va mantenir fins al 1993, quan es van abolir les lleis discriminatòries per a la població negra.

1. Quin context internacional va afavorir el procés descolonitzador després de la Segona Guerra Mundial?
2. Llegeix els textos dels mandataris nord-americà i soviètic. Quin posicionament mostren respecte als imperis colonials? Com va influir la seva actitud en el procés descolonitzador?
3. Quins factors van motivar l'eclosió dels moviments descolonitzadors? Quin paper hi va tenir l'ONU?
4. Observa el mapa sobre la descolonització:
   - Fes al teu quadern un eix cronològic que mostri les diferents etapes que va tenir el procés descolonitzador. Després, indica quines zones geogràfiques va afectar cada etapa.
   - En quins països la consecució de la independència va comportar guerres d'alliberament?

DESCOBREIX

6 El conflicte del Pròxim Orient

En acabar la Segona Guerra Mundial, a la zona del Pròxim Orient la presència colonial presentava formes diverses. Hi havia països independents, com ara Iran i Iraq, sota la influència britànica, i alguns protectorats francesos (Síria i el Líban) i britànics (Jordània i Palestina).

La situació més complexa es produïa a Palestina, on l'elevat nombre de població jueva aspirava a crear un Estat propi. Aquesta demanda es va fer molt més forta quan alguns països van donar suport a la creació de l'Estat d'Israel com una compensació per l'Holocaust.

La creació d'Israel va tenir des del primer moment l'oposició dels països àrabs i la població musulmana de Palestina, que es van enfrontar bèl·licament al nou Estat.

Aquest fet va iniciar un conflicte, que ha passat per diverses fases i que es manté vigent fins avui.

A LA CREACIÓ DE L'ESTAT D'ISRAEL

El 1917, el govern anglès va manifestar el seu suport a les reivindicacions jueves sobre els territoris històrics d'Israel, que es trobaven sota mandat britànic (**Declaración Balfour**).

Aquest suport va obrir pas a una immigració massiva de jueus cap a aquesta regió, que es va incrementar en acabar la Segona Guerra Mundial. En un context internacional impactat per l'abast de l'Holocaust, els jueus europeus van plantejar la necessitat de reagrupar-se i el seu dret a desplaçar-se al territori de Palestina, on vivien ja uns 600 000 jueus.

El 1947, una resolució de l'ONU va proposar la partició de Palestina en dos Estats, un de jueu, amb un 55 % del territori, i un altre de palestí.

El 1948 va acabar el mandat britànic i Ben Gurion va proclamar l'Estat d'Israel, que no va ser reconegut pels Estats àrabs veïns, els quals van defensar els drets dels palestins sobre la totalitat del territori.

LA PARTICIÓ DE PALESTINA PER L'ONU

El posicionament palestí

Art. 2. Els territoris de Palestina, que constitueixen les fronteres sota mandat britànic, formen una unitat territorial indivisible.

Art. 3. Només el poble palestí té drets legítims sobre la seva pàtria. Després d'haver-la alliberat, exercirà el seu dret a l'autodeterminació, segons la seva única veu i la seva sola voluntat. (...)

Art. 15. L'alliberament de Palestina és una obligació nacional per als àrabs. La seva obligació és rebutjar la invasió sionista i imperialista a la gran pàtria àrab i liquidar la presència sionista a Palestina.

Carta de l'Organització per a l'Alliberament de Palestina (OLP), 1964.

El posicionament israelià

Israel és l'indret on va néixer el poble jueu. Va ser allà on es va formar el seu caràcter espiritual, religiós i nacional (...). Va ser allà on es va escriure la Bíblia i es va donar al món sencer.

Exiliat de Terra Santa, el poble jueu hi va romandre fidel al llarg de tota la seva diàspora i no va deixar mai de pregar pel retorn (...). La catàstrofe nacional que es va abatre sobre el poble jueu, la massacre de sis milions de jueus a Europa, ha demostrat la urgència d'una solució per a aquest poble sense pàtria i el restabliment d'un Estat jueu que li obrís les portes (...).

L'Estat d'Israel estarà obert a tota la immigració jueva, fomentarà el desenvolupament del país en benefici de tots els seus habitants (...) i assegurarà la igualtat social i política més completa, sense distinció de religió, raça o sexe (...).

Proclama de Ben Gurion, 1948.

El vaixell *Exodus* va arribar a Palestina el 1947, carregat de jueus supervivents de l'Holocaust, però els britànics van prohibir-los desembarcar i els van tornar a Europa.

B LES GUERRES ARABOISRAELIANES

Els palestins i els seus veïns musulmans no van reconèixer el nou Estat israelià i van formar la **Lliga Àrab** (Egipte, Síria, Aràbia Saudita, Jordània, Iraq, el Líban...), que el 1948 va declarar la guerra a Israel.

La primera guerra va anar seguida de tres guerres més en les quals sempre es va imposar Israel, que va estendre la seva zona d'ocupació. El conflicte va comportar l'expulsió de molts palestins dels seus territoris i la seva reclusió en camps de refugiats als Estats veïns.

Malgrat que el 1993 es van firmar uns acords de pau, els **Acords d'Oslo**, actualment el conflicte continua sense una solució definitiva que satisfaci totes dues parts.

CRONOLOGIA DEL CONFLICTE PALESTÍ

- 1945
- Primera guerra araboisraeliana
- 1950
- 1955 Segona guerra araboisraeliana
- 1960 Creació de l'Organització per a l'Alliberament de Palestina (OAP)
- 1965 Guerra dels Sis Dies (Tercera guerra araboisraeliana)
- 1970 Guerra del Yom Kippur (Quarta guerra araboisraeliana)
- 1975 Acords de Camp David: Egipte reconeix Israel, que abandona el Sinaí
- 1980
- 1985 Començament de la primera Intifada (revolta popular)
- Conferència Internacional de Pau per a Orient Mitjà a Madrid
- 1990
- Acords d'Oslo. S'estableixen territoris autònoms i es negocia la creació d'un Estat palestí (Autoritat Nacional Palestina)
- 1995

- **Primera guerra** (1948 i 1949). Israel va ampliar els seus territoris i la ciutat de Jerusalem va ser dividida en dues zones.
- **Segona guerra** (1956). Invasió de la península del Sinaí pels israelians.
- **Guerra dels Sis Dies** (1967). Va confirmar els territoris ocupats per Israel, que va establir una àrea de seguretat al seu voltant.
- **Guerra del Yom Kippur** (1973). Els països àrabs van mostrar una nova força militar, a la qual va contribuir la guerra econòmica (augment del preu del petroli). Va acabar amb els acords de Camp David, pels quals Egipte reconeixia Israel i aquest país abandonava el Sinaí.

El problema palestí

- Arran del conflicte bèl·lic, centenars de milers de palestins musulmans van abandonar Israel i van fugir a Jordània, el Líban i Egipte, on es van instal·lar en campaments de refugiats en condicions penoses. Els que es van quedar també van patir les conseqüències de l'ocupació israeliana.
- L'any 1964 van crear l'OAP (Organització per a l'Alliberament de Palestina), dirigida per Iàssir Arafat, que va fomentar el terrorisme contra Israel i els seus aliats. A partir del 1974, aquesta organització va abandonar la violència i va apostar per la negociació amb Israel.
- Després d'anys de negociacions, el 1993 (Acords d'Oslo) es va establir la creació a Israel d'uns territoris autònoms sota autoritat palestina.

1. Com es va crear l'Estat d'Israel? Explica les circumstàncies que van portar l'ONU a decidir la partició de Palestina. Com es va dividir el territori?
2. Llegeix els textos de Ben Gurion i de l'OAP i explica quin posicionament defensa cada un. Com van reaccionar els Estats àrabs a la creació d'Israel? Què era l'OAP?
3. Observa els mapes i explica com les diferents guerres araboisraelianes van modificar la partició inicial de l'ONU.

Investiga

4. @ Busca informació a www.tiching.com/751199 i explica quina és la situació actual del conflicte araboisraelià. Quins problemes impedeixen la pacificació definitiva del territori?

7 Descolonització i neocolonialisme

La descolonització va tenir lloc en el context internacional de la Guerra Freda, i els EUA i l'URSS van pugnar per ampliar la seva influència a Àsia i Àfrica, els continents protagonistes del procés descolonitzador. Tanmateix, molts dels nous Estats van defensar un nou posicionament neutral en les relacions internacionals i van constituir el moviment de països no alineats.

La independència de les antigues colònies va posar de manifest les dificultats econòmiques a les quals havien de fer front. L'explotació dels seus recursos i la dependència de les seves economies es van tornar més subtils, però van continuar existint sota noves formes (neocolonialisme). La desigualtat econòmica a escala planetària continua sent, a principis del segle XXI, un dels grans problemes als quals ha de fer front la humanitat.

Caricatura d'una revista francesa sobre el moviment de no alineats, 1978.

A UNA TERCERA VIA A LA POLÍTICA DE BLOCS: EL NO-ALINEAMENT

Alguns dels països que havien accedit recentment a la independència es van reunir a la **Conferència Internacional de Bandung** (Indonèsia) el 1955.

Els acords de Bandung van reafirmar el dret dels pobles a disposar de si mateixos, la sobirania i la igualtat de totes les nacions, la condemna a tota discriminació racial i el rebuig a la intervenció estrangera en els afers interns d'un Estat.

Les seves resolucions també van expressar la voluntat neutralista dels nous Estats i el seu allunyament de la política de blocs. A partir d'aquell moment es va començar a estendre la denominació de **Tercer Món*** per designar el conjunt de nous països que volien no alinear-se amb cap dels dos blocs.

Així mateix, van defensar la coexistència pacífica, el desarmament i la prohibició d'armament atòmic, i van reclamar la cooperació internacional en la lluita contra la pobresa dels nous països.

Un darrer objectiu va ser l'establiment d'una aliança d'Estats neutralistes, i en la Conferència de Belgrad (1961) es va establir el **Moviment de Països No Alineats***, que va integrar 25 països.

ELS PARTICIPANTS EN LA CONFERÈNCIA DE BANDUNG

A la Conferència de Bandung hi van assistir els grans líders independentistes (Nehru, Nasser i Sukarno) i va reunir representants de 29 nacions, que sumaven més de la meitat de la humanitat, però amb només el 8 % de les seves riqueses.

La Conferència declara...

- Que el colonialisme és un mal al qual s'ha de posar fi immediatament.
- Que la submissió dels pobles a un jou estranger i a la seva explotació constitueix una violació dels drets humans, és contrària a la carta de les Nacions Unides i és un obstacle a la pau mundial.
- Que totes les nacions han de tenir dret a elegir lliurement el seu propi sistema polític i econòmic i la seva forma de viure, d'acord amb els principis de les Nacions Unides.

Conferència de Bandung, 1955.

@ Amplia a la xarxa...

Per saber-ne més sobre la Conferència de Bandung, entra a: www.tiching.com/751200

B NACIONALISME I DEPENDÈNCIA

La independència política dels països colonitzats no va anar acompanyada d'una independència econòmica, ja que en la majoria dels nous Estats es van mantenir molts dels interessos econòmics de les antigues metròpolis.

Des de finals de la dècada del 1970, les velles relacions colonials van donar pas al **neocolonialisme***, una nova forma de domini que respecta la sobirania política dels Estats, però comporta una gran dependència econòmica dels Estats més rics, que lideren l'economia mundial.

El món postcolonial ha fet que perduri l'existència d'una enorme desigualtat entre uns països rics, que monopolitzen la tecnologia puntera i el capital, i un gran nombre de països empobrits, cada cop més allunyats del nivell de renda per habitant dels primers i, en gran mesura, al marge dels grans fluxos de l'economia mundial.

EL NIVELL DE DESENVOLUPAMENT HUMÀ AL MÓN EL 2014

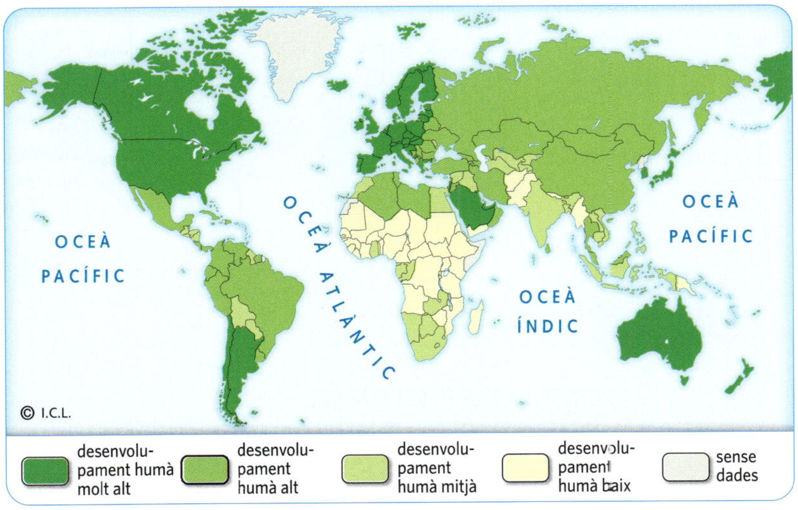

L'índex de desenvolupament humà (IDH) és un indicador del nivell de vida de la població que combina tres elements: esperança de vida, nivell d'educació i renda per habitant.

La dependència del Tercer Món

Dependència colonial

Molts països del Tercer Món exporten primeres matèries, a un preu baix, i importen productes elaborats dels països rics, de preu més alt. És el que s'ha anomenat l'**intercanvi desigual**, que els impedeix acumular capital i fomentar el creixement econòmic.

Dependència tecnològica

Com que no tenen tecnologia moderna ni mitjans propis per aconseguir-la, l'han de comprar als països tecnològicament avançats. Això obliga al pagament de *royalties*, l'import dels quals és molt elevat.

Dependència financera

La manca de capital obliga aquests països a dependre de les inversions estrangeres i dels préstecs dels bancs dels països desenvolupats i d'organismes internacionals. Tot això comporta un nivell elevat de **deute exterior**.

Caricatura del diari francès *Le Monde* sobre el repartiment desigual de la riquesa al món.

1. Què va ser la Conferència de Berlín? Qui hi va participar? Quins objectius s'hi van proposar?
2. Explica què va ser el moviment dels no-alineats en relació amb la política de blocs.
3. Què significa l'expressió *tercer món*?
4. Defineix què és el neocolonialisme. En quina situació de dependència econòmica van quedar els països que van accedir a la independència després del procés descolonitzador?

Relaciona ahir i avui

5. Observa els documents i explica en què consisteixen les grans desigualtats del món actual. On es concentren els països més pobres i amb un baix nivell de desenvolupament humà?
6. @ Comprova si els països amb més pobresa havien estat colònies abans. Creus que es pot establir un nexe causa-efecte entre colonialisme i pobresa? Argumenta la teva resposta amb dades extretes d'aquesta pàgina.

COMPLETA EL MAPA CONCEPTUAL

Amb la informació de la lliçó, completa al teu quadern l'esquema següent:

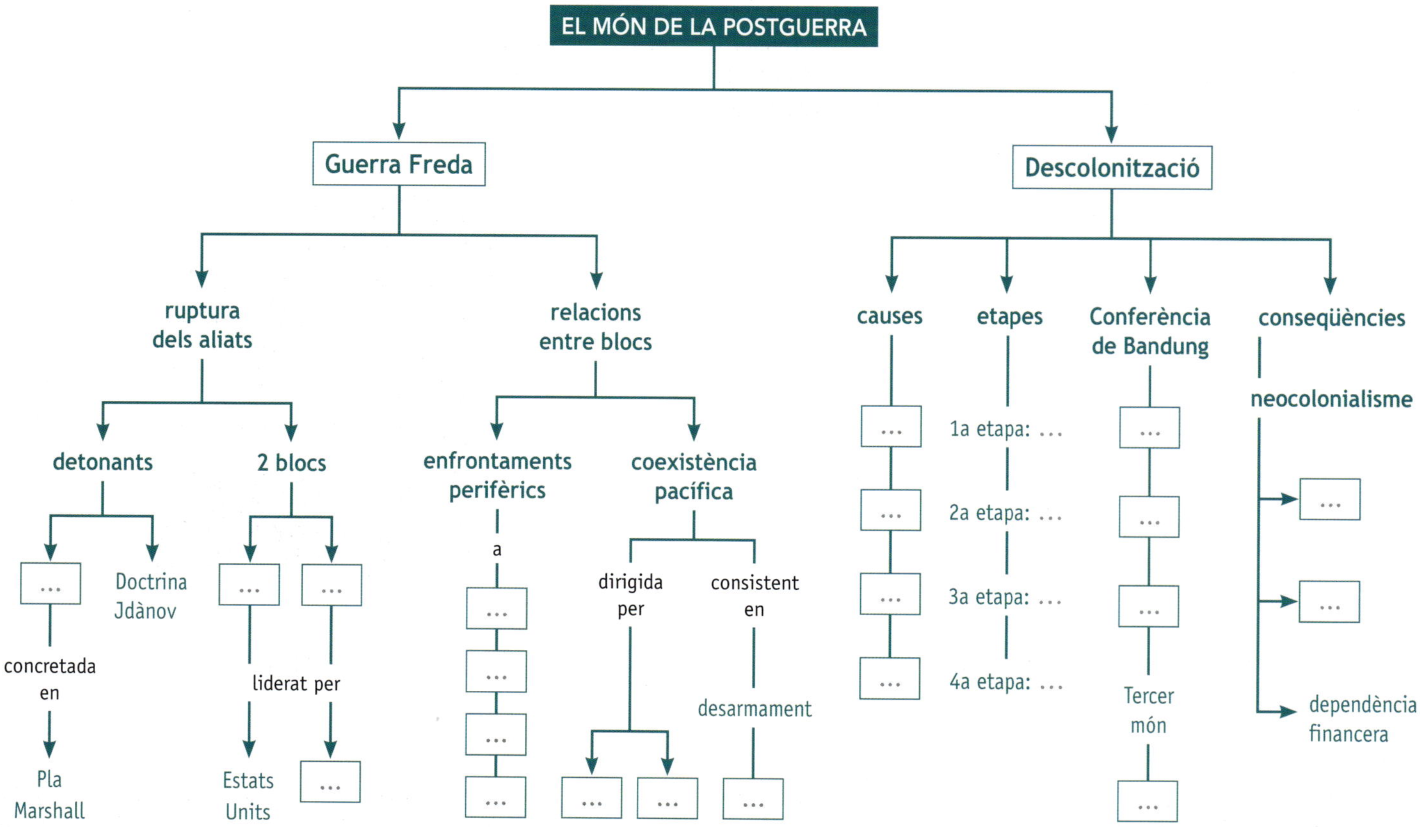

1 CONSOLIDA EL QUE HAS APRÈS

a) Quines causes expliquen la formació de blocs antagònics? Quins blocs es van crear? Quines diferències i interessos els separaven?

b) Què van ser la Guerra Freda i la coexistència pacífica? A quins interessos responien?

c) Quines causes van originar el moviment descolonitzador? Quines en van ser les conseqüències?

d) Quins problemes van haver d'afrontar els nous països independents? Com definiries l'expressió *tercer món*? Comenta-ho amb els companys.

2 DEFINEIX CONCEPTES CLAU

- Pla Marshall
- no-alineament
- telèfon vermell
- doctrina Truman
- cursa d'armaments
- teló d'acer
- *apartheid*
- doctrina Jdànov

3 IDENTIFICA ELS PERSONATGES

- Ho Chi Minh
- Kim Il Sung
- Iàssir Arafat
- Eisenhower
- John F. Kennedy
- Nikita Khruixtxov
- Douglas MacArthur
- Winston Churchill
- Ben Gurion
- Mahatma Gandhi
- Fidel Castro

4 EXPLICA LES DIFERÈNCIES

- OTAN/ Pacte de Varsòvia
- colonialisme/neocolonialisme
- colònia/ metròpoli
- doctrina Truman/doctrina Jdànov
- RDA/RFA
- Corea del Nord/Corea del Sud

RESPON A LA PREGUNTA INICIAL

Quin nou ordre polític internacional es va crear després de la Segona Guerra Mundial?

APRÈN A... ANALITZAR CARICATURES SATÍRIQUES

Una caricatura és una imatge, a vegades acompanyada d'un breu text, que pretén transmetre una idea a través de l'exageració o la simplificació voluntària del que es mostra.

Acostuma a ser un instrument de crítica política i social amb un clar contingut satíric, que se sol reflectir a través de l'exageració dels trets físics d'una persona, la deformació de les febleses del seu caràcter, la simplificació d'una determinada situació política o social o la utilització de trets animals per definir els personatges.

Caricatura apareguda al diari britànic *Daily Mail*, 1962.

Caricatura de Kenney i Khruixtxov publicada el 1963.

1. Identificació i presentació

- Quina naturalesa tenen les dues imatges? Quins elements permeten identificar-les com a caricatures?
- Quan van ser publicades? Quina intenció creus que tenia l'autor?

2. Descripció i anàlisi

- Caricatura 1: identifica i descriu els personatges representats. Quina acció fan? On estan asseguts? Cap a on dirigeixen els dits?
- Caricatura 2: quins trets físics ens permeten identificar que són els mateixos personatges que la caricatura anterior? En quina situació es troben? Quin simbolisme atribueixes al metre i a la corda?
- Comparació: compara l'actitud dels dos dirigents en les dues caricatures. És semblant? Cap a on dirigeixen les seves mirades? S'imposa l'un sobre l'altre?

3. Context històric

- Quina crisi enfrontava l'URSS i els Estats Units en les dates en què es van fer les dues caricatures? Explica-la breument.
- Quina visió de l'esdeveniment històric ens volen mostrar els autors de les caricatures? De quin perill volen alertar el món?

4. Conclusions

- ¿Quins elements de les dues caricatures creus que són fonamentals per transmetre el missatge que es proposen els autors?
- Posa un títol a cada caricatura, intentant que representi aquest missatge.
- Creus que una de les dues caricatures aconsegueix transmetre'l millor? Per què? Dóna la teva opinió personal sobre quina caricatura et sembla més adequada.

RAONA HISTÒRICAMENT

Comparació. Estableix similituds entre els tres grans conflictes de la Guerra Freda: la guerra de Corea, la guerra del Vietnam i la crisi dels míssils de Cuba.

Empatia. Imagina que ets un habitant d'un país colonitzat al segle XIX. Escriu tres arguments per oposar-te al domini colonial.

1 Fonts documentals. Dues visions enfrontades

Estats Units té el deure d'ajudar els pobles lliures que es resisteixen a ser esclavitzats per minories armades o per pressions exteriors. Crec que hem d'ajudar els pobles lliures a forjar el seu propi destí. La llavor dels règims totalitaris cal buscar-la en la misèria i en la indigència. Quan tota esperança d'una vida millor ha desaparegut és quan el totalitarisme troba el seu camí (...).

Cada nació ha d'escollir entre dues formes de vida oposades (...). Una es basa en la voluntat de la majoria i es caracteritza per les seves institucions lliures, per un govern representatiu, per eleccions lliures, per la garantia de voler mantenir les llibertats individuals i per l'absència de qualsevol opressió política (...).

L'altra es basa en la voluntat d'una minoria imposada per la força a la majoria. Es basa en el terror i en l'opressió, té unes eleccions trucades i la supressió de les llibertats personals (...).

Discurs de H. Truman a la Cambra de Representants, 1947.

Salvant un país de la fam i de la ruïna, els monopolis nord-americans tenen la intenció de privar-lo de la seva independència. L'ajuda nord-americana comporta automàticament la modificació de la línia política del país que rep aquesta ajuda. Així arriben al poder partits i personalitats que, obeint les directrius de Washington, estan disposats a portar a terme, tant en el camp interior com en l'exterior, el programa desitjat pels Estats Units (...).

En acabar la guerra s'han posat de manifest les dues principals direccions de la política internacional, que corresponen a la divisió en dos camps principals de les forces polítiques que avui dia operen al món: el camp antiimperialista i democràtic i el camp imperialista.

Els Estats Units és la principal força dirigent del camp imperialista. El Regne Unit i França estan estretament unides a aquest país (...). L'URSS i els països de la nova democràcia són la base del camp antiimperialista.

Informe d'A. Jdànov sobre la situació internacional, 1947.

a) Identifica l'autor de cada text. Quin posicionament representa en l'escena internacional?

b) Tots dos textos van ser escrits l'any 1947. Quina era la situació europea en aquell moment? Quines tensions hi havia entre els antics aliats?

c) En què difereixen les anàlisis que fan de la situació política d'Europa tots dos dirigents? De què s'acusen mútuament?

d) Pots establir alguna relació entre la frase en cursiva i el Pla Marshall?

e) En què va consistir el Pla Marshall? Com hi va respondre l'URSS i els seus aliats?

f) Quines conseqüències va tenir l'enfrontament reflectit en els textos? Relaciona-ho amb la creació de blocs antagònics i la Guerra Freda.

2 Espai i temps. La descolonització

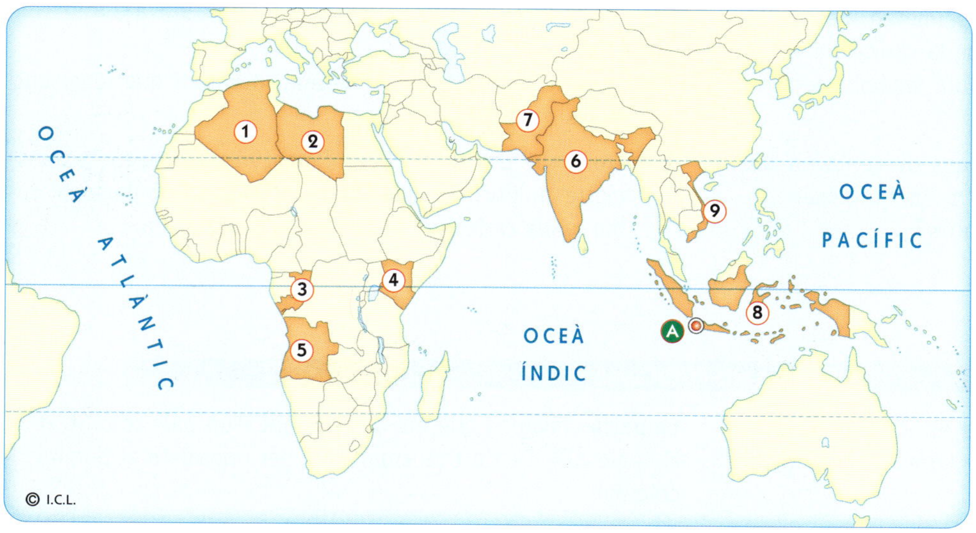

a) Digues el nom dels nous països sorgits de la descolonització indicats amb un número en el mapa.

b) Indica per a cada un el nom de l'antiga metròpoli i l'any de la seva independència.

c) Quina ciutat representa la lletra A? Quin esdeveniment important hi va tenir lloc?

3 Fonts gràfiques. Desigualtats econòmiques

REPARTIMENT DEL PNB AL MÓN EL 1995

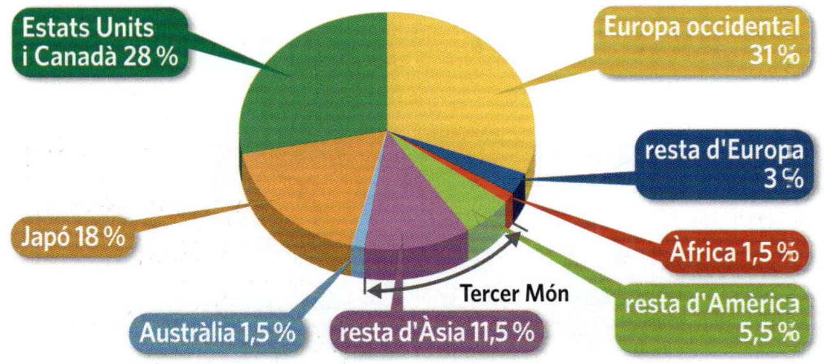

a) Com es repartia el PNB en finalitzar el procés descolonitzador? Quines desigualtats econòmiques mostra el gràfic?

b) Què significa l'expressió *tercer món*? Quins continents i països comprèn? Quines característiques els uneixen?

c) A quins nous problemes econòmics van haver de fer front els nous Estats sorgits de la descolonització? Relaciona'ls amb el concepte de neocolonialisme.

4 Organització de la informació. Els conflictes de la Guerra Freda

a) Emplena al teu quadern l'esquema següent sobre els tres grans conflictes de la Guerra Freda:

ELS PRINCIPALS CONFLICTES DE LA GUERRA FREDA

	Guerra de Corea	Guerra del Vietnam	Crisi dels míssils
Cronologia	...	...	...
Localització geogràfica	...	...	...
Països implicats	...	...	...
Militars i polítics destacats	...	...	...
Causes	...	...	...
Desenvolupament	...	...	...
Conseqüències	...	...	...

WWW. ESPAI WEB

5 Cerca d'informació. Mahatma Gandhi

Fes una cerca d'informació a Internet sobre un dels líders més importants de la descolonització, mahatma Gandhi, i respon:

a) Quin era el seu origen? I la seva formació? Quina importància va tenir la feina que va fer a Sud-àfrica per a la seva presa de consciència?

b) Quan va tornar a l'Índia? Per què se li va adjudicar el tractament de *mahatma*? Quin tipus de vida i quins principis va defensar?

c) Quan es va produir la seva entrada en la política? De quin partit va ocupar la presidència? Quan i per què va ser empresonat?

d) Quin moviment va llançar a la dècada del 1930 contra el govern britànic? En què consistia?

e) Quin paper va tenir en la independència de l'Índia? Per què va ser assassinat i qui ho va fer?

f) Quina opinió et mereix la seva actuació? Per què?

6 Fonts gràfiques. Caricatures de la Guerra Freda

Per fer aquest treball, uniu-vos en parelles. Després, entreu a www.tiching.com/751201 i observeu les caricatures sobre la Guerra Freda. Cada parella ha de triar una caricatura i elaborar-ne una fitxa:

a) Traducció al català del títol i el text que porti la vinyeta.

b) Data de publicació i context històric.

c) Personatges que hi apareixen i descripció de l'escena.

d) Missatge que vol transmetre l'autor i recursos que ha utilitzat.

REPTES A LA XARXA

DETECTIU DEL PASSAT: Geolocalització de la Guerra Freda.

ACTIVITATS AUTOCORRECTIVES: Resol aquestes activitats i repassa el que has après.

www.vvd.link/012138/11

12 CAPITALISME I COMUNISME: DOS SISTEMES ENFRONTATS

Quines diferències separaven els Estats Units de l'URSS? Com va evolucionar cadascun dels blocs?

Interior d'un supermercat nord-americà, 1964.

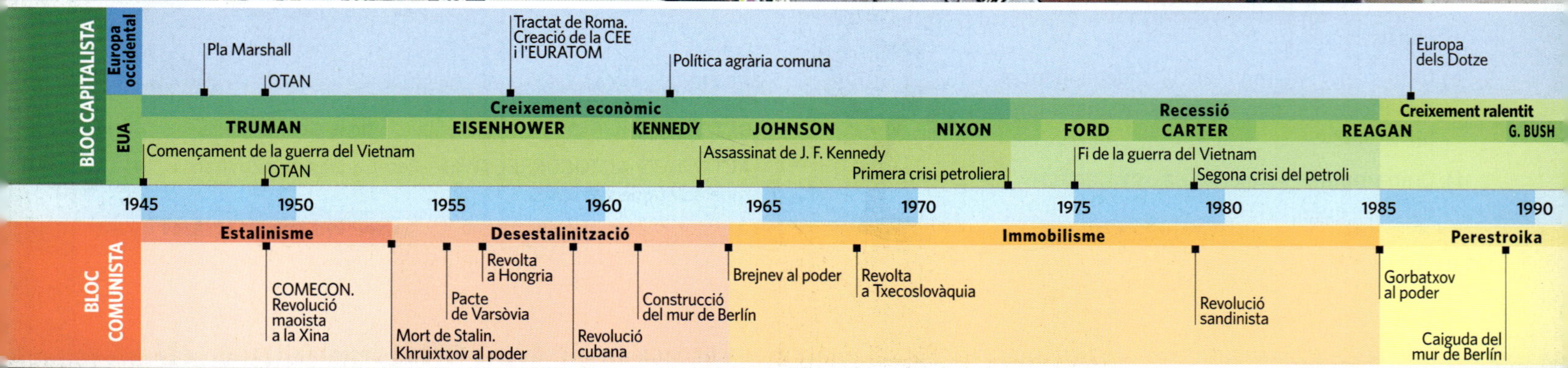

Interior d'un dels primers supermercats de Moscou, 1968.

Des del 1945 fins al 1991 el món va estar dividit en dos blocs antagònics, que representaven dues maneres oposades d'organitzar la societat: el bloc capitalista, liderat pels Estats Units, i el bloc comunista, encapçalat per l'URSS.

L'evolució interna de tots dos blocs va seguir dinàmiques molt diferents.

Els països capitalistes van viure l'època de més desenvolupament econòmic i social de la seva història, que va quedar frenada amb la crisi energètica que va començar el 1973.

Els països comunistes, que partien d'un nivell de renda molt baix, també van tenir un desenvolupament econòmic i social notable, però l'endarreriment en la innovació tecnològica, l'escassa competitivitat i l'excés de burocratització van fer enfonsar el sistema a les dècades dels vuitanta i dels noranta.

Què en sabem?

- Quines són les diferències fonamentals entre el capitalisme i el comunisme?
- De quina manera l'URSS va aconseguir estendre l'esfera d'influència després de la Segona Guerra Mundial?
- En què consistien l'estil de vida americà i la societat de consum?

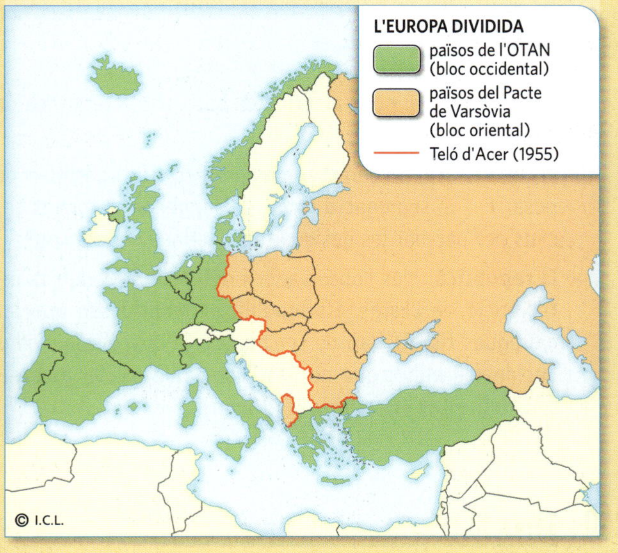

PREGUNTA CLAU

1 Què diferenciava el bloc capitalista del bloc

El món posterior a la Segona Guerra Mundial va quedar organitzat al voltant de dues potències enfrontades:

Els Estats Units va exercir un lideratge indiscutible sobre els països del món capitalista (Europa occidental, Canadà, Amèrica Llatina, Japó...), que van experimentar el creixement econòmic més important de la història, cosa que va donar lloc al que es coneix com l'"edat d'or del capitalisme".

L'URSS va fonamentar el seu creixement en una economia dirigida i planificada per l'Estat, i va exportar aquest model als països que quedaven sota la seva influència (Europa Oriental, Xina, Cuba...). Amb tot, l'aïllament econòmic, el feble creixement de la producció i la manca d'abastament de la població van fer inviable el sistema, que va entrar en una crisi irrecuperable a final del segle XX.

A L'HEGEMONIA DELS ESTATS UNITS EN EL MÓN CAPITALISTA

La potència dels Estats Units es fonamentava en la **preponderància mundial de la seva economia** (disposava de dos terços de les reserves d'or i concentrava gairebé el 50 % de tota la riquesa del planeta), la seva superioritat militar i la seva posició privilegiada en les grans aliances militars i en els organismes internacionals.

D'altra banda, la **democràcia americana**, basada en el pluralisme polític, les eleccions lliures i el reconeixement dels drets individuals, es va convertir en un model. L'estil de vida nord-americà (*american way of life*), basat en el consum massiu, fou emulat per tots els països capitalistes.

L'*american way of life*

La producció massiva de béns va fer possible la reducció de costos i l'augment dels salaris i va establir les bases d'un nou model de vida fonamentat en l'abundància de productes i el consum massiu (electrodomèstics, automòbils, etc.).

La nevera, símbol de la comoditat i de la modernitat, en un anunci nord-americà del 1956.

El bipartidisme

El sistema polític nord-americà es basa en l'alternança de dos partits polítics:

- El **demòcrata**, de caràcter més progressista i partidari de posar fi a la segregació racial i d'emprendre reformes socials per pal·liar les desigualtats (Kennedy i Johnson).
- El **republicà**, més conservador i defensor de reduir la intervenció de l'Estat. Els republicans consideren que les càrregues fiscals han de ser baixes, ja que els individus decideixen millor que no pas l'Estat què cal fer amb els seus impostos (Eisenhower i Nixon).

El creixement econòmic

L'hegemonia de l'economia nord-americana es fonamentava en:

- Una elevada productivitat gràcies a la seva superioritat tecnològica, a un alt nivell d'inversió, a la producció en cadena i als baixos preus de les primeres matèries i l'energia.
- Una elevada taxa anual de creixement, de gairebé el 5 %.
- La consolidació de grans empreses multinacionals, que estenien els interessos nord-americans arreu del món.
- El paper del dòlar com a moneda de referència de les transaccions internacionals i la preeminència de la Borsa de Nova York, que es va convertir en la més potent del món.

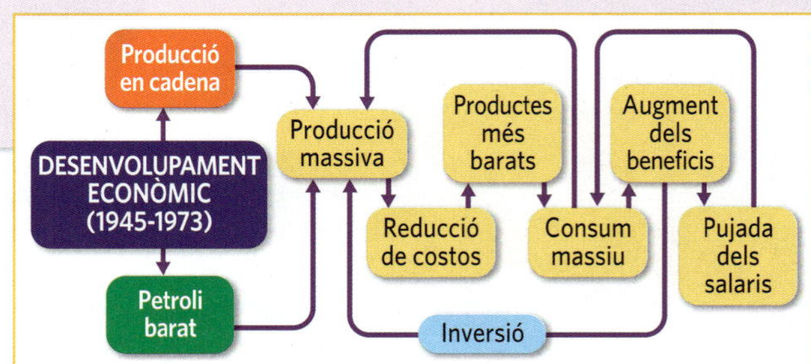

Les desigualtats socials

L'existència de fortes desigualtats econòmiques deixava els sectors socials més febles al marge de l'opulència i del consum massiu.

La permanència d'actituds racistes marginava la població negra, que va encapçalar un fort moviment de protesta per assolir la igualtat de drets.

La contestació del model social consumista i de la intervenció nord-americana en la guerra del Vietnam va generar moviments de protesta juvenil (*hippies*).

Marxa per la igualtat racial encapçalada per Martin Luther King a Alabama (EUA), 1965.

comunista?

B L'URSS, LÍDER DEL MÓN COMUNISTA

El model econòmic dels països del bloc soviètic es basava en la **propietat estatal**, el **dirigisme econòmic de l'Estat** i la **planificació centralitzada**. Entre els anys 1950 i 1970, l'URSS i els altres règims comunistes van aconseguir elevades taxes de creixement econòmic i van millorar el nivell de vida de la població, que partia de nivells molt baixos.

Tanmateix, un sistema polític autoritari, la manca de llibertats, l'excés de burocràcia i la ineficàcia econòmica van comportar un creixement econòmic i un nivell de vida més limitats que els dels països occidentals. Tot plegat va derivar en el descontentament creixent de la població i el col·lapse progressiu del sistema.

Partit únic i *nomenklatura*

- L'URSS tenia un sistema polític autoritari en el qual el poder estava en mans d'un únic partit, el PCUS, l'oposició era perseguida i no es respectaven les llibertats.
- Al voltant del Partit Comunista es va crear una classe política, que controlava tots els ressorts de l'Estat (*nomenklatura*) i tenia privilegis econòmics. Per sota, una nombrosa burocràcia afiliada al partit comunista controlava tots els serveis, les empreses estatals, la policia, l'exèrcit...
- Després de la mort de Stalin (1953), el dirigent Nikita Khruixtxov va promoure la desestalinització: va intentar posar fi a la repressió indiscriminada i va establir noves mesures econòmiques per millorar la producció, sobretot l'agrícola.

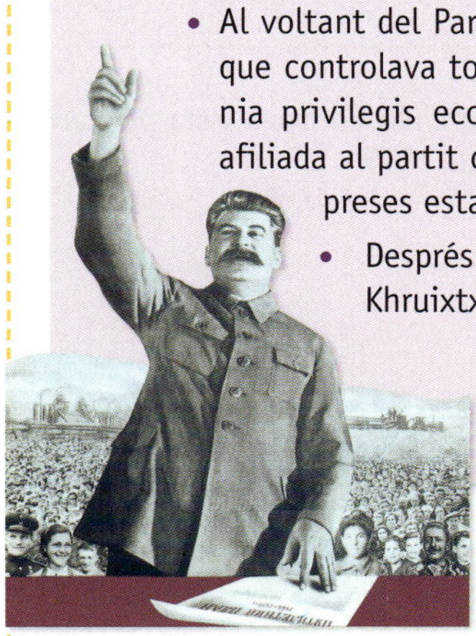

Iossif Stalin, amb la mà alçada, indica el camí a seguir al poble soviètic, 1950.

Els avenços del sistema

- La millora de l'economia va permetre garantir a tots els ciutadans la feina, les pensions, les vacances pagades, l'habitatge, l'educació i la sanitat.
- Els indicadors mostraven progressos socials evidents; per exemple, l'increment d'estudiants universitaris i l'equiparació de l'esperança de vida amb els països occidentals.
- El desenvolupament de la tecnologia soviètica va permetre enviar a l'espai el primer satèl·lit artificial (*Sputnik 1*) i, el 1961, la primera nau espacial tripulada. Amb tot, aquests avenços en l'àmbit de la tecnologia no es van produir en el camp de la indústria.

A. DEINEKA: *La conquesta del cosmos*, 1961.

Un creixement desequilibrat

- Després de la recuperació postbèl·lica, l'URSS va experimentar taxes de creixement econòmic elevades i va donar prioritat a la indústria pesant, a la indústria armamentista, a l'energia i a les comunicacions. En canvi, l'alimentació i els béns de consum van créixer a un ritme molt més lent.
- Aquest desenvolupament fou molt desequilibrat, ja que l'economia dels països comunistes no va aconseguir igualar els nivells de vida dels països occidentals, ni fer créixer els sectors econòmics de tecnologia punta, ni consolidar una economia competitiva a escala mundial.

LA PRODUCCIÓ INDUSTRIAL A L'URSS

Base 1940 = 1	1960	1970	1980
Electricitat	6,7	18	33
Siderúrgia	4,8	9,3	13
Química i petroquímica	7,7	27	58
Maquinària	9	28	72
Indústria lleugera	2,8	4,7	7
Indústria alimentària	2,4	4,7	6,5
Total indústria	5,2	12	21

1. Per què els Estats Units es va erigir en líder del món capitalista després de la Segona Guerra Mundial? Quines característiques presentava el seu sistema econòmic, polític i social?
2. A-A Observa l'esquema i explica sobre quins pilars es va fonamentar el creixement econòmic de la postguerra mundial.
3. Sintetitza les característiques polítiques, econòmiques i socials del sistema soviètic. Per què es qualifica de desequilibrat el seu creixement econòmic?

Argumenta la resposta

4. Quines eren les diferències bàsiques entre el sistema capitalista nord-americà i el sistema comunista de l'URSS? Quins clarobscurs pots destacar de cadascun d'aquests sistemes?

2 La construcció d'una nova Europa unida

En vista de l'enfrontament europeu durant les dues guerres mundials i de la consolidació dels Estats Units com a primera potència mundial, alguns governs del continent van prendre consciència que Europa necessitava avançar cap a la col·laboració entre Estats.

La construcció de la Unió Europea vista pel caricaturista francès Plantu, 1979.

Els primers passos cap a la col·laboració europea

La Conferència de l'Haia (1948) va proposar la creació del **Consell d'Europa**, integrat per deu països: Bèlgica, França, Luxemburg, Països Baixos, Regne Unit, Irlanda, Itàlia, Dinamarca, Noruega i Suècia. L'objectiu era afavorir el progrés econòmic i social i emparar els drets humans i les llibertats fonamentals. Aquesta institució va promoure el **Conveni Europeu de Drets Humans**, que va entrar en vigor el 1953.

Un segon pas en el procés d'unificació fou la creació, el 1951, de la **Comunitat Europea del Carbó i de l'Acer** (CECA), que establia entre els seus membres un mercat únic per a aquests dos productes. Va ser la primera institució en la qual els països integrants (França, Alemanya Occidental, Bèlgica, Itàlia, Luxemburg i Països Baixos) van acceptar la lliure circulació de productes i en van delegar la gestió a un organisme comú.

El Tractat de Roma i la creació de la CEE

El 1957, els sis països membres de la CECA van signar el **Tractat de Roma**, pel qual es va instituir la **Comunitat Econòmica Europea** (CEE) i la **Comunitat Europea d'Energia Atòmica** (EURATOM). L'objectiu era l'abolició de les barreres duaneres, la lliure circulació de mercaderies, serveis, capitals i persones entre els països membres i el desenvolupament d'una política econòmica comuna.

El Tractat atribuïa a les institucions comunes la competència exclusiva en tres eixos de la política econòmica: transports, agricultura i comerç exterior. Durant la dècada del 1960 es va avançar en la posada en pràctica d'una **Política Agrícola Comuna** (PAC) i en la millora de les xarxes de transport.

La realització d'aquestes polítiques es basava en una transferència de competències dels Estats cap a la CEE i en un pressupost comunitari format a partir dels ingressos monetaris que efectuaven els Estats membres. Aquest pressupost actuava com un sistema redistribuïdor de la riquesa, atès que els països amb una renda superior aportaven més per fomentar el creixement dels menys avançats.

Els èxits de la CEE van propiciar que un bon nombre de països sol·licitessin entrar a formar-ne part. El 1973, Irlanda, el Regne Unit i Dinamarca van signar l'adhesió a la CEE. Grècia s'hi va sumar el 1981, Espanya i Portugal el 1986, i Àustria, Finlàndia i Suècia el 1995. L'Europa dels Sis s'havia convertit en l'Europa dels Quinze.

L'AMPLIACIÓ DE L'EUROPA COMUNITÀRIA

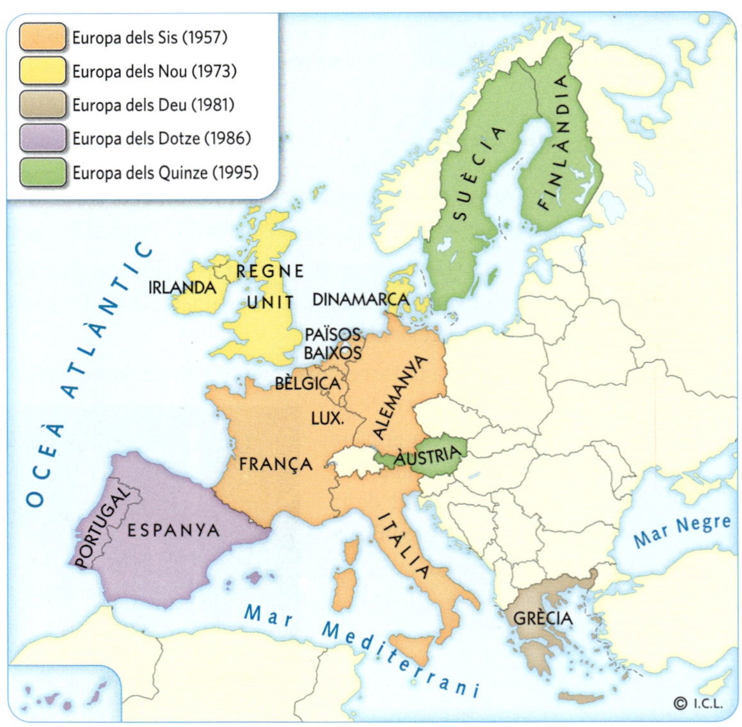

LES INSTITUCIONS COMUNITÀRIES

Des de la seva fundació, la CEE ha creat unes institucions i una legislació comunitàries, alhora que els països membres han anat delegant una part de la seva sobirania en aquestes institucions supranacionals.

El **Parlament Europeu** és la institució que garanteix la participació ciutadana en les institucions de la Unió. Els seus membres són escollits pels ciutadans cada cinc anys en un nombre proporcional a la població de cada Estat. Es reuneix a Estrasburg (França) i a Brussel·les (Bèlgica).

EL PRESSUPOST COMUNITARI (1997)

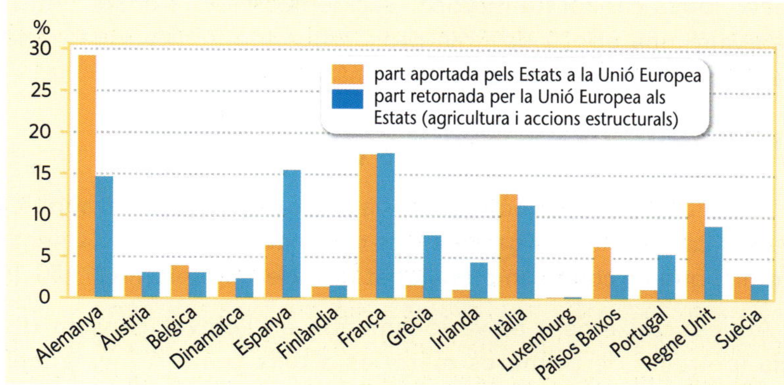

ELS ÒRGANS DE DECISIÓ DE L'EUROPA UNIDA*

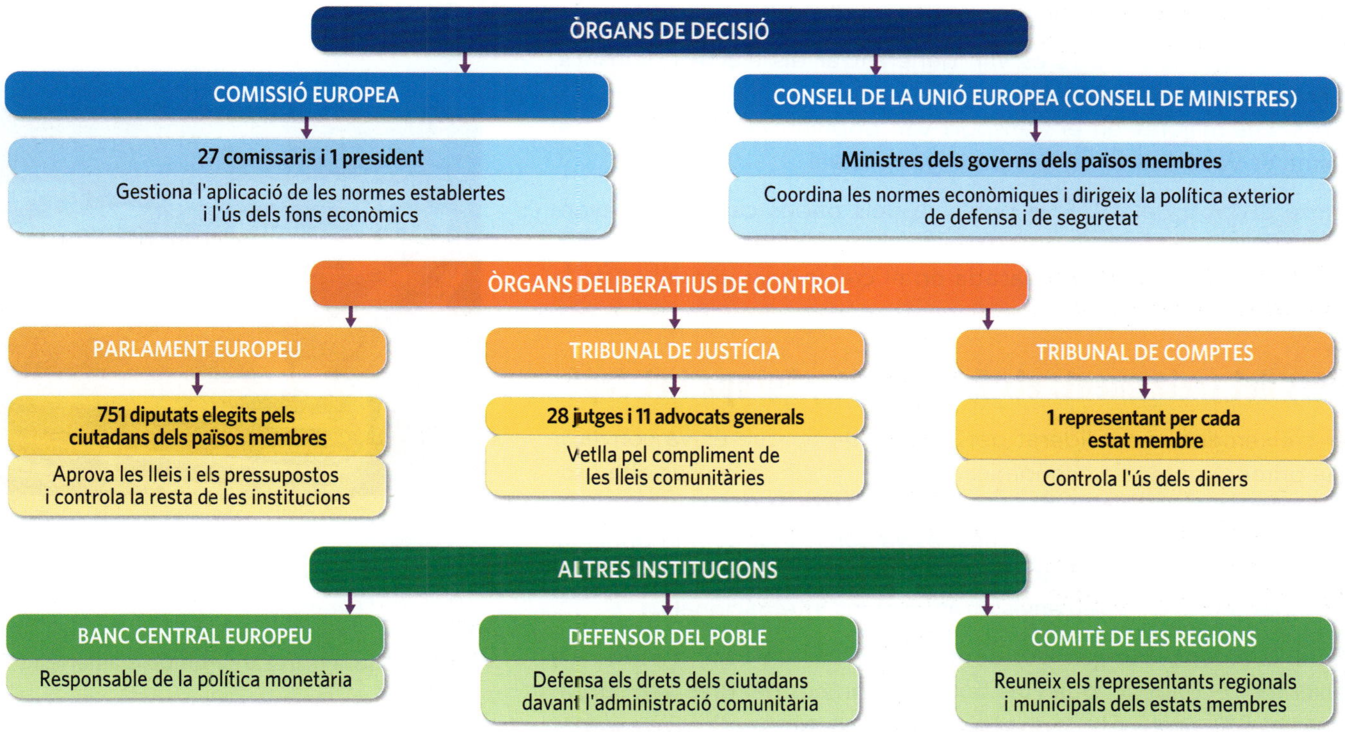

*Quadre segons els organismes actuals de la Unió Europea.

1. Quines circumstàncies van conduir alguns dirigents a proposar la conveniència d'una unió de països europeus? Relaciona-ho amb la caricatura de Plantu.
2. Sintetitza els passos que van portar a la constitució de la CEE. Quins països hi van participar? Quins objectius es van proposar? Quines van ser les primeres actuacions?
3. Observa el mapa i explica com es va anar ampliant la CEE fins a arribar a l'Europa dels Quinze. Per què tants països van sol·licitar l'adhesió a la CEE?
4. Com es finançava la CEE? D'on provenien els seus recursos? Fixa't en el gràfic del pressupost i justifica per què el funcionament de la CEE es basava en la solidaritat d'uns països envers els altres. Quins països hi aporten més? Quins països reben més amb relació al que aporten? Per què?
5. Fixa't en l'esquema de les institucions i sintetitza quins són els principals òrgans decisius i deliberatius, qui els componen i quina és la seva funció. Quina és l'única institució escollida directament pels ciutadans europeus?

3 Del creixement econòmic a la crisi energètica

Sota l'hegemonia dels Estats Units, els països industrialitzats d'economia capitalista (Europa Occidental, Japó, Canadà, Austràlia) van viure una època de gran prosperitat econòmica, que es va frenar per la crisi derivada de l'augment del preu del petroli.

L'edat d'or del capitalisme (1950-1973)

La recuperació econòmica de la postguerra va anar seguida als països capitalistes de gairebé tres dècades de gran creixement econòmic, que es coneixen com l'edat d'or del capitalisme (1950-1973).

Aquest creixement es va fonamentar en l'**elevat consum d'energia** (petroli) i de **primeres matèries a baix preu**. A més a més, les **noves tecnologies** van permetre la producció a gran escala, la millora de la productivitat i la reducció del cost de producció i del preu de venda. Tot plegat va comportar l'increment dels salaris i el consum massiu de béns i serveis.

A la majoria de les llars es van generalitzar els electrodomèstics, els nous mitjans de comunicació (telèfon, ràdio, televisor) i els automòbils. Les millores en el transport van popularitzar els viatges i el turisme es va convertir en una pràctica habitual.

Entre el 1950 i el 1973, la població dels països capitalistes avançats va assolir el nivell de vida més alt de la història i es va consolidar la societat de consum, basada en el creixement continuat de la producció i del consum.

Líders del creixement: els Estats Units, Europa i el Japó

El creixement va ser liderat pels **Estats Units**, que es va convertir en la primera potència econòmica mundial gràcies a la seva alta producció industrial, el gran volum del seu comerç exterior i la seva elevada renda nacional. A més a més, es va consolidar com la principal potència financera i el dòlar es va refermar com la moneda de referència per a tots els intercanvis i transaccions internacionals.

Paral·lelament, **Europa occidental** va iniciar un llarg període de creixement econòmic, quan les taxes d'augment del PNB van sobrepassar el 5% anual. Els sectors tradicionals (acer i carbó) van donar pas a les noves indústries (química, automòbil, electrònica i informàtica), alhora que augmentaven les activitats de serveis. En general, es va experimentar una millora de la renda per habitant, una pujada dels salaris i uns índexs d'atur baixos.

El **Japó** es va convertir, en menys de vint anys, en la segona potència econòmica mundial, ja que va assolir una taxa de creixement anual superior al 10%, la més elevada de tots els països capitalistes. El creixement japonès es va caracteritzar per l'elevada inversió i la innovació tecnològica, com també per l'abundància de mà d'obra amb escassa cobertura social.

Tot això va permetre una producció massiva de béns, principalment de béns d'elevada tecnologia (electrònica, informàtica, robòtica, etc.), i amb baixos costos de producció. La competitivitat dels seus productes va convertir el Japó en el primer exportador mundial.

EL CREIXEMENT ECONÒMIC ALS ESTATS UNITS

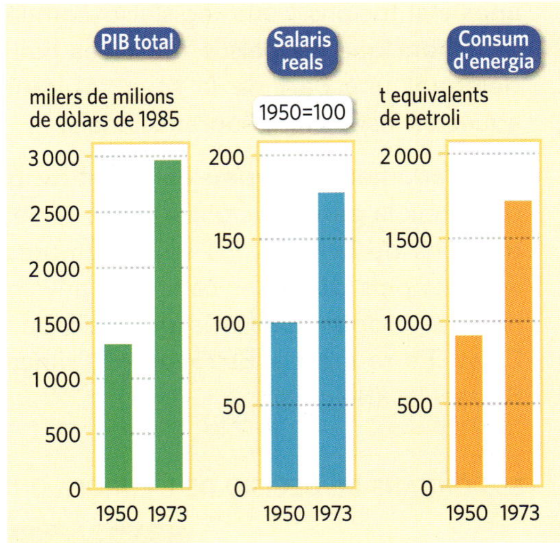

Publicitat de la marca d'automòbils americans Ford, 1958.

TAXA DE CREIXEMENT ANUAL

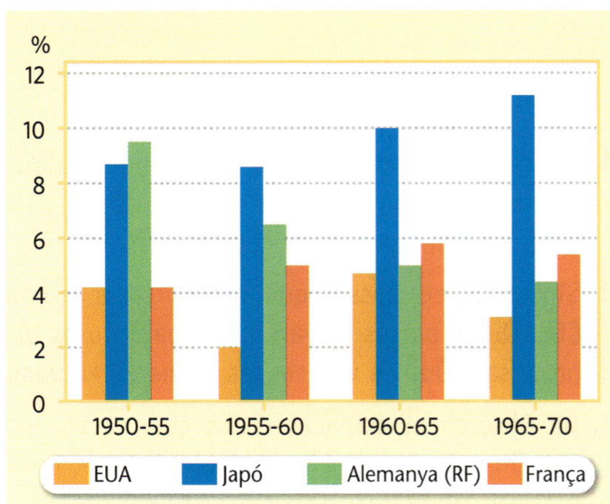

PER QUÈ EL PETROLI VA DESENCADENAR UNA CRISI ECONÒMICA?

El 1973, en el context de la guerra araboisraeliana i com a arma política, els països àrabs productors de petroli, organitzats en l'**OPEP** (Organització dels Països Exportadors de Petroli), van quadruplicar el preu del barril, que va continuar augmentant durant els anys següents.

El petroli va deixar de ser una energia barata i això va tenir un gran impacte sobre l'economia mundial. L'increment del preu del combustible va repercutir en la **pujada dels costos de producció**, en l'augment de la **inflació** i en la **disminució de la demanda**. Com a resultat de tot plegat, moltes empreses van fer fallida i l'atur es va disparar fins a xifres elevadíssimes. A més a més, com que el preu del cru estava establert en dòlars, els països que havien d'importar el petroli van augmentar els seus dèficits comercials, amb l'increment consegüent del deute exterior.

EL PREU DEL PETROLI

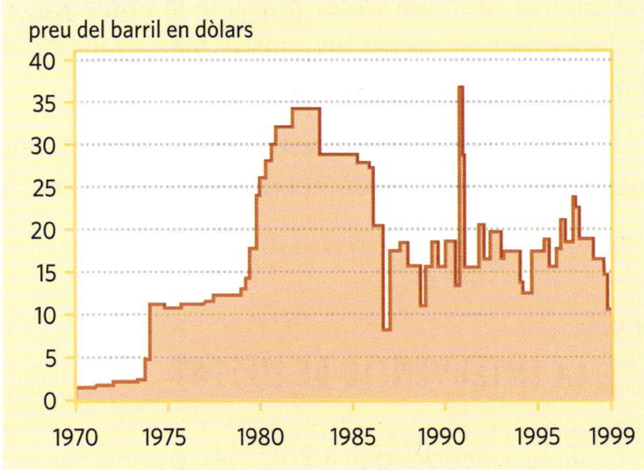

Aquesta conjuntura va frenar el creixement econòmic de les dècades anteriors. D'altra banda, per sortir de la crisi es va emprendre una reestructuració progressiva del sistema industrial, que va consistir a promoure la reducció del consum d'energia, la reconversió dels vells sectors industrials, la robotització del procés productiu i la deslocalització d'algunes indústries a països on la mà d'obra era més barata.

EVOLUCIÓ DEL PNB ALS PAÏSOS INDUSTRIALITZATS

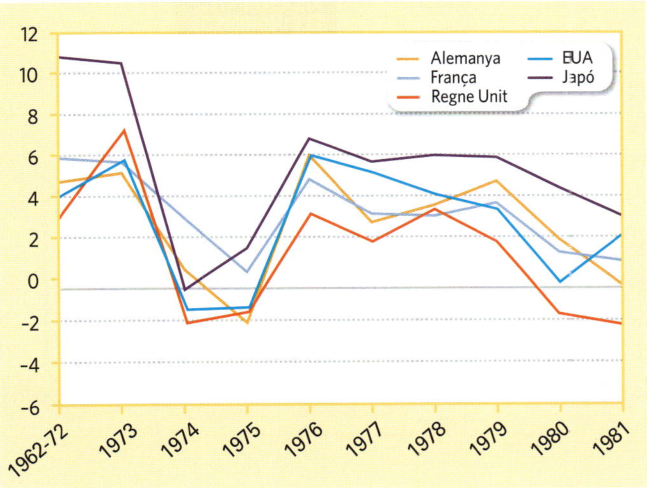

AUGMENT DE L'ATUR ALS PAÏSOS INDUSTRIALITZATS

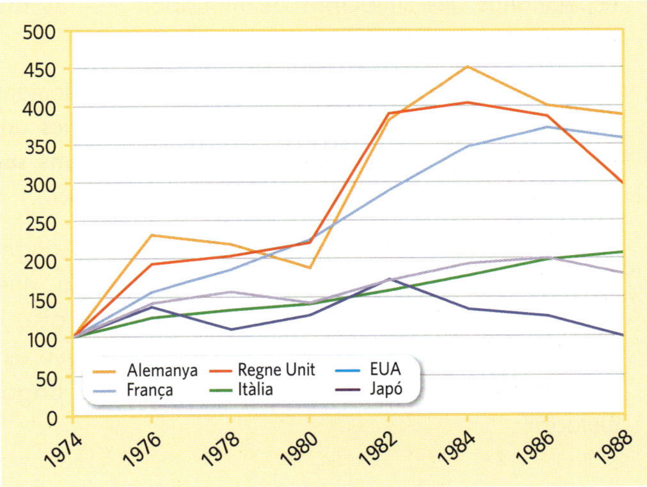

1. Quina evolució va seguir l'economia dels Estats Units i d'Europa Occidental després de la Segona Guerra Mundial? Quina relació pots establir entre aquesta evolució i el sorgiment de la societat de consum?
2. Com va aconseguir el Japó convertir-se en la segona potència econòmica mundial? Quins trets caracteritzen el seu sistema econòmic?
3. Justifica per què qualifiquem el període comprès entre els anys 1950 i 1970 com l'*edat d'or del capitalisme*.
4. Observa els documents sobre la crisi del petroli que et presentem i respon:
   - Quines causes van provocar la pujada del preu del petroli? Quina evolució va seguir a partir del 1973?
   - Explica per què l'augment del preu del cru va provocar una crisi econòmica generalitzada. Identifica els mecanismes d'expansió de la crisi.
   - De quina manera la crisi va afectar el PNB dels països occidentals? Com va afectar l'ocupació? Per què?

4 Què és l'Estat del benestar?

DESCOBREIX

El creixement econòmic dels anys que van seguir la Segona Guerra Mundial va fer possible la implantació i el desenvolupament, sobretot als països més avançats d'Europa, de l'anomenat *Estat del benestar*.

L'Estat del benestar consisteix en la intervenció dels poders públics en la vida econòmica i social per regular una distribució més equitativa de la riquesa i garantir a tots els ciutadans unes condicions de vida dignes.

L'Estat del benestar fou aplicat al principi pels governs socialdemòcrates europeus, però va acabar sent assumit en els trets més essencials per la majoria de governs d'Europa occidental i, en un grau menor, pels Estats Units.

A LA INTERVENCIÓ DE L'ESTAT

A la dècada del 1960, els partits socialdemòcrates europeus van defensar que l'Estat podia fer una gestió millor que el lliure mercat i intervenir en l'economia per fomentar polítiques que ajudessin a reduir les desigualtats socials.

D'aquesta manera, l'Estat assumia un gran protagonisme com a director i promotor d'una part important de l'economia mitjançant el foment de les empreses públiques, de la construcció d'infraestructures, de la provisió de serveis públics, etc. A més a més, també es va proposar intervenir en la regulació del mercat i legislar per impedir els moviments especulatius, les situacions de monopoli i altres pràctiques abusives.

Per fomentar la cohesió social, l'Estat va implementar unes polítiques socials que garantien **serveis públics universals** (sanitat, educació, pensions...) i unes **prestacions socials** als més necessitats (atur, discapacitats, dependència...).

La conseqüència de tot plegat fou un gran augment del sector públic i un creixement de l'Administració, que va generar un gran nombre de llocs de treball. Tot això va comportar l'increment de les despeses de l'Estat, que es van sufragar amb un augment dels impostos que pagaven els ciutadans.

EL FUNCIONAMENT DE L'ESTAT DEL BENESTAR

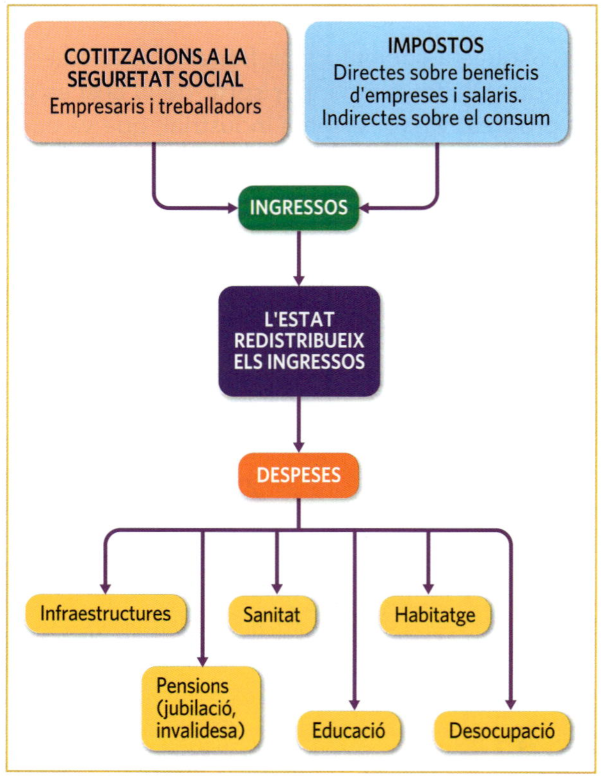

La fiscalitat progressiva i redistributiva

La posada en pràctica d'aquestes polítiques socials es basa en un augment de la fiscalitat i en les polítiques redistributives d'aquests impostos. L'Estat ha de recaptar impostos, que els ciutadans paguen en proporció a la seva riquesa, i ha de destinar-ne una part a cobrir les necessitats socials de tota la població.

Aquest procés, mitjançant el qual l'Estat transfereix rendes dels sectors més beneficiats als més desfavorits, és el nucli central de l'Estat del benestar i constitueix un gran pacte de solidaritat social.

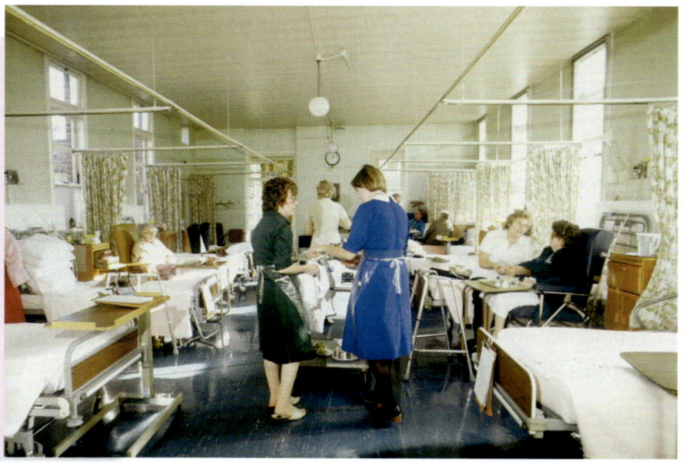

L'assistència sanitària és un dels grans èxits de l'Estat del benestar. A la imatge, un hospital britànic a la dècada del 1980.

B ELS PILARS DE L'ESTAT DEL BENESTAR

L'Estat del benestar descansa sobre quatre pilars que garanteixen les prestacions socials bàsiques:

- L'**educació**, obligatòria i gratuïta en les diverses etapes, que varia segons el país.
- La **sanitat**, com un principi universal i gratuït, encara que en alguns llocs d'Europa el ciutadà ha de contribuir parcialment a finançar-ne el cost.
- La **seguretat social**, fonamentalment les pensions de jubilació, que varien en funció de les cotitzacions realitzades pels treballadors, i les assegurances que cobreixen diferents situacions (orfandat, viduïtat, malaltia, etc.).
- Els **serveis socials**, que són ajuts destinats a cobrir necessitats de certs col·lectius menys afavorits. En aquest sentit, destaca l'atenció a les persones dependents.

LA PROTECCIÓ SOCIAL A LA UNIÓ EUROPEA

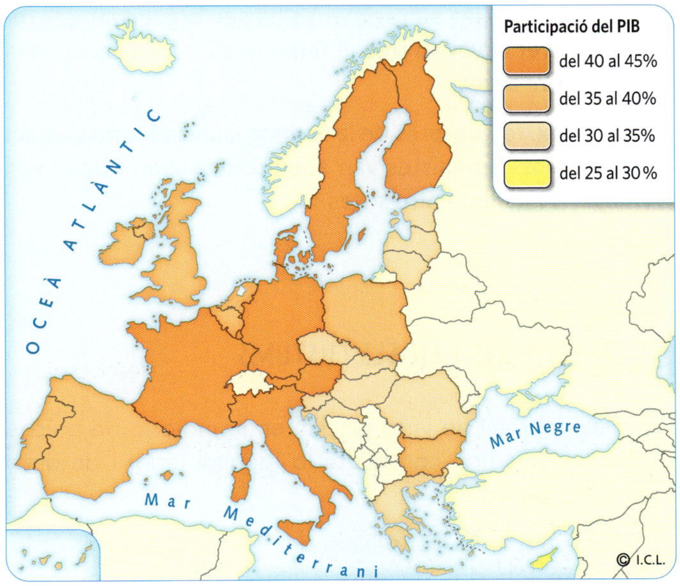

Suècia, un model de benestar social

Ken Byrne és un irlandès casat amb una ciutadana d'Estocolm, pare d'una nena de vint mesos i amb una segona criatura en camí. En Ken agraeix que altres paguin taxes perquè ell tingui accés a llars d'infants gestionades per cada ajuntament, que tingui dret a un beneficiós permís de paternitat i a una escola que proporcionarà gratuïtament l'esmorzar i el dinar als seus fills durant tota l'etapa escolar. O una universitat, a la qual sens dubte —com el 90 % de les persones aquí— aniran els seus fills, amb uns subsidis i préstecs privilegiats.

Sorprenentment, a tots els suecs preguntats no sembla que els importi gaire que se'n vagin, en concepte d'impostos, entre el 29 i el 46 % dels seus ingressos, en funció del salari, ja que saben l'empara estatal que això els proporciona.

"L'Estat del benestar suec", *ABC digital*, 26/05/2014.

EL MODEL DEL BENESTAR NÒRDIC I ESPANYOL

	Noruega	Suècia	Espanya
Permís de maternitat (en dies)	322-392	480	82-112
Permís de paternitat (en dies)	84	480	15-30
Cobertura del sou de la mare i del pare	100 %–80 %	80 %	100 %
Ajuts mensuals per fill	125 € fins als 18 anys	100 € fins als 18 anys o fins al final dels estudis	Només per a rendes molt baixes
Educació infantil, primària, secundària i universitat	Gratuïta	Gratuïta a primària, secundària i universitat	Gratuïta a infantil, primària i secundària

1. Per què els Estats van augmentar la seva participació en l'economia i la prestació de serveis? Com es justificava?
2. Què és l'Estat del benestar? Com es finança? Observa l'esquema i explica amb paraules teves en què consisteix la fiscalitat progressiva i redistributiva.
3. Quins són els serveis bàsics que l'Estat del benestar garanteix als ciutadans?
4. Observa el mapa i fes una relació ordenada dels països d'Europa segons la proporció de la seva riquesa que s'inverteix en prestacions socials.
5. Llegeix el text sobre Suècia i explica per què els ciutadans suecs estan d'acord a pagar un elevat nivell d'impostos. Tu opines el mateix? Justifica la resposta.

Investiga

6. @ Consulta www.tiching.com/751263 i fes una relació ordenada de més gran a més petita de quina part del PIB destina Espanya a les diferents prestacions socials (malaltia, vellesa, discapacitat...). Valora quin lloc ocupa Espanya en el conjunt de països de la Unió Europea quant a protecció social.

5 Les dones, la lluita per la igualtat i la paritat

A principi del segle XX, les lleis sotmetien la dona a l'autoritat de l'home, que era el cap de família. Des del segle XIX, grups de dones (les sufragistes) s'havien organitzat per reclamar el dret al vot, al treball remunerat, a l'educació i a la igualtat entre sexes.

Tanmateix, fou després de la Segona Guerra Mundial quan els moviments feministes van adquirir una gran força i van plantejar la igualtat entre sexes.

La segona meitat del segle XX va ser un període d'un canvi social i cultural més important en termes de modernització de les relacions de gènere i en el qual les dones han aconseguit grans avanços en l'assoliment de la igualtat.

Però malgrat aquest gran avançament, la igualtat real entre sexes encara no és una realitat. Hi ha un sostre invisible que limita l'ascens de les dones cap a la igualtat entre sexes? En què consisteix?

A EN LES LLEIS I EN ELS COSTUMS

Des del punt de vista jurídic, en la majoria de països avançats les lleis han consolidat la igualtat legal i de drets entre homes i dones.

A Espanya, la Constitució del 1978 va consagrar la igualtat entre tots dos gèneres, i lleis posteriors han protegit la maternitat i la conciliació de la vida laboral i familiar i han actuat contra la violència de gènere. L'any 2007, la **Llei per a la igualtat efectiva entre homes i dones** aspirava a fer efectiu el principi d'oportunitats.

Tot i que el model de família patriarcal ha retrocedit enormement i la majoria de les dones han accedit al treball remunerat, encara avui no hi ha un repartiment equitatiu de les feines domèstiques entre homes i dones, i això provoca que les dones hagin de fer una jornada laboral doble.

A més, la reticència d'alguns homes a abandonar el seu paper dominant en la família i en les relacions amb les dones els porta a fer ús de la violència, cosa que provoca que moltes dones siguin agredides en l'entorn familiar.

Els moviments feministes

Els moviments feministes de la dècada del 1960 i 1970 van plantejar un canvi revolucionari respecte a allò que les dones esperaven de si mateixes i al lloc que havien d'ocupar en la societat.

El dret a la seva pròpia sexualitat, la necessitat de compartir les feines domèstiques, la rebel·lió contra el maltractament i el dret a optar a totes les feines o càrrecs en igualtat de condicions es van convertir en les principals demandes exigides pels col·lectius de dones.

Celebració del Dia Internacional de la Dona Treballadora. Madrid, 1979.

B EN L'EDUCACIÓ I EN LA FEINA

En l'àmbit educatiu, les dones han accedit a tots els nivells de l'ensenyament. En l'educació superior, les dones han superat els homes (el 45,9% de les dones accedeixen a la universitat, davant del 35,7% dels homes).

La incorporació de les dones al mercat laboral no s'ha efectuat en condicions d'igualtat, i tot i tenir una preparació com a mínim igual que la dels homes, estan discriminades tant en responsabilitats professionals com en els salaris.

Malgrat els avanços aconseguits, el salari de les dones és el 86% del dels homes, i la dona és un dels col·lectius més afectats per l'atur i per l'ocupació precària.

TAXA BRUTA D'ESTUDIANTS QUE ACABEN L'ESO A ESPANYA

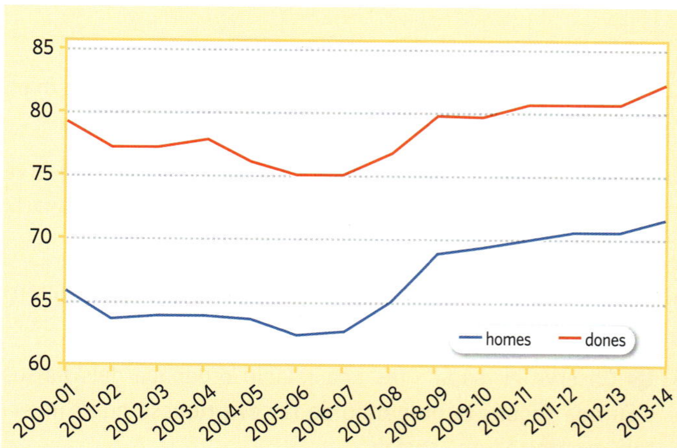

C EN LA POLÍTICA I EN LA PRESA DE DECISIONS

La participació creixent de les dones en diverses esferes de la vida social ha contribuït a augmentar la seva presència en els llocs de presa de decisions. No obstant això, la presència de dones que ocupen locs directius i de responsabilitat en l'àmbit polític, econòmic i social és molt menor que la presència que tenen els homes.

Les institucions polítiques, tant europees com espanyoles, han insistit en la necessitat d'adoptar mesures per garantir una presència equilibrada de tots dos sexes en els llocs de responsabilitat de les empreses, l'Administració pública i els òrgans polítics. En aquesta direcció, s'ha assenyalat la conveniència d'utilitzar quotes que reservin un percentatge determinat de locs a les dones.

ALTS CÀRRECS A ESPANYA EL 2014

Càrrecs	Dones	Homes
Presidència i consells d'administració de les empreses de l'Ibex-35	**80**	**359**
Presidentes/presidents	3	32
Vicepresidentes/vicepresidents	3	39
Conselleres/consellers	74	288
Òrgans superiors i alts càrrecs de l'Administració General de l'Estat	**98**	**202**
Ministres	4	9
Secretàries/secretaris d'Estat	8	22
Subsecretàries/subsecretaris	21	43
Directores/directors generals	51	106
Altres alts càrrecs	14	22
Sistema judicial	**7 285**	**5 097**
Fiscals	1 526	899
Secretàries/secretaris judicials	2 787	1 400
Membres de la carrera judicial	2 972	2 798

D EXISTEIX UN SOSTRE DE VIDRE PER A LES DONES?

LA BRETXA DEL TALENT FEMENÍ

Categoria	Dones	Homes
Directius/-ves	39	61
Personal professional	52	48
Treballadors/-res de serveis	60	40
Treballadors/-res administratius/-ves i de reforç	71	29
Ocupació elemental	53	47
Ocupacions qualificades en l'agricultura i la pesca	27	73
Artesania i comerç	11	89

Durant les últimes dècades del segle XX i principis del segle XXI, la paritat entre homes i dones en les esferes educativa, laboral i política, i també en els àmbits personal i familiar, ha experimentat un progrés considerable respecte a èpoques passades.

Tanmateix, i malgrat la igualtat legal, existeix un **sostre de vidre**, és a dir, un obstacle invisible que impedeix a les dones situar-se en una igualtat real amb els homes i accedir als nivells més alts en l'àmbit polític, empresarial i acadèmic, tant en el sector públic com en el privat.

1. Creus que al llarg del segle XX les dones han avançat en l'assoliment de la igualtat amb els homes? Posa exemples concrets que refermin la teva resposta
2. A partir de la informació d'aquestes pàgines, explica quines desigualtats hi ha actualment en la vida quotidiana, en els estudis, en la feina, en la política i a les empreses.
3. Què van plantejar els moviments feministes de les dècades del 1960 i el 1970?
4. Per què es parla del "sostre de vidre" de les dones? En què consisteix? Com el representa l'esquema? Quines conseqüències té?

Posa't al seu lloc

5. Consulta www.tiching.com/751264 i visiona els testimonis d'una àvia i la seva néta sobre la diferent situació de les dones. Després, fes una entrevista a la teva àvia i a la teva mare, i elabora una llista de les millores en la situació de les dones al llarg de dues generacions.
6. Reuniu-vos en parelles i imagineu que heu d'elaborar una proposta de llei per fomentar la igualtat entre sexes. Escriviu una llista de les deu mesures que proposaríeu. Després, debateu-la entre tota la classe i consensueu una proposta comuna.

6 L'evolució del bloc comunista

La Segona Guerra Mundial, l'esclat de la Guerra Freda i la descolonització van comportar l'expansió del comunisme, fins a aquell moment limitat a l'URSS, pels països de l'Est d'Europa, la Xina i altres Estats dispersos per diferents continents.

LES DEMOCRÀCIES POPULARS A EUROPA

Dins de les democràcies populars de l'est d'Europa, Iugoslàvia va mantenir una certa independència de l'URSS.

Les democràcies populars d'Europa Oriental

En les anomenades democràcies populars d'Europa Occidental es van crear sistemes polítics similars al de l'URSS. El Partit Comunista es va instal·lar en el poder com a partit únic, es va prohibir i perseguir tota oposició o dissidència i una burocràcia d'afiliats al partit va aconseguir l'administració del país.

En l'àmbit econòmic, la propietat agrària i industrial va passar majoritàriament a les mans de l'Estat i, a imitació del model soviètic, es va intentar dur a terme una ràpida industrialització basada en la indústria pesant. La producció va passar a estar dirigida per l'Estat a través de **plans quinquennals** que imposaven els ritmes de producció i els preus. Aquest desenvolupament industrial va comportar el trasllat de molts camperols a les ciutats i la desatenció del desenvolupament agrícola, cosa que va generar un problema de proveïment.

L'URSS va facilitar recursos econòmics per potenciar el desenvolupament econòmic dels seus països satèl·lit i es va erigir en líder mitjançant la creació d'organismes de cooperació econòmica, com ara el COMECON. Encara que en tots aquests països es va produir un procés de creixement econòmic, els resultats van ser molt desiguals, ja que el nivell de partida era molt diferent: mentre que Romania, Bulgària o Albània amb prou feines havien iniciat la industrialització, Alemanya, Txecoslovàquia i Polònia tenien una indústria consolidada.

La imposició del model soviètic es va dur a terme amb problemes. A Hongria, el 1956 es va produir un aixecament contra la presència soviètica, i el 1968, a Txecoslovàquia, el Partit Comunista va tractar de posar en marxa una experiència pròpia de socialisme (Primavera de Praga). Tots dos aixecaments van ser sufocats per la intervenció de l'Exèrcit soviètic.

L'URSS, una potència immobilista

La victòria de l'URSS a la Segona Guerra Mundial va facilitar l'expansió de la influència soviètica i la seva conversió en una superpotència econòmica i militar capaç de disputar el domini mundial als Estats Units, amb qui va mantenir una cursa armamentista.

Després de la mort de Stalin (1953), el dirigent **Nikita Khruixtxov** va promoure la **desestalinització**, intentant posar fi a la repressió indiscriminada i al culte a Stalin. Per millorar el nivell de vida de la població, va establir noves mesures econòmiques amb la finalitat d'augmentar la producció agrícola.

Quan el 1964 va caure Khruixtxov, el nou dirigent, **Leonid Brejnev**, va frenar el procés reformista, va augmentar la burocratització i es va instal·lar en un **immobilisme polític** i en l'estancament econòmic, que va caracteritzar el sistema soviètic fins a la seva fi.

Cartell de propaganda soviètic del 1955 que mostra l'imparable avançament del socialisme, que supera el capitalisme.

L'EXPANSIÓ MUNDIAL DEL COMUNISME

El model soviètic va resultar atractiu per a països sense tradició democràtica i amb greus problemes econòmics i socials, i també va ser adoptat per alguns dels nous Estats sorgits de la descolonització.

LA REVOLUCIÓ XINESA

L'any 1948, després d'una cruenta guerra civil, l'Exèrcit Popular de Mao Zedong va arribar al poder a la Xina i va implantar un comunisme d'inspiració soviètica. Tanmateix, el 1956 va trencar amb l'URSS i va implantar un model propi, basat en les comunes populars, unes unitats econòmiques que unien agricultura i petita indústria.

L'EXPANSIÓ SOVIÈTICA

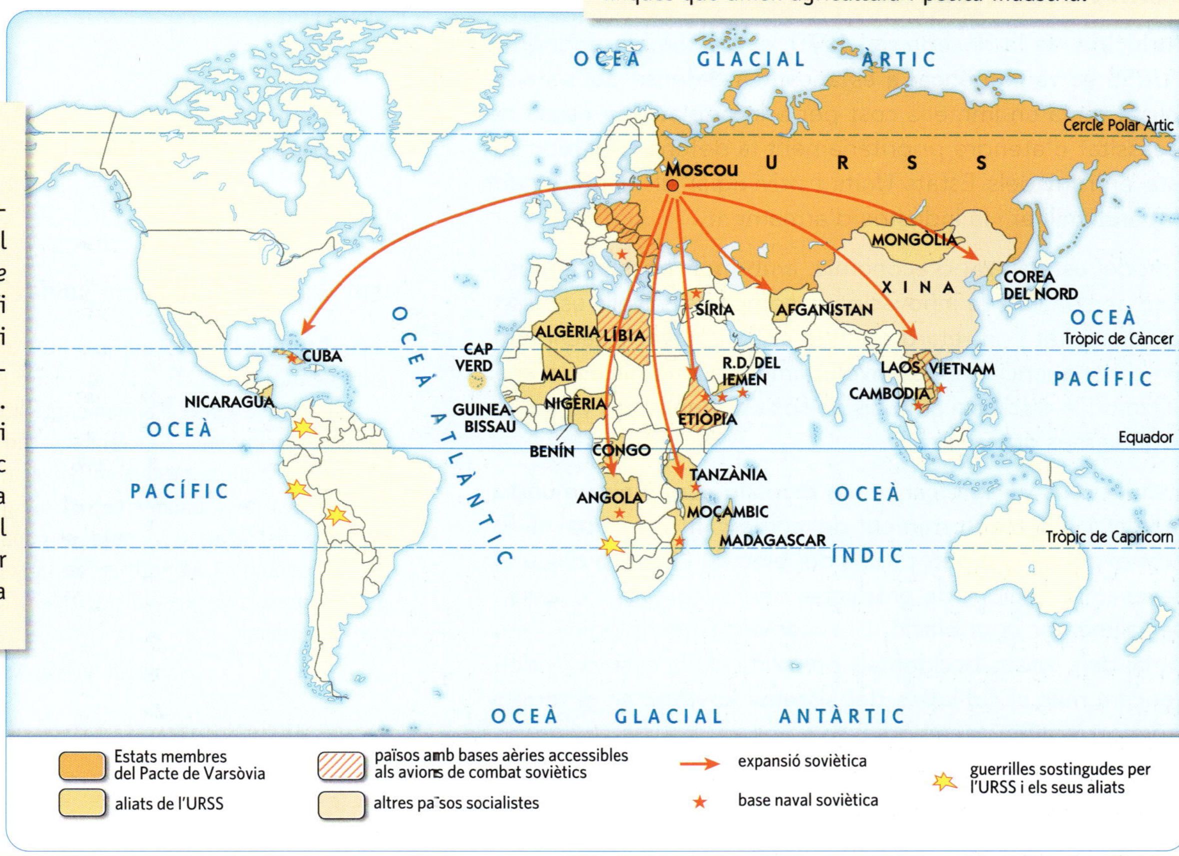

LA REVOLUCIÓ CUBANA (1959)

Una revolució popular liderada per Fidel Castro i Ernesto *Che* Guevara va posar fi al govern autoritari i proamericà de Fulgencio Batista. L'amenaça dels EUA i el boicot econòmic van apropar Cuba a l'URSS, per la qual cosa es va convertir en un país sota la influència soviètica.

LA GUERRILLA LLATINOAMERICANA

El triomf de la revolució cubana va impulsar les guerrilles comunistes i antiimperialistes per tot el continent: Veneçuela, Colòmbia, Perú, etc. El 1979 va triomfar la revolució sandinista a Nicaragua, fet que va encoratjar l'avanç guerriller al Salvador i Guatemala.

LA INFLUÈNCIA COMUNISTA EN LA DESCOLONITZACIÓ

A Àfrica, alguns Estats del Magrib van adoptar règims socialitzants (Algèria, Líbia), i la influència soviètica es va estendre per Etiòpia. A l'Àfrica subsahariana, l'URSS va donar el seu suport a Guinea, Mali i Benín, i les tropes cubanes van sostenir els moviments comunistes d'Angola i Namíbia.

1. Observa el mapa de la pàgina anterior i explica en quines zones d'Europa es va estendre la influència soviètica. Què era el Pacte de Varsòvia? Què era el COMECON?
2. Quin sistema econòmic i polític es va instal·lar en les anomenades democràcies populars? Quina relació mantenien amb l'URSS?
3. Quines reformes va introduir Khruixtxov a l'URSS? Què va ser la desestalinització?
4. Observa el cartell de propaganda soviètic i explica el missatge que vol transmetre. Quines imatges i colors fa servir? Amb quin simbolisme ho fa?
5. Fixa't en el mapa sobre l'expansió soviètica i explica en quins països del món, fora d'Europa, es va estendre el comunisme. Quina influència va tenir la Guerra Freda i la descolonització en aquesta expansió? Explica els casos de Cuba, la Xina i alguns països africans.

7 La crisi del món soviètic

Durant dècades, l'URSS va ser la segona potència militar del món i un referent per a molts països, però la seva economia estava estancada, el nivell de vida de la seva població era molt baix i la manca de llibertats incrementava el descontentament social.

L'estancament econòmic

A principis de la dècada del 1970, el creixement econòmic de l'URSS es va començar a estancar. La defensa del sistema socialista tenia un immens cost per a la població, a causa de la necessitat d'atendre prioritàriament la defensa del bloc socialista enfront dels Estats Units i privilegiar el manteniment de l'aparell militar i la indústria d'armament.

El model estatalitzat d'economia, amb molt pocs incentius a l'esforç personal i a la innovació, va comportar nivells escassos de productivitat i un retard notable en la innovació tecnològica. En conseqüència, el desenvolupament econòmic es va anar paralitzant i la distància amb els països occidentals es va fer cada vegada més gran.

La situació es va agreujar per la recessió econòmica mundial iniciada el 1973. L'ensorrament del comerç internacional va reduir les exportacions dels països del bloc de l'Est i va dificultar les seves importacions de productes bàsics (cereals), necessàries per alimentar la població. La reconversió tecnològica i empresarial dels països occidentals per sortir de la crisi va evidenciar encara més el **col·lapse del sistema soviètic** en el terreny econòmic, científic i tecnològic.

El descontentament social

El sistema comunista garantia a tota la població i de manera gratuïta o a un cost molt baix els grans **serveis socials bàsics**, com ara l'habitatge, la sanitat, l'educació i el transport. No obstant això, l'excessiva burocratització i la manca d'incentius van comportar un nivell baix de qualitat d'aquests serveis, que no satisfeien les expectatives de la població.

L'aposta pel desenvolupament de la indústria pesant, necessària per al manteniment de la potència militar, va reduir enormement l'oferta d'aliments i de béns de consum bàsics. La seva escassetat es va convertir en un dèficit permanent, que obligava la població a fer grans esforços per aconseguir-los.

El sistema polític basat en l'hegemonia del Partit Comunista, en la repressió de tota dissidència i en la negació de les llibertats democràtiques es va començar a esquerdar davant la manca de suport social. A més a més, la falta de renovació dels dirigents comunistes va convertir l'Estat soviètic en una veritable **gerontocràcia**, cada cop més burocratitzada, ineficient i allunyada de la realitat social.

TAXA ANUAL DE CREIXEMENT A L'URSS*

Aspectes econòmics	1970	1975	1977	1979
Renda nacional	7,2	5,1	3,5	2
Producció de béns de consum	8,3	6,5	5	3,3
Producció de béns d'equipament	8,5	7,9	6	3,5
Producció agrícola	3,9	1,2	3	-4
Inversions	7,5	6,9	3,4	1

* Taxa mitjana anual en tant per cent.

El col·lapse del sistema soviètic

Quan l'abril del 1985 vaig acceptar encapçalar el Comitè Central del PCUS (...), el nostre país s'havia desgastat en una cursa d'armaments extenuant. Els mecanismes econòmics funcionaven cada vegada pitjor, el rendiment de la producció baixava, (...) la corrupció atacava descaradament tots els graons del sistema administratiu, (...) sota la capa exterior d'una unitat ideològica monolítica de la societat, cada vegada sobresortien més la mentida oficial, la hipocresia i el cinisme.

Mikhail Gorbatxov: *Memòries,* 1993.

Caricatura sobre la manca de productes de consum a l'URSS, 1976.

LA PERESTROIKA, UN PROJECTE REFORMISTA

El 1985 va accedir al poder un nou dirigent soviètic, **Mikhail Gorbatxov**, que va engegar un programa de reformes concretat en la *perestroika* (reconstrucció) i la *glasnost* (transparència). Amb aquestes mesures es mostrava la voluntat de renovar el sistema econòmic i promoure noves formes de participació política. Els principals camps d'actuació van ser:

- En el **terreny econòmic** es va intentar augmentar la producció i la productivitat, introduint incentius personals i facilitant certes formes de mercat lliure.
- En l'**àmbit polític** es va tendir a suavitzar el monopoli del PCUS, es va promoure la participació política de la població fora del partit i es va permetre més llibertat de premsa. També es va emprendre la lluita contra la corrupció a tots els nivells.
- En l'**àmbit territorial** es va redactar un nou Tractat de la Unió que establia una relació més equilibrada entre les repúbliques soviètiques i una participació més elevada en les decisions comunes.
- En **política internacional** es va optar per una millor entesa amb Occident i es van reprendre les converses amb els EUA sobre reducció d'armament. També es va suavitzar el control de l'URSS sobre els països socialistes d'Europa i es va optar per la dissolució del Pacte de Varsòvia i la retirada de l'Exèrcit soviètic dels països de l'Est.

Les reformes proposades per Gorbatxov comportaven l'establiment de noves relacions entre els Estats Units i la Unió Soviètica.

Segell commemoratiu de la perestroika, 1988.

La problemàtica soviètica

La Unió Soviètica, el primer productor mundial d'acer, de primeres matèries, de petroli i de productes energètics, pateix dèficits provocats per la corrupció i la ineficàcia. Un dels principals productors de cereals es troba en la necessitat de comprar milions de tones de gra per alimentar el bestiar. Tenim el nombre més elevat de metges i d'hospitals per mil habitants i, alhora, patim insuficiències cada cop més grans en el nostre sistema sanitari.

Els nostres coets són capaços d'arribar amb una increïble precisió al cometa Halley o a Venus, però, al costat d'aquests triomfs de la ciència i de la tecnologia, ens falta, de manera evident, eficàcia quan es tracta d'aplicar les innovacions científiques a les necessitats econòmiques, i així, per exemple, un gran nombre d'aparells electrodomèstics tenen una qualitat molt mediocre.

Mikhail Gorbatxov: *Perestroika, un nou pensament per al nostre país i per al món*, 1987.

1. Quins dèficits atribueix Gorbatxov al sistema econòmic soviètic? Quina creu l'autor que n'és la causa?

2. Explica per què el sistema soviètic va entrar en collapse a la dècada del 1980. Quins eren els seus principals problemes econòmics, polítics i socials? Quina realitat econòmica mostra la taula de la taxa de creixement?
3. Descriu la caricatura i explica què pretén denunciar. Quins motius de descontentament tenia la població?
4. Llegeix els dos textos de Gorbatxov. Sintetitza en quina situació es trobava l'URSS i quins eren els seus principals problemes quan Gorbatxov va arribar al poder.
5. Quina proposta va dur a terme Gorbatxov per resoldre els problemes de l'URSS i renovar el seu sistema polític? Quins dos conceptes resumien la seva proposta reformista?

8 Dues concepcions de l'art: els EUA i l'URSS

L'oposició entre els dos sistemes d'organització social proposats pels EUA i l'URSS també es va evidenciar en dues maneres diferents de concebre l'art.

Mentre al món occidental els artistes podien crear les seves obres lliurement, expressant les seves idees i experimentant noves formes artístiques, al món comunista es va imposar un art oficial, que havia de seguir les directrius marcades des del poder, amb l'objectiu d'exaltar els valors del socialisme.

L'art occidental de la postguerra va seguir tendències diverses, però destaquem el *Popular Art* (*pop art*), que es va desenvolupar al llarg de les dècades del 1950 i el 1960, i que representa com cap altre la societat de consum occidental.

En el bloc oriental es va imposar el realisme socialista, que es va iniciar a l'URSS sota el mandat de Stalin a la dècada del 1930 i va mantenir la seva vigència com a art oficial i propagandístic en tots els països que van adoptar el comunisme.

A EL *POP ART*

Aquest moviment va sorgir paral·lelament a Londres i Nova York, i es caracteritzava pel seu caràcter **figuratiu** i la utilització d'imatges pròpies del **món del consum** (publicitat, televisió, revistes, diaris, productes de consum, còmics, personatges populars...).

Les obres d'aquest moviment es dirigien a una audiència massiva, a la qual oferia un art banal, produït en sèrie, efímer, enginyós, sexy..., i molt fàcil de comprendre per al públic. Aquest art es contraposava amb els corrents abstractes del moment, que es consideraven excessivament intel·lectualitzats i socialment elitistes.

Entre els seus representants destaquen els nord-americans Roy Lichtenstein i Claes Oldenburg i els britànics Eduardo Paolozzi i David Hockney. Però per damunt de tots ells es troba la figura d'**Andy Warhol**, líder indiscutible del moviment.

Roy LICHTENSTEIN: *Vicki! Em sembla sentir la teva veu!*, 1964.

Douane HANSON: *Carret de la compra*, 1969.

FITXAART

a) **Identificació i descripció.** Situa cronològicament l'obra i el seu autor. A quin moviment artístic pertany?

b) **Descripció.** Descriu amb detall l'escultura. Creus que és realista? Quin efecte vol aconseguir?

c) **Anàlisi.** Quina visió crítica de la societat de consum presenta l'artista? Relaciona-ho amb el títol. Quins aspectes de l'escultura la converteixen en una metàfora esperpèntica?

d) **Relació entre art i societat.** Observa les tres imatges d'aquesta pàgina i explica a través d'exemples com el *pop art* és un art que reflecteix la cultura de masses del segle XX.

Andy WARHOL: *Llauna de sopa Campbell's*, 1962.

B EL REALISME SOCIALISTA

El realisme socialista va néixer com a reacció a l'art burgès i es va convertir en l'art oficial i en pràcticament l'únic estil artístic que estava autoritzat als països del bloc comunista. Va ser un art eminentment **propagandístic**, al servei de l'Estat, que pretenia traslladar els ideals del comunisme al terreny de l'art.

La seva finalitat era educar els treballadors en l'esperit del comunisme, que es convertia en protagonista de les obres artístiques. Els obrers i els camperols, tant homes com dones, eren presentats en els seus ambients laborals (mines, fàbriques, granges col·lectives) i eren exaltats com a herois ennoblits pels valors del treball.

També pretenia enaltir els assoliments aconseguits per l'Estat comunista i, a més a més, venerar els líders polítics que dirigien el destí del poble i el conduïen pel veritable camí revolucionari.

Aleksandr DEINEKA: *Donbass*, 1947.

FITXAART

a) **Identificació.** Tipus d'obra, material, dimensions... Qui va encarregar l'obra i per a què?

b) **Descripció.** Descriu els personatges: la seva aparença, vestimenta, actitud i objectes que sostenen.

c) **Anàlisi.** Què creus que pretenia mostrar l'artista a través d'aquesta obra? Amb quina intencionalitat?

d) **Relació entre art i societat.** Justifica per què es tracta d'una obra representativa del realisme socialista i per què era un art al servei del poder.

Vera MOUKHINA: *L'obrer i la koljosiana*, 1937. Es tracta d'una escultura d'acer de 25 m d'alçària que pesa 80 tones, realitzada per al pavelló soviètic de l'Exposició Universal de París.

1. Sintetitza les característiques del *pop art* i del realisme socialista i explica a quin model social respon cada estil.
2. Busca cinc diferències entre ambdues concepcions pel que fa a l'estil artístic, els personatges, els temes i la intencionalitat de les obres.
3. Quina visió diferent de les dones s'observa en els dos tipus d'art? A què creus que responen?

Aprecia l'art

4. El *pop art* pretenia representar objectes quotidians de la cultura de masses de la dècada del 1960. Quins utensilis, imatges, productes, personatges, etc., empraries per simbolitzar la del segle XXI? Fes un dibuix que representi la cultura de la nostra època actual seguint els paràmetres artístics del *pop art*.

COMPLETA EL MAPA CONCEPTUAL

Amb la informació del tema, completa al quadern l'esquema següent:

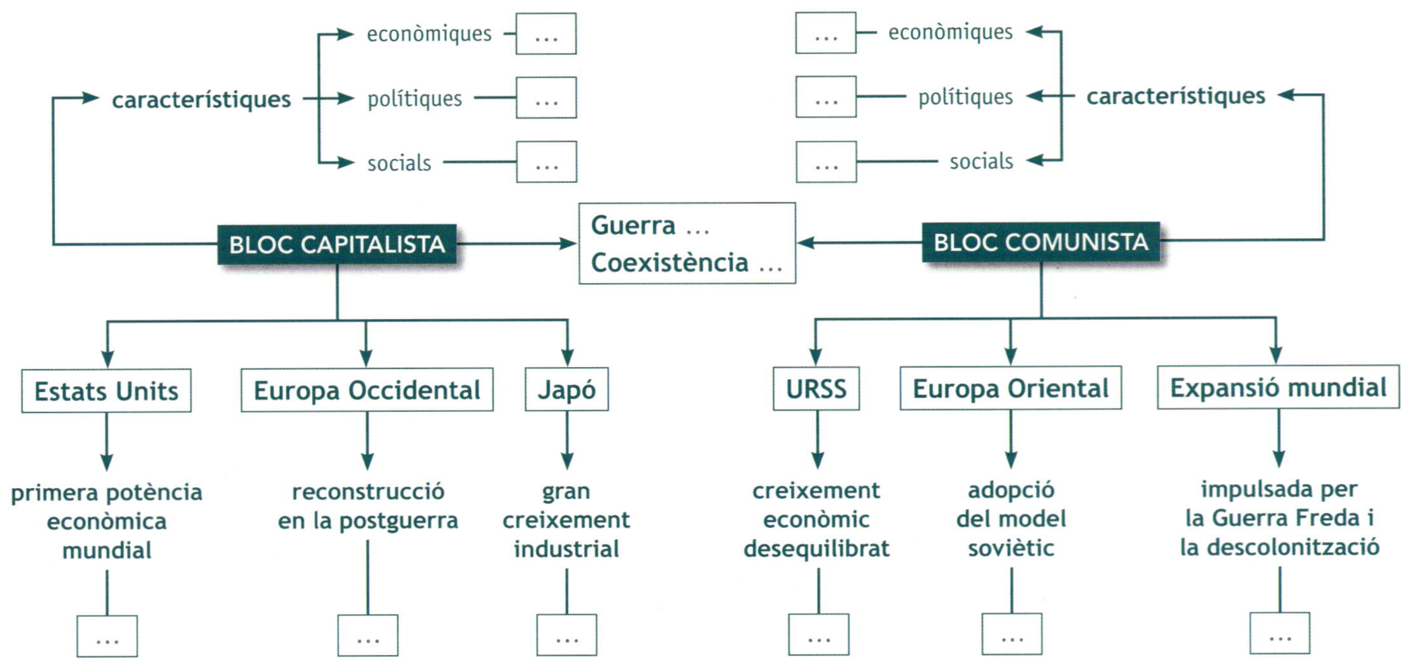

1 CONSOLIDA EL QUE HAS APRÈS

a) Quin paper van tenir els Estats Units en la postguerra mundial? Per què? Quines característiques presentava el seu model social i econòmic?

b) De quina manera es va reconstruir l'Europa Occidental? En quines bases es va fonamentar la Comunitat Econòmica Europea? Com es va anar ampliant?

c) Què és l'Estat del benestar? Quins en són els pilars bàsics? Com es finança?

d) Com ha canviat el paper de la dona en la societat durant la segona meitat del segle XX? Què són els moviments feministes?

e) Quin paper va tenir l'URSS en la postguerra mundial? Quins trets caracteritzen el sistema comunista? De quina manera el comunisme es va estendre per Europa i la resta del món?

f) Quins factors van portar a la crisi econòmica del 1973? Quines repercussions va tenir sobre les economies capitalistes? I sobre les socialistes?

2 IDENTIFICA LOS PERSONAJES

- Iossif Stalin
- Mikhaïl Gorbatxov
- Leonid Brejnev
- Mao Zedong
- Andy Warhol
- Ernesto "Che" Guevara

3 DEFINEIX CONCEPTES CLAU

- desestalinització
- *perestroika*
- realisme socialista
- democràcia popular
- *american way of life*
- fiscalitat progressiva i redistributiva
- societat de consum
- Pop art
- gerontocràcia
- *nomenklatura*
- prestacions socials

4 IDENTIFICA LES SIGLES

- PCUS
- CEE
- CECA
- EURATOM
- OPEP
- URSS
- COMECON

5 ESTABLEIX LA CRONOLOGIA

- Tractat de Roma
- Entrada d'Espanya a la CEE
- Primavera de Praga
- Crisi del petroli
- Revolució xinesa
- Revolució cubana

CONTESTA LA PREGUNTA INICIAL

Què diferenciava els Estats Units i l'URSS? Com va evolucionar cadascun dels blocs?

APRÈN A... FER SERVIR TECNOLOGIES DE LA INFORMACIÓ I LA COMUNICACIÓ

L'exercici següent proposa un petit treball d'investigació sobre la Comunitat Econòmica Europea. S'ha de fer en grup, de forma col·laborativa, fent servir les noves tecnologies de la informació i la comunicació, tant per buscar la informació (Internet) com per exposar-ne els resultats (presentació en diapositives).

Proposta de temes

1. La gestació de la Unitat Europea: de Jean Monnet al Tractat de Roma
2. Els objectius fundacionals de la CEE
3. En què consistia la política agrícola comuna (PAC)?
4. Les institucions comunitàries: composició i funcions
5. Com funciona el Parlament Europeu?
6. L'ampliació comunitària: de l'Europa dels 6 a l'Europa dels 28
7. La solidaritat amb les regions més desafavorides dels països membres: els fons de cohesió
8. Les polítiques europees per afavorir la igualtat entre homes i dones

1. Organització de grups de treball

- Heu de formar grups de treball de quatre persones.
- Cada grup triarà un dels temes proposats i organitzarà el mètode de treball que té la intenció de continuar fent un índex previ amb els aspectes sobre els quals s'ha de buscar informació.

2. Cerca de la informació a Internet

- A continuació, heu de buscar la informació necessària a Internet, tenint en compte que s'ha de fer en cinc direccions: informació textual explicativa, gràfics, taules, mapes i imatges.
- Prepareu i organitzeu la informació trobada de forma coherent per poder passar-la a una presentació amb diapositives. Recordeu que cal reelaborar-la i que no heu de fer directament un "copiar i enganxar".

3. Elaboració d'una presentació en diapositives

- Cada grup ha de preparar una presentació amb el programa Prezi. Les presentacions no han de durar més de cinc minuts.
- Cada presentació s'exposarà davant de la classe i a continuació es moderarà un torn de preguntes per resoldre els dubtes que hagin pogut aparèixer.

Per buscar informació a Internet

Pàgines web sobre la Unió Europea:

Portal de la UE: www.tiching.com/732595

Història de la UE: www.tiching.com/751207

La UE breument: www.tiching.com/751209

Cronologia de la UE: www.tiching.com/751210

Informació estadística: www.tiching.com/751211

Pàgines web sobre el Parlament Europeu:

Institucions de la UE: www.tiching.com/732595

Parlament Europeu: www.tiching.com/751221

Oficina del Parlament Europeu a Espanya: www.tiching.com/751213

El 9 de maig es celebra el dia d'Europa. En aquesta data el 1950 es va presentar la proposta de crear una Europa organitzada, requisit indispensable per al manteniment de relacions pacífiques entre els Estats.

Per elaborar una presentació amb Prezi

Per conèixer i fer servir correctament el programa Prezi de presentacions gràfiques de textos, imatges i vídeos, us podeu ajudar del *tutorial* següent.

www.tiching.com/751214

Prezi

1 Organització de la informació. Les etapes de la CEE.

Identifica al quadern a quina fase de la fundació/ampliació de la Comunitat Econòmica Europea correspon cada mapa, escriu-ne la cronologia, ordena'ls i enumera els països que l'integraven en cada etapa.

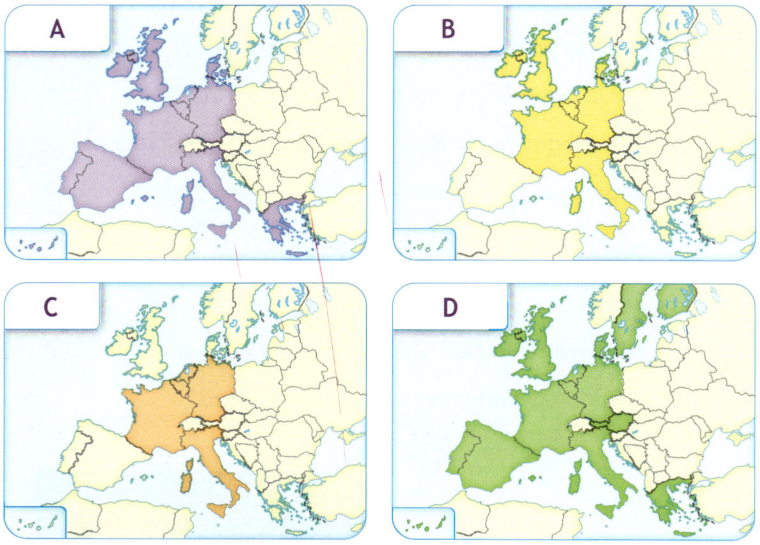

2 Fonts documentals. La desestalinització

Una gran quantitat d'activistes del partit (...) no van ser mai ni enemics, ni espies ni sabotejadors, sinó només comunistes honestos; els va acusar d'aquests crims, i sovint, incapaços de suportar les bàrbares tortures (...) s'acabaven autoinculpant de tota mena de crims.

Camarades! Amb l'objectiu de no repetir els errors del passat, el Comitè Central es declara contrari al culte a l'individu. Considerem que en el passat el camarada Stalin va ser enaltit en excés.

Quins són els pròxims objectius del partit en política exterior? Aplicar d'una manera constant la política leninista de coexistència pacífica entre els Estats, independentment del règim social que tinguin. Lluitar activament per la pau i la seguretat dels pobles.

Informe secret de Khruixtxov al XX Congrés del PCUS, 1956.

a) Identifica qui és l'autor del text, on el va presentar i per què és un informe secret. Fixa't en la cronologia. Quants anys havien passat des de la mort de Stalin? Recordes quants anys havia estat aquest dirigent soviètic al poder?

b) Quines crítiques fa Khruixtxov de l'etapa anterior? Explica en què va consistir la desestalinització i per quin motiu es va considerar que calia fer-la.

c) Quins objectius es va proposar Khruixtxov? Relaciona'ls amb l'etapa de coexistència pacífica.

3 Fonts iconogràfiques. El lloc d'Europa

Caricatura apareguda a la premsa francesa, 1957.

a) Observa els personatges assenyalats amb els nombres 1 i 3. Què representen cadascun? Com els ha representat el dibuixant? Quin símbol els identifica? Quina actitud tenen?

b) Fixa't en els personatges amb el nombre 2. Què representen? Amb quin país identifiques el personatge central en color? Què signifiquen les lletres de cadascun? Què construeixen entre tots?

c) Quin missatge vol transmetre la imatge? Representa una posició europeista? Relaciona'l amb la data de publicació.

4 Fonts estadístiques. La dona a Europa

COMPOSICIÓ DEL PARLAMENT EUROPEU (en %)

	1979	1989	1999	2004	2014
dones	16,6	19,3	33,3	31,3	37
homes	83,4	80,7	69,7	68,7	63

a) Quina evolució ha tingut la presència de la dona al Parlament Europeu? A què penses que es deu, el canvi? Relaciona'l amb els moviments feministes.

b) Diries que avui dia s'ha aconseguit la igualtat entre homes i dones? Exemplifica-ho. A què es refereix l'expressió "sostre de vidre"?

 • Taller d'Història • Taller d'Història

5 L'art en el seu context. El realisme socialista

a) La pintura compara la Rússia tsarista amb la Rússia soviètica per enaltir els èxits del comunisme.

- Busca quina part del quadre assenyalada amb un nombre representa les escenes següents: ciutat tsarista amb palaus i esglésies, presa del Palau d'Hivern, victòria de l'exèrcit roig, nou home/dona comunista, èxits cel règim comunista (industrialització, ferrocarril, habitatges...).
- Els cercles blancs assenyalen dues fletxes. Quines són? Saps quina importància van tenir per a la Revolució soviètica?
- Quina visió presenta de la nova societat soviètica? Quines categories socials representen els personatges?

b) Et sembla que és una obra realista o idealitzada? Explica les característiques del realisme socialista exemplificant-les en la pintura. Justifica per què es tracta d'un acte propagandístic al servei d'una ideologia i del poder establert.

Aleksandr Deineka: *Qui guanyarà?*, 1932. Obra feta per encàrrec de l'Estat soviètic per a una exposició col·lectiva d'art soviètic.

WWW. ESPAI WEB

6 Fonts documentals. La revolució xinesa

La Xina es manté avui dia com el més gran supervivent del sistema comunista al món. Mira't el vídeo sobre l'evolució de la Xina a www.tiching.com/751203 i contesta les preguntes següents:

a) Com es va portar a terme la Revolució Comunista a la Xina? Qui era Mao Zedong? Quina situació econòmica i social hi havia a la Xina en el moment de la victòria de la revolució?

b) Quina mena de règim s'hi va instaurar, a la Xina? Com es va fer el procés d'industrialització? Quines relacions va mantenir amb l'URSS?

c) En què va consistir la revolució cultural? Quines conseqüències va tenir?

d) Què va passar quan es va morir Mao? Quin llegat ha tingut?

e) Quina és la situació econòmica i política de la Xina actual?

7 Fonts audiovisuals. L'ensorrament de l'URSS

Accedeix a la pàgina web www.tiching.com/751204; hi podràs mirar un vídeo sobre l'ensorrament de la Unió Soviètica. Després, explica:

a) Què intentava Gorbatxov amb les reformes? Quins efectes van tenir? Com les va viure la població?

b) Quins canvis hi va haver en política exterior? Amb quines conseqüències?

c) Quina oposició va tenir Gorbatxov? Quines decisions va prendre?

d) Per què Ieltsin es va imposar a Gorbatxov?

e) Com i per què hi ha haver el cop de l'estiu del 1991? Què va fer Ieltsin? Amb quines conseqüències?

REPTES A LA XARXA

MINIUNITAT VISUAL: ... I McDonald's es va instal·lar a Moscou.

ACTIVITATS AUTOCORRECTIVES: Resol aquestes activitats i repassa el que has après.

www.vvd.link/012138/12

13 LA DICTADURA FRANQUISTA (1939-1975)

Per què el franquisme va ser una dictadura?

AUTARQUIA

- **SUPORT A L'EIX** (1939-1945)
- **AÏLLAMENT INTERNACIONAL** (1945-1952)
- **OBERTURA INTERNACIONAL** (1952-1959)

"DESARROLLISMO"

- **PLANES DE DESARROLLO**

CRISI FINAL

1940 · 1945 · 1950 · 1955 · 1960 · 1965 · 1970 · 1975

- **1939** Fi Guerra Civil
- **1940** Execució de Lluís Companys
- **1942** Llei Constitutiva de les Corts Espanyoles
- **1945** *Fuero de los Españoles*. Llei de Referèndum
- **1946** Condemna ONU i retirada d'ambaixadors
- **1947** Llei de Successió
- **1951** Vaga de tramvies de Barcelona
- **1953** Pactes amb els EUA. Concordat amb la Santa Seu. Creació de la SEAT
- **1958** Entrada al Fons Monetari Internacional
- **1959** Plan de Estabilización. Creació d'ETA
- **1961** Es funda la revista infantil *Cavall Fort*
- **1962** Reunió de Munic. Conflictes laborals
- **1964** Fundació de CCOO
- **1966** Ley Orgánica del Estado. Creació del SDEUB
- **1970** Llei General d'Educació
- **1971** Assemblea de Catalunya
- **1973** Atemptat contra Carrero Blanco
- **1974** Govern d'Arias Navarro. Creació de Convergència Democràtica de Catalunya
- **1975** Mort de Franco. Marxa Verda

Mural al·legòric de la Guerra Civil, d'Arturo REQUE MERUVIA, 1948-1949.

La victòria del bàndol franquista a la Guerra Civil Espanyola va comportar la imposició d'un règim autoritari que va durar fins a la mort del dictador, el 1975. Durant aquells anys es va eliminar qualsevol vestigi de democràcia i es va restringir de manera molt rígida tant les llibertats públiques com les privades.

Per a Catalunya el franquisme també va significar la pèrdua de tots els drets nacionals i de les institucions autonòmiques, com la Generalitat. A més, el nou règim concebia l'Estat de manera unitarista, i això va propiciar una forta repressió de la llengua i de la cultura catalanes.

El règim franquista va viure inalterat quaranta anys, tot i que a partir dels anys seixanta hi va haver una etapa de creixement econòmic.

Al començament de la dècada dels setanta, el creixement de l'oposició, la demanda de llibertats i una greu crisi econòmica van fer que el règim fos insostenible més enllà de la mort del dictador.

Què en sabem?

- Per què el franquisme va ser un sistema de govern dictatorial? Quines conseqüències va tenir la dictadura per a Catalunya?
- Quins anys comprèn el franquisme? En quines etapes es pot dividir?

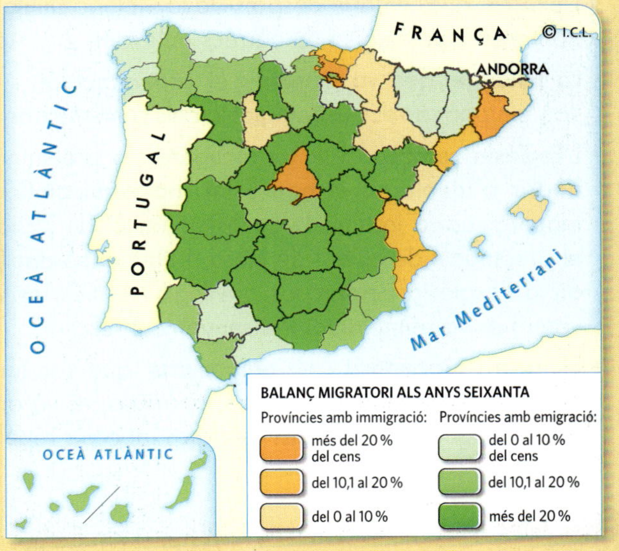

1 Quines van ser les bases del règim franquista?

PREGUNTA CLAU

La dictadura de Francisco Franco, inspirada en bona part en el feixisme italià, va ser un règim totalitari que va governar Espanya entre el 1939 i el 1975. El franquisme es fonamentava ideològicament en la negació de la democràcia liberal i en la defensa del militarisme, del catolicisme conservador i de la unitat d'Espanya.

El franquisme, quin règim polític va instaurar? Per què era una dictadura?

A UNA DICTADURA MILITAR

El 1939 Franco va imposar una **dictadura militar** que suprimia les llibertats democràtiques. La Constitució del 1931 es va anul·lar, els partits i els sindicats es van prohibir, les eleccions es van suprimir i les institucions republicanes es van desmantellar.

El franquisme no reconeixia l'existència de diferents nacionalitats a Espanya i defensava una concepció centralista i unitària de l'Estat. Per això, l'any 1938 va decretar l'abolició de l'Estatut d'Autonomia de Catalunya.

El dictador, Francisco Franco, ostentava el títol de ***Caudillo*** i concentrava tots els poders: era cap de l'Estat i *Generalísimo* dels exèrcits, governava per decret, el seu càrrec era vitalici i, fins i tot, s'atorgava el dret de nomenar successor.

Falange Española Tradicionalista y de las JONS (**FET y de las JONS**) es va convertir en el partit únic, que agrupava els guanyadors de la Guerra Civil. Del partit en depenia la Central Nacional Sindicalista (**CNS**), un sindicat vertical que agrupava de manera obligatòria patrons i obrers.

Per provar de donar una aparença de legalitat al règim es van crear unes **Cortes** (1942), que no s'elegien democràticament, i es van promulgar el **Fuero del Trabajo** (1938) i el **Fuero de los Españoles** (1945), sense cap legitimitat democràtica.

LA CONCENTRACIÓ DE PODERS

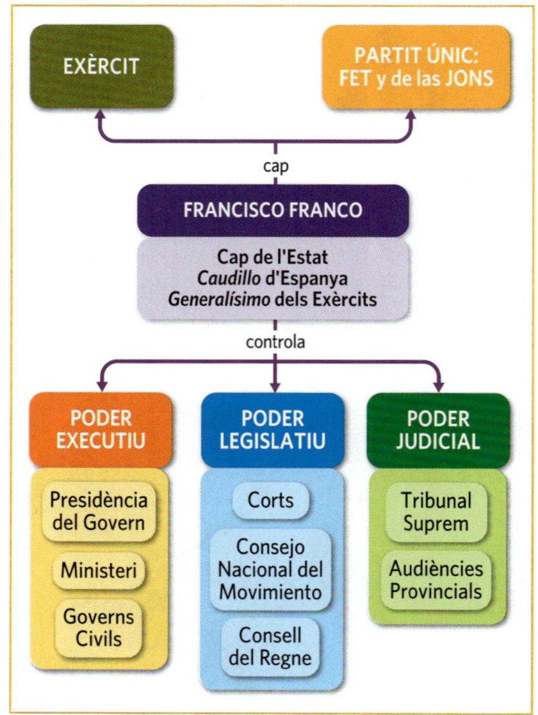

B EL SUPORT DELS GRUPS SOCIALS TRADICIONALS

El règim franquista va tenir el suport dels col·lectius que pretenien restaurar el vell ordre i eliminar totes les reformes de l'etapa republicana:

- L'**exèrcit**, que, enfortit després de la victòria militar, va disposar de nombrosos privilegis i de càrrecs rellevants en l'Administració.
- La **Falange,** que va mantenir el control social; i els seus militants van ocupar càrrecs estratègics en els governs franquistes.
- L'**Església catòlica**, que va recuperar la preeminència social i va nodrir d'ideologia el nou Estat (**nacionalcatolicisme**). D'aquesta manera, es va instituir la confessionalitat de l'Estat, es va restablir el pressupost de culte i de clero, i un Concordat (1953) va concedir a l'Església nombrosos privilegis. A més, es va prohibir el divorci i es va reimplantar l'ensenyament religiós.
- Els **grans propietaris** i els **empresaris**, que van tenir plena llibertat per garantir la seva primacia econòmica: es va anul·lar la reforma agrària, igual que totes les reformes laborals republicanes.

Desfilada de la victòria a Madrid, 19 de maig del 1939.

C LA REPRESSIÓ DE L'OPOSICIÓ

El franquisme es va caracteritzar per reprimir qualsevol oposició: tenia l'objectiu de castigar els qui havien donat suport a la causa republicana i d'evitar l'aparició de nous moviments opositors.

Les accions repressives incloïen depuracions laborals, reclusió en presons o en camps de concentració, treballs forçosos en obres públiques, tortures, empresonaments i execucions per motius polítics.

Es calcula que durant la postguerra hi va haver 50000 execucions; l'any 1940 hi havia 270719 presos, dels quals 23232 eren dones. A Catalunya van ser jutjats en consell de guerra uns 78000 catalans; en van executar 4000.

Entre les víctimes de la repressió hi va haver el president de la Generalitat, **Lluís Companys**. L'any 1940 els nazis van detenir-lo a França, on s'havia exiliat, i van lliurar-lo a les autoritats franquistes, que el van jutjar en consell de guerra i el van executar al castell de Montjuïc (15 d'octubre del 1940).

Cartell que recorda l'afusellament de Lluís Companys.

La repressió cultural

El franquisme es fonamentava en un nacionalisme espanyol exacerbat i amb aquest objectiu volia suprimir qualsevol manifestació cultural i lingüística que no fos l'oficial.

Per tant, es van **perseguir** els **signes d'identitat catalans** i es va prohibir l'ús de la **llengua catalana** a l'administració, a l'escola i als espais públics com el teatre, els espectacles, l'església, etc. (circular *Uso del idioma nacional en todos los servicios públicos*, 1940), i també en llibres i diaris.

D ADAPTACIÓ A L'ENTORN INTERNACIONAL

Durant la Segona Guerra Mundial el franquisme va mostrar el seu suport a les **potències de l'Eix** (Mussolini i Hitler), les quals havien contribuït de manera decisiva a la victòria de Franco a la Guerra Civil. De fet, es va enviar un batalló de voluntaris, la **División Azul***, a ajudar l'exèrcit nazi a Rússia.

L'any 1945, després de la derrota de les potències de l'Eix, els organismes internacionals van reclamar el retorn d'Espanya a la democràcia, i el 1946 les Nacions Unides van condemnar el franquisme.

Per assegurar-se la **supervivència**, Franco va capgirar la seva política internacional i va intensificar les relacions amb el **Vaticà** i amb els **Estats Units**.

El 1953 va signar un Concordat amb la Santa Seu que garantia la preeminència de l'Església catòlica i acords amb els Estats Units que convertien Espanya en aliada fidel contra la Unió Soviètica.

Entrevista de Franco amb Hitler a Hendaia (França), 1940.

@ Per saber-ne més de les negociacions entre Franco i Hitler, entra a: www.tiching.com/751265

Visita del president nord-americà Eisenhower a Espanya, 1959.

1. Observa el quadre sobre la concentració de poders i contesta: quins s'atribuïa Franco? Amb quines institucions el règim va mirar de donar una aparença de legalitat?
2. De quina manera el franquisme va intentar restaurar l'antic ordre social? Quins col·lectius o institucions hi van donar suport?
3. Quin paper va tenir la repressió? Quines característiques va tenir a Catalunya?
4. De quina manera el franquisme es va adaptar als canvis de la política internacional?

Argumenta la resposta

5. A partir de la informació proporcionada, redacta un text amb paraules teves en què expliquis quines eren les bases en què recolzava el règim de Franco. Explica per què es tractava d'una dictadura militar.

2 La llarga postguerra (1939-1959)

Les empremtes de la Guerra Civil

Els efectes de la Guerra Civil van ser devastadors: Espanya va perdre gairebé **mig milió de persones** en el conflicte i gairebé 400 000 van agafar el camí de l'exili.

D'altra banda, l'economia del país va quedar desfeta com a conseqüència de la destrucció de mitjans de transport, comunicacions, indústries, etc., i de l'enfonsament de la producció agrària i industrial. De resultes de tot això, **els productes** de primera necessitat (aliments, higiene, medicaments, etc.) **escassejaven**, sobretot a les àrees urbanes, com també l'electricitat i els combustibles.

Per a la majoria de la població (obrers, pagesos, classes mitjanes), la **misèria** es va convertir en una realitat quotidiana, perquè els sous eren molt baixos i, a causa de l'escassetat, els preus eren alts.

Autarquia i intervenció de l'Estat

Seguint el model que els règims totalitaris havien establert, l'Espanya franquista va basar la política econòmica en l'autarquia i en un fort dirigisme econòmic i intervencionisme estatal.

L'**autarquia**, reforçada per l'aïllament exterior i pel boicot internacional de les democràcies a Espanya després de la Segona Guerra Mundial, consistia a fomentar l'**autosuficiència** del país: que tots els béns i serveis necessaris es produïssin a l'interior; les importacions s'havien de limitar tant com fos possible. Ara bé, Espanya no disposava ni de matèries primeres ni de fonts d'energia que permetessin autoabastir-se.

La **intervenció de l'Estat** va buscar desenvolupar la indústria i controlar el mercat fixant preus obligatoris i forçant els productors a entregar a l'Estat part de la producció.

Per esperonar el desenvolupament es va crear l'**Institut Nacional d'Indústria** (INI) i es van fundar **empreses públiques** (Endesa, Empresa Nacional Bazán, Pegaso, Iberia, etc.) que es van fer càrrec dels sectors econòmics no rendibles per a l'activitat privada, però necessaris. A més a més, es va seguir una **política proteccionista** que gravava amb aranzels les importacions i limitava l'entrada de capital estranger.

L'enfonsament econòmic

L'autarquia va ser un fracàs i l'**ensorrament econòmic** espanyol va ser molt greu. Mentre que els països occidentals es recuperaven de la Segona Guerra Mundial amb relativa velocitat, Espanya no va assolir els nivells de producció i de renda d'abans de la Guerra Civil fins el 1954, gairebé dues dècades després.

La mancança de matèries primeres, el baix nivell de producció, el migrat comerç exterior i la falta d'inversions (capital estranger inclòs) van portar l'economia espanyola a tocar de la fallida.

En aquest context de **mancança i d'escassetat de productes**, es va crear un mercat alternatiu impulsat per especuladors afins al règim, els quals es van enriquir ràpidament.

PRESSUPOST MENSUAL D'UNA FAMÍLIA (1)

Despeses	1936	1943
Lloguer	50	50
Aliments	200,70	1126
Roba	40,17	115
Altres	64,8	105
Total	**355,67**	**1396**
Ingressos	**428**	**666,75**
Diferència	**72,33**	**–729,25**

(1) en pessetes
Font: Cambra de Comerç de Sabadell.

EVOLUCIÓ DELS SOUS REALS A ESPANYA

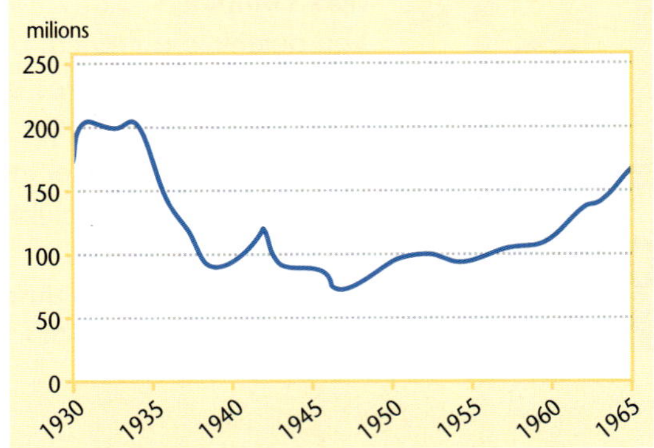

La defensa de l'autarquia

Espanya és un país privilegiat que pot abastir-se a si mateix. Tenim tot el que ens cal per viure i la nostra producció és prou abundant per assegurar-nos la subsistència. No tenim necessitat d'importar res.

Discurs de Franco, 1938.

Cartell de propaganda en què s'apel·la el consumidor a comprar productes espanyols.

QUÈ EREN EL MERCAT NEGRE I L'ESTRAPERLO?

Tenint en compte l'escassetat generalitzada, l'Estat va imposar les **cartilles de racionament**, que servien per repartir alguns productes de primera necessitat entre la població.

De manera semblant, un sistema de quotes distribuïa entre les indústries les poques matèries primeres o fonts d'energia disponibles (ferro, cotó, carbó, petroli, etc.).

El racionament de productes va fer aparèixer el **mercat negre** (venda de productes al marge del mercat oficial), controlat per **estraperlistes** (venedors clandestins) que s'aprofitaven de les necessitats de la població per vendre els productes a preus abusius.

Generalment, els productes de l'estraperlo venien dels entorns rurals, on els pagesos amagaven les collites per no haver de vendre-les al preu que el govern marcava, molt més baix que el que podien aconseguir al mercat negre. També hi havia estraperlo en articles importats de l'estranger.

Escenes de pobresa com la de la imatge eren freqüents a l'Espanya dels anys quaranta.

LA CARTILLA DE RACIONAMENT

Es van crear dues cartilles: una per a la carn i l'altra per a la resta d'aliments. Primer eren familiars, però a partir del 1943 van ser individuals perquè permetien un control més acurat. Cadascú en rebia una quantitat determinada segons l'edat i la feina.

Les cartilles van ser vigents fins a l'any 1951.

Instal·lacions de l'Auxilio Social, dècada del 1940.

L'AUXILIO SOCIAL

La Falange va crear una institució de beneficència, l'Auxilio Social, per intentar alleujar la fam dels més necessitats.

Aquesta institució es va envoltar d'un aparell de propaganda potent que culpava els països estrangers de la situació de pobresa que es vivia.

El mercat negre

Vam haver d'anar a l'Auxilio Social que hi havia a Sant Andreu, on ens donaven menjar. Però com que no teníem targeta ens en donaven les sobres...

S'havia de fer molta cua (de vegades més d'una hora), i això que eren les restes! També anava al mercat i agafava les fulles verdes de col, coliflor, etc., que llençaven.

La mare va començar a fer de dona de fer feines. Ens deixava sols; el nostre esmorzar era un grapat de garrofes fins a les quatre de la tarda, que obrien el forn i ens donaven la barreta del pa de racionament (...).

I. MARTÍNEZ: *Records de la guerra i la postguerra,* 2006.

1. Quins efectes demogràfics i econòmics va provocar la Guerra Civil? Com s'evidenciaven en la postguerra?
2. Què caracteritzava la política econòmica franquista? De quina manera Franco justificava l'autarquia en el text que reprodueix el seu discurs? Explica les mesures econòmiques principals que es van impulsar i els efectes que van tenir.
3. Per què hi va haver una fallida econòmica durant la dècada de 1950?
4. Explica com funcionava el sistema de racionament. Va ser suficient per alimentar tota la població?
5. Explica en què consistien el mercat negre i l'estraperlo i troba l'origen d'aquesta última paraula.
6. Què era l'Auxilio Social?
7. Llegeix el testimoni oral. Quins fets narra el protagonista? Descriu les estretors de la postguerra.

3 Les dones durant el franquisme

Els progressos en matèria d'igualtat jurídica de la dona que s'havien assolit en la Segona República van quedar anul·lats pel règim de Franco, que la va relegar a l'àmbit domèstic i en va establir la desigualtat legal.

L'argument que esgrimia el franquisme era la superioritat física i intel·lectual de l'home, el qual s'havia d'encarregar en exclusiva dels afers públics i de proporcionar ingressos a la família.

La influència de la Falange i de l'Església en la regulació de les condicions de vida de les dones va ser notable, fins al punt que es van introduir costums i models socials molt sexistes i conservadors.

A EL MODEL FALANGISTA

La Falange Española tenia una **Secció Femenina**, que liderava Pilar Primo de Rivera, germana del fundador del partit. La Secció Femenina organitzava el Servei Social, obligatori per a totes les dones, que s'encarregava d'educar-les en els valors franquistes.

La seva funció era inculcar a les dones els ideals falangistes i nacionalcatòlics. Això significava reforçar l'ideal d'una dona submisa i obedient, esposa i mare, que s'havia d'ocupar exclusivament de les tasques domèstiques.

Jurament de noves afiliades a la Secció Femenina. Plaça del Rei, Barcelona, 1942.

B LA DESIGUALTAT JURÍDICA I SOCIAL

La desigualtat davant la llei va quedar consagrada en el Codi civil i el Codi penal, que castigava durament l'adulteri i el concubinat de les dones, mentre que era tolerant amb el dels homes. També es van derogar el matrimoni civil i el divorci.

En la vida quotidiana, la dona casada va perdre la capacitat legal i el dret de tenir béns propis. Per tant, no podia disposar d'un compte corrent al banc a nom seu ni comprar ni vendre béns sense l'autorització del marit.

L'ideal domèstic implicava la conveniència que la dona no sortís de la llar per treballar, tret dels casos de solteria, de viudetat i de necessitat ineludible. La dona casada necessitava un **permís escrit del marit** i no podia exercir determinades professions. Si de cas, es recomanava que treballés en l'ensenyament o en feines que es podien fer des de casa.

En conseqüència, pràcticament no disposava de cap dret laboral: tenia un salari més baix que l'home, l'acomiadament no estava penalitzat i no podia accedir a subvencions familiars pel fet de treballar.

Amb tot, a Catalunya la pervivència del Dret civil català, reformat el 1960, va significar una millora per a les dones perquè mantenia el règim de separació de béns en el matrimoni.

La desigualtat legal

Article 57. El marit ha de protegir la dona, la qual l'ha d'obeir.

Article 58. La dona està obligada a seguir el marit on ell estableixi la seva residència.

Article 59. El marit és l'administrador dels béns de la societat conjugal.

Codi Civil, 1958.

El destí de la dona

El destí de la dona és ser l'esposa i la companya de l'home, formar-hi una família i educar bé els fills i cuidar-los. El lloc on la dona fa les seves activitats és la llar, perquè és on la família viu.

Amb tot, la seva missió no és únicament material; els seus deures no són tan sols tenir cura dels fills i del marit corporalment, sinó que també ha de ser la companya i la primera educadora; és a dir, que s'ha de preparar moralment i materialment per ser capaç de fer el que se n'espera.

Enciclopedia Elemental de la Sección Femenina, 1957.

C UNA EDUCACIÓ DIFERENCIADA

El franquisme va eliminar la coeducació i va separar els nens i les nenes a les aules. A causa del paper domèstic reservat a les dones, no necessitaven la mateixa preparació que els homes i, per tant, havien de tenir una educació diferent.

En conseqüència, les dones van rebre una educació amb menys continguts científics i humanístics. La formació es centrava a preparar-les per administrar la vida domèstica i per al comportament social en públic.

En general, la major part de les dones només tenia accés als nivells educatius més baixos i poques acabaven el batxillerat o anaven a la universitat.

Classe pràctica de l'assignatura de Llar, impartida per la Secció Femenina de la Falange des del 1941.

L'esposa perfecta

Tingues a punt un menjar deliciós per a quan torni de la feina. Ofereix-te a treure-li les sabates. Parla en to baix, relaxat i plaent. El seu cansat dia de feina potser li fa necessitar una mica d'ànims i un dels teus deures és proporcionar-n'hi.

Escolta'l, deixa'l parlar primer; recorda que els seus temes de conversa són més importants que no els teus. No et queixis mai si arriba tard, o si surt a sopar o a altres llocs de diversió sense tu. No li demanis explicacions sobre les seves accions ni en qüestionis el seny o la integritat. Recorda que l'amo de la casa és ell.

Manual d'economia domèstica, 1958.

D LA RESISTÈNCIA DE LES DONES

Malgrat la situació de desigualtat legal i de l'interès per mantenir-la a casa, moltes dones van treballar fora de l'àmbit domèstic. Una gran part ho va fer per imperatiu econòmic, però també per demostrar la seva capacitat i el seu dret a una vida laboral independent.

D'altra banda, tot i el paper subsidiari que el franquisme els atorgava, algunes dones van militar en l'oposició antifranquista, en què van introduir les demandes d'igualtat entre homes i dones.

A més, van començar a denunciar la seva situació d'opressió i van establir les bases d'un primer feminisme, que es va consolidar àmpliament als anys setanta.

La defensa dels drets femenins

Ara ja ningú no pot plantejar, en consciència, si una dona ha de treballar o no. L'espanyola d'ara ha de treballar; s'enfronta amb aquest imperatiu inesquivable en el nostre medi, malgrat que el nostre medi, paradoxalment, no es caracteritza per facilitar-li la feina. (...) En suma, poden treballar "perquè els hi obliguen prèviament", però sempre que es conformin amb un lloc secundari (...).

Ressenya de Mercedes Formica a El segon sexe, *de Simone de Beauvoir*, 1950.

La incorporació a la lluita antifranquista

Davant de tanta injustícia es podia deixar tot per por? Et feia més ràbia i et transmetia molt més valor per continuar endavant. Calia continuar endavant per tornar a conquerir tots els drets que la República ens havia donat per una gran majoria a les urnes.

Entrevista a Remedios Montero, València, 30 d'octubre del 2003.

1. El franquisme, quin paper concedia a la dona? Com ho justificava ideològicament?
2. En què consistia la Secció Femenina? Quins valors intentava inculcar a la dona? Quin destí tenia, la dona?
3. De quina manera les lleis franquistes reflectien la desigualtat jurídica de la dona? Explica què vol dir la frase "el marit és l'administrador dels béns de la societat conjugal".
4. En què consistia la coeducació? Durant el règim de Franco es va portar a terme? Amb quina finalitat?

Posa't en lloc seu

5. Amb la informació i els documents disponibles, elabora una taula que compari els drets actuals de les dones amb els que tenien durant el franquisme.

4 "Desarrollismo" i la crisi del règim (1959-1975)

La reorientació política

A les acaballes de la dècada dels cinquanta el fracàs de la política autàrquica, la nova situació internacional (reconeixement del franquisme) i el descontentament popular van convèncer el règim de la necessitat d'una reorientació política i econòmica per poder assegurar-se la supervivència.

El 1957 van entrar al govern alguns ministres, anomenats **tecnòcrates**, vinculats a l'organització catòlica **Opus Dei**, els quals, sense desplaçar del tot els grups franquistes tradicionals (falangistes, militars, tradicionalistes), van aportar criteris més tècnics i modernitzadors per reformar l'economia espanyola i acostar-la a Europa.

A més a més, el franquisme, sense renunciar a cap dels seus principis dictatorials, va impulsar diverses reformes per millorar la imatge a l'exterior. També es van deixar de fer servir els símbols exteriors més identificats amb el feixisme i el partit únic es va anomenar **Movimiento Nacional**, que quedava del tot supeditat al govern.

La **Ley de Principios del Movimiento Nacional** (1958) i la **Ley Orgánica del Estado** (1966) van ser els pilars fonamentals d'aquest procés, que el règim va definir amb l'eufemisme de **democracia orgánica**. Per assegurar la continuïtat del règim, les Corts van nomenar el príncep **Joan Carles**, nét d'Alfons XIII, successor de Franco com a cap d'Estat amb el títol de rei.

Estabilització i plans de desenvolupament

Els nous ministres del règim, van dissenyar un **Plan de Estabilización** (1959), que tenia com a objectiu substituir una economia tancada i de fort control estatal per una economia vinculada al capitalisme internacional i amb més pes de la iniciativa privada.

Per aconseguir-ho, es va mirar d'estabilitzar l'economia reduint la inflació, mantenint els preus, congelant els salaris i restringint els crèdits. Per estimular l'exportació, la pesseta es va devaluar i es van prendre mesures per atreure la inversió estrangera.

També van arrencar els **Planes de Desarrollo** (1964-1975), que pretenien fomentar el progrés industrial i disminuir els desequilibris entre les regions.

Els anys de creixement econòmic

Entre el 1960 i el 1973 l'economia espanyola va créixer a una gran velocitat; la renda nacional, els sous i el poder adquisitiu van pujar i les diferències de renda amb Europa es van escurçar.

La **producció industrial** va créixer a un ritme alt (10% anual), es van renovar els béns d'equip i es van adoptar noves tecnologies. La millora de la **producció agropecuària** va ser conseqüència d'incrementar la mecanització, de reduir la mà d'obra i de diversificar l'oferta dels productes (carn, llet, fruita, etc.).

També va créixer el **sector de serveis**, sobretot en el cas del **turisme**, que es va convertir en un puntal econòmic del país. El **comerç exterior** va augmentar notablement i les exportacions es van reactivar.

LLEIS MODERNITZADORES

Ley de Convenios Colectivos (1958), que va permetre la negociació de les condicions salarials i laborals entre empresaris i treballadors.

Ley de Bases de la Seguridad Social (1963), que establia la Seguretat Social.

Ley de Prensa (1969), que va suprimir la censura prèvia*.

Ley General de Educación (1970), que va convertir l'ensenyament entre 6 i 14 anys en gratuït i general.

INVERSIONS ESTRANGERES A ESPANYA

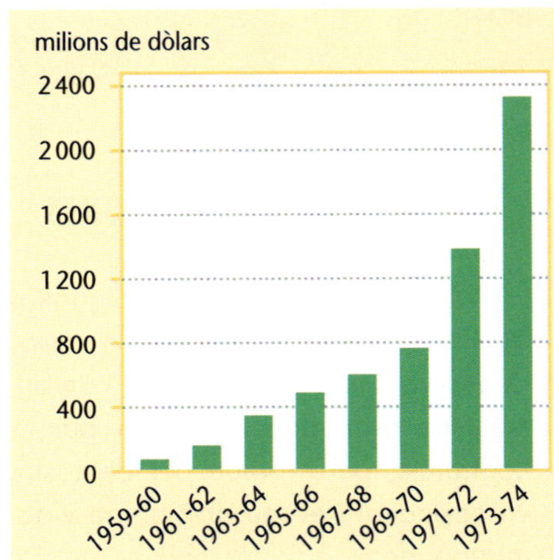

Hi va haver un miracle espanyol?

El franquisme va presentar el creixement econòmic dels anys seixanta com un "**miracle econòmic**", propi dels seus encerts.

Ara bé, avui dia hi ha consens en el fet que el creixement no va ser tant el resultat de l'acció del govern com la conseqüència de l'aprofitament de l'expansió econòmica dels països occidentals.

La prosperitat econòmica europea i americana va permetre exportar productes espanyols, enviar a l'exterior una gran quantitat de treballadors que trametien remeses de diners als seus familiars, rebre grans ingressos pel turisme i inversions considerables de capital estranger, que volia aprofitar els sous espanyols, ben baixos.

LA CRISI FINAL DEL FRANQUISME (1973-1975)

El creixement econòmic va impulsar la modernització de la societat i va fer créixer els desitjos de llibertat. El franquisme, cada cop més dividit internament, va ser incapaç d'adaptar-se a les noves demandes socials i va entrar en una crisi irreversible.

L'impacte de la **crisi internacional del 1973** va frenar el creixement econòmic i va desencadenar una forta inflació i atur en el món obrer, cosa que **va incrementar la conflictivitat** obrera i la protesta social.

També va augmentar la **violència política**, amb atemptats terroristes de l'organització independentista basca ETA (assassinat del president del govern Carrero Blanco el 1973) i de grups d'extrema esquerra (FRAP i GRAPO); però la resposta va ser accentuar la repressió.

En aquella situació i enmig d'un greu conflicte pel control de la **colònia del Sàhara**, el 20 de novembre del 1975 Franco es va morir.

Forat que va produir l'explosió a l'atemptat contra Carrero Blanco el 20 de desembre de 1973.

EL CONFLICTE DEL SÀHARA

La colònia espanyola del **Sàhara** la cobejaven per la riquesa en fosfats els seus veïns, especialment el **Marroc**, que hi al·legava drets històrics. El 1973 s'havia creat el **Front Polisario**, una formació nacionalista i socialista que perseguia la independència sahrauí.

Espanya preparava la descolonització, però el rei del Marroc va organitzar el 1975 una invasió pacífica del territori, la **Marxa Verda**.

ESPAÑA PIDE LA REUNION URGENTE DEL CONSEJO DE SEGURIDAD

ES POSIBLE UNA INMINENTE INVASION MARROQUI DEL SAHARA

FRANCO: SITUACION ESTACIONARIA

VUELVE A APARECER EL SINDROME HEMORRAGICO DIGESTIVO

No hay modificaciones cardiorrespiratorias significativas

Una familia española permaneció seis meses abandonada en una isla del Pacífico

NUEVA YORK

En plena crisi del franquisme i amb la por de l'esclat d'un conflicte bèl·lic, el govern espanyol va signar un **acord**, que establia la cessió del Sàhara al Marroc i a Mauritània.

Diari del 1975 que reflectia la situació tensa del Sàhara, la qual va coincidir amb l'agonia de Franco.

IMMOBILISTES I APERTURISTES

Les disputes després de la mort de Carrero Blanco van demostrar que en el franquisme hi havia dues clares tendències: els **immobilistes**, que no acceptaven cap mena de canvi, i els **aperturistes**, que eren partidaris de certes reformes.

El 1974 es va formar un nou govern presidit per **Carlos Arias Navarro**, que, després d'un intent de reconciliar totes dues tendències, es va anar decantant progressivament cap a l'immobilisme.

Vinyetes del ninotaire Perich, 1974.

1. Quina factors van contribuir a reorientar la política i l'economia del règim? Quines lleis es van promulgar per renovar la imatge de la dictadura?
2. Qui eren els tecnòcrates? Quins objectius de canvi econòmic van proposar?
3. Explica en què van consistir el Plan de Estabilización i els Planes de Desarrollo. Quins efectes econòmics imminents van tenir?
4. Quines circumstàncies econòmiques i polítiques van coincidir amb els últims anys de vida del dictador?
5. Quin conflicte va esclatar al Sàhara? Com hi va actuar el govern espanyol?
6. Què diferenciava la tendència immobilista de l'aperturista?
7. Observa les vinyetes del ninotaire Jaume Perich i identifica la immobilista i l'aperturista i explica com les has reconegut.

5 Com va ser el creixement econòmic i demogràfic

DESCOBREIX

A partir del 1960 Catalunya es va transformar de manera completa. La població gairebé es va doblar en poc més de 15 anys, en gran part a causa de l'arribada d'un alt nombre de població immigrant que procedia d'altres zones d'Espanya. A més a més, l'economia es va fer definitivament industrial i es va convertir en la més forta de l'Estat espanyol.

A EL COMENÇAMENT D'UNA NOVA ECONOMIA INDUSTRIAL

Les mesures que van començar a mitjan anys cinquanta van impulsar un **fort creixement econòmic** a Catalunya. Els sectors industrials van créixer molt i a l'acabament de la dècada la producció industrial catalana representava el 27% del total de la indústria espanyola.

Al sector tèxtil, tradicional, se n'hi van afegir d'altres com el químic, però el creixement més important es deu a la branca **metal·lúrgica** dedicada a la producció d'automòbils, electrodomèstics i maquinària. La creació de la fàbrica SEAT (1953) i la instauració dels seus tallers a Barcelona va ser especialment significativa i va encetar el desenvolupament d'un potent sector automobilístic.

El creixement econòmic i l'abundància de feina van permetre millorar el nivell de vida de la població, de manera que al final de la dècada la renda *per capita* de la província de Barcelona era superior a la mitjana espanyola en més d'un 30%.

La fàbrica SEAT va ser un emblema de la industrialització dels anys del desenvolupament econòmic. Un dels seus primers cotxes, el 600, es va convertir en un símbol del consum i del progrés social per a una part de la població.

@ Amplia a la xarxa...

Per saber-ne més de la fàbrica SEAT:
www.tiching.com/76834 i www.tiching.com/76835

B LA DIVERSIFICACIÓ DE L'ECONOMIA CATALANA

Va ser durant la dècada dels seixanta i la primeria de la dels setanta que l'estructura productiva catalana es va transformar totalment. L'**agricultura** va perdre pes i els conreus tradicionals (cereals, llegums) van recular en benefici de la producció de fruita i de les explotacions de bestiar (granges de porcs, aviram, etc.).

El **sector industrial** (metal·lúrgia de l'automòbil, electrodomèstics, maquinària i química) va créixer fins a ocupar gairebé el 42% de la població activa.

Altres sectors que també van créixer van ser el **turístic** i la **construcció**, la qual es va beneficiar de la necessitat de construir habitatges per als treballadors que arribaven a Catalunya i de la construcció de segones residències a la costa.

Tot i que a Catalunya hi havia algunes indústries grans (SEAT), l'embranzida industrial es va fonamentar en la petita i mitjana empresa.

A més a més, el model industrial de la Catalunya franquista es va caracteritzar per una gran **concentració territorial**, que va arribar al punt que el 70% de la producció industrial es concentrava en només cinc comarques de la rodalia de Barcelona (el Barcelonès, el Baix Llobregat, el Vallès Occidental, el Vallès Oriental i el Maresme).

ELS SECTORS INDUSTRIALS A CATALUNYA

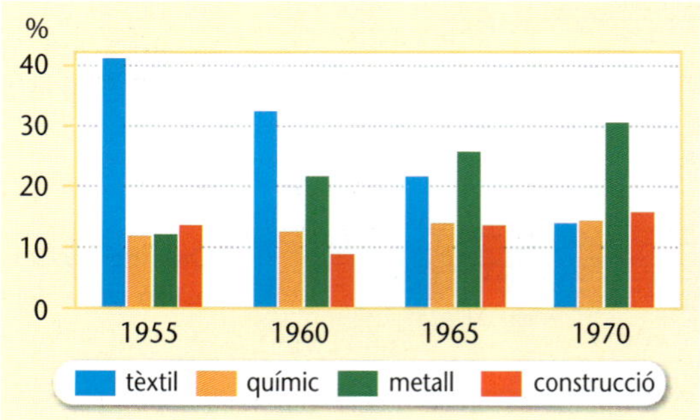

Una oportunitat de fer negocis

Les elits socials catalanes, especialment la burgesia, i les institucions que les representaven, com Foment del Treball Nacional, van viure aquesta etapa com una oportunitat de fer negocis. Tot i les reticències a participar en l'ideari polític del franquisme, una part d'aquestes elits van col·laborar amb la nova orientació política del règim.

de Catalunya a la dècada del 1960?

C MIGRACIONS I CREIXEMENT DEMOGRÀFIC

Les migracions

La industrialització de Catalunya va ser un pol d'atracció per als treballadors de zones rurals d'Espanya, d'on marxaven per la falta d'oportunitats i el miserable nivell de vida.

Entre l'acabament de la dècada dels quaranta i mitjan anys setanta van arribar a Catalunya 1,8 milions d'immigrants, procedents fonamentalment d'Andalusia, Extremadura, Galícia i l'Aragó, que van instal·lar-se sobretot a Barcelona i al seu cinturó industrial (Barcelonès, Vallès, Baix Llobregat...).

També hi va haver migracions interiors: uns 800 000 catalans de zones rurals es van desplaçar als nuclis industrials.

LES MIGRACIONS ALS ANYS SEIXANTA

Aquest èxode rural també va afectar d'altres zones industrialitzades d'Espanya, com Madrid, el País Basc i la Comunitat Valenciana, que també van rebre una gran contingent migratori.

A més a més, dos milions d'espanyols que procedien de les zones rurals van emigrar a països europeus, on hi havia una forta demanda de mà d'obra. Les remeses de diners d'aquests emigrants van ajudar a millorar el creixement econòmic d'Espanya i les condicions de vida de les seves famílies.

El creixement demogràfic

La millora de les condicions de vida i l'arribada d'immigrants joves van apujar la natalitat, mentre, alhora, la mortalitat baixava. En va resultar un creixement demogràfic notable: tant Catalunya com Espanya van tenir les taxes de creixement anual més importants de tot el segle XX, circumstància que es va mantenir fins al 1975.

Aquest creixement va fer augmentar el pes demogràfic de Catalunya, que en trenta anys va passar de ser l'11,2% al 15,1% de la població espanyola.

La millora econòmica també es va reflectir en un augment de l'esperança de vida del conjunt dels catalans, que va passar de 51,2 anys els homes i 60,1 les dones el 1940 a 71,3 anys els homes i 76,8 les dones el 1975.

L'EVOLUCIÓ DE LA POBLACIÓ

Any	Catalunya	Espanya
1940	2 890 974	25 871 971
1950	3 240 313	27 976 755
1960	3 925 779	30 430 698
1970	5 122 567	33 823 918

1. Quins canvis hi va haver en l'economia catalana a la dècada del 1950? Quins sectors industrials van créixer i quins van decréixer a partir del 1960?
2. En quant va augmentar la població entre el 1940 i el 1970? Quin és el període de més creixement a Catalunya? Per què?
3. Per què hi va haver moviments migratoris? Quines dues menes d'emigració hi va haver als anys seixanta? Observa el mapa i explica quines van ser les zones principals d'emissió i d'acolliment de les migracions interiors.

Investiga

4. Consulteu a www.tiching.com/750260 el lloc web del Museu d'història de la immigració a Catalunya (MhiC) i expliqueu els àmbits temàtics que té l'exposició permanent. On es fa l'exposició que recull la immigració de la dècada dels seixanta? Per què?

6 Quin impacte va tenir el creixement econòmic

A la dècada dels seixanta van arribar a la majoria d'edat generacions que no havien viscut la guerra i que no estaven tan condicionades ni per la mentalitat tradicional ni per la por de la postguerra. A més a més, el creixement econòmic, la millora del nivell de vida i el contacte amb l'estranger van produir un canvi social accelerat.

Cartell publicitari d'una casa de neveres de la dècada del 1960.

A LA MILLORA DE LES CONDICIONS DE VIDA

Malgrat les mancances, el creixement econòmic de la dècada dels seixanta va comportar elements de modernització de la societat: un fort increment de la població urbana i la pèrdua de pes del sector agrari respecte de la indústria i dels serveis.

Com a resultat d'aquesta modernització econòmica, a Catalunya va créixer el nombre d'assalariats industrials, que l'any 1975 va arribar a ser el 85% de la població activa. També, però, van augmentar les classes mitjanes dedicades al sector dels serveis (professionals liberals, treballadors de l'administració, banca, ensenyament, sanitat...).

A més a més, l'augment de la renda de les famílies va introduir canvis en els hàbits de consum. Així van arribar a les cases rentadores, neveres, cotxes, televisors... I Catalunya es va anar incorporant a la societat de consum.

INDICADORS DEL NIVELL DE BENESTAR (1960-1970)

Conceptes	1960	1970
Renda per habitant (en dòlars)	290	818
Taxa d'analfabetisme (per 100 hab.)	11,2	5,7
Telèfons (per 1000 hab.)	59	135
Automòbils (per 1000 hab.)	9	70
Televisors (per 1000 hab.)	5	70
Neveres (producció per 1000 hab.)	1	25
Rentadores (producció per 1000 hab.)	3	15
Energia elèctrica (kW/h per habitant i any)	612	1515

B LA MODERNITZACIÓ SOCIAL

El litoral català va ser una de les destinacions predilectes dels turistes estrangers. A la foto, l'Estartit al final de la dècada del 1960.

L'obertura a l'exterior va afavorir l'arribada de molts **turistes estrangers** que buscaven en la bonança del clima mediterrani i en els baixos preus una destinació molt atractiva per a les vacances.

La influència del turisme estranger, del cinema, de la música..., juntament amb una urbanització creixent de la societat i amb l'increment de la mobilitat internacional (viatges, visites a familiars emigrants), van contribuir a **canviar la mentalitat** de la societat.

La dona es va començar a incorporar de manera més generalitzada al món laboral, la influència moral de l'Església va baixar i l'educació pública es va començar a estendre.

La mentalitat de les noves generacions va canviar radicalment, i de mica en mica es va anar ampliant un moviment social favorable a **democratitzar la vida política i a modernitzar els costums socials**.

@ Amplia a la xarxa...

Per saber-ne més de la importància del turisme a la dècada del 1960, entra a www.tiching.com/66022

en la societat catalana?

C UNA SOCIETAT URBANA I INDUSTRIAL

A Catalunya la forta industrialització va afavorir la concentració progressiva de la població a les àrees urbanes per treballar en la indústria i en la construcció.

Així, la immigració va tendir a establir-se a la província de Barcelona, on van instal·lar-se cap al 90% dels immigrants. A banda de la capital, altres municipis amb molta immigració van ser Sabadell, Terrassa, Badalona, l'Hospitalet, Cornellà, Santa Coloma de Gramenet, Sant Boi, Sant Adrià de Besòs, Mataró, Manresa...

Aquest procés migratori es va fer sense cap mena de planificació i va provocar conseqüències socials i forts desequilibris territorials.

A més a més, la rapidesa del procés d'urbanització va provocar un creixement desordenat de les ciutats receptores, on van aparèixer barris nous sense planificació ni infraestructures bàsiques (asfaltat, enllumenat elèctric, clavegueram) ni serveis (escoles, hospitals, transport públic).

A moltes ciutats com Sabadell, els veïns van lluitar constantment per millorar-ne les condicions en les dècades de 1960 i 1970.

D DE LA RESISTÈNCIA AL RENAIXEMENT CULTURAL

A la dècada del 1960, aprofitant una certa tolerància del règim franquista, va néixer un moviment cultural i cívic que volia impulsar en tots el àmbits la **llengua catalana** i les **manifestacions culturals en català** de **la llengua i la cultura catalanes**, el qual va tenir un fort suport social.

Per això, es van començar a publicar revistes en català (*Serra d'Or*), es van emprendre projectes editorials (Edicions 62, Enciclopèdia Catalana) i van arrelar moviments pedagògics que defensaven una nova escola catalana (Rosa Sensat).

Ara bé, sens dubte el fenomen amb més incidència popular, molt connectat amb els corrents artístics europeus, va ser la **Nova Cançó**, que va agrupar tot un seguit de cantautors (Raimon, Joan Manuel Serrat, Ovidi Montllor, Francesc Pi de la Serra, Maria del Mar Bonet, Lluís Llach...) que cantaven en català i expressaven a les lletres el desig de canvi social i la defensa de les llibertats polítiques i nacionals.

En ple franquisme, molts nens van començar a llegir en català amb la revista *Cavall Fort*, fundada l'any 1961.

1. Tria cinc paraules que per a tu defineixin de quina manera la societat catalana va canviar a partir del 1960.
2. Com va evolucionar el nivell de vida? Quins electrodomèstics es van començar a estendre fa cinquanta anys?
3. Quins models de comportament es van adoptar pel contacte amb turistes europeus?
4. Quins canvis hi va haver en la difusió de la llengua i de la cultura catalanes? Posa'n exemples.

Investiga

5. Busca a Internet la lletra de la cançó "Diguem no" del cantant Raimon, que va ser emblemàtica de la cançó protesta contra el franquisme. Llegeix-la i explica quin missatge volia transmetre. Quines expressions feia servir perquè el públic entengués el missatge i la censura no la prohibís?

DESCOBREIX

7 L'exili i l'oposició al franquisme

El règim de Franco es va caracteritzar per perseguir i reprimir tothom qui s'oposava a la dictadura. Un cop acabada la guerra, a les presons espanyoles hi havia engarjolats més de dos-cents mil reclusos republicans amb diverses condemnes que anaven de la sentència de mort a diversos graus d'empresonament.

Un altra part dels vençuts havia buscat la salvació exiliant-se i n'hi va haver molts que no van poder tornar mai més.

L'oposició interior va trigar a refer-se i d'entrada va oposar-se al règim amb la resistència armada (maquis). Fins a la dècada dels seixanta no es van forjar més moviments d'oposició, que es van estendre entre diferents col·lectius socials.

Quina destinació tenien els exiliats? Com es van gestar i van créixer els partits i moviments d'oposició? Per què cal recuperar la memòria històrica?

A ELS EXILIATS

Cap a 400 000 espanyols van agafar el camí de l'exili al final de la Guerra Civil per por de les represàlies. Molts van fugir a peu i van travessar la **frontera amb França,** on els van tancar en condicions infrahumanes en camps de concentració que els havien habilitat. D'altres van marxar del país des d'Alacant hores abans que les tropes franquistes hi arribessin, l'any 1939.

Després de l'esclat de la Segona Guerra Mundial alguns exiliats es van afegir a la resistència contra el nazisme, i uns 10 000 detinguts van ser traslladats als camps de concentració i d'exterminació nazis. Milers d'exiliats van poder emigrar a l'Amèrica Llatina, on els van acollir països com Mèxic o l'Argentina. Entre els exiliats hi havia alts funcionaris, intel·lectuals, polítics i militars republicans, professionals liberals i molts altres treballadors de tota mena d'oficis.

Gairebé la meitat dels exiliats va tornar als anys posteriors al conflicte pressionats per les autoritats franceses. La resta es van quedar a l'exili per sempre o bé no van poder tornar fins a la instauració de la democràcia, l'any 1977.

Exiliats espanyols al camp de refugiats d'Argelers, 1939.

Corrandes d'exili

(...) A Catalunya deixí
el dia de ma partida
mitja vida condormida;
l'altre meitat vingué amb mi,
per no deixar-me sens vida.

Avui en terres de França
i demà més lluny potser
no em moriré d'enyorança
ans d'enyorança viuré. (...)

Una esperança desfeta,
una recança infinita,
i una pàtria tan petita
que la somio completa.

Pere QUART: "Corrandes d'exili", 1947.

B LA PRIMERA RESISTÈNCIA: DELS MAQUIS A LA CLANDESTINITAT

L'INTENT D'OCUPAR LA VALL D'ARAN

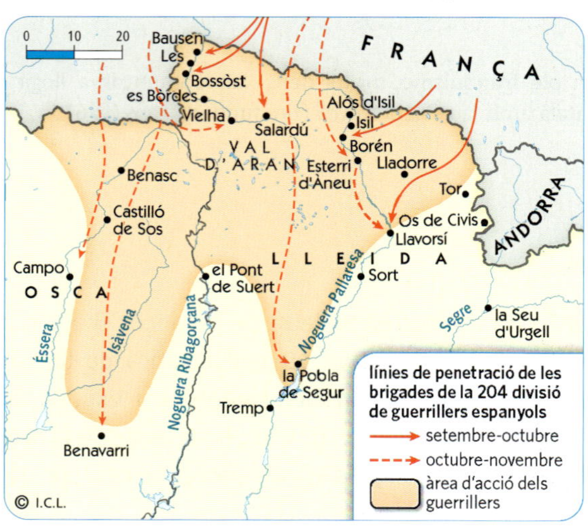

En la postguerra, grups de partidaris de la República, coneguts amb el nom de **maquis**, van resistir al franquisme amagats en zones muntanyoses, en les quals preparaven emboscades armades esperant que la derrota de les potències de l'Eix provoqués la caiguda del règim. L'any 1944 van emprendre l'acció més destacada: un intent fracassat d'ocupar la **Vall d'Aran**. Tot i que l'activitat va decréixer, aquestes partides de guerrillers van continuar actuant fins al començament dels cinquanta.

D'altra banda, a partir del 1945 els **partits** i **sindicats de l'oposició** (PSOE, PCE, PSUC, CNT, UGT, etc.) es van reorganitzar en la clandestinitat, tot i que l'activitat que tenien era molt limitada. Les primeres protestes col·lectives contra el règim, com la vaga general de Biscaia (1947), la vaga dels tramvies de Barcelona (1951) i la dels miners asturians (1958), van ser reprimides fortament.

C L'ENFORTIMENT DE L'OPOSICIÓ

Els canvis econòmics i socials de la dècada del 1960 van afavorir l'increment de l'oposició al règim, la qual va créixer numèricament i es va ampliar a nous sectors socials.

L'oposició a Espanya

El **Partit Comunista d'Espanya** (PCE) va ser la força més activa de l'oposició clandestina i va participar en la creació de Comissions Obreres, un sindicat que ajuntava la demanda de llibertats polítiques amb les reivindicacions laborals.

A partir del 1962 les vagues obreres van sovintejar a Astúries, Madrid, Catalunya i el País Basc.

El **Partit Socialista Obrer Espanyol** (PSOE) va reorganitzar la direcció i va participar amb grups monàrquics i democratacristians en la **Reunió de Munic** (1962), en què es va exigir una Espanya democràtica.

Al País Basc el Partit Nacionalista Basc va ser la força hegemònica, però el fet amb més repercussió va ser la creació, l'any 1959, de l'organització ETA (Euskadi i Llibertat). Aquest grup defensava el socialisme i la independència basca i propugnava la lluita armada.

L'oposició a Catalunya

Desmantellada la CNT per la repressió, el **Partit Socialista Unificat de Catalunya** (PSUC), agermanat amb el **PCE**, va ser l'organització més important a l'oposició. A més, van aparèixer grups d'esquerres com el **Moviment Socialista de Catalunya** (1945) i el **Front Obrer de Catalunya** (1961).

En l'**espai nacionalista** es van crear el Front Nacional de Catalunya (1940), el Partit Socialista d'Alliberament Nacional (1969) i **Convergència Democràtica de Catalunya (1974),** fruit de la unió de diversos grups cristians d'oposició. Més tard, Convergència va formar part de la federació Convergència i Unió (CIU), constituïda conjuntament amb Unió Democràtica de Catalunya (UDC).

La majoria dels partits, sindicats i altres organitzacions de l'oposició van coordinar-se en l'**Assemblea de Catalunya** (1971) per crear un programa d'actuació comú.

Els moviments socials

D'altra banda, els **estudiants** universitaris van participar molt activament en les protestes contra el règim, sobretot a Madrid i a Barcelona. L'any 1966 es va crear a moltes universitats el Sindicat Democràtic d'Estudiants, que reivindicava la democratització de la universitat.

En l'**Església catòlica** també van aparèixer veus crítiques, i grups cristians de base van organitzar les Joventuts Obreres Cristianes, que van participar en accions de protesta i d'oposició.

Joan GENOVÉS: *Gent corrent* (1975), Museo Nacional Centro de Arte Reina Sofía.

DE L'AMNISTIA A LA MEMÒRIA HISTÒRICA

Una de les reivindicacions unànimes de l'oposició era una amnistia política que eximís de qualsevol responsabilitat els qui havien patit la repressió franquista. El 1977, durant la transició a la democràcia, la **Llei d'amnistia** es va aprovar.

Al cap d'anys, la pressió de sectors de la societat que aspiraven a la veritat, a la justícia i a la reparació d'aquestes víctimes va culminar en l'aprovació de la **llei de la memòria històrica** (2007).

1. Quants republicans van fugir cap a l'exili? Per què ho van fer? Què els esperava a l'altra banda de la frontera?
2. Qui eren els maquis? Quina va ser la intervenció més destacada en què van participar?
3. Quines van ser les forces opositores principals, a Catalunya?

Investiga

4. Consulta a www.tiching.com/748053 la informació sobre la vaga minera del 1962 i elabora un relat breu de com van passar els fets. Sintetitza la informació que presenten les fonts i estableix-hi semblances i diferències.

COMPLETA EL MAPA CONCEPTUAL

Amb la informació del tema, completa al quadern l'esquema següent:

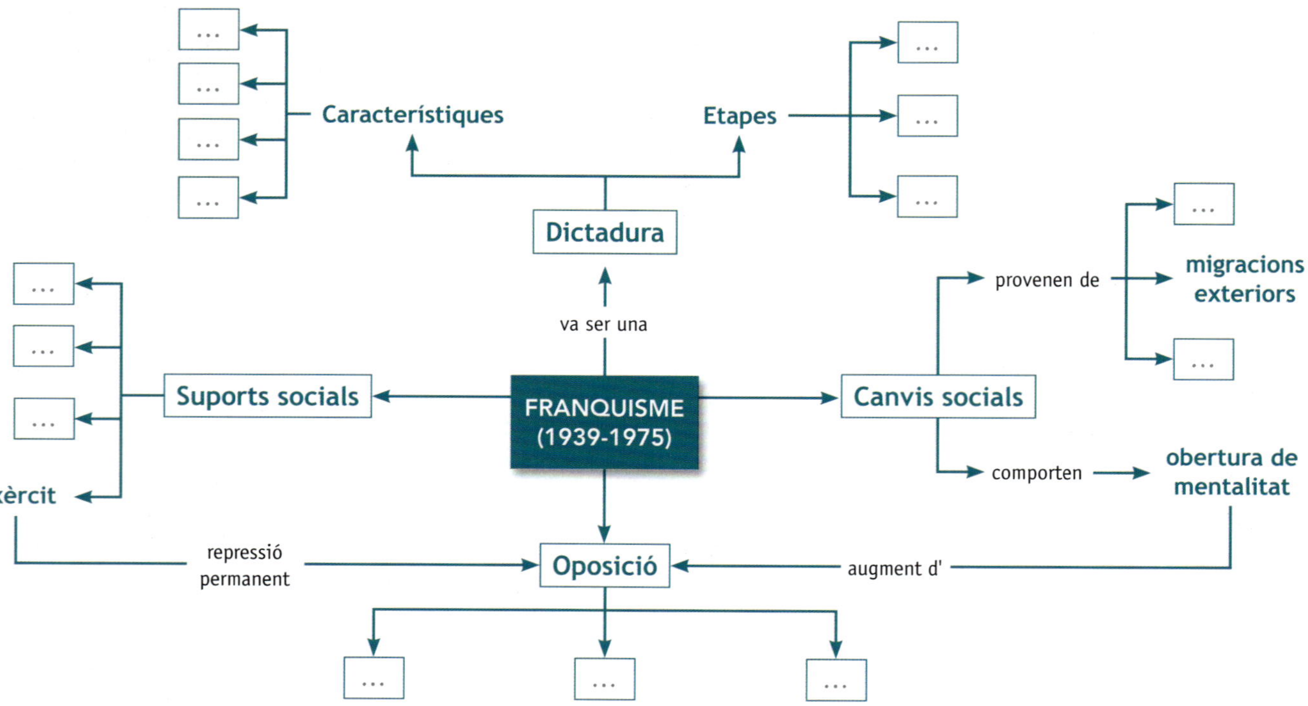

1 CONSOLIDA EL QUE HAS APRÈS

a) En quines bases recolzava el franquisme? Quina evolució internacional va tenir? Quines etapes s'hi identifiquen?

b) En què va consistir l'autarquia? Com era el nivell de vida durant la primera postguerra?

c) Com es va passar de l'autarquia al "Desarrollismo"? Quin grup va tenir més protagonisme en aquesta època?

d) A la Catalunya de la dècada del 1960 quins van ser els canvis més importants?

e) Quin va ser el paper de la dona durant el franquisme? Hi va haver casos en què no fos així?

f) Com es va arribar al final del règim? Com hi van influir els canvis socials que hi havia hagut des del 1960?

2 DEFINEIX CONCEPTES CLAU

- racionament
- democràcia orgànica
- maquis
- exiliat
- tecnòcrata
- estraperlo

3 FES LA CRONOLOGIA

- acords amb els Estats Units
- Ley de Principios del Movimiento Nacional
- condemna de l'ONU
- Concordat
- assassinat de Carrero Blanco
- Planes de Desarrollo
- Execució de Lluís Companys

4 EXPLICA LES DIFERÈNCIES

- autarquia / "Desarrollismo"
- migració exterior / èxode rural
- immobilistes / aperturistes
- Plan de Estabilización / Planes de Desarrollo

5 IDENTIFICA LES SIGLES

- FET y de las JONS
- ETA
- CNS
- FRAP
- PCE
- JOC

CONTESTA LA PREGUNTA INICIAL

Per què el franquisme va ser un règim totalitari?

APRÈN A... CONTRASTA FONTS HISTÒRIQUES

Els documents històrics ofereixen diferents punts de vista sobre els fets que relaten, analitzen o valoren. Per això és molt important interrogar-los degudament, avaluar-ne la fiabilitat i contrastar les diferents visions.

Ara analitzarem la vaga de tramvies del 1951, el primer moviment de protesta seguit massivament a Barcelona durant el franquisme. Per fer-ho, presentem alguns fragments de la premsa de l'època (franquista, estrangera, de l'oposició...). Això ens permetrà descobrir com un mateix esdeveniment era presentat de manera diferent segons qui l'explicava.

Nº 43 — MENSUEL — Març 1951

REDACCIO: Josep Pallach, 26, Rue Constantinople, PARIS (8º)
ADMINISTRACIO: Antoni Iborra, 13, Rue Bassano, PARIS (16º)
C. Ch. Postaux 4163-90 - PARIS

Endavant

FEDERACIO DEMOCRACIA SOCIALISME

Preu de l'exemplar: 15 francs. Suscripció l'any: 150 francs.

ORGAN CENTRAL DEL MOVIMENT SOCIALISTA DE CATALUNYA

BARCELONA, CAP I CASAL DE CATALUNYA!

Els ciutadans de Barcelona, la classe obrera catalana, inicia la lluita contra l'Estat franquista

Endavant, diari socialista editat a París, 14 de març del 1951.

La primera autoritat civil de la província posa en relleu els tèrbols propòsits dels agitadors. Ahir al vespre, el governador civil va fer unes declaracions importants als periodistes: "Coneixem les intrigues dels provocadors".

Davant d'una temptativa sediciosa, (...) amb qui hem d'estar nosaltres si no és amb la pau i l'ordre públic, amb l'autoritat, i molt més quan és una autoritat digna com la present? Amb qui hem d'estar nosaltres si no amb qui hagi d'esclafar aquesta temptativa sediciosa de naturalesa tan tèrbola i de propòsits encara molt més inconfessables?

La Vanguardia Española, 12 de març del 1951.

Informació dels fets abominables que van tenir lloc ahir a la nostra ciutat. En va resultar un home mort i hi va haver, a més, diversos ferits. Els revoltats van incendiar una furgoneta de l'Hospital de l'Esperança. S'han fet nombroses detencions, principalment d'agitadors comunistes greument compromesos en els fets.

Diario de Barcelona, 13 de març del 1951.

EROICA LOTTA CONTRO LA PIU' SANGUINARIA DITTATURA ATLANTICA

Tutta Barcellona in sciopero generale contro la politica di fame e di guerra di Franco

L'Unità, diari del partit comunista italià, 13 de març de 1951.

Barceloní: Si ets un bon ciutadà, a partir del dia 1 de març i fins que no s'igualin les tarifes de la Companyia de Tramvies amb les de la capital d'Espanya, trasllada't a peu a les teves ocupacions habituals. En el teu propi benefici, i tan de pressa com puguis, fes quatre còpies d'aquesta cadena i envia-les a quatre amics.

Espanya una? Doncs per a tothom igual.

Full volant clandestí, febrer del 1951.

Tandis que quatre navires de guerre viennent mouiller dans le port la garde civile procède à des arrestations nombreuses

150.000 OUVRIERS TOUJOURS EN GRÈVE

BARCELONE retrouve un calme relatif

Le général Franco devrait comprendre que l'extrême misère des travailleurs espagnols constitue un terrain de choix pour LES MANŒUVRES DES AGITATEURS COMMUNISTES

L'Aurore, periòdic francès, 14 de març del 1951.

1. Identifica les fonts

- De quines fonts es tracta? Quan van ser escrites? Són primàries o secundàries?
- Identifica'n l'autoria, l'orientació política i el grau d'implicació amb els fets.

2. Contextualització històrica

- En quin context van ser escrites? Quina situació política i econòmica hi havia a Barcelona en aquell moment històric concret?
- Consulta la informació a www.tiching.com/77457 i fes una narració breu dels fets.

3. Contrast de les fonts

- Sintetitza la informació que ens presenten les diverses fonts i assenyala'n semblances i diferències.
- Penses que alguna de les fonts té interès a atenuar, exagerar o manipular els fets?

4. Avaluació de les fonts

- Reconeixes arguments enganyosos en alguna de les fonts? Explica quins objectius pretenia la manipulació en les publicacions.
- Valora la fiabilitat de les diferents fonts i argumenta la teva opinió.

1 Espai i temps. El conflicte del Sàhara

SÀHARA OCCIDENTAL

a) Quina era la relació del Sàhara amb Espanya? Descriu la zona que la colònia comprenia. Quins països tenia per veïns? Quines riqueses hi havia?

b) En què va consistir la Marxa Verda? Per on va entrar al Sàhara Occidental? Quins interessos tenia el Marroc per organitzar-la?

c) En quina situació difícil era Espanya quan el conflicte sahrauí va esclatar? Com va actuar?

d) Com es va acabar, el conflicte? Quins dos països es van repartir les terres del Sàhara? Per què Espanya es va desentendre de la colònia?

e) Què és el Front Polisario? Què reivindicava? On va instal·lar els campaments?

f) Busca informació de la situació actual del Sàhara i explica si el conflicte està resolt o encara continua.

2 Fonts documentals. La immigració a Catalunya

"Vaig arribar a l'acabament del 58 i em vaig trobar que l'habitació que m'havien llogat no tenia ni llum ni aigua. Vaig estar a punt de tornar-me'n. Després la situació va millorar i vaig poder llogar un pis de protecció oficial i portar-hi la meva dona i el meu fill".

"Allò sí que era treballar. No aixecaves la vista de les màquines de cosir per res. El que més m'agradava era la passejada del diumenge: ens ajuntàvem unes quantes amigues, ens mudàvem i anàvem a passejar i a explicar-nos coses de les famílies i del poble".

M. J. García: "Testimonios de emigrantes andaluces en Catalunya", a *La emigración de Andalucía y Sierra de Yeguas en la segunda mitad del siglo XX*, 2015.

a) De quina mena de document es tracta? De quina època ens parla? Quines experiències hi expliquen, els testimonis?

b) Contextualitza el text tenint en compte l'Espanya de l'època i explica les causes que van portar molts espanyols a emigrar.

c) Explica la importància de la immigració a Catalunya als anys setanta.

3 Fonts gràfiques. Conflictivitat laboral

CAUSES DELS CONFLICTES LABORALS (1963-1972)

	1963	1964	1967	1968	1970	1972
Politicosocials		8	230	54	687	66
Conveni col·lectiu	202	62	–	–	516	298
Valoració rendiment	83	71	–	17	38	42
Solidaritat	34	28	38	103	93	156
Millores salarials	216	209	56	67	122	152
Altres causes	204	51	177	58	78	179

a) Què és un conflicte laboral? De quines maneres es manifesta?

b) Quins van ser els més importants entre el 1963 i el 1972?

c) Relaciona aquesta conflictivitat amb l'evolució del règim de Franco entre el 1960 i el 1973.

4 Organització de la informació. La balança de pagaments espanyola

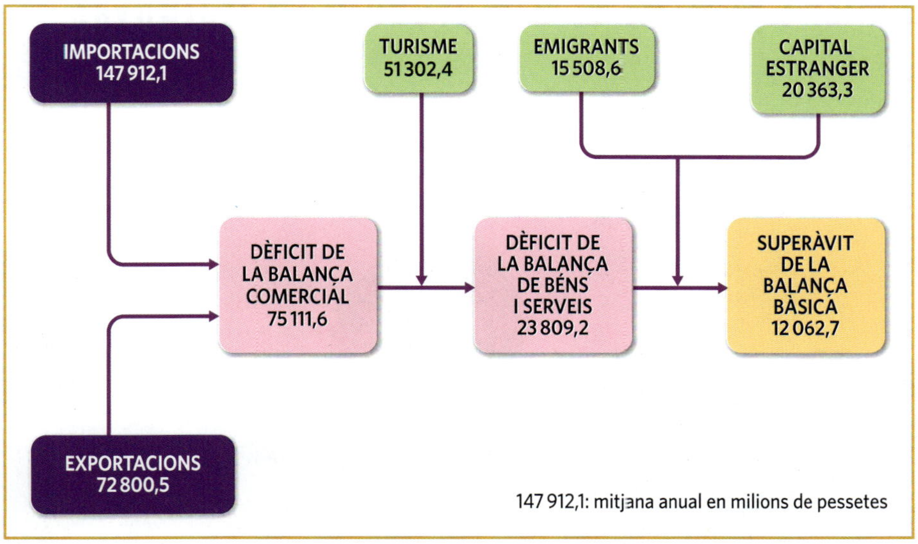

a) Fixa't atentament en l'esquema i explica què són la balança comercial, la balança de béns i serveis i la balança bàsica. Què diferencia aquests tres termes?

b) Com era el saldo de la balança comercial espanyola al començament de la dècada del 1970? A què es devia?

c) Quin era el saldo final de la balança bàsica? En què es diferenciava de la primera? A què es devia el canvi?

d) Quin paper tenia l'emigració espanyola a Europa per equilibrar el dèficit de la balança bàsica? Quins factors més hi contribuïen?

WWW. ESPAI WEB

5 Cerca d'informació. La nova cançó

A partir de la dècada de 1960 una sèrie de cantautors van començar a expressar a les cançons la protesta social i la defensa de la llengua catalana. Busca'n informació i fes les activitats següents:

a) Digues el nom del grup que va reunir els primers cantautors en català i assenyala els principals cantautors dels anys seixanta i setanta.

b) Tria'n algunes de les cançons emblemàtiques, comenta'n el contingut i explica com qüestionava la realitat social, política i ideològica del franquisme.

7 Fonts documentals. El 600

Consulta a www.tiching.com/751218 la informació sobre el cotxe SEAT 600 i contesta:

a) Quan el van començar a produir? On? Quant costava? Quines característiques tècniques tenia?

b) En aquella època, com es feia publicitat del nou vehicle? Quins canvis d'hàbits socials va afavorir?

c) Informate'n amb familiars o coneguts i resumeix què va significar el 600 per a la generació dels anys seixanta.

6 Fonts audiovisuals. Dones antifranquistes

Busca a Internet el documental *Que mi nombre no se borre de la historia*. Mira'n la segona part, "Bajo el imperio del terror", sobre el paper de les dones en la lluita antifranquista, i contesta les preguntes següents:

a) Quines dones narren els seus records? Per quin motiu les van detenir? Relata la duresa extrema de la vida d'aquestes dones a la presó.

b) Quina funció complia l'Església en el sistema repressiu?

c) Comenta i compara com van tractar el cas la premsa espanyola i la internacional.

d) Com recorden les protagonistes les seves relacions amb la resta de les recluses i la seva activitat a la presó?

e) Qui van ser les Tretze Roses? Què se'n va fer? Què buscava aconseguir el règim?

f) Per què penses que el documental té aquest títol?

REPTES A LA XARXA

DETECTIU DEL PASSAT: La caiguda del franquisme.

ACTIVITATS AUTOCORRECTIVES: Resol aquestes activitats i repassa el que has après.

www.vvd.link/012138/13

14 TRANSICIÓ, DEMOCRÀCIA I AUTONOMIA

Com es va tornar a un sistema democràtic? Quins canvis socials, econòmics i polítics es van produir a Catalunya?

TRANSICIÓ — DEMOCRÀCIA

GOV. ARIAS NAVARRO · GOV. SUÁREZ · UCD: ADOLFO SUÁREZ · L. CALVO-SOTELO · PSOE: FELIPE GONZÁLEZ · PP: JOSÉ Mª AZNAR · PSOE: JOSÉ L. RODRÍGUEZ ZAPATERO · PP: M. RAJOY

1975 · 1980 · 1985 · 1990 · 1995 · 2000 · 2010 · 2015

CRISI SOCIAL I ECONÒMICA · AUGE DEL TERRORISME · ESTATUTS D'AUTONOMIA · CONFLICTES LABORALS · CRISI ECONÒMICA

- **1975** Mort de Franco. J. Carles I, rei
- **1976** Llei per a la Reforma Política
- **1977** *Primeres eleccions democràtiques*
- **1978** Constitució
- **1981** Intent de cop d'Estat
- **1982** *Eleccions*
- **1986** Referèndum OTAN. Ingrés a la CEE. *Eleccions*
- **1989** *Eleccions*
- **1993** *Eleccions*
- **1996** *Eleccions*
- **1997** Integració en l'estructura militar de l'OTAN
- **2000** Llei d'Estrangeria. *Eleccions*
- **2002** Implantació de l'euro
- **2004** Atemptat a Madrid (11-M). *Eleccions.* Retirada de les tropes espanyoles de l'Iraq
- **2007** Llei per a la igualtat de dones i homes
- **2008** *Eleccions.* Crisi econòmica
- **2011** Moviment 15-M. Cessament activitat armada d'ETA. *Eleccions*
- **2015** *Eleccions*

Les últimes dècades han significat la recuperació de les llibertats democràtiques i la instauració d'una monarquia constitucional i parlamentària que va tornar la sobirania al poble.

La nova Constitució del 1978 va establir una organització descentralitzada de l'Estat a partir de la creació de les autonomies. A Catalunya, això es va concretar en la recuperació de l'autogovern per mitjà del restabliment de la Generalitat i la implantació d'un Estatut d'autonomia.

La democràcia ha permès la configuració d'un país modern i desenvolupat, que s'ha integrat plenament a la Unió Europea. Amb tot, la crisi començada l'any 2008 ha colpejat durament l'economia, ha aturat el creixement i ha creat greus problemes a l'Estat del benestar que s'havia construït en les últimes dècades.

Joan GENOVÉS: *L'abraçada*, 1976.

Què en sabem?

- Observa l'eix. Quan va començar la transició cap a la democràcia? Quan penses que va estar del tot consolidada? Quins governs s'han succeït? Quins fets són els més destacables d'aquests anys?
- Descriu la il·lustració. Què reflectia, sobre la societat espanyola de l'època que es va recuperar la democràcia?

PREGUNTA CLAU

1 Per què el franquisme no va sobreviure Franco?

En el "testament polític del general Franco", que el cap de govern, Carlos Arias Navarro, va llegir per televisió al país, el dictador afirmava que ho havia deixat tot "lligat i ben lligat". Amb això volia assegurar la conservació del seu llegat polític i la continuïtat del règim dictatorial imposat des del 1939.

La continuïtat de la dictadura franquista a les institucions estava garantida?

Què va passar perquè en menys de dos anys el franquisme hagués quedat desmantellat i s'anés construint un estat democràtic?

A UN SISTEMA DIVIDIT I EN CRISI

Dos dies després de la mort de Franco, el 22 de novembre del 1975, **Joan Carles I** va jurar el càrrec de rei d'Espanya i al seu missatge s'hi podia entreveure la **voluntat de promoure un canvi polític**. D'entrada, va ratificar en el càrrec de president del Govern **Arias Navarro**, el qual va ser incapaç de fer cap reforma realment democràtica.

La divisió del franquisme en **immobilistes** i **aperturistes**, que havia començat anys abans, es va convertir en una pugna pel poder. Els primers es van refermar en la necessitat de mantenir intocables els principis i les institucions franquistes, van qualificar qualsevol intent reformista de traïció i es van mostrar disposats a defensar el règim franquista violentament.

Els segons es sentien reforçats pel discurs del nou rei i estaven pressionats per la mobilització popular a favor del canvi. Defensaven que era ineludible començar un procés de reformes que deixés enrere el règim franquista.

@ Amplia a la xarxa...

Per saber-ne més de la proclamació de Joan Carles I com a rei d'Espanya, entra a: www.tiching.com/750482

Cerimònia d'investidura del rei Joan Carles, celebrada a les Corts. Al costat, la reina Sofia.

B CRISI ECONÒMICA I PROTESTA SOCIAL

La crisi econòmica del 1973, provocada per l'augment del preu del petroli i de les matèries primeres, va arribar a Espanya una mica més endavant.

El 1975 la recessió econòmica ja era evident per l'alça continuada dels preus (**inflació**), el creixement de l'**atur**, la **baixada del turisme** (que va reduir l'entrada de divises) i la forta davallada de les **inversions estrangeres**.

La pujada dels preus i de l'atur també va afectar directament el poder adquisitiu de les classes populars i mitjanes. Les dificultats econòmiques, que es van afegir a les reivindicacions a favor del canvi polític, van generar **protestes obreres**, i es succeïen vagues i manifestacions.

La situació demanava aplicar polítiques econòmiques diferents i reformar d'una manera profunda el sistema polític espanyol.

EVOLUCIÓ DE L'ATUR A ESPANYA

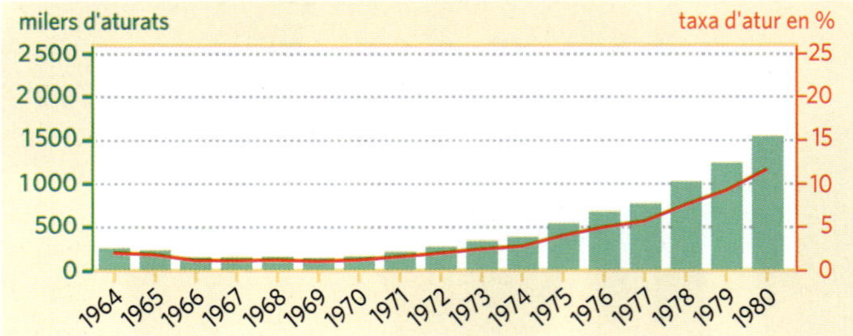

VARIACIÓ DELS PREUS AL CONSUM A ESPANYA

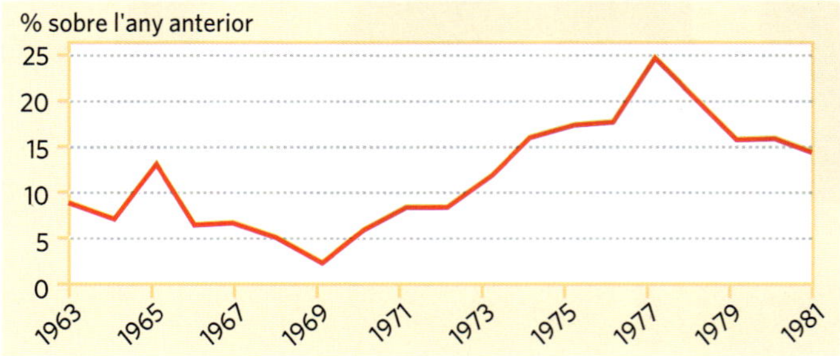

C L'ORGANITZACIÓ DE L'OPOSICIÓ

Els partits de l'oposició es van coordinar en plataformes unitàries (**Assemblea de Catalunya**, **Junta Democràtica** i **Plataforma Democràtica**) amb la intenció de pressionar al carrer per democratitzar el règim. Aquestes plataformes van manifestar que no acceptarien cap canvi que no comportés concedir una amnistia, reconèixer les llibertats i convocar eleccions lliures.

Al carrer, les mobilitzacions populars que demanaven la democratització del règim van augmentar de manera significativa.

Repressió policial contra una mobilització popular impulsada per l'oposició. Vitòria, març del 1976 (fotografia de G. Gallego).

L'Assemblea de Catalunya

L'Assemblea de Catalunya, creada el 1971, aplegava tot un conjunt de moviments polítics, socials i sindicals d'oposició al franquisme que estaven d'acord en unes reivindicacions bàsiques irrenunciables.

Són els anomenats quatre punts de l'Assemblea: **llibertats** democràtiques, **amnistia** per als presos i exiliats polítics, **Estatut d'Autonomia** i recuperació de l'**autogovern** i coordinació amb la resta de pobles d'Espanya per lluitar a favor de la democràcia.

Carnet de l'Assemblea de Catalunya, 1971.

D L'AÏLLAMENT INTERNACIONAL

A l'Europa occidental, on tots els països eren democràcies parlamentàries, Espanya, Grècia i Portugal eren tres excepcions, ja que tots tres estats tenien règims dictatorials. A causa d'això, Espanya no havia estat admesa a la Comunitat Econòmica Europea (antecedent de la UE) i ni tan sols no formava part de l'aliança militar occidental (OTAN).

L'any 1974 el règim militar grec va caure i la Revolució dels Clavells va posar fi a la dictadura portuguesa. En aquests països s'hi van instaurar governs democràtics, que l'oposició espanyola va celebrar molt perquè els veien com un molt bon precedent per a Espanya.

Amb la mort de Franco, el desprestigi internacional del franquisme era evident. Tant els Estats Units com els països europeus veien amb bons ulls una solució semblant a la de Portugal, que també permetés deixar enrere la dictadura i implantar a Espanya un règim democràtic.

L'aïllament del franquisme

Mentre l'oposició democràtica, encara en la il·legalitat, obtenia el suport de líders polítics i sindicals de tota l'Europa occidental, el règim de Franco, incapaç d'evolucionar i encasellat en les respostes repressives, despertava cada cop més rebuig de l'opinió pública europea. Les últimes execucions del franquisme, el 27 de setembre del 1975, van desencadenar una onada de condemnes internacionals i la retirada dels ambaixadors dels països de la CEE.

Carlos Sanz Díaz: *Aïllament i divergència democràtica: Espanya i el procés de construcció europea durant la dictadura franquista (1945-1975)*, 2014.

1. Quina situació política hi havia a Espanya quan es va morir Franco? Quina divisió es va consolidar en el personal polític franquista? Què va deixar entreveure el nou rei en la presa de possessió?
2. Què va desencadenar la crisi econòmica del 1973? Quines repercussions va tenir a Espanya? Com va afectar la població?
3. Com es va organitzar l'oposició democràtica? En què consistia l'Assemblea de Catalunya i què demanava?

Argumenta la resposta

4. Contesta la pregunta clau relacionant tots els aspectes que afavorien un canvi de sistema polític a Espanya.

2 La transició a la democràcia (1975-1977)

El desmantellament del franquisme

A causa de la pressió popular, el rei va forçar la dimissió d'Arias Navarro i el juliol del 1976 va nomenar president **Adolfo Suárez**, un antic falangista que s'havia decantat per l'aperturisme.

Després de prendre possessió, Suárez es va mostrar decidit a emprendre el camí legal per aconseguir desmantellar el franquisme de manera pactada i construir un sistema democràtic. Per aconseguir-ho, calia anul·lar la resistència dels immobilistes i atreure al projecte la majoria de forces de l'oposició.

Suárez va buscar el suport de l'oposició, que va acabar acceptant una **ruptura pactada**, és a dir, un compromís entre totes les forces polítiques partidàries d'instaurar la democràcia, tant si venien del franquisme com de l'oposició.

El 1976 les Corts franquistes van aprovar la **Llei de la reforma política**, que proposava crear un Congrés de Diputats i un Senat elegits per sufragi universal. La llei la van ratificar el 94,2% dels espanyols que van votar en referèndum, per al qual l'oposició va demanar l'abstenció, que va arribar al 22,6% de l'electorat.

L'any 1977 es van **legalitzar** tots els **partits polítics** (inclòs el Partit Comunista) i els sindicats i es van indultar els presos per delictes polítics. Molts dirigents dels partits que fins aleshores eren il·legals van tornar a Espanya des de l'exili.

La llei que va desmantellar el franquisme

Art. 1. La democràcia a l'Estat espanyol es basa en la supremacia de la llei, expressió de la voluntat sobirana del poble.

Els drets fonamentals de la persona són inviolables i vinculen tots els òrgans de l'Estat.

La potestat d'elaborar i d'aprovar les lleis recau en les Corts. El rei sanciona i promulga les lleis.

Art. 2. Les Corts es componen del Congrés dels Diputats i del Senat.

Els diputats del Congrés els elegiran per sufragi universal, directe i secret, els espanyols majors d'edat. (...)

Llei de reforma política, 1976.

La legalització del Partido Comunista de España (PCE) l'abril del 1977 va fer evident la voluntat d'integrar totes les forces polítiques en la construcció de la nova democràcia.

Les primeres eleccions democràtiques

El 15 de juny de 1977 es van celebrar a Espanya les primeres eleccions democràtiques des de feia més de quaranta anys, amb una alta participació que va assolir el 78% del cens electoral.

Les va guanyar, sense majoria absoluta, la **Unión de Centro Democrático** (UCD), partit creat i liderat per Adolfo Suárez, que havia dirigit el procés de transició. El **Partido Socialista Obrero Español** (PSOE), encapçalat per Felipe González, es va convertir en el principal partit de l'oposició.

A més distància electoral es van situar el **Partido Comunista de España** (PCE), liderat per Santiago Carrillo, i **Alianza Popular** (AP), que presidia Manuel Fraga Iribarne.

A **Catalunya** els resultats van ser força diferents: els partits d'esquerres (PSC i PSUC) van encapçalar els resultats de les eleccions, seguits dels Centristes de Catalunya-UCD i del Pacte Democràtic, coalició que liderava Jordi Pujol. Al **País Basc**, el Partit Nacionalista Basc va tenir un suport electoral ampli.

Amb el consens de les formacions polítiques principals, la UCD va formar el primer govern democràtic i Adolfo Suárez en va ser investit president. Les noves Corts van encetar un procés constituent, i van crear una comissió, que integraven representants dels partits polítics, per redactar una constitució democràtica.

ELECCIONS GENERALS DEL 1977 A ESPANYA

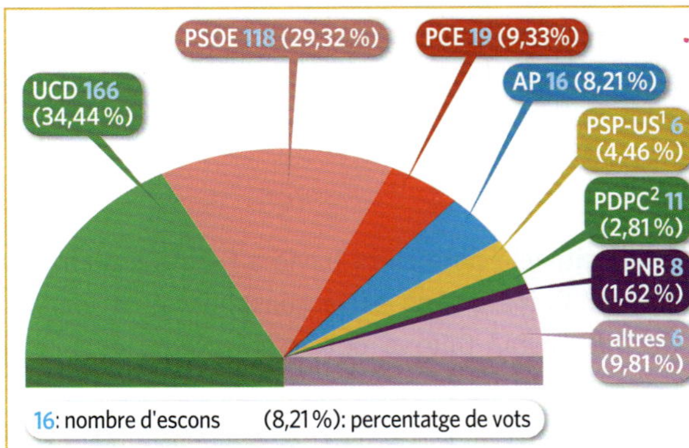

¹ Partit Socialista Popular-Unitat Socialista.
² Pacte Democràtic per Catalunya.

EL RESTABLIMENT DE LA GENERALITAT DE CATALUNYA

A Catalunya el 75% dels votants en les eleccions del 1977 es van decidir per partits que defensaven restablir la Generalitat de Catalunya i l'Estatut del 1932. Per impulsar aquesta reivindicació es va crear una Assemblea de Parlamentaris catalans (juny del 1977) que exigia recuperar l'autonomia i el retorn del president de la Generalitat a l'exili, Josep Tarradellas.

A més a més, una campanya de mobilització popular al voltant del lema "Volem l'Estatut" va culminar en un acte multitudinari a Sant Boi de Llobregat (11 de setembre del 1976) i en una manifestació l'any següent a Barcelona que va aplegar gairebé un milió de persones.

En aquest context, l'any 1977 Suárez va prendre la iniciativa i va negociar directament amb Tarradellas el restabliment de la Generalitat de Catalunya i el seu retorn com a president després de més de 37 anys d'exili.

Aquell mateix any es va formar el primer govern de la Generalitat provisional, que va agrupar representants de totes les forces polítiques amb representació parlamentària tret d'Aliança Popular, que s'oposava a l'autonomia. Un dels primers decrets del nou govern va establir l'ensenyament de la llengua catalana al sistema educatiu.

ELECCIONS DEL 1977 A CATALUNYA

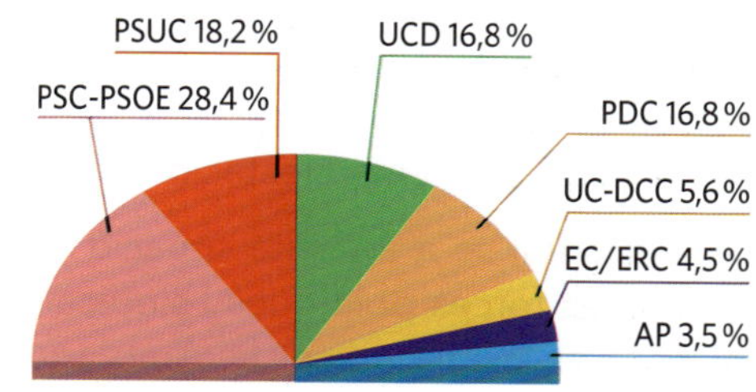

Les autonomies basca i gallega

Igual que a Catalunya, les altres nacionalitats històriques van començar processos preautonòmics abans que la Constitució espanyola s'aprovés.

Al País Basc les negociacions entre el govern i els parlamentaris bascos elegits el 1977 van culminar en la formació d'un Consell General Basc el gener del 1978.

A Galícia es va formar una assemblea de parlamentaris gallecs i es va constituir una primera Xunta de caràcter provisional l'abril del 1978.

Ja sóc aquí!

Ciutadans de Catalunya: ja sóc aquí!

Ja sóc aquí! Perquè jo també vull l'Estatut!

Ja sóc aquí! Per compartir les vostres penes, els vostres sacrificis i les vostres joies per Catalunya.

Ja sóc aquí! Per treballar amb vosaltres per una Catalunya pròspera, democràtica i plena de llibertat. Ja sóc aquí! Per tal que aquesta Catalunya que s'ha de posar a treballar més que mai per fer-la ben forta i ben pròspera, sigui un exemple també per a tots els altres pobles d'Espanya (...).

Que junt amb tots aquells, catalans i no catalans, que durant tants i tants anys han lluitat per poder arribar un dia en aquest esclat de joia, d'entusiasme, puguem fer encara, com he dit abans, més pròspera, més forta, la nostra Catalunya.

Discurs de Josep Tarradellas des del balcó de la Generalitat, 23 d'octubre del 1977.

El president Tarradellas, des del balcó de la Generalitat, el dia del seu retorn a Catalunya.

1. Per quin motiu el rei Joan Carles va decidir canviar de cap de govern? Qui va nomenar? D'on procedia? Què se n'esperava?
2. En què va consistir la llei de la reforma política? Per què parlem de desmantellament del franquisme?
3. Quin paper va tenir l'oposició democràtica en el canvi polític? Què entenem per trencament pactat?
4. Quan es van celebrar les primeres eleccions democràtiques? Quins partits van ser els més votats a les eleccions del 1977? Quins resultats hi va haver a Catalunya?

3 Els primers governs democràtics (1977-1982)

El primer govern de la UCD: els anys de consens

Els primers anys del restabliment de la democràcia van ser de dificultats enormes. La forta crisi econòmica arrasava el país i provocava un augment del malestar social i una gran proliferació de conflictes socials amb vagues i manifestacions al carrer.

Per enfrontar-se a aquesta situació complicada i consolidar la democràcia, les forces polítiques i sindicals van establir una política de consens i van arribar a acords. Amb aquest teló de fons, el nou govern va emprendre una sèrie de mesures urgents:

- Nomenar una ponència integrada per representants de les forces parlamentàries per redactar una **constitució democràtica**.
- Estimular la recuperació de l'economia mitjançant mesures econòmiques, salarials i laborals, acordades entre partits, sindicats i organitzacions patronals (**Pactes de la Moncloa**).
- Fer una **reforma fiscal** progressiva per incrementar els ingressos de l'Estat i poder afrontar així les enormes despeses socials.
- Decretar una àmplia **amnistia** per als presos polítics.

LA CONFLICTIVITAT LABORAL

Anys	Nre. de vagues iniciades	Nre. de treballadors afectats
1970	1 547	440 114
1971	542	196 665
1972	853	236 421
1973	743	303 132
1974	1 730	426 037
1975	2 807	504 300
1976	3 662	2 558 800
1977	1 194	2 955 600
1978	1 128	3 863 800
1979	2 680	5 713 200

El declivi d'UCD i l'intent colpista

Aprovada la Constitució l'any 1979, es van tornar a celebrar eleccions, que va guanyar la UCD. El segon govern de Suárez va tenir molt de desgast, com a conseqüència de la pèrdua de suports socials, de les divisions internes del partit i del qüestionament del lideratge de Suárez.

El 1981 Suárez va presentar la dimissió i el 23 de febrer, mentre es votava a les Corts la investidura de Leopoldo Calvo Sotelo com a nou president, hi va haver un intent de **cop d'Estat**. Un grup de guàrdies civils encapçalats pel tinent coronel Antonio Tejero va irrompre violentament al Congrés de Diputats. Alhora, el capità general Milans del Bosch es revoltava a València.

L'actuació del rei, la falta de suports de la jerarquia militar i la unitat de les forces democràtiques van fer fracassar el cop i se'n van detenir els responsables principals. El nou govern no va poder frenar el desgast de la UCD i es van convocar eleccions per al 1982.

El tinent coronel Tejero amenaça els diputats durant el cop d'Estat del 23 de febrer del 1981.

L'impacte del terrorisme

Mentre que la majoria de les forces polítiques i sindicals apostaven pel consens social, alguns sectors van triar la violència (terrorisme) per obstaculitzar la consolidació de la democràcia.

D'una banda, els nostàlgics del franquisme, integrats per l'extrema dreta i alguns sectors militars, van crear agrupacions armades i van fer atemptats amb l'objectiu de desestabilitzar el sistema (Guerrilleros de Cristo Rey, la Triple A). D'altra banda, alguns grups de l'extrema esquerra (GRAPO i FRAP) trobaven els canvis insuficients i van protagonitzar actes violents.

Ara bé, l'activitat terrorista principal provenia d'ETA, que refusava la Constitució perquè no reconeixia el dret d'autodeterminació del poble basc, i que atemptava sobretot contra militars i forces de l'ordre públic.

LES VÍCTIMES MORTALS DEL TERRORISME

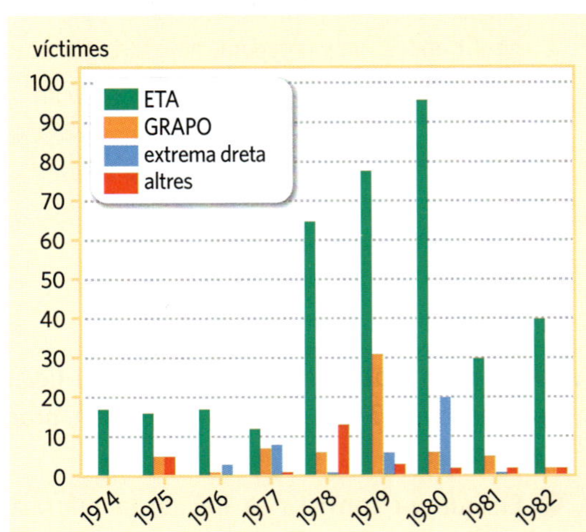

LA CONSTITUCIÓ DEL 1978

La Constitució es va aprovar al Congrés i al Senat i la van ratificar la majoria dels espanyols el 6 de desembre del 1978. Les característiques principals que té són:

- Defineix l'Estat espanyol com un Estat social i democràtic* de dret, organitzat com una monarquia parlamentària en la qual la Corona té bàsicament funcions representatives i l'Exèrcit queda sotmès al poder civil.
- Declara que la sobirania resideix en el poble, el qual la delega en els seus representants, elegits per sufragi universal entre les forces polítiques (partits) que es presenten a les eleccions.
- Garanteix la igualtat davant la llei de tots els espanyols i desenvolupa una àmplia declaració de drets civils (a la vida, d'expressió, de reunió i associació, de vaga, de culte i socials (dret a l'educació, a l'habitatge, a treballar i a les prestacions de la Seguretat Social).
- Determina els deures, com el de treballar la defensa de l'Estat, i contribuir al sosteniment de la despesa pública.
- A més a més, estableix el caràcter no confessional de l'Estat i la llibertat religiosa i aboleix la pena de mort.

L'estat de les autonomies

La Constitució reconeix l'existència de diferents nacionalitats i regions amb dret a formar el seu propi autogovern, cosa que va comportar l'organització descentralitzada del sistema polític espanyol i la creació de disset Comunitats i dues Ciutats Autònomes (Ceuta i Melilla).

Cada comunitat autònoma es regeix pel seu Estatut d'Autonomia, que estableix les institucions d'autogovern i les competències que els corresponen. Els estatuts es van anar aprovant de manera gradual entre els anys 1979 i 1983, llevat dels de Ceuta i de Melilla, que no van fer el 1995.

EL SISTEMA POLÍTIC ESPANYOL

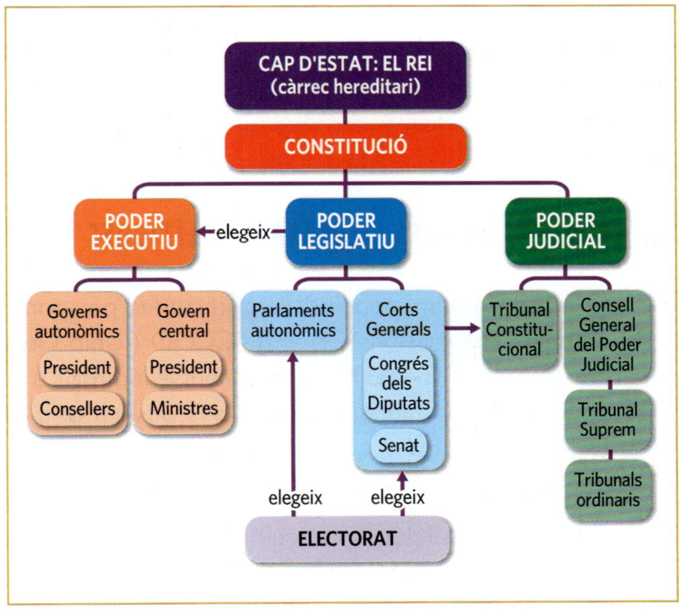

L'ESPANYA DE LES AUTONOMIES

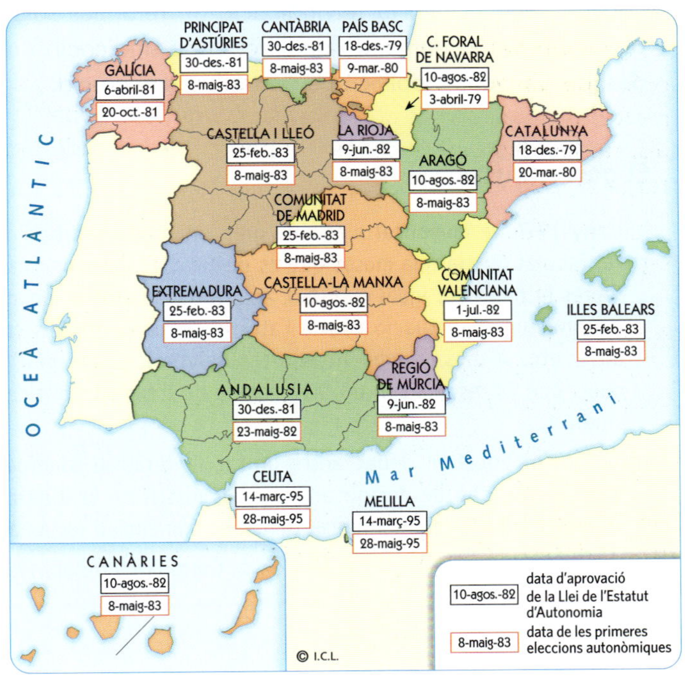

1. Quina política va desenvolupar el govern de la UCD? Per què va entrar en crisi?
2. Qui s'oposava a la consolidació de la democràcia? Quines actuacions van portar a terme? Què hi pretenien?
3. De quina manera la Constitució defineix el sistema polític espanyol?
4. Quines institucions elegeixen els ciutadans directament? Quines s'elegeixen de manera indirecta?
5. Quins drets i deures dels ciutadans defineix la Constitució?
6. Com es concep l'organització territorial d'Espanya? Explica en què consisteix l'Estat de les autonomies i com es va constituir.

4 Les mobilitzacions populars

Al llarg dels anys de transició, la ciutadania es va organitzar en una gran quantitat d'associacions cíviques, en partits i en sindicats per defensar els seus drets i pressionar a favor del reconeixement de les llibertats públiques.

La decidida actuació popular en concentracions i manifestacions pacífiques pels carrers va impulsar de manera decisiva el canvi polític. La ciutadania va ser protagonista essencial perquè la democràcia es pogués aconseguir i consolidar.

A LA LLUITA PER LES LLIBERTATS POLÍTIQUES

Les mobilitzacions populars, organitzades per partits, els sindicats (Comissions Obreres–CCOO i Unió General de Treballadors–UGT), el moviment estudiantil o associacions de tota mena, van ser una constant a la dècada dels setanta.

Donaven suport a les demandes de **llibertats polítiques** i també a les peticions particulars de cada col·lectiu, que quaranta anys de dictadura havien silenciat.

El **moviment obrer** va ser un actor fonamental en aquella època. Les vagues i les manifestacions es van multiplicar; en totes s'unien la reivindicació de reformes salarials i laborals, la demanda de llibertat de sindicació i els desitjos d'un canvi polític que portés la democràcia.

Manifestació de l'11 de setembre del 1977 a Barcelona. Cap a un milió de persones van sortir al carrer per demanar l'autonomia.

El govern Arias

L'any 1976 va començar amb una gran onada de conflictivitat laboral que ja feia mesos que es gestava. En aquests conflictes hi ha CCOO, igual que USO, amb reivindicacions socials i econòmiques: actuació contra l'atur, descongelació dels salaris, etc. A més, també hi aporten reivindicacions polítiques, que es resumeixen en la demanda de llibertat política i sindical.

Ja ha començat el debat entre unitat i pluralitat sindical, qüestió que s'ha de decidir amb les premisses de la llibertat sindical, i el patrimoni sindical també es comença a reclamar.

A. Mozo Gallo: *Constitució i treball*, 1995.

Full de mà amb les reivindicacions del sector de la construcció, que van tenir el suport de les forces sindicals durant els anys de la transició.

B EL COMPROMÍS DE L'ESGLÉSIA

Des de la dècada dels seixanta al si de l'Església catòlica espanyola hi havia un fort **corrent crític** contra el franquisme. Als anys setanta els sectors catòlics més lligats al moviment obrer i a l'oposició democràtica van col·laborar en moltes de les activitats i de les mobilitzacions de protesta i les van esperonar.

Les parròquies van acollir moviments cívics en els quals col·laboraven els anomenats "capellans obrers" dels barris desafavorits. A més, l'Església va fomentar associacions com ara **Justícia i Pau**, que denunciava la repressió política i la injustícia social.

A més, des del 1971 el cardenal Vicent Enrique i Tarancón, president de la Conferència Episcopal, va impulsar una política de suport a la democratització del país i a la reconciliació entre els qui s'havien enfrontat en la Guerra Civil.

C LES MOBILITZACIONS FEMINISTES

El franquisme havia reprimit especialment la condició de les dones. Amb la transició i amb l'arribada de la democràcia, el moviment feminista es va poder organitzar i va començar una forta mobilització per defensar els drets de la dona.

Tot i que la Constitució consagrava la igualtat legal d'homes i dones, hi havia nombroses lleis que encara no s'havien desplegat. Qüestions com el divorci, l'avortament, la igualtat laboral i la violència contra les dones van ser abordades pels col·lectius de dones, que es van mobilitzar per defensar els seus drets.

El maig del 1976 es van celebrar a Barcelona les primeres Jornades Catalanes de la Dona, que van constituir un primer debat públic sobre la situació de la dona i les principals reivindicacions femenines.

D LES ASSOCIACIONS CÍVIQUES I VEÏNALS

Construir la democràcia s'associava també a reivindicar millores en les condicions de vida i a augmentar la igualtat entre els ciutadans.

En aquestes demandes hi van participar molts col·lectius, que van crear associacions de caràcter cívic, entre les quals podem destacar:

- Les **associacions cíviques** de diversos tipus (associacions de pares i mares, sindicats d'estudiants, etc.), que organitzaven la població en defensa dels seus drets.
- Els **col·legis professionals** (d'arquitectes, d'advocats, etc.), que es van mobilitzar per oferir assessorament legal, promoure canvis urbanístics...
- Les **associacions de veïns**, que, sobretot als barris més desafavorits, organitzaven els veïns per demanar escoles, serveis (clavegueram, pavimentació, electricitat, etc.) i també transports.

Acció reivindicativa dels veïns del barri del Guinardó, Barcelona, 1974.

1. Com van contribuir les mobilitzacions socials a l'arribada i a la consolidació de la democràcia?
2. Quines eren les reivindicacions principals del moviment obrer?
3. Qui paper van tenir alguns sectors de l'Església durant la transició?
4. Per quin motiu en la transició hi van proliferar les organitzacions feministes? Quines en van ser les reivindicacions principals?
5. Quin paper hi van tenir les associacions cíviques? Qui les componia? Quins objectius tenien?

Posa't en lloc seu

6. En la transició, molts col·lectius es van organitzar per defensar les seves activitats.

   Imagineu que la vostra classe organitza una associació estudiantil.

   - Feu grups de 4 i penseu-vos quines demandes principals faríeu.
   - Feu un full de mà que les aplegui (ha de tenir text i dibuix).
   - Exposeu les demandes de cada grup a classe i compareu-les. Quines es repeteixen més?

5 Els governs de la democràcia

A partir del 1982 es va consolidar un model bipartidista en què PSOE i PP s'han anat alternant en el govern: les eleccions d'aquell any van comportar un canvi en les forces de la transició. La UCD va anar desapareixent i Alianza Popular (convertida més tard en el Partit Popular), es va consolidar com la primera força de l'oposició. El PCE va tenir una davallada electoral i hi van aparèixer discrepàncies internes que van desembocar en la creació, el 1996, d'Izquierda Unida.

1982-1996: Els governs del Partit Socialista

Els socialistes del **PSOE**, dirigits per **Felipe González**, van governar Espanya durant quatre legislatures (1982, 1986, 1989, 1993). El **canvi socialista** es va concretar en un **programa de reformes** que tenia com a prioritat la recuperació econòmica, l'extensió dels serveis socials i l'ingrés d'Espanya a la CEE, que va arribar el 1985.

Durant els primers anys va predominar la lluita contra la inflació i es va fer una reestructuració industrial profunda. Per reduir els efectes socials d'aquesta política, que va arribar a provocar diverses vagues generals, es van incrementar els serveis públics i les prestacions socials i es va donar un gran impuls a les obres públiques (pla d'autovies, AVE, etc.).

En política interior es va aprovar una nova llei d'ensenyament, que n'ampliava l'obligatorietat fins a 16 anys, es va reformar profundament l'exèrcit i es va emprendre una política antiterrorista, sobretot contra ETA.

Els darrers anys el govern va mostrar símptomes de desgast a causa de l'empitjorament de la situació econòmica. A més a més, l'esclat d'escàndols polítics, com el dels GAL (grup armat destinat a combatre ETA al marge de la llei), i l'aparició de casos de corrupció van debilitar enormement el govern. En aquesta situació, el 1996 es van convocar eleccions anticipades, que el Partit Popular va guanyar.

Els governs del Partit Popular (1996-2004)

José María Aznar, dirigent del Partit Popular, va governar durant dues legislatures. A la primera l'esforç es van orientar a reduir el dèficit de l'Estat mitjançant una política de privatització d'empreses públiques i a fer baixar l'atur. La millora de la situació econòmica va permetre a Espanya entrar a l'euro, l'any 2002.

A partir de l'any 2000 el terrorisme etarra es va anar reduint fins el final de l'activitat de la banda armada. A la segona legislatura, amb majoria absoluta del Partit Popular al Congrés, el PP va reformar algunes lleis del període socialista, relacionades amb l'**ensenyament**, el **món laboral**, l'**arribada d'immigrants** i la lluita **antiterrorista**. En política exterior, es va afavorir l'acostament als Estats Units, que va comportar el suport a una intervenció militar a Iraq, al març del 2003, que no tenia l'aval de l'ONU. Aquest fet va provocar una gran onada de mobilitzacions contra la decisió del govern.

L'11 de març del 2004 el radicalisme islamista va cometre un terrible atemptat als trens de rodalia de RENFE de Madrid, el qual va provocar 193 morts i centenars de ferits. Tres dies després, enmig d'una enorme commoció social, les eleccions les va guanyar el PSOE.

ELECCIONS AL CONGRÉS

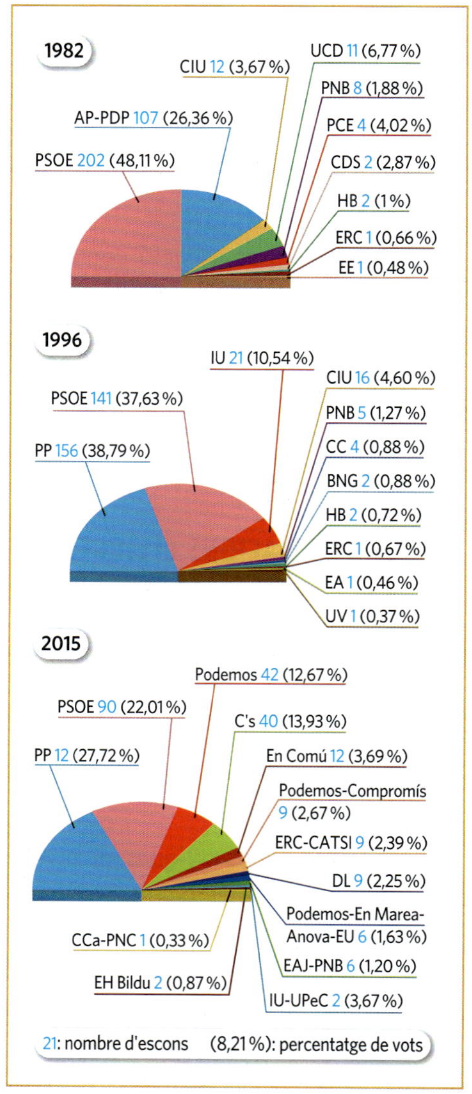

Cartell de propaganda electoral del PSOE el 1982.

Cartell de propaganda electoral del PP per a les eleccions de l'any 2000.

2004-2011: La tornada del PSOE, prosperitat i crisi

El socialista **José Luis Rodríguez Zapatero** va governar durant dues legislatures. En la primera (2004-2008) es van tirar endavant **nombroses reformes**. En primer lloc, només arribar al govern, va ordenar **retirar les tropes de l'Iraq**. A més a més, va impulsar una sèrie de **normes legals de caràcter social**, com ara la del matrimoni entre persones del mateix sexe, la de la igualtat entre homes i dones, la d'ampliació de les ajudes a les persones dependents i la llei d'estrangeria per regularitzar immigrants, i es va emprendre un procés de revisió de diversos estatuts d'autonomia.

La **segona legislatura** socialista (2008-2011) va quedar fortament afectada per la **crisi econòmica mundial**, que a Espanya es va traduir en un gran increment de l'atur, un estancament de la producció industrial i de la construcció, una **crisi generalitzada** del sector financer i un gran augment del deute públic. En aquest context de crisi, l'octubre del 2011 ETA va anunciar un alto al foc permanent, fet que obria un camí esperançador per a la fi de la violència terrorista a Espanya.

Censurat per l'actuació en la crisi econòmica, el govern va convocar eleccions generals anticipadament per al 20 de novembre del 2011.

La nova legislatura del Partit Popular (2011-2015)

Els comicis van donar la majoria absoluta al Partit Popular i al seu nou líder, **Mariano Rajoy**. La legislatura la van marcar les polítiques d'austeritat contra la crisi, la lluita contra l'atur, la reforma laboral i l'esforç per reduir el deute exterior i el deute públic.

El govern va pactar amb la Unió Europea els reajustaments pressupostaris que calia aplicar com a condició per renegociar el deute extern. En va resultar la reducció de les partides destinades a despesa social (dependència, ensenyament, sanitat, etc.) i la restricció dels drets dels treballadors. Tot això, juntament amb els escàndols de corrupció política, va provocar una gran contestació social, representada pels "indignats del 15-M" i per altres moviments polítics i socials.

Tot i que la situació econòmica s'ha estabilitzat a partir del 2014 i que l'economia ha crescut lleugerament, la creació de llocs de treball es recupera a un ritme molt lent.

Les eleccions del 2015: cap a una nova correlació de forces?

El desembre del 2015 es van celebrar eleccions, que va guanyar el Partit Popular. Els resultats reflectien una clara crisi del sistema bipartidista (PP-PSOE), perquè entre tots dos partits van perdre gairebé un centenar de diputats i cinc milions de vots.

A més, l'espectre polític va quedar fragmentat notablement a causa de la irrupció de noves forces polítiques com Ciutadans i Podem, la qual és en bona part hereva dels moviments de protesta social. Totes dues forces es presenten com a renovadores, critiquen la corrupció política i demanen una actualització profunda del sistema polític.

La memòria de les víctimes

La voluntat de recuperar la memòria històrica de tothom qui havia patit la repressió va comportar que s'elaborés la Llei de Memòria Històrica (2007), que va instituir mesures a favor de les víctimes de persecucions o violència durant la Guerra Civil i la dictadura.

Aquesta llei s'insereix en el conjunt d'accions que promouen l'ONU i la UE per recuperar la memòria de les víctimes de conflictes, persecucions o genocidis com l'única manera d'acceptar la veritat, tancar les ferides i avançar en la reconciliació.

El 2011, a més a més, es va promulgar una llei destinada a reconèixer la memòria de totes les víctimes de la violència terrorista.

Manifestació del moviment dels Indignats a Barcelona, 2011.

1. Quina reordenació de partits hi va haver a partir del 1982?
2. Quan va arribar al poder el PSOE i amb quin missatge ho va fer? Quines van ser les línies principals d'actuació dels governs socialistes? Quins factors van propiciar la caiguda del PSOE el 1996?
3. Quines van ser les principals actuacions dels governs del Partit Popular?
4. Com s'ha produït l'alternança en el poder a partir del 2004? Quins problemes han afrontat els governs?
5. Quin canvi polític hi va haver a les eleccions del 2015?

6 La Catalunya autonòmica

L'elaboració de l'Estatut de Sau

Una comissió de 20 parlamentaris es va reunir per elaborar el text de l'Estatut d'Autonomia de Catalunya, conegut com l'Estatut de Sau. Aquest Estatut definia Catalunya com a **nacionalitat**, reconeixia la Generalitat com a institució política de l'autogovern català i declarava el català llengua pròpia del país i l'oficial, juntament amb el castellà. També establia la senyera com a bandera de Catalunya.

L'Estatut organitzava les institucions polítiques de Catalunya: el poder legislatiu quedava en mans d'un Parlament escollit per sufragi universal i el poder executiu l'exercia un president, elegit pel Parlament, que nomenava un Consell executiu. L'organització judicial a Catalunya culminava en el Tribunal Superior de Justícia.

L'Estatut dotava la Generalitat d'àmplies competències legislatives i executives. La Generalitat es finançava a partir de les transferències de recursos des de l'Estat, que recaptava la majoria dels impostos, tot i que l'administració catalana també en tenia alguns de cedits, com ara el de successions i donacions.

El projecte d'Estatut es va aprovar el setembre de 1979 al Congrés i al Senat, després d'alguns canvis, i el 25 d'octubre següent el poble català el va ratificar massivament amb un 88% de vots afirmatius. Tot seguit, el 20 de març del 1980 es van celebrar les primeres eleccions al Parlament de Catalunya, que foren guanyades per Convergència i Unió.

El funcionament de l'autonomia

La Generalitat ha estat governada per diferents forces polítiques i dirigida per uns quants presidents:

- **1980-2003**: Convergència i Unió, amb la presidència de **Jordi Pujol**, va governar durant sis legislatures. L'any 1984 s'incorporava un altre partit, Esquerra Republicana de Catalunya (ERC), fins a l'any 1987.
- **2003-2010**: dos governs tripartits formats pel Partit dels Socialistes de Catalunya (PSC), Esquerra Republicana de Catalunya (ERC) i Iniciativa per Catalunya-Verds (IC-V). El primer govern va ser presidit pel socialista **Pasqual Maragall** (2003-2006) i el segon pel també socialista **José Montilla** (2006-2010).

En la tasca legislativa, el Parlament va dissenyar un model educatiu i sanitari propi i també polítiques d'assistència social. Per fomentar l'ús del català es van aprovar dues Lleis de Normalització Lingüística (1983 i 1997). En aquest terreny va ser fonamental la creació dels mitjans de comunicació públics, Televisió de Catalunya (TV3) i Catalunya Radio (1983). També es va reordenar el territori amb les comarques (actualment, 42), regides per Consells Comarcals.

A partir del 2006 es van legislar les lleis de l'Agència Tributària, de Serveis Socials, del Memorial Democràtic, de la Corporació Catalana de Mitjans Audiovisuals, de l'Institut Català de la Salut i de l'Obra Pública, entre d'altres.

LES INSTITUCIONS DE CATALUNYA

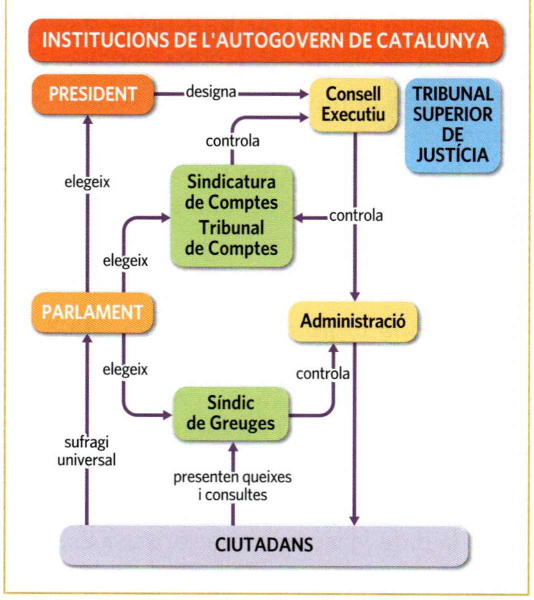

COMPETÈNCIES LEGISLATIVES I EXECUTIVES

Exclusives de la Generalitat	Compartides amb l'Estat
Educació i cultura	Treball
Sanitat i benestar social	Justícia
Ordenació del territori	Agricultura, indústria i comerç
Dret Civil	Impostos
Obres públiques interiors	Ordre públic
Habitatge	Medi ambient

ELECCIONS AL PARLAMENT EL 1992 I EL 2010

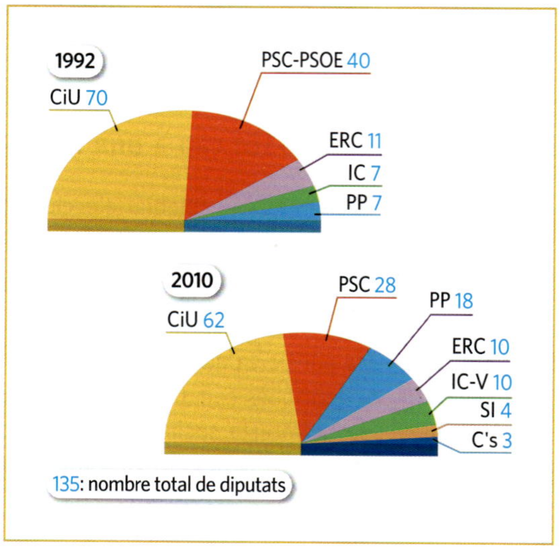

L'elaboració d'un nou Estatut (2006)

La concreció de les competències autonòmiques va generar conflictes entre la Generalitat i els governs espanyols. Un dels principals problemes va ser el finançament autonòmic, atesa la reduïda capacitat fiscal de l'administració catalana i la concentració de les decisions econòmiques a Madrid.

Per millorar el sistema de finançament i blindar les competències de la Generalitat, el govern presidit per Pasqual Maragall va elaborar un nou Estatut que el Parlament va aprovar el setembre del 2005. El text va ser ratificat per les Corts espanyoles, després d'una notable modificació, i el 18 de juny del 2006 va ser referendat pels catalans.

El Partit Popular s'oposà al nou Estatut i el va recórrer davant el Tribunal Constitucional, que, quatre anys després (juny de 2010), va declarar inconstitucionals 14 articles i en va reinterpretar 27.

En aquest context, l'any 2010 es van celebrar unes noves eleccions, que van donar la victòria a Convergència i Unió, i **Artur Mas** va arribar a la presidència. Aquest partit va tornar a guanyar les eleccions anticipades del 2012.

Manifestació a Barcelona de l'11 de setembre del 2014. A partir de l'any 2012 les manifestacions massives de l'11 de setembre han estat una mostra de la força de les reivindicacions sobiranistes.

Els problemes de l'actual model autonòmic

Al llarg d'aquests darrers anys, les retallades a l'Estatut han provocat un ambient de descontentament i de mobilitzacions massives de ciutadans en contra de les limitacions de l'autogovern català.

Una bona part de la societat i dels partits polítics s'han manifestat a favor del dret a decidir el futur de les relacions entre Catalunya i Espanya mitjançant una consulta democràtica. Paral·lelament, alguns sectors socials (Assamblea Nacional Catalana, Òmnium Cultural) i partits polítics s'han pronunciat a favor de la independència de Catalunya.

Les eleccions anticipades de l'any 2015 van ser guanyades per la coalició independentista de Junts pel Sí (integrada per CDC, ERC, independents i altres grups) i es va constituir un govern presidit pel convergent Carles Puigdemont.

Des de llavors la societat catalana està immersa en un ampli debat polític sobre les respostes que cal donar a l'esgotament de l'actual model autonòmic català.

ELECCIONS AL PARLAMENT EL 2015

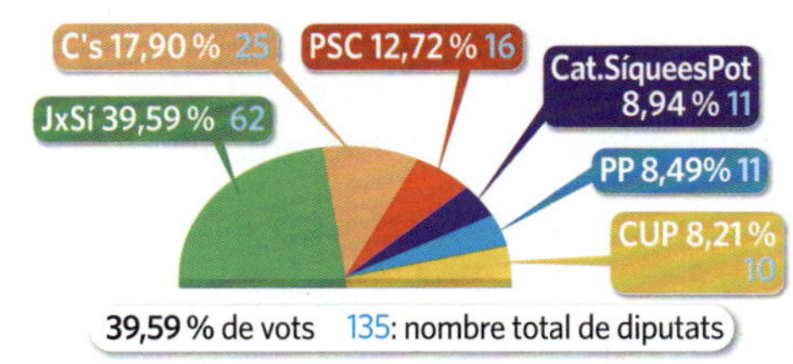

@ Amplia a la xarxa...

Per saber-ne més sobre les eleccions al Parlament de Catalunya del 2015, entra a: www.tiching.com/750480

1. Com es va redactar i aprovar l'Estatut de Sau? Quines atribucions i competències atorgava a la Generalitat? Quines competències són exclusives i quines compartides?
2. (A-A) Observa l'esquema. Quines institucions conformen el govern autonòmic de Catalunya? Quin poder i quines funcions tenen cadascuna?
3. Quins partits han format govern a Catalunya des de la recuperació de l'autonomia? Quines accions legislatives ha dut a terme la Generalitat?
4. Per què es va elaborar un nou Estatut el 2006? Valora les conseqüències polítiques i socials de la sentència del Tribunal Constitucional sobre aquest Estatut.

7 Canvi econòmic i social a partir del 1985

Les transformacions econòmiques

La transformació econòmica va començar amb les mesures d'ajustament que la CEE (actual UE) exigia per acceptar l'ingrés d'Espanya.

A partir del 1986 Espanya va tenir un **creixement econòmic** anual superior a la mitjana comunitària i va reduir les distàncies amb els països més desenvolupats. El producte interior brut (PIB) va pujar: entre el 1996 i el 2008 el nombre de la població ocupada es va incrementar en quasi vuit milions, gairebé la meitat dels quals eren immigrants.

Paral·lelament, l'economia va viure un procés de terciarització creixent. A Catalunya l'any 2016 el sector dels serveis ocupa més del 74% de la població; la indústria, el 19%; la construcció, el 5%; i el sector primari, el 2%.

Malgrat el creixement, l'economia espanyola va continuar mantenint alguns problemes estructurals. El dèficit de la balança comercial era molt alt; la productivitat industrial era baixa, i l'endarreriment en la innovació tecnològica continuava. A més a més, a partir de l'any 2000 el creixement va dependre massa del sector immobiliari.

ESTRANGERS REGULARITZATS

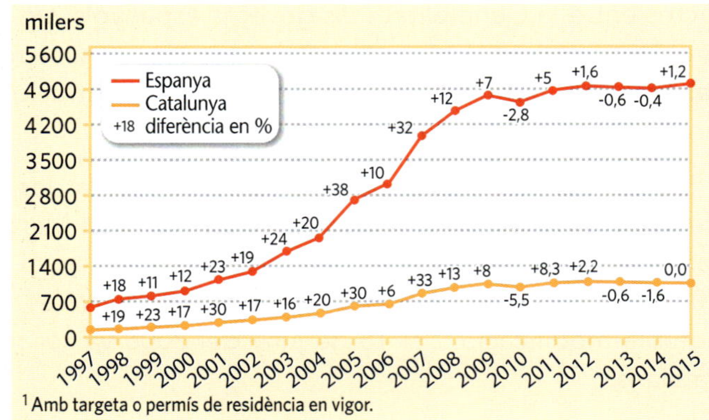

[1] Amb targeta o permís de residència en vigor.

EVOLUCIÓ DEL PIB A ESPANYA

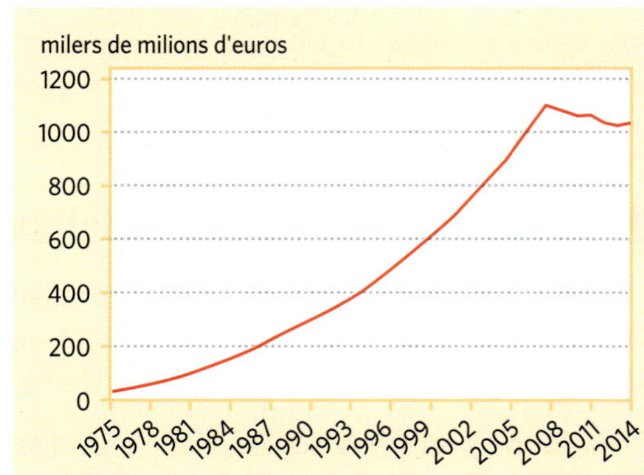

Els canvis demogràfics

En les últimes dècades a Espanya hi ha hagut un endarreriment en l'edat del matrimoni i de tenir fills, un descens en el nombre de fills per família i, en conseqüència, un descens de la taxa de natalitat (9,2‰ el 2014). Paral·lelament, l'esperança de vida ha pujat, cosa que ha implicat un notable envelliment de la població.

El creixement natural de la població és ara molt baix (0,7‰ el 2014 a Espanya i de 1,4‰ a Catalunya), però la població espanyola ha augmentat els darrers anys i se situa a 46 524 943 milions d'habitants (2015), com a resultat de l'arribada de gairebé cinc milions d'immigrants els últims anys. Catalunya ha superat els 7,5 milions d'habitants, tot i que la crisi econòmica ha comportat un retorn important dels emigrants als països d'origen.

La modernització de la societat

En les tres últimes dècades s'ha incrementat la renda nacional bruta*, que ha significat una millora de les condicions materials i una alça del consum (electrodomèstics, roba, cotxes, informàtica, oci, vacances, viatges). Aquesta tendència ha declinat des del 2009, com a efecte de la crisi econòmica.

L'estructura familiar tradicional ha evolucionat amb el creixement de les famílies monoparentals, l'augment de les adopcions i el reconeixement de les parelles de fet i del matrimoni entre persones del mateix sexe. A més a més, s'ha regulat el divorci i la interrupció de l'embaràs i s'ha secularitzat notablement la societat amb la pèrdua d'influència social de l'Església.

Pel que fa a l'estructura social, s'ha consolidat el predomini de les classes mitjanes urbanes, que avui dia constitueixen un dels principals eixos vertebradors de la societat espanyola.

El nou paper de les dones

Als darrers trenta anys hi ha hagut a Espanya i a Catalunya un **increment notable de la participació de la dona** en la vida política, social i laboral. S'han promulgat lleis adreçades a protegir la maternitat i a facilitar la conciliació de la vida laboral i familiar (Llei per a la igualtat efectiva de dones i homes, 2007) o contra la violència sexista.

Les polítiques que s'han posat en marxa han comportat un avanç, però encara som lluny de superar el "sostre invisible" que impedeix a les dones situar-se en igualtat amb els homes en molts àmbits de la societat.

LA INTEGRACIÓ ALS ORGANISMES INTERNACIONALS

La instauració a Espanya d'un règim democràtic va permetre que entrés a organismes europeus i internacionals. El fet més transcendental va ser l'entrada, el 12 de juny del 1985, a la **Comunitat Econòmica Europea** (CEE, més tard, Unió Europea), que va afavorir la integració en un dels circuits econòmics més grans del món.

Espanya va participar activament en la consolidació de la unitat europea que el Tractat de Maastricht va significar i en la transformació de la Comunitat Econòmica Europea en la Unió Europea, l'any 1992. A més, va ser un dels Estats que el 2002 van adoptar l'euro com a moneda.

El procés espanyol d'incorporació a l'Aliança Atlàntica va començar el 1981, quan les Corts van aprovar, amb l'oposició dels partits d'esquerra, l'ingrés a l'OTAN.

El 1986, amb els socialistes al poder, es va convocar un referèndum que va aprovar que Espanya s'hi quedaria amb la condició de no integrar-se en l'estructura militar. Finalment, Espanya es va incorporar a l'estructura militar de l'OTAN el 1996.

RECEPCIONS I APORTACIONS D'ESPANYA A LA UE

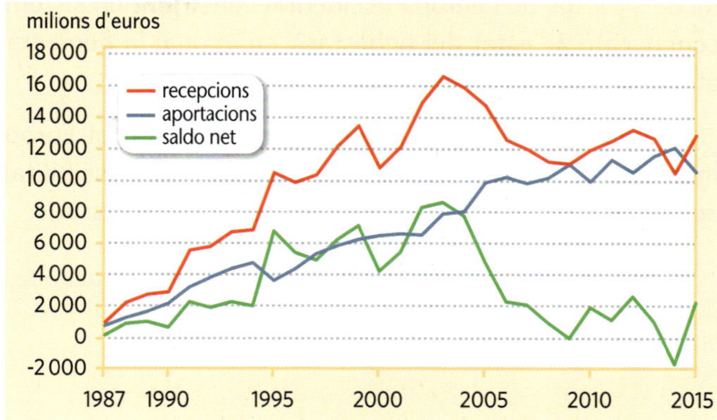

Catalunya i Europa

Catalunya, com a regió Europea amb forta personalitat i un pes econòmic notable, participa en els organismes europeus de caire regional, com el Comitè de les Regions d'Europa, una assemblea consultiva que serveix per donar veu a les entitats regionals i locals europees en la presa de decisions comunitàries.

L'entrada a la Unió Europea

Com a requisit per ingressar a la CEE (actual UE), Espanya va ratificar els pactes internacionals sobre drets humans de les Nacions Unides i la Carta Social Europea. A més a més, al llarg de la dècada dels vuitanta va caldre reestructurar profundament l'economia i la legislació espanyoles per acostar-les a les dels països comunitaris.

En compensació, durant gairebé dues dècades Espanya ha estat la màxima beneficiària dels Fons de Cohesió*, que han permès grans inversions en infraestructures (autovies, ferrocarrils, aeroports...), el desenvolupament de polítiques d'ocupació, la promoció de zones rurals i industrials i l'arrencada de projectes mediambientals, d'innovació tecnològica i d'educació.

Des del 2014 Espanya ha deixat de rebre aquests fons, que ara es destinen a altres països de la UE que encara no han arribat al 90% de la renda nacional bruta mitjana de la UE.

CONVERGÈNCIA D'ESPANYA AMB LA UE

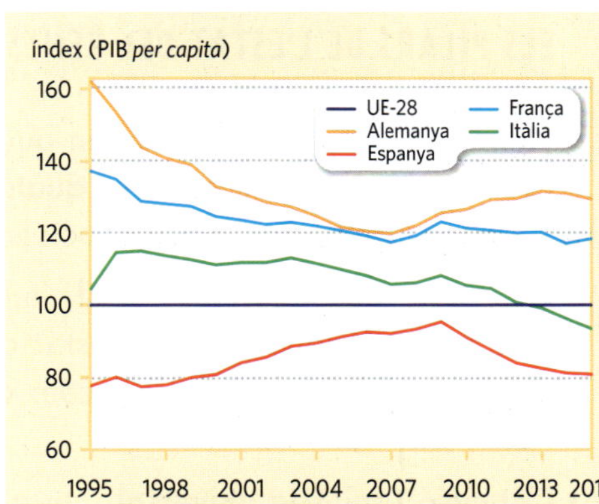

1. Quina evolució ha seguit l'economia en les últimes dècades? Quines debilitats estructurals presentava?
2. Quins són els canvis demogràfics i socials més rellevants de les últimes dècades?
3. Observa el gràfic dels estrangers regularitzats i explica en què consisteixen les variables.
4. Quines mesures es van emprendre per preparar l'adhesió d'Espanya a la CEE?
5. Què és l'OTAN? Com s'hi va integrar Espanya?
6. Què ha comportat per a Espanya i Catalunya pertànyer a la Unió Europea? Què són els fons de cohesió? Com se n'han beneficiat, Espanya i Catalunya?

8

PASSAT I PRESENT

Construcció i crisi de l'estat del benestar

Des del 1978, recuperat el sistema democràtic, Espanya va seguir el camí dels països de l'Europa occidental construint un sistema social que es coneix com a "estat del benestar", en el qual la democràcia no tan sols atorga drets polítics, sinó també drets socials.

La greu crisi del 2008 ha posat en qüestió a tot Europa, i de manera més crua en alguns països com Espanya, les possibilitats de mantenir aquest model si no s'hi dediquen els recursos necessaris.

Manifestació a favor de la sanitat i de l'educació públiques.

A CAP AL MODEL EUROPEU DEL BENESTAR

A les últimes dècades s'ha consolidat a Espanya l'Estat del benestar, que garanteix a tots els ciutadans uns mínims de protecció social.

Per instituir-lo va ser essencial la **reforma fiscal** del 1977, en la qual es va establir un sistema d'impostos progressiu, que es paga en funció del que es guanya (renda del treball), i la consolidació del sistema públic de **Seguretat Social**, que assegurava l'atenció mèdica i una jubilació retribuïda a tots els ciutadans.

L'obligatorietat de l'IRPF (impost sobre la renda de les persones físiques) i la cotització dels treballadors a la Seguretat Social va permetre a l'Estat incrementar els ingressos i redistribuir els recursos d'una manera que reduís les diferències socials i garantís de forma universal una sèrie de drets socials bàsics.

ELS IMPOSTOS A ESPANYA

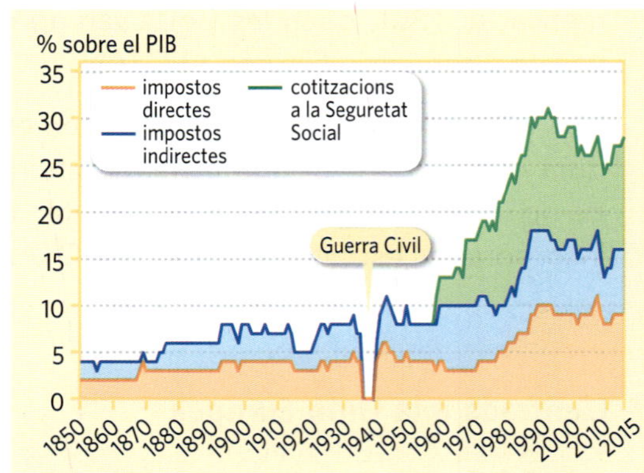

B ELS PILARS DE L'ESTAT DEL BENESTAR

L'estat del benestar es basa en quatre grans eixos de polítiques socials, que coneixem com els **quatre pilars** de **l'Estat del benestar**, que garanteixen els drets socials bàsics a tots el ciutadans:

- El sistema de **Seguretat Social**, finançat per empresaris i treballadors, que dóna lloc a prestacions contributives als treballadors i a les seves famílies, com ara pensions o protecció de l'atur.
- L'**atenció sanitària universal** i un percentatge de la despesa farmacèutica es finança parcialment amb les cotitzacions dels treballadors i empresaris i en part amb impostos.
- El dret a l'**ensenyament gratuït** fins a 18 anys i a un finançament parcial de l'ensenyament universitari. Les despeses es sufraguen amb impostos.
- Els **serveis socials** per respondre a necessitats com ara la protecció a la infantesa, les pensions per als qui no tenen dret a pensió contributiva, l'ajuda als discapacitats, l'habitatge social, els ajuts a la dependència i a les situacions d'exclusió social. Aquests serveis es financen amb impostos.

DESPESA EN PROTECCIÓ SOCIAL

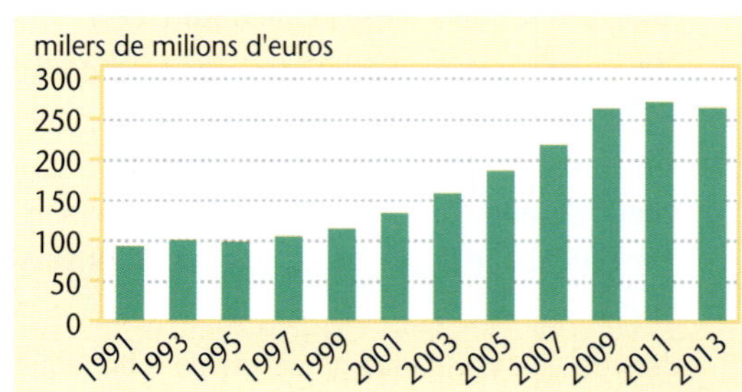

INGRESSOS PER COTITZACIONS SOCIALS

C LA DEBILITAT DE L'ESTAT DEL BENESTAR A ESPANYA

Malgrat els avanços que s'han aconseguit en la construcció de l'estat del benestar, Espanya ha mantingut al llarg de tot el període democràtic una relativa distància amb els països més avançats de la Unió Europea.

Espanya dedica menys percentatge del PIB a les despeses socials que la mitjana dels països comunitaris, que se situa al voltant del 27 %. Per això, en temps de crisi qualsevol reducció d'aquest percentatge pot afectar de manera greu el benestar.

LA DESPESA SOCIAL A ESPANYA I A LA UE-28 EN % DEL PIB

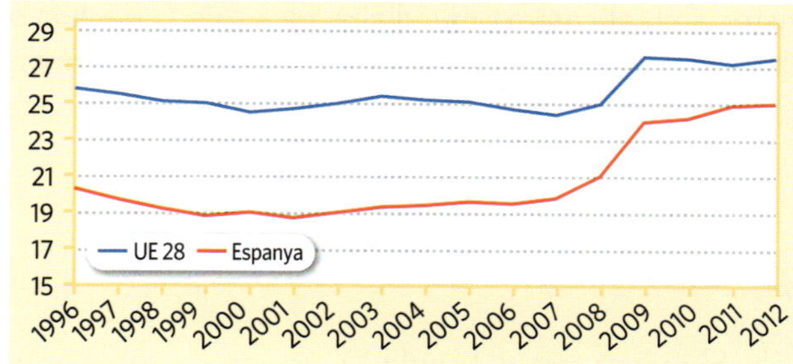

D LA CRISI DEL 2008

A Espanya la crisi del 2008 va afectar molt greument el sector immobiliari i financer. El gran creixement de la construcció dels anys anteriors es va acabar de cop i volta ("bombolla immobiliària") i moltes empreses van fer fallida.

L'alentiment del ritme d'activitat de la construcció va afectar moltes empreses que en depenien, i això va provocar que el sector industrial també entrés en crisi, cosa que va generar una gran pujada de l'atur.

La crisi bancària es va desencadenar com a conseqüència del finançament immobiliari provocat per l'especulació. La fallida d'empreses constructores i l'increment de l'atur entre els treballadors es van traduir en l'impagament de molts crèdits i hipoteques, i això va causar una gran quantitat de desnonaments.

La caiguda de l'activitat econòmica i la manca de fons europeus ha produït un greu descens dels ingressos per impostos perquè es recapta menys, tant de les empreses com dels salaris, els quals han baixat notablement.

A causa d'aquestes dificultats de finançament, hi ha hagut una notable **reducció de la inversió** en infraestructures i unes **retallades generalitzades** en els pressupostos de totes les administracions, que han afectat, fins i tot, serveis essencials com ara l'educació i la sanitat.

DESPESA SANITÀRIA PÚBLICA A ESPANYA

	2009	2010	2011	2012	2013	2014	2015
Milions d'euros	70 579	69 417	68 050	64 153	61 710	61 428	62 709
Percentatge sobre el PIB	6,5 %	6,4 %	6,3 %	6,1 %	5,9 %	5,9 %	5,8 %
Euros per habitant	1 510	1 475	1 442	1 357	1 309	1 318	1 348

L'endeutament públic

Espanya ha de demanar diners per afrontar les seves despeses a causa del descens d'ingressos en concepte d'impostos.

Durant els anys 2009-2012 els interessos per aquest deute es van incrementar de manera espectacular com a conseqüència dels moviments especulatius de les finances internacionals.

Pagar el deute i els seus interessos consumeix molts recursos nacionals.

1. Què és l'estat del benestar? Què és essencial per poder mantenir-lo? Observa el gràfic i explica l'evolució de la recaptació d'impostos a Espanya.

2. Quins són els quatre pilars en què es basa l'estat del benestar? Quina evolució ha tingut la despesa social a Espanya a partir de l'any 1980? Com es financen les cotitzacions socials?

Relaciona ahir i avui

3. Compara la crisi energètica del 1973 i la crisi financera del 2008. Quines semblances i diferències hi trobes? Totes dues crisis van comportar una amenaça per a l'estat del benestar?

4. Valora la importància de mantenir l'estat del benestar i determina tres accions necessàries per poder mantenir-ne les prestacions.

9 Els corrents artístics del segle XX a Espanya

El segle XX ha estat una etapa extraordinària per a l'art del nostre país. Podem distingir-hi dues grans etapes separades pel conflicte de la Guerra Civil, que durant anys va paralitzar la connexió dels artistes amb el context mundial; a partir de la dècada de 1950, però, l'art espanyol va tornar a adquirir una rellevància enorme.

A LA PRIMERA MEITAT DEL SEGLE XX

El primer terç del segle XX és una veritable edat d'or de l'art espanyol. Molts artistes tenen relació amb les avantguardes, especialment parisenques i alemanyes, i les seves obres constitueixen un patrimoni mundial.

La Guerra Civil i el primer franquisme van provocar l'exili de molts d'aquests artistes i una aturada en la renovació artística espanyola.

La renovació escultòrica

L'escultura anterior a la Guerra Civil té, entre d'altres, dos grans artistes vinculats al moviment cubista, que van renovar l'escultura completament. Són **Pau Gargallo**, que va introduir el buit en les seves composicions construint figures canviants, i **Juli González**, que va treballar essencialment el ferro des de l'abstracció, partint sempre de la figura humana.

Juli GONZÁLEZ: *Cap de Montserrat*, 1942.

Pau GARGALLO: *El Profeta*, 1936.

Els corrents pictòrics

A Espanya la pintura del primer terç del segle va tenir representants excepcionals de nous corrents avantguardistes. Sobresurten tres grans noms de l'art contemporani: **Pablo Picasso**, **Salvador Dalí** i **Joan Miró**.

Ara bé, van destacar pintors en tots els corrents artístics: cubisme (**Juan Gris**, María Blanchard), expressionisme (Gutiérrez Solana, Ignacio Zuloaga), surrealisme (Maruja Mallo, Benjamín Palencia), tot i que la majoria d'ells van explorar diverses tendències.

L'avantguarda arquitectònica

Les innovacions de l'arquitectura funcionalista o racionalista van entrar amb força a la dècada del 1930.

En van ser els màxims artífexs l'enginyer **Eduard Torroja**, especialista mundial en construcció de formigó, i el grup **GATCPAC** (Grup d'Artistes i Tècnics Catalans per al Progrés de l'Arquitectura Contemporània), en el qual va sobresortir la figura de **Josep Lluís Sert**.

Josep Lluís SERT: *Fundació Maeght*, 1959-1964. Després de la Guerra Civil, l'arquitecte va continuar treballant a l'estranger.

@ Per saber-ne més de l'obra de Sert, entra a: www.tiching.com/751329

Juan GRIS: *Natura morta amb ampolla de Bordeus*, 1919.

i a Catalunya

B LA SEGONA MEITAT DEL SEGLE XX

La victòria del franquisme va significar un retrocés respecte dels posicionaments avantguardistes de la dècada anterior. Les noves construccions van seguir un estil monumentalista de caràcter tradicional i els artistes més rellevants treballaven fora d'Espanya.

A partir dels anys cinquanta van tornar a sorgir grups lligats a la modernitat i a l'avantguarda en tots els camps artístics.

Eduardo CHILLIDA: *Pinta del vent*, 1977.

L'escultura

Van destacar **Jorge Oteiza**, pioner de l'escultura abstracta, i **Eduardo Chillida**, que treballava materials com ara el ferro, la fusta, la pedra i el formigó i explorava conceptes com la llum i la gravetat.

Les noves tendències de la pintura

A la segona meitat del segle XX tres grups de pintors van liderar l'art contemporani a Espanya. A Catalunya va sorgir el grup **Dau al Set**, que va evolucionar des del surrealisme fins a l'informalisme, i en el qual van sobresortir **Antoni Tàpies, Joan Ponç, Modest Cuixart** i **Joan Josep Tharrats.** A Madrid va destacar el grup **El Paso (Antonio Saura** i **Manolo Millares)**, que va desenvolupar una pintura informalista amb influència de l'expressionisme abstracte. Finalment, a València va destacar l'**Equip Crònica**, que va conrear una pintura figurativa inspirada en la fotografia, el cartell i el còmic, pròxima a l'art pop.

També és rellevant l'aportació d'**Antoni López** en l'àmbit del moviment hiperrealista, amb escenes de la vida quotidiana i paisatges urbans d'una gran precisió i detallisme.

Dels moviments de la postmodernitat en sobresurt **Miquel Barceló**, l'artista espanyol actual amb més projecció internacional.

Antonio LÓPEZ: *Gran Vía, 1974-1981.*

Miquel BARCELÓ: *Estació de pluges núm. 3*, 1990.

La renovació de l'arquitectura

A partir de la dècada dels cinquanta es va reprendre el camí avantguardista, i de la mà d'una nova generació d'arquitectes (**Josep Antoni Coderch, Oriol Bohigas...**), es van construir noves edificacions que van tornar a adoptar els principis funcionalistes.

Dins del moviment postmodern que va seguir a la dècada dels seixanta, destaquen la recuperació del repertori arquitectònic clàssic a càrrec de **Ricard Bofill** (Teatre Nacional de Catalunya, a Barcelona), el racionalisme eclèctic de **Rafael Moneo** i l'avenç de l'enginyeria en l'arquitectura protagonitzat per **Santiago Calatrava.**

Rafael MONEO: *Palau de Congressos i Auditori Kursaal.* Sant Sebastià, 1996-1999.

L'art digital

A Catalunya l'art digital el representa Antoni Muntades, interessat per la televisió com a símbol de poder social i polític.

1. Quin grup d'arquitectes va introduir a Catalunya el funcionalisme? A quin moviment van estar vinculats Pau Gargallo i Juli González?
2. Quins artistes o grups destaquen en la segona meitat del segle XX en arquitectura, pintura i escultura?

Aprecia l'art

3. Observa la pintura de Miquel Barceló. Descriu-la. Quin sentiment et produeix?

COMPLETA EL MAPA CONCEPTUAL

Amb la informació del tema, completa al teu quadern l'esquema següent:

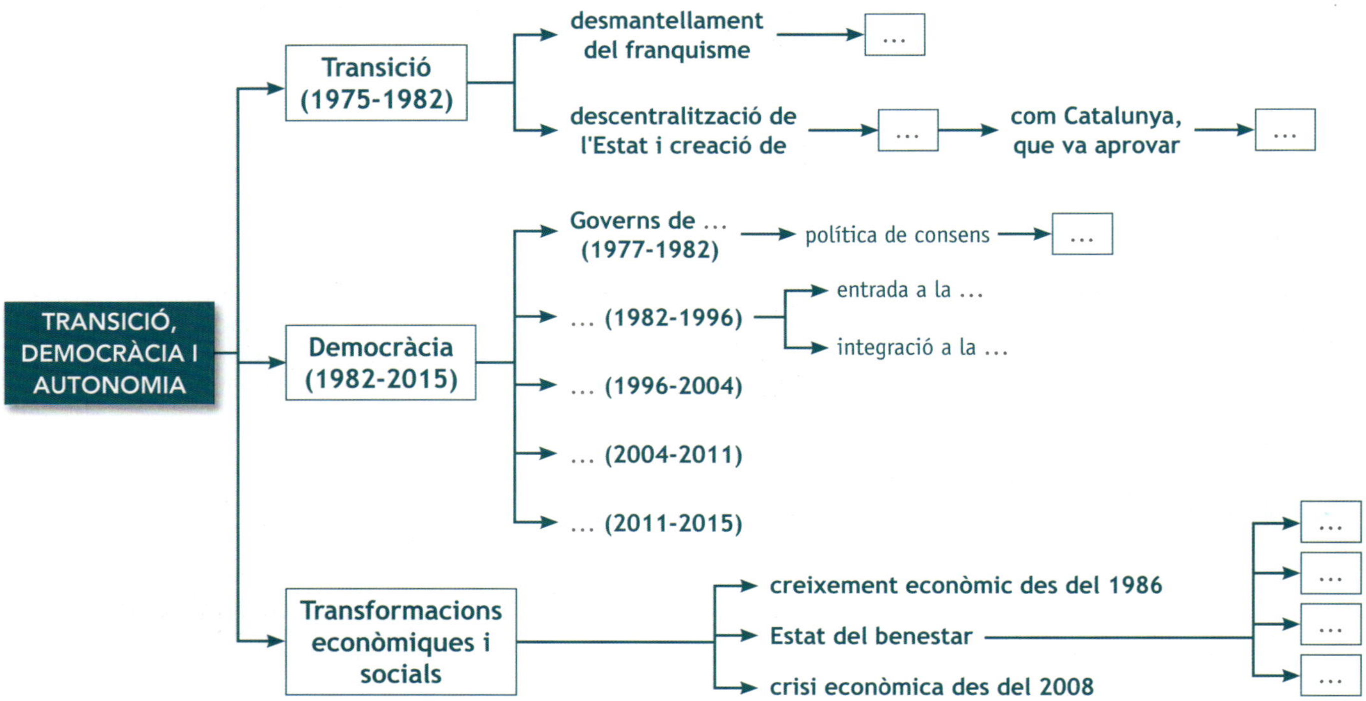

1 CONSOLIDA EL QUE HAS APRÈS

a) Per què el franquisme no va sobreviure al dictador? Què va ser la transició democràtica?

b) Com va desmantellar el govern d'Adolfo Suárez el règim franquista? A quins obstacles va haver de fer front?

c) Quin paper van tenir les mobilitzacions populars en el final del franquisme i la consolidació de la democràcia?

d) Com defineix la Constitució del 1978 l'Estat espanyol? Què és l'Estat de les Autonomies?

e) Com es va produir la recuperació de l'autonomia a Catalunya? Quines en són les institucions de govern?

f) Quins partits han format govern a Catalunya i Espanya des de la instauració de la democràcia? Com s'han alternat en el poder? Quines han estat les seves principals accions de govern?

g) Quines reformes es van fer per poder entrar a la CEE? Com es va produir l'entrada d'Espanya a l'OTAN?

h) Quina evolució han seguit l'economia i la demografia catalanes en les dues últimes dècades? I les pautes de conducta de la societat?

2 DEFINEIX CONCEPTES CLAU

- Generalitat de Catalunya
- Pactes de la Moncloa
- Estat autonòmic
- Estat del benestar

3 ESTABLEIX LA CRONOLOGIA

- cop d'Estat del 23 de febrer
- aprovació de la Constitució
- Estatut d'autonomia de Catalunya
- primeres eleccions autonòmiques
- primeres eleccions generals
- implantació de l'euro
- entrada a la CEE

4 IDENTIFICA ELS PERSONATGES

- Adolfo Suárez
- Felipe González
- José María Aznar
- Artur Mas
- José Luis Rodríguez Zapatero
- Jordi Pujol
- Mariano Rajoy
- José Montilla
- Pasqual Maragall

RESPON A LA PREGUNTA INICIAL

Com es va recuperar la democràcia a Espanya? Quins canvis socials, econòmics i polítics es van produir?

APRÈN A... ANALITZAR EL SISTEMA ELECTORAL

L'organigrama que et presentem mostra el sistema electoral que permet l'elecció de les institucions i els organismes més importants de l'Estat. Els organigrames són una manera senzilla, clara i visual de presentar qüestions que de vegades són complexes.

@ Amplia a la xarxa...

Per saber-ne més sobre el sistema D'Hondt, entra a: www.tiching.com/751330

LES ELECCIONS I LES INSTITUCIONS DEL SISTEMA DEMOCRÀTIC

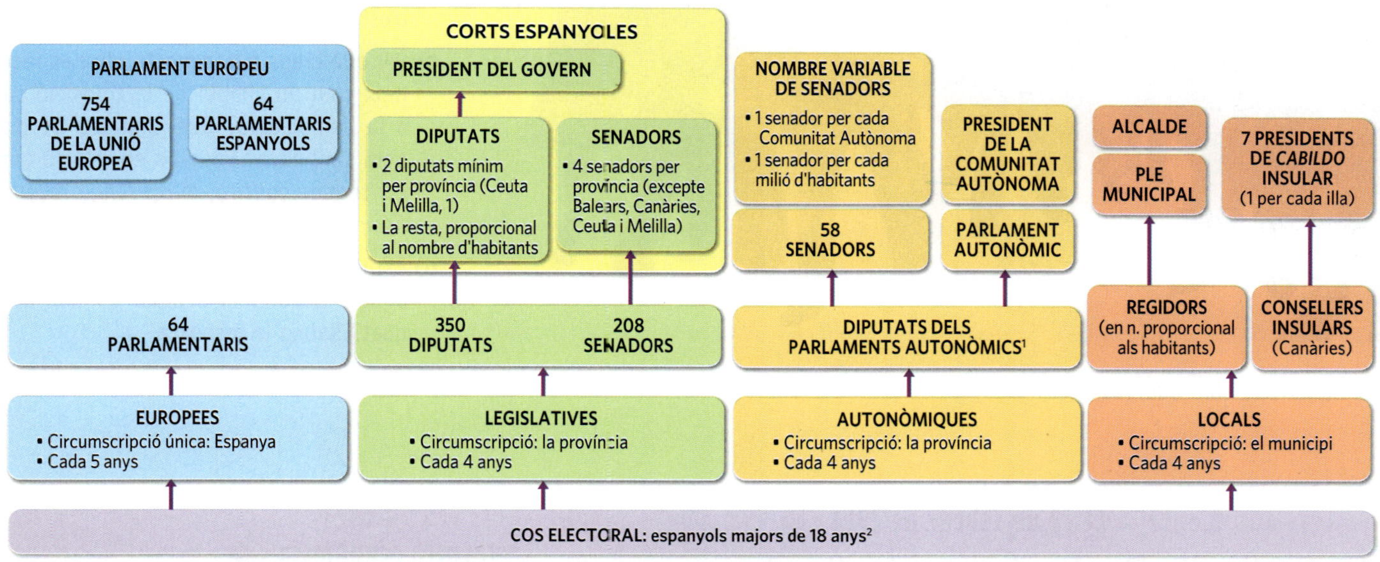

[1] Els Consells insulars de Mallorca, Menorca i Eivissa/Formentera estan integrats per diputats del Parlament Autonòmic Balear.
[2] En les eleccions europees i en les locals poden votar els ciutadans de la UE que viuen a Espanya.

1. Presentació

- De què tracta l'organigrama?
- Qui té la sobirania en el sistema polític espanyol? Qui pot votar? A qui es pot votar?
- Quins quatre grans tipus d'eleccions hi ha?
- Cada quan es fa cada elecció? Quina circumscripció hi ha en cada una? Qui i en quin nombre són elegits en cada una de les eleccions?
- Quins organismes constitueixen els elegits en cada una de les eleccions? Quines dues cambres es formen en les eleccions legislatives? Quin paper tenen els parlaments autonòmics en l'elecció de senadors?
- Qui té l'atribució d'elegir el president del govern? I els alcaldes?

2. Anàlisi

- Consulta el tiching que et presentem i explica com s'adjudiquen els escons segons el sistema D'Hondt. Quins avantatges i inconvenients té?
- Quines atribucions o funcions té cada una de les institucions elegides per sobirania popular?
- Hi ha elecció directa del cap de govern? I dels alcaldes? Per què diem que en el nostre sistema s'elegeixen opcions polítiques i no persones concretes? Qui creus que pot formar govern?

3. Valoració

- Valora per què parlem de *democràcia representativa*. Esbrina quines crítiques fan els qui propugnen una democràcia més participativa.

RAONA HISTÒRICAMENT

Argumentació. Què ha significat per a la ciutadania el trànsit d'un sistema polític dictatorial (franquisme) a una democràcia parlamentària?

Causalitat. Quina importància va tenir el context internacional perquè la transició cap a la democràcia fos possible? Per què Espanya no va poder ingressar a la CEE abans del 1975?

1 L'art en el seu context. Una abraçada per a la reconciliació

Juan GENOVÉS: *L'abraçada*, 1976.

a) Quan es va fer aquesta obra i qui n'és l'autor? Quin era el context polític d'aquell moment?

b) Què observes a l'obra? Què sembla que fan? És una imatge de felicitat? Per què creus que els personatges estan d'esquena?

c) Per què creus que aquesta obra es reconeix com un símbol de la transició cap a la democràcia? Què expressa de manera simbòlica? Posa-ho en relació amb els termes *política de consens* i *reconciliació*.

d) Esbrina on està ubicat actualment aquest quadre. Et sembla un lloc adequat? Raona la resposta.

2 Fonts documentals. El 23 de febrer de 1981

Article 2. La llengua pròpia

1. El català és la llengua pròpia de Catalunya i la singularitza com a poble.

2. El català, com a llengua pròpia, és:

a) La llengua de totes les institucions de Catalunya, i en especial de l'Administració de la Generalitat, de l'Administració local, de les corporacions públiques, de les empreses i els serveis públics, dels mitjans de comunicació institucionals, de l'ensenyament i de la toponímia.

b) La llengua preferentment emprada per l'Administració de l'Estat a Catalunya (...), per les altres institucions i, en general, per les empreses i les entitats que ofereixen serveis al públic.

3. El que disposa l'apartat implica un compromís especial de les institucions per promoure'n el coneixement i fomentar-ne l'ús entre els ciutadans i ciutadanes, amb independència del caràcter oficial del català i del castellà. (...)

Llei de Nortmalització Lingüística, 1998.

a) De quin tipus de font es tracta? Creus que és una font primària? A quina època correspon? Què estableix?

b) Valora la situació política i els canvis produïts des del 1978 per explicar la possibilitat d'una llei com aquesta a Catalunya.

3 Fonts gràfiques. L'evolució econòmica

LA INFLACIÓ I L'ATUR A ESPANYA

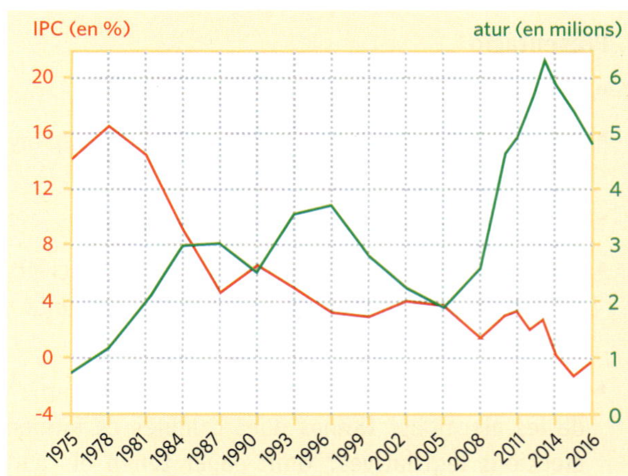

a) Quin tema aborda el gràfic? De quina època? Quines variables mostra?

b) Analitza l'evolució de les dues variables durant les últimes dècades. Què ens indiquen sobre la conjuntura econòmica espanyola? Quins períodes de recessió econòmica pots observar? Quin és l'indicador principal?

c) Explica les causes de la disminució de l'atur a partir del 1996 i les del fort increment d'aquest atur a partir del 2008.

4 Organitza la informació. Els governs democràtics

ELS GOVERNS DE LA DEMOCRÀCIA (1977-2012)

	Etapes de govern	Presidents del govern	Actuacions principals	Política exterior
UCD	...	...	...	...
PSOE	...	...	...	...
PP	...	...	...	...

a) Copia i completa al teu quadern aquest quadre sobre els governs de la democràcia.

5 Fonts iconogràfiques. La lluita per les llibertats

Manifestació a Barcelona, febrer del 1976.

a) Descriu la fotografia. Què hi apareix en primer terme? Quina llegenda s'hi observa?

b) Ubica la imatge en el seu context històric i explica què va ser l'Assemblea de Catalunya, quines forces polítiques agrupava i quines eren les seves reivindicacions més importants.

6 Espai i temps. La transició

a) Dibuixa al teu quadern un eix cronològic del 1975 al 1982. Col·loca al lloc corresponent els fets següents: mort de Franco, legalització dels partits polítics, primeres eleccions democràtiques, promulgació de la Constitució, Estatut d'autonomia de Catalunya, primeres eleccions autonòmiques, governs de CiU i govern tripartit.

WWW. ESPAI WEB

7 Fonts estadístiques. Les eleccions municipals

Consulta a www.tiching.com/751331 els resultats de les eleccions municipals del 2015 relatius al teu municipi:

a) Quants votants integraven el cens electoral? Quants es van abstenir? Hi va haver vots en blanc i vots nuls? En quins casos es considera que un vot és nul? Explica les diferències entre abstenció, vot en blanc i vot nul.

b) Quins partits polítics es van presentar? N'hi havia algun de filiació estrictament local?

c) Quins van ser els resultats? Quin nombre de regidors va correspondre a cada partit? Quants regidors s'elegien? De què depèn el nombre de regidors?

d) Quin partit o coalició va formar el govern municipal? Va obtenir majoria absoluta?

e) Reuniu-vos en grups de treball i escriviu una carta a l'alcalde en la qual li exposeu quins aspectes del municipi es podrien millorar i quines actuacions podria portar a terme per aconseguir-ho.

8 Fonts audiovisuals. La situació de les dones

Mira a www.tiching.com/751332 un vídeo sobre els estereotips masculí i femení:

a) Quins estereotips sobre el paper de l'home i de la dona es mantenen en la societat actual?

b) Selecciona en el vídeo alguna de les frases més habituals sobre el rol de la dona en la nostra societat. Quina realitat mostren?

c) Creus que entre els més joves aquests estereotips de gènere continuen vigents? Raona la teva resposta.

d) Sintetitza quines conquestes s'han aconseguit en les últimes dècades i quines desigualtats o problemes continuen vigents.

REPTES A LA XARXA

MINIUNITAT VISUAL: Es busca president.

ACTIVITATS AUTOCORRECTIVES: Resol aquestes activitats i repassa el que has après.

www.vvd.link/012138/14

15 EL MÓN ACTUAL

Quines transformacions s'han produït al món des del 1990? Amb quins reptes s'enfronta la humanitat?

1990 · 1995 · 2000 · 2005 · 2010 · 2015

- **1990** Guerra del Golf. Tractat d'unificació d'Alemanya
- **1991** Dissolució de l'URSS
- **1992** Tractat de Maastricht i fundació de la UE. Començament de la Guerra de Bòsnia
- **1994** Guerra entre tutsis i hutus a Ruanda
- **1995** Acords de Dayton; fi de la Guerra de Bòsnia. Entra en vigor l'Acord de Schengen
- **1998** Guerra de Kosovo
- **2001** Atemptats 11-S (Nova York). Invasió d'Afganistan a càrrec dels EUA i la força internacional
- **2002** Entrada en circulació de l'euro
- **2003** Començament de la Guerra d'Iraq
- **2004** Atemptats d'Al-Qaida a Madrid
- **2005** Atemptats d'Al-Qaida a Londres
- **2007** La UE passa a tenir 27 membres
- **2008** Començament de la crisi econòmica mundial. Atemptats fonamentalistes a Bombai
- **2011** "Primaveres àrabs". Fi de la Guerra de l'Iraq
- **2013** La UE passa a tenir 28 membres
- **2015** Atemptats d'ISIS a París
- **2** Atemptats d'I a Brussel·

L'enfonsament de l'URSS va provocar la desaparició dels blocs i el començament d'una nova era en les relacions internacionals, en la qual els Estats Units es postulava durant els anys noranta com l'única superpotència mundial.

Al segle XXI, però, les relacions internacionals han dibuixat un món més multipolar, amb l'aparició de noves potències emergents, com ara la Xina, i amb un paper rellevant d'Europa o de la nova Rússia.

Aquest "nou ordre" internacional no significa absència de tensions, més justícia o desaparició dels conflictes armats. La pobresa, els enfrontaments ètnics i els fanatismes religiosos, com ara l'islamisme radical, entenebreixen el panorama del segle XXI.

Què en sabem?

- Observa l'eix. Quan comença la fi dels blocs? Esmenta dos fets significatius. Quins canvis hi va haver a Europa als anys noranta? Quins han estat els conflictes més greus de les dues últimes dècades?
- Descriu la il·lustració. Quin fet mostra? A quina ciutat? Quin any? Quina transcendència ha tingut en el món actual?

Atemptat contra les Torres Bessones, Nova York, 2001.

Per què al començament dels anys noranta es va

Al principi dels anys noranta del segle passat la geopolítica mundial va canviar completament. Des del final de la Segona Guerra Mundial el món estava dividit en dos blocs: el capitalista i el socialista, comandats respectivament per les dues superpotències: els Estats Units i la URSS. Ara bé, les reformes de Gorbatxov a l'URSS i al conjunt del bloc soviètic i la crisi d'aquests règims van provocar una desintegració molt ràpida del bloc socialista.

A LA CRISI A L'EUROPA ORIENTAL

El **moviment** que va posar fi als règims comunistes de l'Europa de l'Est va començar a **Polònia. En un nou ambient reformista, afavorit per la política de Gorbatxov a l'URSS**, el 1989 es van convocar eleccions. Les va guanyar el sindicat catòlic Solidaritat, enfrontat amb el Partit Comunista, i el nou govern, presidit per Lech Walesa, va mostrar la voluntat d'acostar-se al model occidental.

L'exemple polonès el van seguir, al cap de poc temps, bona part dels països de l'Est. Els règims comunistes d'**Hongria**, **Txecoslovàquia** o **Bulgària**, a causa de la pressió popular, van acabar permetent la **celebració d'eleccions lliures**, que van confirmar la **pèrdua de poder del Partit Comunista**.

Únicament a **Romania** va caldre-hi un alçament popular, que tenia el suport d'una part de l'exèrcit i que va permetre enderrocar la dictadura de Nicolae Ceausescu.

La revolució de vellut

A Txecoslovàquia, un seguit de manifestacions massives al llarg del 1989 van forçar el canvi de règim de manera pacífica. El cap del govern comunista va dimitir i es van convocar eleccions lliures, que van portar a la presidència Václav Havel, un intel·lectual i dissident que encapçalava la candidatura del Fòrum Cívic.

Manifestació a Praga, 21 de novembre del 1989.

B LA CAIGUDA DEL MUR DE BERLÍN I LA REUNIFICACIÓ ALEMANYA*

En aquest procés de desintegració i desaparició dels règims comunistes a l'Europa de l'Est hi van tenir una transcendència especial els esdeveniments a l'**Alemanya Oriental**.

El **novembre del 1989**, una forta mobilització popular va forçar el govern comunista a obrir el **mur de Berlín**. El símbol de la Guerra Freda, de la divisió del món en blocs, queia de **manera pacífica**.

El **1990** es van legalitzar tots els partits polítics i es van convocar eleccions lliures, que va guanyar la Unió Demòcrata Cristiana, partidària de reunificar l'Alemanya Oriental i l'Alemanya Occidental.

Les negociacions entre les dues Alemanyes i les potències que després de la Segona Guerra Mundial havien ocupat el territori alemany van desembocar en el **Tractat d'Unificació** (3 d'octubre del 1990).

La població va començar a enderrocar el mur de Berlín la matinada del 9 al 10 de novembre del 1989.

L'Alemanya unificada

Art. 1. L'Alemanya unificada comprendrà el territori de la RFA i la RDA i el conjunt de Berlín. Les fronteres exteriors seran les fronteres de la RFA i de la RDA i es faran efectives a partir de la data d'entrada en vigor d'aquest Tractat (...).

Tractat d'Unificació d'Alemanya, 1990.

@ Amplia a la xarxa...

Per saber-ne més de la reunificació alemanya, entra a: www.tiching.com/751319

acabar la divisió del món en blocs?

C LA DESAPARICIÓ DE L'URSS

Les reformes de Gorbatxov van suscitar l'oposició dels sectors més **immobilistes del PCUS**, sobretot quan començava l'esfondrament del poder soviètic a l'Europa de l'Est.

El juliol del 1991 es van celebrar, a més a més, **eleccions lliures a l'URSS** i Borís **Ieltsin** va ser escollit president de la República Socialista Federativa de Rússia, la més gran i important de l'URSS. Com a president, va proposar canvis rellevants en el sistema soviètic.

L'agost del 1991, aprofitant una absència de Gorbatxov, els immobilistes del PCUS van protagonitzar un **cop d'Estat** militar a Moscou, que la resistència de la població russa i la decidida actitud contrària de Ieltsin i del Parlament rus van sufocar.

Però el fet va reforçar les posicions radicals dels partidaris de **desmantellar el sistema polític soviètic**, amb Ieltsin al capdavant, i les reformes es van accelerar. Ieltsin va decretar la **supressió del règim comunista** i va dissoldre el PCUS. Es va reconèixer la independència de les repúbliques bàltiques d'Estònia, Letònia i Lituània, i també la d'Ucraïna i de Bielorússia.

La Unió Soviètica va acabar finalment dividida en **quinze repúbliques independents** i Gorbatxov va dimitir, a les acaballes del 1991, del càrrec de president d'un **Estat que havia deixat d'existir**.

L'agost del 1991 els colpistes van ordenar a l'exèrcit que ocupés els carrers de Moscou, però les tropes es van negar a exercir la violència contra la població.

LA FRAGMENTACIÓ DE L'URSS

El 25 de desembre del 1991 Mikhaïl Gorbatxov va signar la dimissió com a president.

1. De quina manera es van transformar els sistemes polítics de bona part de l'Europa de l'Est? Hi va haver situacions de violència? Per què penses que el poder comunista es va enfonsar sense enfrontaments greus?

2. Què va passar a Alemanya? Quin valor simbòlic et sembla que va tenir l'obertura del mur de Berlín? Quina importància va tenir a Europa la reunificació alemanya?

3. Com es va fragmentar, l'URSS? En quantes repúbliques va quedar dividida? Consulta a www.tiching.com/751320 l'eix cronològic de la desintegració.

Argumenta la resposta

4. Explica raonadament per què a partir dels anys 1990-1991 el món ja no està dividit en dos blocs i valora la importància d'aquest fet.

2 Un nou ordre mundial

L'enfonsament de la Unió Soviètica va desembocar en la desaparició dels blocs i en una nova era en les relacions internacionals.

La desintegració del bloc comunista

El ràpid procés de crisi i esfondrament del règim comunista a l'URSS i als països de l'Europa de l'Est va tenir repercussions en aquells territoris que, d'una manera o d'una altra, havien estat lligats o integrats al bloc socialista.

En la dècada següent la majoria de països del tercer món amb **règims socialistes van desaparèixer** o van introduir canvis que van significar acceptar l'economia de lliure mercat i sistemes polítics formalment multipartidistes i electius. Només alguns països, com ara Cuba, Vietnam o el complicat cas de la Xina, van mantenir l'orientació de caràcter socialista.

Ara bé, la desaparició del bloc comunista a la darreria del segle XX no va significar pas l'acabament dels conflictes i dels enfrontaments bèl·lics.

La Xina és l'únic país que combina el poder polític únic del Partit Comunista amb una orientació econòmica de principis capitalistes.

Els Estats Units, superpotència única

Els Estats Units van veure que la seva influència arreu del món augmentava i van proclamar la seva voluntat de promoure, com a única superpotència, un nou ordre internacional en el qual s'erigia com a garant per organitzar el món i intervenir políticament i militarment allà on considerés que es vulneraven els seus interessos.

Al llarg dels anys noranta els EUA van intervenir diverses vegades. La més important va ser durant els anys 1990 i 1991, quan el dictador iraquià Saddam Hussein va envair Kuwait, un Estat molt ric en petroli i aliat dels nord-americans. Aquesta invasió la van contestar els Estats Units de manera immediata, amb el suport del Consell de Seguretat de l'ONU.

Una coalició internacional que els Estats Units encapçalaven va alliberar Kuwait, i l'Iraq va ser condemnat a pagar indemnitzacions, a destruir el seu armament químic i nuclear i a tenir el petroli embargat.

Durant la presidència de Bill Clinton, els EUA van intervenir militarment a l'Afganistan, el Sudan i Iugoslàvia. Ara bé, va ser **l'atac terrorista de l'11 de setembre del 2001**, contra les Torres Bessones de Nova York, l'autoria del qual va reclamar l'organització terrorista islamista **Al-Qaida**, liderada per Ossama bin Laden, que va desencadenar una duríssima política d'intervenció militar dels Estats Units, ja amb George W. Bush de president. L'octubre d'aquell mateix any, els Estats Units van atacar l'**Afganistan**, on el règim islamista (talibà) acollia nombrosos camps d'entrenament d'Al-Qaida.

El març del 2003 els Estats Units van tornar a atacar l'Iraq per destruir el règim de Saddam Hussein, acusat de tenir armament nuclear i de vinculacions amb grups terroristes. Aquesta invasió no va tenir la cobertura de l'ONU i va encetar una llarga guerra que bona part de la comunitat internacional va criticar molt.

Intervencions militars dels Estats Units

- **1989.** Intervenció unilateral a Panamà
- **1991.** Intervenció a l'Iraq amb el suport de l'ONU
- **1993.** Intervenció a Somàlia amb el suport de l'ONU
- **1998.** Atac unilateral a l'Afganistan i el Sudan
- **2001.** Intervenció amb l'OTAN a l'Afganistan
- **2002.** Atacs al Pakistan, el Iemen i Somàlia
- **2003.** Intervenció a l'Iraq

Els EUA després de l'11 de setembre

L'11 de setembre els enemics de la llibertat han comès un acte de guerra contra el nostre país. La nostra guerra contra el terror comença per Al-Qaeda. Consagrarem tots els recursos a disposició nostra a perseguir i a destruir la xarxa terrorista mundial. (...) Cada país (...) ha de prendre una decisió. O bé està amb nosaltres o bé està amb els terroristes. Aquesta lluita no és tan sols la dels Estats Units; és la lluita del món sencer.

G. W. Bush, president dels Estats Units, 20 de setembre del 2001.

Atemptat contra les Torres Bessones de Nova York, 11 de setembre del 2001.

CAP A UN MÓN MULTIPOLAR

El paper dels Estats Units com a única superpotència dirigent que imposava les decisions en l'àmbit internacional va ser cada vegada més contestat, i des del començament del segle XXI van aparèixer en escena nous actors.

Primer de tot, la Unió Europea, que, ampliada a 27 països, presentava una potència demogràfica i, sobretot, econòmica molt considerable.

En segon lloc, els grans països emergents: l'Índia, el Brasil i, especialment, la Xina, amb una població i una capacitat productiva que la convertien en un protagonista absolut de la nova realitat geopolítica, sobretot per la seva expansió al continent africà.

Finalment, la nova Rússia, havent superat els pitjors moments de la seva transició cap als principis econòmics capitalistes, amb Vladímir Putin va començar una etapa de forta presència internacional i va forjar aliances amb els països d'Orient Mitjà i amb les potències asiàtiques.

MINERALS, METALLS I MAQUINÀRIA

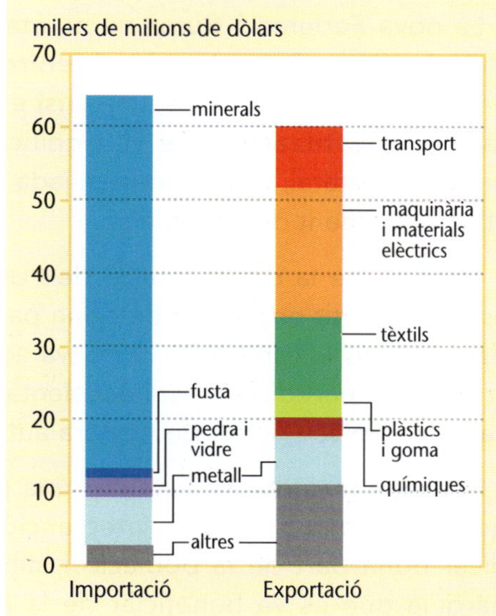

LES INTERVENCIONS EN ACTIU DE L'ONU

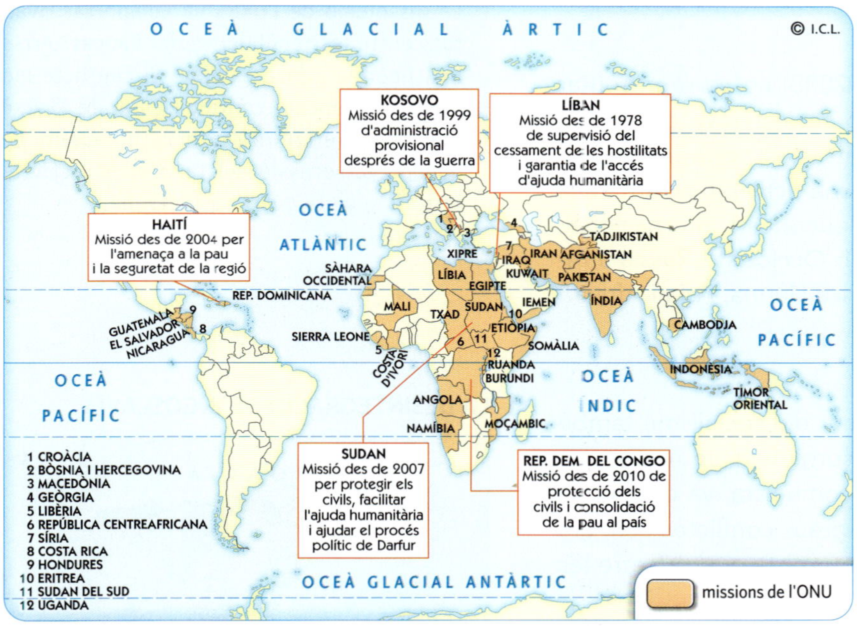

La crítica a la intervenció dels Estats Units a l'Iraq

Fa deu dies, el secretari d'Estat nord-americà, Colin Powell, va esgrimir suposats vincles entre Al-Qaeda i el règim de Bagdad. Segons les nostres investigacions i informacions, res no ens permet confirmar aquests vincles. En canvi, hem de tenir en compte l'impacte que tindria una acció militar sobre aquesta qüestió. Una intervenció així no agreujaria les fractures entre les societats, entre les cultures, entre els pobles, fractures de les quals el terrorisme es nodreix?

Intervenció de Dominique de Villepin, ministre d'Afers Exteriors francès, en el Consell de Seguretat de l'ONU, febrer del 2003.

EL PAPER DE L'ONU

La nova situació internacional ha donat a l'ONU un nou protagonisme. Per oposició a l'unilateralisme, provocat per l'hegemonia nord-americana, l'opinió pública mundial ha anat prenent consciència de la necessitat de convertir l'ONU en un organisme que actuï de mediador i garant de la pau en els conflictes internacionals.

1. De quina manera la crisi i la desaparició de l'URSS van afectar el conjunt del bloc comunista? Quina gran potència continua tenint un sistema comunista? Quina en serà l'evolució?
2. Quin paper s'atorga els EUA en el nou context internacional? Quines accions militars protagonitza? Amb quins objectius? Quins canvis hi va haver a partir de l'11 de setembre del 2001?
3. Per què anem cap a món multipolar? Quines potències volen ser presents en la política internacional? Quin paper hi té l'ONU i de quines missions s'encarrega en els conflictes?

3 Europa després de la caiguda del mur de Berlín

La Rússia postcomunista

La nova Federació Russa va heretar molts dels **problemes** de la Unió Soviètica. D'una banda, els **enfrontaments** entre ètnies i nacionalitats diverses; de l'altra, una **crisi econòmica**, com a resultat de la **ràpida privatització**, que va significar l'enfonsament caòtic de la propietat estatal, una enorme pujada dels preus, l'augment de l'atur i l'empobriment de la població.

Després de la desintegració de l'URSS, Rússia (**Federació Russa**) es va convertir en hereva de bona part del territori soviètic. Presidida per Borís Ieltsin (1991-1999), va adoptar teòricament una democràcia multipartidista d'estil occidental; a la pràctica, però, el govern va exercir el seu poder de manera autoritària.

A més a més, es va instaurar una política econòmica neoliberal, que tendia a minimitzar la intervenció de l'Estat, cosa que va perjudicar bona part de la població i, alhora, va fer prosperar una oligarquia que es va beneficiar de la privatització de les propietats estatals.

L'accés al poder de Vladímir Putin (1999-2008) no va representar un significatiu canvi democratitzador, però sí una nova orientació econòmica que va permetre a Rússia començar un període de creixement. A més a més, es va desenvolupar una activitat diplomàtica intensa per mirar de trobar un nou lloc en el concert internacional, basada en una distensió de les relacions amb Occident i Rússia a recuperar la seva importància a països d'Amèrica Llatina, Àsia i Àfrica.

El conflicte de Txetxènia

La dissolució de l'URSS va comportar rivalitats entre les repúbliques del Caucas: Armènia, Geòrgia i l'Azerbaidjan. El conflicte més greu i que encara continua és el de Txetxènia, on l'exèrcit rus intervé durament per impedir la secessió del territori i l'activitat terrorista de la guerrilla txetxena.

Els països de l'Europa de l'Est

Als països de l'**Europa de l'Est**, l'acabament del socialisme també va produir una convulsió extraordinària. El sorgiment de nacionalismes, continguts o reprimits durant l'època comunista, va originar la partició de països com ara Txecoslovàquia i greus conflictes com ara el de Iugoslàvia, que va desembocar en una terrible guerra entre les nacionalitats que formaven l'Estat iugoslau.

Arran d'aquest conflicte, el 1991 Croàcia i Eslovènia van aconseguir la independència. Però on la guerra es va tornar més cruenta va ser a Bòsnia, on els enfrontaments entre els serbis i els bosnians musulmans va adquirir un caràcter ètnic i religiós. El nou Estat iugoslau es va reduir al territori de Sèrbia, Montenegro i Kosovo. Actualment, Montenegro és un Estat independent (2006) i Kosovo, després d'haver-se declarat independent de manera unilateral (febrer del 2008), manté fortes tensions amb Sèrbia.

A l'entrada del segle XXI i amb la zona relativament pacificada, els països de l'Europa de l'Est que havien instaurat formes econòmiques de lliure mercat van manifestar la intenció d'integrar-se plenament en els organismes europeus, inclosa la Unió Europea. Igualment, un cop desaparegut el Pacte de Varsòvia, la immensa majoria d'aquests països es van integrar a l'OTAN, que s'ha convertit en l'única aliança militar vigent a Occident.

LA DESINTEGRACIÓ DE IUGOSLÀVIA

Amb el suport de l'exèrcit, els serbis de Bòsnia van desencadenar una "veritable neteja ètnica" contra els musulmans.

El 1995 es va arribar a un acord pel qual Bòsnia assolia la independència i s'hi establia un sector croat musulmà i un altre de serbi, tots dos amb una gran autonomia, però dins d'un Estat únic.

LA NOVA EUROPA

Europa va ser durant gairebé quaranta anys un dels principals escenaris de la Guerra Freda. L'anomenat *teló d'acer* dividia el món, i la dinàmica europea es va moure entre dos models econòmics, polítics i socials. En el nou context internacional, però, es plantejava la definició del nou espai europeu. S'havien creat **nous Estats**, s'havien establert noves fronteres i, a més a més, s'encetaven profundes reformes legals i econòmiques per **desmantellar l'antiga estructura socialista**.

D'altra banda, la reunificació alemanya va integrar l'antiga RDA a la CEE i va plantejar el futur de la resta de països de l'Est en aquest organisme. La creació el 1992 de la Unió Europea ja va tenir en compte la **integració** d'aquests països en el **nou projecte econòmic i polític d'Europa**. Pel que fa a Rússia, s'hi mantenen relacions comercials, però el pes territorial, econòmic i demogràfic rus podria desestabilitzar el conjunt de la UE en el cas que s'hi integrés i, per tant, és una possibilitat que presenta força dificultats.

Els caps de govern de la UE reunits el 2011 a Brussel·les per a una cimera del Consell Europeu. Dotze d'aquests països són exdemocràcies populars o exrepúbliques soviètiques.

ELS CANVIS A L'EUROPA DE L'EST

1. Quina evolució va seguir Rússia a partir del 1991? Quins conflictes s'hi van produir?
2. Quins conflictes van afectar Iugoslàvia? Quines minories ètniques o religioses trobem a Bòsnia-Hercegovina? Què va passar en aquest territori?
3. Observa el mapa d'Europa. Descriu els canvis territorials: sorgiment de nous països, reestructuració d'altres... Quin model econòmic es va imposar a gairebé tots?
4. Per què Rússia es manté al marge del projecte de la Unió Europea?

4 La construcció de la Unió Europea

Al començament dels anys noranta, en el context de la desaparició dels blocs i de la imposició progressiva d'una economia globalitzada, els països de l'Europa Occidental van acordar atorgar més pes a la Comunitat Econòmica Europea (CEE).

El Tractat de Maastricht

El 1992 es va avançar un pas més amb el Tractat de la Unió Europea (TUE), conegut també com a Tractat de Maastricht. Constitueix una pedra angular en el **procés d'integració europea**, perquè per primer cop s'hi donava una vocació d'unitat política. El Tractat de Maastricht va consagrar oficialment el nom d'Unió Europea (UE) i va instaurar tres grans eixos de polítiques comunes:

- Les polítiques en les quals els Estats han **cedit sobirania** i adopten decisions comunitàries: el mercat únic, la unió monetària, els fons estructurals i de cohesió, etc.
- Política d'Exterior i de Seguretat Comuna (PESC), que es fonamenta en la **cooperació entre governs**.
- Les polítiques en àmbits com ara terrorisme, immigració, política d'asil, tràfic de drogues, etc. La creació de l'Europol, germen d'una futura policia europea, és un dels projectes.

El Tractat va crear, a més a més, la **ciutadania europea**, que permet a les persones circular i viure lliurement als països de la UE, i estableix el dret de votar i de ser escollit a l'Estat de residència en les eleccions europees i municipals.

Va entrar en vigor el novembre del 1993. En el mateix Tractat ja s'hi preveien possibles revisions futures, amb vista a les successives ampliacions de la Unió. En aquest sentit, el 1997, amb el Tractat d'Amsterdam, es van signar els principis de llibertat, democràcia i respecte dels drets humans, mentre que, l'any 2001, el Tractat de Niça va reestructurar totes les institucions europees.

Els objectius de la Unió Europea

Decidits a encetar una nova etapa en el procés d'integració europea (...). Recordant la importància històrica de la fi de la divisió del continent europeu i la necessitat d'establir unes bases sòlides per construir la futura Europa.

Confirmant la seva adhesió als principis de llibertat, democràcia i respecte als drets humans, a les llibertats fonamentals i a l'Estat de dret. (...) Decidits a promoure el progrés social i econòmic dels seus pobles. Decidits a crear una ciutadania comuna (...).

Decidits a continuar el procés de creació d'una unió cada vegada més estreta entre els pobles d'Europa (...).

Han decidit instituir la Unió Europea.

Tractat signat a Maastricht, febrer del 1992.

Cartell de propaganda que defensa el Tractat de Maastricht com l'única barrera contra el poder dels Estats Units i del Japó.

L'Europa dels 28

L'1 de gener de 1995 es va produir la quarta ampliació de la Unió Europea amb l'entrada d'Àustria, de Finlàndia i de Suècia. Naixia l'Europa dels Quinze.

Després de llargues negociacions per permetre que els països de l'Europa de l'Est adeqüessin les seves legislacions a les exigències de la UE en matèria econòmica i de respecte als drets polítics i socials, l'1 de maig del 2004 es va produir l'adhesió de deu nous Estats: Eslovàquia, Eslovènia, Estònia, Hongria, Letònia, Lituània, Malta, Polònia, la República Txeca i Xipre; el 2007 s'hi van sumar Bulgària i Romania, i el 2013, Croàcia.

La Unió Europea s'ha convertit en una potent organització de 28 Estats, amb realitats de tipus social, econòmic, històric i polític molt diferents, però amb l'objectiu comú del compromís democràtic i el progrés econòmic.

L'EVOLUCIÓ DE LA UNIÓ EUROPEA

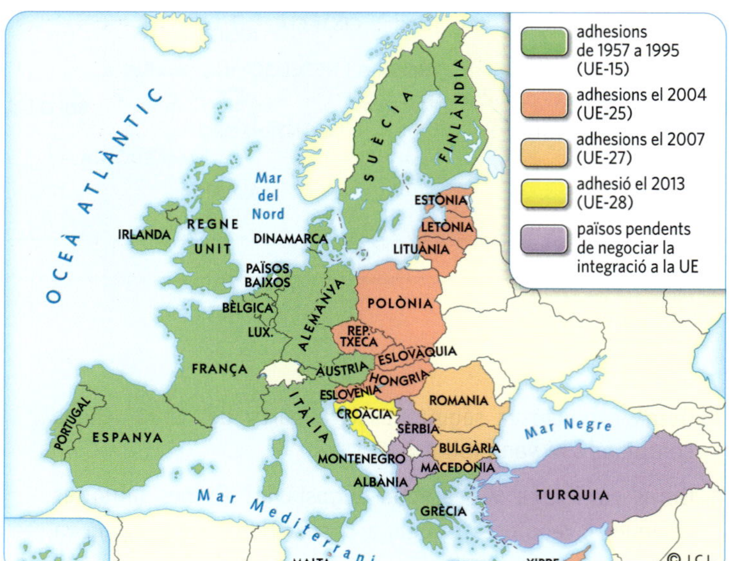

LES POLÍTIQUES DE LA UNIÓ EUROPEA

L'objectiu de la Unió Europea és aconseguir un territori integrat des del punt de vista social, econòmic i polític. A la pràctica, però, els esforços s'han centrat més en les qüestions econòmiques que no pas en les socials i les polítiques. Els intents per arribar a una Constitució europea no els van acceptar els ciutadans de bona part dels països de l'Europa de l'Est.

Per poder finançar-se i dur a terme les mesures proposades, la UE disposa d'uns ingressos que provenen d'impostos sobre les importacions de productes agrícoles, quotes sobre l'IVA i en relació amb el PIB, el més important i que representa prop del 75 % dels ingressos.

Els **principals contribuents** de la UE són els **Estats més rics** (Alemanya, Països Baixos...); els que **reben més** són aquells Estats que al principi estaven **menys desenvolupats econòmicament**.

PIB PER HABITANT

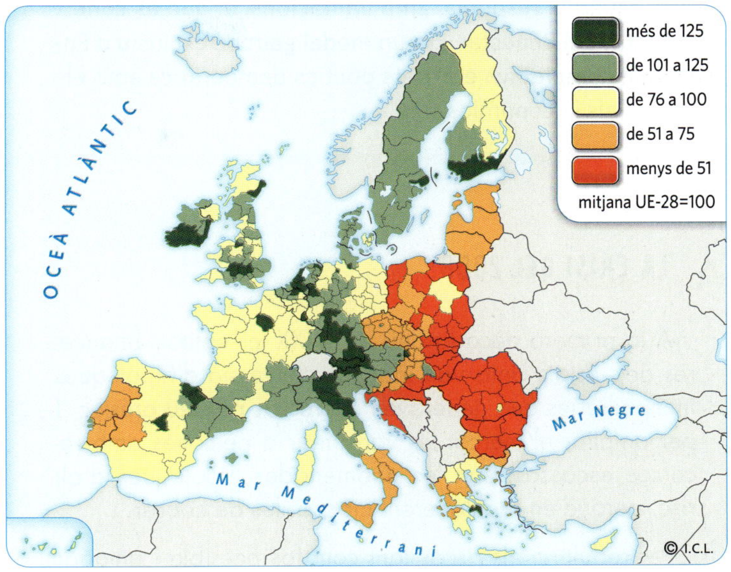

Els recursos de la UE es destinen a diversos àmbits. Bona part del pressupost (43,15 % el 2007) es dedica a fer més competitiva l'economia de la UE i a dur a terme **polítiques de cohesió*** entre les regions més riques i les més pobres. La segona partida important correspon a la **política agrària**, que representa el 34 % del pressupost. La resta de partides, molt més petites, són per al funcionament de la mateixa UE i per a qüestions com ara política exterior, educació, recerca, ajuda al desenvolupament, etc.

La lliure circulació (Tractat de Schengen)

El Tractat de Schengen, signat el 1985 i en vigor des del 1995, va significar la supressió de les fronteres comunes entre la majoria dels Estats europeus, la qual cosa va afavorir la mobilitat dels ciutadans i va contribuir al dinamisme econòmic i cultural.

La zona Schengen està integrada per 26 països, 22 de la Unió Europea (tret del Regne Unit, Irlanda, Xipre, Bulgària i Romania) i quatre d'extracomunitaris (Islàndia, Noruega, Suïssa i Liechtenstein).

La crisi de refugiats originada arran dels conflictes bèl·lics al Pròxim Orient (Síria) i al nord d'Àfrica ha provocat la suspensió de l'espai Schengen en alguns països.

LA MONEDA ÚNICA, L'EURO

El Tractat de la Unió Europea va establir la Unió Econòmica i Monetària, en virtut de la qual es va crear una moneda única, l'euro, per garantir la lliure circulació de capitals.

L'euro va entrar en circulació l'1 de gener de 2002 a onze països de la UE: Espanya, Portugal, Itàlia, Bèlgica, els Països Baixos, Luxemburg, França, Alemanya, Àustria, Irlanda i Finlàndia, als quals més tard es van afegir Grècia, Eslovènia, Malta i Xipre. Aquest conjunt de països sumen una població total de 320 milions d'habitants.

El Banc Central Europeu s'encarrega de coordinar les polítiques econòmiques i de garantir el funcionament de la nova moneda.

1. Sintetitza el procés de construcció de la UE. Quins objectius es plantegen al Tractat de Maastricht? Quins són els grans eixos de les polítiques comunes de la UE?
2. Descriu les fases d'ampliació de la Unió Europea i els membres incorporats en cadascuna. Quins països integren l'eurozona?
3. Quines diferències mostra el mapa de renda per habitant? Com s'intenta cohesionar el territori de la UE?
4. Què és el Tractat de Schengen? Quins problemes actuals es plantegen en relació amb aquest Tractat?
5. Valora els avantatges i els inconvenients de pertànyer a la Unió Europea.

5 Europa, la crisi del model de benestar

El model de l'Europa occidental després de la Segona Guerra Mundial responia, amb limitacions, al que es coneix com l'Estat del Benestar. Era un model gairebé exclusiu d'Europa, que completava els drets polítics democràtics amb els drets socials i econòmics.

Aquest model va inspirar una gran part dels objectius programàtics de la Unió Europea. Això no obstant, al principi del segle XXI sembla que ha entrat en crisi. Quines causes han portat a la crisi i a la revisió del model europeu de l'estat del benestar?

A La crisi del 2008

A la primera dècada dels segle XX les entitats financeres dels Estats Units van idear la concessió d'hipoteques immobiliàries que generaven interessos pel seu préstec, i per ampliar el mercat les van oferir a persones amb recursos escassos; són les anomenades hipoteques d'alt risc, perquè en realitat eren impossibles de cobrar.

Per reduir-ne els riscos tant com fos possible i amagar aquesta grandiosa operació especulativa, aquestes hipoteques es van camuflar entre altres tipus de productes financers i es van constituir fons d'inversió que van ser comprats per altres bancs, que, al seu torn, els venien a particulars.

Quan els tenidors d'aquests fons no van obtenir-ne els beneficis esperats, es va fer palès el frau de l'operació. Aleshores, la cotització d'aquests productes es va enfonsar i moltes institucions financeres van tenir pèrdues milionàries i van acabar fent fallida.

La crisi financera mundial (2008-2009)

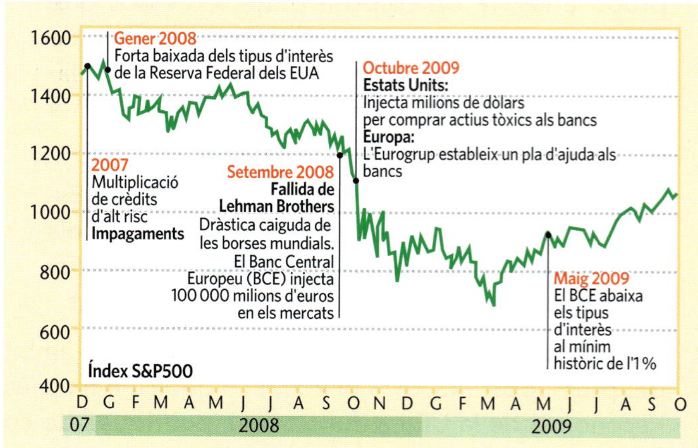

A causa de les connexions financeres internacionals, la crisi es va traslladar arreu del món, especialment a Europa, on els bancs havien invertit en les hipoteques d'alt risc i n'havien concedit de semblants.

B De la crisi financera a la crisi econòmica

Com a conseqüència de la crisi financera, es van limitar els crèdits i les inversions i molts bancs van quedar al caire de la fallida. Per salvar-los, van rebre ajudes massives de capital a càrrec dels Estats, els quals es van endeutar i van consumir els recursos públics.

A més a més, a la indústria hi va haver una crisi generalitzada, que el descens del consum va agreujar. Es van perdre molts llocs de treball i l'atur es va apujar. A països com Espanya moltes famílies no van poder tornar els crèdits i van perdre no només la feina, sinó també l'habitatge.

L'augment de la pobresa

El 2012 hi ha el 24,8 % (124,5 milions) de la població de la Unió Europea que viu amenaçada per la pobresa o l'exclusió social, pel 24,3 % del 2011 i el 23,7 % del 2008. Estan en situacions d'ingressos molt baixos, de privació greu (no poden pagar el lloguer, la calefacció, etc.), de feina escassa o molt precària. (...) La reducció de la quantitat de persones en aquesta situació és un dels objectius claus de l'estratègia Europa 2020.

Comunicat d'Eurostat. Desembre del 2013.

Crisi i atur

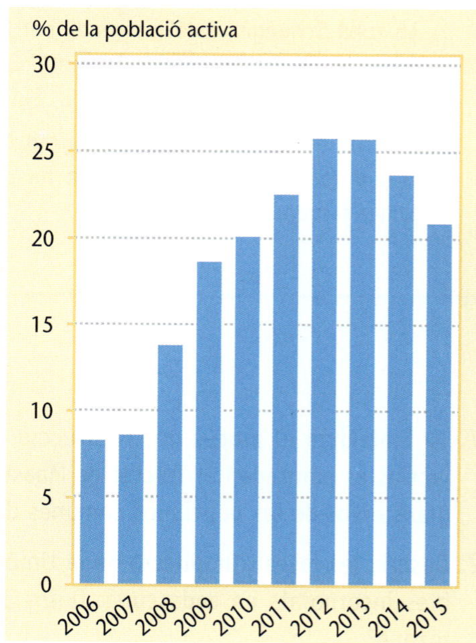

C LES POLÍTIQUES D'AUSTERITAT

El dèficit dels Estats va pujar i van haver de **demanar préstecs** emetent partides de **deute públic**. Això va incrementar l'endeutament i va fer augmentar els interessos que havien de pagar per demanar diners. A més, la crisi va fer pujar l'atur i va generar la **necessitat d'una despesa en prestacions**, alhora que **disminuïen els ingressos** dels impostos perquè hi havia menys activitat econòmica, menys gent treballant i sous més baixos.

Els principis sobre els quals es basa l'estat del benestar (alta taxa d'ocupació, salaris adequats a les necessitats vitals de les famílies, impostos directes alts i redistribució de les rendes) van començar a trontollar.

LA REDISTRIBUCIÓ DE LA DESPESA PÚBLICA

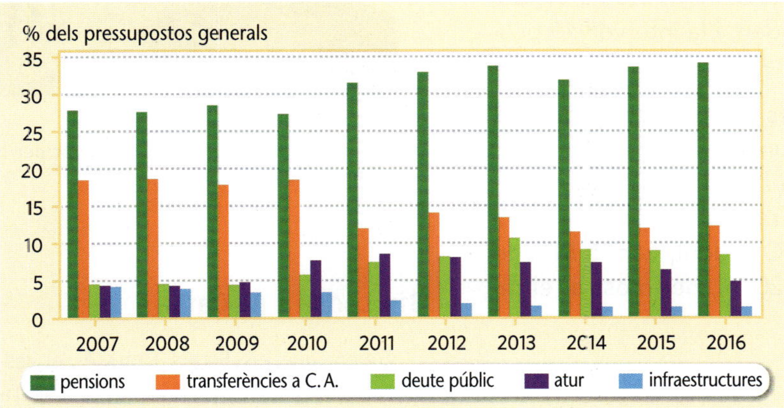

Els sistemes de seguretat social

Els països europeus disposen de sistemes contributius obligatoris, en els quals els empresaris i els treballadors paguen quotes, en funció del sou, per garantir prestacions en cas de malaltia, invalidesa, viudetat, atur o jubilació. La reducció del nombre d'empleats i la caiguda dels salaris fan que es redueixin els ingressos, alhora que les despeses augmenten, de manera que **l'estabilitat dels sistemes públics de protecció social perilla.**

Les retallades socials

Amb la crisi, la política de la Unió Europea s'ha centrat a controlar el dèficit dels Estats i a obligar-los a fer front als deutes. Amb menys ingressos, amb grans sumes dedicades a pagar els interessos del deute i amb un augment de la despesa en partides com ara l'atur, els pressupostos socials s'han reduït enormement.

En el cas d'Espanya, aquesta reducció s'observa en les transferències a les comunitats autònomes, que són les que tenen a càrrec seu la sanitat, l'ensenyament, l'ajuda a la dependència, etc.

INGRESSOS TRIBUTARIS I DEUTE PÚBLIC

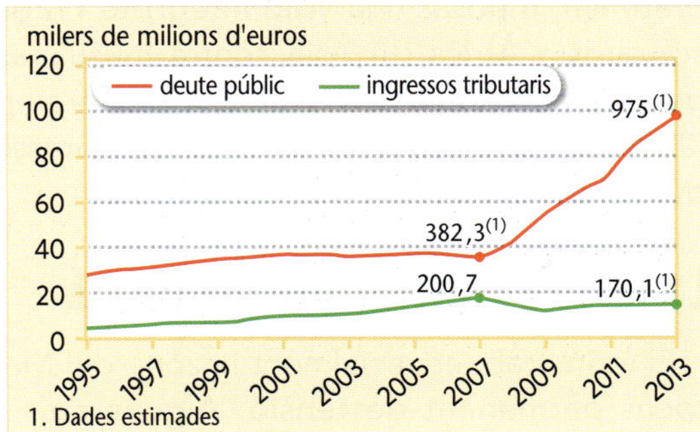

1. Dades estimades

@ Amplia a la xarxa...

Per saber-ne més dels sistemes públics de protecció social, entra a: www.tiching.com/751321

1. Consulta www.tiching.com/751322 i contesta:

- En l'apartat "Les causes": quina va ser la causa de l'excés de liquiditat? Què van fer els bancs? Què eren les hipoteques *sub-prime*? Quins moviments especulatius es van fer a partir d'aquestes hipoteques porqueria? Què va passar quan es va veure la insolvència d'aquests hipotecats?
- En l'apartat "El rescat": què es va fer per frenar la fallida dels bancs?
- A "Espanya": què va passar al nostre país? Què va ser la bombolla immobiliària? Quines en van ser les conseqüències?

2. Observa el gràfic sobre la despesa pública i el document sobre les retallades socials. Quines partides pugen i quines baixen? A què es destinen les transferències a Comunitats Autònomes? Quines conseqüències ha tingut per a l'estat del benestar l'augment del deute i la reducció dels ingressos?

Relaciona ahir i avui

3. Analitza i compara els elements d'excés de diners, especulació i crisi bancària del 1929 i el 2008. Analitza també les conseqüències de l'atur i de la caiguda dels sous.

4. Quines diferències causals presentava la crisi del 1973 respecte de la del 2008? Són comparables, les seves conseqüències? Raona la resposta.

6 Un món inestable

El món del començament del segle XXI no és ni més segur ni més just que el del segle XX. Les guerres i els problemes socials hi continuen sent, però la confrontació entre grans potències ha estat substituïda per noves formes de violència.

El fonamentalisme islàmic

La denominació de *fonamentalisme islàmic* inclou diversos corrents religiosos islàmics que s'oposen a la propagació del laïcisme i dels models socials occidentals als seus països. Defensen un retorn a les tradicions islàmiques, una observació estricta de l'Alcorà i **sistemes polítics basats en l'islamisme**.

Els moviments islamistes ja havien arribat al poder a l'Iran o a l'Afganistan, però l'**atac de l'11 de setembre de 2001** contra les Torres Bessones de Nova York, que va perpetrar l'organització terrorista islàmica **Al-Qaida**, de caràcter integrista i liderada per Ossama bin Laden, i la intervenció posterior dels Estats Units i els seus aliats a l'Iraq van marcar una nova etapa.

A partir del 2003 els moviments fonamentalistes van crear **organitzacions terroristes islamistes** que actuen a escala mundial. Les seves accions pretenen imposar una visió integrista i radical de l'islamisme, i atempten sobretot a Àfrica i a Àsia contra musulmans no radicals i contra els qui professen altres religions. També han atemptat a Occident, com a Madrid (2004), Londres (2005), París (2015) o Brussel·les (2016), per mostrar el rebuig al model de vida occidental.

La difícil realitat del món àrab

El món àrab, especialment la zona del Magrib i del Pròxim Orient, és un focus permanent de tensió. Alguns dels països d'aquell entorn tenen enormes riqueses provinents del petroli; però, en general, les classes dirigents han estat incapaces d'incorporar-los a la modernitat, i la pobresa, l'analfabetisme, l'atur i l'absència de llibertats hi són una constant. D'aquesta manera, en les últimes dècades ha crescut la influència de l'islamisme radical, amb organitzacions com ara els Germans Musulmans, que constitueixen les úniques xarxes d'ajuda i assistència social.

Entre els anys 2010 i 2011 hi va haver revoltes a Tunísia, Egipte, Líbia, Síria, el Iemen, etc., les anomenades **primavera àrab**, que van comportar l'enderrocament de molts dels governs, corruptes i ineficaços. Aquestes revoltes van començar com un moviment cívic i laic que reclamava més democràcia i reformes socials i econòmiques.

Ara bé, després de la caiguda dels dictadors s'ha palesat la importància dels grups islamistes radicals, que han aconseguit controlar els governs o pugnen per dominar aquests països. D'aquí que la situació s'hagi tornat molt i molt perillosa i inestable amb l'aparició de nombroses guerrilles i grups terroristes.

L'exemple més significatiu és l'aparició d'ISIS (també conegut com a Daesh o Estat Islàmic), un grup terrorista fonamentalista islàmic que ha aconseguit controlar una àmplia zona de l'Iraq i de Síria i que utilitza el terror sobre la població civil, amb mètodes com ara les execucions massives, l'assassinat d'ostatges, etc., per aconseguir els seus objectius.

L'inacabable conflicte palestí

En l'origen de l'animadversió del món islàmic cap al el món occidental hi trobem el llarg conflicte israelianopalestí. Els nombrosos intents de pau han resultat un fracàs i la tensió hi és permanent.

Pintada sobre el mur de Gaza aixecat per Israel per aïllar-se de Cisjordània.

Bin Laden i Al-Qaida

Creiem que els Estats Units és el responsable directe dels morts a Palestina, al Líban i l'Iraq. (...) Per aquest i altres actes de transgressió i injustícia hem declarat el *gihad** contra els Estats Units, perquè la nostra religió i el nostre deure és fer el *gihad*, per exalçar la paraula de Déu i expulsar els nord-americans de tots els països musulmans. (...)

Ossama Bin Laden, 1997.

Els atemptats de París

París ja havia estat objecte d'un atemptat greu el gener del 2015, contra els dibuixants de la revista satírica *Charlie Hebdo*, però el 14 de novembre d'aquell mateix any un grup de terroristes vinculats a ISIS van metrallar de manera indiscriminada la població i van provocar 127 morts i més de 180 ferits. França va decidir participar de manera activa en els atacs a les bases d'ISIS a Síria i a l'Iraq.

Àfrica: pobresa i rivalitats ètniques i religioses

Àfrica apareix en el nou escenari internacional com un continent abandonat a la seva sort, amb greus situacions de desigualtat i de conflictes bèl·lics. Des de la descolonització, la situació de **dependència econòmica** i la inexistència d'Estats forts l'han convertit en una zona residual en l'economia mundial.

Principalment a l'Àfrica subsahariana, l'extrema misèria d'àmplies capes de la població, el manteniment de dictadures militars, les rivalitats ètniques i religioses, etc., han provocat un gran nombre d'**enfrontaments**. D'altra banda, hi trobem importants tensions com a conseqüència de l'interès d'empreses i països amb un gran pes en l'economia global (com el cas de la Xina) de controlar i d'explotar les matèries primeres del continent.

Els conflictes més cruents s'han produït als països de la regió del golf de Guinea (Libèria, Sierra Leone...), a la Banya d'Àfrica (Etiòpia, Somàlia...) i a l'Àfrica equatorial (el Congo, Ruanda, Burundi, Angola...). Les persecucions i massacres han comportat l'èxode de milers de **refugiats**. A més a més, molts exèrcits es nodreixen de mercenaris, i han arribat fins i tot a reclutar infants per a la guerra.

El terror de Boko Haram

Boko Haram és un grup terrorista de caràcter fonamentalista islàmic actiu a Nigèria. Un dels seus objectius és establir la xaria (llei islàmica) a tots els Estats de Nigèria, i no tan sols a la zona de majoria musulmana del nord. Contraris a l'educació de les dones, segresten nenes en edat escolar als territoris de religió cristiana i les utilitzen com a esclaves sexuals.

Nenes segrestrades per Boko Haram, 2014.

Un únic model econòmic, diverses realitats

L'hegemonia d'un únic model social i econòmic, el capitalisme liberal, després de la fi dels blocs, no significa que tots els països ni tots els sistemes socials i tots els sistemes polítics siguin homogenis.

Tal com hem vist, hi ha zones molt pobres i que depenen completament dels països rics.

Els drets humans i les llibertats polítiques es respecten de manera desigual als diferents països del món, com també són desiguals els nivells de protecció de l'Estat amb els més febles o els més pobres. Molt sovint la pobresa, la desatenció social i el conflicte bèl·lic van de bracet i constitueixen, en bona part, la primera causa de les guerres.

LA LLIBERTAT AL MÓN

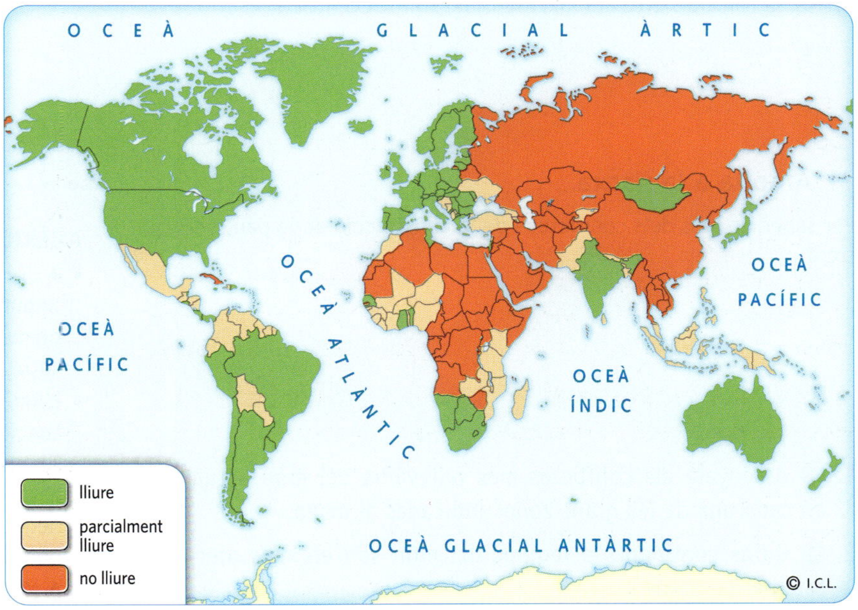

1. Què és el fonamentalisme islàmic? Amb quins atemptats es va donar a conèixer mundialment? Quina nova forma de violència instauren aquest tipus d'organitzacions terroristes?
2. Mira't el vídeo de www.tiching.com/751323 i contesta: quan es va crear Al-Qaida i quin n'era l'objectiu inicial? Quines conseqüències va tenir la relació de Bin Laden amb l'Afganistan?
3. Com s'ha estès l'islamisme radical? Quina relació té amb els conflictes a l'Orient Pròxim i a Àfrica? Què és ISIS (també conegut com a Daesh o Estat Islàmic)?
4. Per què Àfrica és un focus permanent de conflictes?
5. A-A Valora el fet que la desaparició dels antics blocs no hagi significat la fi de les desigualtats i els enfrontaments.

7 Els conflictes del segle XXI

DESCOBREIX

El món actual no està exempt, tal com hem vist, de guerres ni de conflictes. Aquest mapa indica les situacions de violència que els organismes internacionals van registrar l'any 2015. Alguns d'aquests conflictes es poden solucionar els propers anys, però també és altament probable que n'apareguin altres de nous.

En el mapa es distingeixen per tipus de conflicte. Es mostren, d'una banda, els conflictes armats més o menys convencionals: entre exèrcits rivals, entre exèrcits i guerrilles, etc. De l'altra, s'assenyalen les zones de tensions, és a dir, situacions de violència que, de vegades, també poden generar enfrontaments armats, segrestos, violència ètnica o religiosa, etc.

A més, es diferencia entre conflictes locals i conflictes que han derivat en tensions internacionals greus entre països, molt sovint allunyats dels focus primerencs del conflicte.

El mapa no mostra totes les zones del món en les quals s'han produït atemptats terroristes, perquè es tracta de fets imprevisibles i, per tant, d'una amenaça mundial.

Les zones més castigades són el continent africà, el Pròxim Orient i el sud-est asiàtic.

Bona part dels conflictes tenen a veure amb els problemes creats per la propagació de l'islamisme radical, i amb la pobresa, la falta de drets cívics i la inestabilitat política.

ELS CONFLICTES DEL MÓN ACTUAL

AMÈRICA

- A l'Amèrica del Nord, els Estats Units està implicat en diversos conflictes internacionals, però tenen lloc fora del seu territori.
- L'Amèrica del Sud ha millorat la seva situació i estabilitat polítiques. L'únic conflicte armat es localitza a Colòmbia, però està en via de resolució després de les negociacions de pau entre el govern i la guerrilla.
- A Mèxic hi ha un greu enfrontament entre els grups armats de narcotraficants i les forces governamentals.

@ Amplia a la xarxa...

Per saber-ne més dels conflictes i de la construcció de la pau, entra a: www.tiching.com/751324

1. Assenyala els conflictes més rellevants del món actual en cada una de les grans zones indicades al mapa.
2. Quins continents o regions del món són els més afectats per la guerra?

Investiga

3. Quines són les causes principals de la violència al món?
4. Analitza l'origen i els motius dels conflictes i tensions que hi ha al nord d'Àfrica. I a l'Àfrica subsahariana?
5. Analitza també l'origen dels principals conflictes que trobem a l'Orient Pròxim i valora quins conflictes actuals et semblen més greus.
6. Quins conflictes ha comportat la fragmentació de l'URSS?

EUROPA

Els conflictes armats a Europa són gairebé inexistents, però es mantenen en algunes zones perifèriques:

- Al territori de Rússia continua el conflicte a Txetxènia i el 2014 es va produir la intervenció russa per donar suport als secessionistes d'Ucraïna. La regió de Crimea es va incorporar a la Federació Russa.
- A Turquia hi perdura un llarg conflicte entre el govern i la minoria kurda, amb etapes periòdiques d'enfrontament armat.

PRÒXIM ORIENT

- Conflicte israelianopalestí.
- Guerra civil a Síria i atacs d'ISIS. Greu crisi de refugiats.
- Líban: problemes a les fronteres amb Síria i repercussió dels problemes de Líbia.
- Iraq: final de l'ocupació nord-americana, però enfrontaments i accions terroristes de l'islamisme radical.
- Iemen: revoltes socials i accions de grups terroristes d'Al-Qaida.

ÀSIA

- Enfrontaments bèl·lics a l'Afganistan i propagació del terrorisme islàmic, que té derivacions al Pakistan.
- El Pakistan manté enfrontaments fronterers amb l'Índia, on, a més, perduren conflictes en regions com ara el Caixmir a causa de reivindicacions independentistes.
- Altres zones amb guerrilles i moviments d'oposició armada són les Filipines, Tailàndia i Sri Lanka, sense deixar de tenir en compte les àrees de tensió permanent com Corea.

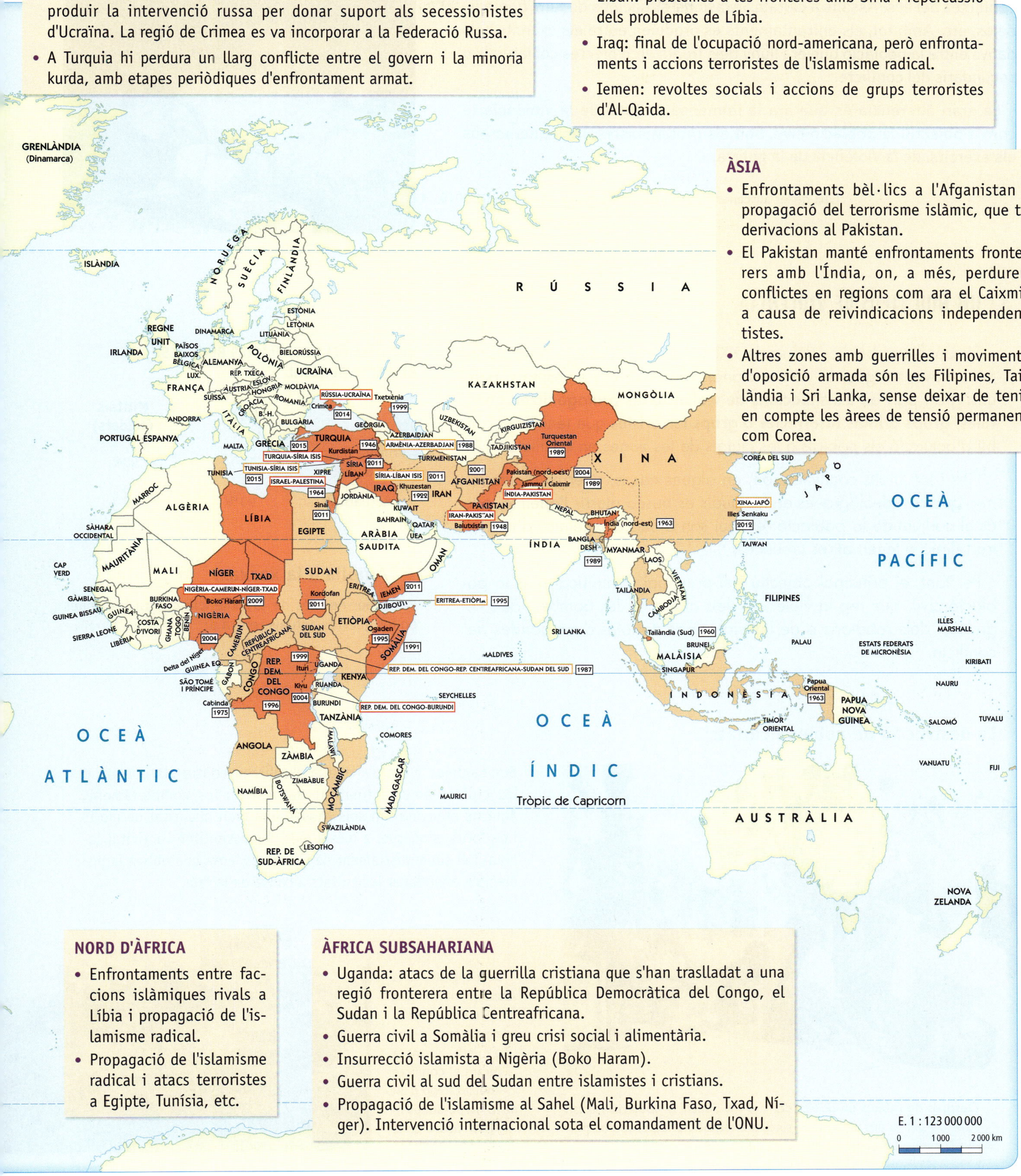

NORD D'ÀFRICA

- Enfrontaments entre faccions islàmiques rivals a Líbia i propagació de l'islamisme radical.
- Propagació de l'islamisme radical i atacs terroristes a Egipte, Tunísia, etc.

ÀFRICA SUBSAHARIANA

- Uganda: atacs de la guerrilla cristiana que s'han traslladat a una regió fronterera entre la República Democràtica del Congo, el Sudan i la República Centreafricana.
- Guerra civil a Somàlia i greu crisi social i alimentària.
- Insurrecció islamista a Nigèria (Boko Haram).
- Guerra civil al sud del Sudan entre islamistes i cristians.
- Propagació de l'islamisme al Sahel (Mali, Burkina Faso, Txad, Níger). Intervenció internacional sota el comandament de l'ONU.

8

Les víctimes de les guerres actuals

Al llarg de la història la població civil ha patit les conseqüències dels conflictes bèl·lics. Assalts a ciutats, invasions, situacions de fam, bombardejos, etc. Amb tot, els enfrontaments es produïen entre els exèrcits i els danys entre la població que era lluny dels fronts eren efectes col·laterals o secundaris del conflicte.

La gran diferència és que ara la immensa majoria de la violència té com a objectiu la població civil. Són els protagonistes, més que no pas els exèrcits, de la violència de la guerra.

Una de les africanes víctimes de violència sexual a Luviungi, 2010.

A UN NOU TIPUS DE VIOLÈNCIA

Els conflictes bèl·lics del segle XXI són d'una tipologia nova. Continua havent-hi guerres convencionals amb exèrcits enfrontats, però una gran part de les **situacions de violència les protagonitzen guerrilles, grups armats insurrectes o grups terroristes** que tenen per àmbit d'actuació els poblats o les ciutats de les zones en conflicte.

Fins i tot, molts conflictes són, en alguns casos, guerres d'extermini o guerres ideològiques en les quals es busca aterrir l'enemic, que és el conjunt de la població: els qui són d'una altra ètnia, d'una altra religió o tenen altres creences.

Per tant, el principal objectiu i el principal damnificat n'és la població civil, que rep la violència dels atacs, de les bombes, dels segrestos, dels robatoris o de les violacions de totes dues bandes del conflicte.

VÍCTIMES DELS CONFLICTES BÈL·LICS RESPECTE AL TOTAL

	Civils	Militars (soldats)
Primera Guerra Mundial	10 %	90 %
Actualitat	90 %	10 %

@ Amplia a la xarxa...

Per saber-ne més de la violència contra les dones en les guerres actuals, entra a: www.tiching.com/751325

La destrucció de pobles i ciutats

Després de l'atac a un poblat del sud del Sudan, la població no tan sols fuig per la por dels atacs, sinó que també ho fa perquè ha perdut la casa o les seves collites estan destruïdes.

Bombardejos i foc d'artilleria s'utilitzen contra els poblats o les ciutats amb la finalitat de destruir-los completament. Aquests atacs no tan sols causen una gran quantitat de morts i de ferits, sinó que, a més a més, impossibiliten l'activitat laboral i el subministrament de queviures, cosa que obliga la població a abandonar les ciutats a causa de la fam.

La fotografia de la ciutat siriana d'Homs ens ensenya la devastació a la qual ha quedat sotmesa durant el conflicte bèl·lic. Prop d'un milió de persones hi vivien abans de la guerra.

B ELS NENS DE LA GUERRA

Una de les pitjors conseqüències de la nova tipologia de guerra és la implicació dels infants en els conflictes bèl·lics. Són víctimes, igual que els adults, de les matances, la fam, els desplaçaments forçosos...

A més a més, però, a moltes parts del món els han fet implicar directament en la guerra: els recluten com a soldats i els entrenen per matar quan encara són molt petits.

▶ Un dels més de 120 000 nens soldats d'Àfrica.

Les dades de la violència contra els infants

- La meitat dels 3,6 milions de persones que han mort en conflictes armats des dels anys noranta eren menors d'edat.
- Cap a 20 milions de nens han hagut de fugir de casa a causa de la guerra.
- A Sierra Leone, després de la guerra civil, 284 nens de cada 1 000 no vivien més enllà dels cinc anys.
- 500 000 nens han hagut de presenciar actes de violència o de participar-hi. A molts se'ls obliga a convertir-se en esclaus sexuals, servents, missatgers o espies.
- 4 milions d'infants han quedat discapacitats, tolits o cecs o han patit lesions cerebrals.
- Pel cap baix, 5 milions d'infants s'han convertit en refugiats i 12 milions més s'han desplaçat a causa de la guerra.
- Actualment hi ha més de 120 000 nens soldats a l'Àfrica.

C DESPLAÇATS I REFUGIATS

A causa de la violència i la falta de recursos bàsics, una part de la població **fuig de l'escenari del conflicte**, i busca refugi en països fronterers o propers. També emprenen viatges llargs i perillosos cap a zones més segures, com Europa. De fet, el 2014 la quantitat de refugiats forçosos va pujar a 59 500 000, 8 300 000 més que el 2013.

Els refugiats tenen dificultats greus per trobar acolliment en altres països (com en el cas d'Europa en la crisi del 2015-2016) i acaben en campaments precaris en els quals la feina de les ONG i dels organismes internacionals és essencial.

DESPLAÇATS FORÇOSOS EL 2014

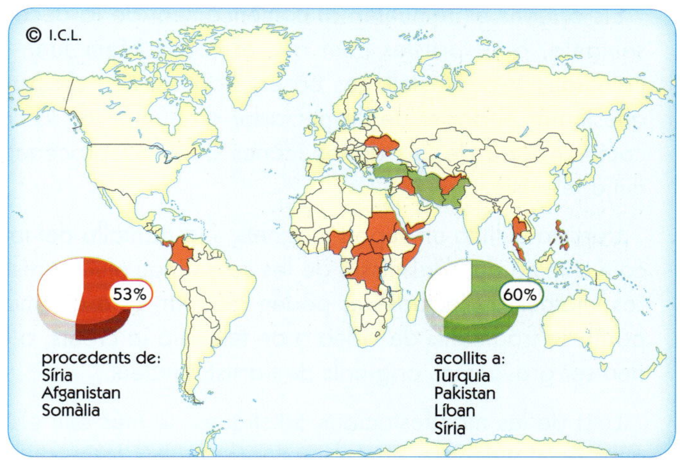

LA DESTINACIÓ DELS REFUGIATS SIRIANS

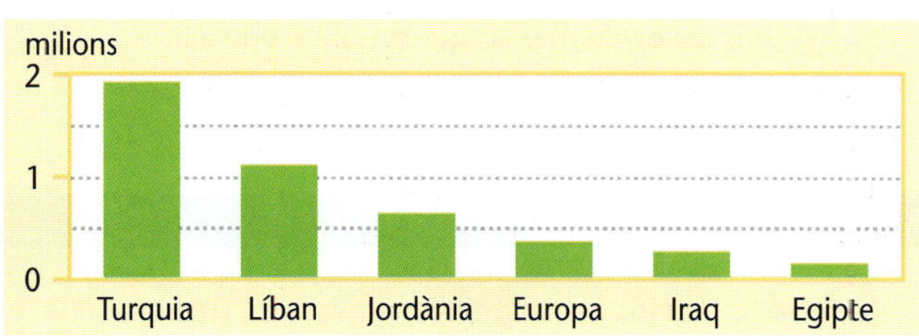

Per què fugen

Venim perquè al meu país, Somàlia, hi ha guerra. És molt difícil ser una dona en temps de guerra. No vull que m'obliguin a casar-me i que em violi un home de 49 anys. Vull anar a Bèlgica. Vull anar a l'escola i tenir educació. No vull casar-me.

Testimonis de refugiats. Amnistia Internacional, 2015.

1. Per què parlem d'un nou tipus de violència en els conflictes actuals? Com afecta la població civil? Quines conseqüències té per a la població trobar-se en zones de conflicte? Com pateixen les dones la violència a les zones de conflicte?

2. Per què la població fuig de les zones en guerra? Quina és la destinació d'aquests refugiats?

Posa't en lloc seu

3. Dividiu-vos en grups i consulteu www.tiching.com/751326:

– Quina és la situació dels nens soldats al món? Què ens narren en els seus testimonis? Com els ha afectat? Quines mesures s'haurien de prendre per posar fi a aquesta situació?

L'art al món actual

A les últimes dècades del segle XX i al principi del segle XXI no podem parlar tant de corrents i d'escoles com de tendències i artistes. Es recuperen tècniques experimentades en les dècades del seixanta i del setanta, es redescobreixen les avantguardes del segle XX, es reinterpreten o es barregen estils pictòrics, etc.

No disposem encara de prou perspectiva per poder dir quins són els artistes i les fórmules que perduraran en el temps i que s'acceptaran socialment i col·lectivament com a expressió artística d'una època i d'un moment social.

Nam June PAIK: *Vídeo sintetitzador*, 1969. L'artista sud-coreà va aconseguir obrir una nova forma de comunicació; és considerat el fundador del videoart.

A ART DIGITAL

L'ús d'elements digitals, tant en el procés de producció com en l'exhibició de l'obra d'art, és una de les innovacions més significatives de la creació artística del segle XX, i aquesta tendència encara continua al segle XXI amb les aportacions de les tecnologies més recents.

Els orígens es remunten al començament de la dècada del seixanta, amb artistes com ara el coreà Nam June **Paik** i l'alemany Wolf **Vostell**. Les bases d'aquest nou art pretenien qüestionar el paper de l'espectador en el món de la comunicació a partir de l'ús de les icones populars procedents del mitjà televisiu.

L'artista utilitza un suport magnètic i la pantalla del televisor com a mitjà de transmissió de les seves inquietuds artístiques. Les imatges projectades es poden reeditar, és a dir, muntar a partir de fragments de vídeo o de televisió ja creats, o bé poden ser gravacions originals de l'artista mateix.

Una de les manifestacions artístiques de més èxit els últims anys és el **videoart**, que pot adoptar moltes formes: gravacions que s'emeten, vídeos en galeries, instal·lacions escultòriques que incorporen aparells de televisió o monitors de vídeo, visualització d'imatges i sons "en directe" o gravats, etcètera.

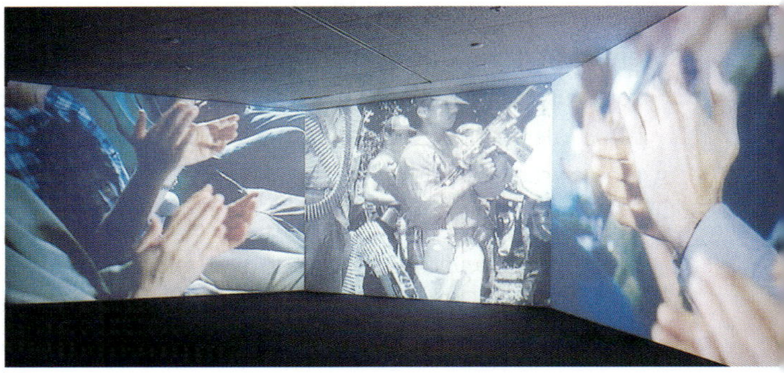

Antoni MUNTADAS: *On translation: l'aplaudiment*, 1999. Les imatges televisives són molt utilitzades pels artistes del videoart.

@ Per saber-ne més d'aquesta obra, entra a: www.tiching.com/751327

MEMOART: Corrents del videoart

Vídeo acció: consisteix a gravar les accions que es produeixen en les modalitats artístiques de caràcter efímer (*performance*, *body art* i *land art*).

Vídeo experimental: ús del suport videogràfic des d'un punt de vista creatiu (videoescultures, videoinstal·lacions i *videoenvironment*). En aquest àmbit destaca actualment el nom de Bill **Viola**.

Bill VIOLA: *L'encreuament*, 1996. En aquesta obra, l'artista confronta el foc (destrucció) amb l'aigua (vida).

B UN ART ECLÈCTIC I DIVERS

Tendències com ara el **neoexpressionisme alemany** i la **transavantguarda italiana**, nascudes a les acaballes de la dècada dels setanta, presentaven alguns elements comuns, com ara la possibilitat de transitar lliurement per l'art de qualsevol període del passat, l'ús de teles molt grans, la voluntat de tornar a la bidimensionalitat espacial i la figuració com a llenguatge expressiu.

També hi havia artistes en l'anomenat ***neo-pop***, que incorpora a les obres elements del còmic, del cinema i dels dibuixos animats; i en el **neominimalisme**, que recupera l'abstracció geomètrica com a base del llenguatge, en les fórmules de les anomenades *instal·lacions* o *muntatges* i fins i tot en la continuació de l'art efímer (*perfomances*).

Forever bicycles, una espectacular instal·lació conceptual de l'artista xinès Ai WEIWEI formada per 760 bicicletes. Els components de la bicicleta i la seva disposició volen ser una metàfora de la innegable xarxa de la mà d'obra xinesa.

Woldgate Woods, 21, 23 & 29 November 2006. Oli sobre tela, de David Hockney, un dels artistes britànics més rellevants. Va començar en l'art pop, però ha passat per etapes expressionistes, de *collage* de fotografies o de dibuix en iPad.

FITXAART

Busca a Internet informació sobre aquesta obra:

Identificació. Situa l'autor i l'obra en l'espai i en el temps. A quin corrent pertany?

Descripció. Què s'hi representa? Com ho simbolitza? Quines tècniques utilitza?

Valoració. Explica què en destacaries i quines emocions o sentiments et transmet.

Anselm KIEFER: *Margarette*, 1981. Artista alemany adscrit al neoexpressionisme, però amb una profunda evolució tècnica. Tracta temàtiques de reflexió històrica, com en aquesta obra sobre els camps d'extermini nazis.

1. Què és l'art digital? Quan va néixer? Quines característiques i objectius té? Quins dos grans corrents hi podem distingir?
2. Assenyala alguns corrents i artistes del moment actual. Observa les imatges de Weiwei i de Hockney i troba tres paraules que expressin l'efecte que et fan les seves obres.

Aprecia l'art

3. Per què penses que anomenem *postmoderns* els corrents artístics del final del segle XX i començament del XXI? Et sembla que reflecteixen en certa manera que el panorama social, econòmic i polític dels darrers decennis és canviant, divers o confús?

COMPLETA EL MAPA CONCEPTUAL

Amb la informació del tema, completa al quadern l'esquema següent:

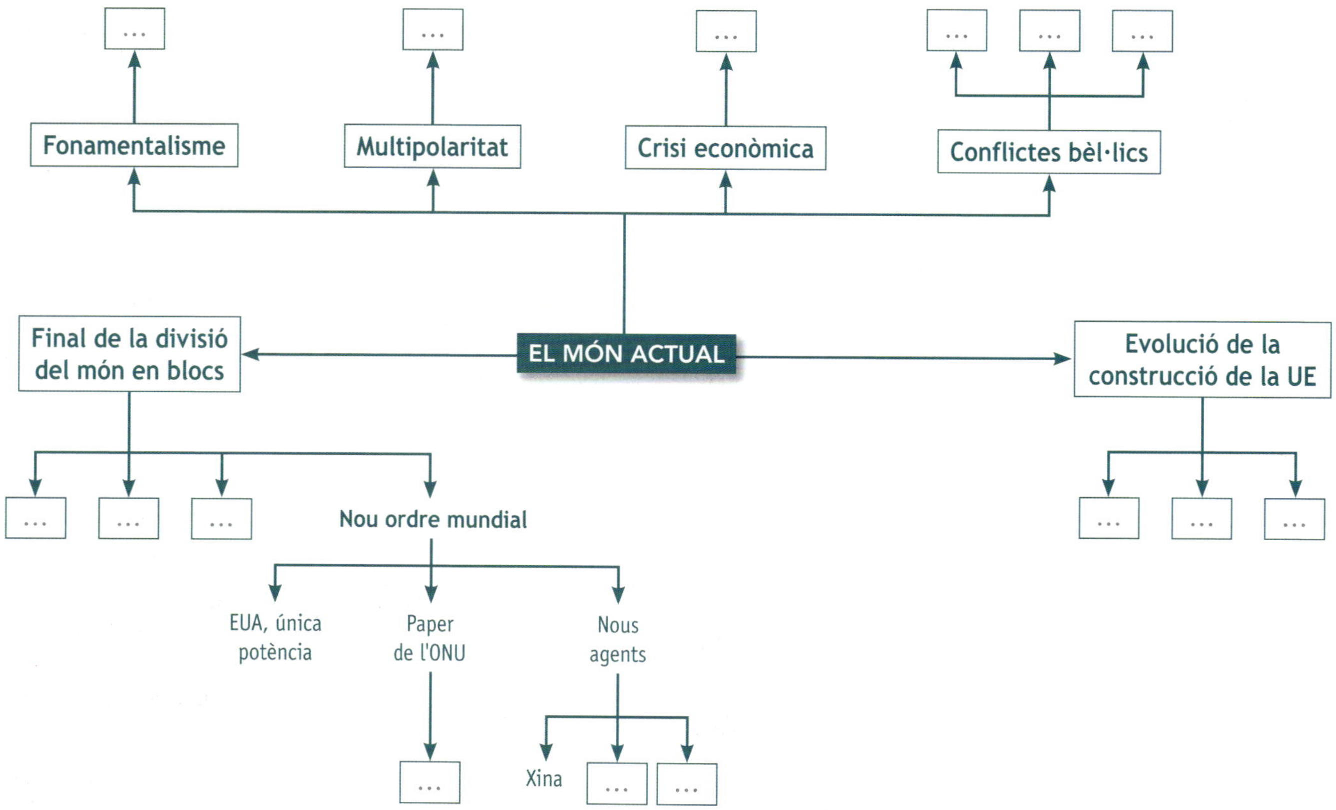

1 CONSOLIDA EL QUE HAS APRÈS

a) Quins canvis hi va haver en la geopolítica mundial al principi de la dècada dels noranta?

b) Quines conseqüències va tenir l'enfonsament de l'URSS?

c) Quin camí van emprendre la Rússia postcomunista i els països de l'Est?

d) Quins passos ha seguit la construcció de la Unió Europea?

e) Quines són les causes de la crisi de l'Estat del benestar europeu?

f) Quines són les causes de la inestabilitat en el món actual?

g) Com afecten la població civil les guerres actuals?

2 DEFINEIX CONCEPTES CLAU

- Ordre mundial
- Fonamentalisme islàmic
- Tractat de Schengen
- Estat del benestar
- Polítiques d'austeritat
- Primaveres àrabs

3 ESTABLEIX-NE LA CRONOLOGIA

- Caiguda del mur de Berlín
- Revolució de vellut
- Dimissió de Mikhaïl Gorbatxov
- Atacs terroristes a les Torres Bessones de Nova York
- Aprovació del Tractat de Maastricht

4 IDENTIFICA ELS PERSONATGES

- Václav Havel
- Vladímir Putin
- Borís Ieltsin
- Mikhaïl Gorbatxov
- Ossama bin Laden
- Lech Walesa
- G. H. W. Bush
- Bill Clinton
- George W. Bush

CONTESTA LA PREGUNTA INICIAL

Quines transformacions s'han produït al món des del 1990? Amb quins reptes s'enfronta la humanitat?

APRÈN A... ANALITZAR LES CONSEQÜÈNCIES D'UN CONFLICTE

SOL·LICITUDS D'ASIL A LA UNIÓ EUROPEA ENTRE GENER I JUNY DEL 2015

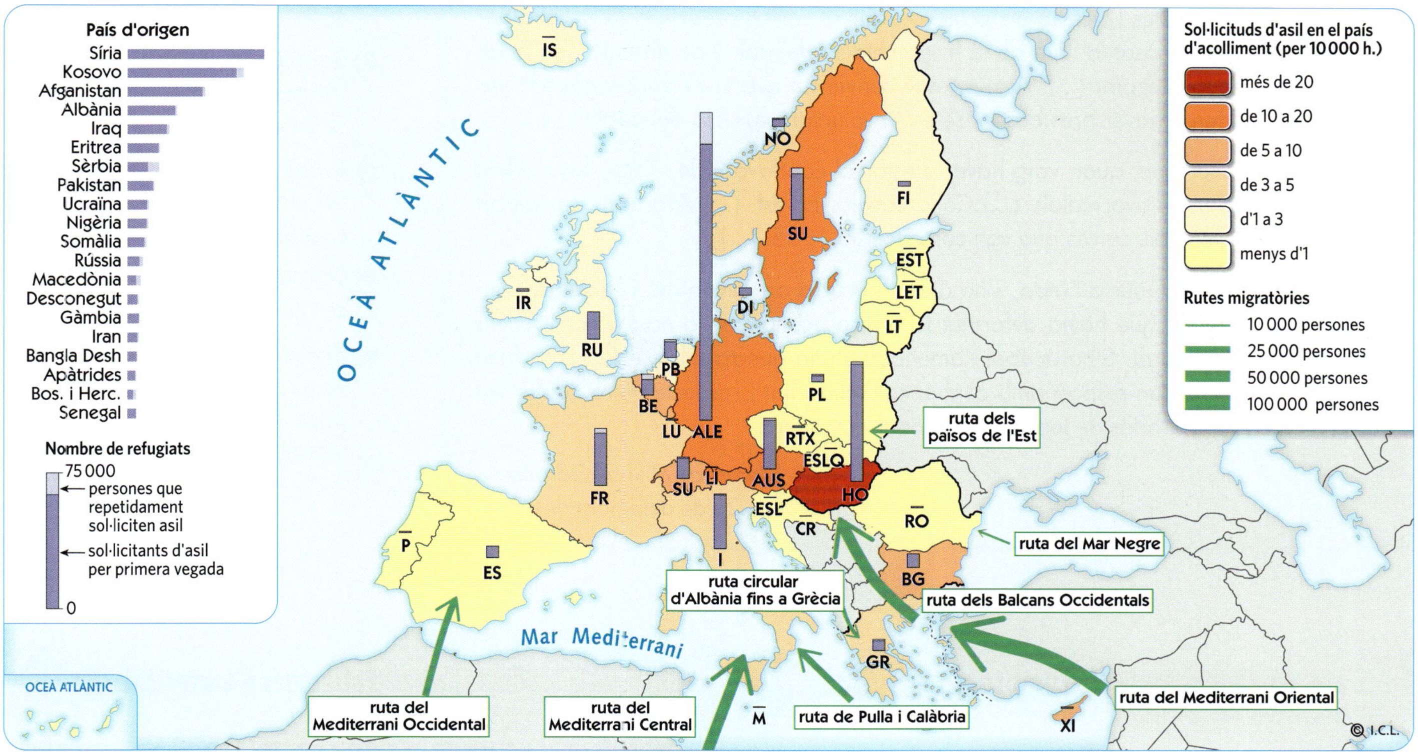

Font: EUROSTAT

El conflicte armat a Síria i a d'altres països de l'Orient Pròxim ha posat en evidència les conseqüències que una situació com la que viuen aquests ciutadans pot generar més enllà de les seves fronteres.

La pitjor crisi de refugiats des de la Segona Guerra Mundial té com a escenari les aigües del Mediterrani i les costes de països membres de la Unió Europea com ara Itàlia i Grècia, que s'han convertit en la porta d'entrada a un món segur per a centenars de milers de persones que fugen de la guerra.

La problemàtica creada arran d'aquests desplaçaments massius ha sacsejat una Unió Europea que es debat entre les obligacions que va imposar la Convenció de Ginebra sobre l'Estatut dels Refugiats del 1951, de la qual tots els Estats membres són signataris, i la realitat socioeconòmica i política que porta els països membres a restringir el dret d'asil.

1. Identificació de les fonts

- De quin tipus de gràfic es tracta? Quantes variables hi apareixen? Quina informació ens proporciona?
- Quines són les rutes dels fluxos migratoris que mostra el mapa? Ordena-les en funció de la importància numèrica.
- Classifica els països segons el nombre de persones acollides.
- De quins països provenen, els refugiats? Tenen cap característica comuna?

2. Anàlisi i contextualització històrica

- Quina és la situació política a Síria, principal país d'origen de refugiats en la crisi actual? Per què volen arribar a Europa?
- Quina és la situació política i econòmica d'Europa des del 2008? Com influeix això en la política de refugiats?
- Busca informació sobre les directrius adoptades per la UE per fer front a l'arribada massiva d'immigrants.
- Consulta la Convenció de Ginebra sobre l'Estatut dels Refugiats del 1951. Anota la definició de *refugiat* i els drets que li confereix. Què diferencia un emigrant d'un refugiat?
- Quins efectes té l'arribada massiva de refugiats sobre els països europeus? Distingeix entre els països d'entrada a Europa (Grècia, Itàlia...) i els països d'asil final d'aquests refugiats.

3. Conclusions

- A partir de les dades treballades, fes una valoració de la problemàtica que genera l'arribada massiva de refugiats a Europa i justifica el teu punt de vista sobre el tema.

1 Fonts documentals. La crisi del model soviètic

Estimats compatriotes (), cesso en la meva activitat com a president de la Unió Soviètica (...). S'ha imposat la línia de la fragmentació del país i de desunió de l'Estat, un fet que no puc acceptar (...). A més, estic convençut que unes resolucions tan importants s'haurien d'haver pres basant-se en la voluntat expressa del poble (...).

El destí va voler que, quan vaig haver d'estar al capdavant de l'Estat, fos evident que el nostre país estava malalt. (...) Calia canviar-ho tot. (...) Avui estic convençut de la raó històrica dels canvis que van començar el 1985. (...)

Hem posat fi a la Guerra Freda, s'ha aturat la cursa armamentista i la dement militarització del país, que havia deformat la nostra economia, la nostra consciència social i la nostra moral. S'ha acabat l'amenaça d'una guerra nuclear (...). Ens hem obert al món i ens han respost amb confiança, solidaritat i respecte. Però l'antic sistema s'ha enfonsat abans de tornar a funcionar novament.

Discurs de Mikhaïl Gorbatxov,
25 de desembre de 1991.

a) Qui és l'autor del text? De quina època és?

b) Quin és el posicionament que s'exposa en la fragmentació de la Unió Soviètica?

c) A què es refereix amb la frase "el nostre país estava malalt. (...) Calia canviar-ho tot"?

d) Consideres que va fer coses encertades abans de dimitir?

e) Busca informació sobre el que va passar a l'URSS el 1985 i explica el motiu pel qual s'hi fa referència en el text.

2 L'art en el seu context. Compromís

L'artista Ai Weiwei va crear una instal·lació en què va cobrir el Konzerthaus de Berlín amb 14 000 armilles salvavides recollides a l'illa grega de Lesbos, punt d'arribada de molts emigrants i refugiats del Pròxim Orient i el nord d'Àfrica.

a) Busca informació sobre l'artista i escriu-ne una petita biografia.

b) Per què et sembla que ha fet el muntatge amb armilles salvavides? Quin missatge penses que vol transmetre?

3 Fonts iconogràfiques. Polítiques d'austeritat

a) Descriu, la imatge, l'acció que s'hi fa i el missatge que es pretén transmetre.

b) Quins efectes han tingut les polítiques d'austeritat en els pilars de l'estat del benestar europeu?

c) Quines penses que han estat les classes socials que n'han sortit més perjudicades?

d) Indica un exemple de política d'austeritat que hagis pogut comprovar a la teva vida quotidiana.

4 Fonts iconogràfiques. Un món multipolar: l'ONU

Assemblea General de l'ONU.

a) Quin organisme de l'ONU ens mostra la imatge? Quina funció té?

b) Explica el paper de l'ONU en la resolució de conflictes en el món actual.

c) Indica tres organismes de l'ONU que duguin a terme tasques humanitàries en els conflictes en què intervenen.

5 Fonts gràfiques. La ciutadania europea

a) Segons l'esquema, quins avantatges ofereix ser ciutadà de la Unió Europea?

b) Quins penses que poden ser els motius de l'aparició de posicions contràries al desenvolupament de la ciutadania europea?

c) La ciutadania europea pot topar amb la sobirania dels països membres de la UE?

WWW. ESPAI WEB

6 Busca la informació. Les primaveres àrabs i les xarxes socials

Busca informació sobre l'ús del potencial de les xarxes socials com a mitjà de difusió de la informació durant els fets esdevinguts en les primaveres àrabs, especialment a Tunísia i a Egipte.

a) Explica quines xarxes socials es feien servir, amb quina finalitat, i quin paper van tenir en la mobilització i a l'hora d'organitzar les manifestacions populars a l'interior dels països.

b) Què permeten les xarxes socials en països amb censura o en els quals les autoritats controlin estretament la premsa? Quines formes organitzatives només són possibles amb l'ús de les xarxes socials?

c) Valora la importància de les xarxes socials, en general, com a mitjà per evitar les limitacions a la llibertat d'expressió i d'informació, i analitza també els perills que comporta que no es pugui controlar la veracitat de les informacions que difonen.

7 Fonts audiovisuals: Els refugiats

Mira't a www.tiching.com/751328 el vídeo d'Amnistia Internacional "Quan tu no existeixes" i contesta aquestes preguntes sobre els refugiats:

a) Quina és la realitat que ens intenta explicar el vídeo d'Amnistia Internacional?

b) A quina reflexió et porta el document?

c) Argumenta les possibles solucions als problemes generats pels desplaçaments massius de població.

REPTES A LA XARXA

EXPLOR@TIC: Atenció, obres! Reformant l'ONU.

ACTIVITATS AUTOCORRECTIVES: Resol aquestes activitats i repassa el que has après.

www.vvd.link/012138/15

1 Què és la globalització?

El terme *globalització*, o *mundialització*, és avui dia un concepte habitual per explicar la realitat quotidiana de la nostra economia, de la nostra societat o de la nostra cultura. Sabem que vivim en un món en què les informacions, els productes, el capital i les persones estan cada vegada més interrelacionats i en què una decisió o un esdeveniment que passa a qualsevol lloc del món és susceptible de tenir conseqüències en altres parts del planeta. Per quin motiu? Com hi ha hagut aquesta globalització? Quines característiques presenta?

A UN ÚNIC SISTEMA ECONÒMIC

A partir del 1990 la desintegració del bloc comunista va donar pas a un **sistema econòmic únic** basat en el **model guanyador**, **el capitalisme**, del qual formen part la majoria de territoris del món. Aquest model econòmic es caracteritza, a grans trets, per defensar la **lliure competència** i la **llibertat de mercat**. Això significa la restricció gairebé total dels controls estatals a les empreses privades, l'eliminació del control sobre els preus i la llibertat absoluta per a la circulació mundial de béns, capitals i serveis.

La mundialització econòmica ha estat possible gràcies al **progrés tecnològic**, que ha ajudat a abaratir els costos de producció i de distribució, i al **desenvolupament dels transports**, amb la qual cosa les persones i les mercaderies cada cop es poden moure més i a preus més baixos. Igualment, la **revolució de les comunicacions** ha permès transmetre informació instantàniament i ha facilitat que es puguin gestionar els negocis des de qualsevol indret del món.

HOMOGENEÏTZACIÓ DEL CONSUM

Una de les conseqüències més evidents de la globalització és l'homogeneïtzació dels hàbits de consum i dels models socials i culturals.

Els centres comercials d'arreu del món són similars, les marques comercials tenen un abast mundial i les formes d'oci (música, moda...) també s'han globalitzat.

B DIVISIÓ DEL TREBALL I DESLOCALITZACIÓ

La producció i el **mercat s'han mundialitzat**. Els béns es produeixen arreu del món, a partir de materials provinents de diverses zones del planeta. A més a més, les **economies nacionals depenen** cada cop més de les xarxes econòmiques mundials.

En aquesta nova realitat econòmica hi ha hagut una **divisió i deslocalització* creixent del treball**. Els productes es descomponen en processos, de manera que es pot encarregar cada component (com ara els d'un cotxe: carrosseria, motor...) a moltes empreses de països diferents, tenint en compte només la rendibilitat de la producció (mà d'obra, impostos, etc.).

En aquesta forma de produir i de vendre hi tenen un paper molt destacat les **empreses multinacionals***, les quals instal·len les fàbriques i produeixen a qualsevol país del món i tenen un gran poder sobre els governs i els organismes econòmics.

LA DESLOCALITZACIÓ INDUSTRIAL

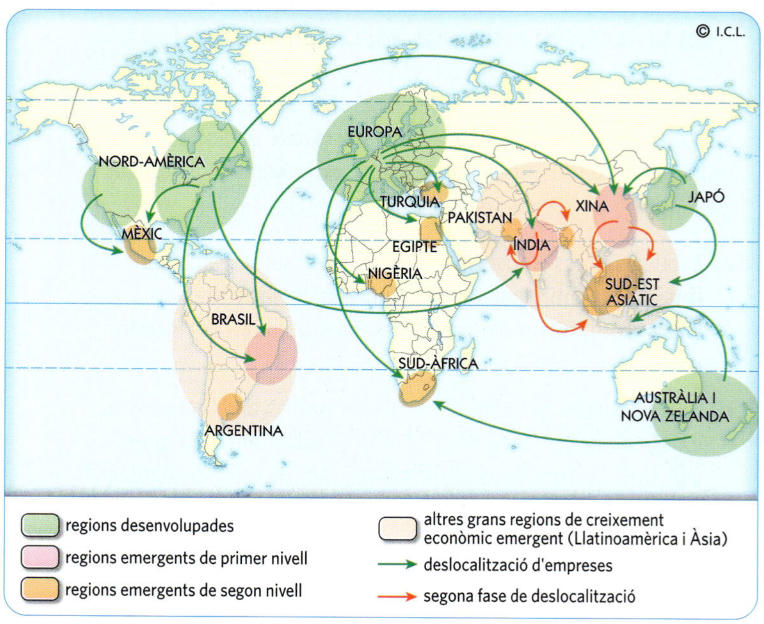

La indústria, centrada tradicionalment a les regions desenvolupades, s'ha anat traslladant a d'altres àrees del món, que s'han constituït en zones econòmicament emergents.

C UN MÓN INTERDEPENDENT

La globalització ha produït un gran increment dels fluxos (moviments) mundials de béns, de serveis, de capitals, de treballadors i de turistes.

D'una banda, hi ha hagut una **explosió del comerç** mundial, més de la meitat del qual el produeixen els intercanvis entre les filials de les empreses multinacionals. Un 70 % dels productes d'aquest comerç són manufactures; de l'altra, cada vegada agafen més importància els **fluxos de serveis** (turisme, telecomunicacions, sanitat...), que representen el 25 % dels intercanvis.

Per acabar, hi ha els **fluxos financers**, moviments de divises, de títols de crèdit, de capitals, etc., que representen operacions d'una xarxa de centres financers com poden ser les borses de Nova York, Londres, Tòquio, Frankfurt, Hong-Kong i Singapur.

EFECTES DE LA GLOBALITZACIÓ

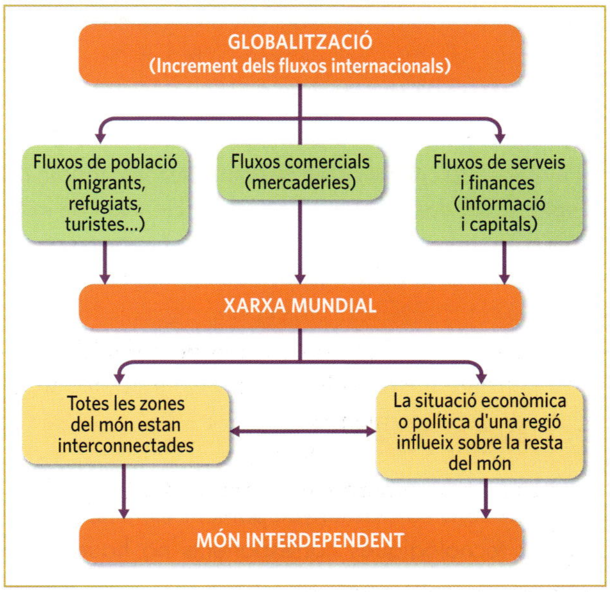

D UN MÓN HOMOGENI PERÒ DESIGUAL

L'existència del mercat global i la interconnexió dels països de vegades es defensa com una oportunitat d'afavorir el creixement i d'igualar més els països.

Tanmateix, els fets demostren que, encara que el creixement hagi estat intens durant les darreres dècades, sobretot en algunes regions d'Àsia com la Xina, les diferències entre països rics i països pobres no han desaparegut: els primers acumulen la majoria del capital i de la tecnologia i controlen els circuits comercials i financers, mentre que els segons mantenen una situació d'endarreriment econòmic, falta de capital i dependència econòmica.

També en les economies més desenvolupades hi **ha augmentat la desigualtat**. Les causes estan lligades a la pèrdua massiva de llocs de treball a causa de la deslocalització, a la rebaixa dels sous per competir en el mercat internacional i a l'afebliment de les finances públiques, que impedeix mantenir les ajudes socials.

LES DADES DE LA DESIGUALTAT

- 850 milions de persones d'arreu del món estan desnodrides o es moren per falta d'aliments.
- L'esperança mitjana de vida és de 53 anys als països més pobres de la Terra, i de 78 als més rics.
- Noruega i els EUA superen els 35 000 dòlars per habitant, mentre que Etiòpia només arriba a 100.

LA DISTRIBUCIÓ DE LA RIQUESA

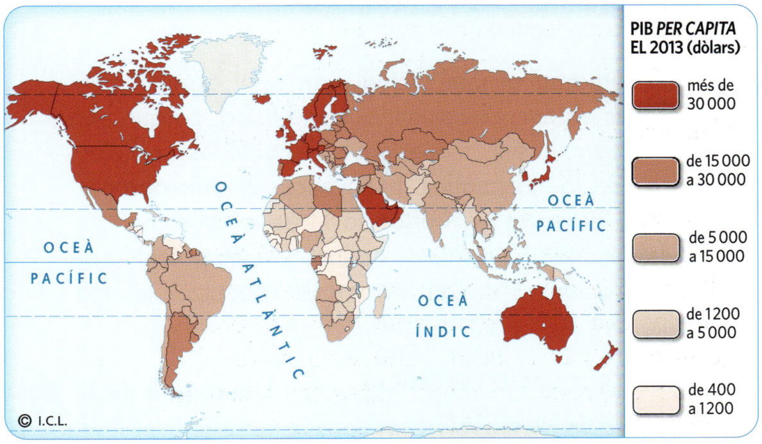

1. Com i quan s'imposa un únic sistema econòmic al món? Quines característiques presenta?
2. Per què les indústries es deslocalitzen? Quin paper hi fan les multinacionals?
3. Explica per què la globalització no ha posat fi a la desigualtat al món.
4. Observa el mapa, explica el repartiment de la riquesa i comenta'n les dades.

La revolució tecnològica

En les últimes dècades, les innovacions científiques i tecnològiques han provocat canvis tan profunds en la societat i en la producció que ja podem parlar d'una Tercera Revolució Industrial, i fins i tot de la quarta, la qual ha modificat les estructures empresarials, econòmiques i laborals del món.

La globalització ha estat possible per les condicions generades al voltant del desenvolupament de la ciència i de la tècnica. Per al comerç mundial han estat determinants els progressos en l'aviació, el ferrocarril i el transport marítim, i per a les comunicacions ho han estat els avenços en electrònica i en informàtica.

LES TRES REVOLUCIONS TECNOLÒGIQUES

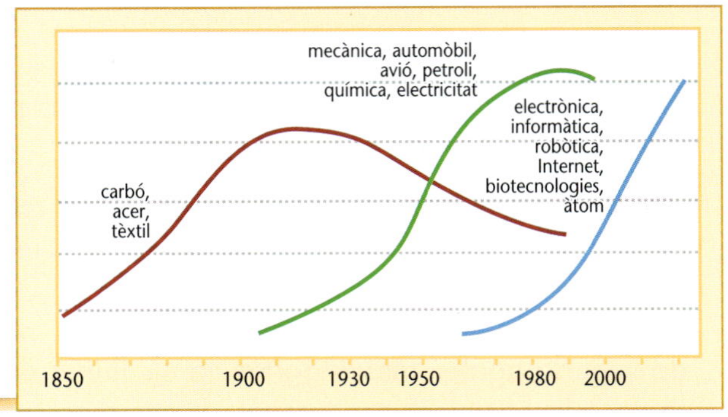

A CIÈNCIA, TÈCNICA I PODER

L'extraordinari desenvolupament científic actual i les aplicacions tecnològiques corresponents no haurien estat possibles sense les grans sumes de **capital** que s'han invertit en **recerca**. Aquests recursos provenen dels centres de poder polític i econòmic: els governs i les grans empreses són els únics que poden finançar les costoses instal·lacions i els grans equips de recerca necessaris.

Els recursos dedicats a la recerca han augmentat d'una manera considerable i als països desenvolupats poden arribar a representar el 2 o el 3 % del PIB. El gran volum de capitals que requereix la recerca ha accentuat les diferències entre països i contribueix a marcar la frontera entre el desenvolupament i el subdesenvolupament.

DESPESA EN R+D EN ALGUNS PAÏSOS EL 2013

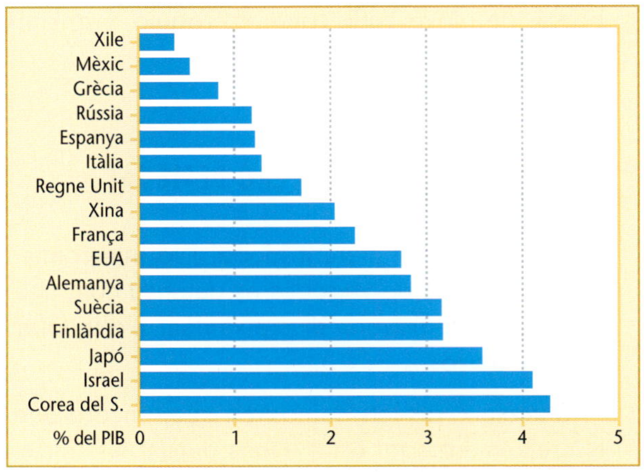

B LA TECNOLOGIA DE LA INFORMACIÓ

Per conformar el món actual han estat especialment importants els avenços científics de la física, perquè han tingut aplicacions tècniques molt destacables en l'**electrònica** i en la **informàtica**. La invenció del **microprocessador** ha provocat la fabricació massiva d'ordinadors, de telèfons mòbils, etcètera, cada cop més potents i de més prestacions, i també ha permès robotitzar les màquines.

També han tingut una transcendència cabdal els avenços en els sistemes de **transmissió de la informació**. Els satèl·lits de comunicacions i els cables de fibra òptica aplicats a la telefonia mòbil i a Internet mantenen connectat, en temps real, un punt de qualsevol lloc del planeta amb un altre de molt distant, de manera que han permès un gran augment de la velocitat i de la quantitat d'informació que es pot transmetre.

COST DE TRUCADA TELEFÒNICA

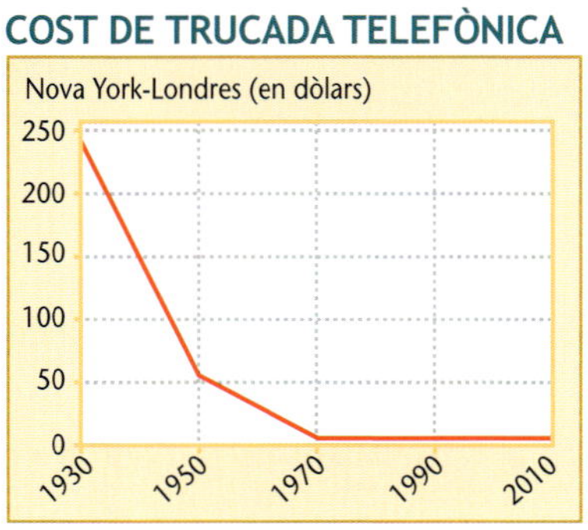

L'evolució de la capacitat de les computadores

El 1997 el supercomputador més potent del món va costar 55 milions de dòlars i ocupava una superfície equivalent a una pista de tennis. Al cap de menys d'una dècada, un altre aparell, la PlayStation 3, havia assolit la mateixa capacitat de processament i costava 500 dòlars.

Á. Ubide: "La digitalització de la feina", *El País*, 4 de maig del 2014.

C UNA NOVA MANERA DE COMUNICAR-SE

Les **noves xarxes de comunicació (Internet)** han comportat canvis radicals en els hàbits socials i en l'economia gràcies a la capacitat de connexió en temps real. El seu èxit també es deu a la facilitat per trobar qualsevol tipus de notícia o informació i a la possibilitat d'accedir lliurement a música, pel·lícules, etc.

Les xarxes socials (Facebook, Twitter, etc.) també són un poderós mitjà d'expressió i d'organització interpersonal, que funciona al marge d'empreses, cadenes corporatives i governs.

Aquesta "revolució" de la informació i de la comunicació no està pas exempta de riscos. L'excés i la rapidesa de la informació banalitzen els temes, provoquen ben poca reflexió en les opinions i barregen informacions autèntiques amb altres que són falses o bé confuses.

USUARIS D'INTERNET EL 2015

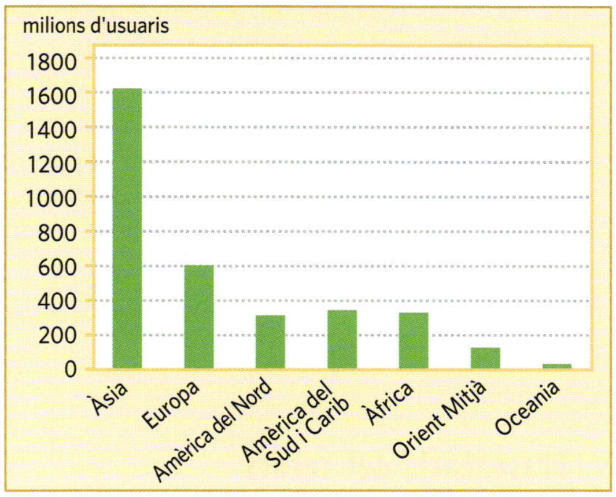

D CAP A UNA NOVA MANERA DE PRODUIR?

En la indústria, el conjunt d'innovacions en les telecomunicacions i en els sistemes informàtics permet:

- Una gran **robotització** en els sistemes de producció.
- Una dràstica **reducció dels costos d'emmagatzematge**, perquè es rep informació constant sobre la demanda de productes (sistema *just in time*) i es produeix segons la demanda.
- La **divisió del treball** i una gran **deslocalització** de les empreses.

Amb tot, el gran repte de futur, allò que es coneix com la indústria 4.0, és que el desenvolupament tecnològic permeti passar a "fàbriques intel·ligents" en el seu conjunt, amb interconnexió entre les màquines i els sistemes d'informació en el mateix emplaçament de producció i amb l'exterior (els mercats, els clients, els competidors, altres fàbriques intel·ligents...).

En aquest procés és possible que es produeixin variacions importants en el tipus de feines i en la capacitació necessària per fer-les.

La Internet de les coses

Si tinguéssim ordinadors que sabessin tot el que han de saber sobre les "coses" mitjançant l'ús de dades que els ordinadors mateixos poguessin obtenir sense la nostra participació, nosaltres ho podríem monitorar, comptar i localitzar tot al voltant nostre, de manera que les despeses, les pèrdues i els costos es reduirien increïblement. Sabríem quan cal reemplaçar, reparar o recuperar el que sigui, com també si funciona correctament.

Kevin Ashton, 2009.

Magatzems robotitzats.

1. Quines grans revolucions tecnològiques s'han produït des del segle XIX? Quines característiques van tenir la primera i la segona? Què defineix la revolució tecnològica actual?
2. Quins avenços són els més rellevants de l'anomenada Tercera Revolució Industrial? A quins camps corresponen? Què és la robotització?
3. Què és el que ha canviat radicalment des de l'aparició i l'ús d'Internet?
4. Per què parlem d'una nova manera de produir? Explica quins canvis s'hi van introduint.
5. Amb les dades de què disposeu, valoreu els avantatges i els inconvenients dels canvis tecnològics actuals.

La Terra: un planeta amenaçat

En quin estat de deteriorament ambiental es troba el planeta?

El model de creixement econòmic que s'ha generalitzat amb la globalització ha deteriorat tant el medi ambient que danya greument la vida dels éssers vius que habitem la Terra.

Per poder donar resposta a aquest repte, la nostra societat comença a regular les conductes nocives per al planeta i a promoure un model de desenvolupament sostenible.

Cimera del Clima de París, 2015.

Presentació del recurs

En aquest projecte col·laborareu en la creació d'un **mapamundi interactiu** mitjançant el qual podrem presentar de manera visual l'estat de deteriorament ambiental del planeta, les causes, les conseqüències i les vies de solució.

Objectiu de l'activitat

Buscar i organitzar la informació per mitjà d'una eina digital amb l'objectiu d'analitzar els principals **riscos mediambientals** del planeta, i compartir amb la resta de la classe el resultat del treball a partir d'una presentació oral.

A PROGRAMACIÓ DE L'ACTIVITAT

1. Plantejament:

- *Què en sabem, dels riscos mediambientals?* Feu una pluja d'idees sobre el que sabeu en relació amb els riscos mediambientals i el canvi climàtic que amenacen el planeta i feu un esquema per organitzar la informació.
- *On trobarem informació fiable i contrastada?* A Internet, biblioteques, hemeroteques, associacions, institucions mediambientals, etc.
- *De quins materials i recursos disposem?* De la informació recollida i d'aplicacions, com ara StepMap o ZeeMaps, que ajuden a confeccionar el mapa interactiu.

2. Criteris d'avaluació:

Per avaluar el pòster s'han de tenir en compte els criteris següents:

- Procés de recerca i de recopilació de la informació disponible.
- Fiabilitat i citació correcta de les fonts.
- Actualitat de les dades presentades.
- Selecció adequada d'imatges i vídeos.
- Redacció de textos sintètics.
- Desenvolupament de l'exposició oral en públic.

3. Temporització recomanada:

- Nou hores de classe.

La urgència d'actuar

Així, avui alliberarem setanta milions més de tones de pol·lució a la prima capa de l'atmosfera que envolta el nostre planeta, com si es tractés d'un desguàs obert. I demà en llençarem una quantitat una mica més gran, que retindrà més i més calor del Sol. Com a resultat d'això, la Terra té febre. I la febre no deixa de pujar. Els experts ens han dit que la malaltia no es curarà sola. (...) I la consistent conclusió, reiterada amb alarma creixent, és que alguna cosa fonamental va malament. El que va malament som nosaltres, i cal que ho corregim.

Discurs pronunciat per Al Gore el 10 de desembre del 2007 durant el lliurament del premi Nobel.

B CERCA I ORGANITZACIÓ DE LA INFORMACIÓ

1. **Creació de grups de treball:** organitzeu-vos en grups de quatre o cinc. Llegiu el projecte i repartiu-vos les tasques que farà cadascú.

2. **Recopilació de la informació:** consulteu els llocs web recomanats i verifiqueu que la informació provingui d'una font fiable i actualitzada. Busqueu les respostes a les preguntes que planteja l'activitat:

   a) Què són les emissions de CO_2? Quins països produeixen més emissions de CO_2? Quin efecte tenen sobre la Terra?

   b) Què entenem per desforestació? Per què es produeix? Busca els països més afectats per la desforestació.

   c) Quines són les causes principals de la contaminació dels mars i els oceans? Quins mars són els més contaminats del planeta?

   d) Què és l'escalfament global? Busca a Internet alguna de les conseqüències d'aquest fenomen.

   e) De quina manera el canvi climàtic afecta la biodiversitat? Quins països tenen més espècies en risc d'extinció?

   f) Busca informació sobre les mesures aprovades en els acords d'Estocolm i el Protocol de Kyoto i sintetitza-les.

   g) Busca informació sobre els països amb millors polítiques mediambientals. Quines polítiques segueixen per protegir el medi?

El diòxid de carboni (CO_2) ha augmentat molt amb la industrialització, l'alça de la crema de combustibles fòssils i la desforestació.

@ Algunes fonts digitals que podeu consultar...

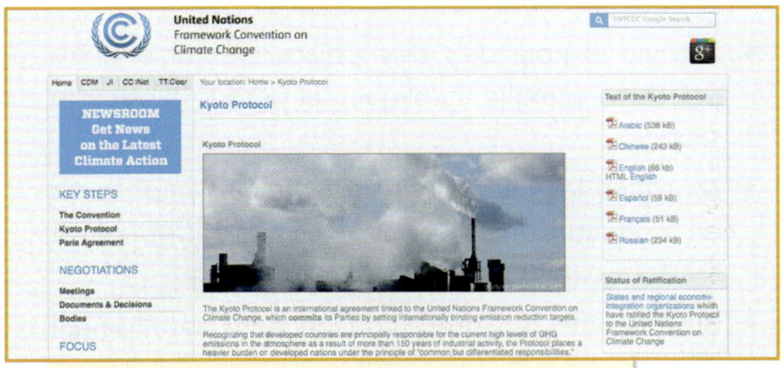

Països més contaminants:
www.tiching.com/750841
Rius més contaminats:
www.tiching.com/750882
Protocol de Kyoto:
www.tiching.com/750846
Països responsables amb el medi ambient:
www.tiching.com/750849

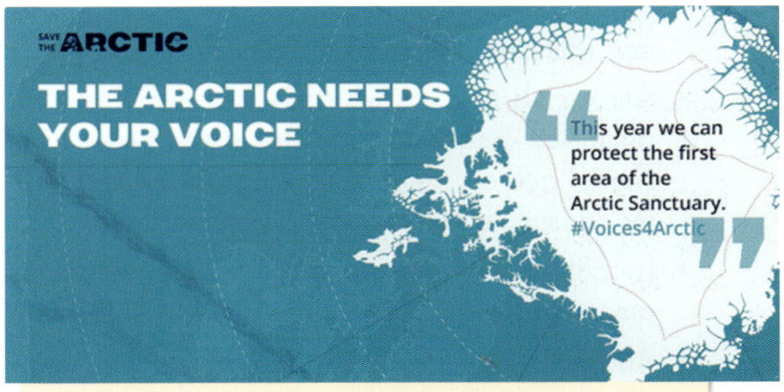

Canvi climàtic: www.tiching.com/750850
www.tiching.com/750853
www.tiching.com/750857
www.tiching.com/750858
Canvi climàtic i salut: www.tiching.com/750861
Consum responsable: www.tiching.com/750863
Consum ecològic: www.tiching.com/750866

C ELABORACIÓ DEL MAPA INTERACTIU

A partir de tota la informació que heu recollit, el vostre objectiu és crear un **mapa interactiu** que us serveixi de base per compartir idees, organitzar-les, debatre-les en grup, crear-les i publicar-les.

1. Conèixer l'aplicació

- Doneu-vos d'alta com a usuari de StepMap o una altra aplicació similar, gràcies a la qual podreu dissenyar un mapa interactiu sobre els riscos ambientals relacionats amb la globalització.
- Consulteu un programa d'aprenentatge (tutorial) que expliqui com s'utilitzen les eines de l'aplicació per aconseguir els efectes que us interessin.

Recordeu que un cop hàgiu creat el mapa, l'heu de titular i desar. D'aquesta manera, podreu accedir al mapa interactiu sempre que entreu a l'aplicació i, si voleu, fer-hi canvis.

2. Pensar el disseny del mapa interactiu

- Feu servir colors que us ajudin a veure les característiques que voleu associar a països o àrees geogràfiques.
- Utilitzeu la font i el cos de la lletra per jerarquitzar els elements del mapa. És important també que el text que hi apareix sigui d'un color que, amb relació al fons, es pugui llegir fàcilment.
- Feu servir símbols, línies, fletxes i formes que us ajudin a veure, sintetitzar i relacionar diferents elements del mapa.
- Agregueu-hi textos sintètics, com també imatges i vídeos que siguin didàctics i us ajudin a exposar la vostra argumentació.

3. Crear el mapa interactiu

- Ressalteu en el mapa les fronteres dels països, les línies de costa, els rius i els llacs.
- Escriviu els cinc països amb més emissions de CO_2, pinteu-los d'un color i afegiu-hi un símbol que els identifiqui. Expliqueu l'impacte que tenen aquestes emissions en la nostra salut.
- Anoteu els cinc països amb més desforestació, pinteu-los amb una capa de color i poseu-hi el símbol que els identifiqui. Afegiu-hi un text amb les causes i els efectes de la desforestació.
- Localitzeu els cinc països amb més espècies amenaçades del planeta i escriviu-ne el nom.
- Anoteu el nom dels tres mars més contaminats del planeta. Escriviu en una etiqueta les causes i les conseqüències d'aquest fet.

Agregueu en el mapa textos, fotografies i vídeos que expliquin i il·lustrin el seu contingut.

Aigües contaminades.

- Escriviu el nom dels cinc països més amenaçats pel canvi climàtic. Expliqueu el perquè d'aquesta situació.
- Marqueu les ciutats dels tractats més importants en la lluita contra el canvi climàtic (Estocolm i Kyoto) i expliqueu-ne els compromisos.
- Busqueu tres fets greus causats per l'escalfament global, marqueu-los al mapa i anoteu les conseqüències d'aquests danys.
- Marqueu un país les polítiques de sostenibilitat del qual estiguin ajudant a millorar la seva situació mediambiental. Anoteu tres mesures en aquest sentit que podem prendre en els nostres actes quotidians.

D PRESENTACIÓ DEL MAPA

És el moment d'exposar el mapa interactiu a classe:

- Expliqueu el mapa interactiu a la resta de la classe. És important fer-ho per mitjà de gestos i parlant pausadament.
- Exposeu el contingut del mapa desenvolupant-lo i fent servir les imatges i els vídeos seleccionats com a suport.
- Compartiu les conclusions amb la classe. Comenteu els aspectes del mapa més reeixits i els que es poden millorar.

EL DESGLAÇ DE L'ÀRTIC I LES DISPUTES TERRITORIALS

E BONES PRÀCTIQUES DIGITALS

A la xarxa podem trobar diferents exemples de l'ús del mapa interactiu com a eina educativa. Descobreix-los:

Per saber-ne més de la geolocalització i el disseny de mapes interactius:
www.ticthing.com/750868

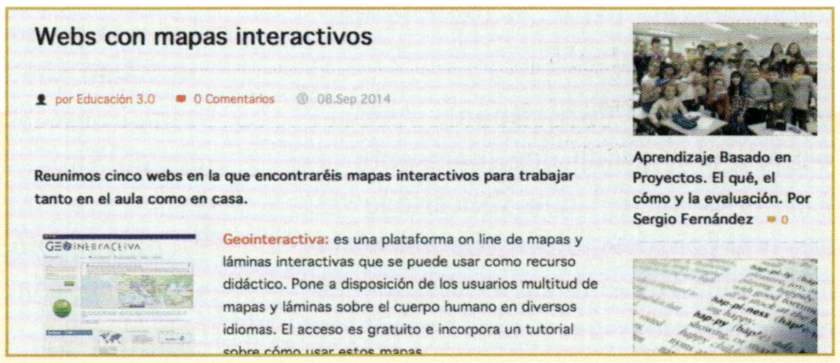

Per treballar amb els mapes interactius a l'aula:
www.tiching.com/731395

APRENDRE AMB LA TAULETA DIGITAL

1. Objectiu

Elaborar un **vídeo** de menys d'1 minut sobre conductes que perjudiquen el medi ambient, com ara el malbaratament energètic, la mala gestió de l'aigua o dels residus, etc.

2. Desenvolupament

Formeu grups de dos o tres alumnes i seguiu aquests passos:

- Trieu el tema i el tractament que voleu donar al vídeo: un curt de ficció, un curt documental, un videoclip, etc.
- Feu una pluja d'idees i trieu la que generi més consens en el grup.
- Escriviu conjuntament el guió. Ha de plasmar les escenes i si hi haurà veu en off, diàlegs o música. És important pensar on i com es gravarà el vídeo.
- Graveu el vídeo i editeu-lo amb una aplicació per a mòbil o tauleta.
- Presenteu el vídeo a la resta de la classe. Després de mirar-lo, debateu si aquests vídeos són una bona eina per canviar la nostra conducta.

3. Recursos

Per a **iOS**: Cámara Spark, Magisto, Fly, Videon. Per a **Android**: VidTrim Pro, Magisto, Snip Video Trimmer, Clesh Video Editor, Viddy.

GLOSSARI

A

acadèmia: Societat oficial que reuneix escriptors, artistes, filòsofs i científics per discutir sobre el coneixement i ajudar a difondre'l.

Afrikakorps: Força militar alemanya enviada el 1941, durant la Segona Guerra Mundial, al nord d'Àfrica per ajudar les tropes italianes, superades per les britàniques. La comandava el mariscal Rommel, conegut com la Guineu del Desert.

Apartheid: Sistema social basat en la segregació racial que els governs de Sudàfrica van imposar des del 1948. Comportava el domini de la minoria blanca sobre les altres comunitats, especialment la majoria negra. Establia la separació racial en llocs públics i impedia a les comunitats no blanques ocupar càrrecs de govern, votar, etc. Es va abolir l'any 1993.

armistici: Suspensió de les hostilitats pactada entre pobles, països o exèrcits bel·ligerants.

Assemblea Nacional Constituent: Assemblea elegida per sufragi que representa la voluntat de la nació i que s'encarrega de redactar una Constitució. Un cop aprovada la Constitució, l'assemblea es dissol i es convoquen eleccions per a una Assemblea Legislativa.

Autarquia: Política d'un Estat que aspira a abastir-se amb els seus propis recursos. Es pretén reduir les importacions tant com es pugui i esperonar la producció a l'interior del país de tot el que s'hi consumeix.

B

baioneta: Ganivet dels soldats d'infanteria que s'acobla a la boca d'un fusell.

Bòxers: Grup xinès del final del segle XIX contrari a la intervenció colonial al país; els anglesos els anomenaven "boxadors" perquè practicaven les arts marcials. Entre el juny i l'agost del 1899 els bòxers van atacar ambaixades estrangeres a Pequín i hi va haver un enfrontament greu que es va haver de sufocar militarment.

C

camarilla: Conjunt de persones que influeixen subreptíciament en els assumptes d'Estat o en les decisions d'alguna autoritat superior.

cantonalisme: Moviment insurreccional de la Primera República Espanyola que aspirava a dividir l'Estat en territoris gairebé independents.

censura prèvia: Examen que les institucions corresponents (polítiques, religioses...) exerceixen anticipadament sobre qualsevol manifestació artística, publicació, etc., abans d'aprovar o denegar que es pugui executar o imprimir.

Cotxinxina: Zona meridional del Vietnam que ocupa el delta del Mekong. Limita al nord amb Cambodja i és oberta al mar de la Xina meridional i al golf de Tailàndia.

col·laboracionistes: Govern o ciutadans d'un país que cooperen amb unes forces d'ocupació enemigues que la majoria de la població considera antipatriòtiques.

COMECON: Organització de cooperació econòmica que l'any 1949 van formar l'URSS i els països socialistes i que pretenia incrementar les relacions comercials entre els Estats membres. Va estar en vigor fins al 1991.

Concordat: Tractat entre el govern d'un Estat i la Santa Seu sobre assumptes eclesiàstics que interessen totes dues parts.

culte a la personalitat: Conjunt de cerimònies amb què es manifesta veneració i admiració excessiva per les qualitats d'un líder polític.

D

devaluació: Efecte de rebaixar el valor d'una moneda.

dictadura del proletariat: Forma d'Estat postulada pel marxisme, en la qual la classe proletària aconsegueix el control i domina la resta de classes socials, en especial la burgesia. És una etapa de transició cap a l'assoliment d'una societat comunista sense classes.

dissident: Persona que discrepa del sistema polític, social o econòmic en el poder i expressa aquest desacord.

División Azul: Unitat militar espanyola de voluntaris que va servir en l'exèrcit alemany, principalment al front rus, entre el 1941 i el 1944.

E

emprèstit: Els estats o empreses emeten un conjunt de valors que la gent pot comprar a fi d'aconseguir diners. A canvi, l'entitat es compromet a tornar els diners en el termini i els interessos pactats. Aquests valors, anomenats títols, es poden comprar i vendre; és a dir, poden canviar de propietaris.

espai vital: Expressió que va fer servir el nazisme per defensar la necessitat alemanya de disposar d'un territori escaient a la població. Tenien la intenció de restaurar les fronteres d'Alemanya anteriors a la Primera Guerra Mundial i estendre's cap a l'Est a costa de les considerades "races inferiors".

estoc: Quantitat de mercaderies que una empresa o organització té en dipòsit mentre espera distribuir-les o vendre-les.

F

federalisme (estructura federal): Sistema polític que busca l'associació d'un conjunt d'Estats que conserven alguns poders i en deleguen d'altres en un organisme superior al qual pertany la sobirania.

fordisme: Manera de produir en cadena o en sèrie que va impulsar Henry Ford, fabricant dels primers cotxes als EUA. Es basava a dividir el treball de producció en diferents etapes especialitzades, a controlar el temps productiu de l'obrer i a fer servir les màquines especialitzades. Aquest sistema va aconseguir augmentar la producció i rebaixar-ne els costos, i també es caracteritzava per millorar els sous dels obrers. Cal esmentar que el fordisme es fonamentava en el mètode d'organització del taylorisme.

fotografia: Procediment tècnic inventat el 1839 que permet obtenir imatges permanents sobre una superfície convenientment preparada per mitjà de la llum i altres radiacions electromagnètiques.

G

GESTAPO: Policia secreta de l'Estat nazi alemany creada l'any 1933. L'administraven les SS i tenia l'objectiu d'investigar i perseguir totes les "tendències perilloses per a l'Estat".

gihad: Guerra santa dels musulmans que busca estendre l'islamisme i defensar-lo de tots els considerats infidels. En àrab significa "esforç".

guerrilla: Grup autònom format per voluntaris armats que fustiguen l'enemic. Amb el suport de la població, actuen sobre un terreny que coneixen, refusen el combat obert i pretenen afeblir la moral de l'enemic i fer-li molt difícil controlar el territori efectivament.

guaret: Terra que no es sembra durant un cert temps perquè descansi i pugui recuperar la matèria orgànica i la humitat. Es feia servir en els sistemes de rotació biennal i triennal de conreus.

gulag: acrònim rus referit a la Direcció General de Camps de Treball del règim estalinista. Aquest organisme administrava la xarxa de camps de concentració, que recloïa els dissidents polítics i ordenava el sistema de treballs forçats a què estaven sotmesos.

H

Holocaust: També anomenat *Xoà* en hebreu, és el nom que s'aplica a la persecució i al genocidi dels jueus durant la Segona Guerra Mundial.

I

imperialisme: Domini d'un país (la metròpoli) sobre altres (les colònies) per mitjà de la força militar, econòmica o política. En conseqüència, l'economia, la política i la cultura de les colònies queden sotmeses als interessos dels Estats estrangers colonitzadors.

imperi plurinacional: Organització estatal que té una població integrada per diferents comunitats nacionals. Exemples del segle XIX són l'Imperi rus, l'Imperi austrohongarès o l'Imperi turc.

indiana: Tela estampada de lli o cotó, o d'una barreja de tots dos, que té aquest nom perquè és originària de l'Índia. Generalment està pintada amb ratlles i dibuixos senzills, a un color o dos i només per un costat.

J

Junta: Òrgan de poder nascut per iniciativa popular en la Guerra del Francès (1808-1814) per organitzar la resistència armada contra l'invasor i assumir el poder; no acceptava la legitimitat del nou rei, Josep I. Les juntes van perdurar durant el segle XIX com a Juntes Revolucionàries, organismes que els progressistes feien servir per aconseguir canvis en el govern.

K

Kamikaze: Pilots de l'armada imperial japonesa que, de manera suïcida, estavellaven els avions carregats de bombes contra els vaixells aliats a les acaballes de la Segona Guerra Mundial.

Kominform: Acrònim rus referit a l'Oficina d'Informació dels Partits Comunistes i Obrers. Va ser una organització creada l'any 1947 per intercanviar informació i experiències entre els partits comunistes d'influència soviètica, a la qual es van afegir els partits comunistes de França i Itàlia. Es va dissoldre l'any 1956.

L

Llei Sàlica: Llei que prohibeix que una dona hereti el tron tret que no quedin fills, germans o nebots mascles del monarca anterior.

M

Mayorazgo: Institució castellana que prohibia la venda del patrimoni familiar i obligava a deixar-lo intacte en herència al primogènit, de manera que es garantia la perpetuació de les grans famílies nobiliàries.

Meiji: Període de la història del Japó, comprès entre els anys 1868 i 1912, en el qual el país va sortir de l'aïllament internacional tradicional i va començar a transformar les estructures feudals. Va ser el punt de partida de la societat japonesa moderna.

metròpoli: Ciutat que té colònies. En el context del colonialisme del segle XIX, nom que es donava a una potència europea respecte del seu imperi colonial.

Moviment de països no alineats: Grup de països, nascuts majoritàriament després de la Segona Guerra Mundial amb el procés de descolonització, que volien conservar la posició neutral i no aliar-se amb cap de les superpotències. Aspiraven a tenir un paper actiu en la política internacional i mostraven els seus interessos de països dèbils militarment i subdesenvolupats econòmicament.

N

neocolonialisme: Terme amb el qual es designa el control indirecte en els àmbits cultural, polític i, principalment, econòmic que exerceixen les exmetròpolis sobre les excolònies o, en sentit més ampli, els estats rics del món desenvolupat sobre els més pobres del Tercer Món.

P

Pla Marshall: Pla de reconstrucció de l'economia europea que els Estats Units van impulsar després de la Segona Guerra Mundial. El pla deu el nom al secretari d'Estat nord-americà George Marshall. Va consistir en ajudes i préstecs als països que s'hi van voler acollir i va ser essen-cial per a la recuperació econòmica europea.

polítiques de cohesió: Polítiques que tenen l'objectiu de reduir les diferències econòmiques i socials entre les regions d'Europa.

Pragmàtica sanció: Llei d'ordenació jurídica del 1830, promulgada per Ferran VII, que derogava la Llei Sàlica, vigent a Espanya des del 1713.

pronunciament militar: alçament destinat a enderrocar un govern promogut per un cap militar.

pudelació: Manera de refinar el ferro colat en alts forns. Se'n crema part del contingut en carboni i el ferro que en resulta ja és ferro forjat, amb més bones propietats que el normal.

Putsch de Munic: Intent fallit de cop d'Estat que membres del Partit Nazi van organitzar entre el 8 i el 9 de novembre del 1923 a Munic. Adolf Hitler va ser detingut i empresonat per haver-hi participat.

R

regent: Persona designada per exercir el poder reial durant un període de temps transitori en el cas que el monarca titular no ho pugui fer.

Resistència: Denominació que durant la Segona Guerra Mundial es va donar al conjunt d'organitzacions clandestines que lluitaven contra el domini nazi als països ocupats per Alemanya. Es dedicaven a accions d'informació, de sabotatge i de guerrilla contra les tropes d'ocupació.

règim senyorial: Sistema d'organització social, econòmica i jurídica propi de la majoria d'Europa durant l'edat mitjana, en el qual els senyors percebien rendes i ingressos de les seves terres i hi exercien la jurisdicció.

reunificació alemanya: Adhesió de la República Democràtica Alemanya a la República Federal Alemanya, ratificada en el tractat d'unificació del 3 de març del 1990.

S

Seccions de Protecció (SS): Organització militar i de seguretat de l'Estat creada pel Partit Nazi alemany als anys trenta, a la qual es va encarregar el control de l'extermini dels jueus.

T

taylorisme: Mètode d'organització industrial, aparegut al començament del segle XX, la finalitat del qual és augmentar la productivitat i reduir els costos a còpia d'eliminar els moviments inútils de l'obrer i optimitzar-ne el temps.

Teló d'acer: Concepte que després de la Segona Guerra Mundial definia la frontera simbòlica que separava l'URSS i els seus estats aliats, d'ideologia comunista, dels Estats Units i els seus aliats europeus, d'economia capitalista.

V

vet (dret de): Dret del monarca, o de qualsevol altra institució, d'impedir l'entrada en vigor d'una llei aprovada per l'assemblea o el parlament. En el Consell de Seguretat de l'ONU, per exemple, els cinc membres permanents (els Estats Units, Rússia, la Xina, el Regne Unit i França) tenen dret de vet; és a dir, si algun d'aquests països vota en contra d'una proposta, queda rebutjada.

CODI DE LLICÈNCIA *

VS9HANMQYYJ8

edubook
activa l'aprenentatge

1 Entra a la web: **activa.vicensvives.com**

2 Introdueix el **codi de llicència** del teu llibre

Introdueix la llicència

3 **Segueix els passos** i accedeix al teu compte d'Edubook

* Llicència gratuïta vàlida per un any des de l'activació

En cas que la disponibilitat i l'activació de la llicència no siguin possibles per algun motiu, l'usuari no podrà fer cap reclamació a EDUBOOK per aquest concepte.

Agraïm a les entitats següents que ens hagin permès utilitzar fotografies seves:
Foto de trinxeres: © Nick Stone Original Image MM (pàgina 142).
Foto de les infermeres: © Canadian War Museum. Musée Canadien de la Guerre (pàgina 144).

Il·lustrat per: Josep Niubó, Carles Salom i Marcel Socias.

Aquest llibre ha estat imprès en paper ecològic reciclable i amb tintes exemptes d'elements pesants solubles. Directiva Europea 88/378/UE, norma revisada EN/71.

Primera edició, 2016

4 5 6 7

Dipòsit Legal: B. 8.203-2016/ ISBN: 978-84-682-3601-8/Núm. d'Ordre V.V.: NB88.

IMPRÈS A ESPANYA. PRINTED IN SPAIN.